이 책은 기후 위기 시대라는 문명사적 도전 앞에, 한국교회가 탈성장 교회의 윤리적·생태적·미학적 삶으로 나아가는 패러다임 전환이 필요함을 제시해준다. 저자는 "아픈 지구에 건강한 교회가 있을 수 없다"라는 위기의식 속에서, 야고보서와 전도서를 통해 그동안 성속 이원론과 성장주의에 천착한 한국교회의 현주소를 냉철하게 분석하면서, 창조와 구속을 통합하는 복음의 총체성을 회복하고 평등과 돌봄의 영성이 어떠해야 할지 안내해주고 있다. 특히 이 책은 기본소득, 그린 뉴딜, 동물 해방, 지구 정치, 심리학, 창조와 과학, 생태여성신학과 페미니즘, 청년과 MZ세대 등 현대 이슈를 다룬 책들을 소개하면서 풍부한 지식과 정보를 통해 성찰할 이슈들을 던져주어 유익하다. 그리스도인들에게 기후 위기는 "하나님으로 인해 치유된 인간성"의 문제이고, "일상 신앙"의 문제이며, 아울러 사회 정의와 약자들을 위한 목회적 돌봄 차원의 "총체적 구원"의 문제임을 알리는 긴급한 신호라고 생각한다. 모쪼록 이 책이 기후 위기라는 문명사적 전환 시대에 접어든 한국교회의 나아갈 이정표가 될 수 있길 기대한다.

**강호숙** | 비블로스 성경 인문학 연구소

나의 이름을 걸고 나온 첫 번째 번역서가 『교회 다시 살리기』(한국기독교연구소, 2001)다. 그 책의 저자 존 캅(John B. Cobb, Jr.)은 미국의 주류 교회가 활력을 잃어버린 원인을 "미지근함"이라는 질병에서 찾는다. 요한계시록에 등장하는 라오디게아 교회처럼 뜨겁지도 차갑지도 않다는 것이다. 병명을 알았으면 치유책이 나와야 한다. 존 캅의 처방은 이렇다. 성찰하는 교회가 살아남는다. 살아남기 위해서는 목회와 신학이 화해해야 한다. 오랫동안 그런 교회를 찾아 헤맸다. 세상이야 변화하든 말든, 남들이야 아파하든 말든 오로지 자기들만 구원받으면 그만이라고 떠드는 가짜 교회 말고. 세상의 도전과 시대의 요구에 응답하려 몸부림치는 진짜 교회를. 그리움이 길을 낸다고 하던가? 성령의 인도에 따라 나의 삶의 자리가 화성으로 옮겨지니 척 나타났다. 더불어숲동산교회! 공공신학이 교회의 꼴을 갖추면 이런 모습이구나, 질투 나게 부러웠다. 아니나 다를까, 직접 뵌 이도영 목사는 무엇보다도 "공부하는 목회자"였다. 그동안 지은 책들에 그의 사상 이력이 잘 드러난다. 이번에 낳은 책은 "화룡점정"이다. 사유의 끈을 놓지 않은 탓에 신학이 더 깊어지고 넓어졌다. 코로나 팬데믹의 어두운 터널을 지나는 동안 잠시 길을 잃은 한국교회에 딱 맞는 처방이다. 생태신학과 미학신학의 빛에서 성장주의를 돌아보게 하는 지혜의 목소리라니! 특히 야고보서와 전도서에서 건져 올린 보석들이 압권이다. 책장을 넘기다 나도 모르게 니코스 카잔차키스의 시를 읊조렸다. "아몬드나무야, 나에게 하나님에 대해 이야기해다오. 그러자 아몬드나무가 꽃을 활짝 피웠다." 역시 복음은 삶으로 번역될 때에만 참이다. 이도영 목사의 지혜를 따라 나도 말보다 꽃으로 대답하려고 한다. 그대의 꽃도 보여줘라. 이 책이 거름이 될 것이다.

**구미정** | 숭실대학교 기독교학대학원 초빙교수, 이은교회 목사

이 책을 "신앙과 삶의 조화를 탁월하게 묘사한 책"으로 여기며 기쁜 마음으로 추천한다. 여전히 우리는 많은 그리스도인이 주일의 삶과 일상의 삶이 분리된 채 살아가는 모습을 쉽게 목격할 수 있다. 그들은 주일에 들은 설교를 자신의 일상의 삶 속에서 어떻게 살아낼지를 알지 못한다. 이런 사람들은 주일에 행하는 예배, 찬양, 기도, 헌금 등의 종교적 행위의 강화를 통해서 자신의 신앙을 검증하려고 애쓴다. 이는 신앙의 본질을 착각하게 할 뿐만 아니라 교회를 "사적 교회"로 축소시켜버리는 역효과를 불러오기도 했다. 오늘날 한국교회가 잃어버린 신뢰를 회복하기 위해서는 "공적 교회"의 모습을 되찾아야 하고, 그러기 위해서 교회의 구성원인 성도들의 신앙이 균형을 이루어야 한다. 저자는 이 고민을 꾸준히 해왔고, 이 고민을 정리하여 책으로 출판해왔다. 나는 저자의 이전 책들을 통해 "날카로운 예언자적 목소리"를 들을 수 있었다. 그래서 그 책들을 "현대적 교리서"로 평가했다. 이제 저자는 그 기초 위에 "현대적 실천"이라는 건물을 세운다. 이 책에서 다뤄진 하나하나의 토픽은 그 자체로 훌륭한 설교문처럼 여겨진다. 독자는 이 설교문을 읽으면서 신앙을 어떻게 일상의 삶 속에서 살아낼 수 있을지 안내받게 될 것이다. 우리가 매일 매일 살아가고 있는 이 세상에서 일어나는 일들을 어떻게 해석해야 할지에 관한 통찰을 얻는 것은 덤으로 얻게 되는 유익이다. 이 책을 읽을 때 차례대로 읽을 필요는 없다. 언제 어디서든 약간의 시간을 내어 자신에게 흥미가 있는 토픽을 순서와 상관없이 골라 읽어도 저자가 하려는 말을 명확히 이해할 수 있으니까. 부디 많은 사람이 이 책을 읽고 신앙과 삶을 조화롭게 살 수 있기를 기대한다.

**김민석** | 한국공공신학연구소 소장

내가 저자에게 갖는 인상은 실천적인 선구자다. 그는 선교적 교회와 복음의 공공성을 과감하게 체현해왔다. 그래서 그의 책을 펼 때면 생생한 현장의 이야기를 기대하게 된다. 하지만 그의 책은 항상 더 깊은 스토리텔링으로 독자들을 이끈다. 광범위한 분야의 독서와 시대에 대한 영적 성찰은 그의 사역을 위한 탄탄한 지반이었다. "탈성장 교회"라는 이 도발적인 제목의 책은 가치와 신념이 뒤엉켜 혼란과 갈등으로 치닫는 현실의 한복판에서 전도서와 야고보서를 치열하게 묵상하며 교회의 숭고한 소명을 일깨우는 희망과 연대를 제시한다.

**김선일** | 웨스트민스터신학대학원대학교 실천신학 교수

한국교회의 쇠퇴를 바라보고 있는 작금의 현실에서 저마다 탈출구를 찾기 위해 몸부림치지만, 대안은 마땅치 않다. 교회의 공적 책임과 공동체성 회복이 요청되면서도 무엇으로부터 시작해야 할지 막막하다. 이도영 목사는 지금의 현실을 "탈성장의 시대"라고 말한다. 동시에 그는 교회의 부흥과 목회의 성공 방식이 아닌 다른 방향을 제안한다. 윤리적·생태적·민주적·미학적 사고로의 전환이다. 교회의 생존이 아닌 교회의 본질에 관한 진지한 성찰을

야고보서와 전도서가 주는 지혜로부터 가져왔다. 당신의 목회 현장에서 어디로 가야 할지, 무엇을 해야 할지 막막하다면, 잠깐 멈춰 서서 이 책을 들춰보기 바란다. 함께 고민하고 있는 믿음의 벗을 만나게 될 것이다.

**김승환** | 장로회신학대학교 기독교와문화 강사, 공공신학 아카데미 대표

이 책은 탈성장 교회 담론을 중심으로 한 야고보서와 전도서 강해서다. 탈성장 교회 담론은 교세 키우기 정도로 교회 성장을 말하는 담론을 극복하며 생태·정의·평화를 증진하는 교회의 활동에 집중하자는 담론이다. 저자에 따르면, 탈성장 교회는 "역(逆)-성장", 즉 마이너스 성장을 주장하는 교회가 아니라 공교회성과 공동체성과 공공성을 회복해 사회 발전과 진보를 견인하고 세상을 향도하는 "왕 같은 제사장" 같은 리더십을 발휘하는 교회다. 탈성장 교회 운동은 교회의 본질을 회복하는 교회이자 윤리적·생태적·미학적 관점을 회복하고 실천하는 교회다. 이 탈성장 교회 담론을 주창하는 데 증인으로 소환된 책이 야고보서와 전도서다. 이 책은 그 제목이 주는 인상보다 훨씬 재미있고 계몽적인 책이다. 책 전체의 어조는 뭔가를 깨우치려는 듯 계몽적이고 훈계적이지만, 글발은 독선적이지 않고 대화적이다. 기독교 고전과 현대 외국 및 한국 학자들의 저작과 사상들을 광범위하게 섭렵하면서 글을 펼쳐나가는 전개 방식은 이 책에 몰입하는 것을 도와준다. 또한 이 책은 탈성장 교회 담론이라는 중심 담론 외에 기독교가 이 세상 문제에 대해 제시했던 숱한 해답들을 풍성하게 인용하며 인증함으로써 독자들에게 독서의 기쁨과 더 깊은 독서를 하고 싶은 열망도 동시에 안겨준다. 4년째 코로나 팬데믹을 맞이한 채 고전하는 한국교회를 위해 아주 시의적절한 의제를 던진 저자의 노고에 감사드린다. 부단히 공부하는 학자적 목사인 저자의 목회적 성찰과 신학적 분투가 잘 조화된 이 책이 한국교회 안팎의 독자들에게 널리 읽히기를 기도한다.

**김회권** | 숭실대학교 기독교학과 교수

이 책을 먼저 읽고 난 후 내가 주눅이 든 것인지 도전을 받은 것인지 분간할 수 없다. 저자의 성실함에 놀랐고, 예리하면서도 넓은 시야에 감탄했으며, 시대를 향한 민감성에 탄복했다. 이 모든 것을 성경에 비추어 조망하는 실력에 환호와 박수를 보내고 싶다. 교회가 위치하는 자리를 위에서 그리고 아래에서, 멀리서 그리고 밀착해서, 넓게 그리고 입체적으로 보여준다. 야고보서와 전도서를 통해 그리스도인만의 독특한 시선을 제공하는 것은 물론이고, 세상도 공감하며 손잡을 만한 보편적 논리로도 설득한다. 통찰이 번득이는 수작이다. 아낌없이 추천하고 싶은 역작이다. 교회만의 책에 머물지 않고 우리의 책이 되어야 마땅하다.

**박대영** | 광주소명교회 책임 목사, 『묵상과 설교』 책임 편집

역대상 12:32을 보면 거기에는 시대를 읽고 나라를 살리고 세우는 것이 무엇인지 잘 알았던 잇사갈 지파의 리더 200명이 나온다. 그 시대의 흐름을 이해하고 과연 이스라엘이 무엇을 해야 하는지 잘 알았던 잇사갈 지파의 리더들처럼 이 책의 저자는 오늘의 시대를 제대로 읽고 이해할 뿐만 아니라 한국 기독교와 교회 더 나아가 그리스도인들이 무엇을 해야 하는지도 분명히 알고 있다. "우리는 과연 무엇을 해야 하는가"에 대한 저자의 해답은 윤리와 생태 그리고 미학으로부터 나온다. 윤리는 공동 서신서 중 하나인 야고보서를 통해 그리고 생태와 미학은 전도서를 통해서 다룬다. 한국교회가 그동안 잘못해왔던 신앙과 행위의 분리, 생태에 대한 무관심과 돌봄의 실패 그리고 삶의 양면성과 모호성을 수용하지 못하는 미학의 부족함에 대해 저자는 진정성과 사랑의 시각으로 날카롭게 지적함과 동시에 한국교회가 성장주의에서 벗어나 진정으로 번영하는 교회가 될 수 있는 길인 "탈성장 교회"라는 대안을 제시하고 있다. 저자는 자신이 대안으로 제시하고 있는 탈성장 교회를 자신의 신앙공동체인 더불어숲동산교회를 통해 지역 사회에서 성육신적으로 실천하고 있다. 더불어숲동산교회는 지역 사회와 세상과 상관이 있는 교회, 로컬 속의 교회, 칭찬받는 교회, 세상이 필요로 하는 교회로 자리매김했고 교회의 공교회성과 공동체성 그리고 공공성을 실천해 나가고 있다. 이 책이 주는 가장 큰 유익은 오늘의 교회가 놓치고 있는 윤리, 생태, 미학의 세 영역이 어떻게 교회의 본질을 회복시키며, 성자와 혁명가라는 두 갈래의 영성을 함양하게 하고 더 나아가 코로나19 이후에 한국교회가 맞닥뜨린 수많은 과제를 풀어가는 데 도움을 주는지를 잘 설명해주고 있다는 점이다. 앞으로 가까이 두면서 자주 보게 될 책이며, 본인이 사역하는 신학교에서도 학생들에게 필독서로 꼭 읽게 할 책이다.

**박성창** | 센트럴 침례신학대학원 목회학 박사원 원장

기후 위기가 피부로 느껴지는 시대에 생태적 삶은 선택이 아니라 필수가 되었다. 성경을 고리타분한 경전으로 알고 있는 이들이 생존을 위해 여기저기를 기웃대는 동안, 저자는 온전히 성경의 지혜에 귀를 기울였다. 그래서 그 지혜의 우물에서 생태적 삶, 미학적 삶을 사는 그리스도인의 윤리적 원리를 퍼 올렸다. 심지어 고전적 신학의 고백인 "아름다움의 구원"을 오늘 현대인들에게도 적실하고 절실한 명제로 제시했다. 공존하는 법을 배우지 못하면 다 죽으리라는 명확한 경고에도 아랑곳하지 않고 성장에 눈이 먼 종교적 방랑자들에게 차라리 탈성장 교회를 역설하는 저자의 예언자적 외침에 주목해주길 바란다.

**성석환** | 장로회신학대학교 기독교와문화 교수

저자는 이 시대 한국교회의 문제점을 "성장주의"에서 찾고 있다. 그리고 그 성장주의를 극복하는 방안으로 말씀에 근거한 철저한 "윤리적 삶"과 창조 원리에 기초한 "생태적 삶"과

"미학적 삶"을 제시하고 있다. 이 책을 읽고 있노라면, "이 시대의 교회를 바라보는 예언자적 관점"이란 어구가 자연스럽게 떠오른다. 그만큼 저자는 이 시대 교회를 냉철하게 바라보고 있으며, 그에 대한 대안을 제시하고 있다. 이렇게 폭넓게 자료를 활용하고 또 과감하고도 설득력 있게 필력을 휘두르는 목회자를 쉽게 찾아볼 수 없을 것이다. 이 책은 이 시대 교회 갱신을 위한 귀한 지침서다.

**양현표** | 총신대학교 신학대학원 실천신학 교수

우리의 미래가 불타고 있다. 우리는 기후 위기가 절박한 비상사태로 변하기까지 지난 10년의 세월을 허비했다. 그리고 지금 기후 붕괴 추세를 되돌릴 수 있는 임계점까지의 마지막 기회의 시간 10년을 또 흘려보내고 있다. 우리는 왜 변하지 않는 것일까? 이도영 목사는 "탈성장 교회"를 말한다. 살고자 한다면, 지금 가고 있는 "죽음"의 길에서 돌아서서 "생명"의 길, "탈성장"의 길을 걸어야 한다고 말한다. 이를 위해서 다른 시선으로 말씀을 다시 읽을 것을 제안하는데, 시대적 과제를 위해 특별히 야고보서와 전도서를 권한다. 야고보서는 믿음과 행함이 분리되지 않는 신앙인의 삶을 위해서고, 전도서는 생태적이고 미학적인 사고를 촉진하기 위함이다. "이제 나는 깨닫는다. 기쁘게 사는 것, 살면서 좋은 일을 하는 것, 사람에게 이보다 더 좋은 것이 무엇이랴! 사람이 먹을 수 있고, 마실 수 있고, 하는 일에 만족을 누릴 수 있다면, 이것이야말로 하나님이 주신 은총이다"(전 3:12-13). "탈성장 교회"를 향한 저자의 갈망에 다시 두 권의 성경 말씀을 다시 꺼내어 읽는다. 이 책을 읽는 이마다 창조주의 뜻을 발견하고 그의 부르심에 온전히 응답하게 되길 소망한다. 더 이상의 성장은 멈추고, 담대함으로 위기의 풍랑을 건너는 성숙한 그리스도인, 또 교회 공동체로 거듭나게 되길 소망한다. 그래서 점점 거세어지는 기후 위기의 풍랑 속에서도 담대히 물 위를 걸어오라 하시는 주님의 음성을 명료히 들을 수 있기를 소망한다. 모두가 담대히 물 위를 걷는 기적, 모두를 위한 1.5도까지의 지구 온도 상승을 지켜내는 주인공이 될 수 있기를 소망한다.

**유미호** | 기독교환경운동센터 살림 센터장

한국교회에 소개된 지 벌써 20여 년의 세월이 지나가고 있는 선교적 교회 운동을 초창기부터 관심을 기울이고 참여해왔던 한 사람으로서 선교적 교회 운동의 역동성을 자신들의 삶과 사역을 통해 성취해가는 목회자들이 갖는 공통점을 한 가지 발견하게 된다. 모두 열정을 다해 사역에 임하는 이들이지만 그들 중 나름의 족적을 형성해가는 몇몇 분들은 한 가지를 더 겸하고 있다. 그것은 끊임없는 공부다. 그의 공부는 목회자라면 당연히 갖춰야 할 성경적·신학적 내용만이 아니라 끊임없이 변화하는 세상에 적절한 방식으로 복음을 전달하기 위해 교회가 처한 사회문화적 상황을 이해하고자 하는 공부를 포괄한다. 이 책의 저자는 그런 목회자 중에서도 단연 탁월한 목회자라 소개해드릴 수 있다. 이미 이 책 이전에 세 권의 책을 저술했고, 이제 네 번째로 시대를 관통하는 목회자의 고민과 그에 대한 대안들을 깊은 공부와 사색의 결과로 토해내고 있기 때문이다. 이 책은 복음주의 신학적 틀을 유지하면서도 한국 내 복음주의권이 본격적으로 다루지 못했던 폭넓은 화두를 신학적·목회적으로 소화시키고 있다는 점에서 탁월하다. 지금까지 안온한 삶을 살아왔던 경계를 넘을 것과 새로운 방식의 사고를 자극하기 때문이다. 이제까지 한국교회가 안주해온 경계를 넘지 않으면 선교적·목회적 도전들에 직면할 수 없음을 외치기 때문이다. 전작들에서도 그랬지만, 저자의 사유는 신학적 진영과 심지어는 기독교 진영을 넘어서는 지점까지 매우 자유롭고 포괄적이다. 개인적으로 바로 그런 점이 이 책을 추천하는 중요한 이유이기도 하다. 그런 점이 익숙지 않는 이의 오해를 야기할 수도 있겠지만 이 책을 집어 든 모든 독자가 인내심을 갖고 저자가 주장하는 핵심 메시지에 천착하며 일독해나간다면, 이 시대를 사역하는 사역자들로서 "탈성장 교회"라는 새로운 사역의 패러다임을 만나게 될 것이라 확신한다.

**이대헌** | 미래문화연구원 원장

최근 몇 년 동안 우리의 일상을 해체시켜버렸던 코로나19의 세계적인 유행과 지금 우리의 삶을 위협하고 있는 기후 변화의 심각한 징후들은 우리 삶의 양식에 대한 근원적인 반성과 변화를 촉구하고 있다. 인간의 욕망에 기반하고 있는 자본주의와 그 극단적인 표현으로서의 신자유주의 경제 체제가 부추기는 성장과 진보에 대한 숭배는 이 지구와 동식물과 인간을 파국으로 몰고 갈 것이기 때문이다. 자본주의는 극단적으로 성장과 이윤을 추구하는 경제적인 이념이기에 인간의 욕망과 연동하여 작동한다. 인간의 욕망은 탐욕적이고 끝이 없어서 하늘과 땅과 동물과 식물이 이로 인하여 약탈당한다. 인간 또한 자신의 욕망 속에서 자기 스스로를 착취하고 약탈한다. 성장이라는 명목하에 브레이크가 고장 나버린 폭주 기관차처럼 인간의 욕망은 종국적으로 우리가 사는 지구를 재앙과 파국으로 몰아넣을 것이다. 그렇다면 하나님을 "창조주"로 고백하며 이 세상을 하나님의 "창조"로 믿는 교회와 그리스도인들은 어떠한 삶을 지향해야만 할 것인가? 이 글은 이러한 중차대한 질문을 부여잡고 고민하며 한 자 한 자 써 내려간 저자의 피땀 어린 지적 고투의 산물이다. 저자는 근대의 성장과 진보의 개념은 "해체"되어야 마땅하다고 주장하며, 그것에 대항하여 새로운 패러다임으로서 "탈성장"을 맞세운다. 저자는 야고보서의 윤리적 실천과 전도서가 함의하는 생태학적인 지혜를 통해서 성장주의에 대항하여 탈성장의 패러다임을 실천하고 구현하는 교회론을 구상하기를 원한다. 그렇게 함으로써 그리스도의 교회를 온 세상을 위한 교회가 되게 하고자 한다. 윤리적이고 생태학적이며 미학적으로 아름다운 삶을 노정하는 교회, 온 세상을 위한 교회는 어떤 교회인가? 기후 변화와 생태학적 위기 시대에 성경을 따라 성실한 윤리적 실천과 아름다운 삶으로 우리를 인도하는, 영성적으로 깊은 경건을 머금고 있고, 학문적으로 치밀하며, 윤리적으로 치열하고, 미학적으로 아름다운 이 책을 기쁜 마음으로 추천하여 일독을 권한다.

**이동영** | 서울성경신학대학원대학교 조직신학 교수

미국 핵과학자회(BAS)는 "지구 종말 시계"의 초침을 자정 쪽으로 10초 더 옮겨 "지구 종말까지 남은 시간 90초"뿐이라고 경고했다(2023년 1월 25일). 지구공동체는 기후 온난화, 코로나 팬데믹, 우크라이나 전쟁 등으로 지구 멸절 위기에 처해 있다. 이에 저자는 한국교회 구성원 각자와 공동체가 야고보서와 전도서가 제시한 윤리적·생태적·미학적 삶을 살아내는 "탈성장 교회로서의 선교적 교회"가 되어야 한다고 대안을 제시한다. 즉 그는 적정 교회의 면모를 보이되 하나님의 정의를 실현하는 윤리적인 교회, 생태적 가치를 실천하는 생태적인 교회, 분열을 넘어 사랑과 평화를 실현하는 미학적인 교회가 되어야 한다고 주장한다. 독자들은 땅과 하늘의 영성으로 직조된 이중 언어에 설득당하게 될 것이다.

**이박행** | 복내전인치유선교센터 원장

오늘의 시대를 융합의 시대라고 하는데 목회를 융합적으로 온전히 하고 있는 목회자를 꼽으라면 나는 이도영 목사를 주저 없이 꼽을 것이다. 지금까지 교회와 신학의 현장이 분리된 채 지속되면서 당면한 현실에 적실한 대응을 하지 못했는데, 그것은 너무 목회자의 입장이거나 너무 신학자의 입장에서 접근함으로써 현실이 갖는 다양한 면과 엄중함을 제대로 다룰 수가 없었기 때문이었다. 특히나 포스트-코로나 시대 가운데 이런 부분이 더욱 악화되고 있다. 하지만 신약성서의 저자들이나 종교개혁가들은 한 지역 교회의 목회자이면서 당대의 신학자였다. 현대에 와서도 바르트나 뉴비긴도 한 교회의 목회자이면서 당대의 신학자였다. 이와 같은 맥락에서, 이도영 목사도 목회적 신학자이면서 신학적 목회자로 볼 수있다. 왜냐하면 그도 성경적이고 신학적인 눈으로 지역 교회의 현장을 교회의 목회자로 살면서 세계를 품고 사는 선교적 신학자(missional theologian)의 길을 걷고 있기 때문이다. 이런 이해를 통해서 보면 『탈성장 교회』가 말하고자 하는 바가 선명해진다. 코로나 시대를 야기한 현대 문명의 성장주의에 현대 교회가 편승해왔음을 지적하면서, 이도영 목사는 포스트-코로나 시대에 교회가 나아갈 새로운 방향으로 "성경에서 말하는 교회의 본질을 회복하는 교회이자 윤리적·생태적·미학적 관점을 회복하고 실천하는 교회"로서 "탈성장 교회"를 제안한다. 특별히 그가 전도서를 미학적으로 해석하면서 탈성장 교회를 제시하는 부분이 나에게 크게 다가왔다. 이 시대에 주는 전도서의 메시지는 허무가 아니라 영원을 사모하는 마음을 가지고 하나님께서 때를 따라 아름답게 창조하신 세계를 일상에서 기뻐하며 감

탄하며 살라는 것이다. 그럴 때 우리는 "All will be well", 즉 모든 것이 괜찮고, 모든 이가 잘 사는 하나님의 세계를 누리게 될 것이다. 이 책을 통해 성령께서 내 등을 다독이며 "All will be well"이라 말씀해주셨다. 이 책을 읽는 모든 이들에게 성령께서 말씀하시길 기대한다. All will be well!

**이병옥** | 장로회신학대학교 선교학 교수

"불편한 책"이 나왔다. 제목부터가 불편하다. 죽도록 교회 성장을 위해 달려가는 중에 "탈성장"이라는 단어에 목이 턱 막혀 오는 것만 같다. 그런데 가만히 생각해보니 예수님 그분이 "불편한 분"이셨다. 점점 화석처럼 굳어 교리화되어가는 바리새인들에게는 눈엣가시였고, 종교 권력을 쥐고 있었던 대제사장들에게는 숙청 대상이셨다. 유대교의 굳은살을 파내고 새살을 돋게 하신 예수님의 삶으로 인하여 진리는 숨을 쉬게 되었고, 하나님이 그토록 사랑하셨던 땅의 사람들은 희망의 모닥불 옆에 모여 앉기 시작했다. 초기 교회가 어느 정도 안정화되어가던 때, 1세기도 지나지 않았는데도 벌써 교회는 실천과 행동에 무덤덤해지기 시작했다. 자연스러운 종교의 패턴이 교과서적으로 반복될 즈음에 불편한 편지, 야고보서가 쓰였다. 루터가 다시 살아나 이 시대의 종교개혁을 이끈다면 아마도, "야고보서를 가장 많이 인용하지 않을까?"라는 생각을 하게 된다. 그 시대 예수님의 삶이, 야고보서의 외침이 불편함을 주어 생명을 깨웠던 것처럼 이 책이 동시대를 살아가고 있는 그리스도인들을 화들짝 깨우는 하늘의 음성이 되기를 기대한다.

**정연수** | 효성중앙교회 목사, 기독교대한감리회 중부연회 35대 감독

한국교회는 포스트-성장기를 지나고 있다. 70-80년대에 이른바 "폭발적인 성장"을 이룬 후에 90년대에 들어 정체기를 겪었다. 그리고는 오랜 시간 침체기를 보내고 있다. 지금은 코로나 사태로 인해 교회 양극화가 더욱 심각해지고 더 깊은 수렁으로 빠질 것을 우려하고 있다. 그런데 여전히 교회 성장을 최고의 가치이자 교회의 존재 목적으로 삼고 신앙생활을 하고 목회하는 교회들이 있다. 이 어려운 시기에도 성장하는 교회들이 있다고 하면서 모두 그런 교회를 따라야 한다고 주장하기도 한다. 그러나 이 책의 저자는 다른 길을 보여준다. 그는 코로나 사태 이후에 전혀 다른 방식의 신앙과 목회가 필요하다고 역설한다. 그것은 곧 "탈성장 교회"다. 사회학자인 울리히 벡이 성찰과 반성이 없이 이룬 근대화가 오히려 인류 사회를 위험 사회로 빠뜨리고 있다고 경고한 것 같이, 그는 성찰이 없는 교회 성장이 교회에 해로울 수 있으며 생존조차 불가능할 수 있다고 역설한다. 많은 세계 석학이 코로나의 위기를 기회의 시간으로 바꾸어서, 인류 사회에서 오랫동안 해결되지 못했던 환경 문제, 사회 불평등 해소 등 그동안 이루지 못한 개혁을 감행할 시간이라고 말하듯이, 교회도 이제

개혁의 시간을 맞이해야 한다. 그것은 바로 탈성장 교회로의 패러다임 전환에서 출발할 수 있을 것이다.

**정재영** | 실천신학대학원대학교 종교사회학 교수

이도영 목사는 참 신기하다. 변방에 있는 목사가 한국교회, 대한민국을 넘어 세계를 끌어안고 있다. 심지어 역사를 넘나들고, 생태를 품으며, 영계까지 아우르고 있다. 이 책은 그러한 고민과 기도의 산물이다. 제목을 "탈성장 교회"라고 해서 우리의 눈을 성장주의에 대한 반론 정도로 돌려놓고는 새로운 시대의 윤리와 생태, 그리고 미학까지 논하고 있다. 정말 그의 말대로 삶이, 교회가 예술이 되는 경지에까지 이끌고 있다. 이렇게 폭넓게 넘나들려면 대개 "구라의 예술"을 시전하게 되어 있는데 이 책은 놀랍게도 수많은 책을 인용하며 탄탄한 근거를 제시한다. 자신의 상상력이 아니라 세계 수많은 학자의 이야기로 뒷배를 세워놓았다. 도대체 이 많은 책을 어떻게 읽고, 또 어떻게 소화해서 이렇게 나열해놓았는지 놀랄 뿐이다. 이것은 모두 저자의 영성과 통찰력 덕이다. 읽는 독자로서는 그 덕을 톡톡히 본다. 책 한 권을 읽으며 적어도 100권의 책을 읽은 것 같은 풍성함을 경험하게 될 것이다. 그리고 세계와 대한민국, 그리고 한국교회를 한눈에 보고 우리가 이제 무엇을 해야 할지를 알게 될 것이다.

**조성돈** | 실천신학대학원대학교 목회사회학 교수

코로나 시대는 우리에게 더욱 전환과 전복을 요구한다. 지금까지의 생각을 일부 고치는 것이 아니라 완전하게 바꾸기 위하여 노력해야 한다고 이야기한다. 우리는 우리의 믿음 체계인 교리, 제도, 교회에 관한 생각을 처음부터 뒤집어서 생각해보는 노력을 해야 한다. 교회의 운영 방식, 목회, 설교, 신앙하는 모습들이 과연 적합한 것인가를 생각해보아야 한다. 그래서 바뀔 것이 있다면 과감하게 전환해야 하지 않을까? 이것을 우리는 탈(脫)이라는 단어로 표현해도 좋을 것이다. 이런 의미에서 이도영 목사의 『탈성장 교회』는 탁월하다. 탈성장을 전도서와 야고보서를 통해 윤리적·생태학적·미학적으로 분석하고 설명하며 전환적 대안을 제시하는 이 책은 코로나 이후 전환의 시대를 살아가는 우리로 하여금 새로운 세상에 대한 꿈을 품게 만든다. 저자에게 진심으로 고맙다는 말을 드리고 싶다. 고맙습니다.

**홍인식** | 새길교회 목사, 새길기독사회문화원 원장

# 탈성장 교회

기후 위기 시대에 야고보서와 전도서가 초대하는
윤리적 · 생태적 · 미학적 삶

# 탈성장교회

ecological

ethical

aesthetic

기후 위기 시대에 야고보서와 전도서가 초대하는
윤리적·생태적·미학적 삶

이도영 지음

새물결플러스

# 탈성장 교회로 가라

이 책은 신학적 비전과 사역, 그리고 영성을 함께 다룬다는 면에서 "선교적 교회"로서의 신학적 비전과 사역을 다룬 『페어 처치』(새물결플러스, 2017)와 우리가 함께 추구해야 할 영성의 두 갈래 길을 다룬 『성자와 혁명가』(새물결플러스, 2019)를 통합하는 성격을 지닌 것으로 볼 수 있다. 또한 이 책은 코로나19 이후 시대이자 문명 전환 시대이자 기후 위기 시대의 영성과 한국교회의 나아갈 길을 제안한다는 면에서 『코로나19 이후 시대와 한국교회의 과제』(새물결플러스, 2020)의 후속편이라 할 수 있다. 나는 코로나19 팬데믹이 발표된 이후 한국교회의 반응을 지켜보며 한국교회가 심각한 문제를 드러내고 있음과 코로나19에 관한 초기 기독교 서적들의 미약함에 안타까움을 느끼고 코로나19 팬데믹 초반이었지만 『코로나19 이후 시대와 한국교회의 과제』를 저술했다. 코로나19 팬데믹은 우리에게 문명사적 전환이라는 거대한 시대적 과제를 던져주고 있는데도 한국개신교는 종교 내적인 지엽적 문제만을 가지고 논쟁하는 모습을 보여주거나 종교 탄압이라며 방역 지침을 거부하고 있었다. 그래서 한국 개신교가 로마 가톨릭처럼 "공교회성"을 보여주지 못하거나 신천지보다 더 나은 "재난 유토피아"의 모습을 한 "공동체성"을 보여주지 못한다면 희망이 없으며, 특히 정의·생태·평화라는 키워드로 대변되는 "공공성"을 회복하지 못한다면 망하게 될 것이라며 절박한 심정을 토로했다. 공공성은 너무 중요해서 하나하나 따로 다루었다. 코로나19 팬데믹이 아니었으면 실행하지 않았을 정책적 실험들이 시행되고 있기에 "정의"라는 차원에서 기독교도 기본소득·기본자산·최고 임금에 대해 연구해야 하고 교회의 형편에 맞게 적용해야 하며, 기후 위기라는 거대한 과제에 직면했기에 "생태"라는 차원에서 기독교도 그린뉴딜·동물해방·지구정치에 대해 공부해야 하고 새로운 영성을 갖추어야 하며, 신냉전과 정치적 부족주의로 인해 국내외적으로 심각한 분열과 대립 상황에 놓였기에 "평화"라는 차원에서 기독교도 보수와 진보의 통합·남과 북의 통일·리-오리엔트에 대한 깊은 연구와 이를 위한 실천이 필요하다고 말했다.

그러고 나서 우리 교회는 2년 이상 코로나19 팬데믹 상황을 온몸으로 겪었다. 정말 힘든 시간을 보내야 했다. 10% 이상의 교회가 문을 닫았다거나 대부분의 교회가 재정의 20-30%가 줄었다거나 성도의 20-30%가 사라졌다는 소식을 들었지만 그래도 우리 교회는 잘 견뎌냈고 돌파했으며 많은 배움도 얻었다. 기본적으로는 『코로나19 이후 시대와 한국교회의 과제』의 주장을 재확인했고 직접적인 경험을 통해 "기후 위기 시대의 영성과 한국교회의 과제"에 대한 성찰이 좀 더 깊어졌다. 큰 이야기만이 아니라 작은 이야기들도 갖게 되었다. 이제 어느 정도 코로나19 사태가 정리되고 있는 시점이기에 그동안의 경험과 성찰을 정리할 필요를 느꼈다. 이 과정을 통해 좀 더 분명한 확신을 가지게 된 것은 한국교회가 믿음과 행위를 통합하여 윤리적 삶을 회복하지 못하거나 코로나19가 던지는 문명사적 도전 앞에서 생태적인 삶과 미학적인 삶을 회복하지 못한다면 위기를 극복할 수 없다는 점이다. 한국교회가 "탈성장 교회"로 나아가지 못하거나 패러다임의 근본적인 전환을 이루지 못하면 생존조차 불가능하다는 위기의식도 갖게 되었다. 하지만 이번에는 성경 말씀을 통해 그것을 제시하고 싶었다. 그리스도인은 결국 하나님의 말씀으로 현실을 조명하고 나아갈 방향을 모색할 수밖에 없기 때문이다. 물론 이전 책에서도 하나님의 말씀을 통해 신학적 비전과 사역, 그리고 영성에 대해 이야기했지만 이번에는 한 권을 통으로 살펴보면서 큰 맥락을 잡기 원했다. 하지만 성경을 강해식으로 해설하는 일반 강해 설교가 아니라 말씀을 통해 이 시대를 향한 하나님의 뜻을 되돌아보고 다양한 이슈를 다루면서 각 개인과 교회 공동체의 영성이 어떠해야 하며 한국교회가 나아갈 방향이 어떠해야 하는지 그 비전을 나누고자 한다.

## 시대적 과제를 보여주는 야고보서

이번에는 야고보서와 전도서 두 권을 선택했다. 왜 이 두 권일까? 우선 야고보서를 선택한 이유를 말하고자 하는데 그 전에 먼저 한 통계를 소개한다. 코로나19가 어느 정도 진정되었을 때 기독교 내에서 의미 있는 통계 두 개가 나왔다. 하나는 〈목회데이터연구소〉가 발표한 통계 자료다. "2021 한국교회에 대한 국민 인식"이라는 주제다. 다른 하나는 〈한국교회 탐구센터〉가 발표한 통계 자료, 즉 "코로나 시대, 기독 청년들의 신앙생활 탐구"라는 주제다. 후자의 통계는 제1부 제4장에서 소개하고 서론에서는 전자의 통계만 다룬다. "2021 한국교회에 대한 국민 인식"이라는 발표 자료를 보면, 지난 1년간 코로나19 팬데믹 사태를 겪으면서 한국교회의 신뢰도가 32%에서 21%로 급락했음을 알 수 있다. 신뢰도를 개신교인과 비개신교인으로 나누어 살펴보면 개신교인은 한국교회를 70% 신뢰하고, 비개신교인은 9% 신뢰하는 극명한 차이를 보였다. 비개신교인이 한국교회에 대해 10%도 안 되는 신뢰도를 가지고 있음은 정말 충격이다. 이에 따른 결과인지는 몰라도 "종교 자유, 공익 위해 제한할 수 있다"는 항목에 2020년 8월에는 59%가 찬성 응답을 했는데 2021년 1월에는 무려 86%로 대폭 상승했다. "향후 한국교회가 집중해야 할 분야는 무엇인가?"라는 질문에 대한 응답 1위는 "자기 교회 중심에서 벗어나 한국교회 전체를 바라보는 교회의 공공성"이다. 개신교인은 39%가, 비개신교인은 49%가 이렇게 답했다. 2위 응답에서는 개신교인과 비개신교인의 차이가 보이는데, 개신교인은 코로나19를 경험하면서 "예배, 교육, 양육, 교인 돌봄, 전도 등 기본 사역"(32%)이라고 응답한 반면 비개신교인은 "사회적 책임(구제와 봉사)"(30%)이라고 응답했다. 한국교회의 사회적 책임과 관련해서는 "지역 사회와 한국 사회를 섬기는 공적 역할을 강화시켜야 한다"는 주장에 대해 개신교인의 80%, 비개신교인의 83%가 "그렇다"고 응답해 개신교인과 비개신교인 대부분이 한국교회에 공적 역할을 기대하고 있다. 또한 개신교인과 비개신교인 60% 이상이 한국교회가 우리 사회의 이념적 갈등을 해결하고 사회 통합에 책임 있게 행동해야 한다고 인식하는 것으로 나타났다. 또한 개신교인 중 90% 이상이 교회가 지역 주민을 위해 사역을 해야 한다는 데 찬성했다. 이걸 역으로 해석하면 그동안 교회가 그렇게 하지 못하고 있었음을 반증하는 것으로 보인다. 이런 통계들을 보면서 한국교회가 윤리적 삶을 회복하지 않으면 안 되고 복음의 공공성을 반드시 회복해야 한다는 생각을 굳혔다. 야고보서를 선택한 이유가 여기에 있다.

야고보서를 선택한 이유는 채영삼 교수가 『공동 서신의 신학』(이레서원, 2017)에서 말한 내용과 비슷하다. 야고보서, 베드로전후서, 요한일이

삼서, 유다서 등으로 구성된 공동 서신은 예루살렘의 사도들이 전체 교회를 대상으로 쓴 편지인데 이는 한국교회의 치유책이라 할 수 있다. 두 가지 이유에서 그렇다. 첫째, 시대적 과제와의 유사성 때문이다. 개신교는 공동 서신보다 바울 서신을 더 중요하게 여기는 경향이 있다. 바울 서신은 선교사의 편지에 가깝다. 그것은 기독교가 이방 세계에 전파되는 초기 과정, 특히 유대교와 대립하고 그들을 설득하며 교회의 기초를 놓는 과정에서 기록된 문서다. 하지만 기독교가 이방 세계에 뿌리를 내리고 성장하며 체계를 세워갈 무렵에는 유대교가 아니라 그리스-로마라는 "세상과의 관계" 속에서 기독교는 어떻게 자리매김해야 하는지가 중요한 시대가 찾아왔고 이 과제를 위해 공동 서신이 기록됐다. 지금의 한국교회는 공동 서신의 배경이 되는 시대와 유사하다고 할 수 있다. 따라서 작금의 한국교회가 직면한 문제의 해답은 공동 서신에 있다고 해도 과언이 아니다.

둘째, 믿음과 행함이 균형을 이룰 필요성 때문이다. 한국교회의 치명적인 약점은 행함의 부재다. 현재 교회의 모습과 그리스도인들의 삶이 세상 사람들에게 지탄을 받고 있는데 그 이유 중 하나가 믿음과 행함을 대척점에 놓고 믿음은 강조하지만 행함은 소홀히 여기게 만드는 방식으로 성경을 가르치고 있기 때문이다. 신학적인 주제를 놓고 볼 때 성경을 크게 두 가지 부류로 나눌 수 있다. 사도행전을 포함한 복음서와 바울 서신이다. 복음서는 이야기책이고 바울 서신은 교리서다. 복음서는 행위와 열매를 강조하고 바울 서신은 믿음과 은혜를 강조한다. 복음서는 하나님 나라를 핵심 주제로 삼고 바울 서신은 교회의 문제들을 주로 다룬다. 이 두 가지 강조점이 서로 대립하며 역사상의 교회를 양분했다. 하지만 공동 서신은 이 둘을 통합하는 관점을 보여준다. 또한 기독교가 이방 세계에 전파되는 시기에는 바울의 "이신칭의"가 유행했지만 현대 교회에서 그 교리는 많은 오해를 받고 있기 때문에 이를 바로잡을 필요가 있다. 공동 서신은 "오직-믿음주의"를 교정하여 신앙의 정상화를 회복하는 데 기여했다.

예루살렘의 사도들은 지금 우리에게 매우 중요하고도 토대가 되는 관점을 제공해준다. 초기 교회에서는 예루살렘의 사도들이 바울보다 더 권위가 있었다. 이방 세계에서 교회에 문제가 발생했을 때 예루살렘의 사도들에게 조언을 구했고 각 교회는 그들의 지침에 따랐다. 대표적인 경우가 사도행전 15장에 나오는 첫 번째 예루살렘 회의다. 사도바울과 바나바가 교회에서 발생한 문제를 가지고 왔고 사도들은 지침을 정해 하달했다. 바울도 갈라디아서 2:9에서 그런 사도들을 "교회의 기둥"이라 표현한다. 그렇기에 초기 교회에서는 이들의 편지가 사도 바울의 편지보다 더 중요했다. 초기 사본들, 즉 "예루살렘의 키릴로스(Cyril)의 교리서"나 "라오디게아 공의회 59번째 정경"의 순서를 보면 공동 서신이 바울 서신 다음에 오지 않고 사도행전 다음에 온다. 바울 서신은 공동 서신 다음에 배치되어 있다. 이러한 정경적 순서는 바울 서신을 오직 예루살렘 사도들의 서신서의 토대 위에서 읽어야 했음을 보여준다. 따라서 우리는 한국교회의 문제를 해결하기 위해 공동 서신을 중요하게 다루어야 한다. 이것이 채영삼 교수의 주장인데 전적으로 동의한다.

공동 서신 중 야고보서를 선택한 이유는 성경 목록을 확정한 교회가 공동 서신 중 야고보서를 가장 먼저 다루기 때문이다. 갈라디아서 2:9에서 바울이 "교회의 기둥" 같이 여기는 예루살렘의 사도들에 대해 말할 때 그 순서는 이렇다. 야고보, 베드로, 요한. 공동 서신의 순서도 이와 같다. 이들 중 야고보가 가장 앞에 있다. 그만큼 야고보의 영향력이 강했음을 알 수 있다. 사도행전 15장에 나오는 예루살렘 총회의 모습에서도 그의 영향력을 알 수 있다. 로마 가톨릭교회가 교회의 수장으로 여기는 베드로가 먼저 이야기하고 야고보가 최종적 결론을 내린다. 초기 교회는 야고보의 지침에 따라 교회를 섬기고 선교를 한다. 따라서 우리는 야고보서를 비중 있게 다루어야 한다. 여기에 한 가지 이유를 더 보태고자 한다. 개신교를 낳았다고 할 수 있는 종교개혁의 시조인 마르틴 루터가 야고보서를 지나치게 홀대했기 때문이다. 그는 성경을 독일어로 번역하면서 목차에서 야고보서를 뺐고 마지못해 성경 뒷부분에 야고보서를 붙여두어 부록처럼 다루었다. 심지어 야고보의 메시지를 "지푸라기 복음"이라고 업신여겼다. 바울 서신이 말구유에 담긴 아기 예수라면 야고보의 메시지는 말구유에 깔린 지푸라기에 불과하다. 이렇게 야고보서를 우습게 여긴 결과가 행함의 부재 속에서 지탄을 받고 있는 현대 기독교의 모습이다. 그렇기에 이제는 바뀌어야 한다. 바울 서신을 공동 서신의 토대 위에서 다시 읽어야 한다.

한국교회는 믿음과 행위를 극한까지 대립시킨다. "복음은 윤리가 아니다"라는 말을 공공연히 한다. 믿음과 행위를 분리하고 대립시킨 후 행위를 윤리에 등치시키고 믿음을 신앙에 등치시키기 때문에 그런 말을 할 수 있다. 윤리를 말하면 공리주의적이고 실용주의적인 인간적 신학이라고 치부한다. 구원과 행함은 아무 관련이 없고 행위는 오직 상급과 관련이 있을 뿐이다. 이것을 주장하기 위해 명백하게 행위와 구원이 관련된 본문조차 행위와 상급이 관련된 것으로 읽는다. 심지어는 심판을 두 가지로 나눈다. 첫 번째 심판은 그리스도의 심판대를 가리키고 두 번째 심판은 크고 흰 보좌 심판을 가리킨다. 첫 번째 심판에서 신자들은 각자의 행위에 따라 자신들의 상이 결정되는 심판을 받고 두 번째 심판에서 비신자들은 각자의 행위에 따라 그들의 영원한 고통이 결정되는 심판을 받는다. 이에 대해서는 『최후 심판에서 행위의 역할 논쟁』(새물결플러스, 2019)에 있는 로버트 N. 윌킨(Robert N. Wilkin)의 글을 읽어보라. 이런 식으로 "정경 안의 정경"을 주장하거나 자신의 관점을 주장하기 위해 명백해 보이는 성경 본문마저 억지 해석을 하고, 논쟁의 소지가 있는 본문을 근거로 자신의 신학적 확실성을 주장하는 "선결 문제 요구의 허위"라는 잘못을 저지르는 것은 옳지 않다. 또한 행위와 믿음을 극단적으로 분리시키거나 인지적 동의로서의 믿음만으로 구원이 완전히 결정된 것처럼 주장하는 것은 무리가 따른다.

과연 성경이 윤리와 신앙을 분리시키는가? 믿음과 행함을 분리시키는가? 과연 존재의 변화는 없는 법정적 칭의만을 주장하는가? 그렇다면 "나더러 주여 주여 하는 자마다 다 천국에 들어갈 것이 아니라, 다만 내 아버지의 뜻대로 행하는 자라야 천국에 들어간다"(참조. 마 7:21)고 말씀하신 예수님의 말씀은 어떻게 되는 건가? 마태복음 25장에 나오는 최후 심판의 비유를 보면, 작은 자에게 선을 행하지 않은 일은 곧 예수님을 믿는 것과 관련된 신앙의 문제이며 심판받을 매우 심각한 죄다. 악을 저지른 것이 아니라 선을 행하지 않은 것 때문에 염소는 심판을 받는다. 야고보의 말대로 "사람이 선을 행할 줄 알고도 행하지 아니하면 죄다"(약 4:17). 그렇다면 반대로 행함이 중요하고 믿음은 중요하지 않은가? 그렇지 않다. 이런 질문 자체가 행함과 믿음을 분리시킨 이분법에서나 가능하다는 사실을 알아야 한다. 야고보는 결코 이런 이분법을 인정하지 않는다. 이런 이분법 위에서 "오직 믿음"을 부르짖는 것은 성경의 메시지가 아니다. 성경에 "오직 믿음"이라는 구절은 없다. "믿음으로만은 아니니라"(약 2:24)라는 구절만 나올 뿐이다. 오히려 야고보는 믿음으로만이 아니라 "행함으로 의롭게 된다"(약 2:24)라고 말한다. 성경은 윤리와 신앙을 분리시키지 않고 신앙의 핵심이 윤리이며 윤리의 핵심이 신앙임을 보여준다. 따라서 우리는 이를 가장 잘 보여주는 야고보서를 깊이 다루어야 한다.

## A는 B 안에 그리고 B는 A 안에

야고보서를 살펴보면서 나는 성자적 영성 차원과 혁명가적 영성 차원을 모두 다룰 것이다. 『성자와 혁명가』에서 그 두 가지 영성에 대해 자세히 논했으니 더 이상 언급은 하지 않겠다. 다만 한 번 더 강조하고 싶은 것은 이 두 가지 영성이 분리될 수 없다는 점이다. 믿음과 행함의 분리처럼 기독교의 교리가 허구적인 이분법을 상정하고 그것을 토대로 자기주장을 펼치는 경우가 너무 많다. 한국교회는 개인적 영성과 사회적 영성, 성자적 영성과 혁명가적 영성도 이분법적으로 분리시켜버렸다. 이제는 A는 동시에 ~A일 수 없다는 아리스토텔레스의 배중률 같은 서양의 이분법적 논리학의 한계 속에서 끊임없이 대립하는 것들을 만들어내는 기독교 교리들을 극복할 필요가 있다. 이를 극복하기 위해서는 동양적 사고방식과 삼위일체적 사고방식이 필요하다. 삼위일체의 핵심은 "페리코레시스"(perichoresis)다. 페리코레시스는 상호내주 혹은 상호침투를 뜻하는 단어다. 페리코레시스는 성부와 성자와 성령이 서로 안에 거하며 서로 안으로 침투함을 의미한다. 논리적으로 이해할 수 없는 이 개념이야말로 서양의 이분법을 넘어서는 신비를 보여준다고 생각한다.

현대 삼위일체 논쟁에 대해 자세히 설명한 책이 백충현의 『내재적 삼위일체와 경륜적 삼위일체』(새물결플러스, 2015)다. 이 책은 내재적 삼위일체와 경륜적 삼위일체의 관계에 대한 현대의 논의들을 자세히 소개한다. 목차만 봐도 기가 죽을 만한 논의들이다. "바르트의 상호상응", "라너의 동일성", "몰트만, 판넨베르크, 젠슨: 종말론적 일치", "보프와 피턴저: 훨씬 더 큼", "브라켄의 침지", "수코키와 라쿠나: 흡수" 등이다. 백충현은 이에 대해 자세히 설명한 후 하나하나 비판적 분석을 하면서 이원론적 사고

방식을 토대로 한 서양의 신학적 사유로는 그것을 온전히 설명할 수 없음을 분명히 한다. 그러면서 이에 대한 대안으로 "이정용의 상호포월"을 소개한다. 상호포월은 아시아의 관점에서 본 삼위일체에 대한 설명으로서 이정용이 선택한 개념이다. 신학적 난제에 대한 해법으로 그는 상호포월의 원리를 의미하는 논리 틀, 곧 "A는 B안에 그리고 B는 A안에"를 사용한다. 그는 "A는 B안에 그리고 B는 A안에"라는 논리 구조를 『주역』의 양(陽)과 음(陰)의 포월적 관계로부터 이끌어낸다. 양과 음은 구별되고 상반되지만 서로 배타적이지 않다. 이 둘은 연합적이고 상관적이며 공존적이고 포월적이다. 이런 사고방식이야말로 "양자택일식 사유"를 넘어선 "둘 모두의 사유"다. 그의 설명을 들으니 요한복음 14:11이 연상된다. "내가 아버지 안에 거하고 아버지께서 내 안에 계심을 믿으라." 이렇게 "A는 B안에 그리고 B는 A안에"라는 논리 구조를 통해 횡단성과 교차성과 얽힘을 긍정하는 동양적 사고방식이 서양적 사고방식보다 삼위일체의 신비를 더 잘 설명해주는 것처럼 동양적 사고방식이야말로 믿음과 행함이나 성자적 영성과 혁명가적 영성의 이분법을 넘어설 수 있게 해준다. 이런 사고방식을 통해 분열적 사고방식을 넘어 서로가 서로에 대해 문제를 제기해주고 서로가 서로를 보완해주며 서로를 더욱 풍성하게 만들어주고 상생하는 사고방식으로서의 통전적인 이해에 도달할 수 있다. 나는 이런 관점으로 야고보서를 다룰 것이다.

## 지금은 지혜서가 필요한 시대

그렇다면 왜 전도서인가? 전도서를 선택한 이유는 코로나19 팬데믹이 던지는 문명사적 도전 앞에서 우리가 우리의 사고를 생태적 사고와 미학적 사고로 전환하지 않으면 안 되기 때문이다. 좀 더 자세히 말하면 네 가지 이유에서다. 첫째, 지금은 지혜서가 필요한 시대이기 때문이다. 그동안 기독교 신앙은 구속 신앙과 창조 신앙을 극단적으로 대립시켰고 구속 개념 안에 창조 개념을 종속시켰으며 전자의 가치만을 우월하게 여겼다. 계시와 자연, 신앙과 이성, 하나님과 세계를 이원론적으로 분리하여 양자의 질적 차이만을 강조했다. 이것이 부당한 건 아니고 율법적 사고를 넘어서는 복음적 사고를 위해 필요한 단계지만 그렇게 하다 보니 구원을 새 창조로 이해하는 통전적 이해에 다다르지 못한 원인이 되기도 했다. 천사무엘은 『지혜 전승과 지혜 문학』(동연, 2009)에서 칼 바르트의 계시 신학과도 같은 성격을 가진 기독교 신앙의 결과를 세 가지로 제시한다. 첫째, 자연계시, 자연신학 그리고 자연에 대한 신학의 관심을 약화시켰다. 또한 신앙과 이성을 대비시키면서 이성의 활동과 역할을 부정적으로 바라보게 했다. 이것은 결과적으로 창조, 창조 질서, 창조 신앙, 창조 신학 등에 대한 신학적 연구를 소홀히 하는 결과를 낳게 되었다. 형편이 이렇다보니 창조 신앙이 약해졌고 창조세계를 살피는 이성적 사유에 무관심하거나 신앙의 공백을 갖게 되었다. 그리하여 세계와 우주를 하나님이 섭리하지 않는 세속적 영역으로 생각함으로써 과학자들만이 우주의 신비를 설명할 수 있다는 믿음을 갖게 했다. 그뿐만 아니라 창조와 자연에 대해 신비를 느끼는 사람들로 하여금 동양 종교나 뉴에이지 운동에 매력을 느끼도록 만들었다. 세속과 종교 영역 모두에서 주도권을 놓쳐버렸다고 할 수 있다. 천사무엘은 그렇기에 구속 신앙과 창조 신앙이 균형을 이루어야 하며 이를 위해 지혜 문학을 신앙의 중심으로 가져와야 한다고 말한다. 지혜 문학이 창조 신앙을 회복하게 만들고 세상과 소통할 수 있는 창구 역할을 하도록 말이다.

천사무엘은 지혜 문학의 특징을 다음과 같이 말한다. 지혜 문학에 의하면 첫째, 하나님은 자연을 통하여 인간이 살아가는 삶의 방법을 가르치신다. 둘째, 지혜는 여성으로 의인화되어 있는데 이는 하나님의 우주 창조 사역에 동참했던 조력자이고 인간에게 지혜를 가르쳐 이를 따르는 자에게 생명과 풍요를 선물하는 자다. 셋째, 지혜 문학은 자연을 하나님의 피조물로 여긴다. 하나님은 자연을 도구로 사용하시면서 인간을 가르치기도 하시고 의인을 축복하거나 악인을 징벌하시기도 하신다. 그러므로 인간은 자연을 관리하고 다스리는 자이기만 할 것이 아니라 자연에게서 삶을 배우는 자와 자연을 통해 주시는 하나님의 메시지를 깨닫는 자여야 한다. 넷째, 지혜 문학에 의하면 인간도 자연과 함께 하나님의 피조물이다. 인간은 창조세계인 자연 없이는 존재할 수 없고 또한 자연 안에서 다른 인간과 더불어 살지 않고는 존재할 수 없음을 깨달아야 한다. 다섯째, 지혜 문학에 의하면 인간은 자연과 창조 질서 그리고 자신의 경험을 통하여 삶의 방법을 배우고 깨닫지만 모든 것을 알 수는 없다. 그는 이런 한계를 분명하게 인식하면서 자연과 창조 질서를 통해 얻은 지혜를 가지고 행복한 삶과 하나님께 영광 돌리는 삶을 살아야 한다. 그렇다. 이러한 지혜 문학의 메시지야말로 지금 우리에게 필요한 지혜다. 지금 우리는 세상과 소통해야 하며 거대한 전환 앞에서 보편적 담론에 대해 고민해야 하고 창조 신앙의 회복을 통해 "재창조"로서의 통전적인 구원 개념을 회복해야 하는 시점에 와 있다. 창조 신앙은 구속 신앙과 대립하는 것이 아니라 그것을 풍요롭게 할 것이다. 그렇기에 우리는 그 어느 때보다 지혜서를 필요로 하는 시대를 살고 있다. 그렇다면 다른 지혜서가 아닌 전도서를 봐야 하는 이유가 무엇일까?

전도서는 대표적 지혜서인 잠언과 성격이 매우 다르다. 잠언이 왕이 젊은 아들에게 훈계하는 내용을 다룬다면 전도서는 인생을 다 살아본 왕이 자신의 삶을 회고하는 내용을 다룬다고 할 수 있다. 잠언이 젊은이의 책이며 매우 긍정적인 메시지가 주를 이루고 있다면 전도서는 늙은이의 책이며 매우 부정적인 메시지가 주를 이루고 있다. 잠언에서 말하는 의인의 첫 번째 특징이 유력함이다. 그렇기에 세상에서 성공하고 싶거나 특정한 성취를 추구하는 사람들은 잠언을 사랑한다. 반면 전도서는 이런 잠언적 지혜에 대한 비판적 메시지를 담고 있다. 첫 시작부터가 다르다. "헛되고 헛되니 모든 것이 헛되다(전 1:1)." 전도자는 우리가 추구했던 가치와 실천을 향해 다 헛되다고 평가한다. 이것이야말로 가장 급진적인 메시지다. 그런 면에서 잠언은 공자의 『논어』에 비견할 수 있고 전도서는 노자의 『도덕경』에 비견할 수 있을 것 같다. 『논어』는 모두가 우러러보고 닮고 싶어 하는 군주의 도를 말하지만 『도덕경』은 군주의 권력 자체를 상대화시켜버린다. 전도서는 노자의 사상과 유사한 면을 지니고 있다 할 수 있겠다. 지금은 코로나19 이전과 이후로 나뉘는 거대한 전환의 시대다. 이러한 시대에 필요한 사상은 기존의 질서를 유지하는 군주의 도가 아니라 군주의 도까지 상대화시키는 급진적인 사상이다. 공자와 잠언도 소중한 지적 보고(寶庫)이지만 지금은 공자보다 노자가, 잠언보다 전도서가 더 필요하다.

## 생태적인 사고로의 전환

왜 지금 전도서인가? 둘째, 생태적인 사고로의 전환이 필요하기 때문이다. 코로나19 팬데믹은 우리에게 문명사적 전환이라는 시대적 과제를 던졌다. 문명사적 전환이라는 과제를 짊어지기 위해서는 우리의 사고방식이 변하지 않으면 안 된다. 무엇보다 인간 중심주의와 기계론적 세계관을 넘어서 생태학적 사고로 전환을 이루어야 한다. 기후 변화 혹은 기후 위기가 인간 중심주의와 기계론적 세계관에 의해 발생했기 때문이다. 근대적인 세계관을 가진 인류는 자연을 대상화하고 수단화하여 무제한적으로 개발하고 착취했으며 탐욕적인 인간들이 "성장주의"를 추구함으로 인해 지구가 감당할 수준을 넘어 환경을 파괴하고 탄소를 배출했기에 기후 위기가 발생했다. 이런 문화를 만들어낸 책임이 기독교에도 있다고 비판받고 있다. 서구 자본주의의 바탕에 기독교의 정신이 있고 기독교 사상이 환경 오염의 주범으로 취급되고 있는 이때에 기독교 역시 원래의 성경적 세계관, 즉 생태주의적 세계관으로 돌아갈 필요가 있다. 짐 안탈(Jim Antal)이 『기후 교회』(생태문명연구소, 2019)에서 말한 것처럼 생태적 사고방식으로의 전환을 위한 "황금률 2.0"이 필요하다. "황금률 2.0" 버전은 "이웃의 범위를 넓히는 것"이다. 지금 당장 내 눈앞에 있는 상처입고 소외된 이웃만이 아니라 당장은 보이지 않는 존재나 비인간과 비유기체까지 우리 이웃의 범위에 포함시켜야 한다. 좀 더 부연설명 하자면, 첫째, 이웃의 범위에 미래 세대를 포함시켜야 한다. 그동안 우리의 성장은 미래 세대의 것을 가불하여 이루어진 것이기 때문이다. 아직 오지 않은 미래 세대는 기후 위기 상황 가운데 태어나 그것을 마주하고 해결해야 한다는 점에서 당사자다. 둘째, 이웃의 범위에 만물을 포함시켜야 한다. 모든 만물이 상호연결되어 있고 우리도 만물과 상호 의존 관계에 있기 때문에 이웃의 범위에 하나님의 몸인 만물까지 포함시켜야 한다.

인간 중심주의와 기계론적 세계관에 물든 우리는 자연을 "환경"이라고 말해왔다. 하지만 이제는 자연을 환경이라고 부르지 말고 "생태계"라고 불러야 한다. 이 둘의 차이가 무엇일까? 철학자 박이문은 『문명의 미래와 생태학적 세계관』(당대, 1997)에서 다음과 같이 말한다. 환경과 생태계는 네 가지 점에서 다르다. 첫째, 환경과 생태계는 다 같이 생명과 떼놓고 생각할 수 없지만 이때 관계되는 생명은 전자의 경우 인간만을 뜻하는 데 반해 후자의 경우 모든 종류의 생명체를 포함한다. 따라서 환경이 인간 중심적인 개념이라면 생태계는 생물 중심적인 개념이다. 둘째, 환경이 삶의 조건으로서의 둘러쌈을 뜻한다면 원래 어원적으로 "거주지"를 뜻하는 "생태계"(eco)라는 그리스어에서 유래한 생태계(ecosystem)는 삶의 장소인 거주지의 체계성을 뜻한다. 따라서 환경이라는 개념이 구심적이거나 원심적인 "중심주의적" 세계관을 나타낸다면 생태계라는 개념은 "관계적"이라고 이름 붙일 수 있는 세계관을 반영한다. 셋째, 환경이 원자적·단편적 세계 인식 양식을 반영하는 데 반해 생태계는 유기적·총체적 세계 인식 양식을 나타낸다. 이런 세계 인식의 차이는 한편으로는 인간과 자연의 형이상학적 구별을 인정하는 세계관과 다른 한편으로 그러한 것을 부정하는 세계관의 차이를 깔고 있다. 끝으로 형이상학적 시각에서 찾을 수 있다. 환경과 생태계 사이에 있는 세계관의 차이는 좀 더 근본적으로 형이상학적 차이에서 기인하기 때문이다. 자연과 별도로 인간을 설정하는 인간 중심적 사고를 반영한다는 점에서 환경이라는 개념이 이원론적 형이상학을 함의한다면, 모든 생명과 뗄 수 없는 상호 의존성을 강조하는 생태계라는 개념은 일원론적 형이상학을 반영한다.

이러한 생태학적 세계관은 동양적 세계관과 유사함을 알 수 있다. 조용훈은 『동서양의 자연관과 기독교 환경윤리』(대한기독교서회, 2002)에서 동양적 자연관을 다음과 같이 정리한다. 첫째, 동양 사상은 자연을 살아 있는 유기체로 파악한다. 동양 사상에서 자연은 스스로를 끊임없이 생성하는 생명력이고 살아 있는 유기체다. 둘째, 동양 사상은 인간과 자연의 상호 의존 관계를 강조한다. 동양 사상에는 인간으로부터 독립된 객관적 대상으로서의 물리적 자연이라는 개념이 존재하지 않는다. 셋째, 동양 사상은 전일적 자연관에 기초하여 자연에 대한 인간의 정복과 지배의 자세보다는 화해와 순응의 자세를 강조한다. 그것은 천인합일의 정신이며 자연과의 조화로운 삶을 강조한다. 마지막으로 동양 사상에서 인간, 자연, 정치, 그리고 사회는 유기적 상호 작용 속에 존재한다. 동양 사상에서는 신화적 세계관이 제거되는 대신에 윤리화되었다고 할 수 있다. 자연의 규칙성은 윤리적 질서로 이해되었으며 사회도 그것에 부응하여 자연에 바탕한 윤리적 이상을 목표로 하게 되었다. 조용훈은 성경의 세계관이 서양의 자연관보다 동양의 자연관과 맥을 같이한다고 말한다. 왜 그런가? 첫째, 성경이야말로 "계속적 창조 신앙"을 통해 창조의 역동성을 강조하기 때문이다. 성경은 단지 "창조 질서의 보전"을 말하지 않고 대신 "창조의 완성"으로의 부르심에 대해 이야기한다. 여기서 인간의 책임은 하나님의 계속적 창조 행위에 상응하는 행위이며 인간은 하나님의 동역자로 이해된다. 둘째, 성경은 인간과 자연의 상호 의존적 관계를 강조하고 있기 때문이다. 생태학적 창조 이해에 따르면 하나님께서 인간을 창조하시기 전에 자연을 먼저 만드셨다는 것이 중요하다. 이는 인간이 생존하기 위해 이 모든 요소와 상호 관련을 맺어야 한다는 사실을 말한다. 이처럼 성경의 세계관은 서양의 자연관보다 동양의 자연관에 훨씬 더 가깝다.

그런 면에서 생태 위기 시대에 읽어야 할 책이 노자의 『도덕경』이라 할 수 있다. 김영 교수도 『생태 위기 시대에 노자 읽기』(청아출판사, 2022)에서 동일한 말을 한다. 그는 노자 사상의 특성을 다음과 같이 정리한다. 1) 생명 존중과 반전 평화, 2) 부드럽고 겸허한 삶, 3) 대립 전화의 세계관, 4) 도와 덕의 추구, 5) 작위를 부리지 않고 스스로 그러하게, 6) 작은 나라 적은 백성, 7) 반언과 역설의 사용. 그는 이것들이 생태 위기 시대에 필요한 정신이라고 말하면서 생태 위기를 극복하기 위해서는 노자를 읽어야 한다고 말한다. 이런 정신이야말로 전도서에 나오는 정신과 다르지 않다. 본론에서 살펴보겠지만 전도서야말로 동양적 자연관과 생태적 세계관을 보여준다.

## 민주적인 사고로의 전환

왜 전도서인가? 셋째, 민주적인 사고로의 전환이 필요하기 때문이다. 일반적으로 전도서의 특징을 "메멘토 모리"(*Memento mori*)와 "카르페 디엠"(*Carpe diem*)으로 규정한다. 전도서는 우리에게 인생의 끝을 보라고 말한다. 한마디로 죽음을 직시하라고 말한다. 전도서는 영원한 것으로 오늘을 바라보고 죽음의 시점으로 현실을 직시하라는 메시지다. 전도자는 이렇게까지 말한다. "초상집에 가는 것이 잔칫집에 가는 것보다 나으니 모든 사람의 끝이 이와 같이 됨이라. 산 자는 이것을 그의 마음에 둘지어다"(전 7:2). "지혜자의 마음은 초상집에 있으되 우매한 자의 마음은 혼인집에 있느니라"(전 7:4). 죽음을 잘 준비하라는 말이다. 이것은 허무주의를 의미하지 않는다. 성경은 허무주의를 주장하지 않는다. 죽음을 잘 준비하는 사람이야말로 진짜 현실에 직면하여 현재를 제대로 살 수 있다. 죽음의 문제를 해결한 사람만이 삶의 문제를 해결할 수 있다.

죽음을 직시하라고 말하는 전도서에서 중요한 것은 정작 "현재"다. 데이비드 깁슨(David Gibson)은 『인생, 전도서를 읽다』(복있는사람, 2018)에서 "해 아래 새것이 없도다"라는 문구에서 "해 아래"를 공간의 표시가 아니라 시간의 표시로 읽어야 한다고 말한다. "해 아래"는 저곳이 아니라 지금을 가리킨다. 죽음의 문제를 거쳐 간 인간의 실존이 살고 있는 현재를 말한다. 자크 엘륄(Jacques Ellul)은 『존재의 이유, 전도서 묵상』(대장간, 2016)에서 코헬레트(전도자)가 모든 것을 의심하고 모든 가치를 허무하다고 보는 급진주의자이면서도 결코 현실 도피에 빠지지 않는다고 말한다. 코헬레트는 있는 그대로의 현실을 볼 수 있고 그와 동시에 하나님 앞에서 하나님을 위해 존재하는 그 실존의 깊이인 진리를 볼 수 있다. 현실은 진리가 구름이나 꿈속의 지적인 혹은 미학적인 도피처와 같이 되는 것을 가로막는다. 진리는 현실이 절망적이 되어서 인간으로 하여금 회의주의와 허무주의에 빠져 종국적으로 자살로 치닫게 되는 것을 막아준다. 현실의 관점에서 모든 것은 헛된 것이다. 진리의 관점에서 모든 것은 하나님의 선물이다. 심지어 한병수 교수는 『인생이란 무엇인가, 전도서 강해』(전주대학교 출판부, 2019)에서 전도서 자체를 이런 방식으로 푼다. 전도서 강해를 1:1-2부터 하지 않고 마지막 절에 해당하는 12:13부터 시작한다. "일의 결국을 다 들었으니 하나님을 경외하고 그의 명령들을 지킬지어다. 이것이 모든 사람의 본분이니라." 한병수 교수는 이 결론을 통해 전도서를 읽어야 한다고 말한다. 그는 끝을 통해 처음을 읽어야 정확한 메시지를 읽을 수 있다고 말한다. 그는 12:13을 먼저 풀고 1:1-2을 다룬다. 이처럼 전도자에게 중요한 것은 현재다. 전도자는 모든 것이 헛되다고 말하면서도 일상의 소소한 것들의 가치를 인정한다. 그는 "카르페 디엠"을 외친다. 그는 허무의 신학을 주장하지 않고 기쁨의 신학을 말한다. "사람들이 사는 동안에 기뻐하며 선을 행하는 것보다 더 나은 것이 없는 줄을 내가 알았고 사람마다 먹고 마시는 것과 수고함으로 낙을 누리는 그것이 하나님의 선물인 줄도 또한 알았도다"(전 3:12-13).

하지만 내게 가장 중요한 관점으로 여겨지는 것은 현실 체제에 대한 급진적인 비판으로서의 시각이다. 전도서는 다음과 같이 시작한다. "다윗의 아들 예루살렘 왕 전도자의 말씀이라"(전 1:1). 이 구절 때문에 전통적으로 전도서의 저자를 솔로몬이라 믿었다. 김순영이 쓴 『일상의 신학, 전도서』(새물결플러스, 2019)에 의하면 대부분의 학자는 전도서의 저자가 솔로몬이 아니라고 믿는다. 1절의 번역도 "예루살렘의 왕인 다윗의 아들 전도자의 말씀이라"라고 해야 옳다는 주장도 있다. 예루살렘의 왕인 다윗의 후손 중 지혜의 선생이 이 글을 썼다는 의미다. 더군다나 지혜자는 여성형이다. 성경의 지혜는 여성으로 의인화되어 있다. 우리가 잘 아는 구절도 사실은 "그"가 아니라 "그녀"라고 번역해야 옳다. "지혜를 버리지 말라! 그녀가 너를 보호하리라. 그녀를 사랑하라. 그녀가 너를 지키리라. 그녀를 높이라. 그리하면 그녀가 너를 높이 들리라. 만일 그녀를 품으면 그녀가 너를 영화롭게 하리라"(잠 4:6, 8). 이런 말씀을 읽노라면 전도서의 전도자가 어쩌면 여성일지도 모르겠다는 생각이 절로 든다.

전도서를 읽어보면 저자가 솔로몬임을 암시하는 내용이 많다. 왜 그랬을까? 그것은 솔로몬이야말로 지혜자를 대표하는 "지혜자 중의 지혜자"이기 때문이다. 열왕기상 4장은 솔로몬에 대해 다음과 같이 말한다. "하나님이 솔로몬에게 지혜와 총명을 심히 많이 주시고 또 넓은 마음을 주시되 바닷가의 모래 같이 하시니 솔로몬의 지혜가 동쪽 모든 사람의 지혜와 애굽의 모든 지혜보다 뛰어난지라"(왕상 4:29-30). 더군다나 열왕기서는 그가 잠언 삼천 가지를 말했고 그의 노래는 천다섯 편이며 사람들이 솔로몬의 지혜를 들으러 왔으니 이는 그의 지혜의 소문을 들은 천하 모든 왕들이 보낸 자들이라고 말한다. 무엇보다 솔로몬은 이스라엘의 가장 찬란한 문명을 꽃피운 왕이다. 다윗이 기초를 쌓았다면 솔로몬은 그 위에 집을 세웠다. 성전을 건축했고 영토를 확장했으며 부국강병을 이루었고 이스라엘의 이름을 드높였다. 그는 모두가 부러워하는 존재의 대명사다.

김순영에 의하면 전도자는 자신을 솔로몬을 연상하는 자로 소개하지만 솔로몬의 영광을 헛된 것으로 만들기 위해서 그 이름을 사용한다. 나도 이에 동의한다. 실상 가장 찬란한 이름인 솔로몬이야말로 말년에 우상숭배자로 전락한 자 아닌가? 처음으로 솔로몬 시대에 666이라는 글자가 나타나지 않는가? 솔로몬 왕국이 받아들인 시스템은 이집트 제국의 시스템이고, 바빌로니아 제국의 시스템이며, 짐승의 나라의 시스템이고, 666 시스템이다. 솔로몬은 공평과 정의로 다스렸던 다윗의 나라를 이방 나라보다 더 제국주의적이고 우상숭배적인 국가로 만들었다. 그로 인해 결국 이스라엘은 남과 북으로 나라가 갈라졌다. 그렇기에 전도자는 솔로몬으로 대표되는 우상숭배적 사회 시스템을 헛된 것으로 비판한다. 한마디로 전도서는 "솔로몬에 대한 패러디"다. 이는 "온갖 영화로 차려 입은 솔로몬도 이 들꽃 하나와 같이 잘 입지 못했다"(참조. 마 6:29)는 예수님의 말씀과 상통한다. 그렇다면 전도서의 메시지야말로 가장 우상타파적인 메시지다. 그런 면에서 전도서는 무정부주의라는 의미가 아니라 참된 민주주의라는 의미에서의 아나키즘과 유사하며 노자의 사상과도 일맥상통한다. 아나키스트들에게 노자의 『도덕경』은 그들의 경전과도 같다. 『도덕경』 제3장에서는 성인을 숭상하지 못하게 하여 백성들로 다투지 않게 하고 지혜가 있는 자가 무얼 한다고 나서지 못하게 하라고 말한다. 다스리지 않음이 가장 잘 다스림이기 때문이다. 제17장에서는 가장 훌륭한 지도자는 아랫사람이 그가 있는 것만 겨우 알게 하는 지도자라고 말한다. 제80장에서 노자가 꿈꾸는 세상을 "소국과민"(小國寡民)이라고 말한다. 그것은 나라를 작게 하고 백성의 수를 적게 하는 세상을 뜻한다. 본론에서 다루겠지만 최근 탈성장 담론을 주장하는 사람들이 대안으로 꿈꾸는 사회의 모습이 이와 같다. 나는 이와 같은 시각만으로 대안적인 사회를 이루기는 어렵다고 본다. 국가와 정치체에 대한 고민의 부재와 소위 "정치적인 것"에 대한 이해의 부족이 나타나기 때문이다. 하지만 그것이 이상적인 지향점임도 부정하지 않는다. 나는 양쪽 모두의 고민을 통합해야 한다고 생각한다.

## 미학적인 사고방식으로의 전환

왜 전도서인가? 마지막으로 미학적인 사고방식으로의 전환이 필요하기 때문이다. 학자들에 의하면 전도서의 가장 큰 특징은 모호성 혹은 모순성이다. 전도자는 서로 상반된 메시지를 동시에 주장한다. 따라서 어떤 학자들은 전도서를 통일성 없이 여러 금언을 끌어 모은 모음집으로 생각하거나 혹은 여러 명이 썼다고 생각하거나 저술 시기가 다양한 사상들의 영향을 받은 인간의 지혜에 불과하다고 주장한다. 하지만 성경을 그렇게 볼 수는 없다. 모든 성경은 성령의 감동으로 된 것이며 다양한 전승이 있다고 할지라도 전승 과정과 최종 형태로 만들어질 때 성령의 역사가 함께했다고 보아야 한다. 그렇다면 전도서가 보여주는 진리에 대한 모호성이나 모순성을 참 지혜의 특성으로 보아야 한다. 참 지혜는 모호성의 영역과 모순성의 영역을 인정하며 그 속에서 참모습을 드러낸다. 분명하게 말할 수 있는 것과 모호한 것 둘 다 인정하는 것이 지혜다. 세상은 대립 구도에 있는 양자 중 하나를 선택하도록 강요한다. 하지만 대립적인 것으로는 이해할 수 없는 모호성의 영역이 세상에는 존재한다. 이러한 모호성을 인정하는 것에서 겸손이 나오고 절대주의나 극단주의를 극복할 수 있다. 그런 면에서 보면 전도서야말로 양극단으로 분열되어 서로 혐오하고 투쟁하는 현대 사회의 치료제다.

도올 김용옥도 『노자와 21세기』(통나무, 2000) 제3권에서 이와 동일한 의견을 개진한다. 그는 노자에게 배운 가장 큰 교훈을 꼽으라고 하면 "삶의 양면성"이라 해야 할 것이라고 말한다. 삶의 양면성은 "삶의 이중성"으로 표현할 수도 있다. 삶의 양면성과 이중성이란 일면을 계산하여 타면을 악용하거나 일면에 집착하여 타면을 배제하는 것이 아니라 그 양면을 동시에 수용함으로써 이중적인 것처럼 보이는 삶의 태도를 말한다. 그것은 인간의 모든 상대적 가치에 대한 전관(全觀, Total View)이다. 김용옥은 『노자 철학 이것이다』(통나무, 1989)에서 노자 철학의 세 가지 일반적 특징을 하늘과 사람의 화해(和諧), 존재와 가치의 화해, 그리고 현상과 본체의 화해라고 말한다. 화해가 곧 전관이다. 삶의 양면성을 아우를 때 인간은 큰 인격을 이룰 수 있다. 역시 노자의 사상은 전도서를 닮았다.

나는 이런 삶의 모호성과 모순성 혹은 양면성과 이중성을 "미학적 영역"으로 본다. 참 지혜를 알려면 미학적 감각을 가져야 한다. 또한 이런 미학적 감각이야말로 생태학적 감수성이라고 할 수 있다. 앞서 소개한 철학자 박이문은 『문명의 미래와 생태학적 세계관』에서 이를 분명하게 밝힌다. 서양의 근대를 지배한 두 개의 사상은 칸트의 합리주의와 벤담의 공리주의다. 칸트의 윤리는 의무주의적 정언 명법을 통해 드러나고 벤담의 윤리는 결과주의적 가치를 통해 드러난다. 둘 다 "합리적 이성"을 전제로 하는데 포스트모더니즘은 이러한 보편적 이성의 허구성을 적나라하게 고발한다. 하지만 모든 걸 해체하고 나면 실천적 차원에서 아무것도 할 수 없다. 실천적 차원에서는 새로운 이성이 재구성되어야 한다. 이에 "합의로서의 이성" 개념이 대안으로 떠올랐다. 이는 하버마스가 말한 "의사소통적 합리성"과 존 롤즈의 "공정성으로서의 정의" 개념으로 대표된다. 박이문은 이 두 가지 사상이 전제하는 "합의로서의 이성" 개념의 문제점을 지적하는데 여기서 자세히 다루지는 않겠다. 다만 그가 대안적 이성으로 "미학적 이성"을 주장하고 있다는 점만 짚고 넘어간다. 미학적 이성이야말로 모든 판단의 궁극적 근거에 가치를 둔다. 가치로서의 미학적 이성은 궁극적 입장에서 본 가치를 뜻한다. 따라서 미학적 이성은 근시적이기보다는 원시적이고, 미시적이기에 앞서 거시적이며, 부분적이기 전에 총체적이고, 분석적이기에 앞서 종합적이며, 대립적이기보다 조화적이고, 단선적이기보다 다원적이며, 논리적이기보다 예술적이고, 경직되지 않고 유연하게 궁극적 가치를 반성적으로 부단히 재검토한다. 이러한 미학적 이성이야말로 생태학적 이성이며 지구촌 시대의 윤리를 가능케 한다고 그는 말한다.


## 탈성장 교회로 가는 길

"탈성장 교회"는 근본적인 패러다임의 전환을 이룬 교회를 말한다. 탈성장 교회는 탈성장 담론을 적극적으로 수용하는 교회를 뜻한다. 잘 알려진 것처럼 탈성장은 성장주의를 벗어나자는 담론이다. 여기서 말하는 성장주의는 단지 규모만을 말하는 것이 아니다. 그것은 현 신자유주의적 카지노 탄소 자본주의와 사회 문화를 떠받치고 있는 근본적인 패러다임을 의미한다. 탈성장은 이런 성장주의에서 벗어나 완전히 새로운 세상을 꿈꾼다. 내가 볼 때 탈성장은 생태·정의·평화 전반에 걸친 주제를 총괄하는 의미의 개념이다. 본론에서 자세히 이야기하겠지만 탈성장 교회는 "역(逆)-성장", 즉 마이너스 성장을 주장하는 교회가 아니다. 그것은 말 그대로 "성장주의를 벗어난 교회"다. 한국교회도 실상 성장주의의 산물이다. 성장주의야말로 한국교회의 다양한 차원을 설명해주는 핵심 키워드다. 한국교회를 떠받치고 있는 이 성장주의를 벗어나지 못하면 한국교회는 결코 교회의 본질을 회복할 수 없다. 탈성장 교회는 성경에서 말하는 교회의 본질을 회복하는 교회이자 윤리적·생태적·미학적 관점을 회복하고 실천하는 교회라고 할 수 있겠다. 기독교에서도 공공성의 담론·실천·이슈 차원에서 탈성장에 관한 문제 제기는 있었다. 하지만 "탈성장 교회"를 고유 명사처럼 제시한 경우는 아직 없었던 것 같다. 그래서 나는 "탈성장 교회"를 코로나19 이후 시대이자 문명 전환 시대이자 기후 위기 시대에 교회가 나아갈 방향이라고 감히 말하고자 한다.

　나는 야고보서와 전도서를 통해 이에 대해 자세히 말하고자 한다. 야고보서와 전도서를 통해 본 코로나19 이후 시대이자 문명 전환 시대이자 기후 위기 시대의 영성과 교회의 나아갈 길에 대해 나누겠다. 성경 본문을 작위적으로 해석하지 않고 전체 맥락과 본문의 원어를 올바로 이해하기 위해 야고보서는 채영삼의 『공동 서신의 신학』과 박대영의 『시험을 만나거든』(두란노, 2020)을 참조했고, 전도서는 김순영의 『일상의 신학, 전도서』와 권지성의 『특강 전도서』(IVP, 2021)를 참조했음을 밝힌다. 독서의 흐름을 방해하지 않기 위해 되도록 각주를 달지 않았고 혹 다루지 못한 중요한 주제일 경우는 독자를 위해 여러 저서를 소개하는 각주를 달았다. 대부분 읽은 책들을 소개했고 혹 아직 읽지 못한 책을 소개할 경우도 중요한 책이어서 구입해놓은 책만 소개했다. 초고의 분량이 너무 많아서 내용을 줄일 수밖에 없었다. 그렇기에 야고보서는 7장에서 4장으로 줄였고 전도서는 한 장만 줄였다. 야고보서와 전도서 외에도 창세기 1-3장과 고린도전서 6-7장을 잠깐 언급할 것이다. 고린도전서는 "아디아포라"(adiaphora)에 대한 말씀을 해석하는 기초 본문으로 삼았고 창세기는 생태학적 시각과 지혜에 대한 시각을 보여주는 본문으로 삼았다. 야고보서는 믿음과 행함이 통합된 신자의 삶을 중심으로 나누되 종교 중독, 탈-진실, 능력주의, 조건의 평등 등 현실 이슈들도 다루었다. 코로나19 이후 시대이자 문명 전환 시대이자 기후 위기 시대의 영성과 교회의 나아갈 길은 주로 전도서를 통해 나눈다. 이에 관심 있는 분들은 먼저 전도서를 읽고 여유 있을 때 야고보서를 읽어도 좋다. 『코로나19 이후 시대와 한국교회의 과제』의 후속편 성격도 있으므로 그 책에서 다룬 주제들은 피하고, 전도서를 다루면서 생태적 세계관, 문명의 전환, 행복학, 아나키즘, 자립적 관점, 국민 총행복, 커먼즈, ESG, 그린 뉴딜, 탈성장, 죽음학, 질병권, 포스트-휴먼, 플랫폼 자본주의, 돌봄 사회, 아디아포라, 미학, 중용, 언택트, 코로나-트렌드, 세대론, 이대남·이대녀 현상 등 다양한 이슈도 다룰 것이다. 『코로나19 이후 시대와 한국교회의 과제』와 『탈성장 교회』를 함께 읽으면 큰 그림을 그릴 수 있을 뿐 아니라 현대 사회의 이슈를 세밀하게 들여다 볼 수 있을 것이다. 원고를 2022년 10월 중순에 넘겼기 때문에 "1029 이태원 참사"를 다루지 못했다. 이 지면을 통해 참사 희생자들과 유가족에게 주님의 위로가 있기를 빌며 기독교가 적절치 못한 반응을 한 것에 대해 죄송한 마음을 전한다.

기독교인이 사회적 참사를 어떻게 받아들이고 어떻게 응답해야 하는지에 대해서는 『페어 처치』 제3부 공공성을 회복하는 선교적 교회 제4장 "타자를 위한 교회"에서 자세히 다루었으므로 참조하라. 우리가 세월호 참사를 어떤 관점으로 받아들였고 어떤 활동을 했는지 자세히 기록해놓았으니, "1029 이태원 참사"를 어떻게 대해야 하는지 이해하는 데 도움이 될 것이다.

　서론을 마무리하면서 감사의 말을 전해야겠다. 함께 순례의 길과 동역의 길을 가고 있는 아내 임영신과 세 아이 늘봄, 시원, 슬빛, 그리고 어렸을 적 아이들을 돌봐주신 장모님과 먼저 하늘나라로 가신 아버님과 홀로 계신 어머님께 진심으로 고마운 마음을 전한다. 선교적 교회의 비전을 함께 감내하며 달려온 더불어숲동산교회 모든 성도님들, 특히 셀장, 운영위원, 페어라이프 팀원, 교사, 찬양팀, 새가족부원 그리고 그 외의 봉사자들에게 진심으로 감사드린다. 마음을 다해 응원해주시며 추천사를 써 주신 분들과 이 책을 발간한 김요한 목사님과 새물결플러스에 진심으로 감사를 전한다.

# 제1부

# 야고보서: 윤리적 삶을 살라

**"내 행함으로 내 믿음을 보이리라"**

# 말씀, 죄악을 이기는 길

낮은 형제는 자기의 높음을 자랑하고 부한 자는 자기의 낮아짐을 자랑할지니, 이는 그가 풀의 꽃과 같이 지나감이라. …그러므로 모든 더러운 것과 넘치는 악을 내버리고 너희 영혼을 능히 구원할 바 마음에 심어진 말씀을 온유함으로 받으라(약 1:9-10, 21).

내 형제들아, 너희 중에 미혹되어 진리를 떠난 자를 누가 돌아서게 하면 너희가 알 것은 죄인을 미혹된 길에서 돌아서게 하는 자가 그의 영혼을 사망에서 구원할 것이며 허다한 죄를 덮을 것임이라(약 5:19-20).

**

야고보서는 야고보가 "흩어져 있는 열두 지파"(약 1:1)에게 쓴 편지다. 야고보가 가장 먼저 다룬 문제는 "시험"이다. 시험이라는 말은 두 가지 차원의 의미를 담고 있다. 밖으로는 "시련"이라는 의미이며 안으로는 "유혹"이라는 의미다. 당시 교회는 내우외환을 겪고 있었다. 흩어진 열두 지파는 밖으로부터 혹독한 고난과 핍박을 당하고 있었다. 안으로는 세상과 타협하며 세상에 물드는 무리와 믿음에 대한 오해로 인해 쉽게 윤리적으로 타락하는 무리가 생기기 시작했다. 이 중 야고보가 먼저 다루는 것은 밖으로부터 주어지는 시련이다. 우리도 코로나19로 인해 참 힘든 시간을 보냈다. 전무후무한 경험이라 대부분 코로나19 팬데믹 기간을 어떻게 보내야 할지 몰라 당황했고 우울해했다. 오죽하면 "코로나 블루"라는 신조어가 생겼을까? 더군다나 코로나19로 인해 모이거나 친밀한 관계를 맺는 것이 불가능해진 시대가 되어버렸다. 도대체 만남 자체가 불가능한 상황에서 어떻게 교회를 세워나가야 한단 말인가?[1]

---

1  코로나19 팬데믹을 이해하고 어떤 방향으로 나아가야 할지를 고민하는 사람들을 위해 책들을 소개한다. 서론에서 말한 것처럼 조금 허망함을 느끼게 했던 책들은 초기 저서들인데, 존 파이퍼의 『코로나 바이러스와 그리스도』(개혁된실천사, 2020), 황을호의 『대유행병과 기독교』(생명의말씀사, 2020), 존 레녹스의 『코로나바이러스 세상, 하나님은 어디에 계실까』(아바서원, 2020) 등이다. 여러 교수가 함께 쓴 『전염병과 마주한 기독교』(다함, 2020) 중 몇 개의 글은 내가 이전 책을 쓰는 데 도움을 주는 글이었다. 『코로나19 이후의 시대와 한국교회의

## 인내, 시험을 이기는 길

시련 앞에 있는 성도들에게 야고보는 말한다. "내 형제들아, 너희가 여러 가지 시험을 당하거든 온전히 기쁘게 여기라"(약 1:2). 야고보는 왜 기뻐하라고 했을까? "이는 너희 믿음의 시련이 인내를 만들어내는 줄 너희가 앎이라. 인내를 온전히 이루라. 이는 너희로 온전하고 구비하여 조금도 부족함이 없게 하려 함이라"(약 1:3-4). 우리는 고난의 목적을 알기 때문에 기뻐할 수 있다. 믿음의 사람은 발생한 고난의 "이유"가 아니라 발생한 고난의 "목적"을 붙든다. "이유"와 "목적"에는 차이가 있다. 이유는 무엇 때문인지, 즉 원인을 찾고 목적은 무엇을 위한 것인가를 찾는다. 이유는 일어난 일을 이해하게 해줄 논리적 설명을 원하지만 목적은 무슨 일이 일어났는지 상관없이 하나님이 그 일을 통해 선한 목적을 이루실 수 있다고 믿는다. 우리는 우리에게 일어난 일에 대한 이유를 다 이해할 수 없다. 하지만 우리에게 일어난 일에 대한 목적을 알 수는 있다. 목적을 알면 시험당함을 기쁘게 여길 수 있고 감사함으로 승리할 수 있다.

그렇다면 우리의 목적은 무엇인가? 야고보는 1:3-4에서 외적인 어떤 일의 성취보다 내적인 인격을 만들어가는 것에 대해 말하고 있다. 믿음의

---

과제』를 발간하고 나서 읽은 코로나19 관련 책들은 실제적인 도움을 주는 책이 많아 여기에 소개한다. 6명이 함께 쓴 『회복하는 교회』(생명의말씀사, 2020), 월터 브루그만의 『다시 춤추기 시작할 때까지』(IVP, 2020), 톰 라이트의 『하나님과 팬데믹』(비아토르, 2020), 미래학자 최현식이 쓴 『코로나 이후 3년 한국교회의 대담한 도전』(생명의말씀사, 2020) 등이다. 후반부에 나온 책일수록 좀 더 실제적이다. 포스트코로나와 목회연구학회에서 낸 『비대면 시대의 '새로운' 교회를 상상하다』(대한기독교서회, 2020), 톰 레이너의 『코로나 이후 목회』(두란노, 2020), 부산장신대 세계선교연구소가 편집한 『코로나19와 한국교회의 회심』(동연, 2020) 등이다. 코로나19를 어느 정도 겪고 쓴 책이기에 훨씬 더 완결적인 내용을 담고 있는 2021년 저서로는 다양한 분야의 연구자들이 함께 쓴 『바이러스에 걸린 교회』(삼인, 2021), 이정배 교수의 『코로나 바이러스, 사람에게 묻다』(신앙과지성사, 2021) 등이 있다.

시련이 인내를 만들어내는 것은 단지 개인적 영성을 의미하지 않는다. 인내는 본질적인 기독교 공동체의 정체성을 보여준다. 앨런 크라이더(Alan Kreider)의 『초기 교회와 인내의 발효』(IVP, 2021)를 보면, 초기 그리스도인들에게 가장 중요하고 가장 높은 모든 덕목 중 최고의 덕목이 "인내"였다. 그렇기에 그들은 인내에 뿌리를 둔 아비투스, 즉 반사적인 신체적 행위를 형성하는 일에 특별하게 몰두했다. 어떤 갑작스런 예외적 상황이 벌어져도 몸에서 자연스럽게 나오는 행위가 아비투스라는 것인데 기독교가 특별하게 몰두했던 것이 바로 이 인내의 발효였다. 인내의 발효에는 많은 시간과 공력이 들어갔고, 이런 과정을 통해 형성된, 보이지는 않지만 행위로 드러나는 능력을 통해 초기 교회는 처음에는 더디지만 "끈기 있는 성장"을 이루었다. 콘스탄티누스 황제가 기독교를 공인하기 전까지 기독교는 이런 방식으로 성장했다. 초기 교회의 성장은 무슨 조직화된 선교 프로그램의 결과가 아니었고 그렇다고 신중하게 계획한 것의 결과도 아니었다. 최고의 신학자도 인내에 관한 논문을 썼지 전도에 대한 논문은 단 한 편도 쓰지 않았다. 인내의 발효를 통해 보이는 모습을 보고 소망의 이유를 물으면 그때 그리스도인들은 비그리스도인들을 공동체에 초대하여 복음을 접하게 했다.

하지만 콘스탄티누스 황제가 기독교를 공인하고 나서부터 기독교는 변하기 시작한다. 첫째, 그리스도인들이 선교 사역을 계획하고 그런 사역을 방법론적으로 통제하기 시작했다. 둘째, 기독교는 국가의 힘을 통제의 수단으로 사용했다. 삶을 통해 하나님의 성품을 드러내는 방식에서 국가의 힘을 이용하는 방식으로 변했다. 셋째, 자유로운 대화를 통해 상대를 설득했던 방식에서 종교적 강압을 통해 개종을 일으켰다. 넷째, 이것이 이 책의 핵심 문제 제기인데 하나님의 선하심을 신뢰하며 인내를 통해 끈기 있는 성장을 이루던 것에서 기독교의 하향 평준화와 균질화를 만들어낸 "속도"를 추구하기 시작했고 결과에 대한 "조급증"이 나타나기 시작했다. 조급증이 기독교의 최고 특징이 되었다. 마지막으로 "이중 회심"이 일어났다. 특별한 사람의 회심과 일반 성도들의 회심이 나누어져 대부분의 그리스도인에게 가볍고 빠른 회심만 요구되었고 그들은 인내의 발효가 일어나지 않아도 되는 성도들이 되어버렸다. 콘스탄티누스 이후의 기독교가 바로 현대 기독교의 모습이다. 현대 기독교가 본질을 회복하려면 다시 초기 그리스도인들이 강조했던 "인내의 발효"를 추구해야 한다.

야고보는 5:10-11에서도 다음과 같이 말한다. "형제들아, 주의 이름으로 말한 선지자들을 고난과 오래 참음의 본으로 삼으라. 보라! 인내하는 자를 우리가 복되다 하나니, 너희가 욥의 인내를 들었고 주께서 주신 결말을 보았거니와 주는 가장 자비하시고 긍휼히 여기시는 이시니라"(약 5:10-11). 여기서 말하는 "결말"은 "텔로스"(telos)라는 그리스어가 보여주듯 목표나 목적을 의미한다. 이 문장은 우리에게 순례의 길을 가면서 겪는 고난의 목적을 보여주고 있다. 야고보는 주께서 주신 결말은 욥이 고난의 과정을 통해 보여준 순례의 목적이며 영적 여행의 이유라고 말한다. 우리가 성취해야 할 건 욥이 성취한 인내의 발효다. 욥기에서 가장 흥미로운 장면은 그의 친구들과 논쟁하는 장면이다. 논쟁의 과정에서 드러난 욥과 친구들의 신앙에는 엄청난 차이가 드러났다. 욥의 신앙은 "까닭 없이 하나님을 신뢰하는 믿음"이다. "'왜'라는 질문 없이" 하나님을 사랑하고 신뢰하는 것이 진정한 믿음이다. 이에 반해 욥의 친구들은 인과응보의 신앙을 보여주었다. 친구들은 욥에게 "죄 없이 망하는 자가 있더냐?"(참조. 욥 4:7)라고 말한다. 이것은 "까닭 없이 하나님을 경외하겠습니까?"(참조. 욥 1:9)라고 말한 사탄의 숨은 논리와 똑같다. 하나님은 욥의 친구들이 아니라 욥이 옳다며 욥의 손을 들어주셨다. 하지만 동시에 그분은 욥을 철저히 깨뜨리셨다. 욥의 주장에 욥의 친구들이 추구한 신앙의 잔재가 남아 있었기 때문이다. 욥은 하나님께 자신이 옳다고 주장했다. 그는 자신이 옳기 때문에 인과응보 신학을 자신에게 적용할 수 없다고 주장했다. 의인도 고난 가운데 있을 수 있다. 선한 사람도 비극적 삶을 살아갈 수 있다. 하지만 하나님은 아신다. 의인들이 옳다는 것을 말이다. 하나님이 반드시 이 진실을 드러내실 것이다. 맞다. 욥의 주장은 틀리지 않았다. 하나님은 진실을 드러내실 것이며 선과 악을 정확히 가를 것이다. 하지만 욥은 한 가지 면에서 틀렸다. 자신이 옳기 때문에 인과응보 신학을 적용할 수 없는 것이 아니라 자신이 옳지 않아도 하나님은 그에게 인과응보 신학을 적용하지 않을 거라는 진리를 그는 몰랐다. 욥은 시련을 통해 이러한 진리를 깨닫게 되고 하나님이 어떤 분인지를 온전히 알게 된다. 그는 은혜의 복음을 맛보았다. 하나님의 완전한 사랑의 무상성을 경험했다. 문학비평가이자 마르크스주의자이며 독실한 그리스도인인 테리 이글턴(Terry Eagleton)은 『신을 옹호하다』(모멘토, 2010)에서 다음과 같이 말했다. "내가 알기로 과학과 신학 간에 차이가 있다면 그것은 이 세상을 선물로 보느냐 아니냐 하는 데 있다." 욥은 고난의 과정을 통해 하나님의 사랑의 무상성을 온전히 깨달음을 통해 인내의 발효를 이루었다. 우리가 순례의 과정에서 경험해야 할 것이 바로 인내의 발효다.

김영하는 여행 산문집 『여행의 이유』(문학동네, 2019)라는 책에서 "여행기"의 플롯에 대해 이야기한다. 여행담은 인류의 가장 오래된 이야기 형식이다. 주인공은 뭔가 간절히 원하는 것을 찾아 늘 어딘가로 떠난다. 세상에서 가장 오래된 플롯이 바로 이 "추구의 플롯"이다. 그런데 추구의 플롯이 흥미로운 점은 이야기의 결말에 있다. 주인공은 결말에 이르러 원

래 찾으려던 것과 전혀 다른 것을 얻는다. 추구의 플롯으로 구축된 이야기
들에는 대부분 두 가지 층위의 목표가 있다. 주인공이 드러내놓고 추구하
는 외면적인 목표와 주인공 자신도 잘 모른 채 추구하는 내면적인 목표다.
추구의 플롯에 따라 잘 쓴 이야기는 외면적인 목표를 향해 여행하다 내면
적인 목표를 이루는 과정을 통해 관객에게 깊은 만족감을 준다. 겉으로 보
면 우리는 모두 외면적인 목표를 가지고 여행을 한다. 하지만 우리의 내면
에는 우리가 미처 깨닫지 못하는 강력한 바람이 있다. 여행을 통해 "뜻밖
의 사실"을 알게 되고 자신과 세계에 대한 놀라운 깨달음을 얻게 되는 것,
그런 마법적 순간을 경험하는 것이 "여행의 이유"다. 하나님도 우리가 순
례의 길을 걷는 동안 외면적 목표가 아니라 내면적 목표를 이루기를 원하
신다. 욥의 외면적인 목표는 고난의 극복이었을지도 모르겠다. 하지만 하
나님은 그에게 "인내의 발효"를 이루기 원하셨다. 그는 인내의 발효를 통
해 철저히 은혜의 사람으로 바뀐다. 그는 은혜의 사람이 되었기에 자신을
정죄하던 친구들을 용서하고 그들을 위해 기도하는 사람이 된다. 우리도
마찬가지다. 외면적인 목표를 향해 달려가는 인생에서 내면적 목표를 향
해 순례하는 인생으로 바뀌어야 하고 순례의 과정에서 욥의 인내를 통해
하나님의 성품에 참예하며 하나님의 뜻을 이루는 삶을 살아야 한다.


## 정화·조명·일치의 길

"인내의 발효"를 위한 순례의 여정에서 다뤄야 할 가장 중요한 주제 중 하
나가 죄의 문제다. 전통적으로 기독교는 죄를 "3대 죄악"으로 이해했다.
3대 죄악은 돈, 성, 권력으로 상징되는 탐욕, 정욕, 교만이다. 교만은 자신

과 자신의 힘에 대한 집착이고, 정욕은 즐거움에 대한 집착이며, 탐욕은 돈과 소유에 대한 집착이라고 할 수 있다. 이를 육신의 정욕, 안목의 정욕, 이생의 자랑으로도 풀 수 있겠다. 육신의 정욕은 정욕, 안목의 정욕은 탐욕, 이생의 자랑은 교만으로 말이다. 기독교가 3대 죄악을 중요하게 여겼던 이유는 영적인 성장 단계에서 죄를 해결하는 것이 매우 중요했기 때문이다. 브라이언 맥클라렌(Brian D. McLaren)의 『다시 길을 찾다』(IVP, 2009)에 의하면, 초기 기독교는 영적 성장 단계를 "삼중의 길"이라고 표현했는데 곧 "정화의 길"(카타르시스), "조명의 길"(포토시스) 그리고 "일치의 길"(테오시스)이다. 정화의 길은 죄를 깨닫고 깨끗케 하는 차원이고, 조명의 길은 하나님의 빛에 노출되어 하나님의 빛이 우리 영혼과 존재와 삶 속에 들어오는 차원이며, 일치의 길은 하나님과 우리 존재가 일치되는 과정인데 용광로 안의 철과 불이 결합하는 것처럼 불이신 하나님과 결합하는 차원이다. 첫 단계는 죄의 문제를 해결하는 것이다. 집 안의 쓰레기를 정리하고 빛이 들어오도록 더러워진 창문을 닦는 것과 같다. 그래서 정화의 길은 빈곤, 순결, 순종에 대해 서약하면서 시작한다. 빈곤 서약은 탐욕을, 순결 서약은 정욕을, 순종 서약은 교만을 물리치는 방편이다.

야고보 역시 이를 매우 중요하게 여겼다. 그는 고난당하는 교회들을 향해 시험을 이기는 법을 이야기한 후 바로 그들 안에 있는 죄의 문제를 거론한다. 야고보는 신자에게 가장 강력한 유혹이 둘 있다고 본 것 같다. 하나는 재물이고 다른 하나는 언어다. 재물은 소유욕, 언어는 권력욕과 맞닿아 있다. 하나는 경제적 차원의 죄이고 다른 하나는 정치적 차원의 죄다. 물론 두 가지는 서로 얽혀 있다. 성적인 문제도 중간에 다루기는 하지만 야고보는 주로 이 두 가지 문제를 다룬다. 야고보는 죄의 문제를 다루면서 곁가지를 모두 제거하고 단도직입적으로 다음과 같이 말한다. "사람이 시험을 받을 때에 내가 하나님께 시험을 받는다 하지 말지니, 하나님은 악에게 시험을 받지도 아니하시고 친히 아무도 시험하지 아니하시느니라. 오직 각 사람이 시험을 받는 것은 자기 욕심에 끌려 미혹됨이니, 욕심이 잉태한즉 죄를 낳고 죄가 장성한즉 사망을 낳느니라"(약 1:13-15). 야고보는 지금 하나님이 자기를 시험하는 것처럼 변명하지 말라고 말한다. 하나님은 아무도 시험하지 않으신다. 오직 각 사람이 시험을 받는 것은 자기 안에 있는 욕심에 끌려 미혹되기 때문이다. 이걸 인정하고 시작해야 해법이 나온다.

## 죽음에 이르는 7가지 대죄

죄의 문제를 좀 더 자세히 다루기 위해 3대 죄악만이 아니라 7대 죄악에 대해 살펴보자. 본문을 이해하는 데 많은 도움을 줄 것이다. 먼저 개론적인 이야기를 하자. "7가지 대죄"에 대해서는 신원하의 『죽음에 이르는 7가지 죄』(IVP, 2012)와 전요섭의 『7가지 악한 성품과 기독교상담』(CLC, 2019)과 황인수의 『칠죄종 일곱 가지 구원』(성바오로출판사, 2019)을 참조했다. "7가지 대죄"가 처음으로 형태를 갖추고 나타난 것은 4세기 사막 수도사 "에바그리오스"(Evagrius)에게서다. 그는 수도 생활 중에 받는 유혹에 대한 실제적인 지침을 만들면서 "8가지 악한 사상"의 목록을 만들었다. 목록은 다음과 같다. 탐식, 정욕, 탐욕, 우울, 분노, 나태, 허영, 교만. 그는 예수님이 광야에서 마귀와 씨름했듯이 수도사들이 이런 악한 사상들로 위장하여 찾아오는 마귀와 싸워야 한다고 가르쳤다. 이후 이 "8가지 죄 목록"을 상세히 다룬 사람은 "요한네스 카시아누스"(Johannes Cassianus)다. 그는 에바그리오스의 제자이자 이집트 마르셀레스 지역 수도원 원장이며, 동방의 영성을 서방 교회에 소개하는 데 결정적인 공헌을 한 사람이다. 그는 분노와 우울의 순서만 바꿀 뿐 8가지 죄 목록을 그대로 받아들였으며 이를 매우 심도 있게 분석하고 강해했다. 카시아누스는 에바그리오스와 마찬가지로 8가지 죄들을 "영적인 죄"와 "육적인 죄"로 나누고 육적인 죄를 목록의 앞부분에 배치했다. 그는 첫 인간의 타락이 몸의 욕망인 음식의 쾌락을 추구하는 것에서 죄가 시작되었고, 예수님도 떡의 문제를 가장 먼저 시험받았기 때문에 "육적인 죄"가 기본이고 그것에서 시작하여 영적인 죄로 넘어간다고 보았다. 그는 육적인 죄와의 싸움에서 승리하지 못하면 더 힘든 영적인 죄와의 싸움에서 결코 승리할 수 없다고 보았다. 이런 수도원적인 영적 규칙을 교회 일반에 적용한 사람이 "교황 그레고리오 1세"(Gregorius Magnus)다. 그레고리오는 육적인 죄보다 영적인 죄가 더 중요하고 근본적인 죄라고 보았다. 그는 그중에서도 "교만"을 모든 죄의 뿌리로 보고 그것을 "7가지 대죄"와 다른 범주로 다루었다. 모든 죄의 뿌리가 "교만"이고 나머지 "7가지 대죄"를 줄기에 해당하는 것으로 보았다. 그는 "시기"를 새롭게 추가하고 나태를 "우울"에 포함시켰다. 이를 신학적으로 발전시킨 사람이 중세의 대학자 "토마스 아퀴나스"(Thomas Aquinas)다. 그도 영적인 문제를 더 중요하게 다루었고 교만을 모든 악의 뿌리로 보았다. 결국 최종적으로는 다음과 같이 7대 죄악으로 정리되었다. 이렇게! "교만, 시기, 분노, 나태, 탐욕, 탐식, 정욕."

그렇다면 7가지 대죄의 성격을 어떻게 규정해야 할까? 여러 가지가 있지만 몇 가지만 소개한다. 첫째, 죄를 "욕망"의 문제로 본다. 왜곡된 욕망과 과도한 욕망이 7대 죄악을 만들어낸다. 욕심이 잉태하여 죄를 낳고 죄가 장성한즉 사망을 낳는다. 중세 신학자들은 다양한 마귀들이 인간의 욕망을 이용해 유혹하여 7가지 죄악을 짓게 된다고 보았다. 둘째, 죄를 "자기중심성"의 문제로 본다. 현대 신학자들은 대체로 다음과 같이 이해한다. 죄란 결국 자기애의 문제다. 죄란 하나님과 이웃마저 도구화하는 자기 사랑이다. 셋째, 죄를 "창조 목적의 왜곡"의 문제로 본다. 교만은 자부심의 왜곡이고, 시기는 왜곡된 경쟁심이며, 분노는 자기 보호의 왜곡이고, 나태는 안식의 왜곡이며, 탐욕은 소망의 왜곡이고, 탐식은 생존 본능의 왜곡이며, 정욕은 사랑의 왜곡이다. 넷째, 죄를 "결핍"의 문제로 본다. 교만은 겸손의 결핍이고, 시기는 존중의 결핍이며, 분노는 인내의 결핍이고, 나태는 근면의 결핍이며, 탐욕은 절제의 결핍이고, 탐식은 구제의 결핍이고, 정욕은 사랑의 결핍이다. 다음은 이번에 새롭게 알게 된 건데 재미있어서 소개한다. 다섯째, 죄를 "낭비"의 문제로 본다. 교만은 권위의 낭비이고, 시기는 관심의 낭비이며, 분노는 자기 정당성의 낭비이고, 나태는 시간의 낭비며, 탐욕은 재산의 낭비이고, 탐식은 식욕의 낭비이며, 정욕은 성욕의 낭비다. 여섯째, 죄를 "사랑"의 문제로 본다. 가장 유명한 것은 "단테"의 정의다. 단테는 『신곡』에서 지옥(인페르노[Inferno])과 연옥(푸르가토리오[Purgatorio])을 묘사하는데 7가지 대죄로 묘사한다. 단테는 교만, 시기, 분노를 "왜곡된 사랑"으로, 나태를 "결핍된 사랑"으로, 탐욕, 탐식, 정욕을 "지나친 사랑"으로 이해한다.

## 높아지려는 죄와 낮아지려는 죄

인터넷에서 우연히 "한국인의 7대 죄악"이라는 한 장의 사진을 보았다. 한국인이 많이 사용하는 7가지 앱에 7대 죄악의 이름을 붙인 "짤"인데 정말 촌철살인이다. 잠시 설명하면 이렇다. 페이스북은 교만이다. 알고 있는 것과 하고 있는 것을 전시하는 이유는 자신이 얼마나 대단한 사람인지 자랑하는 것이니 그런 것 같다. 트위터는 분노다. 트위터를 열어보면 온갖 비방과 비판들이 난무해서 그런 것 같다. 인스타그램은 질투다. 관종의 핵심 동기가 질투이니 딱 맞는 매칭이다. 질투를 유발할 만한 사진들을 전시하여 그런 것 같다. 배달의 민족은 폭식이다. 설명이 필요 없다. 유튜브는 나태다. 아무 생각 없이 드러누워 알고리즘이 추천하는 영상들을 한없이 보고 있거나 총체적인 사고를 하지 못하고 확증 편향에 사로잡혀 "무사유의 죄"를 범하고 있기 때문이라 추측된다. 쿠팡은 탐욕이다. 온갖 소비욕을 불러일으켜 필요 없는 물건을 사도록 만들기 때문인 것 같다. 마지막은 야놀자인데 색욕이다. 아마도 호텔, 모텔, 그 외 숙소를 중개하는 앱이기 때문에 그런 것 같다. 이렇게 놓고 보니 재미있는 걸 발견하게 된다.

『모두 거짓말을 한다』(더퀘스트, 2018)라는 책이 있다. "빅 데이터"에 관한 책인데 부제가 "구글 트렌드로 밝혀낸 충격적인 인간의 욕망"이다. 저자 세스 스티븐스 다비도위츠(Seth Stephens-Davidowitz)가 유명해진 것은 트럼프의 당선을 정확하게 예측했기 때문이다. 미대선 당시 거의 모든 매스컴과 여론 조사 기구들이 힐러리의 당선을 예측했지만 결국 트럼프가 당선됐다. 모두의 예측과 정반대의 결과가 나타났다. 소위 "샤이-트럼프" 세력들이 겉으로는 창피하여 감히 트럼프를 지지한다고 대답하지 못하다가 실제 선거에서는 트럼프를 찍었기 때문에 나타난 현상이다. 그럼 어떻게 다비도위츠는 정확하게 예측했을까? 바로 "빅 데이터"다. 그는 누구나 무료로 사용할 수 있는 "구글 트렌드"라는 도구로 사람들이 어떤 정보를 검색하는지 알아보았다. 사람들의 정보 검색 그 자체가 매우 중요한 정보다. 특히 구글 검색 데이터가 말해주는 가장 강력한 함의는 사람들이 다른 사람에게는 하지 않을 이야기를 이 거대 검색 엔진에는 얘기한다는 점이다. 다비도위츠는 오바마가 당내 경선에서 당선되었을 당시 당선의 가장 중요한 요소가 "인종주의"라는 걸 알아냈다. 다른 수많은 요소는 오바마의 당선과 매우 적은 상관 관계를 보였다. 하지만 인종주의 지도와 오바마의 당선이 정확하게 일치한다는 점을 발견했다. 인종차별적 검색이 많은 지역은 존 케리가 우세했던 것이며 적은 지역은 오바마가 우세했던 것이다. "인종주의 문제"가 많이 사라졌다고 하지만 여전히 미국을 지배하는 가장 강력한 요소였던 셈이다. 다비도위츠는 트럼프의 당선에도 이것이 그대로 적용되었다는 걸 발견했다. 이것이 무얼 말하는가? 사람들이 거짓말을 한다는 사실을 보여준다. 그들은 모두 설문 조사에서는 답하지 않는 것들을 마음에 품고 있다. 하지만 그들은 인종주의적인 혐오와 악의에 찬 말들을 구글에서는 검색한다. 설문 조사나 인터뷰에서 거짓말을 하고 있는 사람들의 속마음을 드러내는 곳이 구글이다. 다비도위츠는 말한다. 사람들이 페이스북이나 인스타그램에서 보여주는 것들을 믿지 말라고 말이다. 페이스북이나 인스타그램에서는 남들이 듣기 좋은 글들이나 보기 좋은 사진들만을 올린다. 모두 거짓말을 하고 있다. 하지만 사람들의 속마음은 유튜브나 구글의 검색어에서 드러난다. 보이지 않는 곳에서 자신의 욕망을 드러낸다. 그러니 사람들의 진면목을 알려면 구글 데이터를 뒤지라고 말한다. 재미있게도 구글은 유튜브를 인수했고 페이스북은 인스타를 인수했다.

　다비도위츠는 사람들이 페이스북과 인스타에서 거짓말을 하고 구글과 유튜브에서는 진실을 말하는 것처럼 이야기하지만 내가 볼 때 둘 다 진실을 보여준다. 정지우가 쓴 『인스타그램에는 절망이 없다』(한겨레출판, 2020)라는 책이 있다. 그는 "88만원 세대"로 불리기 시작한 밀레니얼 세대가 꿈을 강요당했지만 실현 불가능한 꿈을 꾼 세대라고 말한다. 그들에게 1997년에 IMF가 닥쳤고 2007년에는 금융 위기가 닥쳤기 때문이다. 그들의 특징은 "꿈에 대한 강박"과 "현실에 대한 불안"이다. 90년대생들은 이 꿈과 현실의 분열을 더욱 극단적으로 경험하고 있다. 그들은 "헬조선", "N포세대", "20대 개새끼론"으로 대변되는 시대를 살고 있다. 그들은 꿈과 현실의 분열 때문에 "환각"을 추구하고 "이미지"를 소비하는 취향 공동체가 되었다. 이미지를 통해 사람들의 관심을 얻기 위해 그들은 인스타그램과 페이스북에 남에게 보여줄 만한 것들을 올린다. 그렇기에 "인스타그램에는 절망이 없다." 이런 관심에 대한 욕망이야말로 현대를 지배하는 욕망이다. 유튜브나 구글을 통해 드러나는 남에게 보여주고 싶지 않은 "은밀한 욕망"만 욕망이 아니다. 인스타그램과 페이스북을 통해 남에게 보여주고 싶은 "드러난 욕망"도 욕망이다. 그것은 결핍과 분열로 인해 분출된 왜곡된 욕망이지만 이미지를 통해서라도 관심을 얻고 싶어 하는 욕망이다. 보여줘도 되는 욕망이 있고 보여주고 싶지 않은 욕망이 있을 뿐 양쪽 모두 우리의 욕망이라는 진실을 보여준다. 둘 다 욕망이라는 진실을 보여주지만 욕망의 종류가 다르다. 7가지 대죄를 보면 뜨거운 죄만이 아니라 차가운 죄도 있다. 질펀한 욕망을 뜨겁게 달아오르게 하는 죄도 있지만 나태와 같이 악처럼 보이지 않는 차가운 죄도 있다. 다르게 표현하면 어두운 죄만이 아니라 밝은 죄도 있다. 성적인 문제처럼 숨어서 짓게 되는 어두운 죄만이 아니라 드러내놓고 성공과 명예와 부를 욕망하고 과시하는 밝은 죄도 있는 법이다. 유튜브와 구글은 어두운 죄의 모습을 보여주지만 페이스북과 인스타그램은 밝은 죄의 모습을 보여주는 것 같다. 그리고 실상 이러한 양면적인 죄는 근원이 같다. 그 근원은 야고보가 말한 것처럼 욕망이다.

『페어 처치』에서 말한 것처럼 우리는 죄를 교만, 태만 그리고 기만으로 나눌 수 있다. 교만은 "높아지려는 죄"고, 태만은 "낮아지려는 죄"며, 기만은 "정당화하는 죄" 혹은 "미혹하는 죄"라고 할 수 있다. "7가지 대죄"를 "높아지려는 죄"와 "낮아지려는 죄"로 나눌 수 있다고 본다. 차가운 죄와 뜨거운 죄, 밝은 죄와 어두운 죄를 높아지려는 죄와 낮아지려는 죄로 볼 수 있다는 말이다. 그리고 그 두 가지는 동전의 양면처럼 한 쌍이다. 교만은 "높아지려는 죄"를 대표하고, 나태는 "낮아지려는 죄"를 대표한다. 즉, 교만과 나태는 동전의 양면이라는 말이다. 교만과 자기 비하는 항상 함께 간다. 그리고 그 근원에 왜곡된 욕망이 있다.

## 고르지 않은 곳을 평탄케 하라

이사야 40장은 "제2이사야"로 불리는 부분의 첫 장이다. 이사야 40장부터 55장까지는 "이스라엘의 회복"에 대한 예언이 나온다. 첫 장에서 왕이신 하나님께서 이스라엘로 돌아오시는데 왕의 대로를 평탄케 하라고 말씀하신다. "외치는 자의 소리여 이르되 너희는 광야에서 여호와의 길을 예비하라. 사막에서 우리 하나님의 대로를 평탄하게 하라"(사 40:3). 하나님이 이스라엘로 귀환하려는데 그걸 가로막는 장애물들이 있다는 말이다. 그 장애물들을 다져서 평탄하게 해야 그 길로 왕이신 하나님이 돌아오실 것이다. 장애물들을 다져서 평탄케 하는 것이 야웨의 길을 예비하는 것이다. 4절에서 다음과 같이 표현한다. "골짜기마다 돋우어지며 산마다 언덕마다 낮아지며 고르지 아니한 곳이 평탄하게 되며 험한 곳이 평지가 될 것이요"(사 40:4). 산처럼 높아진 것은 깨뜨려 낮아지게 해야 한다. 높아지려는 죄는 깨뜨려 겸손하게 만들어야 한다. 반면 골짜기처럼 패인 곳은 흙으로 메워 돋우어야 한다. 상처와 수치로 인해 깊게 패인 곳은 은혜로 채워져야 한다.

　그동안 기독교는 "교만"을 인간의 근본적인 죄로 여겼다. 하지만 그에 못지않게 "태만", 즉 수치와 자기 비하도 문제다. 어쩌면 교만한 이유가 수치와 자기 비하의 반작용 때문일지도 모른다. "교만"과 "태만" 중 어느 하나를 우선순위에 둘 것이 아니라 두 가지를 모두 서로 안에 서로를 품고 있는 것으로 보아야 한다. 그러면서 동시에 어떤 존재들에게 어떤 죄를 더 강조해야 할지 예리하게 분별할 수 있어야 한다. 궁극적으로는 교만과 태만을 모두 한 존재에게 적용해야 하지만 동시에 현실적 차원에서는 어느 하나를 더 강조할 필요가 있다. 『성자와 혁명가』에서도 페미니즘에 대해 이야기하며 이런 측면을 강조했다. 여성은 항상적으로 자기 비하의 상태에 빠져 살아왔다고 할 수 있다. 남성들은 그런 여성들에게 "교만으로서의 죄"를 깨달으라고 강제했다. 페미니즘의 맥락에서 보면 "교만으로서의 죄"는 가부장제 아래에 있는 남성 신학자들과 국가 종교에 의해 강조된 죄 개념이라고 할 수 있다. 그동안 교회는 가부장제를 거부하고 변혁하려는 여성에게 "교만의 죄"를 적용하며 "순종"을 강요해왔다. 하지만 대부분의 여성에게는 "자기 비하로서의 죄"가 더 중요하다. 그들은 더 낮아질 필요가 없었다. 이미 낮아질 대로 낮아졌기 때문이다. 여성은 높아지려는 죄가 아니라 낮아지려는 죄와 싸워야 한다. 여성들은 자신을 항상적으로 낮아지게 만드는 불의한 체제의 악을 깨닫고 사회적이고 구조적인 악과 싸워야 한다. 여기에 하나 더 이야기하자. 자기 자신을 항상적으로 낮아지게 하는 것은 자기 자신이기도 하다고. 사회적이고 구조적인 악은 내면화되지 않으면 작동할 수 없다. 악은 반드시 주체화가 있어야 한다. 우리가 동의하고 스스로 낮아지기로 선택하지 않으면 악은 작동하지 않는다. 따라서 우리는 자기 비하로서의 죄의 문제를 반드시 해결해야 한다. 골짜기마다 돋우어지며 산마다 언덕마다 낮아지며 고르지 아니한 곳이 평탄하게 되며 험한 곳이 평지가 되도록 해야 한다.

이것이 야고보가 1:9-10에서 말하고자 하는 바다. "낮은 형제는 자기의 높음을 자랑하고 부한 자는 자기의 낮아짐을 자랑하라"(약 1:9-10). 이렇게 고르지 않고 험악한 우리 내면이 평탄하게 되는 역사가 일어나야 한다. 고르지 않고 험악한 곳이 평지가 될 때 그곳을 통해 왕께서 귀환하실 것이고 임재하실 것이다. 그렇게 왕이 귀환하게 될 때 이사야 40:5의 말씀처럼 "야웨의 영광이 나타나고 모든 육체가 그것을 함께 보게"될 것이다. 특이한 것은 지금 야고보는 부한 자와 가난한 자를 대비하지 않고 부한 자와 낮은 자를 대비하고 있다는 점이다. 자기의 높음을 자랑해야 하는 사람들은 단지 가난한 자만이 아니다. 지위가 낮은 자, 힘이 없는 자, 못 배운 자, 못생긴 자, 실패한 자, 병이 있는 자, 장애를 가진 자, 주변인, 소수자 등 타인에 의해서든 스스로에 의해서든 자기를 "낮은 자"라고 생각하는 모든 자는 "자기의 높음"을 자랑해야 한다.


**심긴 말씀을 온유함으로 받으라**


"자기의 높음"이 뭘까? 그것은 새롭게 된 우리 존재의 실체를 말한다. 여기서 언어가 중요해진다. 어떤 언어를 가졌느냐가 그 사람의 존재를 결정한다. 우리는 언어에 의해서 새로운 존재가 된다. "그가 그 피조물 중에 우리로 한 첫 열매가 되게 하시려고 자기의 뜻을 따라 진리의 말씀으로 우리를 낳으셨느니라"(약 1:18). 그리스도 안에 있으면 우리는 새로운 피조물이다. 어떻게 그리스도 안에서 새로운 피조물이 되는가? 바로 "말씀"을 통해서다. 우리는 진리의 말씀으로 새로운 피조물이 된다. 베드로도 동일한 말을 한다. "너희가 거듭난 것은 썩어질 씨로 된 것이 아니요 썩지 아니할 씨로 된 것이니 살아 있고 항상 있는 하나님의 말씀으로 되었느니라"(벧전 1:23). 우리가 거듭난 것은 변하거나 부패하는 씨가 아니라 변하지도 않고 부패하지도 않는 "썩지 아니할 씨"로 된 것인데, 그 씨가 "살아 있고 항상 있는 하나님의 말씀"이다. 거듭났다는 것은 무엇인가? 그것은 우리가 하나님의 형상이 회복된 하나님의 자녀이고 하나님 나라의 백성이 되었음을 의미한다. 그리스도의 낮아짐으로 우리가 높아졌다. 우리는 그리스도와 함께 죽었고 그리스도와 함께 살아서 그리스도와 함께 하늘에 올라 그리스도와 함께 하나님 보좌 우편에 앉아 있다. 우리는 우리의 영적 지위를 깨달아야 하고 주님께서 우리에게 영적 지위에 걸맞은 권세를 주셨다는 것을 깨달아야 한다. 그리스도께서 죽은 자 가운데서 부활하셔서 왕으로 등극하셔서 하늘과 땅의 모든 권세를 가지시게 되셨는데 그 권세를 우리에게도 주셨다. 그리스도가 우리의 맏형이고 우리는 그리스도와 공동상속자다. 우리가 얼마나 놀랍고 존귀한 자인지를 알아야 한다. 우리는 그리스도께서 피로 값 주고 사신 하나님의 자녀이고 하나님 나라의 백성이다. 우리는 예수님짜리 인생이다. 이 높음을 자랑하라. "높아짐"이 아니다. "높음"이다. 높아져야 하거나 높아지고 있는 것이 아니라 우리는 이미 "높다." 이 높음이 있어야 욕망의 문제를 조절할 수 있고, 야고보서 1:19 말씀처럼 듣기는 속히 하고 말하기는 더디 하며 성내기도 더디 할 수 있다.

재물의 문제와 언어의 문제를 해결하는 방법은 무엇인가? 바로 "말씀"이다. 시련을 견디고 이긴 자에게 생명의 면류관이 주어지는데 시련이 올 때 이길 수 있는 방법은 우리의 힘이나 능력이나 공로가 아니라 말씀이다. "그러므로 모든 더러운 것과 넘치는 악을 내버리고 너희 영혼을 능히 구원할 바 마음에 심긴 말씀을 온유함으로 받으라"(약 1:21). 말씀이 답이다. 거듭나는 것도 말씀에 의해서고 시련을 이기는 것도 말씀에 의해서다. 거듭나게 하는 말씀이나 시련을 이기게 하는 말씀이 다르지 않다. 야고보는 그래서 "마음에 심어진 말씀"(약 1:21)이라고 표현했다. 우리가 새로운 말씀을 받아야 하는 것이 아니다. 우리 안에 이미 심긴 말씀이 있다. 우리를 거듭나게 했던 바로 그 말씀이 우리 안에 이미 심겨 있다. 우리는 시련을 이기기 위해 새로운 말씀을 받을 필요가 없다. 주님은 시련을 이길 말씀을 이미 주셨다. 우리가 할 일은 바로 그 말씀을 온유함으로 받는 것이다. 온유함이 "마음에 심어진 말씀"을 활성화하여 마음껏 역사하도록 풀어놓는다. 또한 말씀이 역사하면 온유해진다. 온유함이야말로 "인내의 발효"의 핵심이자 그것의 열매다.

## 진리 대결·능력 대결·충성 대결

앞서 나는 죄에는 교만, 태만, 기만이 있다고 말했다. 기만에 해당하는 것이 "미혹"이라 할 수 있다. 죄의 문제를 해결하려면 미혹의 문제를 반드시 해결해야 한다. 고린도후서 10:4-5의 말씀을 보자. "우리의 싸우는 무기는 육신에 속한 것이 아니요 오직 어떤 견고한 진도 무너뜨리는 하나님의 능력이라. 모든 이론을 무너뜨리며 하나님 아는 것을 대적하여 높아진 것을 다 무너뜨리고 모든 생각을 사로잡아 그리스도에게 복종하게 하니"(고후 10:4-5). 영적 전쟁에 세 가지 차원이 있다고 말한다. 모든 이론을 파하는 "진리 대결", 하나님 아는 것을 대적하여 높아진 것을 무너뜨리는 "능력 대결", 모든 생각을 사로잡아 그리스도에게 복종하게 하는 "충성 대결"이다. 진리 대결은 기만의 죄를 해결하고, 능력 대결은 교만의 죄를 해결하며, 충성 대결은 태만의 죄를 해결한다고 볼 수 있다. 여기서 바울이 진리 대결을 가장 먼저 언급하고 있음이 인상적이다. 실제로 영적 전쟁이 이렇다. 이론을 파하지 않으면 죄의 실체를 볼 수 없기 때문에 싸울 수 없다. 따라서 우리는 우리로 하여금 기만의 죄에 빠지게 만드는 미혹의 문제를 반드시 다루어야만 한다.

재미있게도 야고보서의 마지막 말씀의 주제가 "미혹"이다. "내 형제들아! 너희 중에 미혹되어 진리를 떠난 자를 누가 돌아서게 하면 너희가 알 것은 죄인을 미혹된 길에서 돌아서게 하는 자가 그의 영혼을 사망에서 구원할 것이며 허다한 죄를 덮을 것임이라"(약 5:19-20). 당시에도 미혹되어 진리를 떠난 자들이 많았던 것 같다. 그들을 누가 돌아서게 하면 그의 영혼을 사망에서 구원할 것이며 허다한 죄를 덮을 것이라고 야보고는 말한다. 미혹되어 진리를 떠났다는 것은 일차적으로 "배교"를 의미하고, 이차적으로는 "이단"이나 "사이비"에 빠지는 것을 의미하며, 더 넓게는 "종교 중독"에 빠지는 것을 의미한다. 미혹에 빠지는 이유가 무엇일까? 야고보는 교만·태만·기만 이 세 가지 죄 모두에 공통된 것이 있음을 주장한다. "오직 각 사람이 시험을 받는 것은 자기 욕심에 끌려 미혹됨이니, 욕심이 잉태한즉 죄를 낳고 죄가 장성한즉 사망을 낳느니라"(약 1:14-15). 욕심 때문에 세 가지 죄를 짓게 된다는 말이다. 바울은 이 욕심의 정체가 우상숭배라고 말한다. "탐심은 우상숭배니라"(골 3:5). 이것을 전제로 "미혹"이라는 주제를 다룰 텐데 나는 배교나 이단 사이비 문제보다 교회 내에 존재하는 종교 중독의 문제를 다룰 것이다. 지금 한국교회의 위기는 배교나 이단 사이비 문제보다 종교 중독을 통해 훨씬 더 강력하게 나타나고 있기 때문이다.

## 종교 중독에서 탈출하라

종교 중독 문제를 이야기하기 위해 일반적인 중독의 문제를 먼저 이야기하겠다. 오카다 다카시가 쓴 『심리 조작의 비밀』(어크로스, 2016)이라는 책이 있다. 이 책은 일반 책들이 잘 다루지 않는 테러리스트, 사이비 종교에 빠진 사람들, 불법 다단계에 빠진 사람들 등을 다룬다. 이 책에는 심리 조작을 하는 사람의 특징과 심리 조작을 당하는 사람의 특징이 나온다. 심리 조작을 하는 사람들은 타인을 지배하는 사람들이다. 그들은 폐쇄적인 집단에서 가장 강한 위치에 서 있다. 이들은 삐뚤어진 자기애가 만들어낸 환상 속에서 살기 때문에 자기를 과대 팽창시켜 전능감으로 무장하고 타인을 정복하며 지배하고 경멸함으로써 자신의 가치를 지키려고 한다. 그들은 자기애적 인격 장애를 갖고 있기 때문에 공감 능력이 없고 약자에 대한 배려나 윤리 의식이 결여되어 있다. 그들은 사람을 지배하는 행위를 통해 쾌락을 얻는다. 반면 심리 조작을 당하는 사람들은 주로 네 부류의 사람들이다. 첫째, 의존적 인격 장애를 가진 사람인데 자기를 과소평가하고 타인에게 의지한다. 둘째, 피암시성이 있는 사람인데 수동적이며 무비판적으로 모든 정보를 수용한다. 셋째, 불균형한 자기애를 가진 사람인데 이상과 현실의 괴리로 내면이 항상 불안정하다. 넷째, 스트레스와 고립감이 있는 사람이다. 책의 저자는 심리 조작을 당하는 사람이 지닌 최대 특징이 "의존성"이라 말한다. 이렇게 서로 짝이 맞아야 심리 조작이 가능한 것이다. 정말 재미있었던 것은 심리 조작을 하는 사람이나 당하는 사람 모두 중독적인 특징을 드러낸다는 점이다.

중독은 크게 두 가지다. 하나는 알코올, 니코틴, 카페인, 마약 등에 중독되는 "물질 중독"이고 다른 하나는 스마트폰, 쇼핑, 도박, 섹스, 폭력, 돈, 일 등 "행위 중독"이라고도 부르는 "과정 중독"이다. 과정 중독 중 가장 핵심적인 두 가지는 "자기애 중독"과 "관계 중독"이다. 전자는 현대의 가장 중요한 특징이기도 한 "나르시시즘"을 의미하며 후자는 "공의존" 또는 "공동 의존"이라고도 부르는 "동반 의존"이다. 나르시시즘은 자기를 지나치게 사랑하는 것이고 동반 의존은 타인을 지나치게 사랑하는 것이다. 놀랍게도 심리 조작을 하는 사람은 나르시시즘이라는 특징을, 심리 조작을 당하는 사람은 동반 의존이라는 특징을 그대로 보여준다. 높아지려는 죄와 낮아지려는 죄가 짝패를 이루고 있는 모양새다.

나르시시즘을 가진 사람들은 어떤 사람들일까? 샌디 호치키스의 『나르시시즘의 심리학』(교양인, 2006)에 의하면 첫째, 현실을 왜곡하는 마법적 사고를 갖고 자신을 이상화한다. 자신 안에 있는 이상화하기 어려운 점들은 모두 타인에게 투사하여 떠넘긴다. 둘째, 세상에서 가장 우월한 나라는 오만한 태도를 갖고 있다. 권력은 자기 우월성을 확인시켜줄 뿐 아니라 "자기애적 보급품"을 확보하기 위해 타인을 조정하는 수단이다. 셋째, 다른 사람을 별거 아닌 존재로 취급하며 타인을 멸시하는 태도를 갖고 있다. 하지만 이 경멸 뒤에는 시기심이 감추어져 있다. 넷째, 부끄러움을 모르는 철면피다. 어릴 적 양육 과정에서 "경계선"이 적절하게 세워지지 않아 발생하는 경우가 많으나 이 뻔뻔함의 가면 뒤에는 뿌리 깊은 "수치심"이 도사리고 있다. 다섯째, "어떻게 감히 네까짓 게"라며 타인에 대해 좋지 않은 자격을 함부로 부여한다. 자신보다 앞서거나 높아지는 것을 못 보는 나르시시스트들은 자신의 연약함마저 수용하고 드러날 줄 아는 진정한 자존감이 없고 특별함의 거품이 꺼지지 않은 어린아이일 뿐이다. 여섯째, 영원히 자신을 사랑해달라며 타인을 끝없이 착취한다. 만약 상대가 사랑을 더 이상 주지 않으면 상대를 공격하며 분노를 표출하기도 하지만 종종 무기력한 상태에 빠져 희생자의 모습을 보이기도 한다. 마지막 일곱째, "내 것은 내 것 그리고 네 것도 내 것"이라는 사고를 가지고 다른 이의 영역을 쉽게 침범하는 경향이 있다. 물론 자신만의 왕국을 세우기 위해 친밀함을 멀리하고 담을 쌓는 경향도 있지만 주로 침범하는 역할을 한다. 이런 사람들이 주로 심리 조작을 하는 사람들이다.

그렇다면 "나르시시스트"와 짝패를 이루고 있는 "동반 의존"을 가진 사람들에게는 어떤 특징이 있을까? 달린 랜서(Darlene Lancer)의 『관계 중독』(교양인, 2018)에 의하면 그들이 가진 가장 중요한 특징은 자신의 객관적 지위와 상관없이 자존감이 낮다는 점이다. 동반 의존을 가진 이들은 자존감이 낮기 때문에 의존적일 수밖에 없다. 그들의 내면에는 "비판자"가 있다. 그들에게는 내면적 비판자라는 심판관이 있어서 끊임없이 자신을 정죄하는데 "내면적 비판자"가 우월한 위치에 있을 때는 타인을 비하하고 "자기비하적 자아"가 열등한 위치에 있을 때는 타인을 이상화한다. 그들은 자기를 지배하는 자를 이상화하거나 동반 의존을 불가능하게 만드는 자들을 비하한다. 그들은 나르시시스트와 마찬가지로 "승자와 패자"의 패러다임에 사로잡혀 있는데 자신을 승자가 아니라 패자라고 생각하기 때문에 자신감이 부족하고 자신을 신뢰하지 못한다. 항상 "쓸모없다는 느낌"에 사로잡혀 있다. 핵심적인 감정은 "수치심"이지만 거기에는 불안감이나 죄책감 혹은 우울감이나 외로움이 공존한다. 그들은 이러한 감정을 부정하고 자신의 욕구를 철저히 억압한다. 그들은 "혼자가 되느니 불행한 관계가 낫다"고 생각하며 항상 다가가려 하고 상대의 인정을 갈구한다. 심지어 순교자나 되는 듯 희생적이지만 실상은 희생조차도 상대를 은밀하게 조정하고 수동적으로 통제하는 수단이다. "동반 의존"이라는 중독에 걸린 사람은 건강한 사랑의 관계를 만들 수 없다. 이런 사람들이 주로 심리 조작에 쉽게 넘어간다.

현시대의 문제는 중독이 개개인만의 문제가 아니라 현대 사회의 시스템 자체가 "중독 시스템"이라는 점이다. 중독 치료 전문가인 앤 윌슨 섀프(Anne Wilson Schaef)가 쓰고 강수돌 교수가 번역한 『중독 사회』(이상북스, 2016)라는 책을 보면 저자는 자신의 치료 경험을 토대로 현대 사회를 분석하면서 현대 사회를 "중독 시스템"이라고 칭한다. 중독 사회는 기본적으로 희소성 모델과 제로섬 모델의 특징을 가지고 있다. 부족한 자원을 가지고 서로 경쟁해야 한다는 논리가 지배적이다. 이로 인해 모두 중독에 걸린 사회가 되어 나르시시스트가 되거나 동반 의존자가 되도록 만든다. 중독 사회는 자기중심성을 추구하며 통제 환상과 완벽주의에 빠지거나 의존성을 가지고 터널 비전이나 수치심과 두려움에 빠지게 만든다. 윤리적 퇴행이나 부정직함, 혼란과 부인, 망각이나 부정, 자기 방어와 남 탓하기 등의 특징이 사회 전체에 두드러지게 나타난다. 테러리스트나 사이비 종교 집단이나 불법 다단계 판매 업체만이 아니라 중독 사회를 살아가는 우리 모두가 중독자다.

강수돌 교수가 직접 쓴 『중독의 시대』(개마고원, 2018)에 의하면, 한국이 더 심각한 중독 사회가 된 것은 사회적 트라우마 때문이다. 한국은 식민지 시대와 한국전쟁을 거치면서 생존과 안정을 추구하며 압축 성장을 위해 모두가 돌진하는 사회가 되는 과정에서 발생하는 사회적 트라우마를 전혀 해결하지 못하고 지나갔다. 한 개인이 중독에 쉽게 빠지는 이유가 자신 안에 있는 상처를 치유하지 않았기 때문이듯이 한국 사회가 중독 사회가 된 것은 사회적 트라우마를 제대로 치유하지 않았기 때문이다. 역사적 트라우마의 결과로 속물주의에 빠졌고 적대 관계가 심화되었다. 특히 모두가 일중독에 빠진 "노동 사회"가 만들어졌기에 이에 대한 대안을 만들지 않으면 안 된다고 강수돌 교수는 말한다. 새로운 대안을 만들기 위해 첫째, 새로운 삶의 "가치관"을 세워야 한다. 새로운 가치관은 소유 양식의 삶이 아니라 존재 양식의 삶, 결과 지향적 삶이 아니라 과정 지향적 삶, 외면 지향적 삶이 아니라 내면 지향적 삶을 의미한다. 둘째, 새로운 삶의 "시스템"을 만들어야 한다. 현 시스템은 "중독 시스템"이며 "대량 생산-대량 소비-대량 폐기"라는 삼각 축을 특징으로 한다. 이를 "적정 생산-적정 소비-적정 순환"이라는 새로운 삼각 축을 가진 시스템으로 바꿔야 한다. 세 번째로 "주체"의 문제가 중요하다. "누가" 새로운 시스템 전환을 주도적으로 해나갈 것인가가 중요하다. 이때 가장 중요한 것이 "경계를 넘어선 연대"다. 일중독에 빠진 "노동 사회"가 아니라 건강하고 인간다운 "품위 사회"를 만들기 위해서는 "이해관계에 근거한 연대"가 아니라 "인간의 필요에 기초한 공감의 연대"를 만들어야 한다. 마지막으로 나부터 실천하는 자세를 가져야 한다. 강수돌 교수가 제시한 대안은 기독교의 가치관이나 비전과 크게 다르지 않아 보인다.

정말 심각한 문제는 중독이 종교적 영역에서도 고스란히 드러난다는 점이다. 종교 중독과 관련하여 가장 유명한 책은 스티브 아터번(Stephen Arterburn)의『해로운 신앙』(그리심, 2013)이다. 부제가 "종교 중독과 영적 학대의 치유"다. 이 책은 전통 교회 안에 있는 종교 중독을 일으키는 해로운 신앙 체계의 특징들을 말한다. 첫째, 해로운 신앙 체계에 속한 사람들은 자신들의 신분, 능력 혹은 지식이 자신들을 어떤 방식으로 특별하게 만든다고 주장한다. 둘째, 지도자가 독재적이고 권위주의적이다. 셋째, 종교 중독자들은 "우리 대 그들"의 심리 구조를 갖고 있는데 자기 영역을 보호하고 자신을 다른 신앙을 가진 사람들과 비교될 수 없는 신실한 사람으로 세우기 위해 세상과 전쟁한다. 넷째, 치리 중심적인 특성을 드러낸다. 다섯째, 종교 중독자들은 과도한 봉사를 하도록 요구받는다. 여섯째, 추종자들은 고통받고 있는데 신체적으로 아프고 감정적으로 혼란스러우며 영적으로 죽어 있다. 일곱째, 폐쇄적인 의사소통을 하는데 정보가 조직의 상층부에서 아래로 혹은 조직 안에서 외부로 전해질 뿐이다. 여덟째, 율법주의의 특징을 가지고 있는데 규칙은 하나님의 의도를 왜곡하고 그분과의 관계를 단절시킨다. 아홉째, 그들은 객관적인 책임을 방기하는데 모든 책임이 하나님께 있다고 하거나 신비한 해결책만을 구한다. 열째, 종교 중독자들의 믿음을 반대하는 사람들을 깎아내리기 위해 비방자, 배신자, 불평주의자 등 비인간적이고 부정적인 꼬리표 붙이기를 한다. 놀랍게도 사이비 단체와 크게 다르지 않다. 이러한 해로운 신앙 체계를 작동시키는 다섯 가지 역할이 있다. 학대자, 공모자, 행동가, 희생자, 추방자다. 이 중 핵심적인 두 가지 역할이 지도자인 학대자와 일반 성도인 희생자다. 이 두 부류의 사람들은 나르시시스트와 동반 의존자, 심리 조작을 하는 자와 심리 조작을 당하는 자의 특징을 그대로 드러낸다. 테러 집단이나 사이비 종교 집단에 나타나는 특징을 그대로 갖고 있다. 즉, 사이비 집단이나 이단은 기성 종교의 토양에서 자랐다고 할 수 있다. 세상 사람들이 코로나19 상황에서 이단이나 개신교 집단을 동일하게 보는 이유가 이해된다. 이제 정말 종교 중독을 치유하고 상식적이고 건강하며 세상과 소통할 줄 아는 교회가 되지 않으면 안 된다.

특이한 점은 이러한 종교 중독이 한국에서는 독특한 특징과 함께 나타난다는 점이다. 경희대 공공대학원의 박성철 교수는 코로나19 팬데믹 사태 속에서 주류 기독교의 반응을 보며 심각한 문제의식을 느끼고『종교 중독과 기독교 파시즘』(새물결플러스, 2020)이라는 책을 썼다. 그는 이 책에서 한국교회의 독특성은 종교 중독이 "극우 기독교 근본주의"라는 "정치적 종교"의 형태를 띠고 나타난다는 데 있다고 말한다. 종교 중독이나 기독교 근본주의는 모두 현실 도피 욕구로 인한 집착을 기반으로 하고, 권력 중독을 동반하며, 이분법적 흑백 논리를 가지고 있다는 공통점이 있다. 기독교 근본주의는 전근대적 종교 전통에 집착하고, 권력 추구적인 동시에 권위주의적이며, 분리주의적 강박과 편집증적인 반공주의로 무장한 진영 논리에 빠져 있고, 반대자에 대한 공격성을 표출하며, 여성 차별적인 동시에 가부장적이며, 번영 신학을 추구하는 물신 숭배에 빠져 있다. 한국교회가 이런 모습을 유지하는 한 세상 사람들에게 외면 받을 수밖에 없다. 박성철 교수는 이를 회복하기 위해서 인류의 "공동선"을 추구하는 "디아코니아 정신"을 회복해야 한다고 말한다. 매우 중요한 진단과 해법이다.

## 중독에서 벗어나는 법

그렇다면 개인적 차원에서는 종교 중독의 문제를 어떻게 해결해야 할까? 성자적 영성의 한 측면인 자율성과 책임성이라는 차원에서 접근해야 한다. 중독이란 무엇인가? 무엇보다 중독은 "대체"다. 자신의 욕구를 채울 수 있는 대체물을 찾는 것이 중독이다. 종교 중독의 핵심은 "하나님"이 아니라 "종교"라는 대체물을 섬기는 것이다. 황홀한 영적 체험이든 특별한 종교적인 행위든 종교 체제와 종교 집단이나 카리스마적인 지도자이든 우리의 근원적인 욕구를 하나님이 아닌 다른 무엇으로 대체하는 것이 종교 중독이며 이것이야말로 우상숭배다. 우상숭배는 하나님의 형상을 만들어 숭배하는 죄다. 하나님을 욕망을 성취하기 위한 수단으로 활용하기 위해서는 그분을 형상화하여 통제할 수 있는 존재로 만들어야 한다. 하나님을 경배하는 것 같지만 실제로는 하나님을 통제하려는 욕망, 이것이 우상숭배의 본질이다. 자신의 탐욕을 채우기 위한 대체물을 소유하기 위해 상황과 대상을 통제하려는 욕망이 우상숭배다. 무서운 것은 우상숭배는 결국 숭배하려는 대상에게 지배당하고 착취당한다는 사실이다. 숭배의 대상에 완전히 의존하는 노예가 된다. 그리고 그 숭배의 대상을 닮는다. 중독과 똑같다. 따라서 우리는 내가 통제할 수 없는 참 하나님을 만나 자유를 경험해야 한다. 진리가 우리를 자유케 하도록 해야 한다. 진짜 종교는 하나님이 아닌 것들에 의존하지 못하도록 한다. 의존적 노예가 아니라 참 자유인이 되게 하는 것이 참 종교의 특징이다. 참 그리스도인일수록 의존성이 아니라 자율성이 커진다.

둘째로 중독은 "회피"다. 진짜 현실에 대한 회피이며 책임으로부터의 회피다. 중독은 거짓 환상으로의 회피이며 쉬운 해결책에 대한 추구다. 종교 중독을 추구하는 자들을 보면 힘든 현실을 피할 수 있게 하고 가짜 위안을 제공하는 마약과 같은 종교를 찾거나 아무것도 하지 않아도 구원과 안전함이 주어지고 마법적인 해결책을 제공하는 신비주의적인 종교를 찾는다. 자신의 욕망을 손쉽게 충족시켜줄 수 있는 종교를 찾는 것이다. 해로운 신앙 체계나 우상숭배만큼 이것을 잘 성취해주는 것도 없다. 캘빈 밀러(Calvin Miller)가 『생활 속의 영적 싸움에 관한 이야기』(요단, 2011)에서 현대 그리스도인은 "그리스도 중독자"일 뿐 결코 제자가 아니라고 한 말이 이런 의미다. 참된 그리스도인은 값싼 행복으로 가는 도피주의자가 아니라 십자가를 지고 그리스도를 따르는 제자다. 예수님처럼 약해지고 어리석어지고, 낮아지고 작아지며, 겸손해지고 가난해지는 자가 되어야 한다. 어떤 시험이 와도 십자가를 지고 그리스도를 따르며 손쉬운 해결책이 아니라 책임을 지며 인내를 배우는 자가 되어야 한다. 진짜 신앙은 고난과 부조리 앞에서 인내하는 모습을 통해 드러난다. 야고보가 "인내"를 가장 중요한 덕목 중 하나로 주장하는 이유가 여기에 있다.

무엇보다 중독은 자존감이 낮은 자들이 잘 걸린다. 낮은 자존감의 뿌리에는 "수치심"이 있다. 죄책감은 행위에 대한 판단이다. 죄책감을 느끼는 이들은 "내가 잘못했다. 내가 잘못된 행위를 했다"라고 생각한다. 반면 수치심은 존재에 대한 판단이다. 수치심을 느끼는 이들은 "나는 잘못됐다. 내 존재는 잘못된 존재다"라고 생각한다. 수치심은 자신이 잘못된 존재이자 쓸모없는 존재라고 생각하는 이들이 느끼는 감정이다. 이런 사람들이 중독에 잘 걸린다. 중독이란 수치심을 일으키는 상처로부터 자신을 지키기 위한 수단이다. 중독에 빠져 있는 동안은 수치심으로부터 벗어날 수 있다. 중독은 자기 효능감을 높여준다. 자기를 대단한 존재로 여기게 만든다. 하지만 이것은 환상을 통한 일시적인 기분 전환일 뿐 결국은 더 큰 수치심에 빠지게 만든다. 또한 중독은 자신에 대한 방어인 동시에 자신에 대한 공격이기도 하다. 앞서 중독자의 내면에는 내면적 비판자인 심판관이 있다고 했다. 중독자의 내면을 보면 내면적 비판자가 되어 자신을 계속 공격하는 모습을 볼 수 있다. 자신이 희생자인 동시에 학대자인 셈이다. 놀랍게도 중독자는 이런 학대자의 역할을 하는 자들에게 다가가고 그들을 사랑하며 그들에게 복종한다. 자신보다 자기에 대한 공격을 더 잘해 주는 사람들을 사랑하는 것이다. 중독자들에게는 어떤 권위자나 학대자를 통해 자신을 괴롭히게 함으로써 피학적 쾌락을 얻는 마조히즘적 요소가 있다. 무서운 것은 이런 자기를 향한 공격성이 외부로 투사된다는 점이다. 종교 중독자들에게는 중독 시스템 밖에 있는 자들이나 자신보다 열등한 위치에 있는 자들을 공격하고 혐오하며 괴롭힘으로써 가학적 쾌락을 얻는 사디즘의 요소도 있다. 이처럼 종교 중독 안에는 가학적이고 피학적인 사도-마조히즘적(Sadomsochistic) 요소가 있다.

　　종교 중독의 모습에서 벗어나려면 수치심에서 벗어나야 한다. 낮은 자존감에서 벗어나야 한다. 낮은 자존감에서 벗어나기 위해서는 인간에게 근원적인 욕구인 안정감과 중요감 또는 소속감과 성취감을 경험해야 한다. 윤홍균은 『자존감 수업』(심플라이프, 2016)에서 자존감은 3개의 축으로 이루어졌다고 말한다. 자기 효능감, 자기 조절감, 자기 안전감이다. "자기 효능감"은 자신이 얼마나 쓸모 있는 사람인지 느끼는 것이다. 사람은 자기가 쓸모가 있다고 느낄 때 자존감을 느낀다. 문제는 초저성장 시대의 각자도생 사회에서 쓸모를 느끼기가 쉽지 않다는 점이다. "자기 조절감"은 자기 마음대로 하고 싶은 본능을 의미한다. 문제는 감정을 중요하게 여기는 사회일수록 더 감정 조절을 잘 못한다는 것이다. "자기 안전감"은 안전하고 편안함을 느끼는 능력을 말하는데 위험 사회이고 불안 사회인 현대를 사는 우리에게 많이 결여된 감성이라고 할 수 있다. 현대 사회는 이처럼 자기 효능감, 자기 조절감, 자기 안전감을 느끼기 힘든 시대이기 때문에 가장 풍요로운 시대임에도 사람들의 자존감이 낮다. 이 세 가지를 충족시켜 자존감을 높이기는 쉽지 않다. 기독교는 아예 정반대 방향에서 접근한다. 세 가지를 충족시켜 자존감을 높이는 것이 아니라 처음부터 자기 존중감을 충족시켜 세 가지를 꽃피도록 한다. 기독교는 우리가 하나님의 자녀이며 하나님이 기뻐하시는 자라는 사실을 복음을 통해 깨닫게 한다. 믿음 안에서 그리스도의 자존감이 우리의 것이 된다. 우리의 부모이신 하나님께서 우리를 책임지시기에 우리는 안전하고 풍성하다는 자기 안전감을 갖게 되고, 우리와 하나 된 주님의 생명이 주체적인 삶을 살게 함으로써 자기 조절감을 갖게 되며, 성령께서 우리에게 사명과 은사를 주셔서 자기 효능감을 갖게 하신다.

중독 치료 전문가들은 하나같이 수치심을 해결하는 방법이 자신을 있는 그대로 인정하고 자신의 약점을 수용하는 것이라고 말한다. 그런데 도대체 어떻게 아무 근거도 없이 자신을 있는 그대로 수용하고 약점도 수용하며 자신을 긍정적으로 바라볼 수 있을까? 그렇게 해야 하는 객관적인 근거라도 있는가? 또 객관적인 근거가 있다고 할지라도 그것을 자신에게 적용할 수 있는 능력이 없기 때문에 중독에 걸리는 것 아닐까? 앎을 제대로 가질 수도 없고 알아도 행할 수 있는 능력이 없다. 이것이 우리의 처지다. 그렇기에 신앙이 필요하다. 내 자신을 있는 그대로 사랑하시고 내 존재 자체만으로 기뻐하시며 나의 약점을 수용할 뿐 아니라 나의 잘못까지 용서하시고 새사람이 되게 하기 위해 자신의 생명까지 내어놓으신 분의 사랑과 은혜를 경험해보아야 한다. 이것이야말로 밖에서 주어지는 객관적인 사실이며 안에서부터 시작되는 주관적인 실재이자 자신을 사랑하고 신뢰할 수 있는 능력의 출처다. 주님은 우리를 중독으로부터 자유롭게 만드시려고 오셨으며 우리의 낮은 자존감 안에 있는 수치심을 해결해주시기 위해 오셨다. 그 무조건적인 사랑을 경험하라.

나도 죄책감과 수치심에 사로잡혔던 사람이었다. 『성자와 혁명가』에서 간증한 것처럼 "폭죽처럼 터지는 기쁨"으로 내게 찾아오신 하나님을 실체적으로 만나고 나서 죄책감과 수치심에서 벗어나 나를 온전히 사랑하고 좋아할 수 있게 되었다. "이는 내 사랑하는 자요, 내 기뻐하는 자라"라는 "복된 소리"는 우리 모두에게 하시는 하나님의 말씀이다. 하나님은 무조건적이고 무제약적인 사랑을 가지신 분이다. 여기서 말하는 사랑을 우리는 보통 의지적인 선택으로 이해한다. 감정적으로 미운 마음이 있어도 의지적으로 상대를 용납할 수 있다. 우리는 하나님이 이런 식으로 나를 사랑할 거라고 생각한다. 하나님이 의지적으로 나를 사랑하시지만 감정적으로 좋아하시지는 않을 거라고 생각한다. 나를 의지적으로 사랑하실 수는 있지만 이 못난 모습과 연약한 모습, 심지어 악하기까지 한 모습을 보고 나를 좋아할 리는 없다고 확신한다. 하지만 우리의 생각과 달리 하나님은 나를 사랑하실 뿐만 아니라 나를 좋아하신다. 어떠한 상황 속에서도 있는 모습 그대로의 나를 기뻐하신다. 스바냐서 말씀처럼 하나님은 우리로 인해 기쁨을 이기지 못하신다(참조. 습 3:17). "이는 내 사랑하는 자요, 내 기뻐하는 자라"(참조. 마 3:17)라고 말씀하시는 하나님의 음성을 들어야 한다. 거짓 신들이 아니라 진짜 하나님, 거짓 환상들이 아니라 진리이신 예수님을 만나야 수치심에서 자유로울 수 있다. 그것을 내가 채워야 하거나 내 힘으로 도달해야 하는 것도 아니다. 말씀이 육신이 되신 예수 그리스도께서 십자가에 죽으심으로써 그 사랑이 우리에게 부어졌고 신적 사랑이 우리에게 도달했다. 오직 은혜로 이 사랑과 구원이 주어졌다.

# 행함, 의롭다 하심을 받는 길

우리 조상 아브라함이 그 아들 이삭을 제단에 바칠 때에 행함으로 의롭다 하심을 받은 것이 아니냐? 네가 보거니와 믿음이 그의 행함과 함께 일하고 행함으로 믿음이 온전하게 되었느니라. 이에 성경에 이른바 아브라함이 하나님을 믿으니 이것을 의로 여기셨다는 말씀이 이루어졌고 그는 하나님의 벗이라 칭함을 받았나니. 이로 보건대 사람이 행함으로 의롭다 하심을 받고 믿음으로만은 아니라. 또 이와 같이 기생 라합이 사자들을 접대하여 다른 길로 나가게 할 때에 행함으로 의롭다 하심을 받은 것이 아니냐? 영혼 없는 몸이 죽은 것 같이 행함이 없는 믿음은 죽은 것이니라(약 2:21-26).

어렸을 때 교회에서 들은 이야기 중 믿음의 본질에 대해 설명해주는 재미있는 예화가 있었다. 줄타기 선수인 블론딘에 관한 이야기다. 그가 나이아가라 폭포를 건넜다. "이편에서 저편까지 장대 하나만 들고 건너갈 수 있다는 걸 믿습니까?" 관중석에서 "네~~"라는 환호성이 들렸다. "그럼 제가 사람을 등에 업고도 건널 수 있다는 걸 믿습니까?" 또다시 관중들은 "네~~"라고 환호성으로 답했다. 그러자 그는 이렇게 말했다. "그럼 제 등에 업혀 폭포를 건널 사람 앞으로 나오세요." 그의 앞에 나온 사람이 단 한 명이라도 있었을까? 모두 침묵했을 뿐이다. 진짜 믿음이 무엇인지 보여주는 예화다. 말로는 다 믿는다고 한다. 하지만 누구도 자원하지 않는다. 이걸 진짜 믿음이라고 할 수 있을까? 그렇다면 진짜 믿음은 무엇일까?

이 주제는 너무 중요하다. 왜냐하면 한국교회의 위기를 불러온 가장 핵심적인 원인이 믿음과 행함의 괴리 현상이기 때문이다. 한국교회만큼 큰 믿음을 가진 성도들도 없다. 하지만 한국교회만큼 행함이 따르지 않는 성도들도 없다. 한국교회는 믿음과 행함을 대립 개념으로 이해한다. 개신교가 오직 믿음으로 의롭다고 여김을 받는다는 "이신칭의" 교리에서 시작됐다고 해도 과언이 아니기 때문에 그것을 목숨처럼 여긴다. 이신칭의를 선명하게 설명하기 위한 방편으로 행함과 믿음을 동과 서가 멀듯이 극한으로 떨어뜨려 놓고 둘을 양립 불가능한 것으로 대립시킨다. 이 둘은 절대로 함께할 수 없는 개념이 되어버렸다. 하지만 이것은 바울이 선포한 "이신칭의의 복음"을 오해한 결과다. 그렇기에 이를 바로잡지 않으면 안 된다. 이를 바로잡기 위해 필요한 복음이 공동 서신의 복음이다. 이번 장이 야고보서의 가장 핵심적인 메시지다.

## 인지적 동의로서의 믿음: 머리의 신앙

이신칭의를 바로 이해하기 위해서는 세 가지 질문이 필요하다. 믿음이 무엇인가? 의는 무엇인가? 의롭다고 여겨주신다는 것은 무엇인가? 『페어 처치』와 『성자와 혁명가』에서 히브리어로 "미쉬파트"와 "체데크"이고 그리스어로는 "디카이오쉬네"인 하나님의 의는 "righteousness"와 "justice", 즉 공평과 정의를 모두 의미한다고 분명하게 말했으므로 여기서는 믿음이 무엇인지에 대해서만 나누도록 하겠다. 신학자 마커스 J. 보그(Marcus J. Borg)는 『기독교의 심장』(한국기독교연구소, 2009)의 "제2장 신앙"에서 믿음을 네 가지로 정의한다. 이를 바탕으로 믿음이 무엇인지 설명하도록 한다. 첫째는 "동의로서의 믿음"이다. 나는 이것을 "인지적 동의로서의 믿음"이라고 부른다. 이것은 직접 경험하거나 확인할 길이 없는 것에 대한 진술이나 명제를 사실로 받아들이는 믿음이다. 이순신 장군이 12척으로 130여 척의 왜군을 물리친 명량해전 같은 이야기를 믿는가? 이 이야기를 처음 들은 사람들은 아마도 소설 속 이야기라고 생각할 것이다. 우리는 이렇게 불가능한 이야기로 들리는 사건을 사실로 믿는다. 이런 믿음은 다양한 교리나 믿음의 조항들(beliefs)을 참되다고 인정하는 것을 신앙으로 이해한다. 이것이 라틴어로 "*assensus*"로서의 믿음이다. 이것은 영어로는 "assent"

로 표현할 수 있다. "승인"으로서의 믿음이다. 이런 믿음의 반대는 "의심"이다. 나는 이것을 "머리의 신앙"이라고 부른다. 사실 이런 종류의 믿음은 성경에서 거의 말하지 않는다. 이런 종류의 믿음이 중요해진 것은 근대 세계가 출현하고 나서부터다. 근대 세계는 과학과 계몽주의의 영향으로 과학적인 사고방식이 중요했고 진리를 "사실"과 동일시하는 경향이 생겼다. 이에 영향을 받아 불가능한 것처럼 보이는 성경의 사건들을 의심 없이 받아들이는 것을 중요하게 여기기 시작했다. 문제는 이 차원에만 머물 때 그것은 힘이 없고 무능하며 삶이 변화되지 않는 상태에 머물 수 있다는 점이다. 물론 이런 믿음도 반드시 필요하다. 나 역시 그 교리들을 믿음으로 고백한다. 우리 교회는 매주 예배 때마다 사도신경을 고백한다. 『페어 처치』도 선교적 사역을 소개하기 전에 신학적 비전을 먼저 설명했다. 이해를 추구하는 신앙은 중요하다. 성경에서 말하는 중심적인 메시지들을 이해하게 하는 교리들과 고백들은 매우 중요하다. 특정 교리를 도그마화하고 절대화하지 않고 열린 자세를 갖는다면 말이다. 그것이 근본주의적인 신앙에 머물지 않는다면 말이다.

**관계적 신뢰로서의 믿음: 가슴의 신앙**

둘째는 "신뢰로서의 믿음"이다. 나는 이것을 "관계적 신뢰로서의 믿음"이라고 부른다. 어떤 사물에 대한 진술이나 명제, 교리나 신조같이 "말"로 된 것을 믿는 것이 아니라 상대방의 신의와 능력을 신뢰하는 것이다. 라틴어로 *fiducia*로서의 믿음이다. 이것은 영어로 "trust"로 표현할 수 있다. 이런 믿음의 반대는 "불신"이다. 나는 이것을 "가슴의 신앙"이라고 부른다. 『성자와 혁명가』에서 말한 것처럼 진정한 믿음은 무엇에 대한 믿음이 아니라 누구에 대한 신뢰다. 교리에 대한 인지적 동의를 넘어 하나님을 절대적으로 신뢰하는 것이 진정한 믿음이다. 믿는다는 동사의 목적어는 "인격"이다. "무엇"이 아니라 "누구"다. "믿음의 내용"보다 "믿음의 대상"이 더 중요하다. 믿음은 하나님에 "대한" 확실한 생각이 아니라 하나님을 "향한" 확고부동한 신뢰다. 욥이 고백한 것처럼 "앞으로 가도 그가 아니 계시고 뒤로 가도 보이지 아니하며 그가 왼쪽에서 일하시나 만날 수 없고 그가 오른쪽으로 돌이키시나 뵈올 수가 없는"(참조. 욥 23:8-9) 상황에서도 그분을 끝까지 신뢰할 수 있는 것, 그것이 참 믿음이다. 이해하기 어렵고 받아들이기 어려운 삶의 정황 한가운데서 "내가 가는 길을 그가 아신다"(욥 23:10)라고 선포하며 오직 하나님 한 분만을 신뢰하며 살아가는 것이 믿음이다. 그런 의미에서 믿음은 내가 죽는 것이다. "나-없음"의 세계를 사는 것이다. 세상과 나는 간 곳 없고 오직 주님만 있는 삶이다. 참 신앙은 순례이자 모험이기에 확실한 길을 포기하고 이해할 수 없는 길로 가기 위해서는 자기의 자아가 죽어야 하고 모든 것을 내려놓아야 하며 오직 하나님만으로 충분한 삶이 되어야 한다. 이런 믿음이야말로 "사랑으로 역사하는 믿음"(갈 5:6)이다. 왜냐하면 여기서 말하는 믿음은 곧 사랑이기 때문이다. 누군가를 사랑한다는 것은 곧 그를 신뢰한다는 말이다. 마귀도 베드로처럼 "당신은 하나님의 아들입니다"라고 고백할 수 있다. 마귀도 인지적 동의 차원에서의 믿음을 가졌다. 하지만 마귀는 주님을 사랑하지는 않는다. 하나님을 믿는다는 것은 하나님을 사랑한다는 것이고 하나님만을 절대적으로 신뢰하는 것이며 오직 하나님 한 분만으로 충분한 것이다.

　　최근 오방식 교수가 쓴 『토머스 머튼 이야기』(새물결플러스, 2021)를 읽었다. 현대 최고의 영성가 중 한 명으로 꼽히는 머튼 신부의 일생을 다룬 책이다. 코로나19 사태는 우리에게 수도원적 영성에 대한 도전을 준다고 생각하여 영성 관련 책들을 찾아 읽다가 읽게 되었다. 아주 오래전에 토머스 머튼"(Thomas Merton)이 쓴 묵상에 관한 책들과 자서전 격인 『칠층산』(성바오로, 1990)을 읽었기에 익숙한 영성가이지만 나이가 어느 정도 들어 최근에 읽는 책은 아주 색달랐다. 가슴의 신앙과 관련하여 『토머스 머튼 이야기』에 나오는 그의 종신서원 이야기를 소개하고자 한다. 젊은 시절 방탕한 생활을 했던 그는 회심을 경험하고 나서 수사가 되기 위해 트라피스트 수도회의 겟세마니 수도원에서 종신서원을 하게 된다. 겟세마니 수도원이 그에게 가장 잘 어울리기 때문에 종신서원을 한 건 아니다. 오히려 침묵과 고독 속에서 깊이 기도하면 할수록 다른 수도원에 대한 열망이 강해졌다. 겟세마니 수도원은 매우 활동적인 수도원이었기 때문에 그는 좀 더 깊이 침묵과 고독 속으로 들어갈 수 있는 환경을 제공할 수 있는 수도원을 갈망했다. 기도하면 할수록 더욱 순수한 관상에 전념하고 싶은 열망이 강해졌다. 순수 관상가란 고독과 침묵의 삶을 살면서 하나님이 원하지 않는 자기 안의 것들을 완전히 비워내고 그 비워진 공간을 그분의 현존으로 채우길 원하는 자다. 세상을 떠나 사막에 거하며 오로지 하나님만을 찾고 구하는 사람이다. 겟세마니 수도원은 더 깊은 고독에 대한 열망을 채우기에 적합하지 않은 것 같았다. 하지만 하나님은 그런 그를 겟세마니 수도원에 머물게 하셨으며 종신서원까지 하게 만드셨다.

이렇게 자신의 열망과 다르게 종신서원을 결정하고 나서야 그는 비로소 자신이 진정한 침묵과 관상을 잘 모른다는 사실을 깨닫게 되었고 그것을 잘 알기 위해서는 자신을 하나님께 온전히 맡겨야겠다고 생각하게 되었다. 깊은 침묵 속에서 오로지 하나님의 현존만을 구하는 거룩한 열망마저 하나님께서 내려놓게 하신다는 것을 그는 종신서원을 결단하고 나서야 깨닫게 된다. 하나님은 그에게 철저한 자기부인과 절대적인 순명을 요구하고 계셨다. 순명이란 하나님께서 자신 안에서 그리고 자신을 통해 어떤 역사를 펼치시든 무엇과도 타협하지 않고 오직 하나님만을 신뢰하며 자신을 온전히 거기에 바치는 것이다. 그렇게 순명하고 나서야 그는 비로소 관상 기도의 목적이 고독이나 관상 기도 자체가 아니라 하나님 자신임을 온전히 깨닫게 되었다. 종신서원을 앞둔 머튼은 다음과 같이 고백한다. "아무런 걱정 없이, 두려움이나 욕망 없이, 말 또는 침묵을, 일 또는 휴식을, 빛 또는 어둠을, 동반자 또는 고독을 찾지 않고 제 자신을 당신께 드리겠습니다. 왜냐하면 제 안의 모든 것을 비울 때 살아 있는 모든 것의 생명이시며 존재하는 모든 것을 포용하는 존재이신 당신 자신으로 저를 채우실 것이기 때문입니다." 머튼은 하나님으로 자신을 채우고 하나님만을 사랑할 수 있게 되는 것이 바로 자신의 고독임을 고백한다. "이것이 저의 고독일 것입니다. 제 자신에게서 벗어나서 당신만을 사랑할 수 있게 되는 것이, 당신을 사랑한 나머지 이제는 다른 무언가를 사랑한다는 의식마저 없어지게 되는 것이 바로 저의 고독일 것입니다. 저는 더 이상 제 자신이기를 열망하지 않으며, 다만 당신 안에서 변화된 자신을 찾아내게 되기를, 그래서 제 자신은 없고 오직 당신만이 존재한다는 것을 알게 되기를 열망합니다. 그때는 바로 제가 당신이 영원으로부터 저를 가지고 만들고자 하셨던 존재, 곧 제 자신이 아니라 사랑 자체가 되는 순간일 것입니다."

얼마나 놀라운 고백인가? 그는 더 깊은 고독과 침묵 속으로 들어갈 수 있는 환경을 제공하는 수도원으로 옮기고 싶었지만 하나님은 진정한 고독은 오직 하나님의 사랑 안에 잠기는 것임을 깨닫게 하신다. 기억해야 할 점은 관상 기도와 침묵 기도 그 자체보다 하나님을 사랑하는 것이 더 중요함을 깨닫게 된 것도 오래도록 관상과 침묵의 시간을 가졌기 때문에 가능했다는 사실이다. 오래도록 관상과 침묵의 시간을 가졌기에 더 깊은 침묵과 고독 속으로 들어가고자 하는 열망에 불타올랐던 것이며 하나님은 그러한 열망마저도 내려놓도록 하면서 진정한 사랑과 진정한 고독을 경험하게 하셨던 것이다.

## 언약적 충성으로서의 믿음: 배의 신앙

셋째는 "충실함으로서의 믿음"이다. 나는 이것을 "언약적 충성으로서의 믿음"이라 부른다. 라틴어로 *fidelitas*로서의 믿음이다. 영어로는 "fidelity"로 표현할 수 있지만 나는 "faithfulness"로 표현하기 좋아한다. "신실성" 혹은 "신의"와 "충절"로서의 신앙이다. 이런 믿음의 반대는 "배신"이며 "우상숭배"다. 나는 이것을 "배의 신앙"이라고 부른다. 톰 라이트(N. T. Wright)는 『하나님은 어떻게 왕이 되셨나』(에클레시아북스, 2013)에서, 스캇 맥나이트(Scot Mcknight)는 『예수 왕의 복음』(새물결플러스, 2014)에서 기독교의 복음이 "사사화"되었다고 신랄하게 비판한다. 하나님 나라의 복음이 개인 영혼 구원의 복음으로 축소되어버렸기 때문이다. 왕의 복음은 사라지고 제사장의 복음만 남았다. 그것도 개인적 차원의 죄를 해결하는 복음으로 말이다. 그리하여 현대판 복음 전도에 구약이 사라져버렸다. 창조로 시작하여 새창조로 마무리되는 거대한 구원의 내러티브가 개인의 영혼 구원 차원의 복음으로 축소되어버렸다. 매튜 W. 베이츠(Matthew W. Bates)는 『오직 충성으로 받는 구원』(새물결플러스, 2020)에서 복음이 자기중심적이 되어버렸다며 현대판 복음을 이렇게 요약한다. "나에게 문제가 있고 현재 멸망을 향해 가고 있다. 그러나 예수께서 나의 죄를 위해 돌아가셨으므로 이제 나는 경로를 바꾸어 하늘나라로 갈 수 있는 기회를 얻게 되었다. 이를 위해 필요한 것은 예수님의 죽음이 나의 죄로부터 나를 완전히 구원해준다는 나의 개인적인 믿음이다." 이것이야말로 달라스 윌라드(Dallas Willard)가 『하나님의 모략』(복있는사람, 2007)에서 말한 "죄를 관리하는 복음"이다. 이런 복음은 오직 죄, 개인의 잘못된 행동과 존재의 잘못, 그리고 그 결과의 죄를 해결하는 방법에만 관심이 있는 복음이다. 오직 법적인 죄 용서를 통해 천국 입성의 자격을 얻는 복음 말이다. "칭의"가 "중생" 또는 "새생명"의 자리를 빼앗아 버리고 총괄갱신(엡 1:10)이라는 거대한 구원의 드라마를 빼앗아 버린 복음이다. 이러한 복음의 중심에는 오직 "나"만 있다. 예수님조차도 나의 구원을 위한 수단이 되어버린다.

이러한 성격을 지닌 한국판 복음은 구원을 천국행 구원 열차에 올라타는 것으로 비유한다. 이 열차에 올라타기 위해서는 믿음만 있으면 된다. 행위가 아니라 오직 믿음으로 우리는 천국행 구원 열차표를 살 수 있다. 좀 더 정확하게 표현하자면 행위가 아니라 믿음으로 구원을 얻는다는 구원 공식을 깨닫기만 하면 천국행 티켓을 살 수 있다. 내 마음으로 믿기만 하면 되기 때문에 거의 무인 판매대에서 티켓을 구입하는 것과 같고 일단 구입하기만 하면 자동으로 전산 처리되어 생명책에 기록이 된다. 이런 구원관의 문제점은 진짜 믿음이 무엇인지 묻지 않아도 되고 실제적인 하나님과의 관계에 대해 고민하지 않아도 된다는 데 있다. 무인 자판기의 특징은 주인이 없다는 데 있다. 주인을 만날 필요도 없고 주어진 규칙대로 구입만 하면 된다. 신앙적으로 말하자면 구원 공식을 아는 것이 중요하지 하나님과 우리의 관계는 그리 중요하지 않다. 진짜 복음은 하나님이 왕이시며 그 왕이 통치하신다는 복된 소식인데 그분이 누구이시며 왕과 나와의 관계가 어떠해야 하는지가 하나도 중요하지 않은 복음이 과연 진짜 복음일까? 또한 이런 구원관은 내가 어떤 존재이며 어떻게 살아가야 하는지가 전혀 중요하지 않다. 구원 열차는 중간에 다른 역이 없고 출발역과 종착역만 있다. 한번 올라타면 종착역에 다다를 때까지 내릴 필요가 없다. 일단 이 열차에 올라타면 다시 내릴 필요가 없으니 열차 안에서 내가 무슨 짓을 해도 상관없다. 이러한 복음은 내가 어떻게 사느냐는 그리 중요하지 않다. 오직 믿음이 있느냐 없느냐만 중요하다. 행함도 중요하지 않고 제자도는 선택 사항일 뿐 구원받는 데 본질적인 요소가 아니다.

　달라스 윌라드는 이러한 믿음을 "바코드 믿음"이라고 부른다. "상점 물건에 붙어 있는 바코드를 생각해보라. 스캐너는 바코드에만 반응한다. 바코드가 붙어 있는 병이나 상자 안에 무엇이 들어 있는지 또는 바코드가 어디에 붙어 있는지는 아무런 상관이 없다. 스캐너는 센서를 통해 바코드에만 반응할 뿐 다른 것에는 일절 반응하지 않는다. 만약 아이스크림 바코드 스티커가 개 사료에 붙어 있으면 스캐너는 개 사료를 아이스크림으로 처리해버린다." 윌라드의 설명에 의하면 현대의 인기 있는 기독교 신학은 믿음이 "바코드"며 하나님이 "스캐너"라고 간주한다. 그리스도인들은 예수에 관한 내용을 인지적으로 동의하기만 하면 즉시 바코드를 받는다. 그리고 그들이 지닌 바코드가 스캔될 때 그들은 의로운 자이자 구원받은 자로 여겨진다. 그들이 선한지 악한지 내적으로 진정 의로운지 아닌지는 상관없다. 그의 존재적 변화 유무도 중요하지 않고 그가 어떤 삶을 살았는지도 중요하지 않다. 하지만 이상하지 않은가? 예수님은 "나더러 주여 주여 하는 자마다 천국에 들어가는 것이 아니라 하나님의 뜻대로 행하는 자라야 들어간다"(참조. 마 7:21)고 말씀하셨는데 말이다. 이제 진정한 믿음이 무엇이지 물어야 할 때다.

　단도직입적으로 말해 믿음은 "충성"이다. 매튜 W. 베이츠는 『오직 충성으로 받는 구원』에서 다음과 같이 주장한다. 믿음, 즉 "피스티스"라는 그리스어에 해당하는 히브리어는 "에무나"다. "에무나"는 "아만"이라는 히브리어 동사에서 나왔다. 아만은 "지탱하다, 확실하다, 신뢰할 만하다, 성실하다, 충성하다" 등의 뜻이 있다. 따라서 "에무나"라는 단어는 대부분 "신실함"으로 번역된다. 믿음(faith)은 신실함(faithfulness)이다. 신실함이란 "인내"이자 "순종"이며 "충성"이다. 이 중에도 왕이신 하나님과의 관계성을 생각해볼 때 믿음의 가장 중요한 의미는 "충성"이다. 믿음은 충성이다. 성경에서 말하는 충성에는 세 가지 차원이 존재한다. 첫째는 "지적인 동의"다. 개인 영혼 구원을 말하는 사영리 정도가 아니라 신구약 전체를 통해 계시하시는 하나님의 구원 이야기와 그분의 뜻에 대한 지적 동의가 필요하다. 둘째는 "공적인 고백"이다. 로마서 10:10에서 말하는 것이 이런 의미다. "사람이 마음으로 믿어 의에 이르고 입으로 시인하여 구원에 이르느니라." 이것은 단지 예수님이 나의 죄를 사해주셨다는 정도가 아니라 "예수께서 나의 왕이시라"는 공개적인 충성 서약을 말하는 것이다. 셋째는 "구현된 충성"이다. 단지 서약을 하는 데 멈추지 않고 그것을 구현하는 실질적인 충성이 필요하다. 이것이 아버지의 뜻대로 행하는 자라야 하나님 나라의 백성이 될 수 있다는 말씀의 의미다. 요한계시록에서 주님은 소아시아 일곱 교회를 향해 "죽도록 충성하라"고 말씀하신다. 특히 환난과 궁핍과 비방 속에 있는 서머나 교회를 향해 죽음을 각오하고 충성하라고 말씀하신다. "죽도록"이란 단지 죽을 힘을 다해서 충성하라는 "태도"를 말하는 정도가 아니라 "실제적인" 죽음을 의미한다. "죽음에 이를 때까지 신실하라." "죽음의 위협 앞에서도 주님만이 진정한 왕이심을 공개적으로 시인하라." "왕의 나라와 그의 의를 구하고, 죽을지라도 주님의 뜻이 온전히 이루어질 때까지 끝까지 인내하라." "죽음 앞에서도 충성의 절개를 지키라."이 정도로 충성의 삶을 살아가라고 말씀하신다. 과연 현대 교회는 이런 충성을 요구하는 곳인가?

## 존재적 일치로서의 믿음: 온몸의 신앙

마지막 네 번째는 "보는 방식으로서의 믿음"이다. 이것은 라틴어로 *visio* 로서의 믿음이다. 특히 그것은 삶의 현실 전체를 보는 방식으로서의 신앙, 곧 인생의 "궁극적인 무대"를 보는 방식으로서의 신앙이다. 인생의 궁극적인 무대 전체를 보는 방식에는 세 가지가 있는데 첫째, 궁극적 무대를 적대적이고 위협적인 것으로 볼 수 있다. 이런 무대에서 사람들은 살아남을 수 없다는 두려움을 가질 수밖에 없고 결국 방어적으로 살 수밖에 없다. 안전과 자기방어 체제를 세워 적대적인 힘들을 막아내려 한다. 두 번째 방식은 그것을 무관심한 것으로 파악한다. 그것은 인간의 목적이나 목표에 대해 무관심하다고 간주하는데 현대 세속적 인생관에 가깝다. 이 두 번째 방식은 첫 번째 보는 방식만큼은 아니어도 여전히 방어적으로 살아간다. 인생의 궁극적 무대를 보는 세 번째 방식은 그것이 생명을 주며 우리를 양육하는 것으로 보는 방식이다. 그것은 우리를 비롯해서 삼라만상을 존재하게 만들었고 우리의 삶을 유지시켜준다. 그것은 경이와 아름다움으로 가득 차 있다. 한마디로 인생의 궁극적인 무대를 은총이 넘치는 것으로 보는 방식이다. 그 반대인 불신앙은 인생의 궁극적인 현실을 적대적이거나 위협적인 것으로 보거나 무관심한 것으로 본다.

　나는 그가 네 번째 믿음을 "통전적인 앎으로서의 믿음"으로 칭했으면 더 좋았겠다는 아쉬움이 남는다. 성경에서 보는 것은 아는 것이며 아는 것은 단지 지적인 차원이 아니라 관계적이고 경험적이며 인격적이고 통전적인 이해를 의미하기 때문이다. 이것을 성경은 "지혜"라고 부른다. 이런 믿음의 반대는 "무지"다. 예수님이 십자가에서 자기를 죽이려는 자들을 향하여 저들이 알지 못하고 하는 행위이니 저들의 죄를 사해달라고 하나님께 기도할 때 말한 바로 그 "알지 못함"이다. 우리 부부는 신혼여행을 제주도로 갔다. 가장 좋았던 곳이 성산포였다. 성산포는 제주도 남쪽 끝에 있는 휴화산이다. 너무나 아름다워 그곳에 올라가면서 계속 사진을 찍었다. 그때 아내가 이런 말을 했다. "오빠, 사진은 내려가면서 찍는 거 아냐?" 나는 "뭐 어때, 좋으면 찍는 거지"라고 답하며 계속 사진을 찍어댔다. 마침내 산 정상에 오르게 되었는데 무언가 뻥 뚫리는 기분이다. 막힌 것이 하나도 없고 상하, 전후 좌우가 한 점으로 모아지는 그 지점은 마치 신비 체험을 가져오는 변화산 같은 지점이었다. 너무 좋아서 한참을 그곳에 머물다가 내려가면서 좀 전에 올라오면서 경치가 너무 좋아 사진을 찍었던 곳을 지나가는데 이전과는 완전히 다른 감흥이었다. 이제는 하나도 멋이 없었다. 진짜 좋은 것을 보고 나니까 시시해 보였다. 이제까지 사진 찍었던 것들이 아깝게 느껴졌다. 비로소 나는 아내가 한 말을 이해했다. 사진은 내려가면서 찍는 거다. 진짜 좋은 것을 보고 나서도 여전히 좋은 것들을 찍는 것이다. 이 체험을 하면서 진리가 이와 같다는 생각을 하게 되었다. 왜 바울이 예수 그리스도를 아는 지식을 경험하고 나서 나머지를 배설물처럼 여겨졌는지 이해하게 되었다. 진리 체험은 산 정상 체험과 유사하다. 산 아래쪽에서는 이쪽과 저쪽이 서로 반대이며 대립되어 있다. 그렇기에 산 아래쪽의 세계를 사는 사람들은 항상 싸운다. 자신의 것을 지키려고 싸우고 남의 것을 빼앗으려고 싸운다. 가인처럼 에녹이라는 성을 짓고 안전과 자기방어 체계를 갖춰 전쟁하는 데 에너지를 다 쏟는다. 그들의 소원은 누구도 건드리지 못하는 거인족 "네피림"이 되는 것이다. 하지만 산 정상에서는 이쪽과 저쪽이 하나다. 이쪽과 저쪽이 하나임을 맛본 자는 다툴 필요가 없다. 자신의 성을 쌓을 필요도 없다. 이쪽과 저쪽이 하나임을 아는 것, 그것이 통전적 앎이고 지혜다. 이런 지혜야말로 물이 바다 덮음같이 야웨를 아는 지식이 세상에 충만할 것이라는 예언(사 11:9)의 성취이자 진리의 영이 오셔서 모든 진리 가운데로 인도하심(요 16:13)의 증거다.

하지만 나는 조금 더 밀어붙여 네 번째 믿음을 "존재적 일치로서의 믿음", "온몸의 신앙"으로 이름 붙인다. 요한1서 1:1 때문이다. "태초부터 있는 생명의 말씀에 관하여는 우리가 들은 바요 눈으로 본 바요 자세히 보고 우리의 손으로 만진 바라"(요일 1:1). 소리는 우리 눈 밖에 있는 거리를 상징하고 시각은 가까이 있음을 상징하며 손으로 만진 바는 존재적 일치를 상징한다. 사람은 반드시 하나님의 말씀을 듣는 것을 체험해야 한다. 하나님의 말씀이 내 말씀이 되는 체험을 경험해야 한다. 그래야 새 생명을 얻게 된다. 또한 삼위일체 하나님을 보아야 한다. 내가 전에는 귀로만 들었더니 이제는 눈으로 주를 본다(참조. 욥 42:5)고 고백한 욥처럼 살아 계신 하나님을 인격적으로 만나야 한다. 하지만 무엇보다 만진 바 되어야 한다. 만진 바 된다는 말은 그분과의 일치를 의미한다. 떡과 포도주를 먹고 마시는 것을 의미한다. 그분이 나의 피와 살이 되는 것을 의미한다. 우리가 다 작은 예수가 되어 지금 여기서 하나님을 드러내고 말씀을 살아내는 삶, 예수님처럼 하나님 안에 내가 있고 내 안에 하나님이 있는 삶, 이것이 진정한 믿음의 삶이다. 예수님이 변화산에서 변형되었듯이 우리도 그 얼굴에 광채가 나는 모습으로 점차 변화되어야 한다. 더 진실해지고 선해지며 아름다워져야 한다. "성화는 윤리, 영화는 미학"이라는 말이 있지만 성화와 영화를 순차적으로 이해할 것이 아니라 지금 여기서 성화와 영화의 과정이 함께 진행되는 것으로 보아야 한다. 우리 겉사람은 날로 후패하고 있지만 속사람은 날로 새로워지고 있다. "나는 포도나무요 너희는 가지라. 그가 내 안에 내가 그 안에 거하면 사람이 열매를 많이 맺나니, 나를 떠나서는 너희가 아무것도 할 수 없음이라"(요 15:5). 나무와 가지가 분리될 수 없듯이, 용광로에서 철과 불이 분리될 수 없듯이 주님이 내 안에 내가 주님 안에 있는 일치의 삶이 궁극적 믿음이다.

## 칭의·의화·신화의 하나 됨

한국교회 칭의론의 문제점은 크게 두 가지다. 하나는 "칭의의 사사화"다. 개인적인 차원의 칭의에 대해서만 논한다. 한국교회는 다시 성경으로 돌아가 칭의의 공동체성과 공공성 차원, 그리고 우주적 차원을 회복해야 할 것이다.[1] 또 하나의 문제는 이신칭의가 오직 인지적 동의로서의 믿음 차원에서 논의되고 칭의와 성화를 극단적으로 분리시키는 경향성을 띤다는 점이다. 따라서 나는 개신교의 칭의론을 붙들되 로마 가톨릭과 동방 교회의 구원론도 품을 수 있어야 개신교의 한계를 극복할 수 있다고 본다. 개신교가 인지적 동의로서의 믿음을 강조한다면 로마 가톨릭은 관계적 신뢰로서의 믿음과 언약적 충성으로서의 믿음을 강조하고 동방 교회는 존재적 일치로서의 믿음을 강조한다고 할 수 있다. 믿음을 통해 얻어지는 구

---

[1]  칭의의 우주적 차원은 전도서를 살펴볼 때 나누게 될 것이며 칭의의 공동체성과 공공성 차원은 『페어 처치』와 『성자와 혁명가』에서 자세히 논했으니 더 이야기하지는 않는다. 기독연구원 느헤미야에서 편집한 『칭의와 정의』(새물결플러스, 2017)를 읽어볼 것을 권하는 것으로 대신한다.

원의 선물을 개신교는 "칭의", 로마 가톨릭은 "의화" 그리고 동방 교회는 "신화"라고 표현한다.[2] 개신교가 "전가된 의", "외부적인 의", "법정적인 의"를 강조한다면 로마 가톨릭은 "주입된 의", "내부적인 의", "관계적인 의"를 강조한다. 개신교는 신자를 법적으로 의롭다고 여김을 받아 새롭게 "부여된 신분"을 가졌지만 여전히 죄인으로 보지만 칭의를 도덕적이고 관계적인 의미에서 "변화된 인격"으로 보는 로마 가톨릭은 칭의와 성화가 구분되지 않으며(고전 6:11; 딛 3:4-7), 신자가 그리스도와 연합(갈 2:20; 롬 6:1-11)했기 때문에 하나님의 자녀 됨(롬 8장; 갈 4장)이 회복되었고 법적으로만이 아니라 실제적으로 의롭게 "되었다"(롬 5:19; 고후 5:21)고 본다. 여기서 우리는 매우 모순적인 면을 보게 된다. "오직 믿음"을 강조하는 개신교는 법정적인 의만을 인정하고 하나님의 의가 우리의 존재를 변화시키는 것은 믿지 않는 것처럼 보이는 반면 행위 구원을 주장한다고 오해받는 로마 가톨릭은 도리어 우리 안에 내주하시는 성령을 통해 하나님이 우리의 인격을 변화시킬 수 있다고 믿으니 말이다. 로마 가톨릭의 믿음이 훨씬 더 커 보인다. 그들은 "우리 가운데서 역사하시는 능력대로 우리가 구하거나 생각하는 모든 것에 더 넘치도록 능히 하실 이"(엡 3:20)를 믿는다.

---

**2**  동방 교회의 교리를 이해하기 위해서는 존 메이엔도르프의 『비잔틴 신학』(정교회출판사, 2010), 블라디미르 로스키의 『정교신학 개론』(지식을만드는지식, 2017)과 『동방 교회의 신비신학』(정교회출판사, 2019), 레오니드 우스펜스키의 『정교회의 이콘 신학』(정교회출판사, 2022), 게오르기오스 수사대사제의 『신화』(정교회출판사, 2015), 바르톨로메오스의 『신비와의 만남』(정교회출판사, 2018), 알렉산더 슈메만의 『성찬: 하나님 나라의 성례』(터치북스, 2021)와 『세상에 생명을 주는 예배』(복있는사람, 2008) 등을 참조하라. 그 외에 대니얼 B. 클린데닌의 『동방 정교회 신학』(은성, 2012), 디모데 웨어의 『동방 정교회의 역사와 신학』(한국장로교출판사, 1999), 카네기 사무엘 캘리언의 『경계를 뛰어넘는 신학』(대한기독교서회, 2002) 등을 참조하라. 개신교와 로마 가톨릭과 동방 교회를 비교하면서 이해하기 위해서는 『칭의 논쟁: 칭의에 대한 다섯 가지 신학적 관점』(새물결플러스, 2015)을 참조하되 동방 교회 입장에 대해 쓴 벨리-마티 카르카넨의 글을 읽어보라.

그들은 자신들이 만약 잘못되었다면 개신교 신자들이 믿고 있는 것보다 하나님이 은혜를 통해 더 많은 일을 행하실 수 있다고 믿기 때문이라고 말한다. 참으로 묘한 형국이다.

하지만 지나친 믿음이 부작용을 일으킨다는 사실을 우리는 잘 안다. 지나친 믿음이 우리 안에 있는 한계를 보지 못하게 할 수도 있다. 따라서 우리는 전통적인 이신칭의를 놓치지 말아야 한다. 우리가 여전히 죄인이라고 고백할 수밖에 없는 것들이 우리 안에서 강하게 작동하고 있다는 사실을 기억해야 한다. 우리는 구원 이후에도 여전히 은혜가 필요한 존재다. 죄의 지배는 무너졌지만 여전히 우리 안에 죄의 기능이 존재하기 때문이다. 따라서 개신교의 관점과 로마 가톨릭의 관점을 함께 붙드는 것이 중요하다. 동방 교회가 그렇게 하고 있다. 동방 교회는 "법정적 의"와 "유효한 의" 그리고 "의롭다 선언함"과 "의롭게 만듦"을 하나로 본다. 더 나아가 그들은 그리스도의 의에 "참여하는 의"와 그리스도와의 연합을 통한 "존재적인 의"를 강조한다. 내주하시는 성령으로 말미암아 믿음 안에서 그리스도는 현존하며 그리스도의 현존은 신자로 하여금 작은 그리스도가 되게 하여 그리스도를 닮도록 회복시키고 변화시키기 시작한다. 동방 교회는 그리스도와 신자의 연합을 "실제적이고 본체적인 연합"(참조. 벧후 1:4)으로 보기까지 한다. 물론 그것이 "하나님의 본질과의 연합"이 아니라 "창조되지 않은 에너지들/능력들과의 연합"을 의미하지만 말이다. 이런 면에서 "신화"는 존재적 일치로서의 믿음과 관련이 있다. 우리는 이런 믿음을 이해하는 데 동방 교회의 도움을 받아야 한다. 물론 동방 교회도 서방 교회를 필요로 한다. 자칫 "신화"가 자기의 힘을 통한 행위적 구원이나 신인협력설 혹은 뉴에이지 같은 동양적인 종교들처럼 "하나님의 인간성"이 아니라 "인간의 하나님성"을 추구하는 쪽으로 지나치게 경도될 가능성도 없지 않기 때문이다.

개신교와 로마 가톨릭과 동방 교회가 존재한다는 것만으로도 성경이 하나님의 구원에 대해 다양한 용어와 개념을 사용하고 있음을 알 수 있다. 칭의 개념만 해도 법정 언어, 시장 언어, 가정 언어, 전쟁 언어 등 다양하게 사용하고 있다. 최갑종은 『칭의란 무엇인가』(새물결플러스, 2016)에서 이런 다양한 면을 보여주는 말씀들을 모두 하나님의 말씀으로 받아들여야 한다고 말한다. 그에 의하면 성경은 칭의나 구원 문제와 관련하여 "양면적인 교훈"을 우리에게 주고 있다. 바울 서신을 보면 신자의 행위와 구원을 연결하는 본문은 주로 신자가 이 세상에서 어떻게 살아야 할 것인가를 강조하고 권면하는 문맥 가운데서 자주 나타나고, 반면 신자의 행위와 구원을 분리하는 본문은 주로 사람이 어떻게 구원을 받을 수 있는가를 강조하는 문맥에서 나타난다. 전자는 성령을 따라 살아야만 하는 신자의 삶을 교훈하는 "명령법"의 문맥에서 나타나고 후자는 그리스도의 은혜를 통해 믿음으로 주어지는 신자의 신분 문제를 밝히는 "직설법"의 문맥에서 나타난다. 우리에게는 직설법과 명령법이 모두 필요하다. 차이를 외면하거나 모순된 것으로 치부해도 안 될 것이며 어느 한쪽의 우위를 주장하거나 다른 쪽에 종속시켜서도 안 된다. 우리는 오직 성경 본문의 문맥에서 저자의 진짜 의도와 강조점을 찾아야 한다. 실제로 바울 서신들은 진공 상태에서 쓴 무시간적 "신학 논문"이 아니라 특수한 역사적 정황에 처해 있는 교회 공동체를 고려하고 그들의 정황에 합당한 메시지를 설파하는 "목회 서신"임을 잊지 말아야 한다. 이렇게 맥락적 사고를 하고 목회적 접근을 하면 서로 다른 것처럼 보이는 것을 통전적으로 이해할 수 있다.

이제 세 기독교는 하나가 되어야 한다. 하나가 되기 위해서는 세 가지를 통일시킬 수 있는 원리가 필요하다. 도올 김용옥이 엮은 『삼국통일과 한국통일』(통나무, 1994) 상권에 있는 "통일론대강"이라는 글에서 김용옥은 삼국 통일이 역사의 한 시점이 아니라 과정이라고 말하면서 김춘추의 무력 통일이 아니라 원효의 생멸(生滅)·진여(眞如)의 일심(一心)사상이 새로운 사회의 인테그러티(integrity[온전함])를 형성했다고 주장한다. 문제는 신라의 문화적 역량이 부족하여서 김춘추의 무력 통일이라는 힘만으로는 삼국 문명의 융합을 성공적으로 수행해내기에는 역부족이었기에 후삼국으로 분열될 수밖에 없었다는 점이다. 하지만 후삼국으로 분열되기 전의 통일 신라를 하나 되게 한 것은 원효의 사상이었음을 부인하기는 어렵다. 같은 책의 "원효의 통일학"이라는 글에서 고영섭은 원효의 통일학은 보편적 인간에 대한 이해였다고 말한다. 원효의 핵심 사상은 일심, 화쟁 그리고 무애다. 일심(一心)이란 더러움과 깨끗함의 모든 법은 그 성품이 둘이 아니고 참됨과 거짓됨의 두 문은 다름이 없으므로 하나라 이름을 붙이는 것이다. 생(生)과 멸(滅)이 둘이 아니고 동(動)과 적(寂)이 다름이 없으니 이를 일심의 법이라 한다. 일심이야말로 귀족과 인민이 만나고 중생과 부처가 만나며 고구려·백제·신라가 만나는 핵심 고리다. 그러면 어떻게 만날 것인가? 그 방법론이 화쟁이다. 화쟁(和諍)은 백가(百家)의 다른 주장을 지극히 공평하고 사사로움이 없는 뜻, 즉 "진리가 갖는 원융성과 포괄성"에 근거하여 전개함으로써 모두 화해시키는 것을 말한다. 화쟁은 같음과 다름, 세움과 깨뜨림 등의 상대적 이분법을 넘어서서 다양한 주장의 초점을 한곳으로 이끌어간다. 화쟁은 다른 주장을 다 감싸 안는 것이다. "나는 옳고 너는 그릇되었다"고 하는 것이 아니라 그가 처한 상황에 따라 적절한 처방전을 내려줌으로써 모두가 옳거나 모두가 그릇될 수 있음을 보여주는 것이다. 무애(無碍)는 바로 이러한 일심과 화쟁의 구체적인 모습이다. 어떤 것에도 걸림이 없는 삶의 모습을 말하는 동시에 그 누구도 차별하지 않는 삶의 모습을 말한다. 고구려·백제·신라는 일심, 화쟁 그리고 무애 사상을 통해 하나가 될 수 있었다. 그렇다면 개신교·로마 가톨릭·동방 교회가 하나 되기 위해서도 이와 같은 원리가 필요한 것이 아닐까? 삼위일체의 신비야말로 일심·화쟁·무애의 궁극적 원리가 아닐까?

개신교·로마 가톨릭·동방 교회가 하나 되기 위해서는 동방 교회의 "신비"를 회복할 필요가 있다. 최종원은 『초대교회사 다시 읽기』(홍성사, 2018)에서 동일한 이야기를 한다. 그는 초기 교회가 새로운 보편성을 보여주는 대안 공동체였기 때문에 로마의 핍박에도 성장할 수 있었다고 말한다. 문제는 이러한 교회가 로마 제국에 공인되고 국교가 됨으로써 기득권 종교가 되었다는 데 있다. 기득권 종교가 된 후 나타난 현상은 두 가지다. 하나는 "타락"이고 다른 하나는 "분열"이다. 부유해지고 힘을 갖기 시작하자 타락했고 지식을 갖추기 시작하자 분열했다. 타락한 로마를 변화시켰던 기독교가 기득권 종교가 되자 타락하게 되었고 핍박 중에는 하나였던 기독교가 핍박이 사라지자 분열했다는 것은 많은 시사점을 준다. 최종원은 분열이라는 과제를 해결하기 위해 동방 신학에서 배울 것이 있다고 말한다. 동방 신학은 "신비"를 중요하게 여긴다. 동방 교회에서 성사를 의미하는 용어는 "미스테리온(*mysterion*)"이다. 동방 신학은 그리스어를 주로 사용했다면 서방 신학은 라틴어를 주로 사용했는데 라틴어는 이 용어에 해당하는 단어가 없어서 그 용어를 "사크라멘툼(*sacramentum*)"으로 번역했다. 미스테리온이 "미스테리" 즉 "신비"에 가깝다면 사크라멘툼은 "시크릿"과 같은 뿌리를 가진 "비밀"을 의미하는 단어다. 비밀이 풀어나가는 것, 즉 풀어야 의미가 있는 것이지만 신비는 풀려고 해도 쉽사리 풀 수 없는 것, 즉 신비스러움 그 자체로 존재의 의미가 있다. 서방 신학에서 비밀은 결국 드러나는 것이라고 생각했다. 논리와 이성으로 그것을 명확하게 하는 것이 신학적 과제였다. 하지만 동방 신학은 신적 신비란 인간의 언어로 설명될 수 있는 대상이 아니라고 생각했다. "신은 ~이다"라는 긍정어로 규정할 수 없고 오직 "신은 ~이 아니다"라는 부정어로만 표현할 수 있을 뿐이다. 서방 신학처럼 신을 인간의 언어로 규정하다 보면 진정한 신의 모습을 단순한 개념 속에 가두는 일이 생길 것이다. 따라서 동방 교회에서는 신비를 그 자체로 경배해야 한다고 주장했다. 나는 이 신비가 삼위일체적 신비라고 믿는다.

## 이행칭의: 행함으로 의롭다 하심을 받는다

이제 야고보 말씀으로 돌아가보자. 야고보가 말하는 참 믿음은 첫째, "사랑으로 역사하는 믿음"이다. 야고보는 이렇게 시작한다. "내 형제들아, 만일 사람이 믿음이 있노라 하고 행함이 없으면 무슨 유익이 있으리요? 그 믿음이 능히 자기를 구원하겠느냐?"(약 2:14) 야고보는 믿음이 있다고 하면서 행함이 없으면 아무 유익도 없고 그 믿음이 자기를 구원할 수도 없다고 말한다. 여기서 중요한 것은 행함의 성격이다. 기도나 예배 같은 무슨 종교적인 행위를 말하는 것이 아니다. 야고보가 든 예를 보자. "만일 형제나 자매가 헐벗고 일용할 양식이 없는데 너희 중에 누구든지 그에게 이르되 평안히 가라, 덥게 하라, 배부르게 하라 하며 그 몸에 쓸 것을 주지 아니하면 무슨 유익이 있으리요? 이와 같이 행함이 없는 믿음은 그 자체가 죽은 것이라"(약 2:15-17). 얼마나 종교적인 행위를 잘하느냐가 아니다. 행함이 있는 믿음은 "최고의 법"인 이웃 사랑을 말하는 것이고 긍휼의 행함을 뜻한다. 바울식으로 말하면 다음과 같다. "그리스도 예수 안에서는 할례나 무할례나 효력이 없으되 사랑으로써 역사하는 믿음뿐이니라"(갈 5:6). 야고보가 말한 행함은 사랑의 행함이다. 예수님께서 십자가를 통해 보여주신 바로 그 사랑의 행함이다. 자신을 내어주신 사랑이 예수님을 믿는 자들에게 흘러들어와 믿는 자들도 사랑의 섬김으로 나타날 수밖에 없는 믿음이야말로 진짜 믿음이다.

　둘째로 야고보가 말하는 참 믿음은 "순종으로 충성하는 믿음"이다. 야고보의 말을 들어보자. "어떤 사람은 말하기를 너는 믿음이 있고 나는 행함이 있으니 행함이 없는 네 믿음을 내게 보이라. 나는 행함으로 내 믿음을 네게 보이리라 하리라. 네가 하나님은 한 분이신 줄을 믿느냐? 잘하는 도다. 귀신들도 믿고 떠느니라. 아아 허탄한 사람아! 행함이 없는 믿음이 헛것인 줄을 알고자 하느냐?"(약 2:18-20) 여기서 허탄한 사람은 분명 믿는 사람이다. "네가 하나님은 한 분이신 줄을 믿느냐? 잘하는 도다"라고 칭찬 듣는 사람이다. 하지만 이건 칭찬이 아니다. 허탄한 사람의 믿음을 귀신의 믿음과 비교하기 때문이다. "귀신들도 믿고 떠느니라." 귀신들도 믿음이 있다는 말이다. 귀신들의 믿음은 어떤 믿음일까? 첫째는 인지적 믿음이다. 귀신들도 예수님이 그리스도라는 사실을 알고 베드로처럼 신앙고백을 했다. "여러 사람에게서 귀신들이 나가며 소리 질러 이르되, 당신은 하나님의 아들이니이다"(눅 4:41). 둘째로 감정적인 믿음이다. 귀신들은 믿을 뿐 아니라 떨었다. 어떤 감정적 반응을 했다. 하지만 거기에 그친다. "회(悔)"는 하는데 "개(改)"는 안 한다. 감정적인 뉘우침은 있는데 행위의 전환은 없다. 이건 귀신들의 믿음 수준에 머무는 것이다. 그러한 믿음은 허탄한 것이다. 우리를 구원할 수 없는 믿음이기 때문이다. 성경에서 말하는 믿음은 언약적 관계 속에서만 이해될 수 있다. 언약을 맺는다는 것은 언약의 대상에게 충성을 다하겠다는 서약이다. 믿음이란 언약 대상자의 약속을 신뢰하는 것이고, 내 쪽에서 한 서약에 대한 신뢰성을 보여주는 것이며, 신뢰성은 오직 언약 대상자와 서약에 대한 충성을 통해 드러난다. 따라서 우리가 주님을 믿는다는 것은 곧 주님께 충성하는 것이다. 참 믿음은 순종으로 충성하는 믿음이다.

셋째로 야고보가 말하는 믿음은 "전부를 바치는 믿음"이다. 야고보는 행함이 있는 믿음의 진수를 보여준 두 가지 사례를 든다. 여기에 등장하는 사람이 바로 믿음의 조상 아브라함과 기생 라합이다. 야고보서 2장 전체의 맥락을 보면 아브라함과 라합은 환대의 모형으로 나타난다고 볼 수 있다. 심판을 이기는 긍휼에 대한 이야기를 하면서 아브라함과 라합의 예를 들고 있기 때문이다. 라합의 행위가 사자들을 환대함으로 제시되고 있음도 이를 지지하는 것처럼 보인다. 조슈아 W. 지프(Joshua W. Jipp)가 『환대와 구원』(새물결플러스, 2019)에서 말하는 것처럼 분명 믿음과 환대의 관계는 구원론적 차원의 연결성을 가지고 있고 아브라함과 라합 모두 그것의 예시임이 분명하다. 하지만 아브라함의 경우는 창세기 18장에 있는 나그네 환대의 사건보다 22장의 아들 이삭을 바치는 사건으로 제시되기 때문에 여기서는 두 사례 모두 전부를 바치는 믿음의 모형으로 제시되고 있다고 봐야 한다.

먼저 아브라함에 대해 살펴보자. "우리 조상 아브라함이 그 아들 이삭을 제단에 바칠 때에 행함으로 의롭다 하심을 받은 것이 아니냐?"(약 2:21) 야고보가 말하는 믿음은 자식까지도 바칠 수 있는 믿음이다. 자신의 생명보다 소중한 독생자 이삭을 바치는 믿음이다. 자신의 전부라도 바칠 수 있는 믿음이 진짜 믿음이다. 자기를 부인하고 자기 십자가를 지는 믿음이다. 참 제자가 되는 믿음이다. 아브라함은 자식을 바치는 행함을 통해 자신의 믿음을 입증했고 이로 인해 의롭다 하심을 받았다고 야고보는 말한다. 야고보는 아브라함과 함께 기생 라합에 대해 이야기하면서 다음과 같이 말한다. "또 이와 같이 기생 라합이 사자들을 접대하여 다른 길로 나가게 할 때에 행함으로 의롭다 하심을 받은 것이 아니냐?"(약 2:25) 기생 라합은 정탐꾼을 환대했을 뿐 아니라 여리고성의 군사들이 쫓아오지 못하도록 다른 길로 피신하도록 돕는다. 그러면서 나중에 자신과 자신의 집을 구원해줄 것을 요청한다. 이것은 굉장한 모험이다. 만약 정탐꾼을 숨긴 것이 발각되는 날이면 그녀뿐 아니라 그녀의 가족은 모두 적과 내통한 중죄인이 되어 능지처참을 당할 수 있기 때문이다. 그녀의 믿음은 자신과 가족의 목숨을 건 모험의 행위로 나타났다. 그녀의 믿음은 아브라함과 마찬가지로 전부를 바치는 믿음이었다. 그녀는 믿음으로 자신의 전부를 바치는 행함으로 의롭다 하심을 받았다고 야고보는 말한다. 여기서 야고보는 "이신칭의"가 아니라 "이행칭의"를 얘기하고 있다. 야고보서 2:24도 마찬가지다. "이로 보건대 사람이 행함으로 의롭다 하심을 받고 믿음으로만은 아니니라"(약 2:24). 이제 종교개혁의 모토인 "오직 믿음"은 수정되어야 한다. 성경은 결코 오직 믿음을 통해 구원을 받는다고 말하지 않는다. 도리어 "믿음으로만은 아니니라"라고 선포한다. 노골적으로 "사람이 행함으로 의롭다 하심을 받는다"라고 말한다. 행함이 없는 믿음은 죽은 믿음이다.

그렇다고 야고보와 바울이 다른 이야기를 하는 것은 아니다. 바울과 야고보는 모두 창세기 15:6에서 하나님이 아브라함의 믿음을 보시고 의롭게 여기셨다는 것을 중요하게 여긴다. 바울은 그리스도의 십자가 외에 유대인의 증표가 되는 할례를 받아야 한다고 가르치고 각종 율법의 행위를 지켜야 한다고 말하는 율법주의적인 유대파 그리스도인들과 벌인 논쟁 과정에서 믿음의 중요성을 강조했다. 그는 창세기 17장에 나오는 아브라함의 할례 사건이 있기도 전에 이미 창세기 15장에서 하나님은 아브라함의 믿음을 보시고 그를 의롭게 여겼다는 논리로 율법주의자들의 논리를 격파했다. "그리스도 예수 안에서는 할례나 무할례나 효력이 없으되 사랑으로써 역사하는 믿음뿐이니라"(갈 5:6). 바울의 대조는 "행함"과 "믿음"이 아니고 "율법의 행위"와 "그리스도의 믿음"이다. 믿음과 대립되는 것은 할례를 행하거나 절기를 지키는 등의 율법적 행위였다. 이런 맥락을 놓치고 바울을 오해하여 오직 믿음으로만 구원을 받는다고 말하는 자들을 향해 야고보는 의도적으로 창세기 22장에서 아브라함이 이삭을 바치는 사건을 예로 들고 있다. "우리 조상 아브라함이 그 아들 이삭을 제단에 바칠 때에 행함으로 의롭다 하심을 받은 것이 아니냐?"(약 2:21) 하지만 이것이 창세기 15장에서 하나님이 아브라함의 믿음을 보시고 의롭다 여기신 것을 부정하는 것은 아니다. 도리어 "15장의 믿음"이 "22장의 행함"으로 온전하게 되었다고 말한다. "네가 보거니와 믿음이 그의 행함과 함께 일하고 행함으로 믿음이 온전하게 되었느니라"(약 2:22). 행함은 믿음을 온전하게 한다. 그리고 그 행함은 인간의 노력이나 공로가 아니라 이미 심긴 말씀을 통해 이루어진다. "이에 성경에 이른바 아브라함이 하나님을 믿으니 이것을 의로 여기셨다는 말씀이 이루어졌고 그는 하나님의 벗이라 칭함을 받았나니"(약 2:23). 창세기 "22장의 행함"은 "15장의 말씀"이 성취된 사건이라는 말이다.

## 행함은 믿음 안에 그리고 믿음은 행함 안에

야고보의 말씀을 중요하게 여기는 많은 사람은 믿음과 행위는 결코 분리될 수 없으며 믿음이 씨앗이고 뿌리라면 행함은 열매라고 말한다. 진정한 민음은 반드시 행함의 열매로 나타난다. 행함이 가능한 것은 이전에 믿음이 있었기 때문이고 믿음이 행함으로 드러난 것이다. 나 또한 바로 앞서 이렇게 말했다. 그런데 가만히 들여다보면 이러한 개념 규정에는 행함보다는 믿음을 더 중요하게 여기는 경향이 내재되어 있음을 알 수 있다. 행함도 필요하고 믿음은 반드시 행함이라는 열매를 맺어야 하지만 믿음이 원인이고 씨앗이나 뿌리이며 행함은 그것의 결과이고 열매일 뿐이라는 말이다. 하지만 야고보는 여기서 한 걸음 더 나아간다.

야고보는 말한다. "영혼 없는 몸이 죽은 것 같이 행함이 없는 믿음은 죽은 것이니라"(약 2:26). 그는 매우 놀라운 말을 하고 있다. "영혼 = 믿음"이고 "몸 = 행함"이라 말하지 않고 "영혼 = 행함"이고 "몸 = 믿음"이라 말한다. 우리의 예상을 뒤집는다. 보통은 몸보다 영혼을 더 중요하게 여기지 않는가? 영혼을 몸의 핵이라 여기지 않는가? 그렇다면 믿음을 행함보다 중요하게 여기는 우리이기에 "영혼 = 믿음"이고 "몸 = 행함"이라 말하는 것이 옳다. 앞서 행함 없는 믿음은 죽은 믿음이라고 하지 않았는가? 그렇다면 당연히 행함 없는 믿음을 "몸 없는 영혼"이라고 말해야 하지 않을까? 몸 없는 영혼이야말로 유령같이 죽은 존재가 아니겠는가? 죽었는데 살아 있는 척하는 존재가 유령 아닌가? 살아 있는 것 같으나 실상 죽은 믿음이 몸 없는 영혼 같은 믿음 아니겠는가? 그런데 야고보는 정반대로 말했다. 영혼이 몸의 핵인 것처럼 행함이 믿음의 핵이다. 믿음이 씨앗이며 뿌리이고 행함은 그것의 열매에 불과한 것이 아니다. 믿음의 알맹이가 행함이다. 행함이 씨앗이고 뿌리이기도 하다. 따라서 행함이 없는 믿음은 진짜 믿음이 아니다. 죽은 믿음이다. 진짜 믿음 안에는 행함이 있어 영혼이 있는 몸처럼 살아 있는 믿음이다. 결과로 드러난 행함은 이미 믿음(몸) 안에 있는 행함(영혼)이 발아하고 인내하여 열매를 맺은 것이다. 그렇다면

2:21 말씀이 다시 읽힌다. "우리 조상 아브라함이 그 아들 이삭을 제단에 바칠 때에 행함으로 의롭다 하심을 받은 것이 아니냐?"(약 2:21) 이것은 단지 창세기 "15장의 믿음"이 "22장의 행함"으로 온전하게 된 것만을 의미하지 않는다. 실상 창세기 22장의 사건에는 하나님이 아브라함을 의롭게 여겼다는 말이 없다. 오직 "네가 네 아들 네 독자까지도 내게 아끼지 아니하였으니 내가 이제야 네가 하나님을 경외하는 줄을 아노라"고만 했다. 의롭게 여겼다는 말은 창세기 15:6에 나올 뿐이다. 하지만 야고보는 아브라함이 이삭을 바친 "22장의 행함"을 하나님이 의롭게 여겼다고 본다. 그것은 "15장의 믿음" 안에 이미 "22장의 행함"이라는 알맹이가 존재했기 때문에 믿음 안에 있는 행위라는 알맹이를 보시고 의롭게 여기신 것으로 보아야 한다. 즉 15장의 믿음이 22장의 행함으로 나타난 것만이 아니라 15장의 믿음이 22장의 행함을 품고 있기 때문에 하나님은 그를 의롭게 여기신 것이다. 서론에서 말한 "A는 B안에 그리고 B는 A안에"라는 동양적 원리를 적용해보자. "22장의 행함" 안에 "15장의 믿음"이 있고 "15장의 믿음" 안에 "22장의 행함"이 있는 것, 그것이 참 신앙이다.

  야고보가 동양적 원리를 알 리는 없다. 단지 참 진리를 알았고 그것을 표현한 것인데 자연스럽게 동양적 원리를 드러낸 것이고 그것이 믿음과 행함의 관계를 더 잘 표현한 것이리라. 이정용은 『삼위일체의 동양적 사유』(동연, 2021)에서 삼위일체의 신비는 오직 동양적 사유를 통해서만 온전히 설명될 수 있다고 말한다. 그는 동양적 사유를 주역에 나타난 "음양상징론"으로 설명한다. 동양적 사유에 있어서 중요한 것은 존재(being)가 아니라 변화(changes, 易)다. 음과 양은 실재나 실체가 아니라 음을 양과 다르게, 양을 음과 다르게 만드는 변화의 활동이나 역동성을 뜻한다. 변화는 음양의 관계에서 존재에 앞서는 것이다. 음을 양으로, 양을 음으로 변화시키는 것은 존재가 아니다. 존재를 음양으로 만드는 것은 변화다. 변화를 존재의 기능으로 보는 서양의 존재론이 여기에 설 자리는 없다. 동양의 사고방식에서는 변화가 궁극적 실재이기 때문에 변화는 음양의 실체에 앞서는 것이다. 이것이야말로 박신현이 『캐런 바라드』(컴북스캠퍼스, 2023)에서 소개한 신유물론 페미니스트 캐런 바라드(Karen Barad)의 핵심 사상, 즉 두 실체 사이의 "상호 작용"(Interaction)이 아니라 실체에 앞서는 변화 그 자체로서의 "내부–작용"(Intra-Action)이 아닐까? 음양은 궁극적 실재를 상징하는 양자를 포괄한다. 그것은 상반성을 포괄하면서 상반성을 초월한다. 음은 양을 포함하고 양은 음을 포함한다. 음은 그 안(in)에 양을 가지고 양은 그 안에 음을 가진다. 음은 음만이 아니고 또한 양이며, 양은 양만이 아니고 또한 음이다. 이는 어떤 것은 그것의 상대에 의해 제한된다는 말이며 음이나 양이 절대적일 수 없음을 의미한다. 따라서 동양적 의미에서의 선은 서로 상반된 것들의 조화와 균형이다. 상반된 것의 조화는 상생적 관계 때문에 가능하다. 음과 양은 반대되지만 서로를 완성해간다. 음과 양의 관계는 상충적 이원론이 아니라 상생적 이원론이다. 상생적 이원론은 "이것이냐 저것이냐"(either or)라는 양자택일적 논리가 아니라 "이것도 저것도"(both)라는 양면 긍정의 논리다. 음양의 원리에서 중요한 것은 "안"(in)과 "그리고"(both/and, 而)다. "A는 B안에 그리고 B는 A안에"가 음양의 원리다. 이 원리가 믿음과 행함을 온전히 이해하게 하며 삼위일체의 신비를 훨씬 더 온전히 설명할 수 있다. 이 삼위일체의 신비가 일심(一心)·화쟁(和諍)·무애(無碍)의 궁극적 원리를 제공한다.

# 온유, 다툼을 이기는 길

너희 마음속에 독한 시기와 다툼이 있으면 자랑하지 말라. 진리를 거슬러 거짓 말하지 말라. 이러한 지혜는 위로부터 내려온 것이 아니요 땅 위의 것이요 정욕의 것이요 귀신의 것이니, 시기와 다툼이 있는 곳에는 혼란과 모든 악한 일이 있음이라. 오직 위로부터 난 지혜는 첫째 성결하고 다음에 화평하고 관용하고 양순하며 긍휼과 선한 열매가 가득하고 편견과 거짓이 없나니, 화평하게 하는 자들은 화평으로 심어 의의 열매를 거두느니라(약 3:14-18).

너희 중에 싸움이 어디로부터 다툼이 어디로부터 나느냐? 너희 지체 중에서 싸우는 정욕으로부터 나는 것이 아니냐?(약 4:1)

＊
＊

서천석이 쓴 『서천석의 마음 읽는 시간』(김영사, 2013)에 이런 예화가 나온다. 아우슈비츠 수용소에 어린 남매가 들어가게 되었다. 부모님은 돌아가셨다. 동생이 기차에서 신발을 잃어버렸다. 누나는 동생을 꾸짖는다. "이 바보야, 자기 물건 하나 못 챙기고. 너 도대체 왜 이러는 거야?" 기차가 도착하고 둘은 헤어졌다. 그리고 그것이 영원한 이별이 되었다. 동생은 수용소에서 죽음을 맞이하고 누나는 겨우 살아나올 수 있었다. 동생을 보내고 살아나온 누나는 다짐한다. "내가 남길 마지막 말이 되기에 부족한 말은 앞으로 절대 하지 않으리라." 우리도 이렇게 때늦은 후회를 하는 경우가 얼마나 많은가?

**언어는 심판의 문제**

신앙생활에서 가장 중요한 것이 돈과 차별의 문제 및 언어와 다툼의 문제라고 볼 수 있다. 야고보는 3장과 4장 초반부에서 후자를 다루고 4장 후반부와 5장 초반부에서 전자를 다룬다. 우리도 이 두 가지를 다루면서 야고보서를 마칠 것이다. 먼저 언어와 다툼의 문제에 대해서 다루도록 하자. 야고보는 언어의 문제를 매우 심각하게 다룬다. 그는 그것을 구원과 연관시켜 말하고 있는데 그것은 복음서의 맥락에 가닿아 있다. "이것으로 우리가 주 아버지를 찬송하고 또 이것으로 하나님의 형상대로 지음을 받은 사람을 저주하나니 한 입에서 찬송과 저주가 나오는도다. 내 형제들아, 이것이 마땅하지 아니하니라"(약 3:9-10). 이것은 마태복음 5:22을 떠올리게 한다. "나는 너희에게 이르노니 형제에게 노하는 자마다 심판을 받게 되고 형제를 대하여 라가라 하는 자는 공회에 잡혀가게 되고 미련한 놈이라 하는 자는 지옥 불에 들어가게 되리라." 이어서 마태복음은 다음과 같이 말한다. "샘이 한 구멍으로 어찌 단물과 쓴물을 내겠느냐? 내 형제들아, 어찌 무화과나무가 감람 열매를, 포도나무가 무화과를 맺겠느냐? 이와 같이 짠물이 단물을 내지 못하느니라"(마 5:22). 이것은 마태복음 12:33-37을 연상케 한다. "나무도 좋고 열매도 좋다 하든지 나무도 좋지 않고 열매도 좋지 않다 하든지 하라. 그 열매로 나무를 아느니라. 독사의 자식들아! 너희는 악하니 어떻게 선한 말을 할 수 있느냐? 이는 마음에 가득한 것을 입으로 말함이라. 선한 사람은 그 쌓은 선에서 선한 것을 내고 악한 사람은 그 쌓은 악에서 악한 것을 내느니라. 사람이 무슨 무익한 말을 하든지 심판 날에 이에 대하여 심문을 받으리니, 네 말로 의롭다 함을 받고 네 말로 정죄함을 받으리라"(마 12:33-37). 언어가 이렇게 무거운 주제다.

야고보는 말의 두 가지 특성에 대해 이야기한다. 첫째로 말은 사소한 것처럼 보이지만 전체를 움직이는 힘을 가지고 있다. 아주 작은 혀가 존재 전체를 좌지우지하는 힘을 가지고 있다. "우리가 말들의 입에 재갈 물리는 것은 우리에게 순종하게 하려고 그 온몸을 제어하는 것이라. 또 배를 보라. 그렇게 크고 광풍에 밀려가는 것들을 지극히 작은 키로써 사공의 뜻대로 운행하나니. 이와 같이 혀도 작은 지체로되 큰 것을 자랑하도다"(약 3:3-5). 작은 재갈이 야생마를 제어한다. 작은 키가 거대한 배를 광풍을 거슬러 나아가게 만든다. 작은 재갈과 작은 키는 작은 것이지만 전체에 영향을 끼친다. 혀는 작은 것이지만 전체를 통제하는 힘을 가졌기에 그것이 전체를 어디로 움직이게 하느냐에 따라 인생의 결과가 달라진다. 말에 따라 일을 흥하게 하기도 하고 망하게 하기도 한다. 심지어 말로 사람을 살리기도 하고 죽이기도 한다. 그렇기에 "말의 방향성"이 아주 중요하다. 말을 어떤 방향으로 나아가게 하느냐가 중요하다. 하지만 "말의 방향성"을 바르게 설정하는 것은 야고보가 말한 말의 두 번째 특성 때문에 쉬운 일이 아님을 알 수 있다.

야고보가 말한 말의 두 번째 특성은 말 자체가 불의의 세계라는 점이다. "보라! 얼마나 작은 불이 얼마나 많은 나무를 태우는가? 혀는 곧 불이요 불의의 세계라. 혀는 우리 지체 중에서 온몸을 더럽히고 삶의 수레바퀴를 불사르나니, 그 사르는 것이 지옥 불에서 나느니라. 여러 종류의 짐승과 새와 벌레와 바다의 생물은 다 사람이 길들일 수 있고 길들여 왔거니와 혀는 능히 길들일 사람이 없나니 쉬지 아니하는 악이요, 죽이는 독이 가득한 것이라"(약 3:5-8). 인간은 모든 동물을 길들여왔다. 코끼리도, 사자도, 강아지도, 심지어 벼룩도 서커스를 시킨다. 그런 인간도 혀를 길들이지 못한다. 길들이지 못하는 혀가 거대한 산을 태우는 산불이고 세상을 더럽히는 불의의 세계다. 온몸을 더럽히고 삶의 전 과정을 무너뜨린다. 그 불은 지옥에서 나온다. 작은 것이 전체를 통제하는 거대한 힘을 가졌는데 그 힘이 지옥 불에서 나온다니 이 얼마나 두려운 일인가? 말이 이 정도의 영향력을 가졌기 때문에 예수님도 야고보도 이 문제를 심각하게 다루고 있고 말을 다루는 문제야말로 구원과 성화, 즉 온전한 사람이 되는 데 가장 중요한 요소라 할 수 있다. "우리가 다 실수가 많으니 만일 말에 실수가 없는 자라면 곧 온전한 사람이라. 능히 온몸도 굴레 씌우리라"(약 3:2).

상황이 이러하니 많이 선생이 되지 말아야 한다. "내 형제들아, 너희는 선생된 우리가 더 큰 심판을 받을 줄 알고 선생이 많이 되지 말라"(약 3:1). 선생은 가르치는 자다. 가르치는 자는 자신의 말에 대해 확신하는 자다. 대화란 자신도 틀릴 수 있다는 가능성을 전제할 때만 가능하다. 배우려는 자세, 즉 학생의 태도를 가져야 대화가 가능하다. 한데 절대적 확신을 가졌으니 오직 가르치려 할 뿐이다. 대화가 불가능하다. 대화라는 형식만 빌려올 뿐 실상은 내 의견을 관철시키는 행위다. 관철하려는데 그것이 잘 안 되면 폭발한다. "대화"를 하랬더니 "대"놓고 "화"를 낸다. 다음으로 가르치는 자는 듣는 자가 아니라 말하는 자다. 가르치는 자는 말하기를 먼저 하는 자다. 말하기는 속히 하고 듣기는 더디 한다. 공감이 아니라 설득이 목적이기 때문에 말하기를 먼저 한다. 실상은 대화가 아니라 독백이다. 그렇기에 혀를 다스리기 위해서는 공감 능력과 경청 능력을 키워야 한다.

## 자랑과 거짓의 바탕은 정욕

시기와 다툼 가운데 있는 우리의 모습을 보며 야고보는 다음과 같이 말한다. "너희 마음속에 독한 시기와 다툼이 있으면 자랑하지 말라! 진리를 거슬러 거짓말하지 말라! 이러한 지혜는 위로부터 내려온 것이 아니요 땅위의 것이요 정욕의 것이요 귀신의 것이니, 시기와 다툼이 있는 곳에는 혼란과 모든 악한 일이 있음이라"(약 3:14-16). "위로부터 내려온 지혜"와는 전혀 다른 지혜의 특징은 "시기"와 "다툼"이다. 엄밀하게 말하면 지혜라고 할 수 없는 지혜다. 지식의 차원에 머문 지혜라고 할 수 있다. 그러한 지혜는 오직 "시기"와 "다툼"을 일으킬 뿐이다. 야고보는 시기와 다툼이 일어날 때 가장 많이 드러나는 현상을 "자랑"과 "거짓"이라고 말한다. 이 사회는 "자랑"을 정당화한다. 심지어 자랑을 부추기는 체제로 이루어져 있다. 이 사회를 지탱하는 가장 강력한 이데올로기가 "능력주의"다. 성공한 사람이나 실패한 사람이나 경쟁적인 사람이나 불공정과 싸우는 사람이나 모두 "능력주의"에 물들어 있다. 성공한 사람은 자신의 노력과 수고에 대한 보상으로 주어진 것을 마땅하게 여기며 자랑한다. 실패한 사람들은 충분히 노력을 했음에도 불구하고 자신을 게으른 자라고 자책하며 자신은 부와 명예를 누릴 자격이 없다고 여긴다. 시기와 다툼으로 경쟁적인 성향을 가진 사람들은 부와 권력을 얻게 만드는 능력을 갖추기 위해 자신을 착취한다. 불공정한 사회에 대해 비판하는 사람들도 능력대로 보상을 받지 못하는 제도의 한계에 대해 문제를 제기할 뿐 능력주의 자체는 긍정한다. 다음 장에서 자세히 다루겠지만 여기서는 성경이 이런 능력주의나 보상 시스템이나 자랑을 부추기는 체제를 긍정하지 않는다는 점에 대해서만 언급한다. 복음은 자랑이 아니라 선물의 경제학·정치학·사회학을 이야기한다. "자랑"은 성경의 구원론에서 핵심 주제로 다룰 정도로 중요한 주제다. 로마서 4장에서 사도 바울이 율법의 특징이라고 한 것이 무엇인가? 자기가 얻은 것을 자신의 노력과 수고에 대한 "보상"으로 여긴다는 점이다. 보상으로 여기는 사람은 자기와 자기의 소유를 "자랑"할 수밖에 없다. 반면 은혜의 특징은 무엇인가? 자기가 얻은 것을 자격 없는 자에게 거저 주어지는 "선물"로 여긴다는 점이다. 선물로 여기는 사람은 결코 자기와 자기의 소유를 자랑하지 않는다. 하나님이 우리를 은혜로 구원하는 이유가 무엇인가? 자랑하지 못하게 하려 함이다(엡 2:8-9).

자기 자랑으로 시기와 다툼을 일삼는 자는 자신은 자격이 있기 때문에 어떻게 해서라도 원하는 것을 얻어야 마땅하다고 생각한다. 심지어 그는 "거짓"을 통해서라도 원하는 것을 얻어야 한다. 그는 시기심으로 상대를 파괴하고 자신을 자랑하며 드러내고 다툴 때 거짓을 통해서라도 자신이 원하는 것을 얻으려 한다. 이제 거짓에 대해 자세히 살펴보게 될 텐데 먼저 거짓의 핵심에 "정욕"이 있음을 밝히고 넘어가야겠다. 자랑을 일삼고 거짓까지도 마다하지 않는 지혜는 땅 위의 것이고 정욕의 것이며 귀신의 것이다. 이 구절만큼은 개역한글 번역이 좀 더 실감난다. "세상적이요 정욕적이요 마귀적이니"(참조. 약 3:15). 기가 막힌 말이다. 여기서 "세상적"이란 "구조적인 악"을 의미한다. 우리 "바깥에서" 우리를 통제하고 강제하는 보이지 않는 강력한 힘이 구조악이다. "정욕적"이란 "내면적인 악"을 의미한다. 우리 "안에서" 우리를 통제하고 강제하는 보이지 않는 강력한 힘이 "육의 힘"이다. "마귀적"이란 "영적인 힘"을 말한다. 우리 "위에서" 우리를 통제하고 강제하는 보이지 않는 강력한 힘이 "정사와 권세와 하늘에 있는 악한 영들"이다. 이 세 가지는 서로 연합하여 우리를 죄에 굴복하게 만든다. 그동안 진보적인 교회가 "구조적인 악"에 대한 싸움에, 복음주의적인 교회가 "내면적인 죄"에 대한 싸움에, 오순절적인 교회 "영적인 악한 세력"과의 싸움에 특화되었다면 이제는 세 가지 차원 모두에서 선한 싸움을 싸워야 한다. 이 세 가지 차원을 아우르는 것이 "정욕"이다. "너희 중에 싸움이 어디로부터, 다툼이 어디로부터 나느냐? 너희 지체 중에서 싸우는 정욕으로부터 나는 것이 아니냐? 너희는 욕심을 내어도 얻지 못하여 살인하며 시기하여도 능히 취하지 못하므로 다투고 싸우는도다"(약 4:1-2). 시기와 다툼의 원인을 "정욕"으로 본다. 위로부터 내려온 지혜는 온유함이 핵심이지만 아래로부터 올라온 지혜는 정욕이 핵심이다. 정욕은 철저히 이기적이고 자기중심적인 욕망을 말한다. 이 욕망이 하와로 하여금 선악을 알게 하는 나무의 열매를 따먹게 했고 이 욕망을 통해 자라난 시기가 가인으로 하여금 아벨을 죽이게 했다.


## 탈-진실 시대의 토대는 욕망


지금 세상은 가인과 아벨의 시대처럼 시기와 다툼으로 얼룩져 있다. 넷플릭스에서 〈소셜 딜레마〉라는 다큐멘터리 영화를 본 적이 있다. 감시 자본주의의 문제를 다룬 영화다. 이 영화에는 학자들만이 아니라 주로 페이스북, 구글, 트위터, 유튜브 등 기라성 같은 IT업체의 중역이었던 사람들이 등장한다. 영화 속 인물들은 인터넷 플랫폼의 알고리즘을 만들거나 좋아요 버튼을 만드는 등 사람들이 사용 시간을 늘리고 더 많이 친구를 초대하며 최대한 광고에 많이 노출되도록 하는 기술을 만든 사람들이다. 이들이 문제의 심각성을 깨닫고 이 영화에 직접 출연한다. 이 영화에서 가장 유명한 문장은 이것이다. "상품의 대가를 치르지 않고 있다면 네가 바로 상품이다." 어떤 사회학자는 인터넷 플랫폼이 인정 투쟁의 장이라고 말한다. "시기"가 인정 투쟁의 동력이다. 하지만 지금은 인정 투쟁을 넘어 관심 투쟁을 벌이고 있다. 바로 이 "관심"이 곧 상품이다. 관심이라는 보상을 얻고자 모두가 인터넷에 중독되어 있다. 이 시스템이 지금 엄청난 문제를 만들어내고 있다. 예를 들어 "포노 사피엔스"(Phono Sapiens)라고 하는 신인류인 지금의 10대들이 우울증과 불안에 사로잡혀 있고 자살률이 급상승했다는 것이다. 관심받지 못할 것에 대한 두려움 때문에 자존감이 무너지고 극단적인 경우는 자살에 이르게 된다는 것이다. 이 문제보다 더 심각한 것은 인터넷 플랫폼의 알고리즘에 의하여 진영의 양극화가 심해진다는 데 있다. 알고리즘에 의하여 사람들은 보고 싶은 것만 보고 듣고 싶은 것만 듣게 되며 비슷한 생각과 정보를 가진 사람들만이 편향적으로 모이게 된다. 서로의 생각과 목소리를 외면하며 비슷한 사람들끼리 모이는 현상이 발생한다. 사람들은 서로 고립되어 "우리와 그들"이라는 대립구도 속에서 서로 비난하고 싸우고 서로를 혐오한다.

에이미 추아(Amy Chua)는 『정치적 부족주의』(부키, 2020)에서 이 문제를 다룬다. 부제가 "집단 본능은 어떻게 국가의 운명을 좌우하는가"다. 위기감을 느끼는 집단은 집단 본능 때문에 "부족주의"로 후퇴하여 자기들끼리 똘똘 뭉치고 더 폐쇄적이고 방어적이며 징벌적이고 공격적이 되며 모든 것을 "우리 대 그들"의 관점에서 본다고 한다. 인터넷 플랫폼이야말로 이러한 정치적 부족주의를 부추기는 강력한 도구다. 지금 정치적 부족주의가 민주주의를 무너뜨리고 있다. 미국 대선을 보면 알 수 있다. 선거 운동 중에도 상대를 악마화하며 충돌이 일어나고 대선이 끝났는데도 선거 결과에 불복하고 심지어 선거 결과를 승인하려는 의회에 난입하는 일까지 벌어졌다. 미국 국회 의사당이 외부의 침입을 받은 것은 미국이 영국과 벌였던 "1812년 전쟁" 당시인 1814년 워싱턴이 함락돼 백악관과 의사당이 불탄 지 207년 만에 처음 있는 일이라고 한다. 취임식을 하는 날에 전직 대통령이 참석하지 않은 것도 초유의 일이고 폭동이 일어날 걸 염려하여 2만 명의 군인을 배치하는 것도 황당한 일이다. 제3세계도 아니고 세계 최강국이라는 미국에서 벌어지고 있는 일들이다. 도둑 정치, 거짓 위기, 권위주의가 어떻게 권력을 잡는지에 대해 예리하게 파헤친 『가짜 민주주의가 온다』(부키, 2019)에서 티머시 스나이더(Timothy Snyder)가 경고한 일들이 실제로 벌어지고 있다. 민주적인 파시즘, 정의로운 포퓰리즘, 법과 절차를 지키는 독재자가 판을 치는 권위주의적인 가짜 민주주의가 오고 있는 것이 아니라 이미 와 있다. 정말 한심한 것은 기독교조차 기득권화되

어 어느 한쪽 편만 드는 부족주의의 모습을 보이고 있다는 점이다. 지그문
트 바우만(Zygmunt Bauman)이 『레트로토피아』(아르테, 2018)에서 문제를 제
기하는 것처럼 과거의 향수에 빠져 과거를 이상화하고 새로운 변화를 거
부하는 데 앞장서고 있다. "액체 근대"의 유동성의 공포로 인해 불안이 시
대의 정서가 됨으로써 부족으로의 회귀, 홉스로의 회귀, 자궁으로의 회귀
가 일어나고 있다는 바우만의 지적에서 기독교도 예외가 아니다. 한국교
회도 전 세계적 현상인 극우적이고 보수적이며 인종주의적이고 민족주의
적인 반동적 민주주의의 흐름에 편승하고 있다. 기득권을 유지하기 어려
운 세상이 되자 반대 급부로 더 극단적이고 비상식적인 모습을 보이고 있
다. 참으로 안타까운 일이다.

　　진영의 양극화 문제는 여기에 머물지 않는다. 2016년 『옥스퍼드 영
어사전』은 "올해의 단어"로 "탈-진실"(post-truth)을 선정했다. 그 정도로
"탈-진실"은 시대를 읽는 핵심 키워드가 됐다. 영국이 브렉시트를 통과
시킬 때 이를 지지하는 진영이 수백 대의 버스에 영국이 유럽 연합에 매
주 3억 5,000만 유로를 지급한다는 허위 사실을 전시하며 다녔다. 허위 사
실이라도 자신들의 의견을 관철시킬 수 있으면 개의치 않았다. 프린스턴
대학교 철학과 명예교수인 해리 G. 프랭크퍼트(Harry G. Frankfurt)는 이런
"탈-진실"을 "개소리"(Bullshit)라고 말한다. 『개소리에 대하여』(필로소픽,
2016)에서 그는 거짓과 개소리는 다르다고 말한다. 거짓은 최소한 진리의
체계에 속한다. 거짓말쟁이는 불가피하게 진릿값에 관심을 기울여야 한
다. 진리를 알아야 그것을 은폐하고 허위를 설계할 수 있기 때문이다. 그
렇기에 거짓에는 일정 수준의 숙련도가 필요하며 거짓말을 하는 사람은
최소한 진리를 존중하는 사람이라 할 수 있다. 하지만 개소리하는 사람에
게는 진릿값에 대한 관심이 없다. 어쩌면 우리를 속일 의도조차 없을지도

모른다. 그는 자신의 본래 욕망을 성취하는 것이라면 그저 자기 목적에 맞도록 아무것이나 소재로 선택하거나 가공해낼 뿐이다. 거짓말을 하는 사람이나 진실을 말하는 사람 모두 자신들이 이해하는 "진실"에 반응한다. 비록 한쪽의 반응은 진리의 권위에 따르고 다른 쪽의 반응은 진리의 권위에 저항하며 그 요구에 맞추기를 거부하지만 말이다. 개소리를 하는 사람은 이러한 요구를 모두 무시한다. 그는 거짓말쟁이와는 달리 진리의 권위를 부정하지도 그것에 맞서지도 않는다. 그는 진리의 권위에 조금도 신경 쓰지 않을 뿐이다. 이런 이유로 개소리는 거짓말보다 훨씬 더 큰 진리의 적이다. 리 매킨타이어(Lee Mcintyre)도 동일한 지적을 한다. 그는 『포스트-트루스』(두리반, 2019)에서 진영의 양극화는 인지 편향에 뿌리를 두고 있으며 자신들의 집단 정체성과 분노와 혐오를 정당화하기 위해서는 더 이상 사실이 중요하지 않다고 여기게 된다고 말한다. 사실은 중요하지 않으며 자신이 진실이라고 믿는 것만이 중요하다. 사실이 무엇이냐가 아니라 자신이 믿는 것이 무엇이냐가 중요한 시대가 되다니 놀랍다. 마치 중세 시대로 돌아간 듯한 착각을 불러일으킨다. 매킨타이어는 특히 "소셜 미디어"야말로 "가짜 뉴스"를 범람하게 만드는 주범이라고 말한다. 실제로 소셜 미디어의 알고리즘이 가짜 뉴스를 6배 빠르게 유통시킨다.

한마디로 미치코 가쿠타니의 책 제목처럼 지금 이 시대에는 더 이상 진실 따위는 중요하지 않다. 도대체 왜 이렇게 되었을까? 미키코 가쿠타니는 『진실 따위는 중요하지 않다』(돌베개, 2019)에서 탈진실의 시대가 된 배경을 다각도로 분석하는데 탈진실의 원인 중 하나가 지금의 문화가 "자아"와 "주관성"의 문화이기 때문이라는 의견을 피력한다. "나르시시즘 문화"이기 때문에 오직 자기 보호와 생존의 윤리만이 중요해졌고 각 개인은 자기 몰두, 자기만족, 관심에 대한 갈망만을 추구한다. 이러한 이기적 욕망이 정당화되고 조장되자 주관성에 반대되는 객관성이 약화되었고 사실보다는 느낌이 중요하고 진실보다는 개인적 욕망 충족이 중요해졌다. 욕망을 만족시켜준다면 진실 따위는 중요하지 않고 자신의 욕망을 충족시키기 위해 시기와 다툼을 서슴지 않으며 다툼에서 이기기 위해 가짜 뉴스를 생산하기도 하고 유통시키기도 한다. "거짓말"을 연구한 철학자 베티나 슈탕네트(Bettina Stangneth)는 『거짓말 읽는 법』(돌베개, 2019)에서 거짓말을 독특하게 정의한다. "거짓말은 누군가가 절박한 의문을 품고 있을 때 그 답을 주는 것이어야 거짓말일 수 있다(명제 1)." 이 정의가 참이라면, "사람은 절박한 나머지 속을 위험을 감수하는 바로 그런 이유로 속는다(명제 2)." 거짓말의 경우 가해자와 피해자를 분리시켜서는 그 실체를 온전히 이해할 수 없다. 명제 1과 명제 2의 조합에서 나온 새로운 진실이 있다. "거짓말을 하는 사람과 듣는 사람은 공통의 이해관계를 가져야 한다(명제 3)." 거짓말을 하는 사람과 듣는 사람이 "공통의 이해관계"를 지닐 때 거짓이 가능하다. 탈-진실 시대에는 자신의 신념을 강화해주고 자신의 욕망을 만족시켜주는 것이라면 그것이 미심쩍더라도 괘의치 않는다. 도대체 이들의 공통의 이해관계는 뭘까? 정치적 사상을 통해 정당화하고 있는 부족주의적 탐욕이다. 개인적인 무한한 욕망의 추구가 부족주의적으로 집단화되면서 극단적인 대립과 혐오가 난무하는 세상이 되었다.

제임스 볼(James Ball) 기자는 『개소리는 어떻게 세상을 정복했는가』(다산북스, 2020)에서 언론 매체가 도리어 탈-진실을 새로운 돈벌이 수단으로 이용하고 있다고 비판한다. 우리가 "가짜 뉴스"에 취약한 이유는 유혹에 취약한 심리 구조를 갖고 있기 때문이다. 우리는 자신의 생각과 일치하는 정보만 받아들이고, 생각을 바꾸는 것에 대한 반발심을 가지고 있으며, 뉴스에 나오는 통계의 숫자 놀음에 잘 속고, 집단에 동조하고 싶은 본성을 가졌으며, 공통의 적이 만들어내는 소속감을 중요하게 여기고, 온라인 정보를 처리할 때 머리를 써야 하는 신중한 사고인 "시스템 2 사고"가 아니라 노력이 필요 없는 "시스템 1 사고"를 한다. 이를 너무 잘 아는 새로운 매체들은 오직 수익을 늘리기 위해 터무니없는 정보와 자극적인 글과 사진을 유포하여 클릭수를 유도한다. 소셜 미디어는 이를 확산하고 증폭시킨다. 이제 포털 사이트나 대형 온라인 플랫폼들이 언론 매체 기능을 한다. 그것들은 알고리즘으로 얼마든지 여론을 조작할 수 있다. 여기에 더해 레거시 미디어의 수준 하락도 시너지를 일으켰음을 부인하기는 어렵다. 이를 놓칠세라 수많은 대안 매체가 사람들의 관심과 주목을 끌기 위해 의도적으로 가짜 뉴스를 양산하고 유통한다. 오직 클릭수를 높여 수익을 얻기 위해 말이다. 더군다나 정치인들은 이런 뉴미디어의 성격을 십분 이용한다. 이런 점에서 트럼프는 뉴미디어의 귀재다. 제임스 볼이 이 책을 쓸 당시 〈폴리티팩트〉가 370건이 넘는 트럼프의 주장을 검증했는데 373건 중 15건, 즉 4%만 "진실"로 볼 수 있는 반면 123건은 "거짓"에 해당하고 63건은 "새빨간 거짓말"에 해당했다고 하니 말 다했다. 이처럼 자랑과 거짓을 통한 시기와 다툼의 핵심에는 더러운 욕망이 도사리고 있다. 근본적 차원에서 이 욕망의 문제를 해결하지 않으면 답은 없다.

## 시기와 다툼을 이기는 법

그렇다면 실제적 차원에서 어떻게 갈등을 해결하고 시기와 다툼에서 벗어날 수 있을까? 갈등을 해결하고 시기와 다툼을 이겨내는 힘은 "지혜의 온유함"이다. 야고보는 다음과 같이 말한다. "너희 중에 지혜와 총명이 있는 자가 누구냐? 그는 선행으로 말미암아 지혜의 온유함으로 그 행함을 보일지니라"(약 3:13). 지혜의 가장 중요한 특징은 "온유함"이다. 반면 지식의 가장 중요한 특징은 "날카로움"이다. 지식은 날카롭기 때문에 공격적이 되기 쉽다. 날카로운 사람은 자신이 아직 "지식"의 단계에 머물러 있음을 보여주는 셈이다. 지식 그 자체에 매료되어 지식을 통해 타인의 무지를 드러내고 타인의 잘못을 공격한다. 하지만 지혜는 지식의 본질과 목적에 이른 상태이기 때문에 타인을 감싸주고 세워주는 온유함으로 나타난다. "지식은 교만하게 하며 사랑은 덕을 세우나니, 만일 누구든지 무엇을 아는 줄로 생각하면 아직도 마땅히 알 것을 알지 못하는 것이요. 또 누구든지 하나님을 사랑하면 그 사람은 하나님도 알아 주시느니라"(고전 8:1-3). 사랑이 없는 지식은 우리를 교만하게 한다. 사랑이 없는 지식, 관계가 없는 지식, 이웃이 없는 지식, 타자가 없는 지식은 모두 사람을 교만하게 할 뿐이다. 아무리 경건하고 지식이 많아도 사랑으로 덕을 세우지 못한다면 기독교에서 거리가 멀다. 지식은 알면 알수록 자신이 모든 것을 다 안다고 착각하게 만든다. 이것이 지식의 위험성이다. 지식이 쌓일수록 모든 것을 안다는 착각을 하게 되고 결국 자신만이 옳다고 생각하게 된다. 이 얼마나 위험한 생각인가? 사실 이런 지식은 진정한 지식이 아니다. 어설픈 지식일 뿐이다. 진정한 지식은 모든 것을 내가 다 알지는 못한다는 것을 인정하는 지식이며 내가 모른다는 사실을 아는 지식이다. 소크라테스조차 "내가 아무것도 모른다는 것을 안다"라고 하지 않던가. 지식에는 두 종류가 있다. 정태적이고 완결된 상태를 가리키는 "명사적 지식"이 있는가 하면 지속적인 배움과 자기 부인을 동반하는 "동사적 지식"이 있다. 명사적인 지식은 알면 알수록 교만해진다. 동사적인 지식은 알면 알수록 겸손해지고 배우려고 한다. 동사적 지식이야말로 진정한 지식이다. 그렇다면 바울이 말하는 "마땅히 알 것"이란 "아무것도 모른다는 것을 아는 것"을 의미하며 잡힌 바 된 것을 잡으려고 달려가는 동사적 지식이다. 진정한 지식의 본질은 지혜이며 사랑이다. 지혜는 욕망이 십자가에 못 박힌 지식이고 하나님 중심의 지식이며 사랑의 관계를 나타내는 지식이다. 사랑하는 존재에게 알려지기를 원하는 사람은 온유해진다. 이 온유만이 정치적 부족주의와 탈-진실을 추구하는 욕망으로 인한 시기와 거짓을 극복하도록 만든다.

사랑으로 덕을 세우는 "온유한 지혜"야말로 "위로부터 내려온 지혜"라고 할 수 있다. "오직 위로부터 난 지혜는 첫째 성결하고 다음에 화평하고 관용하고 양순하며 긍휼과 선한 열매가 가득하고 편견과 거짓이 없나니. 화평하게 하는 자들은 화평으로 심어 의의 열매를 거두느니라"(약 3:17-18) 여기서 "위로부터 난 지혜"의 특징들을 자세히 살피지는 않겠다. 다만 마지막 절 "화평하게 하는 자들은 화평으로 심어 의의 열매를 거두느니라"는 구절만 나누도록 하자. 그리스도인이 만드는 평화는 정의와 평화가 하나가 되는 평화라고 할 수 있다. 시편 85:10은 하나님의 구원과 영광이 나타날 때 정의와 평화가 입 맞추게 될 것이라고 말한다. 평화 없는 정의는 냉혹하고 정의 없는 평화는 공허하다. 평화가 없이 시기와 다툼으로 정의를 주장하는 세상만큼 냉혹한 사회가 있을까? 반대로 정의가 없이 자랑과 거짓이 난무하는 평화만큼 공허한 사회가 있을까? 평화 없는 정의가 이루어진 사회는 전체주의적 사회주의일 것이고 정의 없는 평화가 이루어진 사회는 양극화된 자본주의일 것이다. 나는 『코로나19 이후 시대와 한국교회의 과제』에서 영성의 세 가지 색깔을 통해 복음의 공공성이 생태·정의·평화가 되어야 한다고 말했다. 그것이 삼위일체적 사랑의 사귐처럼 서로 교차하고 통합하며 이루어져야 한다. 그렇기에 우리가 추구하는 생태는 정의와 평화가 입 맞추는 방식으로 이루어져야 한다. 그러므로 첫째, 평화의 열매가 정의여야 한다. 정의의 열매를 거두지 못하는 평화는 거짓 평화다. 그것은 갈등과 불평등을 감추는 평화일 뿐이다. 진정한 평화가 되기 위해서는 정의가 이루어져야 한다. 자랑과 거짓이 사라져야 한다. 불평등과 불인정이 사라져야 한다. 평화는 평화 자체가 아니라 정의를 위해 이루어져야 한다. 둘째로 평화를 심어 정의의 열매를 맺어야 한다. 정의를 이룬다고 평화를 헤쳐서는 안 된다. 우리의 사회는 지금 우리 각자가 추구하는 정의를 이루기 위해 시기와 다툼이 난무하는 사회가 되고 있다. 서로 공격하고 비난하며 혐오하는 사회가 되고 말았다. 이럴 때일수록 그리스도인은 지혜의 온유함으로 다툼과 분열을 이겨내야 한다. 정의를 이루기 위해 평화를 심어야 한다. 화평으로 심어 의의 열매를 거두어야 한다. "평화로 가는 길은 따로 없다. 평화가 길이다."

# 제4장

# 평등, 모두가 행복한 길

들으라! 너희 중에 말하기를 "오늘이나 내일이나 우리가 어떤 도시에 가서 거기서 일 년을 머물며 장사하여 이익을 보리라" 하는 자들아, 내일 일을 너희가 알지 못하는도다. 너희 생명이 무엇이냐? 너희는 잠깐 보이다가 없어지는 안개니라. 너희가 도리어 말하기를 "주의 뜻이면 우리가 살기도 하고, 이것이나 저것을 하리라" 할 것이거늘, 이제도 너희가 허탄한 자랑을 하니, 그러한 자랑은 다 악한 것이라. 그러므로 사람이 선을 행할 줄 알고도 행하지 아니하면 죄니라 (약 4:13-17).

들으라! 부한 자들아. 너희에게 임할 고생으로 말미암아 울고 통곡하라. 너희 재물은 썩었고 너희 옷은 좀먹었으며 너희 금과 은은 녹이 슬었으니, 이 녹이 너희에게 증거가 되며 불같이 너희 살을 먹으리라. 너희가 말세에 재물을 쌓았도다. 보라! 너희 밭에서 추수한 품꾼에게 주지 아니한 삯이 소리 지르며, 그 추수한 자의 우는 소리가 만군의 주의 귀에 들렸느니라. 너희가 땅에서 사치하고 방종하여 살륙의 날에 너희 마음을 살찌게 하였도다. 너희는 의인을 정죄하고 죽였으나 그는 너희에게 대항하지 아니하였느니라(약 5:1-6).

　　　　**

서론에서 말한 두 개의 통계 중 하나는 "코로나 시대, 기독 청년들의 신앙 생활 탐구"다. 응답자 중 가나안 교인이 20.3%였다. 몇 가지만 얘기하자. 10년 후 신앙생활과 교회 생활을 지속할 의향이 있느냐는 질문에 절반인 53.3%만 "신앙도 유지하고 교회도 잘 나갈 것"이라고 답했다. 기독교 신앙을 유지하지만 교회는 잘 나가지 않을 것 같다는 응답도 39.9%나 됐다. 가나안 교인이 더 늘어날 것으로 예측된다. 아예 "신앙도 버리고 교회도 안 나갈 것"이라며 탈기독교화할 것이라는 응답도 4.3%가 나왔다. 한국 사회에 대한 현실 인식 조사에서 청년들은 "돈이 최고의 가치가 된 사회"라는 데 92.3%가 동의했다. "더 높은 계층으로 상승하는 게 어렵다"는 응답은 86.4%, "착한 사람이 손해 본다"는 응답도 84.7%, "우리 세대는 부모 도움 없이 내 집 마련을 할 수 없다"는 응답이 79%로 나타나는 등 비관적 인식 비율이 높았다. 독특한 결과 중 하나는 기독 청년 중 부유한 계층의 사람들은 그렇지 않은 사람들보다 세상을 좀 더 공정하다고 보았고 미래를 좀 더 희망적으로 보았다고 한다. 착실하게 교회를 다니는 신실한 청년들도 비슷한 의견을 갖는 경향이 있다고 한다. 이 말은 교회를 잘 다니는 사람일수록 좀 더 부유한 사람들의 가치관을 내면화하는 경향성이 있다는 말이다. 이것이 한국교회의 가슴 아픈 현실이다.

## 돈이 줄 수 없는 행복을 붙들라

앞장에서 야고보가 아주 중요하게 여기는 두 개의 주제 중 언어와 다툼의 문제를 살펴보았다. 이제 재물과 차별의 문제를 살펴볼 차례다. "들으라! 너희 중에 말하기를 오늘이나 내일이나 우리가 어떤 도시에 가서 거기서 일 년을 머물며 장사하여 이익을 보리라 하는 자들아"(약 4:13). 야고보는 먼저 이익을 보기 위해 장사하는 자들에게 말한다. 자본주의에 살고 있는 우리는 어쩌면 모두 장사하는 자라고 할 수 있다. 모든 영역의 시장화, 모든 생산물의 교환 가치화, 욕망의 극대화, 이익 추구의 극대화, 스스로 자기 증식하는 가치에 종속된 물신화의 삶을 살고 있는 우리는 모두 장사하는 자일 것이다. 야고보는 지금 세상에서 자기 정욕을 추구하는 모델로서 장사하는 이에 대해 이야기하고 있다. 분명 장사하는 이에 대한 말씀이지만 장사 자체가 문제가 아니라 "장사의 패러다임"으로 살아가는 사람들에 대한 말씀으로 이해하는 것이 좋을 것 같다.

그들의 문제는 무엇일까? 첫째는 자신의 한계를 깨닫지 못한 것이다. "내일 일을 너희가 알지 못하는 도다. 너희 생명이 무엇이냐? 너희는 잠깐 보이다가 없어지는 안개니라"(약 4:14). 흡사 예수님의 비유에 나오는 부자와 같다. "또 비유로 그들에게 말하여 이르시되, 한 부자가 그 밭에 소출이 풍성하매 심중에 생각하여 이르되, '내가 곡식 쌓아둘 곳이 없으니 어찌할까?' 하고, 또 이르되 '내가 이렇게 하리라. 내 곳간을 헐고 더 크게 짓고 내 모든 곡식과 물건을 거기 쌓아두리라.' 또 내가 내 영혼에게 이르되, '영혼아, 여러 해 쓸 물건을 많이 쌓아두었으니 평안히 쉬고 먹고 마시고 즐거워하자 하리라' 하되, 하나님은 이르시되, '어리석은 자여, 오늘 밤에 네 영혼을 도로 찾으리니 그러면 네 준비한 것이 누구의 것이 되겠느냐?'

하셨으니, 자기를 위하여 재물을 쌓아두고 하나님께 대하여 부요하지 못한 자가 이와 같으니라"(눅 12:16-21). 오늘 밤에 하나님이 그의 영혼을 찾으면 내일이라는 것이 존재하지도 않을 텐데 장사하는 자들은 자신이 잠깐 보이다가 없어지는 안개임을 깨닫지 못하고 오직 이익을 추구하며 살아간다. 자기를 위하여 재물을 쌓아두고 하나님에 대해서는 부요하지 못한 자로 살아간다. 내 곳간을 헐고 더 크게 짓는 일에 몰두할 뿐 하나님의 창고에 보물을 쌓아두지 않는다.

물론 돈을 버는 행위 자체를 나쁘다고 말하는 건 아니다. 돈을 벌어 삶의 토대를 안정화하는 것도 매우 중요하다. 돈을 버는 과정을 통해 사회를 이롭게 하는 것도 선한 일이다. 또한 행복과 돈과의 관련성을 부인하기도 어렵다. 실제로 돈과 행복은 대립의 관계만 있는 것이 아니다. 돈과 행복은 상당히 긍정적인 상관 관계를 맺고 있다. 오죽하면 이런 말이 SNS 상에 떠돌까. "행복을 돈으로 살 수 없다면 혹시 돈이 모자란 건 아닌지 확인해보라." 자본주의 사회에서는 이것이 진리처럼 받아들여진다. 실제로 소득이 높아질수록 더 행복한 삶을 누린다고 알려졌다. 다만 일정 수준의 소득을 넘어서는 순간 소득에 따른 행복의 증가는 더 이상 이뤄지지 않는다고 학자들은 말한다. 경제학자 잉글하트(Inglehart)는 이 지점을 돈과 행복의 상관 관계가 갈라지는 "결별점"(decoupling point)으로 부르고, 경제학자 레이어드(Layard)는 그 지점을 더 이상 돈을 통한 만족을 느낄 수 없는 "만족점"(satiation point)으로 부른다. 이 지점이 논문마다 다르다. 최대 연 소득 1인 기준 약 9만 5천 달러에서부터 최소 1만 5천 달러까지 다양하다. 엔드류 젭(Andrew T. Jebb)의 논문에 의하면 더 이상 행복이 증가하지 않는 지점인 "만족점"은 1인 기준 연 소득 약 95,000달러, 즉 한화로 약 1억 1천만 원이다. 좀 낮게 본 것 같기는 한데 KBS 다큐멘터리에서는 한국의 "결별점"을 월 430만 원 수입, 즉 연 소득 약 5,200만원으로 본다. 만족점을 대략 연 소득 5천만에서 1억 사이 어딘가로 가정하고 논의를 진행해보자.

인간의 발달 과정에서 가장 기초가 되는 두 가지가 "안전감"과 "중요감"이다. "사랑"을 통해 안전감을 얻게 되고 "존중"을 통해 "중요감"을 얻게 된다. "안전감"을 갖지 못하면 "생존 불안"을 느끼게 되고 "중요감"을 갖지 못하면 "존중 불안"을 느끼게 된다. 이것이 "결별점"과 연관이 있다. "만족점"(연 5천만에서 1억의 수입)에 다다르지 못하면 주로 생존 불안을 느끼게 된다고 한다. 이 구간에서 소득이 증가할 때 생존 불안을 잠잠케 만든다. 김태형의 『가짜 행복 권하는 사회』(갈매나무, 2021)에 의하면 실제로 이 구간에서 발생하는 소득의 증가는 행복 자체를 증가시키는 것이 아니라 생존 불안을 일으키는 "고통의 감소"를 통해 행복감을 느끼게 된다고 한다. 돈이 없을 때 갖게 되는 각종 비참함, 불안, 스트레스 등의 고통을 감소시킴으로써 행복감을 느끼게 된다. 반면 만족점을 넘으면 생존 불안보다는 존중 불안이 중요해지기 시작한다. 물론 "연 5천만에서 1억의 수입" 이하를 벌어도 존중 불안은 존재한다. 돈을 벌지 못하면 사회에서 얼마나 무시당하는가? 하지만 생존 불안이 더 크게 작동한다. 반면 "연 5천만에서 1억의 수입"이 넘으면 존중 불안이 더 크게 작동하는데 존중 불안은 상대적 비교를 통해 얻게 된다. 자신은 일반 차량을 타고 다니는데 누군가 외제차를 타고 다니면 존중 불안을 느끼게 된다고 한다. 남이 더 많이 벌고 더 잘나가는 꼴을 못 보는 것도 존중 불안 때문이다. 왜 한국이 OECD 국가 중 행복도가 최하위인지 문제가 좀 더 분명해졌다. 한국은 아동·청소년 행복지수도 OECD 국가 중 최하위다. 심지어 한국인의 삶의 만족도는 세계 143개국 가운데 118위다. 더군다나 한국은 만족점 이상이 되어도 행복도가 늘지 않는 정도가 아니라 하강한다고 한다. 결별점이 아니라 올라가던 행복도가 내려가는 "반환점"이라 할 만하다.

그렇다면 한국은 왜 행복도가 꼴찌일까? 내가 생각할 때 "만족점"(연 5천만에서 1억의 수입)까지 가는 것 자체가 너무 어렵기 때문이다. 고용 노동부의 고용 형태별 근로 실태 조사에 따르면 대기업 정규직 평균 연봉은 6,500만 원이고 중소기업은 3,500만 원이다. 연봉 1억 이상은 전체 근로자의 3% 정도로, 전체 임금 근로자 1,500만 명 중 49만 명밖에 되지 않는다. 소수만 만족점에 다다를 수 있다. 한국의 가구당 월평균 소득을 보자. 근로 소득이 347.7만 원이고 재산 소득이나 비경상 소득 등을 합하면 530.5만 원이다. 하지만 평균 임금으로는 소득의 실태를 제대로 파악할 수 없다. 상위 계층이 불어난 돈을 독식해도 평균값은 높아지기 때문이다. 2017년 당시 소득의 중간값인 평균 임금이 시간당 14,765원이었을 때 인구의 중간값인 중위 임금이 11,512만 원이고 최저 임금이 6,470원이었다. 평균 임금과 중위 임금의 차가 이렇게 크다. 그뿐만 아니라 소득 상위 20% 평균값을 하위 20% 평균값으로 나눈 값인 "소득 5분위 배율"이 2018년에는 6.54배였고, 2014년에 소득 10분위가 981,849원일 때 소득 1분위는 9,621,438원으로 10배 정도 차이가 난다. 트윈코리아 스터디 캠프의 "한국의 소득 불평등: 프랑스의 2배"라는 글을 보면 한국인의 평균 소득 및 부는 서유럽권에 근접하고 아시아에서 최상위권이지만 하위 50%의 소득은 전체 소득의 1/5에 크게 미치지 못할 정도로 낮다. 한국은 지난 30년 동안 상위 10%의 소득은 전체 소득에서 차지하는 비중이 10%가 증가했고 하위 50%는 5%가 감소했다. 한국인 성인의 평균적 부(부동산과 금융 자산 및 부채)는 2억 원가량으로 중국과 인도에 비해서 훨씬 높은 수준이다. 하지만 평균은 상위 10%와 하위 50%의 엄청난 격차를 은폐한다. 상위 10%가 전체 부의 58.5%를 차지하는 반면에 하위 50%는 불과 5.6%

를 차지할 뿐이다. 이렇게 "만족점"까지 가는 것도 어렵고 양극화가 극심하니 불행하지 않을 수 있을까?

둘째로 단순히 돈이 많은 것이 행복을 만드는 것이 아니라 돈이 "계속 늘어나는 것"이 행복을 만들기 때문이다. 돈이 많아도 늘어나지 않으면 돈은 더 이상 행복감을 주지 못한다고 한다. 문제는 경제 황금기는 지나갔고 지금은 초저성장 시대라는 점이다. 아무리 노력해도 늘어나는 부동산 비용과 줄어드는 실질 임금을 만회하기가 어렵다. 더군다나 코로나 19 팬데믹과 우크라이나 전쟁으로 세계는 지금 엄청난 경제고를 겪고 있다. 셋째로 돈에 대한 만족감이 상대적이기 때문이다. 우리는 누군가와 비교하면서 자신의 부가 증가하는 비율을 체감한다. 문제는 예전에는 나와 가까이에 있는 사람과 자신을 비교하기만 하면 되었는데 4차 산업 혁명 시대를 살고 있는 우리는 SNS로 모든 시간대에 모든 장소에 있는 모든 사람과 연결되어 있기 때문에 연결된 모든 사람과 자신을 비교한다는 점이다. 우리는 알 필요도 없고 나와 상관도 없는 사람들의 성공과 부의 증가와 자신의 상태를 비교하기 때문에 행복하기 정말 어렵다. 그렇다고 "만족점"(연 5천만에서 1억의 수입)이 넘는 사람들이라고 행복할까? 전혀 그렇지 않다. 무엇보다 만족점 이상을 유지하는 것이 너무 어렵다. 그것을 유지하기 위해 수면, 여가, 가족, 우정, 사랑 등을 과도하게 희생한다. 게다가 연봉이 높을수록 경쟁이 더 치열하여 위계 추락에 대한 공포가 더 커지는 경향이 있다. 생존 불안은 어느 정도 해결되었지만 존중 불안은 거의 해결되지 않고 있다. 그러니 행복도가 더 떨어진다. 도대체 해법이 뭘까?

사회적 해법은 뒤에서 그리고 전도서를 살펴볼 때 좀 더 자세히 논할 것이다. 일단은 개인적인 차원에 대해 이야기한다. 기독교는 현실에 존재하는 돈이 주는 행복감을 부정하지 않는다. 다만 기독교는 "돈이 줄 수 없는 행복" 혹은 "돈으로는 얻을 수 없는 행복"이라는 것이 있다고 말한다. 그 행복을 소유하고 나면 그 행복의 실체가 영원한 것에서 오는 것이기 때문에 돈이라는 것조차 풀의 꽃처럼 여겨지게 만든다. 솔로몬의 옷조차 들의 꽃보다 못하다고 여기게 만든다. "해가 돋고 뜨거운 바람이 불어 풀을 말리면 꽃이 떨어져 그 모양의 아름다움이 없어지나니 부한 자도 그 행하는 일에 이와 같이 쇠잔하리라"(약 1:11). 이렇게 돈을 상대화시킬 수 있을 때 우리는 전혀 새로운 돈의 쓰임새를 발견할 수 있게 되고 돈이 그의 나라와 그의 의를 성취하도록 돈을 성화시키는 데 애쓰게 될 것이다. 그렇다면 돈이 줄 수 없는 행복, 돈으로는 얻을 수 없는 행복이라는 것이 무엇일까? 오직 하나님 한 분만을 사랑하고 경외하는 것에서 오는 행복이다. 참생명이 우리 안에 거할 때 나타나는 행복이다. 돈이 문제가 되는 것은 전혀 행복감을 주지 못하기 때문이 아니라 "돈이 줄 수 없는 진정한 행복"을 보지 못하게 만든다는 점이다. 돈은 극소수에게나 허락된 "돈이 주는 행복감"을 추구하느라 하나님이 모두에게 주시기 원하는 "진정한 행복"을 추구하지 못하도록 한다. 이에 속지 말아야 한다. 오직 한 마음으로 하나님 한 분만 사랑하고 경외하며 내 이웃을 내 몸과 같이 사랑할 때 진정한 행복은 온다.

"돈이 줄 수 없는 진정한 행복"을 소유한 사람은 "먼저 그리고 전부"를 드릴 줄 안다. 향유 옥합을 깨뜨려 예수님을 섬긴 여인을 보라. 죄인이라는 칭호를 통해 그녀가 창기임을 알 수 있다. 이스라엘에서는 돌로 쳐 죽여도 되는 여인이었다. 하지만 죄가 깊은 만큼 깊은 은혜를 경험했다. 그렇기에 그 누구도 요구하지 않았는데 그녀는 향유 옥합을 깨뜨려 주님의 발을 씻긴다. 아마도 그것이 그녀의 전부였을 거다. 이스라엘에서 누가 창기가 되는가? 아무것도 가진 것이 없는 사람이다. 손가락질 받고 자칫 잘못하면 돌로 쳐 죽임을 당할 수 있는 삶을 살았던 그녀는 아마도 그런 환경을 벗어나기 위해 악착같이 돈을 모았을 거다. 그러니 그가 모은 돈은 그녀의 유일한 희망이었을 것이다. 하지만 그녀는 자신의 신분과 처지를 벗어나는 것보다 먼저 주님의 발을 씻기는 것을 선택했고 자신의 전부를 그 발에 쏟아부었다. 그리하여 그녀는 온 천하에 어디서든지 이 복음이 전파되는 곳에서 그녀가 행한 일도 말하여 그녀를 기억하게 되는 축복을 받는다. 자신 안에 있는 생명과 받은 은혜와 사랑 때문에 먼저 그리고 전부를 바칠 줄 아는 사람, 그 사람이 가장 행복한 사람이 아닐까? 행복학에서 가장 유명한 공식이 "행복은 강도가 아니라 빈도"라는 말이다. 소확행의 중요성을 보여주는 통찰이다. 그렇다 보니 현대인들은 높은 빈도를 보이는 행복을 누리려고 한다. 하지만 나는 "빈도"보다 "밀도"가 중요하다고 생각한다. "먼저 그리고 전부"까지 바칠 수 있는 사랑의 상태와 그 사랑의 대상의 임재로 인해 삶의 밀도가 달라지는 것, 그것이 진정한 행복의 비결이 아닐까? 모든 삶이 성례전으로 변모되는 것, 그것이 진정한 행복의 비결이 아닐까?

## 능력주의라는 허상에 속지 말라

둘째로 이익을 추구하기 위해 장사하는 자들은 하나님의 뜻을 모르는 자들이다. 계획 자체가 문제는 아니다. 이익을 추구하는 것 자체도 문제가 아니다. 하지만 그것이 하나님의 뜻을 이루기 위한 것이 아니라면 모든 것이 헛되다. 하나님의 뜻을 묻지 않고 하는 행위라면 그것은 죄다. 그들은 야고보서 4:15 말씀처럼 "주의 뜻이면 우리가 살기도 하고 이것이나 저것을 하리라"라고 말했어야 한다. 주님의 뜻을 이루고자 하는 사람은 이것이든 저것이든 그것이 주님의 뜻이라면 내 욕망과 이익과 상관없이 그것을 행한다. 만약 주님의 뜻이 아니라면 그것을 하고 싶어도 하지 않을 수 있다. 무엇보다 주님의 뜻을 구하는 사람은 어떤 곳에서 일 년 동안 장사하는 행위조차 성경적인 하나님의 뜻을 이루기 위해 장사할 것이다. 단순히 이익을 얻기 위한 행위가 아니라 장사하는 행위를 통해 하나님 나라의 가치와 질서를 드러내도록 할 것이다. 하지만 주님의 뜻과 상관없이 사는 사람은 반드시 자기 계획대로 일 년 동안 이익을 얻는 일을 해야 하고 그렇지 못하면 매우 불행하게 될 것이다. 자신의 행불행이 오직 자신의 계획과 욕망의 성취 여부에 달렸다. 야고보의 청자는 하나님의 뜻을 묻지 않았다. 오직 빵만을 구했고 하나님의 말씀은 구하지 않았다. 먼저 그의 나라와 그의 의를 구해야 하는데도 오직 무엇을 먹을까 무엇을 마실까 무엇을 입을까 하는 고민만 했다.

셋째로 그들은 오직 자기 자랑을 위해 살아갔다. 그들은 하나님의 뜻을 이루기 위해서가 아니라 자기 유익을 위해서만 살아갔다. 그렇게 살아가는 이유는 자기 자랑 때문이다. "이제도 너희가 허탄한 자랑을 하니 그러한 자랑은 다 악한 것이라"(약 4:16). 앞장에서 말했지만 시기와 다툼을 일삼는 자들이 자랑과 거짓을 앞세운다. 자랑은 그저 개인적인 윤리 차원의 문제가 아니다. 자랑은 해도 되는데 안 하면 겸손해 보이는 그런 차원의 것이 아니다. 야고보는 그러한 자랑을 "악한 것"이라고 말한다. 자랑이야말로 구원론과 관련된 가장 중요한 주제다. 율법의 가장 중요한 특징은 "자랑"이며 은혜의 가장 중요한 특징은 "감사"다. 자랑하는 자는 자기가 얻은 것을 자신의 노력과 수고에 대한 "보상"으로 여기고 감사하는 자는 자기가 얻은 것을 자격 없는 자에게 거저 주어지는 "선물"로 여긴다. 에베소서 2:8-9 말씀처럼 하나님이 우리를 은혜로 구원하신 이유는 우리로 하여금 자랑하지 못하게 하려 함이다. 자랑은 자기 의를 드러내는 것이며 자기 의로는 결코 천국에 들어갈 수가 없다.

나는 코로나19 팬데믹 상황에서 성도들에게 "능력주의"에 대한 설교를 많이 했다. 왜냐하면 능력주의가 현대 사회를 움직이는 가장 강력한 이데올로기이고 그것이야말로 율법의 정체를 그대로 드러내기 때문이며 최근 들어 더욱 기승을 부리고 있기 때문이다. 현대 사회를 지탱하는 가장 강력한 이데올로기가 능력주의다. 능력주의는 신분과 세습이 아니라 자신의 노력과 능력으로 지위와 재화가 배분되는 사회 체제를 말한다. 근대 사회는 타고난 신분이 아니라 동등한 출발선에서 스스로 노력하여 자신의 능력으로 그에 맞는 지위와 재화를 얻을 수 있는 사회다. 이런 사회는 신분이 아니라 경쟁에 의해 지위와 재화가 주어지기 때문에 경쟁 과정에서의 공정함이 매우 중요한 가치가 된다. 경쟁 과정의 공정함을 유지하기 위해 중요해진 것은 능력을 평가하는 시스템이다. 어떤 이가 좋은 결과를 얻었는데 그것이 신분 때문이 아니라 능력 때문이라는 것을 검증해줄 평가 시스템이 무엇보다 중요해진다. 그래서 온갖 시험이 난무한다. 우리는 "시험 사회"에 살고 있다.

능력주의 사회에서 성공한 사람은 자신의 성공과 부의 열매에 대해 자신의 노력과 수고에 대한 보상으로 여기며 자랑한다. 반면 실패한 사람들은 자신을 무능력하고 게으른 자라고 자책하며 자신은 부와 명예를 누릴 자격이 없다고 여긴다. 성공한 사람과 부자들은 오만에 빠지고 실패한 사람과 가난한 사람들은 굴욕을 경험한다. 차라리 신분주의 사회가 이런 오만과 굴욕이 덜하다. 귀족들은 어차피 태어날 때부터 귀족이었다. 자신이 귀족이 될 만한 무엇이 있기 때문이 아니라 잘 태어난 것 덕분에 큰 혜택을 누리게 된 것이다. 자신의 능력이나 노력으로 그것을 누리는 것이 아니다. 따라서 오만할 것도 없고 자랑할 만한 것도 없다. 혹 오만하거나 자랑해도 타당한 근거가 없기 때문에 비웃음만 살 뿐이다. 반면 평민이나 천민들은 그냥 태어날 때부터 평민이나 천민이었다. 그들이 큰 혜택을 누리지 못하는 것은 그냥 평민이나 천민으로 태어났기 때문이다. 노력이 부족해서가 아니고 능력이 없기 때문도 아니다. 오히려 그들은 귀족들보다 더 큰 능력을 많이 갖추고 있으며 자신들의 능력으로 귀족들을 먹여 살리고 있다는 자부심마저 가질 수 있었다. 하지만 능력주의 사회에서는 성공한 사람들과 부자들은 자신들의 성공과 부를 정당화할 수 있으며 자신에 대해 자부심을 갖게 된다. 오만할 만한 충분한 성과를 가지고 있기 때문이다. 반면 실패한 사람들과 가난한 사람들은 자신의 실패와 가난함에 대해 정당화하기 어려우며 자신에 대해 수치심을 가지게 된다. 그들은 결핍으로 인한 불편함과 어려움으로 인한 고통만을 경험하는 것이 아니라 굴욕까지 경험한다. 그들은 욥의 고난을 경험할 뿐 아니라 욥의 친구들의 훈수까지 들어야만 한다. 그런 굴욕을 당하고 있으니 내면에 분노가 쌓이지 않겠는가? 그렇기에 지금 우리 사회는 "분노 사회"다.

"기회는 평등해야 하고 과정은 공정해야 하며 결과는 정의로워야 한다"는 말이 있다. 능력주의를 매우 정확하게 표현한 말이다. 자기 능력을 만들고 발휘할 기회가 동등하게 주어지고 결과를 만들어내는 과정이 공정하기만 하면 정의로운 결과를 만들어낼 수 있다는 말이다. 자본주의 사회는 신분 사회가 아니기 때문에 능력주의에서 말하는 기회의 평등은 대체로 이루어진 것으로 여긴다. 모두 똑같은 의무 교육을 받고 정당한 평가 시스템을 통해 능력을 평가받으며 정당한 과정을 거쳐 결과가 만들어진다. 민주주의가 발달할수록 과정은 공정하다. 따라서 공정한 과정을 거쳐 만들어진 결과는 정의롭다. 그런데 우리는 요즘 결과가 그리 정의롭지 못하다고 느낀다. 양극화는 극에 달하고 아무리 노력해도 성공할 확률은 낮아졌다. 뭔가 부당하다고 느끼는 사람들의 마음에는 분노가 가득하다. 분노하는 사람들은 사회를 의심한다. 뭔가 문제가 있지 않을까? 하지만 "능력주의" 자체를 의심해본 적 없는 사람들은 "기회의 평등-과정의 공정-결과의 정의"에 이르는 프로세스나 시스템 자체에 대해서는 결코 의심하지 않는다. 그 시스템 자체가 부정의와 불평등을 만들어내고 있다고 생각하지 못한다. 불공정한 사회에 대해 비판하는 사람들조차 능력대로 보상을 받지 못하는 제도의 한계에 대해 문제를 제기할 뿐 능력주의 자체는 긍정한다고 할 수 있다. 따라서 "기회의 평등"은 이미 이루어졌고 시스템 자체에 문제가 없다면 결국 중간 단계인 "과정의 공정"에 문제가 있다고 생각할 수밖에 없다. 경기의 규칙 자체는 문제가 없는데 누군가 불법이나 편법을 쓰고 있는 것이 분명하다. 그래서 현대 사회의 가장 중요한 키워드가 "공정"이다. 이때의 공정은 불평등한 분배와 무시라는 불의를 해결하는 "공평과 정의"라는 의미가 아니라 "과정의 공정"을 의미한다.

근래에 공정이 최고의 화두가 되고 있음을 보여주는 사건이 자주 발생한다. 조국 사태, 인국공 사태, 의료 파업 사태 등에 특정한 사람들이 분노하는 이유도 여기에 있다. 그들은 "무임승차론"과 "역차별론"을 내세우며 공정을 외친다. 자신은 정당하게 어려운 과정을 거쳐 시험을 통과했거나 통과하려는데 어쩌다가 운으로 비정규직으로 들어왔다가 정규직이 된다는 것은 불공정한 일이라고 주장한다. 물론 취준생들의 이런 분노는 이해가 되는 면이 있다. 지금 많은 청년이 헬조선에서 미래 없는 저임금 노동에 시달리고 있다. 승패에 따른 보상의 격차가 한없이 벌어지는 사회에서 유리 천장은커녕 유리 바닥조차 뚫고 올라가지 못하고 있다. 분배와 인정은 고사하고 과정의 공정이라도 지켜줘서 덜 상처받게 해달라고 호소해야 할 지경이니 인국공 사태에 분노가 일어난다. 구조적 문제 해결은 너무 멀고 이상의 실현은 비현실적이니 당장 생존의 문제에 목숨 걸 수밖에 없다. 영끌, 공시족, 주식과 코인에 목숨 거는 "먹고사니즘"이 최고의 가치다. 나 먹고 살기도 힘들고 미래도 불안한데 누군가는 특혜를 받는 것처럼 보이니 분노가 일어나지 않겠는가? 이러니 먹고사니즘 차원의 "생계형 공정" 담론이나 가혹한 기준을 앞세운 "납작한 공정" 담론이 지배적일 수밖에 없다. 그들이 처한 현실과 심정은 충분히 이해한다. 이 지경을 만들어놓은 건 청년들이 아니라 기성세대다. 그러니 기성세대에 책임이 있고 그들이 외치는 공정을 실현하도록 노력해야 한다. 하지만 과정의 공정 너머를 사고하지 못한다면 과정의 공정조차 지킬 수 없고 결국 약자들의 배틀 안에 갇히고 만다는 걸 알아야 한다. 그뿐만 아니라 이런 공정 담론은 기득권을 정당화하는 데 사용되기도 한다. 현실을 바꾸기 위해서는 과정의 공정을 넘어서야 하고 그러기 위해서는 능력주의를 넘어서야 한다. 이처럼 혐오나 차별받는 노동을 정당화하는 능력주의에 대해 『능력주의와 불평등』(교육공동체벗, 2020)의 저자들은 최근 발생한 다양한 사례를 들어 설명하고 있으니 참고하면 좋다. 그 책에서도 강조하는 바이지만 이렇게 공정을 내세우는 사람들은 "기회의 평등-과정의 공정-결과의 정의"라는 프로세스 자체를 의심하지는 않는다. 불공정에 대해 분노할 뿐 불평등과 부정의에 대해서는 눈을 감는다.

스티븐 J. 맥나미(Stephen J. McNamee)와 로버트 K. 밀러 주니어(Robert K. Miller Jr.)가 쓴 『능력주의는 허구다』(사이, 2015)에 의하면 우리의 삶을 결정하는 요인에는 "내적 요인"과 "외적 요인"이 있다. 내적 요인은 "능력적 요인"이고 외적 요인은 "비능력적 요인"이다. 능력적 요인이란 개인이 타고난 재능, 유전적 우수함, 근면 성실함, 올바른 태도, 높은 도덕성, 이상적인 자질 등이 포함되고 비능력적 요인은 부모의 경제적 자원과 가족의 계층 배경, 부의 세습, 특권의 대물림, 우수한 교육, 사회적 자본과 문화적 자본, 행운, 차별적 특혜, 태어난 시기, 시대적 및 사회적 상황 같은 요인 등이 포함된다. 이 둘 사이에는 긴장감이 있다. 이 둘은 상호 작용하면서 어떤 결과를 만들어낸다. 여기서 능력적 요인에 정말 개인적 책임을 물을 수 있는가 하는 문제가 대두된다. 많은 경우 능력적 요인도 내 개인적 노력과 거의 상관없고 노력의 강도조차 타고난 기질적 차이에서 비롯되는 경우도 많기 때문이다. 하지만 정말 큰 문제는 지금 시대가 능력적 요인보다 비능력적 요인이 성공에 훨씬 더 큰 역할을 한다는 데 있다. 능력주의 이데올로기는 능력적 요인이 결과에 미치는 영향은 과대평가하고 있으며 비능력적 요인이 미치는 영향은 과소평가하고 있다.

능력주의를 설명할 때 주로 달리기 경주의 비유를 든다. 이러한 비유는 실제를 감추고 허상을 보게 한다. 인생을 달리기 경주로 이해하는 시각은 첫째, 모든 문제를 개인의 차원으로 접근한다는 데 문제가 있다. 모든 책임을 개인에게 묻는다. 성공해도 내 책임이고 실패해도 내 책임이다. 남 탓할 수 없다. 경기장에서 달리기 경주를 하는 선수들이 패배했을 때 변명을 늘어놓아 봐야 자신만 창피할 뿐이다. 하지만 최종 성과만을 보고 개인에게 책임을 묻는 건 매우 무책임한 행동이다. 현실이 결코 그렇게 단순하지 않기 때문이다. 개인의 성과에는 "운칠기삼"이 작동하기도 하고 더 거대한 구조적 요인이 작동한다. 그걸 보지 못하고 개인에게만 책임을 물어서는 안 된다. 둘째, 삶의 모든 문제를 경쟁에서 이기는 경주로 풀이하는 데 문제가 있다. 정말 삶의 모든 영역이 달리기 경주일까? 삶의 모든 가치를 경쟁의 가치로 환원할 수 있을까? 물론 경쟁의 영역이 있음을 부정해서는 안 된다. 하지만 삶의 더 중요한 영역들은 경쟁에서 이겨야 하는 경주가 아니다. 값으로 따질 수 없는 것들이 훨씬 더 가치가 있고 경쟁에서 이기는 것보다 사랑이 훨씬 더 가치가 있다. 모든 영역에서 경쟁에서 이기는 경주의 패러다임이 관철되고 있는 사회에서는 스포츠 선수들이야말로 최고의 영웅들이다. 하지만 정말 이들이 우리의 영웅인가? 이들이 하나님 나라의 가치를 실현하는 자들인가? 셋째, 무엇보다 문제인 것은 삶의 현실이 우리의 경주가 혼자서 하는 달리기 경주가 아니라 "릴레이 경주"라는 데 있다. 우리는 부모가 자녀에게 바통을 건네주는 릴레이 경주에 참여하고 있다. 세대 간 릴레이 경주에서 유리한 위치에 있는 사람도 있고 불리한 위치에 있는 사람도 있다. 할아버지의 재산과 엄마의 정보력을 갖춘 사람만이 성공한다는 말이 괜히 나온 것이 아니다. 정유라가 "부모의 재력도 실력"이라고 말했는데 최순실의 딸이기 때문에 이런 말을 한 것이 아니라 실제 사회적 현실을 당당하게 그러나 뻔뻔하게 말했을 뿐이다. 현대 사회는 "릴레이 경주"를 치르는 새로운 세습 자본주의 사회다.

### 재물을 쌓지 말라, 돈은 돌아야 한다

상황이 이러한데도 기독교는 도리어 "자랑의 시스템"인 능력주의를 지지하고 있다. 그리스도인들조차 부자들의 가치와 논리를 내면화하면서 능력주의를 지지하며 부자들을 축복하는 데 성경을 사용하기조차 한다. "마태 효과"나 달란트 비유를 내세우면서 말이다. "마태 효과"(Matthew effect)라는 단어는 미국의 사회학자 로버트 머튼(Robert Merton)이 만든 말이다. 마태복음 13:12과 25:29 말씀의 원리를 사회에 적용한 말이다. "무릇 있는 자는 받아 풍족하게 되고 없는 자는 그 있는 것까지 빼앗기리라"(마 13:12). "마태 효과"는 주로 세상이 돌아가는 빈익빈부익부 원리를 정당화하는 것으로 사용된다. 로버트 기요사키(Robert T. Kiyosaki)와 샤론 레흐트(Sharon L. Lechter)가 함께 쓴 『부자 아빠 가난한 아빠』(황금가지, 2001)에서 말하는 부자가 되는 원리가 딱 이거다. 일해서 돈을 벌면 가난한 아빠가 된다. 돈이 돈을 벌도록 해야 부자 아빠가 된다. 노동하지 않아도 돈을 벌 수 있는 수단이나 돈이 돈을 벌도록 하는 구조를 갖고 있는 사람이 부자가 된다. 마르크스가 정확하게 꿰뚫어본 것처럼 수익 도구나 생산 수단을 사적으로 소유한 자나 돈으로 돈을 버는 금융 기법을 알고 있는 자가 부자가 된다. "내 곳간을 헐고 더 크게 짓고 내 모든 곡식과 물건을 거기 쌓아두리라"(눅 12:17)고 했던 부자처럼 세금을 걷어가기 전에 자신의 수익을 다시 재투자할 줄 아는 자가 부자가 된다. 이런 원리를 천명하는 것이 바로 "마태 효과"다. 물론 마태 효과가 삶의 원리를 보여주는 면도 없지 않다. 하지만 마태 효과는 자본주의적 생산 양식에서 발생하는 구조적 효과이자 구조화된 불평등을 보여주는 말이다. 하나님의 말씀이 이처럼 "릴레이 경주를 치르는 사회", "세습 자본주의 사회", "양극화 사회"를 정당화하는 말씀일까? 하나님의 말씀은 오직 하나님 나라의 가치를 성취하는 선한 일에 적용해야 한다. 선(善)은 자기 증식을 하여도 진리를 바로 세우고, 누구도 소외시키지 않으며, 세상을 건강하고 아름답고 정의롭게 만든다. 선의 차원이 아닌 곳에 마태 효과를 사용한다면 말씀을 왜곡하는 것이고 선을 행할 의무를 저버리는 처사가 될 것이다. "부의 마태 효과"는 "선의 마태 효과"의 부재로 인한 결과다. 아무쪼록 진정한 믿음을 가진 우리가 모두 "선의 마태 효과"를 누리는 사람이 되기를 바란다.

달란트 비유도 마찬가지다. 과연 달란트 비유가 자본주의의 원리나 능력주의를 옹호하는 비유일까? 한국교회는 대부분 그런 의미로 달란트 비유를 활용한다. 오래 전 어느 목회자 모임에서 독서 토론을 한 적이 있다. 주로 건강하게 목회하는 대형 교회 목회자들이 참석했다. 그날은 송호근 교수가 쓴 『한국의 평등주의, 그 마음의 습관』(삼성경제연구소, 2006)을 읽고 토론하는 자리였는데 한 목회자가 그 책을 읽고 고무됐는지 달란트 비유를 예로 들며 한국의 평등주의를 비판했다. "성경이 이렇게 분명하게 재물과 재능의 차이를 인정하고 있지 않느냐"고 말이다. 나는 그 자리에서 다음과 같이 말했다. "왜 꼭 달란트 비유를 그렇게만 해석합니까? 더군다나 달란트 비유가 마태복음에만 나오나요? 누가복음에는 동일한 비유가 열 므나 비유로 나오고 열 사람에게 모두 똑같이 한 므나씩 주어집니다. 열 사람이 동일한 출발선에서 시작합니다. 그런데 왜 한국교회 강단은 달란트 비유만 좋아하고 열 므나 비유는 잘 말하지 않나요? 왜 마태복음의 달란트 비유를 동일한 메시지인 열 므나 비유와 연결해서 해석하지 않나요? 한국 사회가 정말 평등주의가 문제입니까? 극단적인 평등주의도 문제겠지만 한국 사회에 만연한 불평등과 능력주의가 더 문제가 아닐까요?" 한국교회의 큰 문제 중 하나는 복음이 특정 이데올로기와 등치되거나 교회를 이데올로기의 노예로 만드는 것이다. 한국교회 대부분은 보수적인 이데올로기에 물들어 있다. 하지만 성경의 메시지는 보수적인 것과 진보적인 것을 모두 포함하고 있으며 어떤 경우는 현실의 보수보다 더 보수적이거나 반대로 어떤 경우는 현실의 진보보다 더 진보적이다. 동시에 기존의 보수적인 것과 진보적인 것을 해체하는 능력이 복음 안에 있다. 그 무엇으로도 포착 불가능한 차원이 내포해 있는 복음의 능력은 이데올로기보다 높고 넓고 깊어서 기존의 이데올로기를 해체해버리기도 한다. 이런 점에서 달란트 비유가 특정 이데올로기의 근거 본문이 된 것은 참으로 안타까운 일이다.

예수님이 부자가 천국에 들어가는 것이 낙타가 바늘귀를 통과하는 것보다 어렵다고 말씀하셨다는 사실을 기억해야 한다. 구약에서는 재물이 축복의 수단이기도 했으나 신약으로 오면 그렇지 않다. 신약에는 부자들에 대한 경고의 메시지가 많은 부분을 차지한다. 예수님의 동생 야고보도 부자들을 향해 가차 없는 비판을 날린다. 그런데 현대 교회의 설교자들은 야고보와 같지 않은 것 같다. 이 주제에 대해서 하나같이 애매한 이야기를 한다. 야고보가 부자 자체에 대해 비판한 것이 아니며 부를 쌓는 행위에 대해 비판한 것도 아니라고 먼저 말한 후 본문을 해석한다. 좋은 부자들을 비판한 것이 아니라 나쁜 부자들에 대해 비판하는 거라고 말한다. 그런가? 정말 그렇게 말해도 되는가? 본문 어디에서 그렇게 말했는가? 야고보서에서는 그 어떤 구절도 그렇게 해석하기 어렵다. 그런데도 하나같이 그렇게 해석하는 건 이미 목회자들에게 세상적인 가치관이 내면화되었기 때문이다. 또 교회의 주요 구성원들이 거의 다 세상에서 성공한 사람들이고 대부분의 성도들이 세상에서 성공하고 싶은 사람들로 구성되었기 때문이기도 하다. 하지만 야고보는 그 어떤 현대의 급진주의자들보다도 부자에 대해 신랄하게 비판한다.

야고보는 크게 두 가지 면에서 부자들을 비판한다. 첫째로 부자들이 재물을 써야 할 때 쓰지 않았다고 비판한다. 부자들은 재물을 모으기만 하고 베풀지 않는 문제점을 가지고 있다. 실상 그것은 문제점이 아니라 방법론이다. 부자는 그렇게 해야 부자가 될 수 있다. 그런 구조 안으로 들어가야 부자가 된다. "너희 재물은 썩었고 너희 옷은 좀먹었으며 너희 금과 은은 녹이 슬었으니 이 녹이 너희에게 증거가 되며 불같이 너희 살을 먹으리라. 너희가 말세에 재물을 쌓았도다"(약 5:2-3). 이것은 정확하게 예수님의 말씀과 일치한다. "너희를 위하여 보물을 땅에 쌓아두지 말라. 거기는 좀과 동록이 해하며 도둑이 구멍을 뚫고 도둑질하느니라. 오직 너희를 위하여 보물을 하늘에 쌓아두라. 거기는 좀이나 동록이 해하지 못하며 도둑이 구멍을 뚫지도 못하고 도둑질도 못하느니라"(마 6:19-20). 지금은 신약 시대보다 더 심각하다. 세계에서 가장 부유한 사람 62명이 하위 50%인 세계 인구 39억 명보다 더 많은 부를 가지고 있는 세상이니 말을 더해 무슨 소용이겠는가? 현대 사회의 소득 양극화는 매우 심각하다. 한국이 가장 부러워하는 미국만 해도 그렇다. 상위 20%의 부자가 세전 소득의 50.8%, 상위 10%가 36%, 상위 5%가 25.9%를 차지한다. 하지만 소득 격차보다 재산 격차가 더 심각하다. 솔직히 소득으로 부가 증가하던가? 재산이 부를 증가시키지 않던가? 미국은 상위 10%가 총 가계 순자산 74.5%를 차지하는 반면 하위 50%는 순자산의 1.1%를 갖고 있다. 상위 1%의 부자들은 미국 내 순자산의 35.4%, 금융 자산의 42.1%, 연 소득의 17.2%를 차지했다. 이들은 전체 기업 지분의 61.4%, 모든 유가 증권의 48.8%, 주택을 제외한 모든 부동산의 35.5%를 보유하고 있다. 지난 20년 가까이 400대 부자의 명단과 순위가 거의 바뀌지 않고 있다. 무엇보다 문제인 것은 이것이 대부분 상속되고 있다는 점이다.

무엇을 뜻하는가? 돈이 돌지 않고 상위 1% 안에 쌓이고 있다는 말이다. 자본주의 체제는 필요를 채우는 데 목적이 있는 것이 아니라 돈을 쌓는 데 목적을 둔 체제다. 그렇기에 이런 양극화가 가능하다. 물론 돈의 수익 회수 시간을 짧게 하여 수익을 높이려 하지만 그것은 돈을 축적하려는 목적에 종속되어 있다. 돈의 본래 목적은 필요를 채우기 위해 도는 것인데도, 소수의 부자에게 어마어마한 돈이 쌓여 있어서 녹이 슬고 있다. 돈의 본래 목적과 달리 쌓여 녹이 슬고 있으니 야고보는 바로 그 돈의 녹이 증인이 되어 부자들을 심판할 것이라고 말한다. "이 녹이 너희에게 증거가 되며 불같이 너희 살을 먹으리라"(약 5:3). 그럼 어떻게 해야 하는가? 땅에 재물을 쌓지 말고 하늘에 재물을 쌓아야 한다. 하늘에 재물을 쌓는 것은 무슨 뜻인가? 바로 구제와 자선 및 정의를 실천하는 일을 의미한다. 그 일을 통해 선(善)의 경로로 돈이 돌도록 만들어야 한다. 그렇다면 일단 먼저 많이 쌓은 다음 시혜를 베풀면 될까? 물론 세금을 통해 부를 재분배하는 것도 좋은 방법이다. 또한 부자들이 기부에 힘쓰는 것도 중요하다. 미국의 부자들 중에는 그렇게 하는 사람들이 적지 않다. 하지만 성경적인 해답은 거기에 머물지 않는다. 쌓는 것 자체를 하지 말라고 한다. 쌓은 다음 베풀지 말고 쌓기 전에 베풀라고 한다. 쌓음은 베풀지 않았기 때문에 가능하다. 베풀어야 할 것을 빼앗아 부당하게 이득을 보기 때문에 쌓을 수 있다. 그렇다면 쌓는 것 자체가 정의에 어긋난다. 정의를 실현하려면 쌓기 전에 베풀어야 한다. 모두가 마땅히 받아야 할 몫을 받을 수 있도록 쌓기 전에 베풀면 쌓을 일도 없을 뿐더러 가난한 자들이 시혜를 받는 낮은 위치에 있을 필요도 없다. 쌓기 전에 베풀면 "살림의 경제" 속에서 돈은 더 잘 돈다. 이것이 "불의의 재물로 친구를 사귀라. 그리하면 그 재물이 없어질 때에 그들이 너희를 영주할 처소로 영접하리라"(눅 16:9)고 주님이 하신 말씀의 의미다.

**조건의 평등, 대역폭을 높여라**

둘째로 야고보는 부자들이 주어야 할 때 주지 않았다고 비판한다. "보라! 너희 밭에서 추수한 품꾼에게 주지 아니한 삯이 소리 지르며 그 추수한 자의 우는 소리가 만군의 주의 귀에 들렸느니라. 너희가 땅에서 사치하고 방종하여 살육의 날에 너희 마음을 살찌게 하였도다"(약 5:4-5). 부자들이 부자가 될 수 있는 이유는 주어야 할 것을 주지 않기 때문이다. 그렇기에 품꾼에게 주지 않은 삯이 하나님께 소리를 지르며 그 품꾼들의 우는 소리가 하나님의 귀에 들렸다고 말한다. 지금 세상의 현실이 이러하지 않은가? 세계는 코로나19 이전부터 이미 제로 성장에 돌입했다. 대부분의 기업은 고용 없는 성장, 아니 고용을 없애는 성장을 추구한다. 소수의 엘리트 집단 외에 대다수는 저소득 불안전 일자리를 전전하는 양극화 현상이 매우 심각하다. 실업 상태와 비정규직/파트타임 취업을 오가는 "프레카리아트"(precariat)들로 가득하다. 4차 산업 혁명 시대는 이 현상이 더욱 심화될 것이다. 계층 이동을 막는 "유리 천장"을 깨뜨릴 것이 아니라 하층 계급을 찍어 누르고 있는 "유리 바닥"을 깨뜨려야 하는 형편이다.

이런 현실이기 때문에 젊은 세대들이 탄식하고 있다. 얼마 전에 연애·결혼·출산을 포기하는 "3포 세대"라는 말을 했는데 조금 있더니 여기에 직장과 내 집 마련의 항목이 더해져서 "5포 세대"라고 하더니 이제는 그 항목이 너무 많아 "N포 세대"라고 부른다. 국가는 초고령화와 저출산 현상을 타파하려 노력하지만 그것에 접근하는 시각 자체가 한계를 가지고 있다. 일본 사회학자 오치아이 에미코 교수는 『근대가족, 길모퉁이를 돌아서다』(동국대학교출판부, 2012)에서 출산율 감소 현상을 두고 근대를 두 단계로 나눈다. "1차 근대"는 2.0명 수준으로 출산율이 감소하는 시기다. 전통적인 3대 가족에서 해방된 젊은 부부가 자녀 둘만 낳아 단란하게 핵가족을 이루는 시기다. 도시화와 핵가족과 전업 주부화가 진행된 고도성장기의 풍경이기도 하다. "2차 근대"는 출산율이 1.5명 이하로 떨어져 사회의 고령화를 유발하는 감소기다. 선진국형 청년 실업과 맞벌이 부부가 보편화되는 저성장기의 현상이다. 유럽에서는 비혼, 미혼모, 동거 가족과 공동체 같은 다양한 주거 공동체 형태가 사회적 인정을 받는 한편 이주민 포용 등 다원적 복지 사회로 전환해냄으로써 1.5명 정도의 출산율을 유지하게 된다. 하지만 한국은 이제 1명 이하로 떨어졌다. 그런데도 이를 극복하기 위해 3년 무상 보육, 10만 원의 아동 수당 등 1차 근대의 방식으로 해결책에 접근하고 있다. 한국도 "2차 근대"에 접어들었다는 걸 깨닫고 근본적인 접근을 해야 한다. 이제 세상이 완전히 바뀌고 있음을 깨달아야 한다. 코로나19 팬데믹은 이걸 파국적 형태로 보여주고 있다. 이런 파국적 상황을 "해방적 파국"으로 전환하기 위해서는 근본적인 고민을 해야 한다. 부자들이 삯을 지불하지 않고 있다는 사실을 직시해야 한다. 품꾼들의 탄식 소리를 들어야 한다. 세상의 상황이 이리 심각한데도 교회는 부유한 자들의 가치관을 내면화하면서 세상과 담을 쌓는 동시에 세상을 욕망하고 있다. 이제 세상이 "2차 근대"의 사회로 접어들었음을 깨닫고 교회가 근본적인 해법을 제시해야 한다. 교회는 모세 오경이 제시했고 예수님이 성취하셨으며 초기 교회가 보여주었던 대안적 모습을 보여주어야 한다. 부자들에게 삯을 지불하도록 만들어야 한다. 삯을 지불한다는 것은 어떤 의미일까? 예수님이 말한 포도원 품꾼의 비유에 의하면 나중에 온 사람에게도 동일하게 품삯을 주는 것을 말한다. 한마디로 평등한 세상을 만들라는 말이다.

리처드 윌킨슨(Richard G. Wilkinson)과 케이트 피킷(Kate Pickett)은 『평등이 답이다』(이후, 2012)에서 평등한 사회가 바람직한 이유를 자료와 통계, 숫자와 그래프로 정확하게 제시한다. 사회 계급에 따라 기울기가 매우 심한 건강과 사회 문제는 불평등한 사회일수록 더 심각하게 나타난다. 더 큰 사회적 기울기를 가진 사회 문제일수록 불평등과 더 강하게 연관되어 있다. 또한 소득 불평등은 사회적 위계의 수준을 나타낸다. 사회 내 소득 격차의 정도는 건강과 사회 문제에 영향을 끼치는 여러 요인 중 하나가 아니라 사회적 위계를 만들어내는 요인이다. 즉 수많은 사회적 성과들이 위계에 따라 기울기를 갖게 하는 요인인 것이다. 건강과 사회 문제에 나타나는 기울기는 사회적 지위의 차이를 반영하기 때문에 물질적 불평등은 마찬가지로 문화와 행동의 차이를 가져오는 핵심 요인이다. 윌킨슨과 피킷은 공동체와 신뢰의 해체, 정신 건강과 약물 의존, 육체 건강과 기대 수명, 비만, 교육 성취 저하, 십 대 출산과 빈곤의 재생산, 존경받는 방법으로서의 폭력, 범죄율과 수감률, 사회 이동성과 불평등한 기회 등의 문제를 만들어내는 불평등의 문제를 유엔과 미연방 정부에서 제공하는 자료를 근거로 정확하게 드러내 보여준다. 그들은 가난을 벗어나야 하지만 절대적 가난을 벗어나고 나면 진정한 문제는 가난이 아니라 불평등임을 예리하게 파헤친다. 선진국들을 비교 분석해보면 평균 소득이 높아진다고 해서 불평등의 문제가 자동으로 해결되지 않는다. 평균 소득이 높은 최상위 선진국이라도 불평등도가 높으면 건강과 사회 문제가 매우 심각하다. 결국 불평등의 문제를 해결해야만 건강과 사회 문제를 해결할 수 있음을 알 수 있다. 더 나은 사회, 즉 사람들이 지위와 위계에 의해 덜 분리되고 좀 더 평등한 사회, 공동체 의식을 회복할 수 있는 사회, 지구 온난화의 위협을 극복할 수 있는 사회, 직장인들이 공동체의 일부로 자기 일을 소유하고 민주적으로 통제하면서 비화폐 부분이 성장하고 있는 경제에서 그 혜택을 공유하는 사회를 만들기 위해서는 불평등의 문제를 반드시 해결해야 한다. 일반 사람들은 불평등의 문제를 해결하면 가난한 사람들만 혜택을 입는 것으로 착각한다. 하지만 불평등은 가난한 사람들에게만 영향을 끼치는 것이 아니라 사회 자체가 제 기능을 하지 못하도록 하며 인구 대다수에 악

영향을 끼친다. 불평등은 모든 소집단에 비슷한 영향을 끼치기에 불평등이란 사회 전반에 퍼지는 공해 물질처럼 작용한다. 따라서 불평등의 문제를 해결하면 가난한 사람들만이 아니라 부자들도 혜택을 입는다. 더 큰 평등은 모든 이들에게 비례적인 혜택을 선사한다.

따라서 우리는 "조건의 평등"을 실현해야 한다. 그리스도인들은 "기회의 평등"만이 아니라 "조건의 평등"도 주장해야 한다. 마이클 샌델(Michael J. Sandel)은 『공정하다는 착각』(와이즈베리, 2020)에서 "조건의 평등"을 다음과 같이 이야기한다. 막대한 부를 쌓거나 빛나는 자리에 앉지 못한 사람들도 고상하고 존엄한 삶을 살도록 할 수 있는 것이 "조건의 평등"인데, 그것은 사회적 존경을 받는 일에서 역량을 계발하고 발휘하며 널리 보급된 학습 문화를 공유하고 동료 시민들과 공적 문제에 대해 숙의하는 것 등으로 이루어진다. 나는 이런 정치적인 관점 이외에 경제적인 "조건의 평등"도 굉장히 중요하다고 생각한다. 그런 의미에서 "기본소득"에 대해 강력한 지지를 보낸다. 오준호가 쓴 『기본소득이 세상을 바꾼다』(개마고원, 2017)에 의하면 기본소득이 정당한 이유는 공유 자원이 모두의 것이고, 협업에 대한 보상이며, 자유의 필수 수단인 동시에 주권 실현의 필수 조건이기 때문이다. 기본소득이야말로 포도원 주인의 비유에 나타난 "조건의 평등" 정신을 실현하는 매우 좋은 정책이라 할 수 있다.

조건의 평등은 "대역폭"을 높여주는 일과 같다. "대역폭"(bandwidth)이라는 개념을 말한 사람은 하버드 대학교 경제학 교수인 센딜 멀레이너선(Sendhil Mullainathan)이다. 그가 프린스턴 대학교 심리학과 교수인 엘다 샤퍼(Eldar Shafir)와 함께 『결핍의 경제학』(알에이치코리아, 2014)이라는 책을 썼다. 이 책에서 말하는 "대역폭"이란 한마디로 "정신적 처리량" 혹은 "정신적 처리 능력"이라고 할 수 있다. 멀레이너선은 "대역폭"에 세금이 매겨진다고 표현한다. 처리해야 할 문제들에 치르는 대가들이라고 할 수 있다. 대역폭이 작은 사람들은 그 세금을 낼 만한 여유분이 없다. 그것은, 곧 가난한 사람들은 대역폭에 과도한 세금을 물고 있음을 의미한다. 그들은 적은 대역폭을 가지고 당장 해결해야 할 많은 일을 감당하고 있으며, 단기적인 문제밖에는 처리하지 못한다. 결핍은 터널링 사고를 만들어낸다. 그 한 가지 외에는 다른 것을 보지 못한다. 그러니 단기적인 문제도 처리하기에 벅차다. 그들에게는 "풍요가 주는 느슨함(여유, 마진)"이 없기 때문에 장기적인 문제에 대한 처리 능력이 없다. 멀레이너선에 의하면 외적으로 보이는 모습 말고 대역폭이라는 기준으로 비교해보면 가난한 이들이 부자들보다 훨씬 열심히 살고 있다. 따라서 이미 열심히 살고 있는 가난한 사람들에게 열심히 살라고 말해보았자 소용없고 가장 근본적인 해결책은 "대역폭을 높여주는 것"이라고 말한다. 한마디로 "조건의 평등"을 성취하는 일이다. 이 일에 "기본소득"만큼 좋은 것이 있을까? 『코로나19 이후 시대와 한국교회의 과제』에서 말했던 것처럼 기본소득과 함께 기본 자산과 최고 임금에 대한 논의를 통한 통합적 접근이 필요할 것 같다.

코로나19 팬데믹 이후 비그리스도인들이 교회에 대해 보여주는 사회적 신뢰도가 10% 이내로 떨어졌다. 이건 정말 심각한 수준이다. 이제 우리는 써야 할 때 쓰지 않고 주어야 할 때 주지 않는 부자들을 향한 야고보의 예언자적 외침에 귀를 기울여야 한다. 먼저 우리는 그 소리를 우리에게 하는 소리로 들어야 한다. 우리 모두가 부자는 아니지만 우리 모두는 부자가 되고 싶은 사람들 아닌가? 아직 부자가 되지 않은 부자들이지 않은가? 세상 사람들과 다를 바 하나 없는 그리스도인 아닌가? 앞서 말한 "코로나 시대, 기독 청년들의 신앙생활 탐구" 자료를 보면 "성경 말씀을 지키며 살면 이 사회에서 성공할 수 없다"고 생각하는 그리스도인 청년이 40.4%인 것으로 나타났고 "성경 말씀을 지키며 사는 사람은 내 주위에 별로 없다"는 응답도 61.7%나 됐다. 세상과 다를 바 하나도 없는 우리 때문에 이런 결과가 나오지 않았나? 그러므로 야고보의 외침을 들어야 한다. "들으라! 부한 자들아, 너희에게 임할 고생으로 말미암아 울고 통곡하라"(약 5:1). 우리는 애통하고 탄식해야 한다. 사치와 방종의 삶을 청산하고 의에 주리고 목말라야 한다. 모든 사람이 자신의 권리를 누리면서 세상을 살기 좋은 세상, 품위 있는 세상, 지속 가능한 사회, 생태 친화적 문명으로 바꾸기 위해 돈을 제대로 써야 하고 돈이 제대로 쓰이도록 만들어야 한다. 돈이 세상을 살리는 도구가 되도록 다스려야 한다.

이런 말들을 부자들을 공격하는 말로만 들어서는 안 된다. 부자들도 중요한 역할을 할 수 있다. 예수님 주변에도 부자들이 많았다. 하지만 그들은 모두 "돈의 회심"을 보여준 부자들이었다. 삭개오처럼 돈을 토해내거나 바나바처럼 희년법을 지키기 위해 자신의 땅을 내어놓은 부자들이었다. 먼저 그의 나라와 그의 의를 구하는 부자들이었고 돈을 성화시킨 부자들이었다. 그런 부자들이 해야 할 일이 너무 많다. 세계적인 아웃도어 브랜드인 파타고니아 창업주인 이본 쉬나드(Yvon Chouinard) 회장 일가의 행보를 보라. 원고를 보내기 전에 다큐멘터리 〈어른 김장하〉를 보았다면 단연코 그분을 소개했겠지만, 그냥 기후 위기 시대의 결에 맞는 이본 쉬나드를 소개한다. 어른 김장하에 대해서는 『줬으면 그만이지』(피플파워, 2023)를 참조하라. 2022년 9월 15일 연합뉴스 기사에 의하면 쉬나드 회장 부부와 두 자녀는 2022년 9월 14일에 자신의 소유권을 환경 단체와 비영리 재단에 이전했다. 쉬나드 일가가 소유한 지분의 가치는 30억 달러, 즉 한화로 약 4조 2천억 원에 달한다. 매년 1억 달러, 즉 약 1천 390억 원에 해당하는 파타고니아의 수익도 전액 기후 변화와 환경 운동에 사용될 것이라고 밝혔다. 파타고니아가 얼마나 멋진 기업인지는 『파타고니아, 파도가 칠 때는 서핑을: 지구가 목적, 사업은 수단』(라이팅하우스, 2020)을 읽어보라. 프롤로그 제목부터 멋지다. "옳은 것을 선택하고 좋아하는 일을 하면서 압도적으로 성공하는 법." 사업을 하면서 그 사업을 통해 어떻게 세상을 이롭게 하고 지구를 돌볼 수 있는지 매우 귀한 인사이트를 제공하는 책이다. 뉴욕타임스(NYT)의 기사를 보면 쉬나드 회장이 자신의 지분을 정리하겠다는 결심을 굳힌 뒤 측근들은 파타고니아를 매각하거나 기업 공개를 하는 방안을 권고했다고 한다. 비상장 회사의 지분을 기부하는 것보다 매각이나 기업 공개를 하는 것이 더 많은 자금을 마련해 기부할 수 있다는 이유에서였다. 하지만 쉬나드 회장은 매각과 기업 공개 방안을 거부했다. 기업 공개 시 수익을 우선시할 수밖에 없기 때문에 직원 복지와 환경 보호라는 기업 문화를 지킬 수 없다는 이유에서다. 회사 지분을 비상장 상태로 100% 기부하는 것이 파타고니아의 기업 문화를 지켜나가면서도 지구를 보호할 수 있는 최상의 선택이라는 것이 쉬나드 회장의 설명이다. 얼마나 멋진 부자인가? 많은 그리스도인 부자들이 "어른 김장하"나 "쉬나드 회장"처럼 행한다고 상상해보라. 기독교의 이미지가 얼마나 많이 변하겠는가? 이제 우리도 변해야 하고 행동해야 한다.

# 제2부

# 전도서 I: 생태적 삶을 살라

"한 세대는 가고 오되 땅은 영원히 있도다"

# 제1장

# 생태적 세계관, 문명을 전환하는 길

해 아래에서 수고하는 모든 수고가 사람에게 무엇이 유익한가? 한 세대는 가고 한 세대는 오되 땅은 영원히 있도다. 해는 뜨고 해는 지되 그 떴던 곳으로 빨리 돌아가고 바람은 남으로 불다가 북으로 돌아가며 이리 돌며 저리 돌아 바람은 그 불던 곳으로 돌아가고 모든 강물은 다 바다로 흐르되 바다를 채우지 못하며 강물은 어느 곳으로 흐르든지 그리로 연하여 흐르느니라. 모든 만물이 피곤하다는 것을 사람이 말로 다 말할 수는 없나니, 눈은 보아도 족함이 없고 귀는 들어도 가득 차지 아니하도다. 이미 있던 것이 후에 다시 있겠고 이미 한 일을 후에 다시 할지라. 해 아래에는 새것이 없나니 무엇을 가리켜 이르기를 "보라! 이것이 새것이라" 할 것이 있으랴? 우리가 있기 오래전 세대들에도 이미 있었느니라. 이전 세대들이 기억됨이 없으니 장래 세대도 그 후 세대들과 함께 기억됨이 없으리라(전 1:2-11).

**
*

지난 약 2백 년 동안 동양은 서양에 대한 콤플렉스 속에 살았다. 어떻게든 서양을 닮고 싶었고 앞서가는 서양을 좇아갔다. 서양의 정신 안에는 기독교 정신이 내재해 있다고 알려졌다. 근대 자본주의가 가능한 것도 기독교 사상 때문이라는 막스 베버의 테제는 유명하다. 직선적 세계관은 목적론적인 세계관이고 변혁의 세계관이며 진보의 세계관이기 때문에 자본주의가 발달할 수 있었지만 순환적 세계관을 가진 동양은 자본주의가 발달할 수 없기 때문에 서양에 뒤질 수밖에 없었다는 "오리엔탈리즘" 사상 때문에 그동안 얼마나 큰 콤플렉스 속에서 살아왔던가? 『코로나19 이후 시대와 한국교회의 과제』에서 "리-오리엔트"에 대해 말하면서 이것이 허구임을 밝혔지만 그 허구로 인해 동양은 제국주의 시대를 관통하며 참으로 고단한 시대를 보냈다. 그렇더라도 그 콤플렉스가 동력이 되어 동양은 어느덧 서양과 동등하거나 앞서는 영역들을 만들어갔다. 중국은 G2로 불리고 한국마저도 "어쩌다 보니 선진국"의 반열에 올라 있다. 그래서 이를 긍정적으로 보는 시각도 많다. 서양을 따라 GNP의 증가를 목표로 달려온 덕에 사회가 발전했고 살기 좋은 세상이 됐다는 거다.

## 팩트풀니스, 사실충실성

부의 증대에 따른 긍정적인 변화들을 통계로 보여주는 책이 『팩트풀니스』(김영사, 2019)다. 부제가 "우리가 세상을 오해하는 10가지 이유와 세상이 생각보다 괜찮은 이유"다. 『팩트풀니스』는 빌 게이츠가 미국의 모든 대학의 졸업생에게 직접 선물해서 화제가 된 책이며 통계에 관한 책인데도 출간하자마자 6개월 만에 100만 권이 팔린 책이다. "팩트풀니스"(factfulness)는 신조어로서 "사실충실성"이라는 뜻인데 사실에 근거하여 상황과 사태를 파악하는 세계관을 말한다. 통계학 분야의 세계적인 석학이자 의사인 한스 로슬링(Hans Rosling)이 제시한 통계들을 보면 세상이 얼마나 살기 좋아졌는지를 알 수 있다. 세상이 좋아졌는데도 그렇게 보지 않는 이유, 특히 엘리트와 지식 계층조차 그가 제시한 통계에 대한 질문 중 해답을 제시할 확률이 침팬지보다 떨어지는 이유는 우리가 간극 본능, 부정 본능, 공포 본능, 일반화 본능, 단일 관점 본능, 비난 본능 등을 가지고 세상을 바라보고 있기 때문이다. 이런 시각들을 수정하려면 사실 자체에 충실해야 한다고 그는 말한다. 아주 중요한 지적이라고 생각한다. 나자신도 이 책을 통해 수정하게 된 정보가 적지 않다.

하지만 나는 사실 자체보다 사실에 대한 해석이 훨씬 더 중요하다고 생각한다. 어떤 사실을 중심 의제로 삼느냐는 "의제 설정"의 문제 역시 사실 자체보다 중요하다고 생각한다. 그의 책을 읽으면서 이런 생각들이 들었다. 첫째, 통계에는 역사가 나타나지 않는다. 통계만 보면 부의 증대에 따라 매우 다양한 긍정적 변화들이 나타나는 것으로 보이지만 그것이 자동적으로 이루어지지는 않았다. 부의 증대 과정 자체가 인클로저와 식민화, 착취와 추출의 역사였다. 부의 증대 과정에 나타난 부정적인 영향들을 없애고 인간다운 사회를 만들기 위해 목숨을 걸고 싸워온 사람들의 역사로 인해 지금과 같은 긍정적인 변화들이 이루어진 것이다. 하지만 통계에는 그러한 역사가 나타나지 않는다. 둘째, 부의 증대에 따른 외부 효과는 그가 제시한 1, 2단계, 즉 개발 도상국으로 전가된다는 것을 통계가 보여주지 않는다. 낙수 효과가 전혀 없었던 것은 아니지만 실제로 더 많은 자원이 개발 도상국에서 제1세계로 추출되었고 외부 효과는 제3세계로 전이되었다. 이것이 통계에는 나오지 않는다. 또한 이미 차고 넘치도록 존재하는 부의 증대에도 불구하고 왜 여전히 1, 2단계가 존재하는지에 대한 이유를 통계가 보여주지는 않는다. 세계 전체의 부는 전 세계를 풍요롭게 할 만큼 큰데 왜 여전히 수많은 사람이 기아에 허덕이는지를 통계는 보여주지 않는다. 셋째, 전 세계적으로 보면 평균적 부가 증대하면서 세상이 나아졌지만 동시에 불평등도(inequality)가 제1차 경제 공황 이후 최고조에 달하고 있음을 통계가 보여주지는 않는다. 특히 선진국조차 한 국가 안에서의 불평등도가 심각하여 양극화가 극심하며 잘 사는 나라일수록 행복도가 떨어지는 문제를 그가 제시한 통계를 통해서는 알 수 없다. 넷째, 세상을 좋게만 보는 다른 사람들과는 다르게 그도 인정하는 바이지만 세상이 풍요로워지면서 기후 위기가 나타났다. 세상은 다른 책들의 제목 그대로다. 『나는 풍요로웠고, 지구는 달라졌다』(김영사, 2020), 『파란하늘 빨간 지구』(동아시아, 2019), 『2050 거주불능 지구』(추수밭, 2020). 이런 상태를 고려할 때 그의 통계가 여전히 같은 주장을 할 수 있는지는 의문이다. 통계 자체가 기후 위기의 원인을 밝혀주는 것도 아니다. 더군다나 만약 1, 2단계에 있는 나라들까지 모두 선진국인 4단계에 다다르게 된다면 이 지구가 어떻게 될지에 대해서는 그의 통계가 말해주지 못한다. 그렇기에 우리는 과연 서양의 모델과 사상 및 세계관이 우리의 대안인지를 물어야 한다. 서구에서 왜 "멸종 저항"으로 상징되는 기후 정의 운동이 들불처럼 일어나고 있는지 물어야 한다. 특히 코로나19 팬데믹이 던지는 문명 전환의 과제 앞에서 새로운 대안을 모색해야 하며 동양적 세계관과 생태적인 세계관에 대해 관심을 기울여야 한다.

## 이박자 세계관 vs 삼박자 세계관

전도서 1:3-11의 말씀은 매우 독특하다. 일반적으로 우리가 알고 있는 기독교 사상과 어긋난다. 일반적으로 이해한 기독교 사상은 서양의 사상이나 직선적 세계관과 관련이 있다고 보는데 전도서는 도리어 동양의 사상과 곡선적 세계관을 보여주고 있기 때문이다. 말씀을 살펴보기 전에 먼저 서양적 세계관과 동양적 세계관의 차이에 대해 점검해보자. 일반적으로 알려진 내용은 대략 이렇다. 서양 문명을 대변하는 기독교 사상은 유목 문화에서 나왔다. 반면 동양 사상은 농경 문화에서 나왔다. 유목 문화에서 "하늘 숭배"가 발달했다면 농경 문명에서는 "땅 숭배"가 발달했다. 하늘은 남성성을, 땅은 여성성을 상징한다. 남성성은 이성을, 여성성은 감성을 상징한다. 하늘은 초월성을, 땅은 내재성을 상징한다. 하늘은 추상성·보편성·절대성을 상징하고 땅은 구체성·국부성·상대성을 상징한다. 그렇기에 서양에서는 초월적인 사상과 유일신 종교가 발달했고 동양에서는 내재적인 철학과 깨달음의 종교가 발달했다. 시간관의 차이도 극명하게 대비된다. 서양이 직선이라면 동양은 곡선이다. 서양은 직선적 세계관인 반면 동양은 순환적 세계관을 보여준다. 하지만 도올 김용옥은 『기철학산조』(통나무, 1992)에서 이렇게 평면적으로 동양인의 시간은 순환적이고 서양인의 시간은 직선적이라고 말할 수 없다고 말한다. 모든 시간은 직선과 원의 묘합(妙合)일 뿐이라고 말한다. 다만 동양은 대체로 직선을 원에 종속시켰고 서양은 대체로 원을 직선에 종속시켰을 뿐이다. 도리어 시간을 리듬으로 설명하는 것이 좋다. 시간에는 비트가 있다. 비트의 강약은 박자를 형성한다. 비트의 강약과 음의 장단은 리듬을 형성한다. 모든 리듬은 이박자 리듬과 삼박자 리듬으로 환원된다. 서양 철학의 사관은 "삼박자 리듬"을 선호하고 동양 철학의 사관은 "이박자 리듬"을 선호한다. 삼박자 사관은 "정-반-합"이라는 리듬을 따라 역사가 발전한다고 보는 경향이 있다. 반면 이박자 사관은 음과 양 혹은 무위와 유위 혹은 "일치일란"(一致一亂)의 리듬에 따라 역사가 반복된다고 보는 경향이 있다. 삼박자는 윤리적인 경향이 있고 이박자는 심미적인 경향이 있다. 삼박자 사관은 역사의 목표를 역사 밖에 둔다. 역사 밖에 있는 목표는 윤리적이기 쉽다. 따라서 역사의 목표를 너무도 좁은 배타적 타부에 국한시킨다. 반면 이박자는 역사의 목표를 역사 안에 둔다. 역사 안에 내장되는 역사의 목표는 역사를 끌고 갈 생각을 하지 않는다. 모든 심미적 가능성이 현재에서 통합되며 현재의 가능성은 과거와 미래를 통섭한다.

하지만 나는 대체로 삼박자 리듬이 직선적 세계관의 모습을 띠고 이박자 리듬이 순환적 세계관의 모습을 보여준다고 생각한다. 모든 시간은 직선과 곡선의 묘합이지만 김용옥이 말한 것처럼 동양은 직선을 원에 종속시켰고 서양은 원을 직선에 종속시켰으니 말이다. 따라서 이렇게 말해 볼 수 있겠다. 서양은 직선적 세계관을 가졌기에 처음과 끝이 있는 "역사"가 중요하고 종말론이 발달했으며 무엇보다 "진보"의 가치가 중요하다. 자본주의 정신이든 공산주의 사상이든 그 안에는 "진보"의 가치가 있다. 직선적인 진보가 가능하려면 그 직선 밖에 직선을 가능케 만드는 요소가 존재해야 한다. 그 아르키메데스 포인트가 신이거나 보편적 법칙이거나 궁극적 목적이다. 직선적 세계관은 목적론적 세계관이라고 할 수 있다. 그 목적에 부합한 삶이 윤리적 삶이다. 직선적 세계관에서 중요한 것은 윤리다. 반면 순환적 세계관은 처음과 끝이 없는 "자연"이 중요하고 종말론이 희박하며 진보의 가치보다는 영겁 회귀의 반복을 중요하게 여긴다. 삼박자에는 직선 밖에 직선을 가능케 만드는 초월적인 것이 필요하지만 이박자에는 초월적인 것이 필요 없다. 역사의 목표가 밖에 있지 않고 안에 있다. 따라서 이박자는 윤리적이기보다 심미적이다. 그것은 내재적인 원리에 따라 그저 궁하면 통하는 원리에 따라 움직인다. 따라서 이박자 리듬에 맞추어 얼마나 춤을 잘 출 수 있느냐가 중요하다. 시세에 맞게 행동할 줄 아는 지혜와 심미적 감각이 중요하다. 나는 궁극적으로 직선과 곡선의 통합이 중요하다고 본다. 그렇기에 윤리적이고 생태적이며 미학적인 면을 통합할 것을 주장한다. 기독교가 기본적으로 종말론을 갖고 있기에 일면 직선적 세계관의 모습을 보여주기도 한다. 하지만 지금 시대는 서양의 세계관이 지배하는 세계여서 직선이 곡선을 압도하거나 억압하는 형국으로 볼 수 있으므로 곡선의 회복을 시급한 시대적 과제로 본다. 곡선이 회복되어야 직선과 곡선의 통합이 이루어질 것 아니겠는가!

놀랍게도 전도서는 사람들이 기독교 사상으로 이해하는 서양 사상이나 직선적 세계관과는 상반된 주장처럼 보이는 말을 한다. 그것은 하늘이 아니라 땅이 영원하다고 말한다. "한 세대는 가고 한 세대는 오되 땅은 영원히 있도다"(전 1:4). 역사의 한 단락을 보여주는 한 세대는 가고 끊임없이 새로운 세대가 오지만 땅은 영원히 변함없이 그 자리에 있다고 전도자는 말한다. 하늘보다는 땅을, 역사보다는 자연을 더 중요하게 말하는 것처럼 보인다. 더군다나 전도자는 순환적 세계관처럼 보이는 말을 한다. "해는 뜨고 해는 지되 그 떴던 곳으로 빨리 돌아가고 바람은 남으로 불다가 북으로 돌아가며 이리 돌며 저리 돌아 바람은 그 불던 곳으로 돌아가고 모든 강물은 다 바다로 흐르되 바다를 채우지 못하며 강물은 어느 곳으로 흐르든지 그리로 연하여 흐르느니라"(전 1:5-7). 자연은 끊임없이 순환하고 반복되며 근본으로 돌아갈 뿐이라고 전도자는 말한다. 원시반본(原始返本)이고 시종여일(始終如一)이다. 심지어 전도자는 순환론적 자연관을 "역사"에 적용하는 것 같다. "이미 있던 것이 후에 다시 있겠고 이미 한 일을 후에 다시 할지라. 해 아래에는 새것이 없나니 무엇을 가리켜 이르기를 '보라! 이것이 새 것이라' 할 것이 있으랴? 우리가 있기 오래전 세대들에도 이미 있었느니라"(전 1:9-10). 새것이 없고 모든 것이 이미 있었다면 발전과 진보라는 것은 불가능하다. 이것이야말로 동양적 세계관 아닌가? 이런 주장 때문에 직선적 세계관을 보여주는 구속사관에 비해 지혜서는 덜 중요한 취급을 받았나 보다. 지혜서는 구속 역사와 동떨어진 이야기로 치부되거나 계시가 아닌 자연법을 보여주는 것으로 평가절하되었다. 하지만 그렇지 않다. 창세기마저 전도서와 같은 이야기를 한다.

## 창세기는 과학 교과서가 아니다

창세기 1:1은 이렇게 시작한다. "태초에 하나님이 천지를 창조하시니라." 이것은 기독교의 가장 위대한 선언이다. 성경은 하나님이 태초에 천지를 창조하셨다고 말한다. 이는 하나님이 창조하실 때 시간과 공간이 생겨났다는 말이다. 이 말씀으로 인해 기독교는 "무에서 유의 창조"를 목숨처럼 중요하게 여긴다. 이 고백을 가지고 과학을 판단하려고 한다. 사실 과학은

"자연주의적 전제"를 가진 학문이다. 이미 존재하는 것에 대한 이치다. 하지만 기독교는 그것이 하나님의 창조를 통해 만들어진 것이라고 선언한다. 과학과 종교가 전혀 다른 차원의 주장을 하고 있는 셈이다. 무슨 말이냐면 비교 불가라는 말이다.[1] 창세기 1:1만 해도 그렇다.

1절에서 시간의 개념은 "태초에"를 통해 나타난다. "태초에"는 히브리어로 "베레쉬트"이고 그리스어로는 "엔 아르케"다. 창세기를 "제네시스"라고 부른다. 이 단어를 인간의 이성으로 이해할 수 있을까? "태초"란 도대체 무엇일까? 어떤 사람은 "하나님은 창조 이전에 어디에 있었으며 무얼 하고 있었는가?"라는 질문을 하곤 한다. 하지만 이 질문은 헛된 질문

---

1  창조론과 진화론, 종교와 과학에 대한 지난한 논쟁이 있었다. 이를 이해하는 데 도움을 주는 책을 소개한다. 너무 방대하니 내가 읽은 책을 중심으로 소개한다. 몇 권 빼고는 모두 읽은 책들이다. 분량 관계로 출판사와 출판 년도는 뺀다. 최근 창조론은 소위 지적 설계론이라는 새로운 이론으로 제시되고 있다. 지적 설계론에서 가장 유명한 책은 마이클 베히의『다윈의 블랙박스』와 윌리엄 뎀스키의『지적 설계』다. 전통적인 창조과학의 윤곽을 알기 위해서는『30가지 테마로 본 창조과학』과『창조과학백과: 창조세계의 과학적 증거들』을 보라. 근래에 그랜드캐니언에서 창조과학 투어를 진행하여 인기를 끌고 있는 이재만의『창조과학 콘서트』도 참조하라. 현대 진화론을 이해하기 위해서는 리처드 도킨스의『이기적 유전자』, 션 B. 캐럴의『이보디보, 생명의 블랙박스를 열다』, 제리 코인의『지을 수 없는 흔적』, 이상희·윤신영의『인류의 기원』을 보라. 과학과 종교의 관계를 논하는 책으로는 "인간 게놈 프로젝트"의 총책임자이자 "바이오로고스" 재단의 설립자인 프랜시스 S. 콜린스의『믿음』과『신의 언어』, 바이오로고스에서 낸『과학과 하나님의 존재』, 한국인 저자로는 우종학의『무신론 기자, 크리스천 과학자에게 따지다』와『과학시대의 도전과 기독교의 응답』을 읽어보라. 콜린스와 우종학은 내게도 큰 영향을 준 사람이다. 그 외 ично 폴킹혼의『과학으로 신학하기』, 신재식의『예수와 다윈의 동행』 등이 있다. 새물결플러스 출판사가 이 분야에서는 선도적으로 책을 출간했기에 이제부터 새물결플러스의 책을 소개한다. 전체적 윤곽을 위해서는『아론의 송아지』,『창조론 연대기』,『다윈의 경건한 생각』,『창조론자들』,『한눈에 보는 기원 논쟁』 등이 좋다. 그 외에『위대한 설계, 그 흔적들』,『우주의 의미를 찾아서』,『그랜드캐니언, 오래된 지구의 기념비』,『신학자의 과학 산책』,『신학과 과학의 만남 1, 2』,『케노시스 창조이론』 등이 있다. 과학적 고민을 가지고 성경을 해석한 책들도 좋다.『인간의 타락과 진화』,『아담, 타락, 원죄』,『하나님의 창조와 악의 잔존』,『최초의 7일』,『창세기 1장과 고대 근동 우주론』,『아담과 하와의 잃어버린 세계』,『노아 홍수의 잃어버린 세계』,『창조 기사 논쟁』,『아담의 역사성 논쟁』,『창세기 원역사 논쟁』 등이 있다.

이다. "창조 이전"이란 말 자체가 성립되지 않으니까 말이다. "이전"이란 단어는 이미 시간 개념을 전제한 것인데 시간은 창조를 통해서 비로소 생겨났다. 물론 우주의 역사는 약 138억 년이다. 이 말은 지금으로부터 약 138억 년 전에 우주가 생겨났다는 말이다. 이는 138억 년 전에 시간과 공간이 생겨났다는 말이지 그 "이전"이라는 것이 존재한다는 뜻이 아니다. 그렇기에 "태초 이전"이란 개념 자체가 성립되지 않는다. 따라서 창조 이전에 하나님이 어디에 있었느냐는 말은 말 자체가 성립되지 않는다. 솔직히 상대성 이론이나 양자 물리학에 의해 밝혀진 시간의 비밀도 제대로 이해하지 못하고 있는데 어떻게 "태초"를 이해할 수 있고 시간을 초월한 하나님을 이해할 수 있겠는가? 인간 이성의 한계가 이리 명확한데 어떻게 우리의 논리나 신학으로 하나님을 부정하거나 긍정할 수 있다는 말인가? 논리적이고 신학적인 긍정이나 부정 모두 어리석은 행동이라 할 수 있다.

공간 개념도 마찬가지다. 무에서 유를 창조했다고 했을 때 여기서 말하는 무는 "절대적인 무"이지 "상대적인 무"가 아니다. "상대적인 무"는 어떤 시공간에 물질이 없는 것을 의미하지만 "절대적인 무"는 있음과 없음 자체를 넘어선 없음, 즉 시간과 공간 자체의 부정이다. 인간 이성으로 "절대적인 무"를 이해할 수 있을까? 인간 오성의 형식 자체가 시간과 공간으로 이루어졌는데 그것을 넘어선 차원을 인간은 이해할 수 없다. 절대적인 무가 무엇인지도 모르는데 태초 이전에 하나님이 어디에 있냐고 묻는 게 가능할까? 공간도 태초에 비로소 생겨난 것이기에 "태초 이전의 공간"이라는 것도 불가능하다. 따라서 하나님이 창조 이전에 "어디에" 계셨냐는 질문은 성립되지 않는다. 창조와 진화는 같은 차원의 개념이 아니며 우리는 창조라는 말도 제대로 이해할 수 없다. 더군다나 "창조된 우주"도 우리는 제대로 이해할 수 없다. 창조된 우주는 유한할까 무한할까? 유한하면 끝이 있어 경계가 있다는 뜻이고 무한하다면 끝이 없어 경계가 없다는 뜻이다. 그런데 놀랍게도 현대 과학자들에 의하면 우주는 유한하면서도 경계가 없다. 우주는 "유한무경계"이기 때문에 우주 밖과 안이 따로 없다. 과학자들은 이걸 이차원적으로는 앞면과 뒷면이 서로 연결된 "뫼비우스의 띠"나 삼차원적으로는 입구와 바닥이 연결된 "클라인 병"(klein bottle)으로 겨우 묘사하지만 인간 이성은 3차원 이상을 상상할 수 없기에 그걸 이해할 수 없다. 이처럼 우리 이성은 우리가 살고 있는 시공간 자체도 제대로 이해할 수 없다. 그런데 시공을 초월하는 신에 대해 규정한다? 그런 시도 자체가 오만한 거다. 우리는 창세기 1:1 앞에서 겸손할 수밖에 없다. 우리는 오직 그분을 경외하는 일밖에는 할 일이 없다. 경이로움만이 우리의 유일한 반응이어야 한다. 경이와 경외만이 하나님을 제대로 이해하게 만든다. 예배하는 인간만이 하나님을 바로 이해할 수 있다. 인간의 머리와 이성적 논리가 아니라 가슴과 미학적 감성으로 말이다.

창세기 1:1만이 아니라 1:2도 만만치 않다. 신학자들에게 가장 어려운 것이 1:1과 1:2과의 관계다. 이것을 해석하는 다양한 관점이 있다. 잘 알려진 몇 가지만 맛보기로 간단히 살펴보자. 1) 첫째, 제목설이다. 창세기 1:1-2을 천지창조에 대한 제목으로 보고, 실제 창조는 3절부터 시작되었다고 본다. 이 관점은 창조 행위가 첫째 날부터 이루어지는 것 같은데, 그 전에 혼돈, 공허, 흑암, 깊음 등이 존재하는 것에 대한 해석상의 난점을 없애준다. 2) 둘째, 연계설이다. 이것은 "문법적 해석"으로도 불린다. 이 관점은 1절과 2절 사이에 접속사 "그리고"가 있기 때문에 1절과 2절을 연계해서 해석한다. "하나님이 천지를 창조하시던 그 태초에 땅이 혼돈하고 공허하며 흑암이 깊음 위에 있고." 이 관점에 의하면 창조할 때 이미 천지가 존재한다. 이것은 "무로부터의 창조"라고 할 수 없다. 3) 셋째, 재창조설이다. 이것은 "상상적 해석"으로도 불린다. 이 관점은 혼돈, 공허, 흑암, 깊음 등에 대한 난점을 상상적 해석을 통해 보완한다. 그것은 1절을 독립된 창조 사역으로 보고, 3절부터 하나님이 두 번째 창조를 시작하셨다고 본다. 이 이론에 의하면 1절에서 첫 번째 창조를 했는데, 이때 천사들도 창조된다. 그 천사들이 하나님을 반역함으로써 타락했고, 하나님은 그들을 심판하셨다. 이 심판의 모습이 바로 2절에 나오는 "땅이 혼돈하고 공허하며 흑암이 깊음 위에 있고"라는 것이다. 재창조설은 하나님이 이렇게 천사들을 심판하신 후 3절에서 새로운 창조를 시작하셨다고 주장한다. 흥미로우나 성경에 없는 이야기를 하는 단점이 있다. 4) 넷째, 간격 이론이다. 이 이론은 "합리적 해석"으로도 불린다. 이 관점은 1절과 2절 사이에 오랜 시간이 존재한다고 본다. 현대 과학이 제시하고 있는 지구의 연대를 인정하는 이론이라고 할 수 있다. 창조론에는 크게 "젊은 지구론"과 "오랜 지구론"이 있다. 젊은 지구론은 성경을 문자적으로 이해하여 지구의 역사를 6천 년으로 본다. "창조과학회"의 핵심 멤버들이 이것을 주장했다. 중세 시대도 아닌데 이걸 믿는다는 게 놀랍기만 하다. "오랜 지구론"은 과학계의 이론을 긍정적으로 받아들이며 간격 이론을 주장한다. 또한 창세기 1장의 하루를 지구 시간으로 하루를 의미하는 것이 아니라 천문학적인 기간으로 이해한다.

자, 그럼 네 가지 해석 중 어느 의견이 맞을까? 나는 이런 접근 방식 자체가 바람직하지 않다고 생각한다. 어떤 특정한 과학적 입장을 가지고 그 입장에 맞게 성경을 해석하려는 시도 자체가 과학에 대한 열등의식의 반영이다. 과학과 종교는 전혀 다른 차원인데 이것을 같은 차원에 놓고 참과 거짓을 논하는 것은 "범주 오류"다. 나는 "무로부터의 창조"를 믿는다. 하지만 그 믿음이 과학적 지식과 충돌을 일으키지 않는다. 범주 자체가 다르기 때문이다. 전통 기독교는 "학문으로서의 과학과 진화론"을 "이데올로기로서의 과학주의와 진화주의"와 구분하지 못하고 과학을 자꾸 종교로 비판한다. 특정한 과학적 입장만이 성경적이라고 전제하면서 성경을 그 전제에 끼워 맞춰 해석하거나 성경을 문자적으로 이해하고 나서 그것을 근거로 과학적 주장을 하는데 이는 매우 위험하다. 지구가 돈다고 주장한 갈릴레이를 이단으로 취급했던 오류를 반복할 수 있다. 성경을 문자적으로 이해하면서 주장한 과학적 이론이 거짓으로 판명이 나면 그것의 근거로 사용했던 성경도 거짓이 되어버리는 일이 발생할 수 있다. 이것이 지금 기독교의 위기 중 한 요소다. 과학으로 종교를 비판하는 것도 문제지만 이렇게 계속 과학과 조화를 이루지 못하는 근본주의적인 종교의 모습을 보이거나 성경을 과학의 근거로 사용하느라 성경을 통해 과학이 제시하지 못하는 초월적 의미를 제공하지 못하는 종교가 된다면 기독교도 버림받게 될 것이다.

어떤 기적적인 개입을 인정하지 않으면 기독교적이지 않은 것처럼 몰아가는 것도 문제다. 지금 기독교는 본회퍼가 풀기 어려운 문제를 푸는 방식의 기독교 신학에 대해 문제를 제기한 기계 장치의 신(deus ex machina), 즉 "틈새의 하나님"을 과학 이론에 적용하는 실수를 범하고 있다. 대표적인 것이 지적 설계론자들이 말하는 "환원 불가능한 복잡성"이다. 한마디로 신의 예외적 개입이 없는 한 있을 수 없는 사태를 말한다. 하지만 환원 불가능한 복잡성이라는 것이 아직 밝히지 못한 미해결 과제일 때가 얼마나 많은가? 현재 과학이 밝혀내지 못한 걸 환원 불가능한 복잡성이라고 주장했는데 나중에 과학적으로 밝혀지게 되면 결국 종교까지 거부하게 될 수 있음을 명심해야 한다. 데니스 에드워즈(Denis Edwards)는 『신의 활동방식』(위즈앤비즈, 2012)에서 창조에 대한 비개입주의적 설명을 제시한다. 그는 창조가 하나님의 자기 증여라고 말한다. 하나님의 자기 증여로서의 창조에 피조물은 자기 초월로 응답한다. 피조물의 자기 초월을 가능케 하고 능력을 주는 것은 하나님의 자기 증여다. 하나님의 사랑으로 이루어지는 계속적인 창조 속에서 피조물은 우발성과 규칙성 가운데 중단 없이 자율적으로 창발한다. 데니스 에드워즈는 창조에 대한 비개입주의적인 설명을 위해 토마스 아퀴나스가 말한 일차 원인과 이차 원인이라는 개념을 활용한다. 아퀴나스에 의하면 하나님은 일차 원인이시다. 하나님은 모든 피조물이 존재하기 시작할 때뿐만 아니라 그들이 존재를 유지하는 매 순간에도 피조물의 존재의 원인이시다. 모든 사물은 하나님 안에서 존재의 원인뿐 아니라 최종 목표도 발견한다. 반면 경험적 세계에서 작동한다고 생각되는 모든 창조된 원인은 이차 원인들이다. 하나님의 힘에 의해 다른 모든 힘이 활동한다. 하나님은 스스로 진정한 원인이 되는 피조물을 통해서 활동하신다. 그것은 하나님의 능력의 결핍 때문이 아니라 원인성의 품위를 피조물들에게도 나누어주기 위한 하나님의 풍요로운 선하심 때문이다. 하나님은 피조물의 존엄성을 매우 사랑하시고 존중하시며 그들이 충분한 원인이 되기를 원하신다. 이런 설명에는 "틈새의 하나님"이 필요하지 않다. 또한 데니스 에드워즈는 피조물의 최종 폭표를 설명하기 위해 비잔틴 신학자라 할 수 있는 아타나시오스의 신학을 소개한다. 아타나시오스는 그리스도의 강생 안에서 모든 피조물이 신화에 참여하게 된다고 말한다. 모든 피조물의 신화는 창조에 대립된 것이 아니라 창조 안에서 이루어지며 그것이 창조의 목적이 되며 그리스도의 강생 안에서 완성된다. 이처럼 우리는 창조를 비개입주의적으로 이해할 수도 있음을 기억해야 할 것이다.

또한 이런 주장 자체가 승리주의적 접근이라는 사실도 기억해야 한다. 모든 문제를 일순간에 해결하는 기적적인 하나님을 증명해내지 않으면 안 되는 강박이 이런 관점 안에 들어 있다. 그런 승리주의적인 관점으로는 현대의 비극 앞에서 신학적 응답을 제시하기 어렵다. 그런 기적적인 하나님이 왜 홀로코스트에는 개입하지 않으셨고 세월호 참사 때도 개입하지 않으셨을까? 이 극한의 참사 앞에서 이성의 간지(奸智)나 전통적 의미의 신의 섭리를 논할 수 있을까? 신정론이나 신정 통치를 주저함 없이 말할 수 있을까? 그럴 수 있는 사람이라면 아마 피해자로서 고통당하거나 피해자의 편에서 고통당하는 경험이 부재하고 오직 가해자이거나 가해자 편 혹은 기득권자의 편에 서서 안락한 소파에 앉아 신학하는 사람일 것이다. "홀로코스트 이후의 신학"과 "세월호 참사 이후의 신학"에 대해 진지하게 고민하는 사람이라면 함부로 틈새의 하나님을 이야기하지는 않을 것이다. 『성자와 혁명가』를 읽어보면 알겠지만 나는 그 누구보다 기적과 성령의 역사를 강조하는 사람이지만, 나는 반드시 승리주의적 관점을 넘어서야 한다고 생각한다.

## 우상 타파적이고 선하며 비폭력적이고 생태적인 창조

성경은 과학 교과서가 아니라 하나님의 구원 이야기다. 성경 저자는 창세기를 통해 하나님의 구원 이야기가 단순히 한 개인의 영혼의 문제가 아니라 전 세계, 아니 전 우주와 관련되었음을 보여준다. 기독교의 이야기는 우주의 창조에서 시작해서 "새 하늘과 새 땅", 즉 우주의 재창조로 끝이 나는 거대한 이야기(Big History)다. 온 우주의 왕이신 하나님께서 어떻게 당신의 구원을 이루어가는지를 고대 근동의 세계관과 우주론과 이야기들을 사용하여 우주적 스케일로 보여주는 말씀이 성경 말씀이다. 그렇기에 창세기는 하나님의 통치와 구원이라는 맥락에서 해석해야 한다. 창세기는 하나님을 제왕으로 묘사한다. 창조 행위 속에서도 하나님은 온 우주의 왕이시며 통치자시라는 것을 보여주고 있다. 창세기 1장의 언어는 제왕적 은유로 가득 차 있다. 하나님의 창조 명령은 제왕적 포고령과 칙령 형식을 띠고 있으며, 이어서 나오는 것이 바로 "실행 보고"인데 피조물의 존재는 제왕적 칙령에 대한 복종적 반응을 보여주고 그다음에 나오는 것이 바로 "보기에 참 좋다"라는 "평가 보고"다. 성경은 창조가 우주적 제왕의 첫 칙령을 통해 이루어진 것으로 보고하고 있다. 하지만 우리는 절대 권력을 행사하는 이 땅의 제국적 왕의 칙령과 달리 우주의 제왕은 땅이 식물을 내도록 하고 물이 생물을 번성하도록 명령하여 땅과 바다가 스스로 다양한 존재를 창발하도록 함으로써 땅과 바다의 협력을 초래하는 민주적인 창조의 능력도 보여주고 있음을 알 수 있다. 따라서 창세기는 우주적 왕이자 민주적인 왕의 구원에 대한 서사(narrative)이자 우주가 창발하는 아름다움을 노래한 시학(poetics)이라 할 수 있다.

전현식 교수의 제자들이 쓴 『생태 사물 신학』(대한기독교서회, 2022)에 있는 "기후 변화와 생태 위기 시대의 물(物)의 신학"이라는 글에서 박일준은 천지 창조 사건에서 하나님의 말씀이 "let-be"라는 형식으로 되어 있음에 주목한다. "거기에 빛이 있으라", "땅이 식물을 내도록 하라" 등 "let-be" 형식은 내가 그것을 하는 것이 아니라 상대방이 그렇게 하도록 하는 것을 의미한다. 따라서 하나님의 창조성이란 다른 존재나 행위 주체들과 더불어 "그들이 무언가를 할 수 있도록" 혹은 "펼쳐내도록" 돕는 능력이라 할 수 있다. 존재들로 하여금 각자의 역량을 발휘하여 존재할 수 있도록 하는 능력, 바로 그것이 하나님이 발휘하셨던 창조의 능력이다. 이것이 바로 우주의 왕이신 하나님의 지배 능력이고 민주적인 지배 방식이다. "공동-창조자"로 지음 받은 인간 안에 있는 하나님의 형상이란 바로 이 창조성이 다른 존재들을 통해 발휘되도록 행위자-네트워크를 만들어내는 능력이다. 여기서 그가 말하는 다른 존재들이란 객체들, 즉 인간이나 유기체만이 아니라 비인간과 비유기체, 심지어 글로브(globe)가 아닌 어스(earth)로서의 지구라는 "초객체"까지 포함한다. 존재의 얽힘 속에서 내부-작용을 하는 모든 존재는 공생(symbiosis)할 뿐 아니라 해러웨이가 말한 공산(sympoiesis), 즉 "함께 만들기"에 참여한다. 바로 이 "함께 만들기"에 대한 "응답-능력"(response-ability)이야말로 기후 위기 시대의 책임성이자 하나님의 민주적 지배 방식에서 배우는 창조성이라 할 수 있다.

　성경의 의미를 더 깊이 들여다보기 위해 당대의 문화와 언어를 살필 필요가 있다. 인간이 자신의 경험을 투사하여 만든 "신화"와 진리의 열림을 뜻하는 "계시" 사이에는 근본적 차이가 있다고 할지라도 창세기가 당대의 시대적 산물이라는 것도 진실이다. 창세기의 이야기는 메소포타미아 문명의 다양한 신화와 매우 유사하다. 고대 근동의 신화 한 두 개만 살펴보자. 가장 유명한 바빌로니아의 창조 신화인 「에누마 엘리시」(*Enuma Elish*)를 보면, 바빌로니아의 민족 신인 "마르두크"가 "큰 바다"를 뜻하는 티아마트와 벌인 싸움에서 승리한다. 이 천상의 전쟁에서 이긴 "마르두크"는 반역자 티아마트의 시체로 우주와 천지를 창조한다. "티아마트"의 배우자인 "킹구"를 죽여 그의 피로 "사람"(아다마)을 만들어 신들의 노역을 인간에게 부여한다. 또한 아트라하시스 서사시(Artrahasis Epic)를 보면 홍수 사건이 나온다. 인간이 수적으로 증가하자 신들을 심란하게 했다. 신들은 인류를 박멸하기 위해 질병을 보내고 기근을 보낸다. 인간은 신들을 달래기 위해 성전을 건축하고 음식을 제공한다. 그래도 성이 안차자 엔릴과 아누는 거대한 홍수를 내린다. 엔키(Enki)는 "아트라하시스"에게 비밀리에 배를 만들어 멸망을 피하라고 지시한다. 7일 밤낮으로 홍수가 있은 후 인간은 땅에 내리자마자 신을 달래기 위해 희생제사를 드린다. 성경과 비슷하지 않은가? 하지만 명백한 차이가 있다.

첫째로 성경은 우상타파적이다. 고대 근동의 신화에는 공통점이 있다. 신들의 싸움이 있고, 그 결과로 천지가 만들어진다. 폭력이 세상을 만듦보다 앞선다. 고대 근동 신화는 구속적 폭력을 정당화한다. 반역자 신의 피로 인간을 만든다. 이로 인해 인간은 본질적으로 반역성과 죗성을 가지게 된다. 인간은 신의 노역을 위해 만들어진 노예들이다. 모든 주요 신화에는 항상 폭력의 희생양이 나오는데 여기서는 하급 인간들이다. 오직 최고신을 모시며 신의 형상대로 만든 왕족만이 여기서 벗어날 수 있다. 이처럼 신화는 현실 기득권 체제를 정당화하기 위해 만들어졌음을 알 수 있다. 신화는 이집트, 바빌로니아, 그리스, 로마 같은 대제국을 정당화하는 지배 이데올로기 역할을 했다. 창세기는 이런 신화를 깨뜨린다. 창세기는 오직 하나님께서 이 모든 것을 무로부터 창조하셨다고 선언한다. 창세기 1:2에 나오는 혼돈(토후), 공허(보후), 깊음(테홈)만 해도 신들의 전쟁 상황을 암시한다. 테홈은 앞서 소개한 「에누마 엘리시」에 나오는 티아마트를 연상시킨다. 창세기는 이렇게 신화에서 신의 정체성을 가지고 있던 모든 것을 피조물이라고 선언한다. 그것은 신적 정체성을 가진 모든 것이 실상은 인간이 만든 우상에 불구하다고 선언한다. 한마디로 신적 속성을 모두 제거해 버린다. 하나님 외에 하늘에 있는 것들이나 땅에 있는 것들은 모두 피조물이다. 이렇게 창세기는 우상의 정체를 밝히 드러낸다. 우상의 정체를 밝히 드러냄으로써 신화와 우상을 통해 제국을 건설하려는 모든 시도를 비판하고 해체한다. 이렇게 기독교는 우상파괴적인 종교이며 반제국적인 종교다.

둘째로 성경은 창조가 선하다고 말한다. 이것은 매우 중요한 철학적·신학적 함의를 지닌다. 고대 근동 신화를 보면 항상 악이 먼저 있다. 선보다 악이 훨씬 더 근원적이다. 악한 신들의 반역이 있고, 신들의 전쟁이 있으며, 반역에 대한 보복 차원에서 반역한 신의 시체로 우주를 창조하고, 그 피와 진흙을 섞어 사람을 만든다. 반역이라는 악이 먼저 있고 보복적 폭력으로 응징하여 만들어진 존재가 우주와 인간이다. 선이라는 것은 바로 이 "실체화된 악"과 관련된 부차적인 것임을 알 수 있다. 즉 선이란 악에 대해 보복적 폭력을 가하거나 힘을 통해 통제하는 것이 되어버린다. 이것이 이집트와 바빌로니아의 제국적 질서를 정당화하는 신화의 역할이었다. 그래서 현 상태를 그대로 유지하고 싶어 하는 기득권자들이 그토록 폭력을 정당화하고 폭력적인 행태를 보이는 것이다. 철학자 알랭 바디우(Alain Badiou)는 『윤리학: 악에 대한 의식에 관한 에세이』(동문선, 2001)에서 일반 사회의 윤리도 마찬가지라고 말한다. 악이라는 것이 먼저 있다. 그 실체적 악을 구분하고 처리할 수 있는 능력이 선이다. 선험적으로 식별 가능한 악에 대항하여 명시적으로 개입하는 것이 바로 선이다. 이런 선의 성격 때문에 세상의 윤리는 결국 "피해자의 윤리"다. 악으로 인해 피해를 받지 않을 권리를 주장하는 것이 윤리적 삶이다. 그러므로 세상의 윤리에는 "피해자 의식"이 있고 "악에 대한 분노" 즉 "르상티망"(ressentiment)이 우선한다. 내가 얼마나 피해를 많이 입었는가를 전시하는 것이 윤리적 삶이 되고 그런 피해를 입힌 가해자에 대해 얼마나 분노하느냐가 윤리적임을 입증한다. 윤리적 삶을 추동하는 힘은 피해자 의식이고 악에 대한 르상티망이다. 지금은 르상티망을 넘어 혐오의 감정으로 전이되었다. 이런 윤리는 폭력에 대한 유혹에 넘어가는 유약한 윤리다. 정의를 외치는 세력이나 급진적인 세력들이 자주 폭력적인 모습으로 드러나는 이유가 여기에 있다. 자신은 피해를 입었기에 혐오하는 악을 폭력으로 섬멸하는 것, 그것이 곧 해방이다.

성경의 윤리는 고대 근동의 신화나 현대 사회의 윤리와 근본적으로 다르다. 성경은 하나님이 창조하신 세계가 선하다고 말한다. "토브"(tov)라는 말은 미적이자 윤리적이라는 이중적인 의미를 함축한다. 하나님이 창조하신 세계는 아름답고 동시에 선하다. 이 세계는 하나님이 거하시는 우주적인 성전으로써 아름답게 건축되었고 하나님의 뜻을 제대로 실현하고 있기 때문에 선하다. 나중에 자세히 논하겠지만 창세기에서 미학과 윤리학은 하나가 된다. 기독교 윤리는 여기에서 출발한다. 기독교는 미와 선 혹은 "선한 아름다움"과 "아름다운 선"이 악보다 더 근원적이다. 기독교 윤리에는 악의 실체를 드러내고 악과 싸우는 면도 있지만 더 근원적인 것은 하나님이 보시기에 좋은 세상을 만드는 일이다. 기독교에서 정의보다 사랑을 근원적으로 보는 이유가 여기에 있다. 기독교적 정의는 진리로 거짓을 이기는 것이고 선으로 악과 죄를 이기는 것이며 아름다움으로 추함과 더러움을 이기는 것이고 진선미의 응축인 사랑으로 미움과 무관심을 이기는 것이다. 악에 대한 분노가 우리의 동력이 아니라 샬롬에 대한 사랑이 우리의 동력이다. 비판하고 공격하는 삶이 아니라 샬롬과 축복을 강조하는 삶이 진정으로 윤리적인 삶이다. 우리는 부정적인 비판보다 긍정적 대안을 만드는 삶에 더 집중하며 살아야 한다.

하나님이 창조하신 모든 자연이 선하지만 인간은 더욱 그러하다. 그런 면에서 하나님의 창조는 인권 친화적이다. 성경은 인간을 죄성이 가득한 존재가 아니라 "하나님의 형상"으로 창조된 선한 존재라고 말한다. 인간에 대한 철저한 긍정이 담겨 있다. 하나님은 인간을 사랑하신다. 그분은 인간을 왕적 권세를 지닌 존귀한 존재로 여기신다. 그분은 인간을 노예로 부리기 위해 창조하신 것이 아니라 하나님의 왕적 사역에 동참하는 "왕적 권세"를 가진 계약 동반자로 창조하셨다. 고대 근동 신화에서는 왕족들만 "하나님의 형상"대로 지음 받았다고 여겨졌는데 성경에서는 하나님께서 모든 인간을 사람·사랑·사명, 즉 신적 존재와 공동체적 존재와 사명적 존재로서 "하나님의 형상"대로 창조하셨다고 선언한다. 창세기는 이집트의 히브리 노예들이나 바빌로니아의 이스라엘 포로들이나 세상의 하류 인생들이 모두 하나님의 형상대로 지음 받은 존재라고 선언한다. 그것은 제국의 이데올로기로 보면 가치 없고 천한 존재들을 가장 존귀한 왕적 존재라고 선언한다. 그뿐만 아니라 그레고리 빌이 『성전 신학』(새물결플러스, 2014)에서 말한 것처럼 하나님은 인간을 원형적 성전인 에덴을 섬기는 제사장으로 부르셔서 온 세상을 하나님의 성소로 만드는 사명을 주셨다. 알렉산더 슈메만(Alexander Schmemann)이 『세상에 생명을 주는 예배』(복있는 사람, 2008)와 『성찬: 하나님 나라의 성례』(터치북스, 2021)에서 말한 것처럼 인간은 "호모 사피엔스"(*homo sapiens*, 지혜가 있는 인간)나 "호모 파베르"(*homo faber*, 도구를 만들어 사용하는 인간)이기 전에 "호모 아도란스"(*homo adorans*, 찬미하는 존재), 즉 우주적 성전에서 우주적 성례를 집전하는 제사장으로 부름을 받았다. 이처럼 모든 인간은 "왕 같은 제사장"임을 알 수 있다. 이것이야말로 혁명적인 선언이며 〈대인권 헌장〉이다.

셋째로 성경의 창조 사건은 철저히 비폭력적이다. 신화들은 이데올로기적 기능을 한다. 신화는 제국의 권력과 폭력을 정당화하고 기존의 질서를 유지하는 데 사용된다. 신화에서는 신들의 전쟁과 폭력적 행위를 통해 천지와 인간이 창조된다. 이를 통해 구원과 질서를 위해 폭력이 필요하다는 "구속적 폭력의 신화"가 만들어진 것이다. 이는 기존 질서를 유지하기 위한 폭력의 희생자가 필요하다는 "희생양의 신화"를 내포한다. 『페어 처치』에서 말한 것처럼 이런 신화를 통해 잉여, 쓰레기, 좀비, 서발턴 (Subaltern), 벌거벗은 생명, 몫 없는 자의 모습을 한 "타자를 향한 폭력"을 정당화하며 제국적 질서가 유지된다. 하지만 창세기는 이런 제국적 질서를 뒤집어엎어 버린다. 그것은 우상들을 비신화화해버리고 반역성과 죄성을 가진 노예 같은 인간들의 존엄성을 선포함으로써 제국적 질서를 불가능하게 만든다. 제국적 질서 밖으로 배제된 타자들에 대한 무조건적인 인정과 전적인 환대로 말미암아 폭력은 근본적으로 불가능하게 된다. 창조가 자기 비움과 자기 공여와 타자 환대의 원형적 공동체를 보여주는 삼위일체적인 케노시스적 사랑의 발현이라는 사실 자체가 창조에 폭력이 들어설 자리가 없음을 보여준다.

고대 근동의 언어에 의하면 창세기 1장은 하나님이 거하시는 궁정인 "우주적 성전"을 건축하는 과정을 보여준다. 1-3일 동안은 하나님이 혼돈의 세력을 이기시고 점차 형태를 갖추어가시고, 4-6일 동안은 공허의 세력을 이기시고 점차 필요한 것들을 채워가시는 과정을 통해 하나님의 우주적 성전이 건축되어간다. 우리는 이렇게 우주적 성전을 건축하는 과정이 비폭력적이라는 사실을 기억해야 한다. 폭력을 정당화하는 제국의 신화들과 달리 창세기의 창조 과정은 철저히 비폭력적이다. 비폭력적 창조를 드러내는 특징은 크게 두 가지다. 첫째는 말씀으로 창조하는 모습을 통해 드러낸다. 세상이 신들의 폭력적인 전쟁을 통해 창조되는 것이 아니라 하나님의 말씀으로 창조된다. 기독교는 말씀의 종교다. 말씀에 대한 자발적 순종으로 온 만물이 창조된다. 말씀을 통해 삼위일체적인 케노시스적 사랑이 발현되어 세상이 존재한다. 말씀으로 세상이 창조되었고 말씀 안에서 세상은 유지되며 세상 안에 말씀이 있다. 그리스도인이 비폭력적일 수 있는 이유는 그 안에 말씀이 있기 때문이고 말씀의 역사를 믿기 때문이다. 말씀의 육화이신 그리스도를 닮도록 부름을 받은 공동체는 폭력적 힘으로 세상을 굴복시키는 것이 아니라 말씀에 대한 순종의 능력으로 세상을 감화시켜 변화하도록 만든다. 우리 안에 있는 사랑과 생명의 말씀이 세상을 사랑과 생명의 나라로 바꾼다. 창조와 구원은 모두 말씀의 구현이다.

비폭력적 창조를 드러내는 두 번째 특징은 성령으로 창조하는 능력을 통해 드러난다. 창세기 1:2은 다음과 같이 말한다. "하나님의 영이 수면 위에 운행하신다." 특이한 점은 "루아흐 엘로힘"(하나님의 영)이라는 표현은 모세 오경에서 잘 쓰이지 않는다는 것이다. 모세 오경에서 딱 네 군데 쓰이는데 그중 두 군데가 매우 중요하며 나머지 두 군데도 이와 연속선상에서 특별한 신학적 입장으로 쓰인다. 창세기 1:2 외에 쓰인 곳이 어딜까? 바로 출애굽기 31장이다. 출애굽기 31장은 "성막 건축"에 관한 장이다. 성막 건축에 대한 총감독을 맡은 브살렐이 "루아흐 엘로힘"(하나님의 영)으로 충만해서 모든 종류의 작업과 예술적 기교에 대한 지혜와 솜씨를 부여받았다는 성막 건축의 이야기가 출애굽기 31장이다. 따라서 창세기 1:2에서 "루아흐 엘로힘"이 사용됨은 하나님의 처소로서의 우주적 성전 건축을 총감독하시는 창조자의 임재와 지혜와 예술적 솜씨를 보여준다. 성령과 미학과 거룩함은 이렇게 연결된다. "운행하신다"는 단어의 원뜻은 "계속해서 알을 품고 있다"는 뜻이다. 히브리인들은 이 장면을 읽으며 커다란 독수리가 양 날개를 활짝 펴서 둥지의 알을 감싸고 있는 모습을 떠올렸다고 한다. 운행한다는 것은 독수리가 알을 품는 것처럼 강력한 생명의 기운으로 잉태하는 것을 의미한다. 마치 어머니의 자궁이 아이를 품고 있는 것처럼 생명을 잉태하는 창조인 셈이다. 여기에는 어떤 폭력적 요소도 없다. 그리고 처음 창조 가운데 역사하신 바로 그 성령은 지금도 세계 안에서 계속적 창조를 통해 비폭력적 사랑으로, 삼위일체적인 케노시스적 사랑으로 처음 창조의 목적을 완성해가고 계신다.

하지만 나는 "비폭력"이라는 말보다 "반폭력"이라는 말을 선호한다. 구속적 폭력에 대한 대안은 크게 두 가지로 거론된다. 하나는 "폭력에 대항하는 폭력은 정당하다"고 주장하는 "대항 폭력"(counter-violence)이고 다른 하나는 "모든 폭력은 어느 쪽에서 사용하든 그 자체로 부당하다"고 주장하는 "비폭력"(non-violence)이다. 대항 폭력을 주장하는 사람은 주로 혁명을 추구하고 비폭력을 주장하는 사람은 주로 개혁을 추구한다. 이런 이분법적 대립이 과거에는 민중 운동과 시민 운동의 대립으로 나타나기도 했다. 하지만 에티엔 발리바르(Étienne Balibar)는『우리, 유럽의 시민들?』(후마니타스, 2010)과『폭력과 시민다움』(난장, 2012)에서 "반폭력"(anti-violence)을 주장한다. 그것은 권력과 폭력에 저항하는 투쟁 속에서 모든 종류의 폭력을 기각하는 것이 그 자체로 무장 해제와 다를 바 없다는 사실을 명확히 인식하면서도 "극단적 폭력"을 제어하거나 제한함으로써 "정치의 공간"을 가능케 만드는 실천을 조직해야 한다는 문제 설정이다. "시빌리테(civilité)의 정치"는 지배 구조들을 근원적으로 변혁하고 국가를 민주화하며 문명화(civiliser)하려는 노력인 동시에 혁명, 반역, 봉기를 문명화하려는 노력을 필요로 한다. 발리바르는 안토니오 그람시(Antonio Gramsci)의 정치적인 것에 대한 사고, 곧 기동전에 대한 진지전의 우위라는 사고가 중요한 영감을 준다고 본다. 진지전이라는 개념은 단순히 기동전을 위한 준비 단계를 의미하는 것이 아니라 오히려 지배 계급의 폭력의 도착을 제어할 수 있는 헤게모니적 대항 권력을 대중 속에 구축하고, 혹 기동전이 발생할 때조차 그 속으로 "전쟁"이 아닌 "정치"를 다시 도입할 수 있는 대중적 역량을 축적할 것을 우리에게 촉구한다. 나는 개인적으로 하나님 나라의 "이미와 아직의 긴장 관계" 속에서 지혜의 온유함을 가져오는 말씀의 순종과 성령의 역사가 나타날 때 이런 반폭력이 가능하게 된다고 생각한다.

마지막으로 하나님의 창조는 안식을 위한 창조다. "창조의 꽃"은 인간이 아니다. 기존 해석은 창조의 꽃을 인간으로 보고 6일간의 창조가 인간이 살 수 있는 "환경"을 제공한다고 본다. 그것은 인간 중심주의나 종차별주의 혹은 비인간 차별주의나 비유기체 차별주의적인 관점일 뿐이다. 창조의 꽃은 6일째 창조된 인간이 아니라 제7일의 "안식"이다. 인간을 포함한 전 생태계의 질서와 충일함이 안식이다. 안식이야말로 창조의 영광이다. 안식이야말로 창조세계가 성례전임을 보여주는 하나님의 선물이다. 하나님은 창조하실 때마다 "보시기에 좋았더라"고 미학적 탄성을 지르신다. "토브"라는 히브리어는 "대상의 질"과 "목적에 대한 적합성"을 의미한다. 보시기에 좋았음은 세 가지를 의미한다. 첫째는 하나님의 창조 계획이 조금도 부족하지 않고 완전함을 의미한다. 둘째는 창조가 하나님 자신을 계시하는 데 최적의 상태임을 의미한다. 셋째는 물질 세계도 하나님을 기쁘시게 하도록 창조되었으며 본질적으로 선하고 아름답다는 것을 의미한다. 안식은 이렇게 하나님이 보시기에 좋은 세상의 완벽하고 선하며 아름다운 최적의 상태가 전체적으로 이어짐, 즉 샬롬이며 그것의 누림이자 발현이다. 모든 것을 창조하신 후에 다른 날과 달리 "심히"라는 말을 추가하여 "심히 좋았다"고 선포하신 이유가 여기에 있다. 따라서 우리는 자연을 배경이나 자원으로 여기며 착취해도 된다고 생각하면 안 된다. 창조의 꽃은 안식이다. 인간은 하나님이 창조하신 것의 일부에 불과하며 자연의 일부이며 무엇보다 안식의 일부이며 보시기에 심히 좋은 안식을 지키며 살아가야 하는 존재다.

하나님이 그 창조하시며 만드시던 모든 일을 마치시고 그날에 안식하셨다는 제7일에는 "저녁이 되고 아침이 되니 제7일이라"는 선언이 없다. 이건 무얼 의미할까? 많은 의미가 있지만 가장 중요한 두 가지 의미에 대해서만 나누도록 한다. 첫째로 제7일에는 밤이 없다는 의미다. 요한계시록에 보면 새 하늘과 새 땅에는 밤이 없다고 선언하고 있다. 인간의 역사에는 밤과 낮의 교차가 있지만 최종적으로 완성될 하나님 나라에는 밤이 없다. 밤이 낮을 향해 나아가다가 온전한 빛에 이르게 된다. 이처럼 안식은 완성될 하나님 나라의 그림자이며 그림이다. 안식일을 지킨다는 것은 이처럼 밤이 없는 하나님 나라를 이 땅에 선취하는 것을 의미한다. 둘째로 7일이 무한정하거나 미완성임을 보여준다. "무한정"이라는 말은 이 샬롬을 깨뜨릴 것이 궁극적으로 아무것도 없다는 뜻이며 "미완성"이란 부족하다는 의미가 아니라 계속적 창조로의 부름(사명)을 의미한다. 안식을 누린다는 것은 하나님이 창조하신 샬롬을 누리는 것과 창조가 최종적인 완성을 향해 나아가고 계속적으로 창발하도록 하는 것을 의미한다. 창조는 한 번에 끝나는 것이 아니라 완성을 향한 계속적 창조다. 안식 안에서는 인간의 문화와 하나님의 창조가 분리되지 않는다. 문화와 자연은 성경에서도 분리되어 있지 않고 하나로 얽혀 있다. 인간의 문화는 창조의 완성에 복무해야 한다. 자연과 대립하는 문화가 아니라 계속적 창조에 복무하는 문화를 만들어야 한다. 반생명적인 죽임의 문화나 반생태적인 문화는 성경적인 문화가 아니다. 생명 충만하고 생태적인 "자연-문화"(자연과 문화가 분리되어 있는 것이 아니라 서로 얽혀 있음을 나타내는 말)만이 하나님의 뜻에 가장 적합하다.

나는 『성자와 혁명가』 마지막 장에서 서방 기독교의 복음은 "창조-타락-구속", 동방 기독교의 복음은 "창조-성육신-재창조"의 구조를 갖고 있다고 말했다. 서방 기독교는 인간의 타락을 중요하게 여긴다. 창조는 그 타락의 배경 역할밖에 하지 않는다. 서방 기독교는 인간이 타락했고 하나님은 그 타락의 결과에서 우리를 건지시기 위해 아들을 이 땅에 보내셨다고 말한다. 이 말은 맞는 말이지만 반쪽만 말한 거다. 주님은 우리를 죄의 결과에서 건지시기 위해 오셨지만 무엇보다 재창조를 위해 오셨다. 재창조란 하늘과 땅이 만나는 일이다. 처음 창조가 삼위일체 하나님의 케노시스적 사랑의 발현이라면 재창조는 처음 창조의 목적이 완성된 것이다. 주님이 다시 오실 때 마지막 날에 "새 하늘"과 "새 땅"이 서로 만난다. 재창조는 온 우주가 하나님이 거하시는 지성소가 되는 사건이고, 그것은 곧 하늘과 땅의 온전한 연합이다. 처음 창조의 목적이 재창조를 통해 온전히 성취된다. 인간과 비인간 동물과 비유기체 물질을 모두 포함한 온 우주가 성령을 통해 그리스도 안에서 신화를 경험하게 된다. 주님은 바로 그 재창조를 성육신을 통해 먼저 선취하셨다. 예수님의 성육신 자체가 재창조다. 성육신은 하늘과 땅이 만나는 경이로운 사건이다. 첫 아담의 궁극적 목적인 마지막 아담 안에서 하늘과 땅이 온전히 만났다. 첫 아담의 창조 자체가 하늘과 땅의 연합으로서 마지막 아담을 예표하고 지향한다. 마지막 아담 안에서 첫 창조의 목적이 성취된다. 성육신 안에서 온 우주는 성례전이 된다. 예수 안에서 하늘과 땅 만났기 때문에 주님의 재림 때에 새 하늘과 새 땅도 온전히 연합하게 된다. 피조물 전체를 위한 사건인 부활은 성육신의 절정이자 창조의 완성이며 종말의 첫 열매이자 전 피조물의 변형의 시작이다. 그렇기에 신학자 중 어떤 이들이 우리가 타락하지 않았어도 성육신과 십자가의 은혜가 우리에게 임했을 거라고 하는 말을 충분히 공감할 수 있다. 인간은 바로 이 창조의 목적에 복무하도록 부름을 받은 존재다. 에덴이라는 원형적 성전의 왕 같은 제사장으로 부름 받은 목적도 온 세상과 우주 전체가 하나님이 임재하는 지성소가 되도록 하는 데 있다. "좋다"라는 미학적 탄성은 충일하고 선하며 아름다운 세상을 보존하고 완성해가라는 하나님의 부름이다. 창세기 1:28의 문화 명령이란 생명이 충만하고 생태적인 "자연-문화", 즉 하늘과 땅이 만나는 성례전으로서의 "자연-문화"를 만들어가라는 하나님의 부름이다.

## 노아 언약은 재창조 언약

안타깝게도 인간은 창조 언약에 충실하지 못했다. 에덴동산의 실패를 맛보았고 결국 노아의 홍수 사건이라는 심판까지 받게 된다. 하지만 하나님의 관심은 심판에 있는 것이 아니라 "회복과 구원과 재창조"에 있다. 그렇기에 하나님은 창세기 9장에서 다시 언약을 맺으신다. 노아라는 말의 뜻은 "안위"다. 안위란 "안식"과 "위로"를 의미한다. 시므온이 "이스라엘의 위로"를 기다렸다는 말에서 알 수 있듯이 위로란 용서와 치유와 구원과 회복을 의미한다. 노아라는 이름은 바로 이 위로가 안식이라는 의미를 가짐을 보여준다. 노아가 있는 곳에 하나님의 안식이 임한다. 노아라는 말은 나중에 홍수 후 방주가 아라랏산(창 8:4)에 "안착했다"는 동사에서 온 말이기도 하다. 방주가 안착한 곳에 안식이 임했고 온 세상에 안식이 임했음을 보여주는 대목이다. 노아의 홍수 사건은 단순히 세상을 멸한 심판 사건이 아니라 인간 세상에 편만해진 모든 폭력을 끝장내고 하나님의 안식을 회복하기 위한 하나님의 구원 사건임을 알 수 있다. 노아 홍수 사건은 제2의 에덴동산 사건이자 제2의 창조 사건이다. 노아는 한마디로 제2의 아담이다. 에덴동산이 최초의 하나님의 성전이었다면 방주는 제2의 하나님의 성전이다. 아담이 에덴동산이라는 성전을 섬기는 왕 같은 제사장이라면 노아는 방주를 통해 세상을 섬기는 제2의 왕 같은 제사장이다. 하나님이 최초의 인간에게 생육하고 번성하라며 언약을 맺으셨듯이 노아도 똑같은 언약을 맺고 있음을 알 수 있다. 노아 시대의 타락은 에덴의 타락을 연상시킨다. 하나님의 아들들이 사람의 딸들을 취하는 장면만 보아도 알 수 있다. "사람의 딸들의 아름다움을 보고 자기들이 좋아하는 모든 여자를 아내로 삼는지라"(창 6:2). 이 구절은 창세기 3:6에서 하와가 선악을 알게 하는 나무의 열매를 보고 탐내어 취했다는 표현과 동일하다. 최초의 인간의 타락을 통해 그의 자녀들에게 일어났던 폭력이 일반화되어 하나님이 심판하고 있음을 알 수 있다. 하지만 그것은 심판이 아니라 치유와 용서와 회복에 방점이 있음을 알 수 있다. 노아의 이름이 그러하고 심판 이후 안식이 임한 것이 그러하다. 하나님의 창조가 끝나고 안식이 임했듯이 노아 홍수 사건이라는 제2의 창조, 즉 재창조가 끝나고 그 땅에 안식이 임했다. 하나님이 아담과 맺으신 언약이 "창조 언약"이었다면 노아와 맺은 언약은 "재창조의 언약"이었다. 언약에 신실하신 하나님은 당신의 약속을 반드시 이루시기 위해 언약을 갱신하는 분이시다.

재창조라는 언약의 성격이 창세기 9장에 분명하게 나타난다. 첫째로 창세기 9:1-7까지의 말씀은 하나님이 심판을 통해 폭력을 끝장내셨음을 보여준다. 하나님은 신적 폭력으로 인간 폭력의 악순환을 해체하신다. 여기서 그분은 특별히 고기를 피째 먹지 말라고 명령하시고 자신의 형상대로 지음 받은 인간의 피를 흘리지 말라고 명령하신다. 그 명령은 노아를 통해 이루기 원하시는 하나님 나라의 성격이 무엇인지를 명확하게 보여준다. 그분의 나라는 폭력이 끝장나는 나라다. 나중에 이것은 출애굽에서도 똑같이 적용된다. 이집트는 "고기 가마"의 땅이다. 고기 가마는 누군가의 생명과 피를 대가로 얻은 물질이다. 하나님은 "고기 가마"가 아니라

"젖과 꿀"을 약속하신다. 젖과 꿀은 누구의 생명도 상하게 하지 않고 얻는 것이다. 하나님은 누구의 생명도 다치지 않고 평화적으로 양식을 얻는 생명과 평화의 공동체를 꿈꾸신다. 둘째로 우리는 창세기 9:8-17까지의 말씀을 통해 노아 언약이 "생태적 언약"이라는 걸 알 수 있다. 오늘 본문을 보면 하나님이 노아의 가족과 후손 그리고 모든 생물과 언약을 맺으시는 장면이 나온다. 성경에서 최초로 "언약"이라는 단어가 나오는 장면이다. 노아 언약에서 가장 중요한 특징은 하나님이 노아나 그의 가족하고만 언약을 맺으신 것이 아니라 이 세상에 사는 모든 생물과 언약을 맺으신다는 점이다. 창세기 9:8-17에서 "너희와 및 너희와 함께하는 모든 생물 사이의 언약"이라는 말이 무려 다섯 번이나 사용되고 있다. 하나님의 관심은 인간에게만 있지 않다. 그분은 모든 만물의 회복, 즉 재창조에 관심을 가지신다. 십자가의 구속을 통전적으로 이해하려면 우리는 자신이 창조한 모든 만물을 구원하고자 하시는 하나님의 열정을 바로 이해해야 한다. 하나님의 구원은 만물의 구원이다. 재창조야말로 하나님의 구속이다. 예수님께서 이 땅에 오신 이유는 노아의 언약을 성취하시기 위함이다. 예수 그리스도께서 인간만이 아니라 만물을 회복하시고 새롭게 창조하셨다는 기쁜 소식이 복음이다. 복음은 모든 피조물을 위해 성취되었고 모든 피조물에게 선포되었다. 따라서 교회는 "생태 회복"이라는 사명을 받아들이고 실천해야 한다. 바로 이것이 성례전적 삶이다.

교회는 이제 구원론과 세계관, 교회론과 윤리관을 확대 재구성하지 않으면 안 된다. 세계와 역사를 영혼과 육체, 거룩함과 속됨, 교회와 세상, 인간과 자연 혹은 문화와 자연이라는 이분법적 틀로 바라보았던 것을 수정해야 한다. 이제 자연을 이용할 수 있는 객체나 도구나 수단으로 여겨서는 안 된다. 인간은 상호 연결된 "온-우주"의 구성원에 불과하다. 이제는 자연을 "하나님의 몸"으로 여겨야 한다. 교회가 그리스도의 몸이라고 해서 그리스도가 교회와 별개의 인격이심을 부정하지 않는 것처럼 자연이 하나님의 몸이라고 해서 하나님과 자연이 구별되지 않는 건 아니다. "범신론"(pantheism)은 잘못되었지만 "범재신론"(panentheism)은 성경적 사상이다. 범재신론을 헤겔주의적인 이신론으로만 이해하는 건 협소한 시각이다. 성경은 하나님의 초월성과 내재성을 함께 이야기한다. 초월적인 유신론과 범재신론은 모순되지 않는다. 교회를 통해 그리스도를 볼 수 있는 것처럼 자연을 통해 하나님을 볼 수 있어야 한다. 우리는 그리스도를 통해 하나님의 현존을 경험할 뿐만 아니라 자연을 통해서도 하나님의 현존을 경험하는 영성을 회복해야 한다. 그리스도 안에서 교회와 세상과 하나님 나라가 결합되기 때문이다. 창조세계의 선함과 피조물의 내재적 가치를 인정하고 창조세계의 거룩함과 신성함을 누릴 줄 아는 영성이 필요하다. 그리스도께서 창조라는 성례의 완성이기 때문이다. 우리가 자연을 하나님의 몸으로 본다면 결코 지금처럼 자연을 파괴할 수는 없을 것이다. 교회는 하나님의 몸인 자연을 보호하고 관리하며 섬기는 청지기 혹은 왕 같은 제사장 역할을 해야 한다. 교회는 그리스도의 몸일 뿐 아니라 에베소서 2:19 말씀처럼 "하나님의 집"이다. 여기서 "집"은 그리스어로 "오이코스"(*oikos*)다. 『생태신학 강의』(크리스챤헤럴드, 2006) 안에 있는 전현식의 글 "생태 교회론의 모델"에 의하면 오이코스가 경제학(economic), 생태학(ecology) 그리고 세계성(ecumenics)의 어원이다. 따라서 하나님의 집은 경제학과 생태학 그리고 세계성을 함께 연결시키는 중요한 은유이며 그렇게 이해할 때 우리는 교회의 정체성을 통전적으로 이해할 수 있다. 하나님의 집으로서의 교회는 경제적이고 생태적이며 세계적인 실천을 할 수밖에 없는 정체성을 갖고 있다. 그에 의하면 교회는 "가난한 자에 대한 우선적 선택"을 넘어

"생명과 생태계에 대한 우선적 선택"으로 확장되는 관점을 가져야 한다. 나의 용어로 말하자면 하나님의 집으로서의 교회는 경제적인 정의와 생태적인 전환과 세계적인 평화를 드러내는 선교적 사명을 감당해야 한다.


## 그린 엑소더스

이런 시각을 가지고 보면 아브라함을 부르신 하나님의 뜻도 새롭게 보인다. 기독교환경운동연대 사무총장 이진형은 『그린 엑소더스』(삼원사, 2020)에서 재미있는 해석을 제시한다. 믿음의 조상 아브라함의 고향은 "갈대아 우르"다. 이진형은 그때를 기원전 2,100년경으로 추정한다. 기원전 5,000년 무렵의 메소포타미아의 유프라테스강 유역은 식물의 성장에 최적화된 기후 조건이었다. 이로 인해 이 지역에 우르라는 농경 공동체가 만들어졌다. 기원전 약 3,800년 무렵부터 메소포타미아 지역에 국지적인 기후 변화가 일어나게 되자 우르는 위기에 처하게 된다. 이에 대한 반응으로 제방을 세우고 저수지를 만들며 운하를 만드는 등 관개 시설을 개발하면서 농업 생산성이 비약적으로 발전하여 길가메시 서사시라는 인류 최초의 문학과 인류 문명의 발상지로서 아브라함의 고향인 "도시 우르"가 만들어진다. 이렇게 만들어진 수메르 문명은 인류 최초의 정복 전쟁과 신분 제도를 만들어낸 도시 문명이기도 하고 생태적 취약성을 드러낸 문명이기도 하다. 시간이 좀 더 흘러 기원전 2,200년경에 메소포타미아 북쪽 지방에서 거대한 화산 폭발이 일어난다. 이로 인한 기상 이변이 발생하고 약 300여 년 동안 이어지는 가뭄이 시작된다. 그러면서 그 찬란했던 문명은 막을 내리기 시작한다. 우르가 겪어야 했던 사건은 인류 문명이 경험한 최초의 "기후 위기"였던 셈이다. 바로 이 일이 일어나기 직전에 하나님은 아브라함을 불러내어 가나안 땅으로 가게 하신다. 이것은 기후 위기 앞에 속수무책일 뿐인 대제국 우르를 떠나 노아의 언약을 이 땅에 성취하는 새로운 문명을 일으키라는 하나님의 부르심이었을 것이다. 하지만 가나안에서의 삶은 녹록지 않았다. 아브라함은 기근을 만나 이집트에 내려가기도 했고 거기서 아내 사라를 빼앗길 뻔한 위기도 경험했다. 이는 우르와 다를 바 없는 이집트 문명의 모습을 보여준다. 아브라함뿐 아니라 그의 자녀들도 비슷한 처지에 있었고 결국 야곱의 가족은 가뭄 때문에 생존의 위협을 느껴 요셉이 총리로 있는 이집트로 이주해야 했다. 믿음의 조상 아브라함이야말로 전형적인 "기후 난민"의 모습이다. 현재 해마다 2,500만 명 가까이 발생하고 있고 2050년이면 무려 3억 명이 발생할 것으로 예측되는 기후 난민의 모습은 지금만이 아니라 4,000년 전 이스라엘의 조상을 통해서도 볼 수 있다.

그런 면에서 출애굽은 생태정의적 성격을 지닌다. 이집트는 기후 난민을 억압하면서 유지되는 제국이었다. 자고로 제국이라는 것은 언제나 환경을 착취하고 생태적 약자와 약소국을 착취하여 유지되는 법이다. 생태적 문명으로는 이런 제국을 유지할 수 없다. 제국은 노아 언약을 성취할 수 있는 문명이 아니다. 인류가 매일 소비하는 자원과 배출되는 폐기물을 처리하는 데 필요한 모든 비용을 토지 면적으로 환산한 "생태 발자국"(ecological footprint)이라는 수치가 있다. 2014년에 측정된 자료에 의하면 지구가 감당할 수 있는 생태 발자국 용량은 1인당 1.8헥타르인데 반해 세계 생태 발자국 평균 용량은 2.6헥타르로 지구가 1.5개 있어야 세계인의 소비가 감당되는 상황이었다. 그런데 불과 4년 뒤인 2018년 수치에는 지구가 1.7개가 있어야 하는 상황이 되어버렸다. 그럼 한국은 어떤가? 2016

년 기준 4.2헥타르, 즉 3.3개 지구가 필요한 소비를 하고 있다. 그럼 미국은 어떤가? 생태 발자국은 일본이 4.5헥타르이고 영국이 5.3헥타르인데 미국은 9.7헥타르로 지구 5개를 소비하고 있는 셈이다. 이런 문명을 유지해야 하니 제국은 기후 위기를 논할 수 없다. 트럼프가 2017년에 파리 기후 협약을 탈퇴한 데는 다 이유가 있다. 이집트도 이런 식이어서 이집트 제국 안에서 기후 난민인 이스라엘은 고통 속에서 하나님께 부르짖을 수밖에 없었다. 하나님은 모세를 보내 이스라엘을 이집트에서 해방하신다. 그 과정에서 이집트에 10가지 재앙이 내리는데 가만히 보면 현대의 기후 위기 때 일어나는 현상들과 비슷하다. 환경 오염, 생태계 교란, 전염병, 감염병, 기상 이변 등이 일어난다. 그래도 이스라엘을 놓아주지 않자 10번째 재앙이 일어나는데 그것은 사람과 가축의 모든 장자가 죽는 생명 멸종의 재앙이다. 결국 이 재앙 앞에서 바로는 무릎을 꿇는다. 상호 의존이라는 창조세계의 존재 방식과는 무관한 이집트 제국은 생태계를 파괴하고 기후 난민을 억압했지만 하나님은 열 가지 재앙으로 그들을 무릎 꿇리셨고 이스라엘을 이끌어내어 "젖과 꿀이 흐르는 땅"으로 인도하셨다. 하나님은 갈대아 우르나 이집트라는 제국 문명에서 이스라엘을 이끌어내어 젖과 꿀이 흐르는 땅 가나안으로 그들을 이끌어 새로운 에덴동산을 만들려고 하셨다. 그분은 인간의 죄악으로 무너진 에덴동산을 회복하시고 그곳에 창조 목적에 맞는 세상을 세우기 원하셨다. 젖과 꿀이 흐르는 땅이라는 말 자체가 창조세계의 목적에 부합하는 생태적 비전을 드러내고 있다. 이스라엘은 진정한 샬롬이 이루어지는 젖과 꿀이 흐르는 땅에 대한 비전을 성취하는 데 실패했지만 예수 그리스도를 통해 그 비전은 성취된다. 그리스도의 몸인 교회는 하나님의 몸인 이 세상을 돌보고 보존하며 회복할 필요가 있다.

## 생명돌봄신학·생태여성사물신학·생태해방신학의 균형

이제 우리의 신학은 바뀌고 통전적인 생태적 복음을 담는 신학이 되어야한다. 따라서 전도서가 보여주는 동양적 세계관을 수용해야 하며 창세기가 보여주는 생태학적 세계관을 수용해야 한다. 이를 풍요롭게 해주는 세가지 관점을 각각 제시하는 세 권의 책을 소개한다.[2] 하워드 A. 스나이더(Howard A. Snyder)와 조엘 스캔드렛(Joel Scandrett)이 함께 쓴『피조물의 치유인 구원』(대한기독교서회, 2015), 샐리 맥페이그(Sallie McFague)가 쓴『기후변화와 신학의 재구성』(한국기독교연구소, 2008), 대니얼 카스티요(Daniel P. Castillo)가 쓴『생태해방신학』(한국기독교연구소, 2021) 이상 세 권이다. 이책들은 각각 생명돌봄신학, 생태여성사물신학 그리고 생태해방신학의 관점을 보여준다.『피조물의 치유인 구원』은『새 포도주는 새 부대에』(생명의말씀사, 1981)로 유명한 복음주의 선교학자 스나이더가 공저자로 참여했으니 기성 교회가 접근하기 가장 쉬운 책이라고 할 수 있다. 그는 자신의

---

**2**　기독교의 생태 위기에 대한 대응과 생태신학에 관한 도서를 간단히 소개한다. 개인적 의견이지만 가장 포괄적인 책은 고재백·유미호·조영호 세 사람이 책임 편집을 한『기후 위기 시대의 도전과 교회의 응답』(새물결플러스, 2022)이다. 여러 저자가 함께 쓰거나 기독교환경단체에서 책임 편집한 책들로는『생태 사물 신학』(대한기독교서회, 2022),『코로나 팬데믹과기후위기 시대, 생물다양성에 주목하다』(동연, 2021),『지구정원사 가치 사전』(동연, 2021),『지구와 말씀』(동연, 2015),『녹색교회와 생명목회』(동연, 2013),『생태적 삶을 추구하는 영성』(동연, 개정판, 2011),『기후 붕괴 시대, 아주 불편한 진실 조금 불편한 삶』(동연, 2010),『생태신학 강의』(크리스천헤럴드, 2006) 등이 좋다. 개인이 쓴 책으로는 캐서린 켈러의『지구정치신학』(대장간, 2022), 이진형의『그린 엑소더스』(삼원사, 2020), 유미호의『생명을 살리는 교회 환경교육』(동연, 개정판, 2019), 짐 안탈의『기후 교회』(생태문명연구소, 2019), 울리히 두크로·프란츠 힌켈라메르트의『탐욕이냐 상생이냐』(생태문명연구소, 2018), 김도훈의『생태신학과 생태영성』(장로회신학대학교출판부, 2009), 샐리 맥페이그의『풍성한 생명』(이화여자대학교출판부, 2008), 조용훈의『동서양의 자연관과 기독교 환경윤리』(대한기독교서회, 2002) 등이 좋다. 오래된 책으로는 위르겐 몰트만의『창조 안에 계신 하느님』(한국신학연구소, 1991)과 레오나르도 보프의『생태신학』(가톨릭출판사, 1996) 등이 있다.

신앙 여정을 물질에서 영으로의―물질성에서 영성으로의―여정이 아니라 물질과 영의 결합, 즉 하늘과 땅의 결혼으로 향하는―피조물을 포함하는 구원 이해로 향하는―순례 여행이었음을 고백한다. 이 책의 첫 시작 구절은 이렇다. "아픈 지구에 건강한 교회가 있을 수 있을까?" 저자들은 구원이 피조물의 치유를 의미한다면 최종적인 답은 "아니요"라고 말한다. 저자들은 기후 위기 시대에 가장 중요한 질문을 제기하고 있다. 현대 교회는 이 질문에 바른 답을 제공해야 한다. 저자들은 먼저 기독교 역사가 하늘과 땅의 이혼 과정이었음을 설득력 있게 제시한다. 그들은 교회가 포괄적인 구원 이해가 아니라 축약된 교리적 어구로 옮겨가고, 신플라톤주의적 이원론의 영향력이 점증하며, 순교자들의 시대가 아니라 금욕주의자들의 시대가 되고, 공동체에서 위계 조직으로의 변화가 생기면서 하늘과 땅이 이혼하기 시작했다고 말한다. 문화의 교류와 절충기(기원후 330-800년)를 지나 하늘과 땅의 이혼(기원후 800-1500년)이 확정되면서 교회와 국가가 결혼하는 "크리스텐덤 사회"가 만들어졌다. 갱신의 여정들과 복음의 세계화가 이루어진 지금 우리에게 진정으로 필요한 것은 하늘과 땅의 결혼이다. 이에 저자들은 복음이 그리스도를 통한 죄의 생태학에 대한 치유임을 분명히 하고 있으며 하나님의 언약과 선교가 하나님-백성-땅의 관계 속에서 이루어지고 있다고 말한다. 선교로의 초대는 하늘에서처럼 땅 위에 이루어지는 하나님의 뜻으로서 하나님 나라를 약속하는 명확한 비전이고, 신실한 선교가 통전적이고 땅에 적합한 제자도를 요구하며, 세계적이고 지역적으로 눈에 보이는 기독교 공동체의 회복을 포함한다고 말한다. 선교는 하나님, 자신, 이웃, 땅의 4중적 소외를 극복하고 화해하는 것이며, 교회는 하나님, 우리 자신, 피조물, 후손들, 선교를 위한 피조물에 대해 돌봄 사역을 하는 삼위일체적 공동체다. 한국교회가 이런 신학을 받아들이고 이런 선교 사역을 실천한다면 얼마나 멋질까?

『피조물의 치유인 구원』이 통전적 구원과 선교로 나아가는 복음주의의 길을 제시하고 있다면 『기후변화와 신학의 재구성』은 페미니즘과 과정 철학까지 수용하는 맥페이그의 책이다. 맥페이그는 기후 위기 시대에 신에 대한 은유가 바뀌어야 한다고 말하기도 하고 인간관과 자연관이 근본적으로 바뀌어야 한다고 도전하기도 한다. 복음주의가 죄와 상처의 회복을 통한 개별 인간의 전인격적 구원의 관점을 제공했다면, 그리고 해방신학은 가난한 사람들을 위한 우선적 선택을 주장하며 정치적 구원을 회복시켰다면, 이제 생태신학이 우주적 차원의 구원을 회복하여 교회가 "생태적 교회"가 되도록 해야 한다. 그리스도의 몸인 교회가 성례전적인 차원과 예언자적인 차원을 함께 회복해야 한다. 그동안 종교가 "Why"라는 의미와 목적과 뜻에 집중했다면 이제는 "Where"라는 장소성을 회복해야 한다. "지구를 향해 나아감"이 있어야 한다. 그러한 신학은 하늘로부터 땅으로, 저 세상적인 것으로부터 이 세상적인 것으로, 위로부터 아래로, 멀리 외부에 계시는 하나님으로부터 가까이 내재하시는 하나님으로, 시간과 역사로부터 공간과 지역으로, 영혼으로부터 몸으로, 개인주의로부터 공동체로, 기계론적인 사고로부터 유기체적인 사고로, 영혼 구원으로부터 통전적인 복지로, 인간 중심주의로부터 우주 중심주의로 나아가는 신학이다. 이러한 신학을 생태여성신학이라 할 수 있는데 맥페이그는 신학을 파격적으로 재구성한다. 그동안 신에 대한 은유가 백인 남성 가부장 모델이었다면 이제 어머니(부모), 연인, 친구로 바꾸어야 한다고 그녀는 말한다. 이를 통해 하나님의 내재성, 곧 통제가 아니라 사랑과 배려의 힘에 대한 새로운 개념을 보여준다. 가장 파격적인 면은 이 세상을 하나님의 몸으로 비유한다는 점이다. 앞서 말한 것처럼 세상이 하나님의 몸이라는 말은 범신론이 아니라 범재신론을 의미한다. 세상을 하나님의 몸으로 이해할 때 세상의 보존과 성취에 힘을 돋을 수 있고, 깊은 실재에 대한 깨달음을 줄 수 있으며, 신의 구원적 사랑에 대한 기독교적 이해가 깊어질 수 있다. 세상을 하나님의 몸으로 이해한다는 것은 이성적이거나 추상적인 방식이 아니라 심미적이고 신체적인 방식으로 이해하는 것을 말한다. 기독론의 패러다임도 확대된다. 우주적인 그리스도의 패러다임은 하나님이 생명의 편에 계시고 자신을 성취하시며 하나님의 사랑이 모두에게 포괄적임을 보여준다. 맥페이그는 비유와 치유와 공동체 식사를 우주적 그리스도의 패러다임으로 재해석하고, 성례전적 그리스도론을 통해 자연을 새로운 가난한 자에 포함시키며, 자연을 신이나 인간의 목적을 섬기는 수단이 아니라 그 자체로 본래적 가치를 지닌 것으로 천명한다. 또한 우리는 그녀의 성령론을 통해 성례전적인 감수성을 가지고 모든 사물 깊은 곳에서 가장 고귀한 신성함을 보게 된다. 성령은 어디에나 동시에 편재하시며 지구의 모든 구석마다 따스한 가슴으로 덮고 계신다. 기독교 신비주의는 만물이 하나님 안에 있듯이 하나님도 만물 안에 계심을 본다. 하나님과 세계는 나뉘지 않으며 존재하는 대로의 세계와 오직 하나님 안에서만 존재하는 세계가 있을 뿐이다. 신비주의는 "이중적 시각"으로 모든 것을 본다. 그것은 모든 것을 있는 그대로 보는 것, 즉 하나님 자신을 보는 것과 하나님 안에 있는 것으로 동시에 보는 것을 말한다.

신유물론, 즉 생기적 유물론, 객체 지향의 존재론, 사변적 실재론, 행위적 실재론, 행위자 네트워크 이론이나 정동 이론 등을 수용하는 생태사물신학 또한 적극적으로 받아들일 필요도 있다.[3] 신유물론은 수동성만 있

---

3  신유물론의 시각은 『탈성장 교회』 곳곳에 나타나 있다. 신유물론을 알기 위해서는 먼저 신유

다고 여겨진 비생명 물질이 "생동하는 물질"이라고 말한다. 그것은 비인간 사물과 물질의 행위성, 생동성, 횡단성을 극단까지 밀어붙이기 때문에 인간과 비인간의 이분법, 자연과 문화의 이분법, 주체와 객체의 이분법을 넘어서야 하는 코로나19 이후 시대에 요청되는 생태적 감수성을 갖추는 데 반드시 필요한 이론이라고 할 수 있다. 그렇기에 신유물론을 받아들인 생태사물신학을 생태여성신학의 자리에 나란히 위치 지울 필요가 있다. 주로 페미니즘 학자들이 신유물론을 선도하고 있고, 페미니즘의 "유물론적 전회"가 이루어지고 있으며, 생태여성신학과 생태사물신학이 가족 유사성을 가지고 있으니 "생태여성신학-생태사물신학"이라 표기해도 좋고, 아예 생태여성신학과 생태사물신학을 하나로 묶어 "생태여성사물신학"으로 명명해도 좋을 것 같다. 분명 코로나19 이후의 생태신학은 생태사물신학까지 수용하게 될 것이니 말이다. 그런 점에서 동방 기독교가 세상을 성례전으로 보고 물질의 무고함까지 논하는 것은 우리에게 고무적이다.

---

물론 개론서를 읽어보는 것이 좋다. 신유물론 개론서로는 몸문화연구소의 『신유물론』(필로소픽, 2022), 문규민의 『신유물론 입문』(두번째테제, 2022), 김환석 외 『21세기 사상의 최전선』(이성과감성, 2020) 등이 있다. 신유물론 책으로는 제인 베넷의 『생동하는 물질』(현실문화, 2020), 마누엘 데란다의 『강도의 과학과 잠재성의 철학』(그린비, 2009), 퀑탱 메이야수의 『유한성 이후』(도서출판b, 2010), 스테이시 앨러이모의 『말, 살, 흙』(그린비, 2018), 그레이엄 하먼의 『네트워크의 군주』(갈무리, 2019)와 『쿼드러플 오브젝트』(현실문화, 2019)와 『비유물론』(갈무리, 2020)과 『사변적 실제론 입문』(갈무리, 2023), 레비 R. 브라이언트의 『존재의 지도』(갈무리, 2020)와 『객체들의 민주주의』(갈무리, 2021), 티머시 모턴의 『인류』(부산대학교출판부, 2021), 도나 해러웨이의 『트러블과 함께하기』(마농지, 2021), 릭 돌피언·이리스 반 데어 튠의 『신유물론』(교유서가, 2021년), 이언 보고스트의 『에일리언 현상학 혹은 사물의 경험은 어떠한 것인가』(갈무리, 2022)와 전형식 외 10명이 함께 쓴 『생태 사물 신학』(대한기독교서회, 2022) 등이 유명하다. 정동 이론은 멜리사 그레그와 그레고리 J. 시그워스가 엮은 『정동 이론』(갈무리, 2015), 이토 마모루의 『정동의 힘』(갈무리, 2015), 브라이언 마수미의 『정동정치』(갈무리, 2018) 등을 참조하라.

따라서 우리는 대표적인 생태사물신학자라 할 수 있는 캐서린 켈러(Catherine Keller)의 『지구정치신학』(대장간, 2022)을 중요하게 여겨야 한다. "지구정치신학"이라는 제목처럼 1장에서 "정치적인 것: 통치 권력의 예외성인가 집단적 시작인가?", 2장에서 "지구: 막장으로 향하는 기후, 막장을 여는 물질", 3장에서 "신학: 지금은 무지한 게 더 낫다"를 다룬다. 우리의 논의와 관련하여 2장이 중요하다. 그녀는 여기서 "인간예외주의"를 넘어서는 대안을 찾기 위해 "지구"라는 주제를 다룬다. 특히 기후 위기 시대를 정의하는 "인류세"(anthropocene), "자본세"(capitalocene), "툴루세"(chthulucene), "생태대"(ecozoic era), "생태세"(ecolopocene)등의 용어들을 하나하나 다루면서 신유물론을 개입시킨다. 우주를 "응축된 무한성"으로 보는 15세기 니콜라우스 쿠자누스의 신학을 소개하며 이것을 대표적인 신유물론 페미니스트인 도나 해러웨이나 캐런 바라드의 사상과 연결하여 설명하기도 한다. 이를 토대로 3장에서 그녀는 과감하게 "하나님을 실패하라"고 말하면서 약한 메시아적 힘으로 드러나는 반예외성의 하나님을 말하는 "꼽추 신학"과 모두를 안에 담는(All In) "묵언적 범재신론"을 제시한다. 그의 책에서 주장하는 무수히 많은 이론을 한 문단으로 요약하기는 불가능하다. 그러니 독자들에게 그의 책을 한 번 읽어보길 권하면서 이 문단을 마무리한다.

마지막으로 『생태해방신학』을 소개하는 이유는 카스티요(Castillo)가 생태해방신학을 주장한 이유와 같다. 생태해방신학의 핵심적인 질문은 이것이다. "구원의 신비, 해방, 창조세계 돌봄 사이에는 어떤 연관이 있는가?" 생태해방신학의 과제는 첫째, 역사의 단일성을 긍정하고 역사와 자연 사이에도 단일성이 깔려 있다는 점을 긍정하는 것이다. 둘째, 기독교 생태해방 운동 담론은 가난한 이들을 위한 우선적 선택과 지구를 위한 우선적 선택이 서로 연관이 되고 구원하시는 하나님의 은혜에 대한 신실한 응답에 뿌리를 두는 방식에 대해 설명하는 것이다. 셋째, 생태해방신학의 과제는 오늘날의 생태-사회적 상황에서 해방의 언어를 회복해야 할 이유를 수립하는 것이다. 이를 위한 세 가지 방법론적 결단이 필요하다고 생태해방신학은 말한다. 첫 번째 방법론적 결단은 정치적 생태론에 특전을 부여해야 한다는 것이다. 대체로 기독교 환경 운동은 생태적 우주론에 기초하고 있다. 테야르 드 샤르댕(Teilhard de Chardin)이나 토마스 베리(Thomas Berry)의 영향이 크다. 생태적 우주론의 종교 버전은 진화의 영적 차원과 우주의 신성한 성격을 강조한다. 모든 생명과 물질은 경건한 경탄을 받을 만하다. 신의 영역 내의 모든 관계성과 모두의 연결성은 인간이 인간 중심주의적인 자기 관심이라는 좁은 형태를 뛰어넘어 지구와 우주와의 연대 속에서 살아갈 것을 요구한다. 나는 이런 담론을 전적으로 지지하지만 여기에는 너무나 중대한 두 가지 한계가 있다. 첫째, 생태적 우주론은 역사적 현실을 구성하는 복합적이고 때로 대립적인 관계를 판단하거나 수면 위로 떠올리기에 충분치 않다. 생태적 우주론 그 자체로는 윤리와 실천에 대해 불충분한 결정을 내릴 수밖에 없다. 환경에 해로운 태도와 행동 양식을 비판하거나 수정하는 데 큰 힘을 발휘할 수 없고 지구와 가난한 이들의 울부짖음을 잠재우는 불가피한 효과를 초래하거나 그런 울부짖음을 이해 불가능한 것으로 만든다. 둘째, 이런 윤리적 결정을 내릴 수 없다는 미확정성보다 더 문제인 것은 이 담론이 지구와 가난한 이들을 위한 우선적 선택으로부터 우리를 멀어지도록 이끄는 경향이 있다는 점이다. 더군다나 지구와 가난한 이들의 고통을 진화 과정에서 일어나는 불가피한 과정으로 이해할 우려가 있다. 이 두 가지 이유로 생태-사회적 형태들의 대립적 성격을 강조하는 정치적 생태론이 우선될 필요가 있다.

두 번째 방법론적 결단은 적절한 형태의 인간 중심주의를 긍정하는 것이다. 분명 인간만이 타고난 가치가 있다는 인간 중심주의는 거부해야 한다. 하지만 인간 중심주의를 무비판적으로 전부 폐기하는 것은 비현실적이면서 동시에 문제가 된다. 먼저 단지 인간을 중심에서 제거하는 것만으로 그 체계가 생태정의를 실천하는 데 도움이 될지 의문이다. 모든 사물이 중심인 세계관은 생물 보존 윤리를 긍정하는 것만큼이나 인공 지능이나 기술 만능 시대를 끌어안을 가능성이 있다. 모든 물질이 신성하다면 합성물보다 유기체들을 선호해야 할 이유가 무엇인가? 더 문제가 되는 것은 인간이 다른 피조물들에게 가져야 하는 책임을 최소화하기 위해 인간 중심주의를 반대하여 비판하는 경향이다. 지구를 위해 좋은 것이 무엇인지를 인간이 판단하는 일이 오만한 일이라면 우리는 지구를 위해 어떤 활동을 할 수 있을까? 이것은 인간의 독특한 도덕적 능력을 무시하는 포스트모던 문화의 영향이 아닐까? 어쩌면 우리의 문제는 인간 중심주의가 너무 과해서가 아니라 충분치 않기 때문이 아닐까? 우리에게는 적절한 형태의 인간 중심주의가 필요하다.

세 번째 방법론적 결단은 하나님의 말씀에 비추어 시대의 징조를 읽는 것이다. 전통적으로 기독교는 성경과 자연이라는 두 계시의 책이 있다고 말해왔다. 자연이라는 책보다 경전이라는 책에 계시의 권위를 더 두었다. 하지만 린 화이트(Lynn White)가 기독교를 비판한 이래 현대 생태신학자들은 "의심의 해석학"으로 경전을 읽기 시작했다. 이로 인해 오히려 사람들은 자연이라는 책에 최고의 권위를 두려는 경향이 생겼다. 이런 신학은 자연의 다양한 부분이 전체로서 서로 어울리는 방식을 강조하는 방법으로 "생태 공동체" 개념을 내세운다. 이는 상호 의존, 협력, 구성원들의 공동생활 등을 특징으로 한다. 자연이라는 책은 이런 공동체를 만드는 안

내자 역할을 한다. 도덕적 책임을 가진 주체는 그저 자신을 자연의 방식에 조화시키면 된다. 이런 관점은 자연에 대한 지나친 낭만적 관점이라 할 수 있다. 그것은 자연 안에 있는 결핍, 약탈, 고통, 황폐, 낭비, 경쟁 등의 현실을 축소해버린다. 하지만 적자생존 원리와 자연 선택설을 무시할 수 없는 노릇이다. 그뿐만 아니라 자연은 평형 상태를 이루고 있지 않다. 끊임없는 변화 상태로 존재하는 자연의 특징을 반영한다면 생태학은 "유동의 생태학"이 될 수밖에 없고 환경-사회 윤리에 관한 명확한 당위를 제공하기 어렵다. 따라서 성경이라는 계시의 책을 우선시하려는 움직임이 필요하다. 성경만이 우리에게 지구와 가난한 이들에 대한 우선적 선택을 해야만 하는 분명한 근거를 제시한다. 나는 생태해방신학이 매우 중요한 지점을 지적하고 있다고 생각한다. 기본적으로는 생명돌봄신학, 생태여성사물신학, 생태해방신학이라는 세 가지 관점을 통합해야 한다. 여기에도 "A는 B 안에 그리고 B는 A안에"의 원리와 일심(一心)·화쟁(和諍)·무애(無碍)의 원리가 적용되어야 한다.

## 성 프란치스코, 가난과 생태 영성

전도서의 세계관이 생태학적 세계관이며 창조 영성을 반영한다면 그리고 그것이 창세기의 관점과 성경 전체의 관점과 일치한다면 이제 우리는 그러한 세계관으로의 전환을 이루어야 하며 그것을 실천하는 영성을 가져야 한다. 아마도 이런 영성을 실천한 사람을 꼽으라면 "성 프란치스코"(Francis)가 가장 먼저 생각날 것이다. 한국의 프란치스코로 불리는 도암의 성자 이세종과 동광원을 세운 맨발의 성자 이현필도 있고 야생 곰에게 먹이를 주곤 했고 제자 앞에서 변화산의 예수님처럼 변모하는 모습을 보여준 동방 기독교의 세라핌 성인도 있지만 아시시의 성 프란치스코가 더 많이 알려졌기에 그를 소개한다.[4] 복음서의 말씀을 따라 철저한 무소유와 순종, 가난한 이들을 위한 사랑과 피조물에 대한 사랑을 보여준 사람이 성 프란치스코다. 그가 삶에서 보여준 두 가지 특징이 "가난"과 "생태"다. 하나님을 순전하게 사랑한 프란치스코는 하나님께서 창조하신 피조물도 그분을 향한 사랑으로 사랑했다. 그는 다른 피조물을 향하여 형제, 자매라고 불렀다. 서구 문명은 인간과 자연을 주체와 객체 혹은 주체와 대상의 관계로 여긴다. 자연을 대상화하여 착취한다. 하지만 프란치스코는 비인간 혹은 비유기체마저 주체로 받아들인다. 그에 관한 책들을 읽어보면 전설적인 이야기들이 많다.[5] 프란치스코는 새들을 향하여 설교하기도 했다. 그가 설교하자 새들이 감사의 뜻을 표시하듯이 고개를 숙이고 날개를 펼치며 부리를 벌리고 흥겨운 노래를 불렀다. 한번은 알비아노 지역을 통과하며 사람들에게 설교하려는데 새들이 날아와 설교를 들으며 지저귀었다. 새들 때문에 사람들에게 설교가 잘 들리지 않자 프란치스코는 새들을 향해 말했다. "새 자매님들, 자매들은 이미 충분히 말을 했으니 이제 내가

---

**4**  도암의 성자 이세종에 대해서는 『호세아를 닮은 성자』(은성, 1987), 『이세종의 삶과 신앙』(한들, 2020), 『이세종 영성의 오늘과 내일』(한들, 2021) 등을 참조하라. 맨발의 성자 이현필에 대해서는 『맨발의 성자』(은성, 1992)와 『성자 이현필의 삶을 찾아서』(대동문화재단, 2010)를 참조하고, 『임락경의 우리 영성가 이야기』(홍성사, 2014)도 참조하라. 동방 기독교의 성인에 대해서는 『세라핌 성인』(정교회출판사, 2007)과 『아토스 성산의 수도사들』(정교회출판사, 2011)을 참조하라.

**5**  엄두섭의 『성 프란치스코』(은성, 1994), 토마스 첼라노의 『아씨시 성프란치스꼬의 생애』(분도출판사, 2000), 뽈 싸바티에의 『구차한 평안을 떨치고 구도의 길에 나서다』(규장, 2004), 로렌스 커닝햄의 『가난한 마음과 결혼한 성자』(포이에마, 2010), 우골리노의 『성 프란체스코의 작은 꽃들』(CH북스, 2011), 페르난도 우리베의 『당신을 위한 성 프란치스코』(프란치스코출판사, 2013), 리처드 로어의 『오직 사랑으로』(한국기독교연구소, 2020) 등을 참조하라.

말할 차례입니다. 이제 주님의 말씀을 들으세요. 설교가 끝날 때까지 침묵해야 합니다." 그러자 새들이 일제히 조용해졌고 설교가 끝날 때까지 날아가지도 않았다. 한번은 그가 어느 은둔처에서 체류하고 있는데 매가 둥지를 틀었고 프란치스코는 그 매와 친밀한 우정을 나누었다. 밤마다 매는 소리를 내서 프란치스코에게 기도 시간을 알려주었고 그럴 때면 그는 일어나 하나님께 예배를 드렸다. 매 덕분에 영적 훈련을 게을리하지 않게 되었다. 그러나 프란치스코가 병이 심하게 걸려 시달릴 때면 매는 그를 아끼느라고 시간이 되었다는 신호를 보내지 않았다고 한다. 이렇게 프란치스코는 조류와도 영적인 교류를 했고 역으로 말하면 조류조차 그의 영성에 참여했다고 할 수 있겠다.

어처구니없게 느껴지는가? 하지만 조류나 다른 짐승과 교류하기는 어려워도 보통 인간도 이와 비슷한 걸 평소에 경험하고 있다. 바로 개와의 교류다.[6] 앤드류 루트(Andrew Root)는 『강아지가 알려준 은혜』(코헨, 2020)에서 이를 실감 나게 이야기한다. 그는 벨라(Bellah)의 『인류 진화 속의 종교』라는 책의 내용을 소개한다. 벨라는 공감, 유대, 놀이 능력을 통해 인간이 종교적 욕망에 있어 독특하게 고정되어 있다고 주장했다. 그런데 놀랍게도 스스로 인간에게 다가와 스스로 "가축화된 동물"이 된 개야말로 이

---

**6**  동물권에 대해서는 피터 싱어의 『동물 해방』(연암서가, 2012)과 『동물과 인간이 공존해야 하는 합당한 이유들』(시대의창, 2012), 캐럴 J. 애덤스의 『육식의 성정치』(이매진, 2018), 케이티 키퍼의 『육식의 딜레마』(루아크, 2017), 멜라니 조이의 『우리는 왜 개는 사랑하고 돼지는 먹고 소는 신을까』(모멘토, 2011), 제레미 리프킨의 『육식의 종말』(시공사, 2002), 캐서린 그랜트의 『동물권, 인간의 이기심은 어디까지인가?』(이후, 2012), 코린 펠뤼숑의 『동물주의 선언』(책공장더불어, 2019), 앨러스데어 코크런의 『동물의 정치적 권리 선언』(창비, 2021), 헨리 스티븐스 솔트의 『우리가 동물권을 말하는 이유』(이다북스, 2022), 임은제의 『데리다의 동물 타자』(그린비, 2022), 최훈의 『동물 윤리 대논쟁』(사월의책, 2019), 박상언의 『종교와 동물 그리고 윤리적 성찰』(모시는사람들, 2014), 앤드류 린지의 『동물신학의 탐구』(대장간, 2014) 등을 참조하라.

세 가지 능력을 인간과 공유하는 존재다. 루트에 의하면, 개는 인간과 영적인 교류를 하는 존재다. 루트는 개의 영적인 본성과 관련하여 유대인 철학자 레비나스(Levinas)의 짧은 글을 소개한다. 레비나스는 유대인으로서 수용소에 갇혔던 이야기를 하면서 "공의로운 존재"로서의 강아지에 대해 이야기한다. 그러면서 10가지 재앙 중 마지막 재앙에 대한 이야기에 나오는 한 구절에 대한 새로운 해석을 제시한다. "그러나 이집트의 개마저 이스라엘 자손을 보고서는 짖지 않을 것이다. 사람뿐 아니라 짐승을 보고서도 짖지 않을 것이다. 이는 나 주가 이집트 사람과 이스라엘 사람을 구별하였다는 것을 너희에게 알리려는 것이다"(출 11:7[새번역성경]). 레비나스는 이 구절에 언급된 개가 노예들의 탈출 시도를 주인에게 짖어 경고하지 않고 침묵으로 이스라엘 백성의 해방에 참여했다고 보았다. 로라 홉굿 오스터 교수도 동의한다. "개는 침묵으로 자신들이 신의 대리자 역할을 수행했음을 보여주었다." 고대 이집트 개들은 억압받던 이들도 인간임을 침묵으로 증언했다. 공의로운 개들은 사람들을 온전한 인간으로 해방시키시는 하나님의 구원 행위에 참여했다. 참으로 기발한 해석이다. 프란치스코는 개라는 아주 특별히 가축화된 동물만이 아니라 조류와 다른 짐승과도 이런 영적 교류를 나누었다고 볼 수 있겠다.

프란치스코는 어떻게 이런 영성을 가질 수 있었을까? 아마도 하나님과 온전히 하나가 되었기에 그분의 몸인 자연과도 온전히 하나가 되지 않았을까? 이런 일화를 읽은 적이 있다. 어느 수도원 원장이 수도사에게 밀림에 들어가도록 했다. "자네가 정글에 들어가도 정글의 시끄러움이 멈추지 않도록 하게." 수도자가 밀림에 들어가자 정글 전체가 조용해졌다. 정글의 생명체들이 낯선 침입자를 발견했기 때문이다. 정글의 시끄러움을 유지하게 하려고 그 수도자는 몸에 짐승의 피를 바르고 들어갔지만 결과는 똑같았다. 그에게 수도원장은 이렇게 말했다. "짐승이 자네 몸의 냄새를 맡는 게 아니라 자네 속의 포악함과 난폭함의 냄새를 맡은 것이라네." 수도원 원장이 수도사에게 본을 보이려고 밀림 속으로 들어갔지만 짐승들이 그를 거들떠보지도 않고 계속 떠들어댔다고 한다. 수도사가 수도원장처럼 되는 데 5년 걸렸다고 한다. 성 프란치스코가 그런 사람이었다. 우주 만물 속에서 그리스도를 볼 줄 알았던 그는 태양을 형님으로, 달을 누님으로 부를 정도였다. 그로 인해 그 안에는 포악함과 난폭함의 냄새 자체가 없었다. 이탈리아 쿠피요 거리에 늑대가 나타나 사람을 헤치자 사람들이 성 프란치스코를 불렀다고 한다. 성 프란치스코가 늑대를 향해 "형제여"라고 부르자 늑대가 개처럼 그의 무릎에 앞발을 올리고 꼬리를 흔들었다고 한다. "먹이를 줄 테니 사람을 해치지 말거라." 늑대는 그의 말대로 했다고 한다. 그의 영성은 인간과 동물의 경계마저 허문다.

엄두섭에 의하면, 프란치스코가 죽기 전에 해발 1,300m인 베르나산에서 두 가지 기도 제목으로 기도했다. 1) "주님의 고난에 동참하게 하소서", 2) "주님의 사랑으로 불타오르게 하소서." 그는 제자들도 오지 못하게 하고 이 두 가지 기도 제목을 가지고 40일 동안 기도했다. 잘 알려진 것처럼 기도가 끝날 무렵 그리스도의 몸에 났던 오상이 프란치스코의 몸에 생겨났다. 말이 살이 되는 성육신은 고통받는 신체에 각인되는 오상(伍傷)에서 절정을 이룬다. "주님의 고난에 동참하게 하소서"라는 기도의 응답은 말씀의 육화가 그의 몸에 체화되는 영성을 의미한다. 그는 많은 사역으로 인해 위궤양과 불면증을 앓았고 나중에는 시력조차 잃었다. 성녀 클라라가 그를 수도원에 모셔다가 요양을 시켰는데 이때 그는 영감을 받아 "태양의 노래"를 짓는다. 이것이 찬송가 69장 "온 천하 만민 우러러"의 가사다. 그가 마지막 죽기 직전에 이 노래에 한 줄을 첨가했다. "오, 나의 하나님, 우리 자매인 육체의 죽음을 위해서 당신은 찬송을 받으소서." 태양과 달 그리고 만물뿐 아니라 죽음을 향해서도 자매라고 부를 정도로 그는 하나님의 사랑에 완전히 사로잡혔다. "주님의 사랑으로 불타오르게 하소서"라는 기도가 응답된 것이다. 이러한 영성은 흙으로 상징되는 죽음조차 자매로 여기는 영성이기에 "신유물론적 영성"의 특징을 보인다. 프란치스코의 영성은 신유물론적 페미니즘을 주장하는 스테이시 앨러이모(Stacy Alaimo)의 『말, 살, 흙』(그린비, 2018)이라는 책 제목처럼 "말과 살과 흙의 영성"을 실현했다고 할 수 있다. 말씀이 육신이 되신 주님을 믿는 성육신의 신앙과 물질인 빵을 주님의 살이라 고백하는 성찬의 신학을 겸비한 기독교 영성이야말로 "말과 살과 흙의 영성"이라 할 수 있다. 요한1서 1:1과 연결하여 말하자면 말은 들음(청각), 살은 봄(시각), 흙은 만짐(촉각)과 연결된다고 할 수 있다. 이 놀라운 성 프란치스코의 영성이 코로나19 이후 시대에 우리의 영성이 되기를 바란다.


## 녹색 교회·기후 교회·생태 교회


생태 영성을 공동체적 차원에서 실현하는 교회를 녹색 교회로 부른다. 이를 기후 교회 혹은 생태 교회라고도 부를 수 있겠다. 녹색 교회·기후 교회·생태 교회는 어떤 교회일까? 예장녹색교회협의회와 (사)한국교회환경연구소가 함께 엮은 『녹색교회와 생명목회』(동연, 2013)를 보면 거기에는 다양한 녹색 교회의 사례가 나온다. 이를 참고하면 녹색 교회의 길로 가는 안내를 받을 수 있을 거다. 그렇다면 녹색 교회의 기준은 뭘까? 그 기준은 "녹색 교회 열 다짐"이다. 열 다짐은 다섯 가지 차원에서 두 개씩 다짐을 만든 것이다. 하나의 다짐마다 3개의 실천 지침이 있다. 즉 30개의 실천 지침에 맞는 교회가 "녹색 교회"다. 녹색 교회의 선정 기준의 토대인 "녹색 교회 열 다짐"은 다음과 같다. [예배] 1. 만물을 창조하고 보전하시는 하나님을 예배한다. 1) 환경 주일을 정하여 지킵시다. 2) 창조 보전에 대한 설교를 합시다. 3) 성만찬을 통하여 생명의 소중함을 깨달읍시다. 2. 하나님 안에서 사람과 자연이 한 몸임을 고백한다. 1) 매일 정오에 신음하는 피조물을 위하여 기도합시다. 2) 자연에서 울려오는 하나님의 음성을 들읍시다. 3) 단순 소박하고 불편한 삶을 즐깁시다. [교육] 3. 창조 보전에 대하여 교육한다. 1) 녹색의 눈으로 성경을 읽읍시다. 2) 창조 신앙 사경회 및 특강, 세미나를 개최하고 참여합시다. 3) 자연과 희로애락을 함께 합시다. 4. 어린이와 청소년을 친환경적으로 키운다. 1) 환경 교실(주말, 캠프)을 운영합시다. 2) 간식을 줄입시다. 3) 아나바다 운동에 참여시킵시다. [조직] 5. 환경을 살리는 교회 조직을 운영한다. 1) 환경 전담부서를 둡시다. 2) 환경을 살리는 데 예산을 사용합시다. 3) 환경 전담 사역자를 둡시다. 6. 교회가 절제하는 생활에 앞장선다. 1) 행사를 간소하게 하고, 불필요한 행사를 줄입시다. 2) 냉난방을 절제합시다. 3) 일회용품을 사용하지 맙시다. [친교] 7. 생명밥상을 차린다. 1) 국내산 유기농산물을 애용합시다. 2) 가공식품과 외식을 삼가하고, 제철 음식을 먹읍시다. 3) 쓰레기 제로, 빈 그릇 운동에 동참합시다. 8. 교회를 푸르게 한다. 1) 교회 담장을 없애고, 주차장을 작은 숲으로 바꾸어갑시다. 2) 녹색 에너지를 이용합시다. 3) 교회에 오갈 때는 걷거나 자전거나 대중교통을 이용합시다. [봉사] 9. 초록 가게를 운영한다. 1) 환경 정보를 나눕시다. 2) 환경 상품을 애용하고 권장합시다. 3) 도농 직거래 장터를 운영합시다. 10. 창조 보전을 위하여 지역 사회와 연대한다. 1) 교회가 지역의 환경 센터가 됩시다. 2) 주변의 교회들과 창조 보전을 위해 함께 일합시다. 3) 환경 정화와 감시 활동을 합시다. 이에 대한 자세한 해설은 기독교환경교육센터 살림 센터장 유미호가 쓴『생명을 살리는 교회 환경교육』(동연, 개정판, 2019)에 실려 있다. 이 책에는 교회에서 어떻게 환경 교육을 해야 할지에 대한 다양한 정보가 들어있으니 꼭 읽어보기를 바란다.

제2장

# 새로운 왕의 길 I, 지혜

내가 내 마음속으로 말하여 이르기를, "보라! 내가 크게 되고 지혜를 더 많이 얻었으므로 나보다 먼저 예루살렘에 있던 모든 사람들보다 낫다" 하였나니, 내 마음이 지혜와 지식을 많이 만나 보았음이로다. 내가 다시 지혜를 알고자 하며 미친 것들과 미련한 것들을 알고자 하여 마음을 썼으나 이것도 바람을 잡으려는 것인 줄을 깨달았도다. 지혜가 많으면 번뇌도 많으니 지식을 더하는 자는 근심을 더하느니라(전 1:16-18).

**

어느 대학 교수가 배를 타고 강을 건너게 되었다. 강을 건너는 중 사공에게 물었다. "수학과 과학을 할 줄 아쇼?" "아니요." "당신은 인생의 1/3을 잃었소." 한참 후 다시 묻는다. "철학과 역사와 문학에 대해 아쇼?" "아니요." "당신은 인생의 1/3을 잃었소." 조금 후 갑자기 나룻배가 급류에 휩쓸려 전복될 위험에 처했다. 이번에는 사공이 교수에게 묻는다. "혹시 수영할 줄 아쇼?" "아니요." "당신은 인생의 전부를 잃었소."

참 재미있는 이야기다. 우리는 지식을 추구한다. 프랜시스 베이컨(Francis Bacon)의 말처럼 지식이 곧 힘이기 때문이다. 하지만 이 이야기는 지식이라는 것이 우리의 생명을 구하지는 못한다고 꼬집는다. 생명을 구하지 못한다면 지식이 다 무슨 소용이란 말인가? 예수님도 말씀하셨다. "만일 사람이 온 천하를 얻고도 자기 목숨을 잃으면 무슨 소용이 있느냐?"(참조. 막 8:36) 지혜서의 맥락에서 말하자면 지식은 우리의 생명을 풍성하게 하지도 못한다. 주님은 말씀하셨다. "내가 온 것은 양으로 생명을 얻게 하고 더 풍성히 얻게 하려는 것이라"(요 10:10). 주님은 우리가 생명을 얻을 뿐 아니라 생명을 풍성하게 누리기 원하신다. 하지만 지식 차원의 지혜가 많으면 번뇌도 많으니 지식을 더하는 자는 근심을 더할 뿐이다. 전도서 1:12-18에서 전도자는 자신이 왕으로서 생명을 얻게 하지도 풍성하게 하지도 못하는 지식을 추구했다고 고백한다. 이뿐 아니다. 전도자는 자신이 지식뿐 아니라 행복과 재물 및 권력을 추구했다고 말한다. 전도자가 보여준 옛 왕의 길은 지식, 행복, 권력, 재물 등 네 가지의 길이다. 마치 솔로몬처럼 보이는 왕의 모습으로 전도자는 자기 자신을 희화화한다. 전도서가 솔로몬의 패러디라는 관점이 여기에도 관통한다. 그것은 패러디를 통해 참된 왕의 길이 무엇인지를 넌지시 제시한다. 왕의 길은 곧 백성의 길이다. 왕은 왕국을 대표하고 백성은 왕의 길을 따른다. 과연 전도서가 제시하는 새로운 왕의 길은 무엇인가? 이번 장에서는 먼저 지식의 길에 대해서 살펴보자.

## 고유 명사로 살라

지식은 인간을 동물과 구별해주는 가장 중요한 특징이다. 지식은 문명을 의미하며 인간의 삶을 가능케 만든다. 인간 됨의 가장 중요한 특징은 언어이며 생각할 줄 안다는 점일 것이다. 파스칼(Pascal)이 말한 것처럼 인간은 생각하는 갈대다. 우주의 어떤 존재보다 연약하지만 생각할 줄 알기에 가장 위대한 존재다. 이런 측면을 가장 잘 구현한 사람이 "솔로몬"이다. 솔로몬을 연상하게 만드는 전도자는 전도서 1:16에서 자신이 지혜를 더 많이 얻었으므로 자기보다 먼저 예루살렘에 있던 모든 사람보다 낫다고 말한다. 그는 이렇게 되기까지 마음을 다하며 지혜를 써서 하늘 아래서 행하는 모든 일을 연구하며 살폈다(전 1:13). 하지만 전도자는 1:14에서 하나님이 인생들에게 주사 수고하여 얻게 하신 지식과 지혜도 헛되다고 선언한다. 1:17에서 그는 지혜를 알고자 하며 미친 것들과 미련한 것들을 알고자하여 마음을 썼으나 이것도 바람을 잡으려는 것인 줄을 깨달았다고 말한다. 바람을 잡는다는 것은 헛되다는 것의 다른 표현이다. 전도자는 도대체 왜 인간을 인간 되게 하는 지식에 대해 이런 표현을 쓴 걸까?

어떤 정보를 얻기 위해 유튜브로 검색을 하다가 우연히 철학자 최진석의 세바시 강연을 보게 되었다. 한마디로 철학자다운 강의였다. 특히 후반부의 메시지가 강렬하여 그에 대해 더 알고 싶어졌다. 그의 책 『탁월한 사유의 시선』(21세기북스, 2018), 『생각하는 힘, 노자 인문학』(위즈덤하우스, 2015) 그리고 『인간이 그리는 무늬』(소나무, 2013)를 구입해서 읽었다. 노자에 관한 그의 입장은 나와 달랐지만 세 권의 책을 읽으니 그의 메시지가 훨씬 분명하게 읽혔다. 그가 지식에 대해 말하는 대목에 주목하자. 지식이라는 것은 "개념"으로 이루어져 있다. "개"라는 글자가 중요하다. 쌀가게에 쌀 한 되를 사러 가면 우선 됫박에 쌀을 수북이 쌓는다. 그걸 다 주면 손해다. 그래서 그걸 정확히 한 되가 되도록 깎아내는데 이때 쓰는 도구를 "평미레"라고 하며 한자로는 "개"(概)라고 한다. 즉 개념이란 공통의 틀에 들어가지 않는 여분의 것을 깎아서 버리는 도구다. 공통의 틀에 들어가지 않는 여분의 것이나 사적인 것과 특수한 것을 제외하고 공통의 것과 일반적인 것만을 생각의 형태로 저장하는 것이 바로 "개념"이다. 개념은 명사인가 동사인가? 명사다. 움직이지 않는 것이다. 틀에 딱 맞는 것이다. 그런데 세상은 명사인가 동사인가? 동사다. 변하지 않는 것이 없다. 살아 있는 실재다. 틀에 맞출 수 없다. 그런데 우리는 어떻게 하는가? 세상은 끊임없이 변하는데 변하지 않는 지식과 이념으로 재단하지 않는가? 개념은 과거의 것이다. 현실이라는 동사를 분석하고 판단하여 나름대로 만들어낸 체계다. 하지만 존재하는 것은 개념이 아니라 새롭게 발생하는 사건들의 총체다. 그것을 과거의 것인 자기의 지식과 이념으로 바라보면서 판단하고 비판하며 정죄하고 예측한다는 것이 가당키나 한 일인가? 이런 문제의식은 전도서 1:15을 연상케 한다. "구부러진 것도 곧게 할 수 없고 모자란 것도 셀 수 없도다." 개념은 명사다. 변하지 않는 것이다. 굽은 건 굽은 것일 뿐이다. 그걸 어떻게 펴겠는가? 하지만 현실은 동사다. 굽은 것이 곧은 것이 되기도 하고 곧은 것이 굽은 것이 되기도 한다. 그걸 개념이 어떻게 다 파악하겠는가? 살아 움직이는 동사적 세계를 죽은 명사적 개념이 어떻게 셀 수 있다는 말인가? 남는 것이나 초과하는 것을 셀 수 없을 뿐 아니라 모자란 것조차 셀 수 없다. 개념은 구부러진 것도 곧게 할 수 없고 모자란 것도 셀 수 없다.

최진석 교수는 공통의 것, 일반적인 것만을 생각의 형태로 저장하는 것이 "개념"이라고 말하면서 그 공통의 틀에 들어가지 않는 여분의 것이나 사적인 것, 특수한 것, 그것이 바로 "욕망"이라고 말한다. 개념이나 신념이나 이념은 "나의 것"이 아니라 "우리의 것"이다. 하지만 욕망은 "나의 것"이다. 모두에게 공유되는 어떤 것이 아니라 나에게만 있는 고유한 어떤 것, 그것이 욕망이다. 그 욕망에 따라 살지 않기 때문에 지식이 있어도 행복하지 않고 자유하지 않으며 유연하지 않고 잘 지내지 못하는 것이다. 그러므로 욕망하면서 살아야 한다. 그래야 자기답게 살 수 있다. "일반 명사"로 살지 말고 "고유 명사"로 살아야 한다. "바람직한 일"이 아니라 "바라는 일"을 해야 하고, "해야 하는 일"보다는 "하고 싶은 일"을 하며, "좋은 일"보다는 "좋아하는 일"을 해야 한다. 그것이 바로 "명사적 삶"이 아닌 "동사적 삶"이다. 이렇게 동사적 삶을 살아갈 때 새로운 장르를 열어갈 수 있다. 최진석에 의하면 동양이 서양의 침략을 받은 후 서양을 닮아가려고 했는데 처음에는 "군사력과 경제력"을 닮으려 했고 그것만 가지고는 안 되기에 나중에는 "제도와 정치"를 닮으려고 했는데 이제는 "문화와 사상"을 닮으려고 한다. 하지만 서구를 좇아가는 것만으로는 안 되고 이제는 앞서가야 한다. "산업화"와 "민주화"를 이루었다면 이제 "선진화"를 이루어야 한다. 선진화란 추월하는 것도 아니며 비교 우위를 점하는 것도 아니다. 선진화란 판 자체를 새로 짜는 것이며 새로운 장르를 만드는 것이다. 판을 새로 짜고 새로운 장르를 만들줄 아는 나라만이 선진국이 될 수 있다. 동사적 삶을 살아가는 사람들만이 새로운 장르를 만들 수 있다.

## 지식의 길 vs 지혜의 길

우리 식으로 말하면, 명사적 삶이 아니라 동사적 삶을 살라는 말은 명목상 그리스도인이나 종교인으로 살지 말고 "신 앞에 선 단독자"로 살라는 말이다. 개념과 신념과 이념에 따라 살아가는 삶은 그것이 아무리 위대하고 강해보여도 "죽은 사자"에 불과하다. 하지만 자신의 욕망에 따라 살아가는 삶은 그것이 아무리 초라하고 약해보여도 "산 개"와 같다. 전도자는 말한다. "모든 산 자들 중에 들어 있는 자에게는 누구나 소망이 있음은 산 개가 죽은 사자보다 낫기 때문이니라"(전 9:4). 죽은 사자로 살지 말고 차라리 산 개로 살아라. 구부러진 것도 곧게 할 수 없고 모자란 것도 셀 수 없는 개념과 신념과 이념에 목숨 걸지 말고 그것을 넘어서는 욕망의 세계로 나아가라. 욕망의 성화를 이루라. 기독교는 지식의 성화를 넘어 욕망의 성화를 이야기한다. 기독교는 욕망의 성화를 통해 그 무엇으로도 대체할 수 없는 고유한 무엇으로 살아가라고 말한다. 신 앞에 선 단독자로 살아가라고 말한다. 신 앞의 단독자가 될 때 하나님 나라의 라이프 스타일이 만들어지고 하나님 나라의 능력이 새로운 장르를 만들어낸다. 그리스도인은 지식을 쌓는 삶이 아니라 풍성한 생명을 누리는 삶, 그 생명이 주는 지혜로 살아가는 삶, 참 사랑이라는 지혜로 개념과 신념과 이념을 넘어서는 삶을 사는 사람들이다. 예수님을 보라. 그분은 그 어떤 신학적 신념과 이념적 주장으로도 가둘 수 없는 삶을 사셨다. 모든 경계선을 탈주하고 횡단하며 단독자로 사셨다. 단독자로 사셨기 때문에 하나님 나라의 라이프 스타일이라는 새로운 장르를 여셨다. 전도자는 지식이 헛됨을 이야기하며 지혜의 길과 생명의 길을 제시하고 있다.

지식은 공통된 무엇을 절대화하는 경향이 있다. 그것을 절대화한 후 그것에 맞지 않는 것은 다 쳐낸다. 그것을 반대편에 세운다. 끊임없이 구분하고 나누며 배제하고 억압한다. 이런 지식의 기능으로 인해 지식을 가진 자들은 공격적인 경향이 있다. 끊임없이 옳은 것과 그른 것을 나누고 좋은 것과 나쁜 것을 나눈다. 반드시 이래야 하고 혹은 저래야 한다. 어쩌면 이것이 선악을 알게 하는 나무의 열매를 따먹은 인간의 숙명일지도 모르겠다. 그렇다 보니 "지혜가 많으면 번뇌도 많으니 지식을 더하는 자는 근심을 더하느니라"(전 1:18)는 말씀처럼 화가 많고 답답하며 우울하거나 비탄에 젖어 있다. 지식을 더할수록 가짜 지혜가 많으니 너와 나를 나누고, 네편과 내 편을 가르며, 해야 할 것과 하지 말아야 할 것을 구분하고, 변해야 할 것과 변하지 말아야 할 것을 나누느라 번뇌가 많다. 맞다/틀리다, 좋다/싫다, 깨끗하다/더럽다, 크다/작다, 의미 있다/의미 없다 등 이런 생각의 틀에 사로잡혀 생명력을 잃어버린 상태가 에리히 프롬(Erich Fromm)이 말한 소유적 태도다. 이런 소유적 태도를 갖고 있기 때문에 번뇌가 많고 근심이 많다. 항상 우울하고 분노가 가득하다. 하지만 존재적 태도는 서로 분리되고 대립하는 것을 넘어선다. 현실을 있는 그대로 본다. 이래야 한다, 저래야 한다는 생각을 넘어서 현실을 있는 그대로 받아들인다. 명사적 삶이 아닌 동사적 삶을 살아간다. 죽음의 삶이 아니라 생명의 삶을 산다. 생명을 얻을 뿐 아니라 생명을 풍성하게 누리면 그 생명이 풍성하다 못해 흘러넘쳐 누군가에게 생명을 부여하는 삶을 살아가게 된다. 참 생명이 우리를 살아 있게 하는 참 지혜다. 참 생명은 참 사랑이다. 사랑은 살아 있다. 사랑은 죽음보다 강하다. 사랑만이 구분과 대립, 배제와 혐오를 넘어설 수 있다. 소유를 넘어 존재로 살아갈 수 있게 한다. 사랑만이 참 지혜로 살아가게 한다. 이와 같은 지혜의 길은 이미 창세기에 원초적 형태로 드러난다.

## 하나님의 법은 지혜의 목록

개신교의 시작은 "이신칭의"다. 앞서 말한 것처럼 행위가 아니라 오직 믿음으로 구원을 받는다고 주장하는 개신교는 이런 사상 때문에 행위와 믿음을 극한까지 분리시키고 마찬가지로 율법과 복음을 극한까지 대립시킨다. 믿음과 복음을 강조하다 보니 행위와 율법을 매우 부정적으로 이해한다. 여기서 말하는 율법이란 모세 오경에 나오는 계명들을 말하며 그것은 법률적 성격을 지닌다. 하지만 과연 모세 오경의 계명들이 의무적으로 지켜야 할 법률이고 그것을 지키지 못할 때 사법적인 범죄자가 되는 것일까? 존 H. 월튼(John H. Walton)과 J. 하비 월튼(J. Harvey Walton)의 『토라의 잃어버린 세계』(새물결플러스, 2020)에 의하면, 고대 근동에서 법 모음집은 현대 국가에서의 법률의 역할이 아니라 "지혜"를 제공하는 역할을 한다. 법조문 목록들은 그들의 마을에서 사건에 대해 판결을 내려야 하는 재판관들에게 지혜를 제공하며 정의가 어떤 모습이어야 하는지를 분별하는 왕의 지혜를 보여준다. 지혜란 질서와 정의를 인식하고 그것을 확립하는 능력이다. 법 목록들은 법률을 제정하려는 목적이 아니라 한계를 정하고 정의와 질서를 예시하는 목적으로 모은 것이다. 그것들은 규범적인 법률이 아니라 기술적인 지시를 제공한다. 법률이 절대 복종이라는 반응을 기대하는 반면 지혜에서의 지시는 이해와 적용이라는 반응을 기대한다. 법목록은 법전, 법률, 규정, 강제, 복종, 의무와 같은 의미로 받아들일 것이 아니라 지혜, 예시, 한정, 기술, 지시, 이해 등으로 이해해야 한다. 따라서 모세 오경의 계명들은 법률이 아니라 지혜다.

이것을 잘 보여주는 사람이 솔로몬이다. 그가 왕이 될 때 하나님에게 구한 것이 지혜다. "누가 주의 이 많은 백성을 재판할 수 있사오리이까? 듣는 마음을 종에게 주사 주의 백성을 재판하여 선악을 분별하게 하옵소서"(왕상 3:9). 이에 대해 마음이 드신 하나님은 다음과 같이 응답하신다. "자기를 위하여 장수나 부나 자기 원수의 생명을 멸하기도 구하지 아니하고 오직 송사를 듣고 분별하는 지혜를 구하였으니, 내가 네 말대로 하여 네게 지혜롭고 총명한 마음을 주노니"(왕상 3:11-12). 이후 그 유명한 솔로몬의 재판 사건이 나온다. 두 여인이 한 아이를 서로 자기 아이라고 주장하는 사건 말이다. 솔로몬이 모세의 율법을 펼쳐놓고 법률적 해결을 했는가? 모세 오경의 율법으로는 해결할 수 없는 사안을 누구도 생각하지 못한 방법으로 해결한다. 이것이 지혜다. 이처럼 솔로몬은 법률을 잘 아는 능력을 구한 것이 아니라 분별하는 지혜를 구했다.

## 생명나무는 지혜의 나무

이렇게 율법을 법률이 아니라 지혜라고 이해하면 창세기 2-3장의 이야기가 다르게 보이기 시작한다. 창세기 2-3장에 나오는 에덴동산 중앙에는 생명나무와 선악을 알게 하는 나무가 있다. 동산은 성전이다. 고대 근동에서 동산이나 성전 중앙에 있는 나무는 "세계수"다. 세계의 중심에 있는 나무는 대체로 영생의 나무이거나 지혜의 나무다. 그런데 특이하게도 에덴동산의 중앙에는 두 그루의 나무가 있다. 하나는 생명나무이고 다른 한 그루는 선악을 알게 하는 나무다. 혹 영생의 나무이거나 지혜의 나무이기도 한 한 종류의 세계수를 창세기 저자는 의도적으로 두 종류의 나무로 나눈 것일까? 생명나무와 지혜의 나무로 말이다. 하지만 성경은 하나는 영생의 나무이고 다른 하나는 선악을 알게 하는 나무라고 말한다. 여기에 참으로 놀라운 신비가 있음을 깨닫게 된다. 생명나무가 도대체 뭘까? 대부분의 고대 근동 신화처럼 영생의 나무일까? 그런 성격도 있는 것 같다. 인간이 선악을 알게 하는 나무의 실과를 따먹은 후 하나님이 이렇게 말씀하시는 걸 보니까 말이다. "여호와 하나님이 이르시되, '보라! 이 사람이 선악을 아는 일에 우리 중 하나 같이 되었으니 그가 그의 손을 들어 생명나무 열매도 따먹고 영생할까 하노라' 하시고"(창 3:22). 그런데 과연 생명나무가 정말 고대 근동 신화처럼 따먹으면 영생하는 나무일까? 여기서 말하는 영생이 단지 영원히 죽지 않고 산다는 의미일까? 성경에서 "생명나무"라는 단어는 처음 성경인 창세기 2장과 3장 그리고 마지막 성경인 요한계시록 2장과 22장에 나오는데 나머지 성경에는 언급이 없고 오직 유일하게 잠언서에 나온다. 생명나무가 뭘까? "지혜는 그 얻은 자에게 생명나무라. 지혜를 가진 자는 복되도다"(잠 3:18). 지혜가 생명나무다. 무슨 말이냐면 한 종류의 나무를 생명나무와 지혜의 나무라는 두 종류의 나무로 나눈 것이 아니라 생명나무가 곧 지혜의 나무라는 말이다. 즉 동산 중앙에 있는 두 그루의 나무는 지혜의 나무와 지식의 나무다. 하나님이 인간에게 주시기 원하는 것은 지혜다. 그렇기에 선악을 알게 하는 나무의 열매는 따먹지 말도록 금지하셨지만 생명나무의 열매를 먹는 것을 금지하지 않으셨다. 정말 지혜를 얻고 싶다면 생명나무의 열매를 따먹으면 된다. 이를 원치 않는 뱀은 하와를 유혹하여 생명나무가 아닌 지식의 나무를 따먹도록 유혹했다.

"하나님이 참으로 너희에게 동산 모든 나무의 열매를 먹지 말라 하시더냐?"(창 3:1)라는 첫 번째 질문은 가장 중요한 본질적인 명령과 중요하기는 하지만 부차적인 명령 간의 우선순위에 혼란을 가져오도록 하는 질문이다. 인간에게 가장 중요하고 본질적인 명령은 무엇인가? 소위 "문화 명령"이라 일컫는 것이다. "생육하고 번성하여 땅에 충만하라, 땅을 정복하라, 바다의 물고기와 하늘의 새와 땅에 움직이는 모든 생물을 다스리라"(창 1:28). "에덴동산을 경작하며 지키라"(창 2:15). "금지 명령"은 중요하기는 하지만 문화 명령을 따르는 데 주의해야 할 사항에 불과한 "부차적인 명령"이다. 뱀은 이런 우선순위를 혼란케 하려고 부차적인 것, 예외적인 것과 부정적인 것에 눈을 돌리게 만들어 하나님의 의도를 왜곡하게 만든다. 그는 "모든 나무의 열매"로 표현되는 풍성한 은혜를 보지 못하게 하고, "선악을 알게 하는 나무의 열매"로 표현되는 부정적인 면에 집중하게 만든다. 이로 인해 "문화 명령"이나 하나님의 축복인 "모든 나무의 열매"보다 "금지 명령"이 더 중요해지기 시작한다. 그렇게 되자 이상한 생각이 들기 시작한다. "모든 열매를 따먹을 수 있는데 왜 선악을 알게 하는 나무의 실과를 따먹으면 안 되지?" 금지 명령에 대한 의문이 들기 시작하자 이런 생각에까지 다다르게 된다. "선악을 알게 하는 나무의 실과를 따먹지 못하는데 모든 열매를 따 먹는 게 무슨 의미가 있지?" "금지 명령"이 문제가 되지 않던 시절의 에덴동산은 따먹어도 좋은 열매로 가득한, 창세기 2:9에 기록한 대로 표현하자면 "보기에 아름답고 먹기에 좋은 나무들"

로 가득한 낙원이었다. 너무나도 풍성한 축복이 가득한 천국이었다. 아담과 하와에게 "원복"이 주어졌고 원형적 성전인 에덴동산을 섬기고 지키는 일은 "왕 같은 제사장"으로서의 영광스러운 사명이었다. 창조 명령이라 할 수 있는 문화 명령을 통해 인간은 전 우주를 하나님의 성례전으로 만드는 사명을 감당했다. 그렇기에 따먹지 말라는 선악을 알게 하는 나무의 실과는 아무 문제도 없었고 관심의 영역도 아니었다. 하지만 이 유혹에 넘어가자 이제 모든 나무의 실과를 따먹을 수 있게 된 은혜와 에덴을 섬기고 지키라는 사명은 온데간데없어지고 인간이 선악과를 따먹지 말라는 부정적인 면에 압도된다. 있는 것이 아니라 없는 것, 할 수 있는 것이 아니라 할 수 없는 것이라는 부정적인 면에 압도되면 은혜는 사라지고 사명도 사라지며 불만만 증대한다. 부정적인 존재가 된 인간은 이제 하나님을 삐딱하게 보기 시작한다. "인간을 사랑하시는 하나님이라면, 인간의 자유를 지지하시는 하나님이라면 그런 금지와 예외와 제한을 만들어놓으실 리 없어. 진짜 하나님이시라면 무엇이든지 할 자유를 주셨을 거야. 진짜 하나님이시라면 선악과를 따먹지 말라는 부정적인 명령을 하셨을 리 없어." 이제 진짜 하나님 대신 인간의 이성이 만들어놓은 신이 자리를 차지하기 시작했다. 인간의 자유를 억압하는 신이 아니라 인간의 욕망에 부합하는 신이 그 자리를 차지했다. 인간의 가장 큰 문제는 타락한 인간의 이성으로 만들어낸 신을 기준으로 살아 계신 하나님을 판단하고 정죄하며 사형선고를 내린다는 점이다. 이처럼 뱀은 인간이 하나님과 맺은 신뢰 관계를 먼저 깨뜨린다. 그는 인간으로 하여금 하나님의 성품을 의심하게 만든다. 하나님의 계획과 의도를 의심하게 만든다. 인류의 최초의 죄는 바로 이런 "불신"이었다. 신뢰 관계의 깨어짐이 최초의 죄다. 불신이 생기니까 인간은 "교만"해졌다. 불신이 생기자 그런 하나님은 필요 없다는 생각이 싹트고 그런 하나님을 갈아치울 생각을 하기 시작했을 것이다. 우리가 가장 조심해야 할 것이 이것이다. 뱀의 첫 번째 전략은 결국 하나님의 본질과 성품에 대해서 의심하게 만들어 인간과 하나님 사이의 신뢰 관계를 깨뜨리는 것이다. 신뢰가 깨지면 이제 죄는 땅속의 감자 열매처럼 주렁주렁 번식한다. 인간에게 불신이 생겨 교만이라는 열매를 맺게 되니까 감히 하나님과 같이 되려는 욕망을 잉태할 모판이 마련된다.

첫 번째 질문을 통해 목적을 이룬 뱀은 두 번째 유혹으로 넘어간다. "너희가 결코 죽지 아니하리라. 너희가 그것을 먹는 날에는 너희 눈이 밝아져 하나님과 같이 되어 선악을 알 줄 하나님이 아심이니라"(창 3:4-5). 이것이 진실인가, 거짓말인가? 반은 거짓말이고 반은 사실이다. 선악과를 먹으면 하나님과 같이 되어 선악을 알게 되는 것은 사실인 것 같다. "이 사람이 선악을 아는 일에 우리 중 하나 같이 되었으니"(창 3:22). 문제는 "결코 죽지 않으리라"는 말이 거짓말이라는 데 있다. 뱀은 이렇게 진실과 거짓을 섞는다. 반만 진실인 말은 순수한 거짓보다 강력하다. 진실과 거짓을 섞어 진실과 거짓의 경계선을 혼란케 한 뱀의 유혹은 인간에게 가장 중요한 경계를 혼란케 만든다. 인간에게는 여러 경계가 있다. 그중 가장 중요한 경계는 하나님과 맺는 관계 속에 존재한다. 인간에게는 한계선이 존재한다. 한계선은 크게 두 가지로 나눌 수 있다. 하나는 "사명으로 주어진 한계선"이고 다른 하나는 "은혜로 주어진 한계선"이다. 사명으로 주어진 한계선은 "돌파해야 할 한계선"이고 "은혜로 주어진 한계선"은 "받아들여야 할 한계선"이다. 돌파해야 할 한계선은 혁명가적 영성과 관련이 있고 받아들여야 할 한계선은 성자적 영성과 관련이 있다. 인간에게 가장 중요한 지혜는 바로 "돌파해야 할 한계선"과 "받아들여야 할 한계선"을 구분하는 것이다. 그런데 뱀은 이 경계를 허물어버렸다. 그는 인간으로 하여금 "받아들여야 할 한계선"을 "돌파해야 할 한계선"으로 받아들이게 만들었다. "동산 각종 나무의 열매는 네가 임의로 먹되 선악을 알게 하는 나무의 열매는 먹지 말라. 네가 먹는 날에는 반드시 죽으리라"(창 2:16)라는 "금지 명령"은 사실 은혜의 명령이다. 그것은 인간을 인간 되게 하기 위한 하나님의 선물이다. 선악을 알게 하는 나무의 실과는 은혜로서 주어진 한계선이다. 기차 바퀴가 레일이라는 은혜로서의 한계선 위를 달려야 잘 달릴 수 있는 것처럼, 우리에게 은혜로서 주어진 본질적 한계를 지킬 때 인간은 인간다울 수 있다. 인간은 절대자가 창조한 피조물이라는 근본적 한계 안에서만 인간다워질 수 있다. 한계를 가진 존재로서의 인간은 하나님 없이는 살 수 없는 존재이자 하나님일 수 없는 존재다. 그는 이 근본적 한계 안에서만 인간다울 수 있으며 성례전적 존재로 살아갈 수 있다. 선악과를 먹지 말라는 금지 명령은 하나님 안에 존재하라는 명령이며, 인간을 인간답게 만드는 명령이다. 인간은 이 명령에 순종할 때 진정으로 인간다워진다. 이 명령은 인간의 본분을 잊지 말라는 하나님의 배려다. 그것은 유혹이 아니라 배려다. 뱀은 이것을 돌파해야 할 한계선으로 바꿔버렸다. "뱀이 여자에게 이르되, '너희가 결코 죽지 아니하리라. 너희가 그것을 먹는 날에는 너희 눈이 밝아져 하나님과 같이 되어 선악을 알 줄 하나님이 아심이니라'"(창 3:4-5). 이런 뱀의 목소리는 실상 이미 유혹에 넘어간 인간 안의 목소리를 대변하는 것이었을 것이다. 진짜 하나님이 머무르시는 자리에 자신이 만든 하나님을 대체해서 앉게 한 인간은 이제 자기 자신이 하나님의 자리에 앉고자 한다. 이런 인간에게 뱀은 하나님과 같이 되기 위해서는 선악을 알게 하는 나무의 열매를 따먹으라고 말한다. 선악을 알게 하는 나무의 열매는 이제 더 이상 "은혜로서 주어진 한계선"이 아니라 "돌파해야 할 한계선"이 되어버렸다. "돌파해야 할 한계선"이 되어버리자 유혹받은 인간에게 "지식의 나무"는 "지혜의 나무"로 보이기 시작한다. 하나님의 생명을 얻을 수 있는 지혜의 나무 말이다. 자신을 신과 같이 되게 할 영생의 나무 말이다. "여자가 그 나무를 본즉 먹음직도 하고 보암직도 하고 지혜롭게 할 만큼 탐스럽기도 한 나무인지라"(창 3:6). 유혹에 넘어가 욕망에 사로잡히자 선악을 알게 하는 정도가 아니라 지혜를 얻게 될 것 같은 착각에 빠지게 된 것이다. 지식의 나무가 지혜의 나무가 되었다. 지식을 지혜로 여긴 것과 지혜의 나무의 열매를 따먹어야 하는데 지식의 나무의 열매를 따 먹은 것, 바로 이것이 인간의 비극이다. 이로 인해 하나님의 성소를 지키는 왕 같은 제사장은 세상을 하나님의 지성소로 만들라는 사명과 낙원을 잃고 유리하는 백성이 된다.

**지식의 나무는 율법의 나무**

이제 지식의 나무의 성격에 대해 알아보자. 주체적 차원으로 설명해보자. 사실 선악을 아는 지식은 인간에게 매우 중요하다. 왜냐하면 선악을 아는 지식을 통해 "자아"가 형성되기 때문이다. 옳고 그름, 크고 작음, 많고 적음, 높고 낮음, 성과 속, 나와 너 등을 나눔으로 말미암아 "자아"라는 것이 형성된다. 특히 선악의 문제는 인간 자아 형성의 핵심 사항이다. 이것은 매우 정상적인 과정이다. 분별심은 자아 형성의 과정에 필수적이다. 선악을 아는 지식은 은혜의 한계선 안에서 하나님께 순종하며 점진적으로 익혀야 할 지식이다. 그런데 인간은 하나님 없이, 말씀 없이 이 지식을 소유하려 했다. 사탄의 유혹을 받은 인간은 하나님처럼 되고 싶은 욕망으로 인해 아무런 대가도 지불하지 않고 그것을 즉각 소유하려고 했다. 하나님처럼 되려는 욕망으로 취한 선악을 아는 지식은 이제 하나님이 없는 지식과 말씀이 없는 지식이 되어버렸다. 절대자 하나님의 제한을 받지 않는 지식이 되어버렸다. 그것으로 말미암아 인간 자신이 선과 악을 판단하는 절대자가 되었다. 인간 스스로가 기준이 되고 잣대가 되자 선악을 아는 지식은 절대화되고 인간은 그것을 하나의 권력으로 소유하게 된다.

이런 자아는 "내가 선한 행동을 했다" 혹은 "나는 옳다"는 "자기 의"에 빠지고 타인을 정죄하며 타자를 배제한다. 그래서 의로운 사람일수록 이상하게도 목이 곧고 눈이 날카로워진다. 의로운 사람일수록 "심판자의 위치"에 서려고 한다. "선악을 아는 일에 우리 중 하나같이 되었다"(창 3:22)라는 말은 최종 심판자의 위치에 서려는 경향성을 띠게 되었다는 뜻이다. 그것은 하나님과 동등한 수준이 되었다는 말이 아니라 자신의 마음대로 선악을 판단하는 신적 지위를 찬탈했다는 말이다. 하나님만이 소유할 수 있는 이러한 권세가 인간의 손에 놓이면 타자의 생명을 짓밟는 절대악을 향한 방향성을 띠게 된다. 첫 번째 인간의 자식인 가인에게 일어난 악이 살인이라는 것은 어쩌면 당연한 절차다. 우리는 앞서 욥의 친구들에 대해 이야기를 나누었다. 그들은 자식과 재산을 잃고 불치의 병에 걸리며 아내마저 떠난 욥을 긍휼히 여기는 것이 아니라 도리어 욥을 정죄했다. 이것이야말로 "지식의 저주"이고 "율법의 권능"이다. 사랑을 통해 온 세상을 하나님의 성례전으로 만들어야 할 제사장으로서의 인간이 타인을 정죄하고 타자를 배제하는 율법의 노예가 되었다.

인간이 금지 명령을 어김으로 말미암아 선악을 아는 지식을 소유하게 된 것은 두 가지 면에서 문제다. 하나는 독자적으로 판단한다는 점에서 신적 존재가 되었지만, 그것이 하나님의 지혜와 정의를 담보하지는 못한다는 점이다. 하나님이 계시하지 않은 지식은 온전한 지식이 아니다. 그것은 상대적인 지식이고 불완전한 지식이며 타인을 정죄하고 타자를 배제하는 지식이다. 한마디로 타락한 지식이다. 또 하나의 문제는 인간이 그런 지식을 소유했다고 해서 그것을 행할 능력을 소유하지 않았다는 점이다. 어떤 행위가 선인지 악인지 아는 지식이 죄를 이기게 하는가? 지식 자체는 죄를 이기게 하지 못할 뿐만 아니라 선을 행할 능력을 주지도 않는다. 지식 자체가 질서와 정의를 잘 분별하고 성취하는 능력, 즉 지혜를 갖게 하지도 못한다. 우리가 몰라서 죄를 짓는가? 지식대로 살 능력이 없어서 죄를 짓는 것이다. 우리가 지식이 없어서 잘못된 선택을 하는가? 질서와 정의를 분별하고 성취하는 능력이 없어서 어리석은 일을 행하는 것이다. 결국 실패할 수밖에 없는 선악을 아는 지식은 자기 자신을 정죄하게 만든다. 남을 정죄하는 그 시각은 결국 자기 자신에게로 향하게 되어 있다. 남을 판단하는 그 판단으로 자신을 판단하게 되어 있고 남을 헤아리는 그 지식으로 자신을 헤아리게 되어 있다. 궁극적으로 실패할 수밖에 없는 인간은 결국 절망한다.

아니, 어쩌면 어떤 사람은 선악을 아는 지식대로 살았다고 자신 있게 말할지도 모른다. 사도 바울조차도 율법으로 말하자면 자신은 흠이 없는 자라고 말한다. 예수님에게 어떻게 하여야 영생을 얻을 수 있냐고 질문했던 부자 청년도 어렸을 때부터 율법을 다 지켰다고 호언장담한다. 하지만 선악을 아는 지식이라는 율법의 차원은 지킬 수 있었을지 몰라도 지식의 차원을 넘어서는 참 지혜는 모르고, 지혜의 궁극적 실체인 사랑도 모르며, 율법 밖에 있는 낯선 존재들에 대한 환대도 모르고, 율법의 경계를 넘어 율법에 의해 죄인 취급받는 자들까지 품게 하는 사랑을 행할 능력도 없다. 그렇기에 율법으로 말미암은 "교만"은 있을지 몰라도 결국 그는 생명을 얻지도 못하고 누리지도 못한 상태였을 것이다. 최소한 자기 자신에 대해 정직한 자는 이것을 잘 알 것이고 결국 자신에게 절망할 수밖에 없다. 율법을 지키지 못하는 사람이나 잘 지켰다고 생각하는 사람이나 똑같이 절망할 수밖에 없다. 그렇지 않다면 완벽하게 율법을 지켰던 부자 청년이 뭐하러 예수님에게 영생을 얻는 방법을 물으러 왔겠는가? 그의 마음 안에는 진정한 생명과 지혜를 알지도 못하고 얻지도 못한 자기 자신에 대한 절망이 있었고 그는 그런 모습이 드러나고 그로 인해 하나님께 버림받을까 봐 두려웠을 것이다. 아담처럼 말이다. "내가 벗었으므로 두려워하여 숨었나이다"(창 3:10). 또한 그는 그런 자기 자신이 한없이 부끄러웠을 것이다. 최초의 타락한 인간들처럼 말이다. "이에 그들의 눈이 밝아져 자기들이 벗은 줄을 알고 무화과나무 잎을 엮어 치마로 삼았더라"(창 3:7). 선악을 아는 지식은 결국 수치의 열매를 맺게 한다. 선악을 아는 지식이 정죄의 눈, 판단의 눈, 심판의 눈을 밝게 했다. 밝아진 눈으로 자신과 타인을 바라보니 부끄러울 수밖에 없고 그런 자신을 감추기 위해 무화과 나뭇잎으로 치부를 감출 수밖에 없다. 이것이 인간의 실상이다.

**생명나무의 열매를 따먹으라**

왜 지혜의 나무를 생명의 나무라고 불렀을까? 도대체 영생은 뭘까? 성경은 분명하게 답한다. "영생은 곧 유일하신 참 하나님과 그가 보내신 자 예수 그리스도를 아는 것이니이다"(요 17:3). 영생은 단지 죽지 않고 영원히 사는 것을 의미하기보다는 삼위일체 하나님을 아는 것을 의미한다. 삼위일체 하나님의 본질인 사랑, 즉 참 진리, 참 선함, 참 아름다움의 본질인 사랑을 아는 것, 이것이 참다운 지혜다. 참 지혜는 진리와 선함과 아름다움을 온전히 갖춘 지혜이고 그것이야말로 온전한 사랑이며 생명이다. 지혜의 나무는 생명의 나무다. 따라서 "보라! 이 사람이 선악을 아는 일에 우리 중 하나 같이 되었으니 그가 그의 손을 들어 생명나무 열매도 따먹고 영생할까 하노라"(창 3:22)라고 하신 것은 생명나무의 열매를 따먹으면 삼위일체 하나님을 알게 될까 봐 염려했다는 말씀이 아니라 선악을 아는 지식 차원에서 영생을 이해하게 될까 봐 염려하셨다는 말씀으로 이해하는 것이 좋다. 궁극적 의미에서 보면 선악을 아는 지식을 통해 자신의 힘으로 선을 행하느냐 악을 행하느냐는 하나님에게 중심적인 문제도 본질적인 문제도 아니다. 선악을 아는 지식을 통해 자신의 힘으로 선을 행하느냐 악을 행하느냐에 의해 하나님을 기쁘게 하거나 화나게 할 수 없다. 자신의 뜻과 힘을 가지고 선한 행위를 하는 것이 하나님을 기쁘게 할 수 있을까? 하나님과의 참다운 관계와 하나님의 뜻과 상관없이 선하게 살면 되는가? 참 생명과 은혜 없이 종교적 인간이 되면 되는 것인가? 하나님의 관심사는 우리가 하나님을 정말 아는가, 하나님과 온전한 친밀함 가운데 있는가, 하나님께 온전히 집중해 있는가, 하나님에 대한 경이에 사로잡혀 송영의 삶을 살아가는가, 하나님의 뜻 가운데 있는가, 참 지혜를 가지고 말씀대로 살아가는가, 생명을 소유할 뿐 아니라 생명을 풍성하게 누리고 있는가, 그 생명이 우리 안에서 일하도록 하고 있는가, 그 생명이 온 세상을 하나님의 성례전으로 만들도록 하고 있는가 하는 것들이다. 얼마나 많은 선을 행하느냐가 중요한 것이 아니라 얼마나 풍성한 생명을 누리느냐가 성경의 핵심적인 주제다. 우리가 행한 선이 우리에게 생명을 가져오는 것이 아니라 우리 안에 있는 생명이 우리로 선을 행하도록 한다. 우리가 알고 있는 진리가 우리에게 생명을 가져오는 것이 아니라 우리 안에 있는 생명이 우리로 진리를 알게 하고 자유케 한다. 우리가 좀 더 아름다워져야 우리 안에 생명이 충만해지는 것이 아니라 우리 안에 있는 생명이 우리를 좀 더 아름답게 만든다. 그러니 지식의 나무의 열매를 따 먹는 삶이 아니라 지혜의 나무의 열매를 따 먹는 삶이 되기를 바란다. 성령과 말씀으로 생명 충만한 삶이 될 때 승리하며 열매 맺는 삶을 살 수 있기 때문이다.

그렇다면 우리는 어떻게 풍성한 생명을 누릴 수 있을까? 그리스도의 생명 가운데 거해야 한다. "내 안에 거하라. 나도 너희 안에 거하리라. 가지가 포도나무에 붙어 있지 아니하면 스스로 열매를 맺을 수 없음 같이 너희도 내 안에 있지 아니하면 그러하리라. 나는 포도나무요 너희는 가지라. 그가 내 안에, 내가 그 안에 거하면 사람이 열매를 많이 맺나니 나를 떠나서는 너희가 아무것도 할 수 없음이라"(요 15:4-5). 우리는 야고보서를 통해 살펴본 네 가지 믿음의 차원을 통해 전적인 은혜로 그리스도 안에서 새로운 피조물이 된다. 나는 생명나무에 붙어 있는가? 나는 생명을 풍성하게 누리고 있는가? 선악을 아는 지식이 나를 움직이는 것이 아니라 내 안의 지혜와 생명이 나를 움직이는가? 이러한 것들이 우리가 물어야 할 가장 궁극적인 질문이다. "태초부터 있는 생명의 말씀에 관하여는 우리가 들은 바요 눈으로 본 바요 자세히 보고 우리의 손으로 만진 바라. 이 생명이 나타내신 바 된지라. 이 영원한 생명을 우리가 보았고 증언하여 너희에게 전하노니 이는 아버지와 함께 계시다가 우리에게 나타내신 바 된 이시니라"(요일 1:1-2). 그리스도가 영원한 생명이시다. 생명나무는 "예수 그리스도"다. 생명나무에 붙어 있는 길은 예수 그리스도 안에 거하는 방법밖에 없다. 영원한 생명이신 예수 그리스도 안에 거하라. 생명이신 그분 안에 있으면 우리에게 진정한 지혜가 임한다. 지혜의 미학적 측면에 대해서는 제3부 "미학적 삶을 살라"에서 보다 깊이 다룰 것이다.

# 제3장

# 새로운 왕의 길 2, 사명

나는 내 마음에 이르기를 "자, 내가 시험 삼아 너를 즐겁게 하리니, 너는 낙을 누리라" 하였으나, 보라! 이것도 헛되도다. 무엇이든지 내 눈이 원하는 것을 내가 금하지 아니하며 무엇이든지 내 마음이 즐거워하는 것을 내가 막지 아니하였으니. 이는 나의 모든 수고를 내 마음이 기뻐하였음이라. 이것이 나의 모든 수고로 말미암아 얻은 몫이로다. 그 후에 내가 생각해본즉, 내 손으로 한 모든 일과 내가 수고한 모든 것이 다 헛되어 바람을 잡는 것이며 해 아래에서 무익한 것이로다(전 2:1, 10-11).

＊＊

많은 사람이 행복을 추구한다. 행복하기 위해 더 많은 즐거움과 재미를 추구한다. 이전에는 "행복학"이라는 것이 존재하지 않았었다. 하지만 현대에는 행복학이 가장 인기 있는 학문이다. 이것이 도리어 우리가 "행복해야 한다는 강박"에 빠져 있다는 현실을 역설적으로 보여준다. 『처음에는 비극으로, 다음에는 희극으로』(창비, 2010)에서 슬라보예 지젝(Slavoj Žižek)이 지적한 것처럼 예전에는 우리의 욕망을 억압하는 "율법적인 초자아"가 문제였다면 이제는 우리의 욕망을 실현하라고 부추기는 "쾌락적인 초자아"가 문제다. 현대인은 바로 이 "변형된 초자아"로 인한 강박에 사로잡혀 있다. 전도자도 그러했던 것 같다. "나는 내 마음에 이르기를 '자, 내가 시험 삼아 너를 즐겁게 하리니 너는 낙을 누리라' 하였다"(전 2:1). "무엇이든지 내 눈이 원하는 것을 내가 금하지 아니하며 무엇이든지 내 마음이 즐거워하는 것을 내가 막지 아니하였으니 이는 나의 모든 수고를 내 마음이 기뻐하였음이라"(전 2:10). 하지만 2:11에서 그는 자신의 행복을 위해 "내 손으로 한 모든 일과 내가 수고한 모든 것이 다 헛되어 바람을 잡는 것이며 해 아래에서 무익한 것"(전 2:11)이라고 고백한다. 실상 우리는 모두 강박적으로 행복을 추구하지만 과잉된 자아의 욕망을 만족시킬 수 없다.

## 행복학의 한계와 문제점

행복학에서 주장하는 가장 유명한 공식 중 하나가 "50 : 40 : 10 공식"이다. 마틴 셀리그만(Martin E. P. Seligman)이 『긍정심리학』(물푸레, 2006)이라는 책에서 주장하는 행복 공식이다. "H = S + V + C." 풀어 설명하면 다음과 같다. 행복(happiness) = S(set, 유전적으로 정해진 행복의 범위) + V(volitive, 자신의 행복을 개발하려는 의도적이고 자발적인 활동) + C(circumstances, 행복에 영향을 끼치는 환경). 이 공식은 행복을 결정하는 요인을 말한다. 유전적 요인이 50%, 의지적·인지적·감정적 요인이 40%, 환경적 요인은 10%다. 좀 놀랍다. 어떤 사람이 다른 사람보다 좀 더 행복을 느끼는 이유가 유전적 요인이 반이라니 말이다. 이건 어찌할 도리가 없다. 그러니 나머지 요인에 집중하는 것이 효과적인데 사람들이 흔히 생각하는 것처럼 환경적 요인은 그리 크지 않다. 겨우 10%다. 중요한 건 나머지 40%인데 의지적·인지적·감정적 요인이다. 행복학자들은 하나같이 40%의 가능성에 집중하라고 말한다. 이건 내가 바꿀 수 있으니 말이다. 그는 낙관적인 사람의 특징을 "영속성"과 "파급성"으로 이야기한다. 첫 번째 요소는 "영속성"이다. 고난이 올 때 일을 쉽게 포기하는 사람은 힘든 일의 원인이 영원할 것으로 본다. 반면 쉽게 포기하지 않는 사람은 힘든 일의 원인을 일시적인 것으로 본다. 힘든 일에 "항상", "전혀" 등의 말을 쓰는 사람은 비관주의자고 "가끔", "요즘" 등의 말을 쓰는 사람은 낙관주의라고 한다. 정반대로 일을 쉽게 포기하는 사람은 좋은 일이 일어난 원인을 기분이나 노력과 같은 일시적인 것에서 찾는다. 반면 일을 쉽게 포기하지 않는 사람은 좋은 일의 원인을 자신의 특질이나 능력이라는 영속적인 원인 때문이라고 해석한다. 두 번째 요소는 "파급성"이다. 비관주의자들은 한 가지 일이 잘못되면 삶 전체가 잘못된 것처럼 군다. 자신의 실패를 보편적으로 해석하는 셈이다. 한 가지 실패를 다른 영역까지 파급시킨다. 반면 한 가지 실패를 특수한 예로 여기는 사람은 낙관주의자다. 그는 실패로 절망하기도 하지만 이내 다른 것을 향해 꿋꿋이 달려간다. 정반대로 비관주의자는 좋은 일을 특수한 경우로 여긴다. 그는 좋은 일의 원인을 다른 영역까지 파급시키지 못한다. 반면 낙관주의자는 좋은 일이 자신이 하는 모든 일에 보탬이 된다고 믿는다. 한 가지 좋은 일은 보편적으로 적용한다. 이처럼 "영속성"과 "파급성"을 통해 낙관주의자들은 미래에 대한 낙관적인 기대를 하고 살아간다.

프랭크 미너스(Frank Minirth)와 폴 마이어(Paul Meier)는 『행복도 선택이다』(엘멘미디어, 2005)라는 책에서 "할 수 없다"라고 말하는 사람들의 경향을 논한다. 저자들은 "할 수 없다"와 "이미 시도해봤다"란 말이 구차한 변명일 뿐이라며 환자들에게 차라리 "하지 않겠다"라는 표현을 사용하라고 권한다. 예를 들어 "이 여자와 같이 살지 못하겠습니다" 대신 "이 여자와 같이 살지 않겠습니다"로, "소비를 멈출 수 없습니다" 대신 "소비를 멈추지 않겠습니다"로 정정해준다. 이렇게 주체적 선택을 하며 살아가는 사람은 불행과 행복도 자기 선택의 결과에 불과함을 안다. 어느 정도 일리(一理)가 있다. 많은 경우 고통의 문제는 마음의 문제이기 때문이다. 오죽하면 불교에서 "일체유심조"(一切唯心造)라고 했겠는가? 기독교도 다음과 같이 말한다. "모든 지킬 만한 것 중에 더욱 네 마음을 지키라. 생명의 근원이 이에서 남이니라"(잠 4:23). "너희는 이 세대를 본받지 말고 오직 마음을 새롭게 함으로 변화를 받아 하나님의 선하시고 기뻐하시고 온전하신 뜻이 무엇인지 분별하도록 하라"(롬 12:2). 마음의 문제가 이렇게 중요하다.

하지만 이것이 전부는 아니다. 행복 공식이 인생의 어떤 한 측면을 이야기하는 것이라면 성자적 영성 차원에서 받아들일 수 있다. 하지만 이것이 절대 진리처럼 이야기되거나 혁명가적 영성을 도외시하거나 이데올로기로 작동한다면 그건 큰 문제다. "H = S + V + C"라는 행복 공식이 말하지 않는 것들이 있고 잘못된 전제를 내포하고 있기 때문이다. 여기서는 잘못된 전제에 대해서만 이야기해보자. 첫째, 행복 공식은 거의 모든 책임을 개인에게 묻는다. 유전도 결국은 개인의 문제이고 심리적 차원의 문제다. 그러니 총 90%가 행복을 결정하는 요인이며 결국 행복은 개인적 차원의 문제. 이처럼 행복 공식은 개인적 차원을 과도하게 부풀리는 잘못을 저지른다. 실제로 개인의 마음이 개인 마음대로 개인의 결정과 선택대로 움직이던가? 그것도 엄청나게 어려운 일이다. 엄청나게 어려운 과제를 개인에게 맡겨놓고 과도하게 개인에게 책임을 묻고 있는 셈이다. 핵심적인 문제점은 이런 개인적 행복을 누리려는 추구가 도리어 행복에 대한 강박을 갖게 만든다는 점이다. 잘되든 못되든 모든 것이 개인 탓이기 때문에 불행한 사람, 못난 사람이 되지 않으려면 반드시 성공해야만 한다. 이 세상은 행복을 얻기 위해 경쟁해야 하는 전투장이 된다. 모든 개인이 행복을 얻기 위해 "만인에 대한 만인의 투쟁"에 뛰어들어야 한다.

현대인들은 행복을 가장 중요한 가치로 여긴다. 하지만 역사상 행복을 이렇게 중요한 가치로 여긴 시대는 없었다. 지난 100-200년의 짧은 역사에서만 이런 현상이 나타나고 있다. 공리주의가 근대 사회의 지배 원리가 되면서 이렇게 되었다. 공리주의는 행복을 가장 중요한 가치라고 주장했고 무엇보다 행복을 쾌락의 문제로 바꿔버렸다. 더 큰 문제는 쾌락과 동일시되는 그 행복을 도덕적 선으로 여긴다는 데 있다. 인간이 추구해야 할 위대한 가치가 선인데 겨우 개인의 행복을 추구하는 것이 최고의 선이 되어버렸다. 물론 공리주의 덕분에 사회는 엄청난 제도적 안정과 물질적 축복을 얻게 되었다. 하지만 역설적으로 현대인들은 역사상 가장 불행한 삶을 살고 있다. 아이러니는 행복학이 그리 발달하지 않았지만 평등한 사회인 북유럽보다 행복학이 발달했지만 불평등한 사회인 영미권이 훨씬 더 불행하다는 점이다. 행복 이데올로기의 시초가 벤담의 공리주의이며 공리주의가 어떻게 신자유주의의 이데올로기까지 영향을 끼쳤는지에 관한 궤적을 분석한 윌리엄 데이비스(William Davies)는 『행복산업』(동녘, 2015)에서 행복학이 발달한 나라의 공통적 특징이 우울증이 현대의 질병이 되었다는 점이라고 말한다. 오늘날 미국 성인의 약 3분의 1과 영국 성인의 절반가량이 가끔 우울증 때문에 힘들다고 호소한다. 통계에 따르면 상대적 빈곤이 절대적 빈곤만큼이나 심각한 고통을 유발할 수도 있는데 이는 돈 걱정에서 오는 스트레스뿐만 아니라 열등감과 신분에 대한 걱정이 우울증을 유발함을 보여준다. 통계 수치 이면에는 경쟁심 그 자체가 우울증을 유발할 수 있고 이는 "패자"뿐만 아니라 "승자"에게도 부정적인 영향을 끼친다는 실상이 숨어 있다. 역설적으로 돈과 지위, 권력을 중심으로 한 "출세 지향적인 가치들"이 우울증의 위험을 높이고 도리어 "자아 실현감"을 낮춘다. 승자나 패자나 모두 "우울성-경쟁 질환"을 앓고 있다. 그래서 데이비스는 이런 현실을 이렇게 꼬집는다. "총체적인 개인의 성장을 궁극의 미덕으로 여기는 사회에서는 총체적인 개인의 몰락이라는 질병을 피할 수 없다. 같은 맥락에서 낙천성만을 중요하게 여기는 문화는 비관성이라는 병을 잉태할 것이며, 경쟁을 중심으로 구축된 경제는 우리를 패배주의라는 질병으로 몰고 갈 것이다."

둘째, 행복 공식은 개인적이지 않은 요인들을 지나치게 과소평가한다. 즉 그것은 환경적이고 사회적인 요인을 지나치게 과소평가한다. 보수적인 철학자로 유명한 탁석산조차 『행복 스트레스』(창비, 2013)에서 동일한 문제를 제기한다. 그는 행복 잡상인들의 말들이 거짓이라고 말한다. 그에 따르면, 행복은 결코 개인적 차원에서 논할 수 있는 문제가 아니며 소소해 보이는 일상조차 사회적 차원의 문제가 감춰져 있다. 그는 한 행복학자가 한 말을 인용한다. "행복하게 사는 방법은 아주 간단하다. 집에서 그리 멀지 않은 안정적인 일터에서 즐겁게 일하고 동료들과 한잔 걸친 후 집에 가서 섹스하는 것! 행복의 비밀은 바로 여기에 있었다!" 탁석산은 이 행복에 대한 정의들에 사회적인 요인들이 스며들어 있음을 하나하나 논박한다. 왜 이렇게 행복 판매상들이 설치게 되었고 행복이 인생 최대의 목표와 덕목이 되었을까? 그도 그것이 공리주의에서 비롯되었음을 주장하면서 배후에 민주주의, 개인주의 그리고 시장주의가 자리 잡고 있음을 철학적으로 파헤친다. 해법으로 제시되는 것들은 그에 상반된 가치들이다. 공리주의로는 도저히 인간의 존엄과 삶의 의미를 다 이해할 수 없고 행복이 도덕의 기초가 될 때 더욱 귀중하고 위대한 가치들이 사라진다고, 그리고 인간의 존엄성과 쾌락보다 큰 가치를 붙들어야 한다고 탁석산은 말한다. 그는 평등 없이는 행복이란 있을 수 없고 공동의 부가 토대가 되는 사회일 때 모두가 행복할 수 있으며 개인주의가 아니라 예의를 갖추는 사회를 만드는 것이 더 행복한 사회가 될 것이라 말한다. 분명 보수적인 철학자의 책인데 읽는 동안 좌파 철학자의 책으로 착각할 정도였다. 행복의 실체에 접근하는 사람이라면 그가 보수적인 철학자이든 진보적인 철학자이든 그와 같은 생각을 가질 수밖에 없다고 나는 생각한다.

　행복 공식은 이러한 측면을 결코 드러내지 못한다. 사회심리학자 김태형은 『가짜 행복 권하는 사회』에서 실상 행복 공식은 행복의 개인차를 드러낼 뿐이라고 말한다. 50%의 유전적 요인만 해도 그렇다. 유전적 차이는 행복 그 자체의 차이를 말하지 않고 행복의 개인차를 의미한다. 우리는 유전자가 행복을 좌우한다고 이야기하면 안 되고 누군가 다른 사람보다 상대적으로 더 행복하도록 결정하는 요인들이 있는데 그중 50%가 유전자라고 말해야 한다. 행복학은 왜 북유럽 사람들이 한국 사람들이나 미국 사람들보다 훨씬 더 행복한지를 말해주지 않는다. 그들이 행복한 이유가 50% 더 행복한 유전자를 갖고 있기 때문일까? 유전이 행복의 개인차가 아니라 행복 자체를 좌우한다면 북유럽 사람이 미국에 가도 행복할 것이고 미국 사람이 북유럽에 가도 불행할 것이다. 하지만 연구 결과 미국 본토에 사는 사람들이나 미국에 이민해온 북유럽 사람들의 행복도가 비슷했다. 환경이 행복의 개인차에는 단지 10%의 영향을 끼칠지는 몰라도 진정한 행복의 차이라고 할 수 있는 "행복의 집단 간 차이"에는 커다란 영향을 끼친다. 북유럽 모델 국가들은 공동체와 사회와 국가가 개인의 행복에 대한 책임을 진다. 행복의 조건을 만들어주니 행복이 따라온다. 행복도 세계 1위 국가인 덴마크에 관한 이야기를 담은 오연호의 『우리도 행복할 수 있을까』(오마이북, 2014)를 읽다가 조금 충격을 받은 적이 있다. 한 방문자가 몇몇 덴마크 사람들에게 "요즘 걱정거리가 있다면 무엇입니까?"라고 질문하자 놀랍게도 모든 사람의 반응이 한결같았다. 그들은 딱히 걱정거리가 없다면서 뭐라 답해야 할지 모르는 표정을 지었다. 덴마크에서 만난 사람들이 보인 공통점은 걱정거리를 말하는 걸 어려워한다는 점이다. 불평등이야말로 갈등과 불화의 근본 원인인데 덴마크는 탁월한 복지 제도를 통해 불평등을 최소화하는 데 성공했기 때문에 이런 반응이 나오는 것이다.

행복학의 큰 문제 중 하나는 개인의 행복을 추구하다 보면 도리어 사람들이 고통을 견디는 능력을 상실하게 만든다는 데 있다. 이 점을 예리하게 파헤친 에바 일루즈(Eva Illouz)와 에드가르 카바나스(Edgar Cabanas)는 『해피크라시』(청미, 2021)에서 행복학이 긍정적인 것과 부정적인 것을 딱 부러지게 나눌 수 있다는 기만적인 구분을 사용한다고 비판한다. 그렇게 구분하고선 행복학은 내 안에 있는 부정적인 생각과 감정을 모두 버리고 오직 긍정적인 생각과 감정만을 강화하라고 말한다. 하지만 사람의 감정은 그리 단순하지 않다. 매우 복합적이다. 사람의 감정은 감정에 대한 감각, 주관적 감상, 해석 등의 현상 전체가 역사적·문화적 의미 작용과 사회적 구조 등과 본질적으로 연결되어 있다는 특징을 지닌다. 그런데도 긍정심리학은 긍정적인 것과 부정적인 것을 딱 부러지게 나눠놓고 긍정적 감정만을 강화할 것을 강요한다. 사실 긍정적인 것만큼이나 부정적인 정서도 인격 형성이나 사회적 결속에 큰 도움을 줄 수 있다. 모든 감정이 주어진 맥락 안에서 개인적·사회적·문화적 역할이 형성·유지·제고될 때 각기 다른 감정이 어떤 기능을 하고 각기 다른 감정적 반응이 어떤 역할을 하는지 온전히 이해하는 것이 훨씬 더 중요하다. 부정적인 감정을 개인의 성숙과 사회의 결속을 이루는 데 어떻게 사용해야 하는지를 아는 것이 중요한데 긍정심리학은 그런 걸 모두 폐기해버린다. 긍정성이 일종의 독재적 태도가 되면서 모든 책임을 개인에게 지움으로써 사회를 변화시킬 비판적 힘을 상실하게 만들고, 타인에 대한 연민이나 공감이 들어설 자리를 빼앗는다. 긍정적 사고의 독재는 가능한 한 최선의 세계를 믿게 하지만 상상할 수 있는 최선의 세계를 구상하지 못하게 방해한다. 더군다나 긍정성에 대한 강박은 부정적인 감정을 바람직하지 않은 것, 나아가 쓸모없고 무익한 정서, 즉 아무것도 아닌 것을 위한 것으로 취급한다. 이는 고통을 겪고 있는 사람들에게 고통을 더욱 견디기 힘들고 모욕적인 감정으로 느끼게 만든다. 그들은 순수한 고통의 짐만 지는 게 아니라 죄의식의 짐까지 져야 한다. 무엇보다 문제인 것은 그렇게 함으로써 고통을 겪고 있는 사람들로 하여금 고통을 통해 성숙하게 될 기회까지 빼앗는다는 점이다. 고통을 고통 그 자체로 받아들여 고통을 통해 의미를 발견하고 가치를 만들어내며 인내의 발효를 일으킬 기회로 삼을 수도 있는데 그런 기회를 박탈한다.

## 부정의 심리학과 긍정의 심리학

행복학의 저변에 있는 학문이 "심리학"이다. 심리학을 두 가지 경향을 가진 부류로 나눌 수 있을 것 같다. 하나는 "부정의 심리학"이고, 다른 하나는 "긍정의 심리학"이다. 부정의 심리학이 상처의 심리학이라면 긍정의 심리학은 가능성의 심리학이라고 할 수 있다. 부정의 심리학이 과거의 심리학, 이해의 심리학, 위로하는 심리학, 치유의 심리학이라면 긍정의 심리학은 미래의 심리학, 선택의 심리학, 강화하는 심리학, 발견의 심리학이라고 할 수 있다. 부정의 심리학을 대표하는 심리학자는 프로이트이고 긍정의 심리학을 대표하는 심리학자는 아들러다. 부정의 심리학이 정신분석학에서 출발하고 많은 횟수의 면담을 통해 깊은 상처를 치유해나간다면 긍정의 심리학은 정신을 분석하기보다 주로 실존적 선택과 결단의 중요성을 강조하면서 상담보다는 코칭에 전념하며 자기계발서의 핵심 내용을 구성한다. 나는 이 두 가지 심리학이 서로를 비판해주면서 동시에 서로를 보완해주어야 한다고 생각한다.

지금의 시대는 한병철 교수가 『피로사회』(문학과지성사, 2012)에서 지적한 것처럼 "정성 과잉의 시대"라고 할 수 있다. 현대인은 일인 기업가로서 스스로를 경영해야 하는 주체로 호명되었기에 무엇이든지 할 수 있다는 가능성을 추구하고 과도하게 활동하며 성과를 내기 위해 일에 강박적으로 몰입하고 자기 자신을 스스로 착취한다. 그는 자기 자신이 피해자인 동시에 가해자로 살아간다. 항상 과잉, 과다, 과열, 포화 상태에 놓여 있고 결국에는 소진, 피로, 질식, 고갈의 상태에 빠지게 된다. 모든 것이 가능하다고 믿는 사회에서 최선을 다해 살아가다가 아무것도 가능하지 않다는 것을 깨달은 사람들에게 나타나는 증상이 우울증이다. 이 시대는 그야말로 우울증의 시대다. 매스컴에서 이런 표제가 항상 등장한다. "2020년 우울증 모든 연령에서 나타나는 질환 중 1위 예상", "우울증과 불안 장애로 세계 경제 연 1천조 원 부담", "십 대 청소년 질병 1위는 우울증", "우울한 한국, 우울증 환자 66만 명", "우울증은 선진국만의 질병이 아니라 세계적 현상" 등등. 2002년 통계를 보면 미국 시민의 15% 이상이 항우울제를 복용하며 여섯 명 중 한 명이 의사를 찾아 처방전을 받는다. 독일에서도 동일한 결과가 나왔다. 2011년 한 해만 해도 6명 중 1명이 정신 질환으로 병가를 냈다. 이런 시대이기에 "부정의 심리학"이 필요한 시대가 되어버렸다. 부정적이어도 괜찮다고, 부족해도 괜찮다고, 실패해도 괜찮다고, 못나도 괜찮다고, 달라도 괜찮다고, 힘내지 않아도 괜찮다고 말하는 심리학이 필요한 것이다.

『죽고 싶지만 떡볶이는 먹고 싶어』(흔, 2018)는 대표적인 부정의 심리학을 적용한 사례라고 할 수 있다. 저자는 심한 우울 증상을 보이는 주요 우울 장애와는 달리 가벼운 우울 증상이 지속되는 상태를 뜻하는 "기분 부전 장애"를 앓고 있는데 정신과 전문의와 12주간 면담한 내용을 책으로 옮겼다. 그 책은 남들이 잘 말하지 않는 속마음을 그대로 옮겨놓은 것이어서 많은 이들의 공감을 불러일으켰다. 특히 젊은 여성 독자들의 공감을 사서 초대형 베스트셀러가 되었다. 베스트셀러가 되었다고 해서 일부러 사서 읽었는데 솔직히 처음에는 공감이 잘되지 않았다. 상담 내용이 너무 뻔할 뿐만 아니라 너무 찌질하게 느껴졌다. 작가야 기분 부전 장애를 앓고 있으니 그렇다 치자. 그런데 이게 그토록 많은 사람에게 공감을 얻어 베스트셀러가 되었다는 말인가? 그것이 처음에는 공감이 잘되지 않았다. 정말 요즘 젊은이들이 이런 생각들을 하며 살아가고 있고 이렇게도 찌질하단 말인가? 조금 당혹스러웠다. 나중에야 있는 그대로 받아들였고 현대의 질병을 좀 더 실감 나게 이해하게 되었다.

이 책을 비판하는 사람들도 있었다. 그들은 "이래도 좋고 저래도 좋다"는 식의 여느 힐링 도서들처럼 현실 도피를 일으키는 것 아닌가 하는 의심을 했고 무엇보다 겨우 "바넘 효과"(Barnum effect)를 일으킨 것일 뿐이라고 비판한다. 바넘 효과는 발견자의 이름을 따서 "포러 효과"(Forer effect)라고도 하는데 내용이 너무 일반적이어서 도리어 개인적인 적용이 가능한 것 혹은 너무 일반적인데 자기에게만 적용되는 것으로 아는 것을 의미한다. 버트럼 포러(B. R. Forer)라는 심리학자가 자신의 심리학 입문 강의에서 39명의 수강생을 대상으로 가짜 성격 검사를 실시했다. 진단 항목은 대다수 점성술을 다룬 책을 참조한 것이라고 한다. 그는 검사하고 나서 모든 학생에게 동일한 진단 결과를 전달했다. 놀랍게도 학생들은 모두 전달된 내용을 자신의 실제 성격으로 믿었다. 이 진단 결과가 얼마나 자신의 성격을 잘 설명하는지 점수를 매기도록 했는데 5점 만점에 4.26점이 나왔다고 한다.『죽고 싶지만 떡볶이는 먹고 싶어』도 그런 부류의 책이란 것이다.

그렇기에 한편에서는 대표적인 긍정의 심리학인 아들러 심리학을 들고 나와 이런 경향을 비판하는 책들이 인기다. 기시미 이치로·고가 후미타케의『미움받을 용기』(인플루엔셜, 2014)가 대표적이다. 51주 동안 교보문고 베스트셀러 1위 자리를 차지했다. 36주 연속 1위였던 김난도의『아프니까 청춘이다』(쌤앤파커스, 2010)의 기록을 갈아치웠다. 이 책은 아들러 심리학을 쉽게 풀어쓴 책이다. 프로이트의 정신분석학은 "과거가 나를 이렇게 만들었다"라고 말하는 원인론이다. 따라서 과거의 상처를 분석하는 것이 프로이트 정신분석학의 주요 업무이고 그래서 시간도 오래 걸린다. 반면 아들러의 심리학은 "내가 그렇게 되기로 결정했기 때문에 지금 그런 상태에 처해 있다"라고 말하는 결과론이다. 마음의 증상들은 어떤 목적을 이루기 위해 내가 만들어낸 것이다. 말을 안 듣는 아들에게 화가 나서 큰 소리를 지르는 엄마는 실상 화가 나서 큰소리를 내는 것이 아니라 큰소리를 내기 위해 화를 낸 것이다. 왜 큰소리를 내는가? 큰소리를 내서 상대를 굴복시키기 위함이다. 즉 상대를 굴복시키기 위해 큰소리를 냈고 큰소리를 내기 위해 화를 낸 것이다. 화를 내는 목적은 굴복시키기 위함이다. 이러한 심리학은 개인의 책임 문제를 중요하게 여긴다. 사람들은 이런 책들을 통해 위로를 받는 것이 아니라 힘을 얻는다. 변화심리학자 이재진이 쓴『마음의 역설』(카시오페아, 2016)도 아주 중요한 책이다. 부제가 "왜 항상 싫다면서 같은 행동을 반복하는가?"다. 그 대답도 분명하다. "풀리지 않는 문제가 있다면, 그건 풀기 싫었기 때문이다." 그는 아들러의 목적론과 NLP(신경언어프로그래밍)의 이득론으로 문제를 풀어간다. 이득론 상담은 위로와 공감이 아니라 해결을 목적으로 한다. 그는 "이득을 주기 때문에 증상이 있다"고 단호하게 말한다. 다른 말로 하면 환자는 어떤 이득을 얻기 위해 그 증상을 선택한 것이다. 따라서 이재진은 증상을 통해 얻고자 하는 그 이득의 실체를 밝혀내고 이제는 증상만 더 악화시키는 적절하지 않은 방법이 아니라 적합하고 건강한 방법으로 그 이득을 성취하라고 해법을 제시한다. 나는 이러한 주장이 매우 중요하다고 생각한다.

하지만 모든 것을 이렇게 풀어가야 할까? 나는 부정의 심리학도 매우 중요하다고 생각한다. 이 방향의 심리학을 통해 우울증에 대한 이해가 넓어졌다. 특히 앤드루 솔로몬(Andrew Solomon)의 『한낮의 우울』(민음사,

2004) 같은 부류의 책들을 통해 우울증을 깊이 이해하게 되었다. 보통 우울증을 "마음의 감기"로 부른다. 이렇게 부르는 이유가 있다. 감기를 정죄하지는 않듯이 우울증을 마음의 감기로 부르면 정죄의 마인드를 극복할 수 있다. 병원에 가서 감기를 고치듯이 병원에 가서 치유하면 낫는 마음의 질병이 우울증이다. 하지만 이는 부족한 표현이다. 감기는 짧은 기간에 낫지만 우울증은 그렇지 못하고, 감기는 약을 먹으면 쉽게 낫지만 우울증은 그렇지 못하며, 감기의 고통보다 우울증의 고통이 훨씬 더 참혹하다. 그런 의미에서 어떤 사람은 우울증을 마음의 감기가 아니라 "마음의 폐렴"으로 부른다. 이런 정도의 고통이 발생하게 된 것을 무조건 개인의 책임으로 말하기 어렵다. 과연 모든 고통이 개인의 책임일까? 모든 증상이 개인이 만들어낸 것일까? 개인적인 연약함 때문에 사람들이 고통을 극복하지 못하는 것일까? 물론 많은 경우는 사람들이 연약해서 그러한 고통에 걸릴 수 있다. 하지만 완전히 다른 차원의 상처가 있다. 심한 독감이 유행할 때 면역력이 좋은 사람은 질병에 걸리지 않지만, 면역력이 약한 사람은 질병으로 고통스럽다. 이럴 때는 나의 면역력을 키워야 한다. 이러한 질병의 고통은 건강을 돌보지 않은 내 책임이라 할 만하다. 하지만 이런 종류의 상처를 넘어서는 상처가 있다. 총알에 맞으면 건강해도 말할 수 없는 고통을 겪는다. 총상에는 예외가 없다. 우리는 모두 슈퍼맨이 아니기 때문이다. 이처럼 총알에 맞은 것 같은 상처가 있다. 이런 상처를 개인의 책임으로 몰고 가면 도리어 고통을 증폭시키게 된다. 『천사들은 우리 옆집에 산다: 사회적 트라우마의 치유를 위하여』(창비, 2015)에서 정혜신은 "스트레스와 트라우마의 차이"를 구분해야 한다고 말한다. 첫째로 스트레스는 아픔만큼 성숙해질 수 있는 상처이며 겪어볼 만한 상처다. 고부 갈등이나 직장 해고 등으로 인한 상처가 이에 속한다. 하지만 트라우마는 아픔만큼 파

괴되는 상처이며 거의 극복되지 않는 상처다. 재난, 전쟁, 고문, 성폭력 등으로 인한 상처가 이에 속한다. 한국의 자살률이 OECD 1위인데 광주학살 피해자들의 자살률은 그것의 500배라고 한다. 둘째로 스트레스는 부분적인 상처이며 어떤 부분이 힘들어도 다른 영역에서는 문제가 없을 수 있다. 집안에서 힘들어도 직장에서는 우수 사원이 될 수 있다. 하지만 트라우마는 전체적인 상처여서 삶의 전반적인 판이 다 깨지는 상처다. 이런 상처는 쉽게 위로받을 수 있는 상처가 아니다. 이러한 상처를 두고 무조건 개인적인 선택의 문제라고 말할 수 있을까? 모든 걸 개인적인 선택의 문제로 가져가는 것 자체가 모든 책임을 개인에게 짊어지게 하려는 신자유주의적 자본주의의 계략이 아닐까?

## 희생자 의식과 자아 과잉

하지만 긍정심리학에서 지적하는 비판에도 귀를 기울여야 한다. 일반적인 긍정심리학보다 강하게 비판하는 에릭 메이젤(Eric Maisel)의 『가짜 우울』(마음산책, 2012)이나 스티브 아얀(Steve Ayan)의 『심리학에 속지 마라』(부키, 2014) 같은 유의 책들도 있다. 이런 유의 책들은 심지어 우울증이 존재하지 않는다고 말한다. 그 두 저자는 인간의 실존에서 겪을 수밖에 없는 큰 고난으로 인한 극심한 슬픔과 극심한 불행을 의료화하여 병이나 질환이나 장애로 바꾼다고 심리전문가들을 비판한다. 단지 "원치 않는 감정"에 불과한 것을 "비정상적인 것" 혹은 "정신 장애의 한 증상"으로 만들어 버렸다는 것이다. 정신 장애를 마음에 안 들고 불쾌한 것은 가능하면 다 넣을 수 있도록 광범위하고 애매한 것으로 정의하고 불행이 뇌의 화학 작용을 불러일으켰음에도 불구하고 원인과 결과를 뒤집어서 뇌의 화학적 변화가 불행을 만든 것처럼 주장한다는 것이다. 그들은 부정심리학에서 주장하는 이론들을 심리 산업과 의료 산업이 만들어낸 신화로 본다. 이 신화는 아주 성공적이어서 모두가 우울증에 대해 이해하게 되었고 고통을 겪고 있는 대부분의 사람이 우울증을 앓는 사람이 되었다고 그들은 비판한다. 정상적인 사람들을 모두 환자로 만들었다고 비판한다.

심리학을 우습게 만든 실험들도 존재한다. 그 유명한 로젠한 실험(Rosenhan experiment)이다. 이 실험은 1972년 10월 미국 스탠퍼드 대학교의 심리학자이자 교수인 데이비드 로젠한(David Rosenhan)이 일반인 7명과 함께한 실험이다. 정신적으로 이상이 없는 8명의 일반인은 각기 다른 자신만의 증상을 만들어 진단받은 뒤 정신 병원에 입원했으며, 입원 후에는 입원 전처럼 정상적인 모습으로 생활했다. 그런데 정신과 의사들은 이들의 행동을 정신병적인 증세로 진단했다. 오히려 입원해 있던 진짜 환자들이 그들이 가짜 환자라는 것을 눈치채 그들은 일시적 정신 회복이라는 진단을 받아 정신 병원을 나오게 되었다. 이후 퇴원한 8명은 다시 모여 자신들이 정신 병원에서 경험한 것에 대한 자료를 모았고, 이를 바탕으로 로젠한은 "정신 병원에서 정상으로 살아가기"라는 논문을 써 「사이언스」에 게재한다. 이는 큰 반향을 일으켰으며 정신의학계는 가짜 환자를 꾸며 실험했다는 사실에 크게 분노했다. 한 정신 병원은 자기 병원에 가짜 환자 100명을 무작위로 보내면 이들을 구분해보겠다고 로젠한에게 제안하기까지 했으며 로젠한이 이를 받아들였다. 얼마 후 해당 병원은 로젠한이 보낸 100명의 가짜 환자 중 91명을 밝혀냈다고 의기양양 발표했다. 하지만 로젠한이 이 게임에서 승리했다. 그는 가짜 환자를 단 한 명도 보내지 않았기 때문이다. 정말 정신분석학은 진짜 이론일까?

여기서 이것을 논할 처지는 아니다. 다만 나는 이러한 문제 제기가 우리에게 주는 교훈 정도를 받아들이고자 한다. 긍정심리학의 입장에서 부정심리학의 문제점을 논하는 과정에서 우리에게 주는 두 가지 교훈만을 나누도록 하자. 첫째, 부정심리학은 자칫하면 우리를 "희생자 의식"을 가진 자로 만들어버릴 수 있다. 이는 주로 모든 상처를 트라우마 수준으로 여길 때 발생한다. 우리를 희생자 의식을 가진 자로 만든다는 것은 우리를 아주 허약한 자로 규정한다는 것을 의미한다. 우리는 희생에 대항하지 못하고 그저 무기력하게 희생당하는 자에 불과하다. 프랭크 푸레디(Frank Furedi)도 『공포정치: 좌파와 우파를 넘어서』(이학사, 2013)에서 이를 심각하게 비판한다. 나약한 개인은 자신의 삶에 대해 스스로 책임질 수 없고 새로운 삶을 선택할 수도 없기에 다른 사람의 지원을 받아야 하는 어린아이에 불과하며 이 시대는 "개인의 유아화"가 전격적으로 시행되는 사회가 되었다고 그는 비판한다. 이런 추세에 맞게 국가마저 돌보미 역할을 자처하는 보모 국가가 되어버렸다. 지원이 필요한 유약한 개인들은 자신을 돌봐달라고 권리를 주장한다. 왜 자신을 돌보지 않느냐고 항의한다. 권리를 찾기 위해 모두가 자신을 피해자로 규정한다. 피해자이기에 아주 사소한 문제나 유해한 말도 견딜 수 없어 하고 분노를 폭발한다. 이 사회에서는 "피해자 증명하기" 경쟁이 이루어지고 있다. 물질적인 것을 채우는 것으로는 성이 차지 않는다. 이제 감정적이고 심리적인 충족을 주어야 한다. 도덕적인 것은 그러한 필요를 채울 수 있도록 지원하는 것이 되었다. 이제 도덕적인 것은 무엇을 믿느냐가 아니라 무엇을 어떻게 느끼느냐에 달려 있다. 가장 도덕적인 말은 이제 이것이다. "나는 당신의 고통을 느낀다."

　　부정심리학의 두 번째 문제는 "자아 과잉"이다. 현대 사회에서는 개인이 가장 중요한 존재다. 더 정확하게 말하면 현대 사회는 개인의 행복이 가장 중요한 사회다. 모두가 행복해지기 위해 발버둥을 친다. 행복해지기 위해 모두 자기 내면을 살피고 돌본다. 진정한 자기를 찾기 위해 자기 마음을 들여다본다. 내가 진정으로 원하는 것이 무엇인가를 묻고, 자신이 자신의 욕망을 충족시키는 삶을 살고 있는지 끊임없이 살핀다. 이런 지나친 관심이 사소한 심리적 문제에도 "내가 정상일까"를 묻게 만든다. 이런 관심과 질문 자체가 작은 문제도 큰 문제로 만들어버린다. 문제가 너무 크기 때문에 해결하지 못할 것 같은 불안을 느낀다. 또한 이런 불안을 해소해줄 다양한 치유 방법을 찾는다. 자기개발서나 심리학 관련 서적이 베스트셀러가 되는 이유다. 지금의 사회는 자기 자신에 대해 지나치게 관심을 쏟도록 만든다. 오직 자아에 몰두하게 하는 사회다. 이런 사회에 살고 있는 "항상 자아를 의식하는 사람들"은 자아 고갈에 빠진다. 마음의 근육에 팽팽한 긴장이 항상적으로 작동하기 때문에 자아가 탈진한다. 더군다나 자아에 지나친 관심을 쏟고 자기의 행복을 추구하는 사람들은 행복할 방법들을 추구하기 때문에 선택 사항들이 지나치게 많아진다. 현명한 선택을 위한 선택 사항들이 많아지자 도리어 선택할 수 없는 지경에 이른다. 이런 오랜 고민과 심사숙고를 통해 선택한 사람일수록 후회를 많이 한다. 그렇기에 항상 불만이고 후회하고 만족을 모른다. 자아에 대한 지나친 관심이 도리어 불행을 만들어낸다.

자아 과잉은 관계 능력도 상실하게 만든다. 서은국의 『행복의 기원』 (21세기북스, 2014)을 보면 행복한 사람들에겐 두 가지 특징이 있다고 한다. 우선 행복한 사람들은 타인과 같이 보내는 "사회적 시간"이 절대적으로 많다. 행복한 사람들은 많은 시간을 다른 사람들과 보낸다고 한다. 둘째, 행복한 사람들은 자신의 자원을 사람과 관련된 것에 많이 쓴다. 행복한 이들은 공연이나 여행 같은 "경험"을 사기 위해 지출하고 불행한 이들은 옷이나 물건 같은 "물질" 구매가 많다. 일반적으로 "경험" 구매는 다른 사람과 함께 소비하는 경우가 많고 "물건" 구매는 혼자 쓰기 위해 구매하는 경우가 많다고 한다. 핵심이 뭐냐면 물질보다 사람이 중요하다는 말이다. 사회가 물질보다 사람을 중시하는 사회가 될 때 인간은 행복하다. 인간이 삼위일체 하나님의 형상대로 창조되었기 때문일 것이다. 하지만 자아 과잉 사회에서는 이러한 행복을 느낄 수 없다. 이런 행복을 느끼게 하는 관계를 만들 능력을 상실했기 때문이다. 현대 사회의 관계 맺기 방식 중 가장 중요한 특징은 "약한 연결"이다. 직접 만나 대화하거나 전화하는 것보다 SNS로 문자를 주고받는 것이 더 편하다. 어떤 사람들은 코로나19 팬데믹으로 인한 "언택트 문화"를 더 편하게 여기기조차 한다. 왜 그런가? 관계로 인한 부담을 갖고 싶어 하지 않기 때문이다. 이제는 강한 관계의 밀도를 견디지 못한다. 관계 밀도보다는 자기 밀도를 더 중요하게 여긴다.

코로나19 이후의 문화를 이해하기 위해 2021년 중순에 트렌드 관련 도서들을 읽은 적이 있다. 그중 가장 유명한 책이 아마 서울대 소비트렌드분석센터에서 매년 발간하는 『트렌드 코리아』(미래의 창) 시리즈일 것이다. 2017년부터 2021년까지 5년 치를 몰아서 읽었다. 물론 나중에 『트렌드 코리아 2022』와 『트렌드 코리아 2023』도 읽었다. 전에는 몰랐던 트렌드를 알게 된 것들도 적지 않았다. 관계와 관련하여 재미있는 대목을 하나 소개한다. 요즘은 "가성비"와 "가심비"가 매우 중요한데 관계마저도 이를 따진다고 한다. 관계에서도 비용과 수고 대비 효용과 만족을 중요하게 여긴다. 그래서 관계 맺기에 네 가지 현상이 나타난다. 첫째는 "관계의 프로젝트화"다. 필요할 때만 가볍게 만나는 프로젝트가 유행이다. 둘째는 "관계의 비휴머니즘화"다. 사람은 수고 대비 만족이 낮기 때문에 동물이나 식물과 친밀한 관계를 맺는다. "가족-애인-친구-강아지-고양이-식물"

이 가성비 순이다. 셋째는 "관계의 네트워크화"다. 오직 랜선을 통해서만 관계를 맺는다. 넷째는 "관계의 각자화"다. "사랑하지 않을 권리"와 "같이 살지 않을 자유"를 주장한다. 요즘 "비혼"이 대세다. "결혼하면 여성만 손해"인 세상인 한 이러한 경향은 역전되기 어려울 것이다. "동거"와 "졸혼"도 인기다. 동거는 결혼의 장점은 받아들이고 단점은 거부하는 형태다. 졸혼은 이혼의 장점은 받아들이고 단점은 거부하는 형태다. 이런 관계의 유형은 감정의 변화도 만들어낸다. 단단한 감정은 안전한 관계를 통해서 발생하는 것인데 느슨한 관계 맺기 방식 때문에 감정의 유동이 커지고 있다. 감정을 건드리면 "친구 끊기"를 해버리면 간단하다. 이것이 자아 과잉이 만들어낸 현상이다. 그렇기에 자유주의적 다원성을 거쳐야 한다는 면에서 현대인의 감수성을 있는 그대로 인정하면서도 건강한 사회를 만들기 위해 그것의 문제점도 함께 살피는 것이 필요하다.


## 행복의 길 vs 사명의 길

전도자도 현대인이나 마찬가지다. 그는 마음이 원하는 것, 즉 욕망을 마음껏 추구한다. 우리에게 진짜 필요로 하지 않은 것을 욕망하면서 그것을 얻는 데 인생을 허비한다. 전도자가 욕망을 채우기 위해 실행한 즐거움과 재미들에 대한 전도서 2:3-8까지의 표현을 보라. 얼마나 다양하고 거대한가? 더군다나 그 내용을 서술하는 방식을 보라. 그가 철저히 "자아 과잉"에 빠져 있음을 알 수 있다. "내가 어떻게 하여야 내 마음을…내 육신을 또 내가 나의 사업을…내가 나를 위하여 집들을…나를 위하여 못들을…나를 위하여 종들을…내가 소와 양 떼의 소유를…나를 위하여 은금과 왕들이 소유한 보배와 여러 지방의 보배를…또 노래하는 남녀들과 인생들이 기뻐하는 처첩들을 취하였다." 참 다양하고 거창하다. 더군다나 온갖 "나"들로 가득 차 있다. 현대인들이 추구하는 것과 뭐가 다른가? 이렇게 안 해본 것 없이 다 해본 후의 결론이 무엇인가? "그 후에 내가 생각해 본즉 내 손으로 한 모든 일과 내가 수고한 모든 것이 다 헛되어 바람을 잡는 것이며 해 아래에서 무익한 것이로다"(전 2:11). 얼마나 통렬한가? 현대 문명에 대한 철저한 거부처럼 보인다.

『죽고 싶지만 떡볶이는 먹고 싶어』에 대한 반응들도 혹 이런 자아 과잉 증상 중 하나를 보여주고 있는 건 아닐까? 읽으면서 답답했던 이유도 아마 이것 때문일 것 같다. 그래도 나름 이 책은 자신의 논조에 역행하는 글도 남겼다. 이런 글이다. "자의식 과잉이 나를 덮칠 때마다 생각한다. 시선을 옮겨야 해. 자의식 과잉이 나를 편안하게 만들 수 없고, 도리어 복잡한 피곤함을 가져다준다. 시선을 옮기자. 나를 타인으로, 절망에서 희망으로, 편안함에서 불편함으로 시선을 옮기면 행동을 이끌고 행동이 삶을 변화시킨다." 아주 중요한 지적이다. 자아 과잉에서 벗어나지 않는 한 행복도 불가능하다. 십자가는 자아 과잉에서 우리를 해방시킨다. 자기에게 집중할 필요 없고 자기 입증이 필요 없는 진정한 사랑을 경험하게 하며 자기 죽음과 자기 부정을 통해 오직 그리스도를 위해 살아가는 삶을 선물로 주기 때문이다. 그리스도인은 진정한 행복과 함께 삶의 목적을 주는 사명도 받는다. 더 이상 나의 행복을 위해 무엇을 먹을까, 무엇을 마실까, 무엇을 입을까 염려하지 않고 오직 하나님 나라와 그의 의를 구하는 삶을 산다. 먼저 그의 나라와 그를 구하며 자신의 전부, 즉 생명까지도 바칠 줄 안다. "내가 달려갈 길과 주 예수께 받은 사명 곧 하나님의 은혜의 복음을 증언하는 일을 마치려 함에는 나의 생명조차 조금도 귀한 것으로 여기지 아니하노라"(행 20:24). 행복을 추구하는 자가 행복한 것이 아니라 사명을 추구하는 자에게 행복이 따라오는 법이다. 앞서 얘기한 것처럼 행복은 강도가 아니라 빈도지만 그것보다 밀도가 더 중요하다. 사명이 이 밀도를 만들어낸다.

정상훈은 『어느 날, 죽음이 만나자고 했다』(웅진지식하우스, 2021)에서 자신의 이야기를 털어놓는다. 정상훈은 〈국경없는의사회〉 소속으로 서아프리카 에볼라 위기 현장에 구호 활동을 다녀온 최초의 한국인 의사다. 그는 의사로 살아가던 어느 날 우울증에 걸린다. 자살 충동을 느끼게 되어 결국은 병원에 가서 우울증 진단을 받고 약을 먹기 시작했다. 2년 정도가 지나자 웃음도 되찾았고 약도 끊게 되었다. 하지만 우울증이 남긴 질문은 사라지지 않았다. "인생은 살 만한 가치가 있는가?" "이유도 모른 채 산다면 우리는 사는 것일까?" 이러한 질문에 대한 답을 찾기 위해 그는 〈국경없는의사회〉에 지원을 하고 해외 구호 활동을 했다. 그를 위험한 구호 현장으로 잡아끈 것은 바로 죽음이었다. "나는 왜 죽음에 끌리는가?" 그는 죽음을 만나 자신을 부른 이유를 물어야 했다.

그는 아르메니아, 레바논, 시에라리온 등의 처참한 구호의 현장에서 수많은 죽음을 만난다. 어떤 경우는 기적처럼 환자를 치료하기도 하지만 많은 경우는 무력하게 죽어가는 환자와 어린아이들을 지켜보아야 했다. 처음에는 죽어가는 환자 앞에서 절망하며 울부짖었다. 하지만 그는 수많은 경험을 통해 갈라진 세상에서 겪은 자신의 아픔을 발견하게 되고 결국 그것을 치유하기에 이른다. 어느 날 문득 그는 깨닫는다. 자신이 꽤 오랫동안 "인생은 살 만한 가치가 있는가?"라고 묻고 있지 않다는 사실을 말이다. 질문에 대한 해답을 얻어서가 아니었다. 그럴 필요를 느끼지 못했기 때문이었다. 왜 해답을 얻을 필요를 느끼지 못했을까? 집요하게 질문을 던지는 존재는 언제나 자기 자신이었다. 그런데 구호 현장에 머물렀던 것은 "나"가 아니라 "우리"였다. 함께, 한 팀이 되지 않으면 다치거나 병든 사람을 살릴 수 없는 구호 현장에서 더 이상 내가 그리 중요하지 않게 되었고 "우리"가 중요해지며 "우리"가 만들어지자 그런 질문을 할 필요가 사라졌다.

구호팀은 죽음을 앞에 둔 사람을 위해 최선을 다해 운명에 맞섰지만, 그저 무기력하게 죽어가는 사람들을 만나야 했다. 하지만 절망하거나 비탄에 젖지 않았다. 최선을 다해 우리가 살려야 할 다른 사람들이 남아 있기 때문이다. 그는 최선을 다했으나 죽음을 맞은 두 살짜리 어린아이 파티마타의 무덤 앞에서도 자신이 불안하거나 어떤 격동에 사로잡히지 않고 있음을 깨닫는다. 그는 더 이상 마음의 흉터를 원하지 않았다. 그런 자신을 발견하고 문득 그는 하나의 성찰을 얻는다. "그랬구나. 지워지지 않을 상처를 갈망한 것은 바로 나였구나. 이전에 환자들의 죽음을 목격하고 연민과 분노에 목 놓아 울었던 이유를 나는 알고 있었다. 내가 자신을 사랑했다는 것을. 하지만 내가 없다면 상처도 없다." 그는 최선을 다할 뿐 결과는 하늘에 맡겨야 했다. 결과 앞에서 감정에 사로잡히는 것도 자신을 너무나 중요하게 여기고 자신을 사랑했고, 그만큼의 상처를 갈망했기 때문임을 깨달은 것이다. 그는 타인의 고통 앞에서 자신이 사라지는 것을 경험했다. 내가 없으면 상처도 없다.

그는 죽음의 위기에 놓인, 자신을 "아저씨"라고 부르는 여덟 살 정도의 아이 오마르가 진통제로는 고통이 가라앉지 않아 모르핀을 놓아주자 편안한 잠을 자는 모습을 보고 침대 머리맡에 앉는다. 그 순간 서러운 감정이 북받치면서 진정한 깨달음을 얻는다. 그의 여행의 표면적인 목표는 "나는 왜 죽음에 끌리는가?"라는 질문을 죽음을 만나 물어보는 것이었다.

하지만 그는 자신이 그곳에 온 이유를 깨닫는다. 그는 죽음이 아니라 삶의 목소리에 이끌린 것이다. 그것이 그를 부르는 소리였다. 그는 살아야 했다. 살아서 그곳에 가야 했다. 오마르가 아저씨를 찾을 때 그 앞에 있어야 했다. 기꺼이 그의 아저씨가 되어야 했다. 그리고 그의 고통에, 살고 싶다는 열망에 응답해주어야 했다. 나라는 존재가 곁에 있다는 것, 그것이 오마르에게 지금 그가 해줄 수 있는 유일한 일이었다. 오마르는 힘껏 소리쳐 그를 불렀고 그는 응답했다. 여행의 내면적인 목표는 삶의 목소리에 응답하는 것이었다. 이렇게 그는 여행의 목표를 성취한다.

그렇다. 우리의 아픔을 치유한 것은 또 다른 이의 아픔이다. 우리의 상처를 치유하는 것도 우리 주님의 아픔이며 이 세상의 아픔이다. "이를 위하여 너희가 부르심을 받았으니 그리스도도 너희를 위하여 고난을 받으사 너희에게 본을 끼쳐 그 자취를 따라오게 하려 하셨느니라"(벧전 2:21). 우리가 십자가의 고통에 반응하여 우리의 생명을 그에게 바치고, 소외된 이웃과 만물의 아픔에 반응하여 진정한 생명을 세상에 선물로 내어줄 때 순례의 목적은 성취되는 것이다. 삶 안에서 주님은 우리에게 부르심을 주신다. 그 부르심에 응답하는 삶만이 진정성 있는 삶이며 삶의 밀도를 만들어낸다. 행복의 추구가 아니라 부르심에 응답하는 삶을 살아가자.

# 제4장

## 새로운 왕의 길 3, 소국과민

가난하여도 지혜로운 젊은이가 늙고 둔하여 경고를 더 받을 줄 모르는 왕보다 나으니, 그는 자기의 나라에서 가난하게 태어났을지라도 감옥에서 나와 왕이 되었음이니라. 내가 본즉 해 아래에서 다니는 인생들이 왕의 다음 자리에 있다가 왕을 대신하여 일어난 젊은이와 함께 있고 그의 치리를 받는 모든 백성들이 무수하였을지라도 후에 오는 자들은 그를 기뻐하지 아니하리니, 이것도 헛되어 바람을 잡는 것이로다(전 4:13-16).

내가 권하노라! 왕의 명령을 지키라. 이미 하나님을 가리켜 맹세하였음이니라. 왕 앞에서 물러가기를 급하게 하지 말며 악한 것을 일삼지 말라! 왕은 자기가 하고자 하는 것을 다 행함이니라. 왕의 말은 권능이 있나니 누가 그에게 이르기를 "왕께서 무엇을 하시나이까?"할 수 있으랴? 명령을 지키는 자는 불행을 알지 못하리라. 지혜자의 마음은 때와 판단을 분변하나니 무슨 일에든지 때와 판단이 있으므로 사람에게 임하는 화가 심함이니라(전 8:2-6).

**

전도서 4:13-16은 일반적으로 군중의 우매함 또는 권력이나 정치의 무상함에 대한 메시지로 푼다. 개역개정의 해석에 의하면, 늙고 둔하여 경고를 더 받을 줄 모르는 왕보다 나은 가난하여도 지혜로운 젊은이가 감옥에서 나와 왕이 된다. 해 아래에서 다니는 인생들이 왕이 된 그 젊은이와 함께 있다. 하지만 후에 오는 자들이 그 젊은 왕을 기뻐하지 아니하니 이것도 헛되다고 전도자는 말한다. 우리는 이것을 충분히 군중의 우매함이나 권력의 무상함이라는 메시지로 볼 수 있다. 하지만 우리는 좀 더 적극적인 차원에서 두 가지 메시지를 붙들면 좋을 것 같다. 하나는 권세자를 갈아치울 힘이 백성들에게 있다는 메시지이고 다른 하나는 진정한 권력이 백성들에게 돌아가야 바른 세상이 된다는 메시지다. 사실 전도자의 메시지는 매우 강렬하다. 왕정 국가는 왕의 핏줄을 통해 왕통이 이어진다. 전혀 다른 핏줄이 왕이 된다는 것은 나라가 불안정하다는 것을 의미하고 역성혁명 같은 큰 변화로 인해 백성들이 힘든 상황에 부닥치게 된다는 걸 의미한다. 그런데 전도자는 왕의 핏줄이 아닌 한 가난한 젊은이가 왕이 되는 이야기를 한다. 가난하게 태어난 일반 평민이 왕이 되는 이야기는 매우 급진적인 메시지다. 더군다나 바로 그 젊은 왕도 다음 세대들에게는 받아들여지지 않는다. 그렇다면 그 젊은 왕도 자신의 자녀가 아닌 새로운 왕으로 교체될 운명에 있는 것 아니겠는가? 이 얼마나 놀라운 메시지인가? 따라서 전도자가 말하는 것은 권력이나 권세자의 상대성을 이야기함으로써 언제든지 권세자를 바꿀 수 있다는 급진적인 메시지로 읽을 수도 있는 셈이다. 조선 왕조가 역성혁명을 인정한 『맹자』를 "금서"로 지정한 것처럼 이스라엘 왕정은 전도서를 금서로 지정해야 할 정도의 메시지를 전도자는 말한다.

더 나아간 해석도 가능하다. 히브리어 원어에 가깝게 해석한다면 전도서 4:14을 다음과 같이 해석할 수도 있다. "젊은 왕이 감옥에서 나와 왕이 되었다. 그의 통치에도 가난한 아이가 태어난다." 가난해도 지혜로운 젊은이가 감옥에서 나와 왕이 된다. 하지만 여전히 그의 통치아래에서도 가난한 아이가 태어난다. 자신이 가지고 있던 문제도 해결하지 못함으로써 백성들은 불만을 품고 젊은 왕의 다음 자리에 있다가 왕을 대신하여 일어난 또 다른 젊은이를 왕으로 세운다. 가난의 문제도 해결하지 못한 새로운 젊은 왕조차 갈아치웠다는 말이다. 여기서 멈추지 않는다. 4:16에서 전도자는 이렇게 선언한다. "후에 오는 자들은 그 두 번째 젊은 왕조차 기뻐하지 아니하리니 이것도 헛되다." 이렇게 해석하면 앞선 해석보다 훨씬 더 급진적인 메시지를 읽을 수 있다. 앞의 해석은 백성들이 권세자를 갈아치울 수 있음을 시사한다. 하지만 두 번째 해석은 아예 왕의 권세 자체를 부정적으로 본다. 그것은 특정한 권세자를 갈아치우는 정도가 아니라 현 권세 구조 자체를 부정한다. 어리석고 늙은 왕의 자리에 비록 가난하고 비천한 신분을 가졌지만 지혜로운 젊은 왕이 앉는다. 하지만 그의 삶의 토대였던 가난의 체제는 사라지지 않는다. 가난했던 젊은이가 새로운 왕으로 등극했지만 그의 통치아래에서도 가난한 아이가 태어난다. 그래서 백성들은 젊은 왕의 다음 자리에 있던 새로운 젊은이를 왕으로 삼는다. 하지만 후에 오는 자들은 두 번째 젊은 왕조차 기뻐하지 않는다. 아무리 지혜롭고 젊은 왕이 등극해도 백성들을 만족시킬 수 없다는 통찰을 우리에게 던진다. 전도자는 강한 권력 시스템 자체에 대한 근본적인 비판을 하는 셈이다. 이는 사무엘상에서 예언자 사무엘이 왕정 체제에 대해 평한 것과 비슷한 비판이라 할 수 있다. 요즘 식으로 말하면, 그것은 단지 정기적으로 지도자를 갈아치우고 자신이 원하는 지도자를 세우는 대의 민주주의를 말하는 것이 아니고 모든 국민이 각자 주권자가 되는 세상을 의미하는 것이다. 그것은 숙의 민주주의, 풀뿌리 민주주의, 마을 공화국, 일상의 민주주의 혹은 실질적 민주주의를 의미한다. 서론에서 말한 것처럼 잠언은 공자의 책이지만 전도서는 노자의 책으로 보는 해석이 더 잘 맞는 해석이라 할 수 있다.

## 예외 상태를 결정하는 자

전도서 4장뿐만 아니라 전도서 8:2-6에서도 왕권의 본질을 꿰뚫는 이야기를 한다. "내가 권하노라. 왕의 명령을 지키라. 이미 하나님을 가리켜 맹세하였음이니라. 왕 앞에서 물러가기를 급하게 하지 말며, 악한 것을 일삼지 말라! 왕은 자기가 하고자 하는 것을 다 행함이니라. 왕의 말은 권능이 있나니, 누가 그에게 이르기를 '왕께서 무엇을 하시나이까?' 할 수 있으랴?"(전 8:2-4) 왕이란 누구인가? 그는 정치의 본질이 무엇인가에 대한 정의를 가능케 하는 존재라고 할 수 있다. 현대 정치학에서 가장 중요한 사람을 꼽으라고 하면 대체로 카를 슈미트(Carl Schmitt)를 꼽는다. 그는 로마 가톨릭 보수주의를 법학에 적용한 독일의 법학자인데 나치 정권에 들어가기도 했으나 후에 좌천된다. 그의 가장 유명한 책은 『정치신학』(그린비, 2010)이다. 제목에서 알 수 있는 것처럼 "정치라는 것은 결국 세속화된 신

학이다." 이 책에서 가장 유명한 구절은 다음과 같다. "주권자란 예외 상
태를 결정하는 자다." 슈미트의 말은 통치와 권력의 본질을 드러낸다. 주
권자는 법에 갇히는 자가 아니다. 법을 넘어서는 힘, 즉 예외 상태를 만들
수 있는 힘이 통치와 권력의 본질이다. 슈미트는 다음과 같이 말한다. "법
학에서 예외 상태는 신학에서 기적과 유사한 의미를 가진다." 하나님은
자연법칙에 갇혀 있는 분이 아니기 때문에 기적을 행하실 수 있는데 주권
자란 신처럼 예외 상태를 결정하는 자라는 의미다.

전도서 8:2-4을 보라. 왕을 왕이라 부를 수 있는 본질이 여기에 나온
다. "왕은 자기가 하고자 하는 것을 다 행함이니라"(전 8:3b). 자기가 하려
는 것을 모두 행할 수 있는 힘을 가진 자가 주권자다. 자기가 하고자 하는
바가 법에 저촉된다고 할지라도 법에 구속되지 않는 힘이 주권자의 힘이
다. 그런 힘이 없으면 주권자가 아니다. 그렇다면 그가 권력이 있는지 아
닌지 어떻게 알 수 있나? 그의 말에 권위가 있는지를 판단해보면 안다. 그
의 말에 권위가 있다면 토를 다는 사람이 아무도 없을 것이다. "왕의 말은
권능이 있나니 누가 그에게 이르기를 '왕께서 무엇을 하시나이까?' 할 수
있으랴?"(전 8:4) 이런 힘을 가진 자 앞에서 지혜를 가진 자라면 어떻게 해
야 할까? "내가 권하노라. 왕의 명령을 지키라! 이미 하나님을 가리켜 맹
세하였음이니라"(전 8:2). 왕의 명령을 지키는 것이 중요하다. 하나님을 가
리켜 맹세했기 때문이다. "쉐부아트 엘로힘"이라는 말의 뜻은 명확하지
않다. 왕에게 충성을 다하기로 하나님께 맹세했기 때문이라는 의미인지
아니면 왕의 권위가 정당하다는 하나님의 맹세가 있기 때문인지 잘 알 수
없으나 둘 다 왕의 신적 권위를 인정하는 해석이다. 우리가 그의 명령을
지켜야 하는 권위를 그가 가졌기 때문에 명령을 지키는 것이 지혜로운 행
동이다. 또한 그렇게 명령을 지켜야 화를 면할 수 있다. "명령을 지키는 자

는 불행을 알지 못하리라"(전 8:5). 3절 전반부를 보니 명령을 지키지 않는 것은 아마도 왕을 배반하거나 왕의 명령을 거역하는 것을 의미하는 것 같다. "왕 앞에서 물러가기를 급하게 하지 말며 악한 것을 일삼지 말라"(전 8:3).

하지만 전도서 8:5-6을 보면 꼭 그렇지만도 않다. "지혜자의 마음은 때와 판단을 분변하나니 무슨 일에든지 때와 판단이 있으므로 사람에게 임하는 화가 심함이니라"(전 8:5-6). 전도자는 무슨 일에든 때와 판단에 있어서 사람에게 화가 임한다고 말한다. 즉 내가 왕의 명령을 잘 지킬 때조차 화가 임할 수 있다는 말이다. 전도자는 왕의 명령을 지키지 않았기 때문에 불행을 자초한 어리석은 자만이 아니라 왕의 명령을 잘 지킨 지혜로운 자도 화를 당할 수 있음을 이야기한다. 그래서 전도자는 지혜자의 마음은 때와 판단을 분별해야 한다고 말한다. 역시 전도자는 일반 지혜자보다 깊다. 『초한지』에 보면 "장량"이라는 모사가 나온다. 그는 유방을 도와 역발산 항우를 물리치고 한나라를 세운 모사다. 소위 명참모라는 뜻을 가진 "장자방"이 바로 그의 이름이다. 장량과 함께 유방을 도왔던 사람은 배수진으로 유명한 "한신"이다. 한신은 천하통일을 이룬 후 유방에게 토사구팽당한다. 하지만 유방의 성격을 잘 안 장량은 천하통일을 이룬 후 정치에 손을 떼고 고향으로 돌아가 한신과 달리 목숨을 건진다. 왕의 명령을 지키면서도 때와 판단을 분별하여 목숨을 건진 사례다. 장량의 예를 통해 알 수 있는 것은 인간은 왕의 권력을 감당하기 적합하지 않다는 점이다. 하나님의 마음에 합한 자라는 다윗의 실패를 통해서도 알 수 있지 않은가? 무엇이든 자기가 하고자 하는 바를 할 수 있는 것이 권력의 본질인데 인간은 하나님의 뜻을 행하는 의인조차도 죄를 범하지 않을 수 없는 존재이기 때문에 왕의 권력을 의롭게 감당하기 어렵다. 그렇기에 전도자는 "인간 왕"

의 실패를 보여줌으로써 왕의 권력을 온전히 실행하실 수 있는 분은 오직 "왕이신 하나님"임을 역설하고 있다. 전도자는 왕이신 하나님을 고백함으로써 인간의 권력 자체를 상대화해버린다.

## 위대한 정치 vs 아나키즘

좌파와 우파의 정치인들은 모두 니체(Nietzsche)라는 철학자를 좋아한다. 좌파는 그렇다 치고 왜 우파가 그를 좋아할까? 실상 니체는 양쪽에서 좋아할 말을 다 했기 때문이다. 김진석은 『니체는 왜 민주주의에 반대했는가』(개마고원, 2009)라는 책에서 보수가 좋아할 만한 니체의 세 가지 주장을 다음과 같이 말한다. 첫째로 "위대한 정치", 둘째로 "강자의 고귀함" 그리고 마지막으로 "격차의 열정"이다. 니체에게 가장 중요한 구분은 "강자와 약자의 구분"이다. 강자는 고귀하고 자유로운 자다. 남에게 자신의 고귀함을 증명할 필요도 없다. 고귀한 영혼은 자기에게 경외감을 가질 뿐이다. 그는 특별한 권리 혹은 지배할 수 있는 권리를 요구할 수 있는 용기, 즉 "격차의 열정"을 위한 용기를 가진 정치를 "위대한 정치"라고 말했다. 천박한 자들까지 고귀하게 보며 대중을 획일화하고 사회를 하향 평준화시키는 정치가 아니라 강자의 고귀함을 실현할 수 있는 정치가 "위대한 정치"다. 약자들은 "선과 악"을 중요하게 여기지만 강자들은 "좋음과 싫음"을 더 중요하게 여긴다. 착하고 선한 것이 고귀한 것이 아니라 강하고 훌륭한 것이 고귀한 것이다. 강함은 고귀한 것이기에 강함이 가지고 있는 폭력적이고 잔인한 측면까지도 배제하지 않았다. 니체는 위대한 정치를 위해서는 위대한 전쟁이 필수적이라고까지 이야기한다. 그는 약자들의 종교이자 원수에 대한 사랑을 이야기하는 기독교에 대한 반감이 컸으며, 노예 도덕을 가진 자들로 하여금 강자에 대한 원한에 사로잡혀 정의를 외치게 만들고 동등한 권리를 주장하게 만드는 민주주의를 반대한다. 이러한 니체의 사상이야말로 보수적인 사람들이 가진 사상 아닌가? 보수는 자유민주주의를 외치면서도 우리나라는 아직 독재가 필요하다며 예전 독재 시절에 대한 향수를 불러일으키곤 한다. 전통적인 대형 교회 목사들은 신정 통치를 들먹거리면서 전제주의적인 지도력을 발휘한다. 그들이 말하는 자유민주주의라는 것도 실상은 진정한 민주주의를 말하는 것이 아니라 단지 재산권의 인정과 자유 시장 이데올로기에 그치는 경우가 허다하다. 그것은 시민 한 명 한 명이 진정한 주권자가 되는 민주주의를 말하는 것이 아니다. 그 형식은 민주주의지만 내용은 전제주의인 경우가 허다하다. 하지만 전도서는 강자의 최고봉인 왕조차도 상대화시키는 사상을 주장한다. 그것은 권력 추구 자체를 헛되다고 선언한다. 어쩌면 전도자는 기독교 역사상 "최초의 아나키스트"이자 "진정한 민주주의자"일지도 모르겠다.

전도자의 관점은 바디우, 아감벤, 지젝, 타우베스, 데리다 등 현대 철학자들이 말하는 바울의 종말론적 관점과 일맥상통한다.[1] 그것은 주권자

---

1 현대 철학자들이 바울의 사상을 통해 "종교적인 것의 귀환"을 보여주는 책들로는 알랭 바디우의 『사도 바울』(새물결, 2008), 조르조 아감벤의 『남겨진 시간』(코나투스, 2008), 슬라보예 지젝의 『죽은 신을 위하여』(길, 2007), 야콥 타우베스의 『바울의 정치신학』(그린비, 2012), 자크 데리다의 『법의 힘』(문학과지성사, 2004)과 『마르크스의 유령들』(그린비, 2014)과 『환대에 대하여』(동문선, 2004)와 『용서하다』(이숲, 2019)와 『신앙과 지식/세기와 용서』(아카넷, 2016) 등이 있다. 이에 대한 이해를 돕는 안내서는 도미니크 핀켈데의 『바울의 정치적 종말론』(도서출판b, 2015), 테드 W. 제닝스의 『데리다를 읽는다/ 바울을 생각한다』(그린비, 2014)와 『무법적 정의』(길, 2018), 김성민의 『바울과 현대철학』(새물결플러스, 2018), 강남순의 『데리다와의 데이트』(행성B, 2022), 손기태 『불가능성의 정치신학』(그린비, 2022) 등이 좋다.

를 "예외 상태를 결정하는 자"로 본 칼 슈미트를 경유하되 독재와 전체주의를 가능케 하는 그의 사상을 탈주하고 횡단하며 새로운 정치신학을 만들어낸 발터 벤야민의 시도와 연속성을 가진다. 발터 벤야민은 『역사의 개념에 대하여/폭력 비판을 위하여/초현실주의 외』(길, 2008)에 있는 "역사의 개념에 대하여"에서 예외 상태가 상례(常例)가 되었기에 슈미트가 주장한 주권 및 예외 상태가 사실상 실패했음을 지적하면서 "진정한 비상사태를 도래시키는 것"이 우리의 과제라고 말한다. 진정한 예외 상태란 무엇을 뜻할까? 손기태의 『불가능성의 정치신학: 정치적 우상의 신학적 기원』(그린비, 2022)에 의하면, 예외 상태의 도래는 기존의 법질서가 중단됨으로써 법 이전의 순수 폭력이 자신의 얼굴을 드러내는 순간이다. 벤야민이 말하는 진정한 예외 상태는 기존의 법질서를 지탱하던 법과 폭력의 연결 고리를 끊어낼 뿐만 아니라 그러한 연결 고리를 정당화시켰던 신화까지도 깨뜨리는 데까지 나아간다. 그럴 때만 비로소 파시즘의 초법적 지배에 제대로 대항할 수 있다. 그는 진정한 예외 상태를 논하기 위해 "폭력비판을 위하여"에서 "신화적 폭력"과 "신적 폭력"을 논한다. "신화적인 것"은 죄(Schuld[빛])와 연관되는데, 신화적 폭력은 죄와 속죄를 영원히 반복하게 만듦으로써 죄가 계속해서 늘어나는 과정이다. (율)법은 죄를 짓도록 심판함으로써 인간을 죄라는 운명 속에 영원히 가두어 놓는다. 반면, 신적 폭력은 죄의 증가와 재생산의 끝없는 순환에서 벗어나도록 만드는 폭력이다. 그것은 속죄가 아니라 죄 자체를 소멸시키는 면죄를 뜻하며 법을 설립하지 않고 도리어 파괴하는 폭력이다. "모든 영역에서 신화에 대해 신에 대립하듯 신화적 폭력에 신적 폭력이 대립한다. 신적 폭력은 모든 면에서 신화적 폭력의 대립이다. 신화적 폭력이 법을 정립하는 반면에 신적 폭력은 법을 파괴하고, 신화적 폭력이 경계를 설정한다면 신적 폭력은 경계를 없애버린다. 신화적 폭력이 죄를 부과하면서 동시에 속죄한다면 신적 폭력은 죄를 면해주고, 신화적 폭력이 위협한다면 신적 폭력은 내리치며, 신화적 폭력이 피를 흘리도록 한다면 신적 폭력은 피를 흘리지 않은 채 죽음에 이르도록 한다." 벤야민은 역사의 진행이 하나의 연속적이고 단선적인 발전이 아니라 불연속적인 중단과 함께 변증법적으로 비약하는 것으로 보았다. 신적 폭력은 여기서 역사의 흐름을 중단시키는 힘이자 새로운 단계로 도약하도록 만드는 계기로 작용한다. 이 때문에 기존의 법질서 및 죄와 속죄의 악순환은 모두 소멸되고 만다. 역사는 새롭게 다시 시작되는 것이다. 이것이 바로 벤야민이 말하는 "약한 메시아 성" 혹은 "메시아적인 것"이며 바울의 종말론이다. 메시아적 시간은 지상의 시간을 의문에 부치면서 매 순간을 위기로 몰아넣는 시간이면서, 동시에 지상의 시간을 새롭게 재탄생시킴으로써 구원하는 시간이다. 이것은 신화적 폭력과 법적 폭력을 중지시키고 새로운 시간을 출범시키는 십자가와 부활의 시간이다. 데리다가 말한 것처럼 그것은 장래에 열림이며 정의의 출현으로서의 타자의 도래에 열림이다. 이것이야말로 전도서가 말하는 아나키즘적 측면이 아니겠는가?

전도서는 이처럼 아나키즘적 측면을 내포하고 있다. 아나키즘도 여러 결이 있는데 아나키즘의 본류는 단순히 무정부주의를 의미하거나 무질서나 폭력을 조장하는 것과 거리가 멀다. 월가 점거 운동의 지도자로 알려진 데이비드 그레이버(David Graeber)가 쓴 『우리만 모르는 민주주의』(이책, 2015)는 이러한 측면을 매우 깊이 있게 다룬다. 사실 아나키즘은 "민주주의"라는 말의 본뜻을 의미했다. 미국의 건국자들은 민주주의라는 용어를 사용하지 않았고 독립 선언이나 헌법 어디에도 민주주의라는 말을 사용하고 있지 않다. 그들은 민주주의를 아테네의 아고라 같은 대중 회의를 통한 공동체적 자치로 여겼다. 그들은 민주주의를 부정적으로 사용하여 그것을 "민주주의의 공포"로 불렀다. 그들은 민주주의가 결국 우매한 대중들을 대신한 소수의 무리가 독재하는 사회를 초래할 것이라고 말했다. 그들은 민주주의가 실행되면 무지한 대중들이 부자들에게 세금을 무겁게 부과하고 모든 것의 하향 평준화가 이루어질 것이며 게으르고 사악하고 무절제한 자들은 방탕한 사치 속으로 빠져들 것이라고 말했다. 법의 강제력도 공적 정의도 없고 아나키와 폭정이 시작될 것이라고 보았다. 그렇기에 그들이 선호하는 정부의 형태는 민주주의가 아니라 "공화국"이었다. 우리가 알고 있는 민주주의의 신화가 정착되기 시작한 것은 제1차 세계대전 직후다. 고대 아테네에서 처음 발명된 민주주의가 서구 전통 안에서 내부화된 것으로 남아 있었다는 신화 말이다. 하지만 어떤 그리스 작가도 민주주의를 애호하지 않았고 2,400년 동안 서구 문명으로 확인된 모든 작가가 명백히 반민주주의적이었다. 도리어 민주주의는 서구 이외의 곳에서 발달했다. 투표가 불화를 일으키기 쉽기 때문에 민주주의는 대화를 통한 합의를 중요하게 여기는 곳, 즉 중앙 집중화된 관료제가 없고 체계적인 강제 수단이 없는 곳에서 결정을 내려야 할 때 발달한 제도다. 이런 민주주의야말로 아나키즘을 의미했으며 실제로 이런 민주주의자를 아나키스트로 불렀다. 아나키즘은 폭력에 기반하지 않으며 권력을 독점한 지배자 없이 평등과 연대에 기반을 둔 자유로운 사람들의 세상을 추구한다. 그것은 삶에서 가치 있다고 여기는 개념들의 끝없는 다양함을 추구하기 때문에 다른 이와 자유롭게 어울리는 사회를 꿈꾼다.

서론에서도 말했지만 이러한 담론은 국가나 정치 체제에 대한 고민의 부재와 "정치적인 것"에 대한 이해의 부족이라는 한계를 지니고 있다. 자칫 자유주의의 윤리와 동일한 한계를 노정할 수 있다. 많은 점령 운동처럼 제도 바깥에서 "공통적인 것"의 새로운 존재 형태를 조직해나가는 "현재주의적 민주주의"만 주장할 뿐 그 이상의 정치 전략과 제도 변혁에 대한 비전이 없다면 그것조차도 지속하지 못한다. 우리는 체제와 문명의 전환이라는 맥락과 제도의 변화를 가져오는 정치적인 전략이라는 맥락에서 아나키즘을 이야기해야 한다. 하지만 그것이 우리의 이상적인 지향점임을 부정해서도 안 된다. 이것이야말로 전도자와 노자가 꿈꾸는 세상과 가장 흡사한 비전이니 말이다. 우리는 현재주의적 민주주의와 급진적인 생태사회주의라는 두 고민을 얽힘 속에서 서로 교차하고 횡단하도록 해야 한다. 우리는 그 두 가지를 포괄적 사고방식으로 서로를 견제하고 견인하며 보완하고 서로를 풍성하게 해주는 담론들로 받아들여야 한다.

이런 시도 중 하나가 이보 모슬리(Ivo Mosley)의 『민중의 이름으로: 가짜 민주주의, 세계를 망쳐놓다』(녹색평론사, 2022)이다. 그도 그레이버와 동일한 문제를 제기한다. 미국의 건국자들은 민주주의라는 단어를 옛날식으로, 즉 시민 의회와 추첨에 의한 선발로 보았다. 그들은 민주주의에 열렬히 반대했다. 그들이 원했던 체제는 공화제였는데, 그것은 "소수에 의한 통치"에 기반한 공화정이었다. 제퍼슨은 재산과 태생에 기초했던 과거의 "인위적 귀족" 대신에 가장 유능하고 고결한 "천성적 귀족"에게 권력이 위임돼야 한다고 썼다. 선거는 그러한 천성적 귀족들을 선발할 권리를 민중에게 부여하는 제도일 뿐이다. 선거 대의제는 출발부터 민중에게 권력을 주기 위한 목적으로 고안된 것이 아니었다. "민중의 이름으로" 시민혁명을 주도했던 중산 계급 엘리트들은 정치적·시민적·법적 권리를 확대하고 허용함으로써 대중의 불만을 잠재우는 한편 정치 엘리트와 금권 세력이 지배하는 과두적 세계 체제를 구축할 수 있었다. 이렇게 원래 민주주의를 경계하고 혐오했던 중산 계급이 적극적으로 민주주의를 가장하고 참칭함으로써 권력 게임의 주도권을 독점하게 되었다. 이런 과정을 통해 대의 민주주의가 전 세계에 전파되므로 모든 국가에 분열을 초래했고 과두제(엘리트 체제)가 만들어졌으며 경제적 독립성과 시민 사회가 파괴되었다. 모슬리는 진정한 민주주의가 되려면 빈자들을 권력 구조 속에 포함시켜야 하고, 국가 권력이 행정·입법·사법으로 분리될 때, 이 각각의 권력 기관 내에 민주적인 요소들이 포함되어야 하며, 특히 통화 공급을 조절하고 감독하는 일에도 민주적 요소가 포함되어야 한다고 말한다. "기업과 정부"라는 현대의 과두제가 어떻게 형성되었는지 자세히 파헤친 그는 다양한 대안을 제시한다. 부채 사회를 극복하기 위해 지금처럼 은행이 통화를 창출할 수 있도록 하는 것과는 다른 방법의 통화 공급과 금융 시스템이 만들어져야 한다고 말하는데 여기서는 정치 시스템에 대해서만 나누기로 한다. 가장 중요한 건 시민 의회다. 사법부의 배심원 제도처럼 무작위로 선발된 보통 시민들에 의한 정치가 이루어져야 한다고 모슬리는 말한다. 투표가 아니라 참여가 이루어져야 하며, 지역 수준에서 열린 시민 집회에서 선출된 대표자들이 그다음 단계에서 자신이 속한 공동체를 대표하는 방식의 연쇄를 통해 중앙 정치가 이루어져야 한다. 모슬리는 그 외에 추첨으로 선발된 의회들, 윤번제, 감시 제도, 추첨으로 선출된 공무원, 국민 투표, 국민 발안, 국민 소환 등을 주장한다. 이것을 모든 국가와 사회에 적용할 수 있을까? 그가 자주 언급하는 스위스도 200명의 국민 의원(하원)을 직접 선거로 뽑고 있으며 인구는 900만 명에 육박한다. 따라서 그 이상의 인구 규모를 갖는 나라에서는 스위스 모델조차 따르기 어려울 뿐 아니라 그가 제시한 모델들을 따르기는 더더욱 어렵다. 그 이하 규모 국가에서도 그의 대안을 실행하는 건 쉽지 않을 것이다. 다만 도(道)와 시(市)와 구(區) 단위에서 실험적으로 적용하면서 국가적 차원까지 고민해볼 수는 있을 것 같다. 그의 주장들은 무엇보다 뒤에서 말할 탈성장의 거버넌스로서 로컬의 미래를 보여주는 대안으로 받아들여야 하며, 특히 제러미 리프킨이 말하는 "분산형 동료 시민 정치"에 이론적 토대를 제공할 수 있다고 생각한다.

제러미 리프킨(Jeremy Rifkin)은 『회복력 시대: 재야생화되는 지구에서 생존을 다시 상상하다』(민음사, 2022)에서 진보의 시대는 끝났으며 회복력(resilience)의 시대가 오고 있다고 주장한다. 진보의 시대는 지금과 같은 양극화와 기후 위기와 자연의 재야생화를 낳았을 뿐이다. 회복력의 시대는 더 이상 "효율성"이 지배하는 사회가 아니다. 이미 "적응성"으로의 전환이 일어나고 있다. 효율성에서 적응성으로의 이행은 생산성에서 재생성으로, 성장에서 번영으로, 소유권에서 접근권으로, 판매자-구매자 시장에서 공급자-사용자 네트워크로, 선형 프로세스에서 인공두뇌 프로세스로, 수직 통합형 규모의 경제에서 수평 통합형 규모의 경제로, 중앙 집중형 가치 사슬에서 분산형 가치 사슬로, 거대 복합 기업에서 유동적인 공유로 블록체인을 형성하고 민첩한 첨단 기술 중소기업으로, 지식 재산권에서 오픈 소스 지식 공유로, 제로섬게임에서 네트워크 효과로, 세계화에서 세방화(glocalization)로, 소비자 주권주의에서 환경 책임주의로, 국내총생산(GDP)에서 삶의 질 지수(QLI)로, 부정적인 외부 효과에서 순환성으로, 지정학에서 생명권 정치학으로의 전환을 포함한 경제 및 사회의 전면적 변화와 함께 일어난다. 인류는 수렵 채집 시대에 "정령숭배 의식"을 형성했고, 중앙 집중형 관료제를 만든 대규모 농경 문명 시대에는 "신학적 의식"을 형성했으며, 국민 국가 거버넌스를 만들어낸 산업 혁명 시대에는 "이데올로기적 의식"을 탄생시켰다. 하지만 이제 새로운 세대는 동료 생물체들과 공감하기 시작하면서 "생명애 의식"을 형성하고 있다. 회복력의 시대는 생명애 의식의 시대다. 거기에 따른 거버넌스의 변화가 일어날 것이다. 진보의 시대는 자유를 자율성과 배타성으로 이해했지만 생명애 의식의 시대는 그것을 접근성과 포용성으로 이해한다. 지구 행성 전역으로 확산 중인 플랫폼에 참여할 수 있는 접근성과 성별, 인종, 성적 지향, 심지어 살아 움직이는 행성에 사는 동료 생명체들에게까지 관계와 공감의 수평적 확장을 의미하는 포용성이 진정한 자유다. 접근성과 포용성의 자유는 "분산형 동료 시민 정치"(peerocracy)의 근간이다. "분산형 동료 시민 정치"는 기존의 정치 행정 구역이 아닌 "생태 지역 거버넌스"다. 그것은 기존 행정 구역을 가로지르는 자신의 생태 지역을 적극적으로 관리하는 데 적극적으로 헌신하는 동료 시민(peer)이 이끄는 시민 의회를 통한 정치를 의미한다. 회복력 시대에는 참여 예산제, 지역 사회의 학교 통제와 치안 유지 감독, 생태 지역 내 기후 위기 관리 등 다양한 영역에서 이런 정치를 실험해야 한다.

## 생태페미니즘의 자급적 관점

민주주의는 정치적 영역만이 아니라 경제적 영역에서도 작동해야만 한다. J. K. 깁슨-그레이엄(J. K. Gibson-Graham), 제니 캐머런(Jenny Cameron), 스티븐 힐리(Stephen Healy) 등이 함께 쓴 『타자를 위한 경제는 있다』(동녘, 2014)에서 말하는 것처럼 "타자들과 공존하기 위한 경제 탈환 프로젝트"가 필요하다. 흥미롭게 읽은 책인데 출판사 리뷰가 책을 잘 정리한 것 같아 요약하여 인용하고자 한다. 저자들은 기존 자본주의에서 벗어나 타자들과 공존할 수 있는 경제를 새롭게 만들 것을 제안한다. 타자들과 공존하는 경제란 곧 타인과 자연환경, 현세대와 미래 세대, 지구의 미래 등 모든 타자와의 관계를 고려하는 경제라고도 할 수 있다. 타자들과 공존하는 경제를 만들기 위해 저자들은 자본주의라는 주류 경제 시스템의 주도권을 쥐고 있는 기득권 집단으로부터 경제의 주도권을 되찾아오자고 제안한다. 저자들은 1장에서 경제를 되찾아오기 위해서는 우선 경제의 프레임을 바꾸어야 한다고 말한다. 가령 경제를 빙산에 비유했을 때 우리는 빙산의 일부분, 즉 자본주의 기업에서 시장을 위해 생산하는 지불 노동만을 경제라고 생각한다는 것이다. 이러한 기존 프레임에 따르면 국가나 중앙은행 등만이 경제를 움직이는 주체가 되며, 우리는 소비자라는 역할밖에 할 수 없다. 저자들은 이런 프레임에서 벗어나 물속에 잠긴 경제의 다양한 형태, 즉 비자본주의 기업, 소비자 협동조합, 물물교환, 자원봉사 등을 경제라는 프레임 속으로 적극적으로 끌고 들어올 필요가 있다고 주장한다. 이 책의 2장부터 6장까지는 각각 노동, 기업, 시장, 재산, 금융을 탈환하는 방법으로 구성되어 있다. 매 장에서는 해당 개념에 대해 우리가 일반적으로 사고했던 이해 방식을 살펴보고, 사람들이 경제를 탈환하는 실제 사례들을 보여준다. 이어 기존의 주류적인 이해 방식에 대한 프레임을 바꿀 방법들을 소개한다.

경제를 탈환한다는 점에서 생태페미니즘 진영에서 주장하는 "자급적 관점"은 매우 중요하다. 마리아 미스(Maria Mies)와 반다나 시바(Vandana Shiva)가 함께 쓴 『에코페미니즘』(창비, 개정판, 2020)에서 자급적 관점을 이렇게 이야기한다. 1) 경제 활동의 목표는 익명의 시장에 산더미 같은 상품과 화폐를 점점 더 많이 만들어내는 것이 아니라 생명의 창조 혹은 재창조하는 것이다. 즉 상품 구입이 아니라 사용 가치에 따른 생산에 의해 주로 이루어지는 기본적인 인간의 욕구를 충족하는 것이다. 특히 식량과 다른 기본 필수품의 자급자족, 지역성, 국가 관료주의로부터의 탈중앙 집중화가 주된 경제 원칙이다. 지역의 자원은 착취되지 않고 이용되며, 시장은 종속적인 역할을 한다. 2) 이러한 경제 활동은 새로운 관계에 근거를 둔다. 자연의 풍부함과 다양성은 그 자체로, 그리고 지구의 모든 생물체가 생존하기 위한 전제조건으로 존중된다. 자연과 인간의 상호 작용은 존중과 협력과 상호성을 바탕으로 한다. 르네상스 이래 부유한 국가들을 이끌어오던 인간의 자연 지배라는 낡은 원칙은 이제 인간이 자연의 일부이며 자연은 자체의 고유한 주관성을 지닌다는 깨달음으로 바뀌어야 한다. 인간의 자연 지배는 여성이나 다른 인간에 대한 남성의 지배와 관련이 있으므로 자연과 맺는 새로운 비착취적 관계는 인간관계 특히 남녀 관계의 변화 없이는 이루어질 수 없다. 이는 여러 가지 분업(성별 분업, 육체노동/정신노동, 도시 노동/농촌 노동 등)의 변화뿐 아니라 화폐나 상품의 관계를 호혜성, 상호 의존성, 연대, 신뢰, 나눔과 보살핌, 개인에 대한 존중과 전체에 대한 책임과 같은 원칙들로 대체함을 뜻한다. 3) 자급적 관점은 참여 민주주의 혹은 풀뿌리 민주주의에 토대를 두며 또한 그것을 고무한다. 비단 정치적 결정만이 아니라 모든 경제적·사회적·기술적 결정에 대해서도 마찬가지다. 4) 자급적 관점은 필연적으로 다면적인 혹은 시너지 효과를 낳는 문제 해결 방식을 요구한다. 그것은 서로 다른 지배 체제와 문제들이 상호 관련되어 있을 뿐 아니라 고립적이거나 단순한 기술적 처방만으로는 해결될 수 없다는 인식에 근거하고 있다. 그러므로 여러 사회 문제들은 환경 문제와 함께 그리고 동시에 해결되어야 한다. 5) 자급적 관점은 과학 기술 지식에 대한 새로운 패러다임을 요구한다. 기존의 도구주의적이고 환원주의적인—자연과 여성과 이민족에 대한 남성의 지배를 이루고 유지하는 이원론적 이분법에 기초한—과학과 기술 대신 생태적으로 건전하고 페미니즘적인 자급 과학과 기술이 민중들의 참여하에 개발될 것이다.

6) 자급적 관점은 문화와 노동의 재결합, 부담으로서의 노동과 즐거움으로서의 노동의 재결합을 끌어낸다. 7) 그것은 물이나 공기, 쓰레기, 토양, 자원 등의 공유 재산을 사유화 혹은 상업화하는 데 반대한다. 대신 그것은 이러한 자연의 선물에 대한 활동의 책임감을 기르며 그것들을 보전하고 재생할 것을 요구한다. 8) 이러한 특징들의 대부분은 에코페미니즘의 사회 개념에도 해당할 것이다. 특히 모든 생명체의 상호 연관성, 일상적 실천과 경험적 윤리 및 수단과 방법의 일치를 전면에 놓는 정치 개념 등이 그러하다. 그러나 에코페미니즘이란 일부에서 주장하는 것처럼 자본주의 가부장제의 남성들이 야기한 환경 오염을 여성들이 다 치우겠다는 뜻이 아니다. 여성들이 언제까지나 "가부장제가 일으킨 전쟁의 폐허를 치우는 여성"이 될 수는 없다. 따라서 필연적으로 자급적 관점은 남성들이 지구의 생명을 창조하고 보존할 책임을 실제로 분담하는 것을 의미한다. 그러므로 남성들은 자신들의 정체성을 재정의하는 운동을 시작해야 한다. 그들은 축적을 위한 파괴적인 상품 생산에서 손을 떼고 생명 보존을 위한 여성의 노동을 나누어야 한다. 현실적인 견지에서 볼 때 이는 그들이 가사, 어린이와 노약자 돌보기, 지구를 치유하는 환경 작업, 새로운 형태의 자급 생산 등 무임금의 자급 노동을 분담해야 한다는 뜻이다. 9) 더구나 생명의 창조 및 보관과 상품 생산 활동 간의 이분법이 폐지되고 남성들이 지금까지는 여성의 영역으로 여겨진 보살피고 양육하는 자질을 갖게 된다면, 그리고 자립과 호혜성과 자급에 기초한 경제에서 여성뿐 아니라 남성들도 자급 생산에 참여하게 된다면, 그들은 파괴적 전쟁 놀이를 추구할 시간도 의향도 없어질 것이다. 자급적 관점은 남성들과 사회의 무장해제에 가장 중요한 기여를 할 것이다. 자급적 관점에 기초한 사회만이 자연

과 평화롭게 살아갈 수 있으며 국가와 세대와 남녀 간의 평화를 지속시킬 수 있다. 이런 사회는 "좋은 삶"이라는 개념의 토대를 자연과 이민족의 착취와 지배에 두지 않을 것이기 때문이다. 10) 마지막으로, 모든 남녀노소, 모든 인종과 문화가 "좋은 삶"을 살아갈 수 있고, 사회 정의, 평등, 인간 존엄, 삶의 아름다움과 기쁨이 결코 실현될 수 없는 소수 엘리트에게나 가능한 혹은 사후 세계에서나 가능한 비현실적 몽상에 그치질 않고 실제로 이루어지는 사회를 구상하는 곳이라면 어디든 자급적 관점이라 부르는 것과 유사한 시각이 있었음을 기억하자.

## 바르셀로나의 위대한 실험

너무 이상적인 이야기가 아닌가? 하지만 이것을 구체적으로 실천한 곳들이 있다. 그중에서도 바르셀로나가 매우 돋보인다. 사이토 고헤이는 『지속 불가능 자본주의』(다다서재, 2021)에서 기후 위기의 대안은 "탈성장 코뮤니즘"이라고 말한다. 서구 자본주의나 동구 사회주의는 모두 생산력주의와 성장주의에 기반을 둔 체제였다. 두 체제 모두 기후 위기를 낳았다. 코헤이는 제3의 길로 "커먼"에 바탕을 둔 "탈성장 코뮤니즘"을 제시한다. 그는 탈성장 코뮤니즘을 실현한 도시로 바르셀로나를 꼽는다. 바르셀로나는 "두려움을 모르는 도시"다. "두려움을 모르는 도시"란 국가가 강압하는 신자유주의적 정책에 반기를 든 혁신적 지방 자치 단체를 가리킨다. 에어비앤비(Airbnb)의 영업 일수를 규제한 암스테르담과 파리, 글로벌 기업의 제품을 학교 급식에서 제외한 그르노블 등 여러 도시의 정당과 시민 단체가 "두려움을 모르는 도시 네트워크"에 참가하고 있다. 자치 단체 한

곳의 노력만으로는 글로벌 자본주의를 바꿀 수 없기 때문에 전 세계 여러 도시와 시민이 연계하고 지혜를 교환하며 새로운 사회를 만들어내고자 하는 것이다. 특히 바르셀로나 시정은 야심만만한 시도를 하고 있다. 그런 혁신적인 자세는 2020년 1월에 발표한 바르셀로나의 기후 비상사태 선언에도 잘 드러난다. 그 선언은 자치 단체 직원이 쓴 것도, 전문가 집단이 제안한 것도 아니다. 시민의 힘이 결집한 결과물이다. 선언서의 행동 계획을 보면 포괄적이며 구체적인 항목이 240개 이상 이어진다. 도시 공공 공간의 녹지화, 전력과 식량의 자급자족, 공공 교통 기관의 확충, 자동차·비행기·선박 제한, 에너지 빈곤 해소, 쓰레기 삭감·재활용 등 이산화탄소 배출량 감소를 위한 전면적 개혁 계획이 담겨 있다. 구체적인 내용을 살펴보면 항공기의 단거리 노선 폐지, 시가지에서 자동차의 제한 속도 강화(시속 30km) 등 글로벌 기업과 대치하지 않으면 실현할 수 없는 것들도 많다.

바르셀로나의 획기적인 선언은 하룻밤 사이에 만들어진 것이 아니다. 선언에 이르기까지 10년에 걸쳐 시민들의 끈질긴 노력이 있었다. 스페인은 리먼 브러더스 사태로 촉발된 EU의 경제 위기에서 가장 큰 타격을 입은 나라 중 하나다. 당시 실업률이 25%나 되었고, 빈곤이 확산되었으며, EU가 강요한 긴축 정책에 따라 사회 보장과 공공 서비스를 축소할 수밖에 없었다. 바르셀로나에서는 그 빈궁함을 뒤쫓듯이 오버-투어리즘(over-tourism), 즉 지나치게 발전한 관광업이 일반 시민의 생활을 압박했다. 결국 가혹한 상황에 견디다 못한 젊은이들이 들고 일어났다. 2011년 5월 15일에 마드리드 시민들이 마드리드의 대표적 광장인 푸에르타 델 솔을 점거했다. 프랑스 레지스탕스 출신 스테판 에셀(Stephane Hessel)의 『분노하라』(돌베개, 2011)라는 책에 공감한 스페인 군중들이 정부의 긴축 정책 반대, 실업 문제 해결, 빈부 격차 해소, 부패 일소, 기성 정당의 정치적 기득권 해소 등을 주장하며 궐기하면서 "분노한 사람들"(Indignados)이라 이름이 붙었는데 2011년 5월 15일에 일어났다고 하여 "15M 운동"이라 불리기도 한다. 이것이 형태를 바꾸며 계속된 운동의 성과 중 하나가바로 "바르셀로나 엔 코무"(Barcelona En Comú)라는 지역 밀착형 시민 플랫폼 정당이다. 영어로 하면 "바르셀로나 인 커먼"(Barcelona in common)이다. 2015년의 지방 선거에서 이 정당은 막 만들어졌음에도 약진하여 당의중심인물인 아다 콜라우(Ada Colau)가 바르셀로나 시장으로 취임했다. 바르셀로나 최초의 여성 시장이기도 한 아다 콜라우는 반빈곤 운동, 그중에서도 주거의 권리를 위한 운동을 해왔던 사회 활동가였다. 운동과의 접점을 그만두지 않은 새 시장은 풀뿌리의 목소리를 시정에 반영할 수 있도록시스템을 정비했다. 반상회 같은 역할을 하는 주민 모임의 의견도, 수도와에너지 등 "커먼"의 영역에서 일하는 사람들의 의견도 꼼꼼히 정성스레건져 올렸다. 시청사를 시민에게 개방했고 시의회는 시민의 의견을 한데모아 정리하는 플랫폼으로 기능하도록 했다. 그렇게 사회운동과 정치가훌륭하게 연결되었다.

앞서 소개한 기후 비상사태 선언의 초고를 작성하는 과정도 비슷했다. 선언문은 200개 남짓한 단체에서 300명이 넘는 시민이 참여한 "기후 비상사태 위원회"의 검토를 거치며 집필되었다. 자연 에너지 공영 기업(Barcelona Energia)과 주택 공단 등에서 일하는 사람들도 워크숍에 참가했다. 기후 비상사태 선언은 사회적 생산 현장에서 일하는 각 분야의 전문가를 비롯해 노동자와 시민이 공동으로 집필을 한 것이다. 그 선언 자체가 실로 다양한 시민 참가형 프로젝트였다. 그랬기에 그토록 구체적인개혁안이 나올 수 있었다. 또한 그 운동들을 서로 연결해준 것은 기후 변화 문제다. 한 가지 사안만 다루던 개혁들이 기후 변화 대책이라는 관점이 더해지니 개별 문제를 뛰어넘어 횡적 연대를 하게 된 것이다. 전력 문제를 예로 들어보겠다. 전기료를 인상하면 빈곤 세대는 곧장 손해를 입는다. 그에 비해 지역 생산·지역 소비를 목표하는 공영 재생 에너지로 전환하면 지역 경제가 활성화되고 수익을 지역 공동체에 활용할 수 있다. 재생 에너지 전환은 기후 변화 대책뿐 아니라 빈곤 대책이기도 한 셈이다. 다른 예로 태양광 패널을 갖춘 공영 주택을 건설하면 환경친화적인 동시에 시민의 생활 공간을 확보하여 자본이 호시탐탐 노리는 젠트리피케이션(gentrification)에 저항할 수 있다. 또한 지역에서 생산하여 지역에서 소비하는 로컬 경제의 새로운 경제 활성화는 지역에 새로운 일자리를 만들어내어 청년 실업 문제도 개선한다. 기후 변화 문제를 매개로 수많은 운동이 연대하면 경제, 문화, 사회를 아우르는 더욱 커다란 시스템 변혁을 추구할 수 있다. 이런 연대의 목표는 자본주의가 만들어낸 인공적 희소성을 "커먼"의 "근본적 풍요"로 바꾸는 것이다.

바르셀로나의 시도는 정책 내용은 물론 운동 방법론도 혁신적이었다. 그토록 혁신적인 시도에 차례차례 성공해서 시민의 지지를 얻을 수 있었던 비결 중 하나가 전통 있는 노동자 협동조합이다. 예전부터 스페인은 협동조합이 융성한 곳이었고 그중에서도 바르셀로나는 노동자 협동조합 외에 생활 협동조합, 공제 조합, 유기농 작물 소비 그룹 등 많은 단체가 활동하는 "사회 연대 경제"의 중심지로 유명하다. 사회 연대 경제가 바르셀로나의 전체 일자리 중 8%에 이르는 53,000개를 창출하고 바르셀로나 총생산의 7%를 차지할 정도다. 노동자 협동조합의 활동은 무척 폭이 넓어서 제조업, 농업, 교육, 청소, 주택 등 분야에서 여러 사업을 펼치고 있다. 청년 대상 직업 교육, 실업자 지원, 지역 주민 교류 같은 활동들로 오버투어리즘과 젠트리피케이션에 대항하는 주민 주도형 도시를 만들어낼 길을 모색하고 있다. 자치 단체와 협동조합의 연대는 양쪽 모두에 좋은 결과를 끌어낸다. 또한 협동조합의 의견이 시정에 반영되어서 정치도 사회 운동도 활발해진다. 단기적인 이윤 추구가 아니라 조합원들의 자율과 참여, 상호 부조를 중시함으로써 생산 영역을 뛰어넘어 정치에서도 참여 민주주의를 촉진한다. 그렇게 지금껏 없었던 시민과 정치의 역동적 관계가 생겨나면 양쪽 모두에게 더 나은 성과를 낼 수 있다.

나는『평화는 나의 여행』(소나무, 2006)과 공정 여행 가이드북『희망을 여행하라』(소나무, 2009)의 저자인 아내 임영신에게 바르셀로나에 직접 다녀온 이야기를 듣고 바르셀로나에 대해 조금은 알고 있었다. 어떻게 오버투어리즘을 극복해나가고 있는지 생생한 이야기를 들을 수 있었다. 앙리 르페브르(Henri Lefebvre)의 "도시에 대한 권리"를 중심으로 관광을 전환해가는 이야기는 매우 감동적이었다. 이런 이야기들이었다. 바르셀로나시는 세 가지 우선순위를 분명히 했다. 1) 관광 개발과 투자자의 이익이 아니라 시민 전체의 이익을 추구한다. 2) 도시의 지속 가능성은 어떤 로비나 특정 집단에 의해 흔들릴 수 없는 우선순위를 지닌다. 3) 관광을 통해 발생하는 수익은 지역 사회에 환원되어야 한다. 이를 위해 바르셀로나시는 "기업주의에서 관리주의"(Promotion to Management) 방향으로 도시 행정의 패러다임을 전환했다. 20년간 프로모션 중심의 관광 정책을 펼치며 기업과 협업해온 바르셀로나 정부는 정부의 기업주의 관광 정책 대신 시민의 정주권과 도시의 공공성을 가장 중요한 가치로 두고 도시 공간에 대한 관리와 규제 정책들을 시작했다. 도시의 균형 잡힌 발전, 관광 숙박에 대한 통제, 신규 호텔에 대한 규제, 지속 가능한 관광, 민주적 의사 결정 과정, 정보의 투명한 공개, 참여와 공존, 통합 등 10가지 주요한 가치를 키워드로 한 프로그램과 30개의 세부적인 정책들과 100가지 측정 지표 등을 개발하며 도시 관광의 패러다임을 구체적으로 전환해갔다. 바르셀로나시는 점점 더 자동차와 자본가들과 관광에 불편한 도시로 나아가고 있다.

2015년 정부는 관광 숙박업소를 위한 특별 도시 계획(PEUAT)을 발표하며 허가 중단은 물론 시민들의 주택이 관광을 위한 숙소로 사용되는 것(Housing Used for Tourism, HUT)에 대해 "제로 성장"을 기준으로 정했다. PEUAT는 관광 숙박 시설, 유스 호스텔, 임시 숙박 시설이 있는 공동 거주지 및 관광 아파트의 도입을 규제했다. 이 규제는 거주자의 도시권 보장 및 삶의 질 향상을 기반으로 하는 지속 가능한 도시 정책에 부합하는 관광 숙박 시설을 관리하기 위한 것이다. 슈퍼블록이 아니라도 도심으로 들어오는 모든 관광버스의 진입은 제한되고, 주요한 관광지는 모두 입장 시간의 규제, 전면 예약제 등을 따라야 한다. 가장 인기 있는 관광 장소인 사그라다 파밀리아 성당 근처는 아예 관광버스 주정차가 금지되어 있다. 또한 2015년 5월, 바르셀로나시는 주민, 학계, 정치인, 전문가, NGO, 관광 사업자 간 대화의 장을 위해 60인으로 구성된 도시와 관광 위원회(Tourism Council)를 출범시켰다. 위원이 되기 위해서는 후보자로 출마해 시민 투표를 통한 선출을 거쳐야 한다. 행정, 학계, 주민 대표, 상인 대표, 관광 업계 등 지역별·직군별 다양한 입장이 도시와 관광 정책에 반영될 수 있도록 60명의 대표를 선출할 범주가 나뉘어 있다. 도시와 관광 위원회는 단지 관광에 대해 논의만을 하는 곳이 아니다. 그것은 "우리가 원하는 도시는 무엇인지", "무엇을 얻고 무엇을 잃고 싶지 않은지"를 함께 논의하는 직접 민주주의 기구다.

2019년 아다 콜라우 시장은 "공공 공간은 민주주의의 장소입니다. 우리 모두가 속한 공간입니다. 공공 공간이 넓어질수록 민주주의의 질이 좋아집니다"라고 선언하며 슈퍼블록을 바르셀로나 전역으로 503개 지역에서 확대할 것을 발표했다. 거기서 한 걸음 더 나아가 기존 슈퍼블록에 규정했던 10%의 사회 주택, 10%의 녹지, 10%의 공유 공간 비율을 대폭 조종해 30%를 무조건 사회 주택으로 조성해야 한다는 강도 높은 서민 주거 정책을 발표했다. 정부만 사회 주택을 지을 책임이 있는 것이 아니라 바르셀로나의 땅이라는 공유재를 사용해 이익을 얻는 민간 주택 시장도 시민을 위해 30%는 소셜하우징(Social Housing)을 해야 한다는 공공성에 대한 책임을 의무지운 것이다. 이 도시의 방향은 1998년 바르셀로나에서 발의된 "도시에서의 인권 보호를 위한 유럽 헌장"을 향해 조금씩 더 가까이 나아가고 있는 것 같다. "도시에서의 인권 보호를 위한 유럽 헌장"의 핵심 내용은 "도시에 대한 권리"(Right to the City)와 "도시에서의 인권"(Human rights in the city)이었다. 르페브르가 말한 도시를 전유할 권리, 도시의 중심을 이용할 권리, 도시에 차이와 다양성이 깃드는 공간을 만들어갈 권리, 도시의 결정에 참여할 권리 등이 바르셀로나시의 선언문에는 명시되어 있다. 거기에는 무엇보다 도시의 공공성을 기준으로 정치적·사회적·생태적 발전을 위한 권리가 있으며 동시에 우리에게 그 가치를 위해 도시를 함께 바꾸어가야 할 민주적 주체로서의 책임이 있다는 것이 명시되어 있다. 이처럼 바르셀로나시는 공정 여행 영역에서도 획기적인 모습을 보여준다.

2019년, 아다 콜라우 지방 정부는 재선에 성공했다. 중앙 정당이 없는 바르셀로나에만 존재하는 도시 기반 지역 정당의 놀라운 성과다. 이 정당의 가장 중요한 공약들은 도시의 공유지화(Commoning), 민영화된 부문의 재공영화, 반긴축, 반중앙, 반차별, 반자본적 도시 관리, 기본소득적 화폐, 생태 전환 및 에너지 정책, 대안적 협동조합적 생산, 사회 주택 공급, 노동 시간 단축, 최저 임금 인상 등이었다. 어떤 시민 단체보다 급진적인 정책들이었다. 하지만 아다 콜라우 지방 정부는 재선에 성공했다. 이런 일들이 가능하다는 것이 놀랍다. 이는 기후 위기에 대한 대응의 놀라운 예시다. 어떻게 한 도시 안에서 직접 민주주의가 실현될 수 있는지를 보여준 놀라운 모델이라 할 수 있다. 이처럼 모두가 불가능하다고 생각한 것을 실현한 사람들이 있다. 그들을 노자와 전도서의 비전을 실천한 사람들이라 평해도 좋을 것 같다. 그렇다면 현대 교회가 해야 할 가장 중요한 일 중 하나가 소국과민의 세상을 만드는 일 아닐까? 이를 가장 잘 할 수 있는 커뮤니티가 교회 아닐까? 긴밀한 지역 네트워크가 살아 있는 유일한 지역 공동체이니까 말이다. 바로셀로나를 통해 보았듯이 "소국과민"과 "아나키즘적 민주주의"의 꿈은 불가능한 꿈이 아니었다. 전도서가 제시하는 비전은 지금도 가능하다. 소국과민의 성격을 가진 로컬을 만드는 일에 교회는 헌신해야 한다.

# 새로운 왕의 길 4, 탈성장

내가 해 아래에서 큰 폐단되는 일이 있는 것을 보았나니, 곧 소유주가 재물을 자기에게 해가 되도록 소유하는 것이라. 그 재물이 재난을 당할 때 없어지나니. 비록 아들은 낳았으나 그 손에 아무것도 없느니라. 그가 모태에서 벌거벗고 나왔은즉 그가 나온 대로 돌아가고 수고하여 얻은 것을 아무것도 자기 손에 가지고 가지 못하리니, 이것도 큰 불행이라. 어떻게 왔든지 그대로 가리니 바람을 잡는 수고가 그에게 무엇이 유익하랴?(전 5:13-16)

＊
＊

전도서 5:10-17은 돈을 사랑하는 것에 대한 경고의 메시지로 읽힐 수 있다. 전통적인 교회는 그렇게 읽어왔다. 예를 들면, 5:10처럼 돈을 사랑하는 자는 돈에 만족하지 못하고 풍요를 사랑하는 자는 소득으로 만족하지 못한다. 마치 바닷물을 마시는 것처럼 더욱 큰 갈증만 느낄 뿐이다. 진정한 만족을 얻으려면 돈을 사랑하지 말아야 한다. 5:11처럼 재산이 많아지면 먹는 자들도 많아지니 그 소유주들은 눈으로 보는 것 외에 유익을 누릴 것이 없다. 누리는 건 타인이고 자신은 눈으로 보는 것뿐이라면 그렇게 많이 소유해서 무엇 하겠는가? 5:12처럼 노동자는 먹는 것이 많든지 적든지 잠을 달게 자는데 도리어 부자는 그 부요함 때문에 잠을 이루지 못한다. 겉보기만 좋지 소유의 크기만큼 비례하여 걱정과 근심과 불안이 많아져서 잠을 이루지 못하는데 왜 그렇게 부자가 되려고 하는가? 5:13처럼 "해 아래에서 큰 폐단 되는 일"이 있는데 "소유주가 재물을 자기에게 해가 되도록 소유하는 것"이다. 과유불급인데 소유주는 자기에게 해가 될 정도로 과도하게 재물을 소유하려 한다. 인간이 이렇게 어리석고 욕심이 많다. 5:14처럼 부자가 3대 가는 법이 없다. 결국 재물이 재난을 당할 때 다 없어진다. 자식에게 남길 재산이 없다. 5:15-16은 너무나 유명한 구절이다. 욥기의 구절을 연상케 한다. 우리가 다 모태에서 벌거벗고 나왔으므로 결국 "나온 대로 돌아가고 수고하여 얻은 것을 아무것도 자기 손에 가지고 가지" 못할 것이다. 공수래공수거(空手來空手去)다. 죽음 앞에 소유는 무용지물이다. 바람을 잡는 수고처럼 그에게 무익할 뿐이다. 5:17 말씀대로 돈을 사랑하는 삶을 살다가 일평생을 어두운 데서 먹으며 많은 근심과 질병과 분노만 가득하게 될 것이다. 그런데도 돈을 사랑할 것인가?

이처럼 전통 기독교는 돈을 가치 중립적인 것으로 이해한다. 돈이 문제가 아니라 돈을 사랑하는 것이 문제다. 돈 그 자체가 아니라 돈을 사랑하는 것이 일만 악의 뿌리다. 이처럼 전통 기독교는 돈의 이슈를 오직 "돈에 대한 태도"의 문제로만 본다. 이런 메시지에서 어느 정도 교훈 삼을 만한 부분도 있다. 하지만 우리의 삶을 바꾸거나 사회 시스템을 바꾸기에는 너무 부족한 관점이다. 돈은 그냥 돈이 아니다. 자본주의 사회에서 돈은 단지 우리 손에 들고 있는 현금이 아니라 스스로 자기 증식하는 가치이고 무한 성장의 시스템이며 신적 권세를 가진 힘이고 사랑할 수밖에 없게 만드는 강렬한 유혹이다. 이런 돈의 특성을 외면하고 오직 돈의 이슈를 돈에 대한 태도의 문제로만 보면 겉으로는 좀 겸손하고 경건하게 보일 수 있지만 실제로 삶은 변한 것이 하나도 없게 되고 사회 시스템을 바꿀 의지도 생기지 않는다. 그런 메시지는 이전과 다르게 살 필요를 느끼게 하지 못한다. 태도만 고치거나 개인적인 생활에서 조금 겸손하게 살게 할 뿐 거대한 부를 추구하고 거대한 부를 소유해도 아무 문제가 없다. 그렇다고 이런 식의 메시지 자체를 옳지 않다고 말하는 것이 아니다. 거기서 멈추면 안 된다는 말이다. 한 걸음 더 나아가야 한다. 마음의 차원을 넘어 삶의 차원으로, 개인적 차원의 적용을 넘어 공동체적이고 사회적인 차원의 적용이 필요하다. 우리는 이 말씀을 전도자가 현재 체제의 본질을 폭로한 것으로 읽어야 한다. 그렇게 함으로써 새로운 세상을 꿈꾸도록 만들었다고 보아야 한다. "새로운 세상은 가능하다"라고 도전하고 있는 것으로 보아야 한다.

돈이 아니라 하나님을 사랑해야 한다는 메시지는 태도의 차원을 넘어 대안적 실천으로 나아가야 하며 구체적으로 돈의 시스템이 어떠해야 하는지에 대한 답까지 나아가야 한다. 그래야 이 사회에 대한 대안 공동체로서의 교회의 모습과 경제적 차원에서 이 세상을 변화시키는 대안적 삶이 가능하다.

## 국민 총생산이 아닌 국민 총행복

현 자본주의 사회에서 절대적인 기준이 되는 것이 국민 총생산(GDP)이다. 온 세상이 GDP를 높이는 일에 매진한다. 그래서 지난 세기 동안 GDP가 어마어마하게 높아졌다. 하지만 GDP가 높아졌는데도 행복도는 점점 더 떨어지고 있다. 아이러니하다. GDP는 벨라루스 출신의 젊은 경제학자 사이먼 쿠즈네츠(Simon Kuznets)가 미국의 의뢰를 받아 한 국가가 생산한 모든 재화와 서비스를 돈의 가치로 나타내는 회계 시스템으로 개발한 것이다. 하지만 쿠즈네츠는 GDP에 결함이 있음을 신중하게 강조했다. 그는 국가의 부가 국가 수입을 근거로 추론하기 매우 어렵다고 말했다. 나중에 쿠즈네츠는 자신의 국민 계정 체계를 이용하고 해석하는 방식을 비판하는 대표 주자가 되었다. 그는 더 성장하려면 무엇을 위해 어떤 것을 성장시킬지 목표를 명확히 해야 한다고 말했다. 『탈성장 개념어 사전』(그물코, 2018)에서 GDP 설명은 댄 오닐(Dan O'Neill)이 맡았다. 그에 의하면 GDP의 기본 문제는 국내 총생산이 좋은 경제 활동과 나쁜 경제 활동을 구분하지 않고 모든 활동을 똑같이 취급한다는 점이다. 만약 내가 맥주나 자전거를 사면 이는 국내 총생산에 영향을 끼친다. 만약 정부가 교육에 투자하면

이 또한 국내 생산에 영향을 끼친다. 이것은 우리가 모두 긍정적이라고 말하는 지출이다. 그러나 만약 석유가 유출되어 납세자들이 정화 비용을 지불해야 한다면, 이 역시 국내 총생산에 포함된다. 만약 더 많은 가정이 값비싼 이혼 절차를 진행한다면 여기에 드는 돈 역시 국내 총생산에 포함된다. 전쟁 범죄, 환경 파괴는 모두 국가 발달 지표의 주요 변화 요인이다. 국내 총생산은 "더하기" 버튼이 크게 달려 있지만 "빼기" 버튼이 없는 계산기다. 둘째로 국내 총생산은 집안일이나 자원 활동처럼 돈거래가 이뤄지지 않는 많은 유익한 활동을 계산하지 않는다. 만약 내가 스스로 빨래를 한다면 이는 국내 총생산에 포함되지 않는다. 그러나 내가 당신에게 10달러를 주고 세탁을 맡기고 당신이 나에게 10달러를 주고 세탁을 맡긴다면 국내 총생산은 20달러 상승한다. 이는 세탁된 셔츠 숫자가 변하지 않는다고 해도 마찬가지다. 셋째로 국내 총생산의 더 큰 문제는 소득 분배에 대한 정보가 없다는 점이다. 만약 1인당 국내 총생산이 증가한다고 해도 상류층에게만 추가 소득이 돌아간다면 일반 개인들의 소득은 증가하지 않는다. 소득과 부의 불평등한 분배는 사회 안에서 기회가 불평등하다는 것을 의미한다. 넷째로 성장이 부유한 국가 사람들의 삶을 더 이상 향상시키지 않는다고 말하는 다양한 사회 지표들을 고려할 때 영원히 증가하는 국내 총생산이라는 전략은 더욱 걱정되는 전략이다. 연평균 소득이 이만 달러가 넘을 경우 추가 수익은 더 많은 행복을 사는 데 기여하지 않는 듯하다. 국내 총생산은 쉽게 말해 삶을 가치 있게 만드는 것들을 제외한 모든 것을 측정한다.

제이슨 히켈(Jason Hickel)도 『적을수록 풍요롭다』(창비, 2021)에서 동일한 문제를 제기한다. GDP는 경제 활동을 돈으로 환산하여 총계하지만 그 활동이 유용한지 파괴적인지에 대해서는 개의치 않는다. 당신이 목재를 얻기 위해 나무를 쓰러뜨리면 GDP는 올라간다. 근무일을 늘리고 은퇴 연령을 미룬다면 GDP는 올라간다. 오염으로 인해 병원 이용이 늘더라도 GDP는 올라간다. 하지만 GDP는 비용 계산을 포함하지 않는다. GDP는 야생 동물의 서식지나 탄소 흡수원으로서의 숲의 손실에 대해서는 아무것도 말하지 않는다. 그것은 과중한 일과 오염이 사람들의 몸과 마음에 가하는 고통에 대해서도 아무런 말을 하지 않는다. GDP는 나쁜 것들을 누락할 뿐만 아니라 좋은 것들도 다수 누락한다. 그것은 돈으로 환산되지 않는 경제 활동을 계산하지 않는다. 심지어 그것이 인간의 삶과 행복에 중요하더라도 말이다. 당신이 먹거리를 재배하거나 집을 청소하며 나이 든 부모를 돌보더라도 GDP는 아무것도 말하지 않는다. 그것은 당신을 위해 이런 일을 하는 기업에 돈을 지불할 때만 계산한다.

쿠즈네츠는 경제적인 진보의 표준 측정치로써 GDP를 사용해서는 안 된다고 강하게 경고했지만 제2차 세계대전 이후 GDP의 공격적인 관점이 결국 주류가 되었다. 쿠즈네츠가 경고했던 일이 벌어졌다. 전 세계의 최고 목표는 지속적으로 최고의 경제 성장률을 달성하는 것이 되어버렸다. 영국 정부는 이를 좇아 단 10년 동안 50% 성장이라는 목표를 설정했다. 이 아이디어는 들불처럼 번졌다. 냉전 기간 서구와 구소련 사이의 거대한 경쟁은 대체로 성장률로 판단되었다. 어떤 체제가 GDP를 더 빨리 성장시킬 수 있는가? GDP 성장 그 자체를 새로운 중심에 두는 "성장주의"는 서구의 정부들이 경제를 관리하는 방식을 영구적으로 바꿔놓았다. 대공황 이후 사회적 성과를 증진하기 위해서 사용된 고임금, 노동조합, 공중 보건, 교육에 대한 투자 같은 진보적인 정책은 갑자기 요주의 대상이 되었다. 이런 정책들은 높은 수준의 좋은 삶을 가져다주었지만, 높은 이윤율을 유지해야 하는 자본에는 너무 비싼 노동이 되었다. 같은 기간 동안 제정되어 자연 착취에 제동을 걸었던 환경 규제 또한 마찬가지였다. 서구 경제는 1970년대 말부터 성장이 둔화하기 시작했고 자본 수익도 감소했다. 정부는 뭔가를 해야 한다는 압박, 자본을 위해 해결책을 만들라는 압박을 받았다. 그래서 인건비를 줄이기 위해 노동조합을 공격하고 노동법을 폐기했으며 핵심적인 환경 보호법을 폐지했고 자본의 접근이 금지되던 공공 자산을 민영화해 민간 투자자에게 수익성 높은 기회를 만들어주었다. 1980년대 미국의 로널드 레이건과 영국의 마거릿 대처가 특별히 열성적으로 이러한 전략을 추구했으며 오늘날 우리가 신자유주의라고 부르는 접근 방식이 시작되었다. 그리고 그것이 지금의 불평등 사회와 기후 위기를 만들어냈다.

그렇기 때문에 이제는 "국민 총생산"이 아니라 "국민 총행복"을 높이는 새로운 지수를 찾아야 할 때다. 심지어 우파조차 이런 고민을 한다. 프랑스의 사르코지 대통령은 중도 우파 정치 세력의 연합체인 대중운동연합 후보로 2007년에 출마하여 사회당 후보를 이기고 23대 대통령으로 당선이 되었다. 그런 그가 2008년 2월에 조지프 스티글리츠(Joseph Stiglitz)를 의장으로 삼고 아마티아 센(Amartya Sen)을 자문으로 하는 국제위원회를 발족하여 1년 반 동안 새로운 지표를 만들도록 했다. 조지프 스티글리츠는 정보 경제학 전문가이며 세계은행 부총재까지 역임했다. 2001년에 노벨 경제학상을 수상한 석학이고 『세계화와 그 불만』(세종연구원, 2002)이라는 베스트셀러를 쓴 좌파 성향의 학자다. 아마티아 센은 1998년 아시아 최초로 노벨 경제학상을 수상한 인도의 학자이고, 불평등과 빈곤 연구의 대가이자 후생 경제학의 거목이며, "경제학계의 양심", "경제학계의 마더 테레사"로 불린다. 그 또한 굳이 분류한다면 좌파 성향의 학자다. 그런데도 중도 우파인 사르코지 대통령이 그들을 초청하여 전 세계가 나아가야 할 방향을 제시하고 사회의 수준을 평가하는 새로운 지표를 만들도록 부탁한 것이다. 그만큼 이 시대가 새로운 비전이 필요함을 보여준다. 그때 연구하여 만든 보고서 내용을 담은 책이 『GDP는 틀렸다』(동녘, 2011)다. 이 책은 새로운 지표의 목표 네 가지를 말한다. 첫째는 단지 생산이 아니라 국민 소득을 중심으로 지표가 만들어져야 한다. 둘째, 삶의 질, 즉 행복을 측정하는 방식에 집중해야 한다. 셋째, 경제적 지속 가능성에 초점을 맞추어야 한다. 세 가지를 관통하는 공통 관심사는 정의로운 분배다. 이 지표를 좀 더 발전시킨 사람이 마사 누스바움(Martha Nussbaum) 교수다. 그는 이를 좀 더 발전시켜 역량 접근법으로 삶의 질을 평가해야 한다고 말한다. 인간의 역량을 높일 수 있는 사회가 국민 총행복도가 높은 사회다. 그녀는 10가지 핵심 역량을 제시한다. 1. 생명, 2. 신체 건강, 3. 신체 보전, 4. 감각/상상/사고, 5. 감정, 6. 실천 이성, 7. 관계, 8. 인간 이외의 종, 9. 놀이, 10. 환경 통제. 자세한 내용은 『역량의 창조』(돌베개, 2015)라는 책을 참조하라.

내가 아주 재미있게 읽은 또 하나의 책은 케이트 레이워스(Kate Raworth)의 『도넛 경제학』(학고재, 2018)이다. 레이워스는 그동안 맹신하던 경제학의 상식을 정면에서 비판하고 환경과 사회 및 인류를 위한 새로운 경제학을 제안한다. 21세기에 인류가 추구해야 할 경제는 GDP로 대변되는 끊임없는 경제 성장이 아니라 사

람들의 삶과 환경이 번영하는 분배와 균형의 경제다. 도넛 경제학에서 제시하는 도넛 그림이야말로 우리가 추구해야 할 새로운 지표다. 도넛은 우리가 의지하는 살아 있는 세계를 보호하면서 모든 사람의 필요를 충족시키는 미래를 지향한다. 안쪽 고리는 "사회적 기초"를 나타내는 것으로, 그 안으로 떨어지면 기아와 문맹 같은 심각한 인간성 박탈 사태가 벌어진다. 이 도넛의 사회적 기초에 못 미치면 인간이 안녕할 수 없는 상황이 벌어진다. 식량, 교육, 주거 등 필수 요소가 결핍된 이들이 매일매일 직면하는 상황이다. 그리고 바깥쪽 고리는 "생태적 한계"를 보여주는 것으로, 그 밖으로 뛰쳐나가면 기후 변화와 생물 다양성 손실 등 치명적인 환경 위기가 닥친다. 생태적 한계를 넘어가면 기후 변화, 해양 산성화, 화학적 오염 등 지구의 생명 유지 시스템이 압력을 받는다. 하지만 두 경제 사이에는 도넛과 거의 비슷하게 생긴 최적의 지점이 있다. 생태적으로 안전하면서도 사회적으로 정의로운 공간이다. 이 공간이야말로 지구가 베푸는 한계 안에서 만인의 필요와 욕구를 충족시키는 영역이다.

기존의 경제학 모델은 생태적 한계와 사회적 기초를 벗어나면서 성장한 모델이다. 따라서 이를 해결하고 균형 잡힌 분배를 해야 한다. 또한 그러면서 경제의 성장이 아닌 인류의 번영을 생각해야 한다고 레이워스는 말한다. 인류 역사의 현시점에서 우리가 필요로 하는 진보를 가장 잘 묘사하는 움직임은 역동적 균형 상태로의 진입이다. 도넛의 부족한 부분과 넘치는 부분을 모두 없애고 우리 모두 그 도넛의 안전하고 공정한 공간으로 옮겨가는 것이다. 21세기의 우리가 직면한 과제는 인류를 이 안전하고 정의로운 공간으로 데리고 가는 것, 실로 미증유의 과제다. 레이워스는 도넛의 안전한 공간으로 들어가는 것을 결정하는 요소 다섯 가지를 인구, 분배, 기술, 열망, 거버넌스라고 본다. 인구가 많아질수록 요구 자체가 커지기 때문에 적정 인구를 맞춰야 한다. 또한 분배를 통해 인구가 필요로 하는 자원과 소득, 식량을 정의롭게 분배해야 한다. 아울러 사람들은 좋은 삶이라는 열망을 품고 있는데, 안타깝게도 이 좋은 삶을 구성하는 요소는 더 얇은 노트북과 최신 스마트폰, 이국적인 휴가 등이다. 이러한 라이프 스타일이 지구 한계에 집단적인 스트레스를 주고 있다. 이러한 걸 해결하기 위해 기술을 통해 적정 인프라를 구축해야 한다. 또한 이러한 결정이 잘 이루어지고 협력이 잘 이루어지도록 투명한 거버넌스가 확립되어야 한다. 이제 GDP가 아닌 새로운 지표들이 세워져야 할 때다.

교회도 마찬가지다. 교회도 나름의 GDP를 갖고 있다. "교회 성장"이라는 GDP말이다. 그동안 교회의 교회 됨은 양적 의미의 성장을 통해 증명되었다. 그나마 일부에서 주장하는 "자연적 교회 성장" 같은 건강한 기준들이 있지만 실제 교회 현실에서 가장 중요한 것은 양적 성장이다. 실제로 목회를 해보면 많은 문제는 성장하지 않기 때문에 발생한다. 성장이 많은 문제를 자동적으로 해결하는 경우도 많다. 한국교회 목회 구조가 그렇기 때문이다. 겉으로 무슨 말을 해도 실상 성장 제일주의가 한국교회의 토대라 할 수 있다. 무엇이 교회를 성장하게 하는지 살펴보는 것은 필요한 일이다. 하지만 성장의 한계를 정하지 않고 어떤 요소가 성장을 가능케 하는지에만 관심을 두어서는 "자연적 성장"이 될 수 없다. 왜냐하면 자연의 모든 성장에는 "성장의 한계"가 존재하기 때문이다. 탈성장 담론의 상징이 달팽이다. 보통 달팽이를 생각하면 "느림"을 떠올린다. 하지만 탈성장에서 말하는 달팽이는 속도가 아니라 규모의 문제를 상징한다. 이반 일리치(Ivan Illich)의 설명에 의하면, 달팽이는 넓은 나선에 껍질을 차곡차곡 쌓는다. 섬세하게 껍질을 만들던 달팽이는 작업을 멈추고 몇 가지 추가 작업을 통해 돌연 껍질을 축소하기 시작한다. 왜 갑자기 축소하는가? 일리치는 달팽이가 위협을 감지하기 때문이라 답한다. 나선 하나가 껍질의 크기를 16배까지 크게 만들 수 있지만 이렇게 비대해진 껍질 때문에 달팽이는 안전에 위협을 받는다. 거대한 성장이 오히려 생존 자체를 위협할 수 있다. 자기 목적에 맞게 한계선을 정하지만 이를 초과하면 중량 과다로 압사할 수 있다. 성장은 기하급수적으로 증가하는 반면 달팽이의 생물학적 능력은 산술급수적으로 증가하기 때문에 성장을 제어할 수 없어서 일정 순간이 되면 껍질을 축소해 자신의 생존권을 스스로 조정하는 지혜를 발휘한다. 이처럼 "성장의 한계"가 자연이 살아가는 방법이다. 하지만 교회는 한계에 관심이 없다. 무엇이 성장을 가능케 하는지에만 관심이 쏠려 있다. 그 성장이라는 것도 내부적인 면에 대한 것이지 지역 사회와 다른 교회라는 외부와의 관계 속에서 파악하지 않는다. 지역 생태계와 교회 생태계에 대한 고려가 없기에 실상 "자연적인 교회 성장"이 아니다. 개교회를 지역 생태계와 교회 생태계 내의 유기체로 보지 않기 때문이다.

누군가가 성장에 대해 문제를 제기한다고 가정해보자. 당장 반론이 제기된다. 반론에서 가장 많이 거론되는 것은 무엇인가? 대기업에 대한 예가 거론되고 정당화하는 논리는 규모의 경제다. 대기업처럼 규모가 있어야 큰일을 한다는 거다. 이는 실상 교회를 사회 조직인 가정으로 보지 않고 경제 조직인 기업으로 보는 셈이며 규모의 경제를 전가의 보도처럼 사용하는 셈이다. 규모의 경제를 말하더라도 공교회성 차원에서 이야기해야 하는데 개교회마다 규모의 경제를 이야기한다. 개교회마다 규모의 경제를 이야기하니 공룡의 무리들이 되어버렸다. 왜 개교회마다 그렇게 엄청난 크기의 예배당이 있어야 하는가? 그 규모의 경제로 무엇을 하고 있는가? 무작정 규모를 늘리는 데 혈안이 되어 있지 모든 교회가 함께 적정 규모의 공간을 갖도록 하지는 못하고 있다. 실상 규모를 유지하거나 더 늘리는 데 자원을 거의 다 쓸 뿐 그 규모를 규모 있게 쓰지도 못한다. 그렇게 큰 건물만 짓지 않았다면 그 재원으로 작은 교회들의 공간을 만들어줄 수도 있지 않을까? 아니면 한 지역 내에 있는 교회들이 큰 공간을 함께 짓고 나누어 쓰면 되지 않을까? 주중 사역을 위한 공간은 그리 많이 필요하지도 않잖은가? 사역의 시간대를 잘 분배하면 모두가 함께 쓸 수 있지 않을까? 솔직히 교회의 공간들이 평일에 얼마나 많이 놀고 있는가? 무엇보다 과연 지금의 시대가 규모의 경제를 논해야 하는 시대인가? 차라리 "생명의 경제"와 "살림의 경제"를 이야기해야 하는 것 아닌가? 이제는 한국 교회도 새로운 지표가 시급하게 필요하다. 공교회성과 공동체성과 공공성이라는 가치가 스며든 지표와 생태·정의·평화를 통해 지역 생태계와 교회 생태계를 살리는 탈성장 교회를 나타내는 지표 말이다.

## 소유 vs 커먼즈

새로운 지표에 맞는 사회를 만들기 위한 대안들은 무엇일까? 고민에 도움이 되는 개론서를 하나 소개하자면 『다른 세상을 위한 7가지 대안』(착한책가게, 2018)이다. 4차 산업 혁명이나 인공 지능, 포스트-휴먼 등도 고민해야 하지만 이 책에서 말하는 7가지 대안이 매우 중요한 시사점을 준다. 이 책은 비비르 비엔, 탈성장, 커먼즈, 에코페미니즘, 어머니지구의 권리, 탈세계화, 상호보완성이라는 7가지 대안을 이야기한다. 이 중에 대안적 교회에 큰 도전을 주는 커먼즈와 탈성장 두 가지를 강조하고자 한다.

커먼즈란 물질이나 비물질적인 것을 인간 집단이 공동으로 관리하는 특별한 사회관계 양식이다. 커먼즈라는 용어의 기원은 중세 시대 영국으로 거슬러 올라간다. 당시에 농민들은 목초지나 교구의 숲에 접근할 수 있는 권리가 있었다. 1215년 영국의 귀족들이 영국 왕 존에게 강요한 대헌장 "마그나 카르타"(Magna Carta)에는 대영 제국의 신하들이 누릴 수 있는 자유에 관해 규정이 있다. 대헌장은 1225년에 수정을 거쳤는데 그때 숲에 대한 헌장에 관한 문헌이 새로 추가되었다. 이 문서에는 목초지와 숲에 대한 커머너들(commoners, 평민들)의 접근권에 관한 내용이 담겨 있다. 이후 영국의 커먼즈는 16세기와 18세기에 토지 소유자들에 의해 문제가 되었다. 토지 소유자들은 한창 번성하던 섬유 산업을 위해 양의 목축을 보호하도록 토지를 폐쇄할 수 있는 권리를 원한 것이다. 담장을 치는 "인클로저" 운동으로 영국의 평민들은 피해를 보았다. 당시 영국 평민들이 처한 상황은 중세 시대의 사회경제적인 조직 형태에서 비롯된 것이지만 다른 대륙의 전(前) 자본주의 사회에서도 비슷한 현상을 발견할 수 있다. 커먼즈가 어떻게 해체되고 혹은 어떻게 유지되거나 회복되었는지에 대한 역사는 피터 라인보우(Peter Linebaugh)가 『마그나카르타 선언』(갈무리, 2012)에서 자세히 다루었으니 참조하라.

커먼즈에 대한 가장 강력한 반론은 1968년 「사이언스」에 발표한 생태학자 개릿 하딘(Garrett Hardin)의 "공유지의 비극"이라는 논문이다. 공중 화장실이 더러워질 수밖에 없는 것처럼 개방된 초원은 황폐해질 수밖에 없다는 이론이다. 한마디로 공유지는 비극으로 끝난다는 내용이다. 최선의 접근법은 법적 상속과 결합한 사유 재산이고, 적자생존의 세상에서 불평등은 어쩔 수 없으며, 불평등이 황폐화보다 낫다고 하딘은 말한다. 하딘이 제시한 이론은 아마 자본주의를 맹종하는 사람들 혹은 자유주의자들이 가장 좋아하는 이론이 아닐까? 그들은 집합 이익을 추구하는 정부조차도 비극의 패러다임에 굴복하고 말 것이라고 한다. 데이비드 볼리어(David

Bollier)는 『공유인으로 사고하라』(갈무리, 2015)에서 이를 예리하게 비판한다. 공유지의 비극이라는 우화에는 한 가지 중대한 결함이 있다. 그것은 공유[재]에 대해 정확히 설명하고 있지 않다는 점이다. 하딘이 제시한 가상의 시나리오는 초원 주변에 경계도, 초원을 관리하는 규율도, 과용에 대한 처벌도, 뚜렷한 사용자 집단도 없는 시스템을 가정한다. 그러나 이것은 공유[재]가 아니다. 하딘이 가정한 시스템은 진입이 개방된 열린 접근, 즉 오픈 액세스 체제 혹은 자율 이용 체제다. 공유[재]에는 경계, 규율, 시민적 규범, 무임승차에 대한 규제가 있다. 공유[재]는 자원을 지키는 양심 있는 관리인으로서의 역할을 기꺼이 하고자 하는 공동체의 존재를 필요조건으로 한다. 하딘은 공유[재]를 "주인 없는 땅"과 혼동했으며 그 과정에서 공유[재]를 실패한 자원 관리 패러다임으로 오도하는 잘못을 범했다.

하딘은 1832년 윌리엄 포스터 로이드(William Forster Lloyd)의 연설을 읽고 영감을 받고서 공유지의 비극을 썼다. 윌리엄 포스터 로이드는 사람들이 비극에 대한 해결을 협의를 통해 이끌어낼 능력이 없다고 보았다. 하딘이 제시한 시나리오에 나오는 목동이 공동의 이익까지 생각할 여력이 없는 사람인 것과 마찬가지로 로이드가 제시한 인간은 서로 이야기하거나 공동의 결정을 내릴 수단과 방법이 없는 사람들이다. 두 학자는 모두 옛 농경 사회 마을에 자유방임주의적 개인주의를 적용하고서는 공유[재]는 죽었다고 엄숙히 선언한다. 그런 존재해본 적 없는 마을의 관점에서 보자면, 로이드의 가정은 "어느 손으로도 자유롭게 돈을 꺼내 쓸 수 있는 지갑이 있는데 단 양손은 서로의 존재를 몰라야 한다고 가정해보라"고 말하는 것만큼이나 말도 안 되는 소리로 들린다. 이는 "죄수의 딜레마" 실험만큼이나 말도 안 되는 억측이다. "죄수의 딜레마" 실험의 기본적인 전제는 애초에 발단부터가 조작된 것이다. 개인의 이기심과 합리적 계산에 대한 가정과 맥락의 부재가 이 게임의 설계 자체에 내포되어 있다. 실험 대상은 서로 소통하거나 신뢰의 유대 관계를 구축하거나 진실을 공유하는 것이 허락되지 않는다. 그들이 서로 협조할 수 있는 시간과 기회도 제한적이다. 단일 실험을 위한 실험실 환경에 고립되어 있으며 공통의 역사나 미래를 공유하지도 않는다. 그래서 루이스 하이드(Lewis Hyde)는 "공유지의 비극" 이라는 논문의 제목을 "소통도 없고 이기적인 개인이 쉽게 접근할 수 있는 관리되지 않는 자유방임주의적 공유 자원의 비극"이라고 불러야 한다고 꼬집었다. 실상 이것은 공유[재]가 아니라 시장 문화에 적합한 환경임을 알 수 있다. 역설적으로, 논문에 나오는 사람의 이기적 사익만을 추구하는 태도는 공유[재]보다는 전통적인 시장 경제를 더 잘 설명하는 개념이다. 2008년 금융 위기에서 알 수 있듯이 합리적 개인주의로 인해 촉발되는 진짜 비극은 공유[재]의 비극이 아니라 "시장의 비극"인 셈이다. "공유지의 비극"이라는 논문의 실상은 서로 소통하지 않으며 오직 자기 유익만 추구하는 시장이라는 전쟁터의 비극인 셈이다.

"공유지의 비극"이라는 논문이 아니라 우리는 노벨 경제학상을 받은 엘리너 오스트롬(Elinor Ostrom)이 쓴 『공유의 비극을 넘어』(랜덤하우스코리아, 2010)에 주목해야 한다. 아주 흥미롭게 읽은 책인데, 그는 경제학의 핵심 가정들, 특히 사람들이 안정적이고 지속 가능한 방식으로 협력할 수 없다는 생각에 대해 의문을 품었다. 그는 "공유 자원"(common pool resources)을 관리하는 제도적 체계에 대해 여러 학제를 아우르는 새로운 종류의 연구를 시작했다. 오스트롬의 연구가 그토록 많은 경제학자의 연구와 구별되는 점은 그가 현장에 기반한 실증적 연구를 하는 데 공을 들였다는 점이다. 그는 에티오피아의 공동 지주, 아마존의 고무 채취자, 필리핀의 어부를 직접 찾아가 그들이 어떻게 협력 방식을 협의하는지, 그들의 사회 체계를 지역의 생태계와 어떻게 조화시키는지를 조사했다. 그는 커먼즈의 운영과 같은 복합적인 현실을 다루기 위해서는 복합적인 시스템의 복합적인 디자인에 기반하는 "다중심 지배 구조"(polycentric governance)가 강조되어야 한다고 결론을 내린다. 오스트롬은 공동체와 사람들이 자원 운영에 대한 사회적 합의를 도출함으로써 지속 가능한 운영 시스템을 개발할 수 있다고 확언했다. 그는 자신이 쓴 책에서 커먼즈의 운영 구조를 특징짓는 여덟 가지 원칙을 밝혔다. 1) 명백히 규정된 멤버십을 가진 조직, 2) 커먼즈를 운영하기 위한 일관된 규칙, 3) 집단으로 대표자를 뽑는 민주적인 시스템, 4) 모니터링 시스템(감사 제도), 5) 규칙을 어기는 자에 대한 제재에 관한 제도, 6) 갈등 해결 메커니즘, 7) 국가나 자치 단체에서 자율적으로 조직하기 위한 최소한의 권리를 인정받음, 8) 공동 자원을 활용한 활동은 이해관계자 조직에 의해 수행되어야 함. "공유지의 비극"이라는 논문에서 말하는 곳이 아니라 이런 곳이 커먼즈다.

## 로더데일 역설·로크의 단서·하트윅 규칙

자연 공유지, 사회 공유지, 시민 공유지, 문화 공유지 그리고 지식 공유지에 대한 다양한 논의와 아이디어를 제공하는 가이 스탠딩(Guy Standing)의 『공유지의 약탈』(창비, 2021)을 읽다 보니 커먼즈를 이해하는 데 도움이 되는 몇 가지 원칙을 발견하게 되었다. 하나는 "로더데일 역설"(Lauderdale Paradox)이다. 1804년 8대 로더데일 백작이자 아마추어 정치경제학자인 제임스 메이틀랜드(James Maitland)는 인상적인 제목의 논문인 "공적 부의 성격과 기원, 그리고 그것을 증대하는 수단과 원인에 대한 연구"를 집필

했다. 그 주요 주제는 "로더데일 역설"로 알려지게 되었는데 그 역설이란 사적 부가 증가하면 공적 부가 줄어든다는 사실이다. 사적 부는 본질적으로 가격이 있으며 사고팔 수 있는 상품에서 나온다. 그러나 무한정 풍부한 것은 가격이 없다. 따라서 사적 부는 "고안된 희소성"(contrived scarcity)에 의해 늘어나며 공적 부마저 상품으로 전환한다. 이것이 "탈공유화(de-commoning)의 비극"이다. 로더데일은 공적 부는 유용한 것이든 기쁨을 주는 것이든 인간이 욕망하는 것으로 구성된다고 정확하게 규정할 수 있는 반면에 사적 부는 "희소성의 정도"에 의존한다고 말했다. 더 부족할수록 그것을 필요로 하는 사람들로부터 더 많은 돈을 빼앗을 수 있다. 사적 부는 한때 풍부하고 자유로운 이용이 가능했던 것에 대한 접근권을 빼앗아야만 달성될 수 있다. 이어 그는 상식을 가진 인류는 인간에게 일반적으로 유용하고 필요한 어떤 상품의 희소성을 창출함으로써 사적 부를 증대하려는 조치에 반란을 일으킬 것이라고 주장했다. 그러나 이것이 상업적 이해관계자가 하는 바로 그것이다. 더 나아가 로더데일은 공적 부를 독점하려는 사적 소유자들이 서로 결탁하지 못하도록 하는 것이 사적 탐욕의 광포함에 맞서 공적 부를 지키는 유일한 길이라고 주장했다.

다음은 "로크의 단서"(Lockian Proviso)라 불리는 원칙이다. 사유 재산에 대한 가장 강력한 이론적 토대를 제공한 철학자인 존 로크(John Locke)도 "신이 세상을 인간에게 공유로 주셨다"고 주장했다. 그는 사적 소유를 옹호하면서 세 가지 주의사항을 언급했는데 이를 로크의 단서라고 한다. 첫째로 개인은 여전히 많은 토지가 다른 사람들에게도 남아 있는 경우에만 공유지에서 토지나 자원을 수취할 수 있다. 토지가 인구에 비해 상대적으로 희소할 경우 수취는 제한되어야 한다. 로크가 쓴 것처럼 "화폐를 매개로 하여 상업에 종사하는 많은 사람이 일정한 정부하에 살고 있는 곳에서는 누구든지 공유지의 일부분을 다른 모든 동료 공유자의 동의 없이 인클로저하거나 수취할 수 없다." 둘째는 "생활 유지의 단서"(sustenance proviso)라고 알려져 있는데, 기본적으로 재산 소유자는 재산이 없는 사람들에게 극단적 궁핍을 피할 수 있을 정도로 충분한 것을 제공할 도덕적 의무가 있다는 것이다. 셋째는 "부패의 단서"로, 재산 소유자는 공유지에서 자신이 원하는 대로 독점해서는 안 되며 향유하거나 실질적으로 이용할 수 있는 만큼만 가져가야 한다고 명시하고 있다. 이들 단서는 오늘날 사유재산권 옹호자들이 거의 언급하지 않는 것들이다.

마지막으로 "하트윅 규칙"(Hartwick Rule)이다. 1977년에 경제학자 존 하트윅(John Hartwick)은 세대 간 공평을 보장하기 위해 사회는 채굴과 자연적으로 희소한 고갈 자원의 사용에서 나오는 지대 소득 가운데 충분한 양을 투자하여 미래 세대가 현세대와 마찬가지로 혜택을 볼 수 있도록 해야 한다고 주장했다. 이것은 세대 간 공평에 관한 하트윅 규칙으로 알려지게 되었다. 세계 은행이 말하는 것처럼 하트윅 규칙은 재생 가능하지 않은 자원에서 나오는 지대가 소비를 위해 쓰이지 않고 지속적으로 투자될 경우에만 소비가 유지될 수 있다는 주장이다. 이 규칙을 뒷받침하고 있는 원칙은 공유지는 우리 모두에게 평등하게 속하지만 우리는 공유지의 일시적 소유자일 뿐이라는 것이다. 누구에게도 배타적 권리가 없으며 누구도 영구적 권리를 갖지 않는다. 에드먼드 버크(Edmund Burke)가 우아하게 썼듯이 우리는 일시적인 소유자이자 평생의 임차인이며 우리 권리 가운데 한사상속(상속인이 상속받은 것을 배분하거나 달리 처분하는 것을 금지하는 상속 방식)을 해제하거나 유산을 낭비할 권리가 있다고 생각해서는 안 된다. 전체로서의 사회는 시장 가격에 반영되지 않는 오염 같은 "외부성"으로 인한 손해를 보상하기 위해서만이 아니라 모두의 복지와 생활 수준에 기여하기 위해 자연 자원의 상업적 이용에서 소득을 얻어야 한다. 공유지는 공유자에게 속하며 상업적 이용에 따른 보상은 현재의 공유자와 미래의 공유자에게 가야 한다.

## 겸직 목회, 바빌로니아 유수기의 비애와 희망

커먼즈의 원칙이 한국교회에도 적용되어야 한다. 한국교회 전체가 공교회이기 때문이다. 현재 한국교회는 총체적 위기를 맞고 있다. 이 위기의 현상 중 하나가 겸직 목회 증가와 탈교회 현상이다. 먼저 겸직 목회에 대해 살펴보자. 이박행 목사와 양현표 교수가 공동으로 책임 편집을 한 『겸직 목회』(솔로몬, 2022)를 기초하여 살펴본다. 『겸직 목회』는 예장(합동) 교회자립개발원 산하 이중직위원회에서 1년 동안 연구한 결과물을 책으로 엮은 것이다. 나 또한 1년 동안 연구·실행위원으로 함께했으며 이 책에 원고를 기고했다. 왜 "이중직 목회"가 이슈가 되었을까? 정재영 교수에 의하면, 첫째로 기존 목회 방식의 한계 때문이다. 우선 목회 현실이 너무 어려워졌다. 예장 합동만 해도 미자립 교회가 6,562개로 전체 1만 2천여 교회 중에 약 60%에 이른다. 비공식적인 통계까지 합치면 아마 전체 한국교회의 약 70%가 미자립 교회일 것이다. 교회 개척 상황이 매우 열악하다. 교회 개척 생존율이 25%를 넘지 못한다. 4개의 교회가 설립되면 그중 3개는 3년을 버티지 못하고 문을 닫는다. 실천신학대학원대학교의 21세기교회연구소와 한국교회탐구센터가 공동으로 소형 교회의 실태와 목회자 의식을 조사한 결과에 따르면, 교인 수 100명 이하 교회의 경우 정체하고 있다는 응답이 과반수(52.5%)를 차지했고, 성장하고 있다는 응답이 36.4%, 감소하고 있다는 응답이 11.2%였다. 다음으로 목회자의 경제 현실을 보면 더 침통하다. 교인 수 50-100명 미만 교회 목회자의 월 소득은 185만 원, 그리고 50명 미만인 초소형 교회의 경우에는 124만 원으로 300명 이상 교회의 목회자 월 소득 315만 원의 절반에도 미치지 못했다. 당시 4인 가구 기준으로 기초 생활 보장 수급비를 받는 월 소득이 138.4만 원인 것을 감안하면, 실제로 상당수의 소형 교회 목회자들이 수급 대상자 수준인 극빈층에 해당한다. "소형 교회 목회자들에 대한 조사" 결과에서는 전체 응답자의 21.4%의 목회자가 사례비를 받지 않고 있고, 8.3%는 부정기적으로 받고 있으며, 70.4%만이 정기적으로 받는 것으로 조사되었다. 교계에서는 대개 교인 수가 1천 명이 넘는 대형 교회는 전체 7만여 개의 한국교회 중에 5% 미만으로 보고 100명 미만의 소형 교회가 70% 정도 차지할 것으로 추정한다. 그렇다면 대략 5만 개에 이르는 소형 교회 목회자들이 사실상 빈곤층에 해당한다는 것을 의미한다. 2021년에 예장 합동 교단과 예장 통합 교단이 공동으로 실시한 이중직 목회자 조사를 보면 이중직을 하는 목회자들의 경우 교회에서 받는 월 사례비 평균은 40만 원이었다. 이 중에는 사례비가 전혀 없는 경우가 47.7%였는데 이를 제외해도 평균 사례비는 78만 원에 불과했다. 현실적으로 생계유지가 불가능한 수준이다. 이런 현실 때문에 "이중직 목회"가 이슈가 되었다. 둘째로 이중직 목회의 필요성이 대두되고 있다. 목회 패러다임 자체가 변하고 있다. 한목협 조사에 의하면 가나안 성도의 비율이 23.3%로 나왔다. 또한 탈교회 현상이 급속도로 커지고 있다. 그렇기에 이제는 목회를 "교회 안에서의 활동"으로만 한정하기 어렵게 되었다. 교회 밖에서 마을 목회나 사회적 목회 혹은 가나안 교인 사역을 할 필요성이 생겼다.

이런 상황에서도 이중직 목회를 인정하지 않는 것이 과연 옳은가? 그러면 왜 선교사들에게는 이중직을 허용하는가? 지금 이곳이야말로 선교지가 아닌가? 포스트크리스텐덤 시대의 목회자는 선교사직과 다를 바 없는 형편 가운데 있는 것 아닌가? 시대와 여건이 변했음에도 불구하고 교회 개척과 목회의 패러다임은 예전의 것을 고수한다면 그건 문제다. 이중직 문제를 대하는 자세도 크리스텐덤 시대의 패러다임에 묶여 있는 점도 우리를 안타깝게 한다. 자꾸 전통적인 목회 패러다임을 가지고 이중직을 선택한 목사들을 색안경을 끼고 바라본다. 해결책도 성장중심적인 목회에 집중하도록 하는 데 있음을 알 수 있다. 우연히 "이중직을 반대합니다"라는 신문 광고를 보게 되었다. 저 문장과 함께 마태복음 6:33, 6:26-29, 야고보서 1:6-8, 요한계시록 2:10 등 믿음을 강조하는 성경 구절이 올라와 있다. 성경 구절을 무작위적으로 적용하는 것처럼 보여도 다 자기 안의 이데올로기나 신념을 정당화하는 데 사용한다는 걸 알 수 있다. 먼저 교회 일에 힘쓰면 하나님이 생계를 책임져주시고 공중의 새처럼 다 먹이실 것이며 믿음으로 구하면 다 이루어주실 것이니 죽도록 충성하라는 말인데, 우습지 않은가? 왜 기적은 교회 일에 일어나지 않고 생계에만 일어나는가? 그런 식이라면 뒤집어서 이렇게 적용해볼 수 있지 않을까? 총체적인 하나님 나라 운동을 위해 이중직을 했더니 하나님이 목회를 책임져주시고, 믿음으로 구했더니 하나님이 성도들을 공중의 새처럼 책임져주셔서 형통하게 되어 신경 쓸 일이 없으며, 죽도록 겸직 목회에 충성하면서 믿음으로 구했더니 하나님이 날마다 성도들을 더하여 주셨다. 얼마나 믿음이 큰 행보인가? 제발 성경을 좀 작위적으로 적용하지 말았으면 좋겠다. 이제 접근 방식을 바꿔야 한다. 이중직을 인정할 것이냐 마느냐의 수준에 머물 것이 아니라 이중직을 바라보는 시각 자체를 바꿔야 한다. 새로운 패러다임으로 접근해야 한다. 이미 포스트크리스텐덤 시대가 도래했기 때문이다. 포스트크리스텐덤 시대는 "예루살렘"이 아니라 "바빌로니아" 유수기의 패러다임을 가져야 한다. 빨리 포스트크리스텐덤 시대에 맞는 신학적 전환을 해야만 한다. 특별히 선교적 교회 패러다임을 가지고 이중직의 문제에 접근해야 한다.

『겸직 목회』에도 썼지만 나는 이중직 목회자 유형을 네 가지로 본다. 첫째는 생계형 이중직, 둘째는 이중 소명형 이중직, 셋째는 자비량형 이중직, 그리고 마지막은 선교형 이중직이다. 첫째, "생계형 이중직"은 교회에서 목회자의 생계를 책임지지 않아 생존을 위해 이중직을 선택할 수밖에 없는 유형이라 할 수 있다. 이런 유형에 속한 사람들은 형편이 나아지면 언제든지 이중직을 그만두고 목회에 전념할 계획을 갖고 있다. 둘째, "이중 소명형 이중직"은 목회와 일반 직업 모두에서 소명을 받아 양쪽 모두에 소명 의식을 가지고 이중직을 선택하는 경우다. 이런 경우는 형편과 상관없이 이중직을 선택했기 때문에 형편이 나아진다고 해서 이중직을 그만두지는 않는다. 셋째, "자비량형 이중직"은 자신의 목회 철학에 맞게 소신 있는 목회를 하기 위해 이중직을 선택한 경우다. 목회자가 교회에 생계를 의지하게 되면 성도들의 눈치를 보기 때문에 자신의 목회 철학대로 목회하기 위해 이중직을 선택하거나 성도들에게 자신의 목회 철학이나 설교 혹은 목회의 정당성을 보여주기 위해서 이중직을 선택하는 경우라 할 수 있다. 이런 경우는 의도적으로 작은 교회를 지향하는 경우가 많다. 마지막으로 "선교형 이중직"이 있는데 이는 이중직을 선택할 때도 하나님의 선교에 동참하기 위한 목적을 분명히 하며 선교적 교회와 사역을 위해 특정 직업군을 목적의식적으로 선택을 한다. 단지 생계를 위해 직업을 선택하거나 자신의 이중 소명 때문이 아니라 선교적 교회와 사역을 위해 의도적인 선택을 하고 준비하는 경우라 할 수 있다. 마을을 섬기는 사역 중

수입이 있는 사역들이 의외로 많다. 마을 사역이나 사회적 목회를 할 수 있는 다양한 형태의 겸직 목회를 고민해봐야 한다. 『겸직 목회』에도 이런 사례들이 많이 나온다. 나는 교단에서도 생계형 이중직을 인정하고 지원하되 선교형 이중직으로 전환하거나 처음부터 그 방향으로 나아가도록 돕는 시스템을 만들어야 한다고 생각한다.

기타 대안으로 나는 다음과 같이 제안했다. 1) 교단 차원에서 할 수 있는 일을 생각해보자. 교단법을 수정하여 이중직을 법적으로 허용해야 한다. 목회의 다양한 유형을 가능하게 하되, 특히 뉴질랜드 개혁교단처럼 총회 목사와 노회 목사를 구분하거나, 미국 개혁교단처럼 시간-분담 목회를 허용하면 좋을 것 같다. 이중직 인증 프로그램(이중직 목사 자격증)을 시행하거나 다양한 지원 시스템(특히 재정, 교회와의 연계 등)을 갖추고 이중직 혹은 선교적 사역에 대한 교육 교재 등을 개발하는 것이 필요하다. 2) 신학교 차원에서는 신학 커리큘럼을 포스트크리스텐덤에 맞게 전환할 필요가 있다. 특히 학부를 이중직 훈련하는 곳으로, 대학원을 신학 훈련을 하는 곳으로 이중화할 필요도 있다. 무엇보다 일반 대학과의 교류(예를 들어, 복지학과, NGO 학과, 협동조합 학과 등)를 활성화해서 다양한 자격증을 취득할 수 있도록 하고 복수-학위 프로그램을 준비한다. 3) 이중직을 돕기 위한 전문 기관을 세울 필요가 있다. 직업 훈련, 직업 소개, 직업 개발 등의 역할을 할 수 있을 것이다. 4) 네트워크를 통한 정보 교류와 정서적 교류 등이 필요하다. 교단 내 혹은 교단 외 이중직 목회자들의 네트워크가 필요하다. 이 모든 아이디어는 기본적으로 "커먼즈"라는 사고방식에서 온 거다. 공교회가 공유재를 더 늘리는 방향으로 대안을 만들지 않으면 안 된다. 교단만이 아니라 대형 교회들도 여기에 적극적으로 나서서 함께 이중직을 지원하는 재단과 기금과 단체를 만들어야 한다.

겸직 목회자의 현실은 우리를 아프게 한다. 그들은 대개 실패한 목회자, 타락한 목회자, 오염된 목회자로 취급받고 있으며 많은 목회자가 스스로 자신을 그렇게 여긴다고 한다. 이런 현실을 담은 책이 김재완의 『우리는 일하는 목회자입니다』(이레서원, 2022)이다. 인류학 방법론을 사용하여 직접 일하는 목회자들을 인터뷰하며 쓴 책이다. 얼마나 사연들이 절절한지 모른다. 실패한 목회자, 타락한 목회자, 오염된 목회자 등으로 취급받고, 목회자와 노동자라는 이중적인 정체성 때문에 분열을 겪기도 하면서 계속 "일하는 목회자"로 살아가는 이유는 단 하나, "소명" 때문이다. 목회를 포기하고 싶고 노동자로만 살면 돈을 더 많이 벌 수 있는 상황에서도 목회자로 살아가는 것은 "소명" 때문이다. 하지만 그들의 정서에는 바빌로니아 포로처럼 하나님께 잊힌 것 같은 감정이 있다. 시편 137편에서 보여주는 바빌로니아 포로들의 애절한 탄식이 그들 안에 있다. 왜 이런 현실에 다다르게 되었을까? 이스라엘의 죄 때문에 바빌로니아의 포로가 되었듯이 한국교회의 죄 때문에 그들은 "이중직 목회자"로 살아갈 수밖에 없다. 그들은 이 "죄인 의식"이라는 슬픔을 짊어지면서도 소명을 끝까지 완수하려는 "바빌로니아 유수기"의 목회자들이다.

지금 우리는 이들의 아픔을 함께 느껴야 한다. 그 아픔은 곧 우리 모두의 아픔이기 때문이다. 교회의 위기뿐만 아니라 우주적 성전의 파괴, 사회의 파괴, 공동체의 분열로 인해 우리는 바빌로니아 포로처럼 탄식해야 한다. 그것은 마치 트라우마로 말미암는 탄식과 같다. 셸리 램보(Shelly Rambo)의 『성령과 트라우마』(한국기독교연구소, 2019)에 의하면 성령은 바로 그 탄식과 함께 있다. 트라우마는 떠나지 않는 고통이다. 트라우마 후유증은 먼저 시간을 붕괴시킨다. 과거가 현재를 침범하고 미래를 불가능하게 만든다. 그것은 삶과 죽음의 경계가 허물어지는 경험이다. 트라우마 이후의 삶은 "유령 같은 실존"이라고 부른다. 모든 것이 철저히 끝장난 것으로 생각되어 "그 이후의 삶"을 생각하는 것은 거의 불가능하다. 그들은 오직 "생존"할 뿐이다. "생존"이라는 용어는 트라우마 사건 이후 "삶이 중지된 상태"를 말한다. 성경적으로 말하자면, 그것은 십자가에 죽으신 성금요일도 아니고 부활하신 부활 주일도 아닌 성토요일의 시간이다. 예수님이 죽으셨으나 아직 부활하지 않은 "중간의 시간"이다. "중간의 시간"은 죽음도 아니고 삶도 아닌 시간이다. 죽을 수도 살 수도 없는 시간이다. 여전히 남아 있는 죽음의 일부가 삶을 침범하는 시간이고, 어떤 가능성도 활동도 없는 시간이다. 고통과 승리, 죽음과 삶, 과거와 미래가 온통 뒤섞여 있는 시간이다. "중간의 시간"은 어둡고 간극이며 틈새이고 지옥과 같은 시간이다. 사랑과 희망을 거의 인식할 수 없는 시간이다.

바로 그 "중간의 시간"에 진정한 위로자가 그들과 함께한다고 성경은 말한다. 셸리 램보는 성토요일과 관련하여 아주 중요한 문구를 재해석한다. 요한복음 19:30이다. 공관복음서에는 예수님이 숨을 거두셨다고 되어 있는데 요한복음에는 "영혼이 떠나가시니라"고 되어 있다. "떠나가시니라"는 그리스어로 "파라디도나이"(παραδιδόναι)인데, "넘겨주다"의 뜻이다. 유다가 예수님을 유대인들에게 넘겨줄 때도 이 단어를 사용한다. 예수님은 십자가에서 자신의 "프뉴마"(pneuma)를 넘겨주셨다. 자신의 영을 누구에게 넘겨주신 것일까? 바로 십자가의 현장에 있는 "남겨진 자"들에게 넘겨주신 것이다. 성토요일이라는 중간의 시간 한가운데에 "남겨진 자"들에게 넘겨주신 것이다. 이때의 영은 오순절 때와 달리 누구나 알 수 있게 오는 성령이 아니라 숨겨진 것처럼 오신다. 오순절의 성령은 불과 바람처럼 역사하셨고 부활절의 성령은 숨처럼 부드럽게 역사하셨지만 성토요일의 성령은 계시듯 계시지 않은 듯 그들의 심연 한가운데서 운행하시면서 그들을 위로하고 계신다. 성토요일의 성령이 남겨진 자들과 함께하셔서 애도하시고 그들이 충분히 애도하도록 도우신다. 고아와 같이 버려지지 않았음을 알게 하시어 살아남게 하고 버티고 견디게 하신다. 그렇게 버티고 견뎌내면서 아주 천천히 새로운 삶을 상상하고 그것을 만들어가도록 하신다.

데이비드 M. 카(David M. Carr)가 『거룩한 회복탄력성: 트라우마로 읽는 성경』(감은사, 2022)에서 말한 것처럼, 이 탄식은 단지 절망의 탄식이 아니라 고난에 대한 새로운 인식과 진정한 위로를 주며 동시에 성전을 재건하라는 하나님의 명령과 세상 끝까지 함께하겠다는 하나님의 약속을 붙들고 "거룩한 회복탄력성"으로 새롭게 출발하도록 하는 탄식이다. 그러니 우리의 탄식을 십자가와 부활을 통해 새롭게 성전을 건축한 예수 그리스도의 성취를 붙들고 현실을 새롭게 갱신하며 변혁하기 위한 탄식이 되도록 하자. 십자가의 트라우마가 남겨진 자들을 파괴하거나 뒤로 물러나게 한 것이 아니라 성토요일의 위로와 부활의 희망을 거쳐 새로운 공동체를 창설하게 하였으니 새로운 교회를 세우고자 하는 우리의 탄식은 헛되지 않을 것이다. 바로 그 탄식을 통해 새로운 교회가 재구성되고 재의미화되며 재창조될 것이기 때문이다. 우리 함께 이 탄식의 공동체 안으로 들어가자. 새로운 공동체를 세워가 보자.


## 탈교회와 가나안 교인 현상

탈교회 현상은 "소속 없는 신앙", "영적이지만 종교적이지 않은 신앙", "개인화된 신앙" 등의 특징을 보여준다. 이에 대해 우리는 어떤 관점을 가져야 할까? 이 주제와 관련해서는 김동춘 교수가 책임 편집을 한 『탈교회』(느헤미야, 2020)를 참조한다. 정재영 교수는 "그들은 왜 교회를 떠나는가?"라는 글에서 가나안 교인을 분석하면서 방향을 제시한다. 그는 가나안 성도들의 교회를 대안적 교회 운동으로 보기는 어렵다고 본다. 교회로 모였지만, 그들은 자신들의 필요를 위해서 모였을 뿐 자신들을 한국교회의 대안으로 인식하고 있다고 여기지 않기 때문이다. 최근에 보다 적극적으로 가나안 성도들이 모여서 다양한 모임을 갖는 사례가 있는 것으로 알려져 있다. 하지만 이것이 단순히 교회에 대한 상한 감정을 가진 사람들의 모임에 지나지 않는다면 한국교회나 자신들에게 큰 도움이 되지 않을 것이다. 중요한 것은 이러한 문제의식이 자신들을 갱신시켜 새로운 가능성으로 나아갈 수 있느냐 하는 것이다. 사회 운동의 측면에서 볼 때, 사회 변혁은 사회 구성의 중심부가 아니라 주변부인 변방에서 일어나기 쉽다. 따라서 한국교회를 갱신하려는 대안의 가능성은 가나안 성도들을 포함하여 주변부에 위치한 이들이 한국교회에 영향을 끼칠 정도의 뚜렷한 새로운 흐름을 형성할 수 있는지에 달려 있다. 다시 말해서 "광야의 목소리"가 중심부 안으로 전달될 수 있느냐가 교회 쇄신의 관건이 될 것이다. 여기에 교계 중심부에 예언자적 통찰력을 가진 지도자들의 선각자적인 후원과 지지가 있다면 교회 개혁은 훨씬 수월할 것이다. 또한 정재영 교수는 앨런 제미슨(Alan Jamieson)의 조언에 주목하라고 조언한다. 제미슨은 교회를 떠난 사람들을 위해 교회가 도움을 줌으로써 "교회 없는 신앙"(churchless faith)을 유지할 수 있다고 말한다. 교회를 떠난 이들을 기성 교회로 돌아오게 하기는 쉽지 않기 때문에 교회를 떠난 상태에서라도 신앙을 유지할 수 있도록 하는 노력도 필요하다. 제미슨은 "구도자에 민감한"(seaker-sensitive) 교회뿐만 아니라 "교회 이탈자에 민감한"(leaver-sensitive) 교회와 교회 이탈자들이 안전하게 탐구할 수 있는 "경계 집단"(liminal groups)도 필요하다고 말한다. 따라서 가나안 성도들이 현실적으로 돌아가고 싶어 하는 교회를 찾기가 쉽지 않다면, 기성 교회로 돌아가기를 강요하기보다 교회를 떠난 상태에서라도 신앙을 유지하도록 돕는 것이 차선책이 될 수 있다. 기존 교회가 이들을 위한 사역을 하기는 사실상 쉽지 않으므로 다양한 "파라 처치"(para-churches)가 이들의 영적인 욕구에 반응하며 신앙을 잃지 않도록 환경을 만들어주는 노력이 필요하다.

전도학 전문가는 어떻게 이 현상을 바라볼까? 김선일 교수는 "탈교회 시대의 교회"라는 글에서 다양한 분석을 제공하며 탈교회 현상을 역설적으로 새로운 교회의 출현을 촉발하는 계기로 보아야 한다고 말한다. 가나안 교인들은 기존 교회와 제도적 교회를 탈출하는 과정에서 새로운 교회 운동, "교회 밖 교회"와 같은 "탈교회적 교회"의 가능성에 주목하게 한다. 그는 탈교회 시대가 교회의 전통적 울타리를 리모델링하는 시도로 전환되기를 바란다. 교회가 주변화되고 왜소화되는 현실이 교회와 복음의 위축을 가져오는 것이 아니라 오히려 형식화된 종교의 틀을 넘어서 복음을 새롭게 표현하는 기회로 전환될 수 있다. 탈교회 시대의 교회는 오히려 교회와 무관하고 종교적 언어에 낯선 무수한 사람들과의 접촉을 위해서 매일의 평범한 삶이 생성되고 교류되는 이웃 관계 속에서 복음이 표현되며 선교적 공동체가 세워질 필요가 있다. 무엇보다 교회를 성직 제도와 건물로 보는 전형적인 틀을 넘어서, 다변화된 상황에서 창의적이고 혁신적인 유형, 무형의 교회 됨을 추구하는 것도 가능하다. 그런 의미에서 탈교회를 반드시 근본적이고 보편적인 교회로부터의 "de-churched"가 아니라 기존의 통념적 교회를 극복하며 다양하고 혁신적인 새로운 교회들의 출현을 가리키는 "post-churched"로 볼 것을 제안한다. 김선일 역시 앨런 제미슨의 통찰을 인용하며 그가 제시한 여섯 가지의 구체적인 지침을 소개한다. 첫째, 사람들로 하여금 신앙의 의문과 의심을 나눌 수 있는 공간을 마련하라. 둘째, 여정의 신학을 제공하라. 신앙은 구원의 확신 이후에도 평생에 걸쳐 지속되는 과정이다. 셋째, 신앙에 대해 답답해하는 이들을 정죄하지 말고 지지해주라. 넷째, 다른 신학적 이해의 모델을 제공하라. 하나님은 특정한 신학 관점보다 훨씬 크시다. 다섯째, 율법적인 신앙보다 정직한 신앙생활의 모델을 제공하라. 여섯째, 감정과 직관을 위한 공간을 마련하라. 그가 결론부에서 제안한 "교회 밖에 구원이 없다"는 선언이 "오직 예수 그리스도께서 계신 곳에 교회가 있다"는 더 근원적인 선언에 근거해야 한다는 말은 계속 되새기게 되는 말이다.

어느 방송에서 이런 질문을 받은 적이 있다. 한국교회의 선교가 산토끼를 데려다 집토끼로 길러내는 것이었는데 팬데믹 시대를 거치면서 집토끼를 산에 풀어놓고 길러야 했다. 그런데 "위드 코로나" 시기를 맞았는데도 집토끼들의 일부는 여전히 산에서 뛰놀고 있다. 이런 상황에서 한국교회의 선교는 어떻게 변해야 하는가? 나는 이렇게 답변했다. 먼저는 코로나19 팬데믹이 아니라 한국교회 자신이 집토끼를 산으로 풀어놓았다는 사실을 직시해야 한다. 수많은 가나안 교인을 양산하고 젊은이들이 교회를 떠나는 현상은 팬데믹 이전에도 있었다. 그에 대한 책임은 팬데믹에 있지 않고 교회에 있다. 이에 대한 깊은 성찰이 없이 코로나 탓만 한다면 창조적인 변화는 없을 것이다. 다음으로 많은 집토끼가 집으로 돌아오지 않을 것을 현실로 받아들여야 한다. 하지만 비관만 할 것은 아니다. 집토끼가 집에만 있어야 한다는 전제를 버리면 이런 비관에서 자유로울 수 있다. 산으로 간 집토끼와 어떻게 "약한 연결"을 통해 새로운 형태의 "온택트 공동체"를 만들어갈 것인지에 대해 적극적으로 대안을 모색할 필요가 있다. 또한 공동체와 리더가 적극적으로 산으로 올라가서 집토끼를 돌보는 방법들도 모색할 필요가 있다. 마지막으로 가장 중요한 것이 있다. 아예 모든 집토끼를 산토끼가 되게 하는 것이다. 그동안 우리는 집토끼를 집에만 가두어두려 했다. "모이는 교회"만 강조하고 "흩어지는 교회"에 대한 고민이 적었다는 말이다. 좀 더 적극적으로 말하면, 공동체 전체가 선교사가 되어 세상 속으로 나아가는 법이나 성도 한 사람 한 사람이 생활 선교사, 일터 선교사, 사회 선교사가 되어 살아가는 법을 가르치지 않았다. 이제는 바뀌어야 한다. 산을 마음껏 활보하며 다른 산토끼들을 변화시킬 줄 알아야 한다. 이런 대답에는 탈교회 현상에 대한 긍정적 입장이 담겨 있다. 하지만 조심스러운 면도 없지 않다.

## 공유 교회, 겸직 목회와 탈교회 현상의 대안

『탈교회』에는 탈교회 현상을 매우 염려스러운 마음으로 바라보는 글도 있다. 특히 책임 편집을 한 김동춘 교수는 "탈교회 시대의 그리스도교 교회론"이라는 글에서 이런 염려를 한국교회에 대한 안타까움을 가지고 드러낸다. 그는 기본적으로 탈교회 현상을 우리 사회에서 새롭게 발견되는 자유주의적이며 개인주의적인 삶의 스타일에서 기인한다고 본다. 그는 이런 추세를 향해 묻는다. 과연 교회와 분리된 사람을 기독교 신자라고 부를 수 있느냐고, 그리스도인이란 교회의 사람이며 사도신경에서 그리스도에 대한 고백만이 아니라 교회에 대한 고백도 있는데 어떻게 공동체로 모이는 교회에 대한 신앙 없이 신자 됨이 가능하냐고, 교회가 대안이고 교회 자체가 사회 전략이기 때문에 신자는 반드시 교회에 소속되어야 하는 것 아니냐고, 그는 선교적 교회조차도 교회 없는 선교가 되면 안 된다고 말한다. 그는 탈교회 현상을 규범화해서는 안 된다고 간절히 호소한다. 나는 기본적으로 그의 논지에 동의하며 탈교회 현상의 긍정적인 면과 부정적인 면 모두를 볼 줄 알아야 한다고 생각한다. 또한 탈교회 현상을 공교회성과 공동체성과 공공성이라는 세 가지 관점으로 바라보아야 한다고 생각한다. 탈교회 현상을 향해 세 가지 질문을 던져보자. 탈교회 현상은 교회의 일치와 보편성을 보여주는 "공교회성"을 담지하는가? 탈교회 현상은 하나님의 가족이라는 교회의 본질인 "공동체성"을 담지하는가? 탈교회 현상은 세상 한가운데서 하나님 나라의 복음을 실천하는 "공공성"을 담지하는가? 이 세 가지 질문에 "예"라고 답할 수 있다면 나는 탈교회 현상은 매우 긍정적인 방향으로 가고 있다고 생각한다. 하지만 만약 그렇지 못하다면 이 현상은 좀 더 바람직한 방향으로 나아가야 한다.

간혹 외부에서 우리 교회에 탐방을 오시는 분들이 있다. 개인적으로 혹은 단체로 오시곤 하는데 주일 예배 때 오시기도 한다. 한번은 평신도들이 자체적으로 예배를 드리는 모임에서 주일에 교회를 방문한 적이 있었다. 그분들은 내 책 『페어 처치』를 읽고 방문하셨다. 함께 식사하며 대화를 나누었는데 얼마나 자신들의 교회를 자랑하는지 모른다. 그분들은 너무 행복하다고 말한다. 기성 교회를 떠나 평신도들끼리 모이니 너무 행복하고 이리 여러 교회도 탐방할 수 있어서 좋다는 거다. 어찌 행복하지 않겠는가? 일주일에 한 번 모여 큐티를 나누고 함께 식사하며 여행도 가고 이리 탐방도 하니 말이다. 거기까지는 좋은데 갑자기 우리 교회에 대해 훈수를 두더라. 내가 볼 때는 비본질적인 사안처럼 보이는 걸 가지고 말이다. 한 공동체가 세워지기 위해 얼마나 많은 피와 땀과 눈물을 흘려야 했는지에 대한 사정은 아랑곳하지 않고 그리 가벼운 사안을 가지고 훈수를 두는 모습은 별로 좋아 보이지 않았다. 나도 해주고 싶은 이야기가 많았지만 참았다. 정말 우리 교회를 찾아온 그 교회를 긍정적으로만 볼 수 있을까? 공교회성과 공동체성과 공공성까지 가지 않아도 교회란 기본적으로 다섯 가지 요소, 즉 예배(λειτουργια[leiturgia]), 전도(κήρυγμα[kerygma]), 교육(διδαχή[didache]), 친교(κοινωνία[koinonia]) 그리고 봉사(διακονία[diakonia])의 요소를 갖추어야 한다. 거기에 한 가지 더한다면 조직(organization)을 들 수 있겠다. 전통적 의미의 조직 교회를 뜻한다기보다 어떤 형태든 집단과 단체는 구조화되고 조직화된다는 의미에서의 조직이다. 이런 요소가 그들에게 골고루 갖추어졌을까? 그냥 끼리끼리 모여서 행복하기만 하면 되는 건가? 더군다나 공교회성과 공동체성과 공공성은 어떻게 되는 건가?

나는 기본적으로 탈교회 현상과 가나안 교인 현상을 있는 그대로 인정하는 편이며 새로운 교회 운동을 펼칠 기회로 생각하며 적극 지지한다. 기대도 된다. 변방에서 일어나는 혁신을 통해 한국교회에 큰 영향을 끼쳤으면 좋겠다. 하지만 나는 이 현상의 모든 면을 옳다고 보지는 않는다. 교회가 건강해지려면 다섯 가지 기본 요소와 조직, 그리고 공교회성과 공동체성과 공공성에 대한 방향성이 있어야 한다. 지금 탈교회는 이에 대해 긍정적으로 답을 할 수 있는가? 이에 대해 점검해볼 수 있는 좋은 책이 나왔다. 정재영 교수의 『계속되는 도전: 늘어나는 비제도권 교회』(SFC, 2020)다. 이 책은 비제도권 교회들을 직접 방문하고 인터뷰하고 서면 조사하여 비제도권 교회의 실태를 연구한 책이다. 정재영은 탈교회 현상이 규모가 커지면서 귀속감이 저하되는 "확장의 딜레마", 다양한 사람이 모이면서 출석 동기가 다양해지는 "복합 동기의 딜레마", 교회 조직의 기능이 전문화되면서 비인격적 관계가 강화되는 "관료주의화", 소수에 대한 지배가 나타나는 "과두제 문제" 그리고 목적과 수단이 뒤바뀌는 "목적 전치 현상"등으로 인해 발생한다고 본다. 그렇기에 이런 문제의 반대급부에 해당하는 측면들이 비제도권 교회에 많이 나타나는 것 같다. 만족도 평가를 보면 알 수 있다. 비제도권 교회에 대한 전체적인 만족도가 높고 목회의 방향성과 목회자의 도덕성, 평신도의 의사 결정 참여, 설교와 재정 운용, 신앙의 순수성과 영성, 신앙생활의 진정성, 탈권위주의 등에서 만족도가 높다.

내가 눈여겨본 것은 만족도가 낮은 영역이다. 먼저 양육 및 훈련 항목에서 제도권 교회보다 비제도권 교회의 만족도가 낮았다. 기존 교회의 양육 시스템을 차용하지 않거나 아예 운용하지 않기 때문으로 보인다. 특히 어린이 및 청소년 교육에 대한 만족도가 낮다. 그럴 수밖에 없는 것이 양육에는 인원과 재정과 헌신이 필요한데 비제도권 교회는 이것을 갖추기가 쉽지 않기 때문이라고 나는 본다. 종종 세대 통합 예배를 통해 이를 극복하려는 시도가 있다. 나 또한 『교회가 그립습니다: 세대 간 단절이 없던 처음 그 교회』(아르카, 2022)에서 많은 인사이트를 얻었다. 세대 통합 사역에 대해 관심이 있는 분들은 위의 책을 꼭 읽어보길 바란다. 하지만 나는 기본적으로 원리나 정신이 아닌 초기 교회의 어떤 "형태"를 성경적이라고 말하는 것에 대해서는 매우 조심스럽게 접근한다. 그때와 지금은 체제와 문화 자체가 완전히 다른데 특정 형태를 성경적이라고 주장하며 그대로 옮겨오는 것이 정말 바람직할까? 물론 좋은 인사이트가 있으니 적용할 수 있다면 적용하면 좋겠다. 하지만 나는 그것이 그리 효과적이지 않다고 생각한다. 핵가족마저 무너지고 1인가구가 급속하게 늘고 있는 시점에서 당위는 느낄 수 있으나 실현하기는 어렵다. 가정에서도 감당하기 어려운 교육 영역을 성도들이 주일에 교회에 와서까지 책임진다는 것도 쉽지 않을 것이다. 더군다나 탈교회를 추구하면서 말이다. 실제로 『계속되는 도전』에서도 세대 통합 예배를 통한 자녀 교육에 대한 만족도가 낮게 나왔다. 이 항목에 대한 대안이 있지 않다면 과연 비제도권 교회는 다음 세대 문제를 어떻게 극복할 것인지 궁금하다. 그리고 다음 세대 문제를 해결하지 못하면서 자신들만 만족하는 교회를 세우는 쪽으로 나아가면 안 된다고 말하고 싶다.

또 하나 만족도가 낮은 항목이 있다. "사회 참여 및 봉사"다. 대안적 교회를 찾는 경향이 강하기 때문에 비교적 먼 거리에서 출석하는 사람들이 많고 교회 개혁에 대한 관심은 많으나 상대적으로 지역 사회와 소외된 이웃에 대한 관심은 부족한 경우가 많기 때문이라고 정재영 교수는 분석한다. 특히 평신도 교회는 자신들의 공동체에 더 집중하는 경향이 강하다고 한다. 나는 개인적으로 한국교회의 큰 문제 중 하나가 "복음의 공공성"의 부재라고 생각한다. 복음이 사사화되어서 공적 영역에서 교회가 제 역할을 하지 못하기 때문에 교회가 비상식적이 되고 게토화되며 도리어 역설적으로 세상 친화적이 되어버렸다고 생각한다. 교회는 반드시 공공성을 실천하는 공동체가 되어야 한다. 그런데 탈교회는 이에 대한 고민이 많지 않은 것 같다. 내부적인 결속을 다지는 일들에는 많은 관심이 있지만 공공성을 실천하는 일에는 그리 관심을 두지 않는 것 같다. 탈교회들은 이런 한계를 넘어서야 한다. 진정한 대안이 될 수 있도록 복음의 공공성을 어떻게 실천할 것인지 고민해야 한다.

탈교회와 겸직 목회가 서로 연동되는 측면도 있는 것 같다. 현실을 보면 이중 소명형 이중직이나 자비량형 이중직 또는 선교형 이중직은 그리 많지 않다. 대부분 생계형 이중직이다. 이는 만약 재정적 상황이 나아진다면 목회에 전념할 사람들이 많다는 의미다. 하지만 탈교회 형태로는 재정적 상황이 나아지기 쉽지 않다. 성장을 목적으로 두지 않기 때문이기도 하고 성도들이 재정적 헌신을 하려 하지 않는 측면도 있기 때문이다. 민주적인 교회로 널리 알려진 교회의 목사님 부부와 대화를 한 적이 있다. 우연히 사례비 문제가 대화에 등장했고 얼마 받는지 들었는데 정말 깜짝 놀랐다. 아니, 2-30명이나 4-50명 출석하는 교회도 아니고 그 정도 규모의 교회에서 사례비를 그렇게 드린다고? 더군다나 겸직 목회를 하는 분도 아닌데? 자체 교회 건물도 없어 큰 경상비가 들어가지도 않는데? 혹 종종 있는 경우처럼 사모님이 전문직 직종에 있어서 재정 걱정을 하지 않는 경우도 아닌데? 솔직히 화가 났다. 목회자를 책임질 만한 규모인데 책임지지 않는 교회가 과연 건강한 교회인가? 무엇을 위한 교회 민주주의인가?

이런 의문도 든다. 겸직 목회를 하면서 과연 목회를 제대로 할 수 있을까? 내부적으로 행복한 교회를 세울 수 있을지는 모르지만 앞서 말한 탈교회의 문제점을 극복하는 건 어려울 것이다. 왜냐하면 목회라는 것도 전문 영역이고 엄청난 공력이 들어가는 영역이기 때문이다. 또한 양육 시스템을 갖추고 복음의 공공성을 실천하는 사역들을 감당하려면 인원과 재정과 많은 헌신이 필요하기 때문이다. 겸직 목회를 하면서 이를 견인한다는 건 말처럼 쉽지 않다. 그렇다고 현실을 외면할 수도 없다. 딜레마다. 그렇기에 이 딜레마를 극복하기 위해서는 커먼즈의 정신이 필요하다. 공적인 차원에서 공유재를 만들어야 한다. 교단과 중대형 교회들이 나서야 한다. 기금을 만들고 공유 공간을 만들어 지원해야 한다. 그곳에서 지역 내 교회들이 함께 교제하고 사역을 공유하며 함께 지역을 책임져야 한다. 하지만 당장 그것이 어렵다면 여러 교회가 함께 이를 도모해야 한다.

최근 "공유 교회"들이 나타나고 있다. 한 건물을 여러 교회가 사용한다. 주일 예배 때 시간을 다르게 하여 한 공간을 사용하는 교회들이 나타나고 있다. 교회 재정의 지출 비용을 줄일 수 있는 매우 중요한 모델이라고 생각한다. 같은 공간 사용에 따른 부작용에 대해 우려하는 시각도 있지만 그것은 시간이 지나면 자연스럽게 타협점과 해결점을 찾을 거라고 본다. 바라기는 여기서 좀 더 나갔으면 좋겠다. 주일에 한 번 공간을 나누어 쓰는 정도로는 대안적 교회를 세우기 어렵다. 공간 사용료를 줄일 수는 있어도 그 외에 겸직 목회와 탈교회가 가지는 한계를 극복하기는 어렵다. 이를 극복하려면 하나의 조직으로 연대해야 한다. 현실적으로 규모의 문제를 해결하지 않으면 겸직 목회와 탈교회가 가지는 한계를 극복하기 어렵기 때문이다. 여기서 말하는 규모는 대형 교회가 추구하는 규모의 경제가 아니라 에코페미니즘에서 말하는 자립의 관점을 의미한다. 좀 더 구체적으로 말하면 교육 체계를 갖추고 복음의 공공성을 실천하기 위한 재정과 헌신이 가능한 규모를 말한다. 겸직 목회를 계속 할 거라면 공간만이 아니라 조직과 재정과 사역의 공유가 필요하다. 함께 예배드리며 목회자들이 돌아가며 설교하고 기존 교회를 소그룹으로 활용할 수 있으며, 독립성을 위해 각자 예배드리다가 연합성을 위해 한 달에 한 번은 전체 교회가 한자리에 모여 예배드릴 수도 있다. 여러 목회자가 함께 은사별로 상담이나 교육 등의 사역을 나누어 섬겨도 좋을 것이다. 공유 교회 내 다양한 교회가 힘을 모아 함께 복음의 공공성을 실천할 수 있으면 좋겠다. 한 개의 공유 교회만으로 힘들다면 지역을 섬기기 위해 작은 교회들이 연대하면 된다. 개교회의 역량만으로 지역을 섬기거나 공적 영역에서 공공선을 위해 실천하는 일은 만만한 일이 아니다. 목사 혼자 동분서주하지 않으려면 작은 교회들이 연대하여 함께 지역을 섬길 필요가 있다. 어느 정도의 규모가 있어야 공공성을 실천하기 용이하니 이에 대해 고민해야만 한다. 이를 위한 다양한 하이브리드 모델들이 많이 나왔으면 좋겠다.

## 기업가와 우파의 대응들

커먼즈에 이어 탈성장을 이야기해보자. 전 세계가 기후 위기로 몸살을 앓게 됨으로써 탈성장 담론이 다시 힘을 얻고 있다. 먼저 기후 위기에 대한 다양한 대응을 살펴보자. 고무적인 것은 기후 위기의 주범으로 알려진 기업들조차 변하고 있다는 점이다. 최근 기업들이 "ESG 경영"을 외치고 있다. ESG 경영에 대한 책으로 『자본주의 대전환: 하버드 ESG 경영 수업』(어크로스, 2021)을 소개한다. 『자본주의 대전환』이라는 제목만 보면 무슨 급진주의자가 쓴 책 같다. 하지만 보수주의자가 책을 썼다. 리베카 헨더슨(Rebecca Henderson)이 하버드 비즈니스 스쿨 강의 내용을 토대로 쓴 책이다. 세계 유수 기업들의 자문을 맡기도 했던 헨더슨은 이 책에서 주주의 이익을 극대화하는 "주주자본주의"는 시효가 끝났다고 말한다. 이제 고객, 직원, 공급업자, 지역 사회, 주주 등 모든 이해 당사자의 이익을 추구하는 "이해 당사자 자본주의"가 되어야 한다고 말한다. 이를 위해 "ESG 경영"을 해야 한다고 말한다. ESG란 환경 보호(Environment), 사회 공헌(Social), 윤리 경영 혹은 지배 구조 개선(Governance)의 줄임말로 기업이 생태적 가치를 실현하고, 사회적 약자에 대한 지원과 사회 공헌 활동 및 공적 가치를 실현하며, 법과 윤리와 가치를 철저히 준수하는 윤리 경영과 함께 민주적인 지배 구조를 가지고 정부와 기업과 사회가 협력해야 함을 의미한다. 이런 내용의 강의를 처음 개설한 2012년도에는 수강생이 28명에 불과했다. 하지만 이제는 하버드 비즈니스 스쿨 학생의 반 이상이 이 강의를 듣는다. 그만큼 세상이 변했다는 말이다.

　이제는 좌우를 떠나 기후 위기에 대해 말한다. 최근 기후 위기에 대해 가장 발 빠른 대응과 왕성한 활동을 하는 사람이 기업가 빌 게이츠(Bill

Gates)다. 그의 책 『빌 게이츠, 기후 재앙을 피하는 법』(김영사, 2021)을 읽다 보면 환경 문제에 대한 그의 안목과 활동에 조금은 놀라게 된다. 그는 기업가답게 모든 걸 숫자로 이야기한다. "510억에서 제로(0)로!" 단순하다. 매년 510억 톤의 온실가스를 대기권에 배출하는데 이를 제로로 낮추어야 한다. 510억은 현실이고 제로는 목표다. 수년 안에 이루어야 할 목표다. 그는 단호하게 말한다. 1. 기후 재앙을 피하고자 제로를 달성해야 한다. 2. 태양광과 풍력 등 이미 보유한 수단들을 더 빠르고 더 현명하게 사용해야 한다. 3. 나머지 목표 달성에 필요한 획기적인 기술을 개발하고 출시해야 한다. 빌 게이츠는 이를 위해 다섯 가지 영역에서 해결책을 제시한다. 그는 명확한 숫자를 제시한다. 제조업에서는 510억 톤의 31%, 전기 생산은 510억 톤의 27%, 사육과 재배는 510억 톤의 19%, 교통과 운송은 510억 톤의 16% 그리고 냉방과 난방은 510억 톤의 7%를 배출한다. 그는 이 다섯 가지 영역에서 온실가스를 줄이기 위한 많은 아이디어를 제시하는데 조금 놀랐던 건 그가 기업인답지 않게 정부의 개입과 강력한 정책을 주문한다는 점이다. 한 장의 제목이 "정부 정책은 얼마나 중요할까?"다. 온실가스 배출을 비싸게 만들라는 대목이나 공정한 경제 구조의 전환을 계획하라는 조언은 고개를 갸웃거리게 할 정도다. 하기야 기후 위기를 어찌 시장에만 맡길 수 있겠는가? 물론 빌 게이츠는 기술, 정책, 시장 세 마리 토끼를 잡아야 한다고 말하면서도 기업가답게 시장을 통한 해결방식 및 제도 혁신과 기술 혁신을 더 많이 강조한다.

## 그린 뉴딜, 리버럴 좌파의 대응

기업인들과 우파 지식인들의 이런 변화를 어떻게 봐야 할까? 나는 매우 적극적으로 환영한다. 누구 말대로 안 하는 것보다 낫지 않겠는가? 기후 위기는 전 세계 시민이 나서야 하는 문제인데 특정 진영과 계층의 사람들을 도외시해서는 해결할 수 없다고 나는 생각한다. 다만 그들 이론의 한계가 무엇인지 분명하게 인식해야 하며 사회 주류가 아닌 사람들의 의견을 중요하게 여겨야 한다. 그렇기에 먼저 리버럴 좌파가 주장하는 "그린 뉴딜"에 대한 이야기부터 풀어가보자. 그린 뉴딜을 이야기하는 사람 중에 가장 유명한 사람은 아마도 제레미 리프킨(Jeremy Rifkin)과 나오미 클라인(Naomi Klein)일 것이다. 『코로나19 이후 시대와 한국교회의 과제』에서 제레미 리프킨을 소개했으니 여기서는 나오미 클라인을 소개한다. 나오미 클라인은 세계적인 영향력을 가진 탁월한 작가다. 처음 접한 그녀의 책은 『쇼크 독트린』(살림비즈, 2008)이다. 농담이지만 이 책을 읽고 정말 쇼크를 받았다. "재난 자본주의"라는 말을 유행시킨 책이기도 한데 전기 고문 기술자 이웬 카메론(Ewen Cameron)과 신자유주의 전도사 밀턴 프리드먼( Milton Friedman)을 두 명의 쇼크 요법 전문가로 제시하는 대목은 정말 압권이다. 전기 요법 전문가는 뇌를 백지상태로 되돌려 정신병을 치유하려는 반면에 신자유주의자는 사회를 백지상태로 되돌려 세상을 바꾸려고 한다. 둘 다 극약 처방만이 잘못된 것을 고칠 수 있다고 믿는다. 마르크스주의자가 노동자들의 유토피아를 꿈꿨다면 신자유주의의 산지인 시카고학파는 기업가의 유토피아를 꿈꿨다. 마르크스주의자들이 기존 체제를 전복하는 혁명을 통해 사회주의를 세우려 한다면 시카고학파는 시장에 방해가 되는 요소를 전면적으로 제거함으로써 자유 경제를 세우려 한다. 그들은 의도적으로 재난을 만들 때만 자본주의가 활성화될 수 있다고 믿는다. 지금의 체제는 "재난 자본주의 복합체"다. 그들은 전 세계를 향해 사회에 "충격과 공포"를 줘서 백지상태를 만든 다음 신자유주의 체제를 만들라고 주문한다. 실상 이는 자본주의의 본질에 걸맞은 주장이라고 할 수 있다. 커먼즈를 인클로저하여 본원적 축적이 가능했듯이 재난을 만들어 공유적 사회를 파괴하고 거기에 시장 체제를 세우려 한다. 이런 "쇼크 독트린"이 어떻게 역사 속에서 적용되었는지에 대해 클라인은 상세하게 파헤친다. 『쇼크 독트린』은 아주 흥미롭게 읽은 책이다. 나는 코로나19 팬데믹을 거치면서 이 책을 자주 떠올렸다. 코로나19 팬데믹이 "역(逆) 쇼크 독트린"을 우리에게 강요하는 것처럼 보였기 때문이다. "쇼크 독트린"이 공유와 사회를 파괴하고 소유와 시장을 건설하는 것처럼 내게는 역으로 코로나19 팬데믹이 소유와 시장을 파괴하고 공유와 사회를 건설하는 것처럼 보였다. 그리고 성장주의 체제에 충격과 공포를 가하여 "생태 사회주의"라는 다른 세상을 꿈꾸게 만드는 "파상력"(破像力)을 제공하는 것처럼 보였다.

이런 나의 예감을 확증해준 책이 최근 읽은 스웨덴의 환경사상가이자 생태학자인 안드레아스 말름(Andreas Malm)의 『코로나, 기후, 오래된 비상사태』(마농지, 2021)다. 말름은 변증법적 기후 재난 모델과 팬데믹 재난 모델을 제시한다. 변증법적 기후 재난 모델은 자본주의 체제의 취약성과 지구 온난화의 충돌을 보여주며, 변증법적 팬데믹 재난 모델은 자본주의 체제의 취약성과 전 지구적 병리 현상의 충돌을 보여준다. 이 모델들은 이런 비상사태가 오래된 것이며 유사한 사회적 동인들이 양쪽에서 주요한 역할을 하고 있음을 보여준다. 우리는 어느 한쪽이 아니라 양쪽 모두와 관련해서 적절하게 행동해야만 한다. 그는 사회민주주의 모델이 "위기의 부재"라는 대전제 위에 건설되었기 때문에 파국 앞에서 힘을 잃고 있으며 요즘 주목받고 있는 아나키즘은 "국가의 부재" 때문에 물거품이 되고 있다고 진단한다. 그러면서 지금은 "전시 코뮤니즘"을 주장해야 할 때라고 말한다. 지금 파국이 임박하고 있다. 마치 전시 상황과도 같다. 실제로 영국 총리나 프랑스 대통령 등 각국 정상들은 전쟁 용어로 코로나 팬데믹을 묘사하고 있다. 이런 파국 상황에서는 "생태 사회주의"로 전환하기 위해 "전시 코뮤니즘"이 필요하다. 증상의 위기를 원인의 위기로 전환하는 속도전을 펼치며 국가체제에 대한 새로운 고민과 행동이 필요한 때이니 "다가올 미래를 대비하라"고 그는 말한다. 그의 해법에 모두 동의하기는 어려우나 진단만큼은 귀를 기울여야 한다고 생각한다. 지금은 "역(逆) 쇼크 독트린"이 필요한 때이니 말이다.

재난 자본주의를 파헤친 나오미 클라인이 이번에는 기후 문제를 파고든다. 두 권의 책이 나왔는데 하나는 『이것이 모든 것을 바꾼다: 자본주의 대 기후』(열린책들, 2016)이고 다른 하나는 『미래가 불타고 있다: 기후 재앙 대 그린 뉴딜』(열린책들, 2021)이다. 나오미는 『이것이 모든 것을 바꾼다』에서 기후 위기와 관련된 여러 이슈를 다룬다. 그녀는 세계화와 온난화와의 관계를 파헤치면서 공공 부문을 재건하고 오염자 부담 원칙을 철저히 적용하라고 주문한다. 그녀는 "기후 변화가 아닌 시스템 변화를"(System Change, Not Climate Change)이라는 슬로건처럼 우리가 시스템 변화와 기후 변화 사이의 갈림길에 서 있음을 인식하고 "그린 뉴딜"이라는 과감한 계획과 성장주의에 대한 적극적인 봉쇄를 통해 기후 정의를 실천해야 한다고 말한다. 나오미는 대기업과 환경 운동 단체의 불길한 결합이나 우파의 환경 운동 방식, 기업인들의 기술 만능주의 혹은 기후 위기를 새로운 성장 기회와 동력으로 보는 시각이 왜 문제인지를 정확하게 짚어낸다. 그녀는 시장을 통해 환경 문제를 해결할 수 있을 것처럼 말하는 논리나 기술을 통해 지구를 대상으로 한 거대한 실험을 획책하는 것이 얼마나 기만적이고 오만한 것인지를 사례를 들어 정확하게 지적한다. 개인적으로 가장 재미있게 읽었던 대목은 "우파가 옳다"라는 제목의 장이다. 왜 우파는 기후 위기가 없는 것처럼 주장할까? 왜 말도 안 되는 음모론을 주장할까? 그것은 기후 정의 운동을 겉으로는 환경을 내세우지만, 뱃속에는 새빨간 마르크스 사회경제 이론을 가득 품은 "녹색 트로이 목마"로 보기 때문이다. 보수주의자들에게 초록은 새로운 빨강이다. 그들은 기후 변화를 현실로 인정하는 순간 이 시대의 핵심적인 이데올로기 투쟁, 즉 공공의 목적과 가치관에 맞게 사회를 계획적으로 관리할 필요가 있다는 입장과 시장의 마법만으로도 이러한 과제를 충분히 달성할 수 있다는 입장이 대결하는 이데올로기 투쟁에서 패배할 수밖에 없다는 사실을 분명히 파악하고 있다. 많은 보수주의자에게 기후 과학은 그들이 지닌 가장 근본적이고 가장 중요한 근본 신념, 즉 인류가 지구와 지구의 모든 결실을 정복하고 자연에 대한 지배력을 구축할 능력과 권리를 지니고 있다는 신념에 오물을 끼얹는 행위다. 그들은 기후 위기를 인정할 경우 좌파가 원하는 모든 것을 무조건 시행해야 한다는 두려움을 느끼고 있다. 이런 면에서 온난화 주의자들보다 우파가 기후 변화의 중요성을 정확하게 보고 있다. 기후 위기를 해결하려면 급진적인 조치를 취하지 않으면 안 된다는 걸 그들은 정확하게 보고 있다. 재앙을 피하기 위해 요구되는 변화의 범위와 강도에 관해서라면 그들이 옳다. 참 재미있는 지적이다.

『미래가 불타고 있다』는 『이것이 모든 것을 바꾼다』와 많은 내용이 중복된다. 개인적으로 쇼킹했던 내용 두 가지만 나눈다. 클라인은 이스라엘 건축가 에얄 와이즈만(Eyal Weizman)의 저서 『분쟁의 해안선』의 내용을 소개한다. 그의 설명에 따르면, 중동과 북아프리카에서 사막의 경계를 파악할 때는 흔히 건조 한계선을 따진다. 건조 한계선은 관개하지 않고도 곡물을 대량으로 재배할 수 있는 최소 강수량, 즉 연평균 강수량 200mm인 지점에 그려진다. 그는 놀라운 일치를 발견한다. 높은 기온과 물 부족 간의 갈등의 관련성은 오늘날 건조 경계선에 속하는 지역에서 반복적으로 갈수록 심각하게 치닫고 있다. 이 경계선에는 하나같이 가뭄과 물 부족, 극단적인 고온, 군사적 충돌이 극심한 곳이 걸쳐 있다. 리비아와 팔레스타인은 물론이고 아프가니스탄, 파키스탄, 예멘에서 가장 극심한 전투가 벌어지는 일부 지역이 이 경계선에 걸려 있다. 와이즈만은 여기서 놀라운 우연의 일치를 발견한다. 그는 이 지역에서 서구 국가들이 투입한 드론의 타격 지점을 지도에 표시한 뒤, 파키스탄 남와지리스탄에서부터 예멘 북부, 소말리아, 말리, 이라크, 가자 지구, 리비아에 이르는 지역에서 이루어진 대부분의 드론 공격이 연평균 강수량이 200mm인 건조 경계선에 정확히 걸리거나 그 인근에 집중되어 있다는 것을 확인했다. 중동은 항상 두 개의 자연 자원과 연관되어 있다. 석유(풍부한 자원)와 물(희소한 자원)이다. 시간이 흐를수록 특정한 패턴들이 점점 뚜렷해진다. 처음에는 서구의 전투기들이 원유 자원이 풍부한 지역을 따라가다가 지금은 가뭄으로 갈등이 고조됨에 따라 서구 국가가 투입한 드론이 물 부족 지역을 바짝 따라간다. 전투기 폭격이 원유가 있는 곳을 따라가고 드론 공격이 가뭄이 있는 곳을 따라가는 것처럼 전투기와 드론의 폭격이 있었던 곳에는 난민을 실은 배들이 나타난다. 이 배들은 건조 경계선에 걸쳐 있어 전쟁과 가뭄으로 황폐해진 고향을 등지는 난민들로 가득 차 있다. 이것이 기후 난민의 실상이다. 오늘날 중동은 화석 연료 확보 경쟁이 초래한 폭력과 화석 연료를 태우는 과정에서 빚어진 충격이라는 이중의 곤경에 처해 있다. 폭격기와 드론의 이중적 폭력에 희생되고 있다고 보아도 무방하지 않다. 자본주의의 폭력과 생태적 충격이 실상 하나임을 보여주는 슬픈 현실이다.

또 하나는 "과격해진 교황청?"이라는 7장의 내용이다. 이 장에서 클라인은 2015년에 교황청 기자 회견에 참여한 자신의 경험을 나눈다. 교황청 행사에 무신론자이자 페미니스트인 여성이 참여한다는 것만도 매우 이례적이고 내부 반발이 심했다고 한다. 그녀는 전날 그곳에서 발표될 교황 회칙 「찬미 받으소서」를 미리 읽다가 거기에서 한 문장을 발견한다. "우리가 더불어 사는 지구는 우리와 함께 삶을 나누는 누이이며 두 팔 벌려 우리를 품어주는 아름다운 어머니다." 회칙 뒷부분에는 "성경에는 다른 피조물에 무관심한 전제적인 인간 중심주의가 발붙일 곳이 없다"라는 결론이 나온다. 클라인은 로마 가톨릭의 이러한 변화에 크게 흥분한다. 개막 행사에서 로마 가톨릭 신부들의 강의와 인사말을 들으면서 그녀는 많이 놀라게 되고 로마 가톨릭 교인과 대화하면서 "생태적 회심"이라는 개념이 회칙의 핵심에 있음을 깨닫게 된다. 누구도 알아주지 않는 상황에서 변방에서 묵묵히 생태적 세계관으로 살아온 사람들의 힘이 생태적 회심을 통해 나오게 되고 결국 교황 회칙에까지 영향을 끼쳤음을 알게 된다. 교황은 말한다. "생태적 회심을 통해서 예수 그리스도와의 만남의 결실이 자신을 둘러싼 세계와의 관계에서 온전히 드러나도록 해야 한다." 이 회심이야말로 사람을 변하게 만들고 어떤 절망 속에서도 희망을 품고 선한 싸움을 끝까지 싸우게 하는 본질임을 그녀는 깨닫게 된다. 이런 이야기를 읽는 동안 매우 부러웠다. 그녀의 책에 개신교의 이야기가 있었다면 얼마나 좋았을까? 로마 가톨릭은 이렇게 변하고 있는데 개신교는 도대체 뭘 하는 것일까? 그린 뉴딜에 대한 내용을 이해하고 있을까? 이제 이를 극복해야 한다. 교회가 생태적 세계관과 탈성장을 수용해야 한다.

## 성장 없는 번영

드디어 탈성장을 본격적으로 이야기할 때가 되었다. 탈성장을 이야기한다고 해서 성장 자체를 악으로 보는 것이 아님을 알아야 한다. 모든 생명은 자라게 되어 있는데 어떻게 성장을 악이라고 할 수 있겠는가? 문제는 적정 규모의 성장을 추구하는 것이 아니라 성장 자체가 목적이 되는 "성장주의"다. 자본주의란 성장 자체가 목적인 체제다. 많은 사람이 자꾸 자본주의와 시장 체제를 혼동한다. 자본주의를 비판하면 시장 체제를 비판하는 것으로 오해한다. 무식의 소치다. 인류 역사를 보면 자본주의가 생기기 전에도 시장은 존재했다. 시장은 인간의 "본연"이고 자본주의를 비판하는 건 인간의 "당연"이다. 시장은 성장 자체를 추구하지 않는다. 그것은 단지 고대로부터 이어져 온 인간 사회의 필요를 채우는 유용한 수단일 뿐이다. 하지만 자본은 스스로 자기 증식하는 가치다. 자본주의는 교환 가치, 즉 화폐의 증식을 위해 존재한다. 필요를 채우는 것이 목적이 아니라 가치를 증식하는 것 자체가 목적이다. 자전거 페달을 밟지 않으면 넘어지는 것처럼 성장하지 않으면 자본주의는 무너진다. 따라서 자본은 무한 성장을 추구한다. 성장의 한계가 없다. 무한 성장만이 선이다. 사회가 발전하고 기술 혁신이 일어나면 우리가 좀 더 편해질까? 전혀 그렇지 않다. 아무리 기술이 발달해도 자원을 덜 사용하지 않고 더 많이 사용하게 된다. 아무리 부가 증가하고 기술이 발달해도 노동 강도가 약해지지 않고 더 강해진다. 성장이라는 정언 명령은 아무리 부가 증가해도 만족하지 못하고 더 큰 부를 창출하는 곳에 재투자해야만 하며 아무리 기술이 발달해도 적은 시간에 같은 양의 일을 하게 하지 않고 같은 시간에 더 많은 일을 하도록 만든다. 왜냐하면 삶의 질이 아니라 성장이 절대 진리이기 때문이다.

실상 성장이 삶의 질을 훼손하는데도 그렇게 여긴다. 자본주의는 GDP가 일정 지점을 지나면 성장이 행복과 삶의 질에 부정적인 영향을 끼치는데도 성장을 부르짖는다.

심지어 지속 가능성을 이야기하면서도 성장에 대해서는 문제를 제기하지 않는다. UN에서 발표한 "지속 가능한 발전 목표"(Sustainable Development Goals, SDGs)만 해도 그 안에 "발전"이 들어가 있다. 발전이란 곧 성장을 뜻한다. 지속 가능성을 고민하면서도 성장은 포기하지 못하는 것이다. 성장은 불문율이다. 하기야 역성장조차 마이너스 성장이라며 성장이라는 개념을 포기하지 못하니 SDGs라고 별수 있겠는가? 그렇기에 컨설팅 회사마저 SDGs를 이야기한다. 딜로이트 컨설팅 회사에서 펴낸 『지속가능발전목표란 무엇인가?: UN 선정, 미래 경영의 17가지 과제』(진성북스, 2020)를 읽어보라. 제목에서 드러나듯이 경영의 과제로 SDGs를 제시하고 있다. 무슨 말이냐면 SDGs도 성장의 수단으로 활용할 수 있다는 말이다. 이처럼 자본주의에서 성장은 절대 진리다. 하지만 가치는 추상적 세계에서 작동하는 것이 아니다. 자원을 축출하여 상품을 생산하지 않으면 안 된다. 비물질 노동이나 인지 노동이나 감정 노동도 실상을 들여다보면 모두 에너지를 소비해야 한다. 여가 활동이 전체 탄소 발자국에서 차지하는 비중이 25%이다. 인터넷이 그냥 돌아가는 것도 아니다. 인터넷 플랫폼들이 사용하는 전기량은 실로 어마어마하며 그 전기를 만들어내기 위해서는 탄소를 발생시켜야 한다. 이런 성장주의의 결과는 참혹하다. 기후 위기와 생태 위기가 몰아치고 있다. 6번째 대멸종까지 이야기되고 있다. 이로 인해 기후 위기와 생태 위기를 온몸으로 겪고 있는 세대부터 나이 든 세대까지 온 세계가 다른 세상을 꿈꾸기 시작했다.

이제 성장이 아니라 번영을 고민해야 한다. 그동안 우리는 "성장이 곧 번영"이라고 생각했다. 하지만 행복도 하나만 보아도 이것이 거짓임을 알 수 있다. 1인당 GDP가 1만 5천 달러를 넘어서면 성장해도 결코 행복도가 올라가지 않는다. 이제 번영에 대한 개념을 바로잡아야 한다. 영국 지속가능개발위원회 경제위원인 팀 잭슨은 자본주의 사회가 결국 부채를 통해서만 유지되는 "부채 사회"이기에 금융 부채와 생태 부채의 문제를 해결할 수 없고, 결국 사회와 생태계를 붕괴시키는 금융 위기와 생태 위기는 성장에 의해 발생했으므로 성장 그 자체가 해결되지 않으면 안 된다고 말한다. 원죄와도 같은 성장주의를 벗어나지 않으면 진정한 번영을 이룰 수 없다. 그렇기에 팀 잭슨은 "성장이 곧 번영"이라는 공식을 바꾸어야 한다고 지적한다. 그는 『성장 없는 번영』(착한가게, 2013)에서 아마르티아 센이 말하는 번영의 세 가지 개념을 소개한다. 첫째는 "부유함"으로서의 번영이다. 물질적 만족을 추구하는 번영이지만 이는 이미 한계에 달했다. 둘째는 "효용"으로서의 번영이다. 상품의 양이나 기능이 아니라 상품이 가져다주는 만족을 번영과 연결한다. 상품의 효용은 사회적이고 심리적인 속성을 가진다. 경제학은 이런 속성을 교환 시장에서의 화폐 가치로 변환하지만 이는 근본적인 결함을 가지고 있다. 한계 효용은 소득이 높아질수록 감소하기 때문이며 인간 정신은 덜 물질적인 것에 진정한 가치를 부여하기 때문이다. 세 번째는 "자기실현 능력"으로서의 번영이다. 센이 말하는 세 번째 번영의 요소들은 사람들이 실제로 오래 살거나 보람 있는 직업에 종사하거나 공동체에 참여하는 것과 같이 사회적으로 꼭 필요하다고 여기는 일들을 할 수 있는 능력과 자유와 관련이 있다. 물론 자기실현의 능력은 세계의 인구 규모와 가용 자원과 지구를 공유하는 우리 이웃 사람들의 권리와 미래를 살아갈 우리 후손들과 다른 종들의 자유에 의해 제한받는다. 번영은 이런 한계 내에서 우리가 얼마나 인간으로서의 성취를 이루어나갈 수 있느냐에 달려 있다. 번영을 이루는 다른 길은 없다. 오직 "성장 없는 번영"을 이루는 길밖에 없다. "성장 없는 번영"의 길이 바로 "탈성장"이다.[1]

## 성장주의 신화들의 허상

각주에서 밝혔지만 개인적으로 탈성장에 대해 가장 흥미롭게 읽은 책은 제이슨 히켈(Jason Hickel)의 『적을수록 풍요롭다』(창비, 2021), 사이토 고헤이(Saito Kohei)의 『지속 불가능 자본주의』(다다서재, 2021), 니코 페히(Niko Paech)의 『성장으로부터의 해방』(나무도시, 2015) 세 권이다. 모두 탁월한 책이지만 『성장으로부터의 해방』이 큰 주제를 잘 묶어주었기 때문에 장 제목에 따라 이야기를 펼쳐가면서 나머지 두 책의 내용으로 보충하겠다. 니코 페히는 "발전이라는 환상", "자유라는 환상" 그리고 "탈동조화라는 신

---

**1**    탈성장 담론을 이해할 수 있는 책들을 소개한다. 가장 쉬운 책은 하승우의 『탈성장 쫌 아는 10대』(풀빛, 2021)다. 개인적으로 가장 흥미롭게 읽은 책은 제이슨 히켈의 『적을수록 풍요롭다: 지구를 구하는 탈성장』(창비, 2021)과 사이토 고헤이의 『지속 불가능 자본주의: 기후 위기 시대의 자본론』(다다서재, 2021)과 니코 페히의 『성장으로부터의 해방: 탈성장 사회로 가는 길』(나무도시, 2015) 세 권이다. 최근 왕성하게 활동하는 바르셀로나 그룹의 책인 『탈성장 개념어 사전』(그물코, 2018)과 『디그로쓰: 지구를 식히고 세계를 치유할 단 하나의 시스템 디자인』(산현재, 2021)은 탈성장 담론과 관련된 주제들을 폭넓게 이해하는 데 도움이 된다. 역시 탈성장하면 독일 그룹이다. 대표적인 탈성장론자 세르주 라투슈의 『탈성장사회』(오래된 생각, 2014)와 리카르도 페트렐라, 세르주 라투슈, 엔리케 두셀이 함께 쓴 『탈성장: 경제 체제 연구』(대장간, 2021), 울리히 브란트, 마르쿠스 비센이 함께 쓴 『제국적 생활양식을 넘어서』(에코리브르, 2020), 바르바라 무라카의 『굿 라이프: 성장의 한계를 넘어선 사회』(문예출판사, 2016)를 읽어보라. 탈성장을 뜻하는 프랑스어 "데크로상스"(décroissance)를 처음으로 사용한 앙드레 고르의 『에콜로지카』(갈라파고스, 2015)도 읽어보라. 팀 잭슨의 『성장 없는 번영』(착한책가게, 2013)은 기본이다.

화"세 가지 주제를 다룬다. 여기서는 탈성장을 이해하는 데 핵심적인 내용에 해당하는 "발전이라는 환상"과 "탈동조화라는 신화"에 대해서만 나누도록 한다.

먼저 발전이라는 환상에 대해 나누어보자. 물질적 부의 축적은 흔히 "발전"이라는 미명으로 불린다. 발전 이데올로기를 구성하는 신화는 효율성의 신화다. 효율성의 신화 중 가장 강력한 요소는 "분업과 시장 경제"다. 분업과 시장 경제를 통해 효율성을 극대화할 수 있는데 효율성의 극대화는 결국 시간과 공간의 초월을 지향한다. 생산과 소비를 극대화하기 위해서는 시간과 공간의 제약을 넘어서야만 한다. 정보화의 물결은 이런 물질적 확장을 극한까지 밀어붙이게 만든다. 이 같은 폐허의 말이 자본주의의 실상을 보여주는 것 같다. 자본주의는 실상 공유지의 인클로저와 사유화, 모든 것의 저렴화, 무한 확장과 축출과 탈취를 가능케 한 식민화(외부화)를 통해 만들어진다. 인클로저에 대해서는 앞서 살펴보았다. 공유지에 대한 인클로저가 없었다면 자본주의는 불가능했다는 말만 해두자. 재미있게 읽은 책 중에 라즈 파텔(Raj Patel)과 제이슨 무어(Jason W. Moore)가 함께 쓴 『저렴한 것들의 세계사』(북돋움, 2020)가 있다. 자본주의가 모든 것의 저렴화를 통해 세워졌음을 기가 막히게 논증한다. 자본주의는 저렴한 자연, 저렴한 돈, 저렴한 노동, 저렴한 돌봄, 저렴한 식량, 저렴한 에너지 그리고 저렴한 생명을 통해서 세워졌다. 가장 기초가 되는 것이 "저렴한 자연"이다. "자연과 사회의 분리" 혹은 "자연과 문명의 분리"라는 이데올로기를 만들어내 마음껏 저렴한 자연을 수탈하는 것에서 자본주의는 시작되었다. 저렴한 자연과 저렴한 노동을 얻기 위해 자본주의는 식민지를 개척할 수밖에 없었다. 식민화는 해외 인클로저인 셈이다. 더군다나 식민화는 외부화이기도 하다. 제국들은 식민지에 환경 부하까지 전가할 수 있었다. 자원은 수탈하고 환경 부하는 전가했다. 이처럼 인클로저와 저렴화와 식민화는 서로 연결되어 있다.

선진국에서 자주 이야기하는 "환경 쿠즈네츠 곡선"(Environmental Kuznets Curve, EKC)이 허구인 이유가 여기에 있다. "환경 쿠즈네츠 곡선"은 경제 성장의 초기에는 경제가 성장할수록 환경의 질이 악화되지만 경제가 더 성장하면 오히려 환경의 질이 개선되는 현상을 나타내는 뒤집힌 U자 모양의 곡선을 말한다. 일단 경제 성장을 달성하면 환경 문제도 해결될 것이라는 속임수를 가능케 만드는 곡선이다. 이것이 속임수인 것은 이 곡선이 식민화와 외부화를 전혀 고려하지 않았기 때문이다. 제이슨 히켈의 설명을 들어보자. 일반적으로 탄소 배출량을 보면 중국이 세계 1위이고, 미국은 2위, 유럽 연합이 3위다. 인도도 러시아나 일본 같은 주요 산업국보다 많이 배출한다. 이런 시각에서 보면 북반구나 남반구 모두 동등하게 기후 위기의 책임을 져야 하는 것처럼 보인다. 하지만 1인당 기준으로 살펴보면 이야기는 완전히 달라진다. 인도는 1인당 1.9톤밖에 배출하지 않는다. 중국은 1인당 8톤을 배출한다. 이와 대조적으로 미국인의 배출량은 1인당 16톤으로, 이는 중국인의 두 배, 인도인의 여덟 배에 해당한다. 게다가 1980년대 이후, 고소득 국가들은 값싼 노동력과 자원을 이용하기 위해 산업 생산량의 대부분을 남반구의 가난한 나라에 아웃소싱했고, 그 덕분에 상당량의 이산화탄소 배출을 자국 총배출량에서 제외했다. 하지만 미디어의 일반적인 내러티브에서 가장 큰 문제는 따로 있다. 기후 붕괴에서 문제 삼아야 할 것은 대기 중 이산화탄소의 "누적량"이지 연간 흐름이 아니다. 우리는 각 국가가 역사적으로 배출한 양을 살펴보아야 한다. 따라서 "대기의 커먼즈"(atmospheric commons) 원칙으로부터 출발하면 완전히 다른 결과가 나온다. 과학자들이 정의한 지구 위험 한계선의 기준은 대기

중 이산화탄소 농도 350ppm이다. 1850년 이후 역사적인 매출을 계산하고 계산이 가능한 지역의 소비에 근거한 배출량을 이용하면, 미국은 전 세계 초과 배출량의 40%에 해당하는 단독 책임이 있다. 유럽 연합은 29%의 책임이 있다. 세계 인구의 19%를 차지하는 유럽의 나머지 국가는 초과 배출량 가운데 9%에 해당하는 책임이 있고 캐나다, 일본, 호주 등 북반구 국가들이 이산화탄소 누적에 기여했다. 이는 북반구의 나라들이 기후 붕괴로 인한 피해에 92%의 책임이 있음을 의미한다. 반면 라틴아메리카, 아프리카, 중동의 전 대륙을 모두 합해도 그들에게는 단 8%의 책임이 있다. 그것도 이 지역 내에 있는 단지 소수의 국가에서 배출된 것이다. 반면 남반구는 기후 붕괴로 인한 전체 비용 중 82%를 부담한다.

두 번째 효율 신화는 "기술 혁신과 생산 효율 증가"다. 기술 혁신과 생산 효율로 인해 가격(비용)이 내려간다는 말이다. 하지만 이를 성취하게 되면 생산 구조를 쇄신하고 확장하게 된다. 생산 시설과 구조에 더 큰 규모의 투자가 이루어진다. 확장된 규모만큼 추가적인 생산 요소의 투입량이 생기게 되고 자원의 흐름도 증가한다. 창조적 파괴는 거저 이루어지지 않는다. 기존의 자원을 무효화시키고 새로운 자원과 에너지를 투입해야만 한다. 이는 남반구 자원을 강탈해야만 이룰 수 있는 것이다. 악순환이 작동한다. 경제 성장의 함정과 생산성의 함정이라 할 수 있다. 문제를 해결하는 것처럼 보이지만 더 큰 문제를 만들어내는 함정 말이다. 이 효율 신화는 니코 페히가 말하는 세 번째 환상과 연결된다. 바로 "디커플링(decouping[탈동조화]) 신화"다. 이걸 먼저 살펴본다. 디커플링은 "분리"라는 뜻인데 경제 성장과 환경 부하의 관계를 분리하는 것을 뜻한다. 즉, 경제 성장이 이루어져도 환경 부하가 커지지 않는 방법을 찾는 것이다. 이전에는 환경 부하와 관련 없는 영역에서 기술 혁신과 생산 효율 증가를 추구했다면 이 두 가지를 환경 부하를 줄이는 데 활용하여 디커플링을 이루려는 것이다. 이는 대부분 녹색 성장, 그린 뉴딜, 제3의 산업 혁명 등을 뜻하는 것으로 사용된다. "탈동조화 신화"의 문제를 바로 이해하려면, 우선 상대적 탈동조화와 절대적 탈동조화를 명확히 구분할 필요가 있다. 상대적 탈동조화는 국가 총생산량의 단위당 생태계 훼손량의 감소를 뜻한다. 말하자면 1달러의 부가 가치당 방출하는 이산화탄소량이 "평균적으로" 감소하고 있는 것이다. 반면에 절대적 탈동조화는 국가 총생산량이 증가하는 것과 동시에 생태계의 부담도 "절대적으로" 감소시키는 것을 목표로 삼고 있다. 경제 활동이 생태계의 한계 내에서 유지되려면 절대적 탈동조화가 이루어져야 한다. 우선 듣기 좋은 소식은 상대적 탈동조화는 현대 경제의 여러 분야에서 이미 오래전부터 구현되어왔다는 점이다. 에너지 집약도와 탄소 배출 농도가 낮아졌다. 물론 국가 총생산량을 각 국가별로 분리하여 생각했을 때의 일이다. 선진국 중에서는 어느 정도 상대적 탈동조화를 이룬 곳들이 있다. 나쁜 소식은, 이 원칙은 문제 해결 방안을 제시하는 것이 아니라 사실 문제를 극대화시킨다는 점이다. 상대적 디커플링을 추구하면서 절대적 디커플링이 요원해졌다. 에너지 집약도나 탄소 배출 농도는 낮아졌지만, 화석 연료 사용에 따른 이산화탄소 배출은 1970년대 이래 80% 증가했고, 교토의정서가 채택된 1990년보다 40% 증가했으며, 2000년 이후에는 해마다 약 3% 이상씩 증가하고 있다.

탈동조화가 왜 이루어지지 않는지 폐히의 설명을 들어보자. 첫째, 물질적 반동 효과 때문이다. 탈동조화를 통해 약간이나마 절약된 것은 이를 가능케 하기 위해 추가적으로 유입되는 물질로 인해 다시금 추월당한다. 표면적으로는 지속 가능한 건축, 전기 자동차 등 새로운 모델로 보이는 혁신이 일어나지만 이를 위해 필요한 추가적인 시설을 고안해야 하며 새로운 광물을 더 많이 추출해야만 한다. 혁신을 통해 자원 사용이 더 증가하게 된다. 고소득 국가의 물질 사용은 항상 GDP 성장을 앞지른다. 또한 혁신도가 높을수록 미처 예견치 못한 장기적인 부작용에 대한 위험 부담도 높아진다. 비료와 살충제라는 과학적 혁신이 땅의 황폐화와 생물 다양성 감소와 각종 환경 파괴를 가져온 것처럼 말이다. 특히 과학적 처방을 통해 환경 문제를 해결하려는 시도는 위험하기 짝이 없다. 나오미 클라인도 『이것이 모든 것을 바꾼다』에서 이를 경고한다. 과학자들은 지구를 대상으로 생태적인 실험을 하려고 한다. 지구 공학자들은 온난화를 극복하기 위해 성층권에 에어졸을 분사하는 방안 같은 걸 제시한다. 이런 접근 자체가 자연을 기계로 보고 통제 가능하다고 여겼던 근대 과학의 패러다임에서 한 치도 벗어나지 못했음을 보여준다. 기후 위기를 만들어냈던 자들이 지구 공학으로 완벽하게 기후를 조정한다? 과연 지구가 그들의 의도대로 움직일까? 아무도 모른다. 초기의 민감한 차이가 어마어마한 결과를 만들어낼지도 모른다. 그것을 지구적 차원에서 실험한다는 것이 얼마나 위험 천만한 일인가? 더군다나 이런 해결책 때문에 사람들은 환상을 가지게 되고 지금과 같은 생산과 소비, 즉 성장을 추구해도 된다고 생각하게 만들어 생태계를 회복할 기회를 영영 잃게 만든다.

탈동조화는 문제 극복의 이론처럼 보이지만 그 문제점을 초래한 발전 논리에 기반한 해결책을 제공하는 모순을 담고 있고, 한 문제를 해결하기 위해 자동으로 다음 문제에 대한 위험 부담을 끌어들이는 방법이라는 모순을 담고 있다. 이런 탈동조화는 생태적 문제점을 외면하는 방법이기도 하다. 1) 시간적인 지연 현상: 태양 집광판과 단열 시스템의 1세대를 교체하고 폐기해야 할 때는 어쩔 건가? 2) 환경 매체의 구조적 부담 이전: 결국 생태적으로 큰 역할을 하지 않는 다른 매체로 환경 부담을 이전시키는 것에 불과하다. 재생 전기를 생산하느라 숲을 파괴하고 종 다양성과 풍경을 파괴하는 일이 벌어진다. 3) 물질적 대체: 전기 자동차를 개발하는 목적은 화석 에너지 대신 리튬 같은 희귀 금속에 대한 수요를 증가시킨다. 문제는 여기서 멈추지 않는다. 부족한 자원에 다른 문제가 겹친다. 태양 집광판을 생산하기 위해선 예나 지금이나 화석 연료를 투입해야 한다. 실상 총량으로 따지면 에너지 전환이나 대체가 아니라 추가일 뿐이다. 4) 공간적으로 미루기: 예를 들어, 스위스 국민이 끼친 환경 영향의 69%는 스위스 바깥에서 벌어진다. 우리가 소비하는 물품의 생산 공정이 다른 곳에서 이루어지기 때문이다. 5) 기술적 책임 전가: 다른 환경을 훼손함으로써 에너지를 절약하는 모순은 디지털화를 통한 효율 상승에서 극명하게 드러난다. 전자 기기의 혁신으로 대규모 전자 폐기물이 쌓이고 있다.

둘째로 경제적 반동 효과 때문이다. 일명 "제번스의 역설"(Jevons's Paradox)로 불리는 "반동 효과"(Rebound Effent)라는 것이 있다. 효율성이 불러들인 반동 효과인데 1866년 영국의 경제학자 윌리엄 스탠리 제번스 (William Stanley Jevons)는 효율이 높아진다고 해서 반드시 자원 소비가 감소하는 건 아니라는 사실을 발견했다. 그가 발견한 반동 현상은 효율이 높아지면 생산 원가가 절감된다는 데서 출발한다. 한 기업이 원가를 절감해서 가격을 낮추어 경쟁력이 높아지면 일반적으로 수요가 증가하게 된다. 결과적으로 효율이 높아지면 수요가 늘고, 이로 인해 오히려 자원 소모가 증가하게 될 가능성이 커진다. 패시브 하우스, 3리터 자동차, 에너지 절약형 전자 제품 등 절약형 생산품의 형태로 드러나는 효율적 장점은 소비자에게 경제적으로 유리하게 작용한다. 그 결과로 다른 상품에 대한 구매력이 상승한다. 본래 추구하려던 상대적인 탈동조화가 오히려 수요를 부추김으로써 정반대의 효과를 만들어낸다. 다음으로 환경 투자로 인한 생산력과 수입 증가의 효과도 있다. 새로운 생산 공장에 투자가 이루어지면 생산성과 수입 체계에 반드시 영향을 끼치게 된다. 생산 투자를 하는 이유는 생산력을 높여 총반출량을 증가시키자는 것이며 이를 통해 수입 역시 높아질 것을 기대한다. 앞서 언급한 생산 원가 절감으로 인한 반동 현상이 일어나지 않는다고 해도 수입은 늘어난다. 친환경 에너지를 예로 들어 보면 이 현상을 쉽게 이해할 수 있다. 재생 에너지를 생산하기 위해 설치하는 시설은 그 자체로는 시설 생산 업체나 소비자들에게 아무런 비용 절약 효과가 없고, 다만 전기의 친환경성만 제공한다. 그럼에도 풍력 에너지, 태양광 에너지, 바이오 에너지에 투자하게 되면 결과적으로 수입이 오르게 되어 국민 경제의 구매력이 증가한다. 이는 한편 추가적인 녹색 전기 소비를 부추기고 다른 상품에 대한 소비도 증가시킨다.

고헤이에 의하면, 에너지 소비의 효율화가 선진국의 산업 부문을 중심으로 이뤄지고 있는데 미국과 영국에서는 1980년과 비교했을 때 40%나 개선되었다고 한다. 선진국에서는 "상대적 디커플링"이 분명히 진행되었음을 뜻한다. 하지만 선진국의 경향과 정반대로 브라질과 중동에서는 실질 GDP 대비 에너지 소비율이 급속하게 나빠지고 있다. 에너지 소비의 효율이 나빠지면 당연히 실질 GDP 대비 이산화탄소 배출량의 비율도 개선되지 않는다. 경제 성장의 중심이 중국과 브라질로 옮겨갔기 때문에 세계 규모로 따져보면 2004년부터 2015년 사이에 실질 GDP 대비 이산화탄소 배출량의 비율은 해마다 불과 0.2% 낮아지는 데 그쳤다. 요약하면, 전 세계 규모에서는 이산화탄소 배출과 경제 성장의 상대적인 디커플링조차 최근 몇 년 동안 거의 이뤄지지 않았다는 말이다. 더군다나 세계의 이산화탄소 배출량은 매년 약 2.6%씩 증가하고 있다. 선진국 중에서도 미국의 배출량은 연율 1.6%씩 증가하고 있다.

셋째로 심리적·정치적 반동 효과가 있다. 정부는 상대적 탈동조화를 성공적인 환경 정책의 사례로 내세운다. 이렇게 함으로써 기존의 성장 추세를 더 부추긴다. 상대적인 환경 영향 감소 현상과 탈동조화를 강조하면서 대량 생산과 소비를 위한 구실을 제공해주는 셈이다. 배기가스 정화 장치를 도입하면 각 개인이 전용 교통수단을 더 많이 소비하게 되며 자동차 문화는 날로 확산하게 된다. 개인들은 친환경적인 소비 제품을 사용한다고 인식하게 되어 스스로 소비 증가를 정당화하게 된다. 연료 전지나 전기 자동차는 승용차 구입을 위한 완벽한 알리바이를 제공해주며 패시브 하우스(Passive House)는 다세대 주택 대신 개인 주택을 선택하는 구실이 된다. 재생 전기를 쓴다는 사실은 에너지를 덜 절약해도 된다는 관념을 정당화시킨다. 이런 심리적·정치적 반동 효과 때문에 탈동조화는 신화에 불과하다. 상대적 탈동조화가 그렇다면 절대적 탈동조화는 어떤가? 절대적 탈동조화를 위해서는 기존의 시설물들을 철거하고 교체해야 하는데 이는 환경에 새로운 짐을 지우는 셈이 된다. 어떻게 구식 하드웨어를 전부 교체할 수 있을까? 생태적인 변화도 가져오면서 국민 총생산량도 증가하려면 우리는 끝없이 내다 버려야 한다. 우리는 결국 도저히 해결 불가능한 폐기물 처리 문제에 직면하게 된다. 만약 정말 절대적 탈동조화를 이루었다 치자. 과연 국민 총생산량을 계속 증가시킬 수 있을까? 부가 가치 상승을 지속해서 유지할 수 있을까? 모든 분야에서 생태적으로 최적화하고 나면 경제 성장의 원천이 없어지고 낮은 규모의 부가 가치만 흐를 것이기에 이는 불가능하다.

## 탈성장을 어떻게 실현할 것인가

탈성장을 구체적으로 실현하기 위한 대안은 무엇인가? 니코 페히는 『성장으로부터의 해방』에서 다섯 가지를 이야기한다. 1) 근거리 경제: 구조적 성장 압력의 약화. 생산 과정을 간소화하여 지역 혹은 지방 차원에서 공급하는 것은 자본가와 투자받은 업체 사이의 거리가 공간적으로 가까운 것을 말하므로 투자한 자본에 대한 금전적 보상 욕구를 낮추는 효과를 얻을 수 있다. 근거리 경제는 투명성, 동질감, 이해관계의 연동, 투자 관리, 짧은 운송 거리와 폐쇄적 순환 체제라는 특성을 가진다. 화폐가 불필요한 자급자족 시스템과 더불어 대안 화폐 및 지역 화폐를 통한 지역 경제 활성화가 필요하다. 2) 산업 제품을 대체하는 창의적인 대안 경제. 공동 이용으로 이용 효율 증가, 즉 물질적 생산을 사회적 관계로 대체하는 방법도 있다. 이용 수명을 연장하는 다양한 방법이 있다. 그리고 자가 생산을 추구하라. 3) 대체 경제와 시간. 삶의 만족감에는 돈이 아니라 시간이 필요하다. 과잉과 관종과 피로로 지친 자아에게는 시간이라는 선물이 필요하다. 주 40시간 경제 활동에서 20시간 경제 활동과 20시간 비경제 활동으로 전환해야 한다. 4) 산업의 역할. 자급 시스템과 기업이 서로 보완한다면 일정 규모의 친환경 제품과 이들의 흐름을 유지하는 것이 가능할 것이다. 허먼 데일리(Herman Daly)가 말한 "정체 상태의 경제"를 만들라. 신축보다는 리모델링이다. "물질 제로 게임"을 진행하라. 추가적인 물질의 투입은 최소화하고 피치 못해 추가해야 할 경우 반드시 다른 곳의 감소를 전제해야 한다. 5) 탈성장 시대의 정치. 금융 시장을 혁신하여 시스템 자체에 내재하고 있는 성장 압박감을 완화하라. 금융 거래 세금이나 일반 기업 은행이 무한대로 통화 가치를 창출하는 걸 막는, 은행의 화폐 보유 금액과 신용 융자 금액이 일치하는 "백 퍼센트 돈"이나 "플레인 머니" 제도를 만들라. 지역 화폐나 조합은행, 토지 개혁과 부동산 개혁, 국가 보조금 제도 폐지 등을 실시하라.

사이토 고헤이는 『지속 불가능 자본주의』에서 탈성장 코뮤니즘의 주춧돌 다섯 가지를 제시한다. 민주적인 참여 사회주의의 주춧돌은 다음과 같다. 1) 사용 가치 경제로의 전환: 사용 가치를 중시하는 경제로 전환하여 대량 생산 및 대량 소비에서 벗어나자. "감속주의"를 실현하기 위해서는 교환 가치 경제가 아니라 사용 가치 경제로 전환되어야 한다. 2) 노동 시간 단축: 노동 시간을 줄이고 생활의 질은 높이자. 3) 획일적인 분업 폐지: 노동을 획일하게 하는 분업을 폐지하여 노동의 창조성을 회복시키자. 단지 노동 시간을 줄이고 여가 시간을 늘리는 것이 아니라 노동의 고통과 무의미함을 없애고 노동이 창조적인 자기실현이 되도록 하자. 정신노동과 육체노동의 대립, 도시와 농촌의 대립을 넘어서야 한다. 4) 생산 과정 민주화: 생산 과정에서 민주화를 진행하여 경제를 감속시키자. "사회적 소유"를 실현해 생산 수단을 "커먼"으로서 민주적으로 관리해야 한다. 5) 필수 노동 중시: 사용 가치 경제로 전환하여 노동 집약적인 필수 노동을 중시하자. 예를 들어, 돌봄 노동이야말로 필수 노동이다.

제이슨 히켈은 『적을수록 풍요롭다』에서 인간 복지의 진보는 경제적 자원을 가지고 탄탄한 공공재와 공정한 임금을 제공할 수 있도록 애쓴 진보적인 정치 운동과 정부에 의해 추동되었다고 말한다. 좋은 삶의 비밀은 첫째, 커먼즈를 되찾는 데 있다. 성장은 일정한 지점을 지나면 더 이상 복지를 만들어내지 못하고 해악을 만들어낸다. 수많은 연구 결과가 진정한 행복은 공동체에 있음을 보여준다. 둘째, 성장 없는 번영이다. 불평등을 줄이고 보편적 공공재에 투자하며 소득과 기회를 보다 공평하게 분배하면

성장 없는 번영이 가능하다. 사회가 평등해질수록 소비가 줄어든다. 정의는 성장의 정언 명령에 대한 해독제이며 기후 위기를 해결하는 열쇠다. 셋째, 남반구에서의 정의다. 진정한 탈식민화가 이루어져야 한다. 낙수 효과란 존재하지 않는다. 실제 통계를 보면 북반구에서 남반구로 흘러 들어가는 원조나 투자는 남반구에서 북반구로 흘러가는 것의 몇분의 1밖에 되지 않는다. 넷째, 이데올로기에서 벗어나기다. 성장 이데올로기를 넘어서지 않으면 좋은 삶은 없다. 다섯째, 혁신 과제를 분명히 하기다. 혁신을 위해 총량적 성장이 있어야 한다거나 총량적 성장을 위해 혁신이 필요하다고 하지 말고 혁신 과제에 직접 투자를 하거나 목표가 설정된 정책 조치에 투자했을 때 인센티브를 주는 게 훨씬 타당하다. 여섯째, 진보에 대한 새로운 지표들이 필요하다. GDP보다 더 나은 삶의 지수들을 만들어야 한다.

그렇다면 실제적인 대안들은 무엇일까? 히켈은 다음과 같이 답한다. 1) 비상 브레이크를 밟아라. 사고 위험이 있을 때 자동차는 브레이크를 밟는다. 지금이 그럴 때다. 1단계: 계획적 진부화를 끝내기. 계획된 진부화를 통해 새로운 상품을 구입하게 만드는 모든 시도를 차단하라. 2단계: 광고 줄이기. 있지도 않은 욕망을 만들어내 소비를 부추기는 광고를 줄이도록 만들라. 3단계: 소유권에서 이용권으로. 자동차나 주택을 소유하기보다는 이용에 목적을 두도록 하라. 4단계: 식품 폐기 없애기. 식품 전체의 50%, 그러니까 전 세계에서 매년 20억톤 가량이 버려진다. 이것만 없애도 농업 규모를 반으로 줄일 수 있고 탄소 배출량을 13%까지 줄일 수 있다. 5단계: 생태계를 파괴하는 산업의 규모를 줄이기. 예를 들어, 소고기 산업을 줄이면 거의 1,100만 제곱마일, 그러니까 미국, 캐나다, 중국을 합친 크기의 땅을 자유롭게 할 수 있다. 군수 산업이나 개인 전용기 산업 등 수많은 불필요한 산업들을 줄여야 한다. 2) 노동 시간을 줄여라. 노동 인구에게 필수 노동을 더욱 균등하게 분배하여 완전 고용을 유지할 수 있다. 누구나 "생활 임금"을 받고 공동체들이 실제로 필요로 하며 사회적으로 유용한 일들에 종사할 수 있다. 더 긴 노동 시간은 더 많은 환경 집약적인 재화 소비와 연결이 되고 시간의 여유를 가지게 되면 생태적 영향이 더 적은 활동에 끌리게 된다고 한다. 시간의 여유가 생겨야 돌봄 활동에 모두가 함께 참여할 수 있다. 3) 불평등을 줄여라. 맥도널드 회장과 중상위 노동자의 연봉 차이가 3,100 대 1의 비율이다. 최고 임금제에 대해 고민해야 한다. 자본을 가진 자에게 자동으로 부가 축적되는 불로 소득 자본주의를 고쳐야 한다. 부유세를 부과해야 한다. 4) 공공재를 탈상품화하고 커먼즈를 확장하라. 주택, 보건, 교육뿐 아니라 인터넷이나 에너지, 도서관이나 공원과 스포츠 시설 등을 확장하라. 5) 급진적 풍요 이론을 확립하라. 자본주의는 인위적인 희소성을 창출하여 발흥했다. 성장을 위해 노동, 소득, 시간 등 모든 영역에서 인위적으로 희소성을 만들어내야 자본주의는 유지된다. 하지만 이제 인위적 희소성을 뒤집어 성장을 불필요하게 만들 수 있다. 공공재의 탈상품화, 커먼즈 확장, 노동 시간 단축과 불평등 감소를 통해 추가적인 성장의 요구 없이도 풍요를 누릴 수 있다. 탈성장은 긴축이 아니다. 긴축은 더 많은 성장을 만들기 위해 희소성을 요청한다. 탈성장은 성장을 불필요하게 만들기 위해 풍요를 요청한다.

6) 주빌리(Jubilee) 법칙을 적용하라. 전 세계에서 심각한 문제 중 하나가 부채 문제다. 자본주의는 부채 사회다. 남반구도 부채 문제 때문에 풍요로운 삶을 누리지 못하고 있다. 학생 부채 문제를 시작으로 다양한 영역에서 부채를 탕감하는 운동을 해야 한다. 히브리 성경에 나오는 희년법을 적용해야 한다. 7) 새로운 경제를 위한 새로운 화폐를 만들라. 은행은 대부하는 화폐의 10% 정도만 준비금을 가지고 있어도 된다. 즉 시중 은행들

은 90%의 화폐를 마음대로 찍어내면서 돈을 굴리는 셈이다. 그렇게 돈을 찍어내서 이자를 받아낸다. 이런 불합리한 복리 시스템을 단순 이자 시스템으로 전환하거나 은행이 신용 화폐를 창출하지 못하게 하고 국가가 부패 없이 신용 화폐를 직접 만들어 경제에 빌려주는 대신 경제에 사용하도록 할 수 있다. 사실 이런 정책은 대공황 위기 때 이미 해법으로 제안된 것이고 금융 위기 때 일부 경제학자들이 제안한 것이다. 8) 포스트 자본주의를 상상하라. 시장과 국가의 전체주의적 축적이 아닌 새로운 사회를 상상하라. 9) 민주주의의 힘을 회복하라. 하버드 대학교와 예일 대학교의 과학 연구팀은 사람들이 미래 세대들과 제한된 자원을 어떻게 나누는 것을 선택할지에 대해 실험했다. 평균 68%는 지속 가능한 이용을 선택했다. 문제는 시뮬레이션에서 이기적 소수자인 32%가 자원을 고갈시킴으로 세상을 몰락하게 만들었다는 점이다. 놀라운 점은 이제 시작된다. 실험 조건을 바꿔 직접 민주주의를 통해 그룹들이 집단으로 결정을 내리도록 요청받자 68%가 이기적 소수의 파괴적 충동을 제어할 수 있었고 이기적 유형들마저 지속 가능성에 투표하도록 만들었다는 사실이다. 지금의 민주주의는 전혀 민주적이지 않다. 힘 있는 자들과 부자들이 실제로 정책을 결정한다. 진정한 민주주의가 만들어져야 탈성장 사회를 만들 수 있다.

히켈의 책 마지막 장에 있는 문장을 옮김으로써 이번 주제를 마무리한다. "탈성장은 땅과 사람 심지어 우리 마음의 탈식민화를 나타낸다. 커먼즈의 인클로저 해체, 공공재의 탈상품화, 노동과 삶의 탈집약화를 나타낸다. 인간과 자연의 탈물화와 생태 위기의 가속화 중단을 나타낸다. 탈성장은 덜 취하는 과정으로부터 시작되지만 결국 가능성의 지평 전체를 열어젖힌다. 탈성장은 우리를 결핍에서 풍요로, 추출에서 재생으로, 지배에서 호혜로, 외로움과 분리에서 생명이 약동하는 세계와의 연결로 데려다

준다. 결국 우리가 경제라고 부르는 것은 우리가 서로와 맺고, 생명 세계의 나머지와 맺는 물질적 관계다. 우리는 스스로 물어야 한다. 이 관계가 어떠하기를 바라는가? 지배와 추출의 관계이기를 바라는가? 아니면 호혜와 돌봄의 관계이기를 바라는가?"

## 작은 교회, 탈성장 교회의 예시

탈성장이 교회에 주는 도전은 무엇인가? 먼저 교회야말로 성장주의의 전도사였음을 깨닫고 근본적인 패러다임의 전환을 꾀해야 한다. 사회학자 김덕영은 『에리식톤 콤플렉스』(길, 2019)에서 한국의 자본주의 정신을 "에리식톤 콤플렉스"(Erysichthon complex)라고 이름 붙인다. 이는 그리스 신화에 등장하는 오만하고 불경스러운 부자 에리식톤에게서 온 것이다. 에리식톤은 기아의 여신 리모스(Limos)에게 아무리 먹어도 허기를 느끼는 저주를 받아서 끊임없이 먹어 치운다. 우리는 돈과 물질적 재화에 대한 무한한 욕망, 즉 에리식톤 콤플렉스를 갖고 있다. 바로 이것이 한국 자본주의의 정신이다. 그리고 이 정신의 가장 전형적이고 상징적인 경우가 이명박이다. 베버식으로 말하자면, 이명박은 한국 자본주의의 정신, 즉 에리식톤 콤플렉스의 이념형인 셈이다. 에리식톤 콤플렉스는 국가-재벌 동맹 자본주의에 기반하는 환원적 근대화 과정에서 형성되었으며, 이명박과 우리를 모두 배고프게 한 리모스는 국가와 재벌 그리고 개신교다. 국가, 특히 박정희 정권은 가난을 극복하고 잘살아 보자는 구호 아래 개인에게 돈과 물질에 대한 무한한 욕망을 자극하여 에리식톤 콤플렉스가 형성되도록 했고, 재벌, 특히 정주영은 기업적 차원에서 에리식톤 콤플렉스를 구현했으며, 한국의 개신교, 특히 조용기는 국가-재벌 동맹 자본주의의 이데올로그(idéologues)이자 전도사로서 환원적 근대화의 지상 목표인 경제 성장을 신과 신앙의 이름으로 축복하고 신성시해왔다.

이명박의 사고와 행위를 지배한 기독교는 에리식톤 콤플렉스와 길항 작용의 관계가 아니라 상승 작용의 관계에 있다. 그것은 에리식톤 콤플렉스를 성화한다. 이명박의 사고와 행위를 지배하는 기독교는 한국의 근대화 과정에서 철저하게 한국화된 기독교다. 한국화된 기독교는 신약성경에 증언된 종교가 아니라 국가화되고 기업화된 세속적 교회로서 국가-재벌 동맹 자본주의의 이데올로그이자 전도사로 기능해온 종교다. 한국의 개신교는 "국가 교회"이자 "기업 교회"로서 경제 성장을 신과 신앙의 이름으로 축복하고 신성시해왔다. 그것은 에리식톤 콤플렉스의 성화다. 그리고 스스로 이 환원 근대적 이념을 체화하고 내면화함으로써 급속한, 아니 가히 기적이라 할 만한 교회 성장을 이룩해왔다. 실상 이것은 마르크스식의 "좌파 유물론"의 옆자리에 들어선 한국교회 안의 "우파 유물론"이었다. 즉 좌파 유물론자들이 신의 존재를 부정하면서 물질을 절대시했지만, 한국교회는 하나님의 존재를 강력하게 신앙하면서 물질적 번영도 절대시했다. 철학적 배경은 다르지만, 현실적으로 드러나는 양자의 모습에는 별 차이가 없어 보인다. 그뿐만 아니라 국가, 재벌, 개신교는 성장주의, 성장 제일주의 또는 성장 지상주의에서 수렴된다. 이들은 모두 "오직 성장"이라는 점에서 일치한다. 이명박은 박정희와 정주영 및 조용기가 융합된 인격체로서 그 누구보다도 에리식톤 콤플렉스를 철저히 체화하고 내면화함으로써 샐러리맨 신화를 이룩했으며, 또한 그로 인해 몰락하고 말았다. 매우 예리한 분석이라 할 수 있다. 그렇다면 이명박으로 상징되는 한국 자본주의는 이명박처럼 몰락할 것인가? 한국 자본주의의 상징을 낳은 한국 기독교는 이명박처럼 몰락할 것인가?

"오직 성장"으로 대표되는 기독교 정신을 구현한 것은 초대형 교회일 것이다. 강남형 대형 교회나 강북형 대형 교회를 통틀어 성장주의를 추구하지 않은 교회는 없을 것이다. 누가 그러더라. 한국교회에는 두 부류의 교회밖에 없다고. "대형 교회와 아직 대형 교회가 되지 못한 교회." 바로 그 기독교가 지금 위기를 맞고 있다. 그렇다면 위기를 기회 삼아 새롭게 모색해야 할 길은 무엇일까? "탈성장 교회"가 답이다. 탈성장 교회는 탈성장 담론을 수용한 교회다. 한국 기독교가 성장주의의 전도사일 뿐 아니라 성장주의를 온 존재로 체현한 종교이기 때문에 교회야말로 탈성장 담론이 필요하다. 이제 "탈성장 사회"라는 대안들을 교회 공동체에 적용해야 한다. "성장 없는 번영"이 교회에서 이루어져야 한다. 한국 기독교는 성장주의를 기반으로 세워진 교회의 3S, 즉 정신(spirit)과 체제(system)와 방법(skill)을 탈성장 기반으로 세워진 교회의 그것들로 전면 전환해야 한다.

탈성장 교회는 구체적으로 어떤 교회인가? 탈성장 교회의 예시 중 하나가 "작은 교회"일 것이다. 작은 교회 모델이라 할 수 있으면서도 매우 역동적인 교회론을 펼치는 닐 콜(Neil Cole)의 『오가닉 처치』(가나북스, 2006)와 미국을 움직이는 작은 공동체인 세이비어 교회 이야기를 담은 유성준의 『세이비어 교회』(평단문화사, 2005)를 가장 감동적으로 읽었지만 작은 교회에 관한 가장 유명한 책은 아마도 데이브 브라우닝(Dave Browning)의 『작은 교회가 아름답다』(옥당, 2010)일 것이다. 아주 잘 쓴 책이라고 생각한다. 이 책에서 브라우닝은 지난 30년 동안 기독교계의 목표가 되었고 교리와 프로그램이 너무 많은 "대형 교회"가 아니라 이제 "작은 교회"가 되어야 한다고 말한다. 브라우닝이 말하는 작은 교회의 장점은 무엇일까? 각 장의 내용이 그걸 그대로 보여준다. 1. 최소성: 단순하게 믿어라. 우수

함보다 적절함을 추구하라. 2. 의도성: 전도 대신 봉사하라. 교회가 우리를 위해 있는 것이 아니라 우리가 교회다. "믿으라, 그러면 속할 것이다"에서 "속하라, 그러면 믿을 것이다"로 전환하라. 3. 진정성: 있는 모습 그대로 오라. 바보는 덧셈만 하지만 천재는 뺄셈할 줄 안다. 종교에서 관계로 나아가라. 4. 분산성: 소그룹과 예배를 밖으로 밀어내라. "클수록 좋다"에서 "많을수록 좋다"로 전환하라. 프로그램 대신 사역을, 통제 대신 격려를, 소비자 대신 생산소비자를, 독립이 아닌 상호 의존을. 5. 신속성: 작은 조각으로 민첩성을 유지하라. 빠른 것이 완벽한 것보다 낫다. 6. 확산성: 화살표를 밖으로 향하게 하라. 바벨탑은 모였고 오순절은 흩어졌다. 조직체가되지 말고 유기체가 돼라. 너무나 좋은 내용이라고 생각한다. 하지만 이것도 크게 보아 "성장주의"를 벗어나지는 못한 것으로 보인다. "새로운 성장방정식"이라는 서론의 제목만 보아도 그렇다. 이는 성장의 방법이 달라진것이지 성장주의를 벗어난 것이 아님을 보여준다. 그는 그동안 대형 교회가 "많을수록 더 많아진다"를 주장했다면 이제는 "작을수록 더 많아진다"를 말해야 한다고 주장한다. 최종적인 정의는 이렇다. "작을수록 더 많아지고 더 많아질수록 더 좋아진다." 과연 많은 것이 좋은 것인가? 그는 "더크게"를 "더 많이"로 전환하라고 말한다. 예를 들어, 그는 크기 100이라는 큰 덩어리 한 개 같은 교회가 되지 말고 1의 작은 덩어리 100개가 모이는 교회가 되라고 말한다. 내게는 조삼모사처럼 보인다. 브라우닝 역시 어차피 성장을 추구하고 있다. 작은 것들이 모여야 더 잘 성장한다고 말하고 있는 셈이다. 하지만 성장주의만 벗어난다면 브라우닝은 작은 교회의 중요한 특징을 잘 정리해주었다고 생각된다.

성장주의를 벗어난 작은 교회론은 없을까? 그동안 "건강한 작은 교회" 운동을 펼쳤던 이진오 목사가 『재편』(비아토르, 2017)에서 제시한 교회론이 바람직해 보인다. 그는 건강한 작은 교회의 핵심 가치가 "단순함, 작음, 더불어 함께"라고 말한다. 그는 공동체성, 제자도, 공공성, 공교회성 등을 참됨과 건강함의 네 가지 속성으로 제시한다. 생명평화마당이 엮은 『한국적 작은 교회론』(대한기독교서회, 2017)도 좋다. "작은교회박람회"에 참여했던 신학자, 목사, 활동가들이 쓴 책이다. 이 책에서는 작은 교회 운동이 그냥 "작은 교회론"이 아니라 "한국적 작은 교회론" 운동이 되어야 한다고 주장한다. 한국적 작은 교회의 특징은 "세 가지 탈(脫)"로 나타난다. 탈성직, 탈성장, 탈성별이 그것이다. 탈성직을 추구하는 평신도 교회 혹은 민주적 교회, 탈성장을 추구하는 작은 교회, 탈성별을 추구하는 여성 교회 혹은 젠더 평등 교회 등을 대안으로 여길 수 있다. 이처럼 한국교회 내에서 제기되는 "작은 교회론"은 훨씬 더 한국적이며 한국적 현실에서 나온 교회론이기 때문에 공명할 수 있는 것들이 훨씬 많다.

**적정 교회, 탈성장 교회의 현실적 모델**

더불어숲동산교회는 "작은 교회 운동"을 표방하지는 않았다. "작은 교회"라는 말이 지나치게 "규모의 문제"만 부각하는 것처럼 보였고 대형 교회 자체를 부정하는 방향으로 나아가는 경향이나 우리의 운동이 단순히 대형 교회의 "반대급부"처럼 보일 우려가 있었기 때문이다. 대형 교회의 문제점이야 너무나 분명하지만 나는 탈성장 교회로 나가는 길에 대형 교회도 중요한 역할을 할 수 있다고 생각한다. 최근에 분당우리교회가 한 번에 29개 교회를 분립 개척한 일은 너무나 잘한 일이라고 생각한다. 탈성장 방향으로 나아가는 그러한 시도를 그 교회가 한 번 더 했으면 좋겠다. 물론 분명한 한계와 문제점은 있다. 하지만 한계와 문제점만 지적할 일이 아니다. 솔직히 한계와 문제점 없는 어떤 시도라는 것이 존재하는가? 더 나은 방법이었으면 좋았겠으나 나는 매우 고무적인 일이라고 생각한다. 한국의 대형 교회들이 모두 지금 당장 이처럼 했으면 좋겠다. 매년 분립 개척을 하여 2022년 기준으로 18개의 교회를 분립 개척한 안산동산교회 같은 좋은 사례도 있지만, 지금은 너무나 다급한 상황이므로 분당우리교회처럼 파격적인 시도가 필요하다. 대부분의 대형 교회는 분당우리교회처럼 대규모로 분립 개척할 수 있는 충분한 재정이 있을 것이다. 본교회는 중형 교회로 줄이고 자립 가능한 형태의 분립 개척교회들을 세워나가야 한다. 기존의 공간도 처리할 수 있다면 좋겠으나 현실적으로 어렵다면 그 공간을 유지할 수 있는 정도의 재정과 인원만 놔두고 과감하게 분립 개척해야 한다. 기존 공간도 지역의 공유 공간으로 혹은 지역 커뮤니티 센터로 리모델링할 필요가 있다. 대형 교회가 분립 개척을 할 때마다 그 지역에 "공유 교회"를 하나씩 세우는 원칙 같은 걸 세워도 좋을 것 같다. 또한 각 교단 차원의 대대적인 분립 개척 운동이 일어나야 한다. 더 나아가 교단을 넘어서 지역 안에 있는 모든 교회가 한 단위가 되어 공교회성을 회복하는 운동을 해야 하고 탈성장 교회를 추구해야 한다. 분립 개척한 자녀 교회도 어느 정도 자리를 잡으면 손자 교회를 세워야 한다. 우리 교회도 청장년 150명과 주일 학교 100명이 출석할 때 부목사와 20명의 핵심 멤버들이 참여하여 2018년 1월에 화성 향남에 "향남아름다운교회"를 분립 개척했다. 대부분 십일조를 하는 교인들이었고 우리 교회는 2년 동안 목회자의 생활비를 지원했다. 분립 개척한 교회는 2년 후 자립했다. 대형 교회에서 분립 개척한 교회보다 규모가 작은 우리 교회가 할 수 있다면 그 교회들도 어느 정도 자리를 잡은 후에는 분립 개척을 할 수 있다. 자립할 수 있는 규모로 분립 개척을 하는 운동이 연쇄적으로 일어나야 한다.

근본적으로는 대형 교회를 지양해야 한다. 하지만 현실적인 방안이 필요하다. 단계적으로 나아가야 한다. 건강한 작은 교회들이 더 많이 세워져야 하고 더 좋은 모델들이 지금보다 더 많이 나타나야 하지만 대형 교회와 작은 교회가 상생하는 모델들 또한 더 많이 나와야 한다. 그런 의미에서 "작은 교회 운동"만이 아니라 "적정 교회 운동"도 필요하다. 이 말을 사용하는 경우를 본 적은 없으나 앞으로 이런 운동이 일어나야 한다고 생각한다. 일차적으로 "적정 교회"는 자립이 가능하고 교육 체계를 갖추며 복음의 공공성을 실천하기에 충분하고 공동체의 지속 가능성을 유지할 수 있는 규모를 말하며, 넓은 의미에서는 모든 교회가 탈성장의 방향으로 나아가고 규모를 줄여나가되 각 교회의 형편에 맞게 단계적인 과제를 위해 적정 규모를 유지하는 교회를 말한다. 적정 규모를 외부에서 결정할 수는 없다. 적정 규모는 탈성장 방향으로 나아가는 각 교회의 단계와 형편에 맞게 각자의 교회에서 민주적으로 결정하면 된다. 각 적정 교회의 여건과 형편에 맞게 공교회성과 공동체성과 공공성을 회복하고 지역 생태계와 교회 생태계를 살려내며 생태·정의·평화를 실천하는 교회의 정신과 체제와 방법으로 바꿔나가야 한다. 또한 한 지역 안에 있는 적정 교회들이 연대하여 도시적 차원의 사역을 함께 해야 한다.

우리 교회가 "작은 교회"라는 말을 잘 사용하지 않은 가장 중요한 이유는 그 단어가 성경적 교회론이 추구하는 목적과 방향성을 온전히 드러내지 못하는 약점을 가진 것으로 보였기 때문이다. 그렇기 때문에 우리 교회는 "작은 교회"라는 말보다 교회의 존재 목적과 사명을 직접적으로 보여주는 "선교적 교회"(missional church)라는 말을 사용했고 "선교적 교회론"을 적극 수용해서 지금까지 "한국적인 선교적 교회"를 세우기 위해 분투했다. 나는 선교적 교회가 강북 교회 패러다임과 강남 교회 패러다임을 넘어 제3의 대안을 제시한다고 생각했다. 선교적 교회는 기독론·선교론·구원론·교회론이 통합된 새로운 교회론이다. 선교적 교회는 정체성과 적합성, 목적과 방법론을 통합적으로 보여주는 교회론이다. 그래서 더불어숲동산교회의 비전은 "하나님 나라의 신학과 십자가의 영성과 성령의 능력을 갖춘 급진적인 제자 공동체를 통해 공교회성과 공동체성과 공공성을 회복하는 선교적 교회"가 되었다. 그러던 것이 코로나19 팬데믹 사태를 지나면서 선교적 교회의 시대적 정체성으로서 "탈성장 교회"를 내세우게 되었다. 나는 앞으로 "탈성장"이 가장 중요하고 핵심적인 담론이 될 것으로 예상한다.

한국교회도 공교회성과 공동체성과 공공성을 실현하되 "탈성장 담론"을 적극적으로 수용하고 탈성장 담론이 제시하는 다양한 대안을 적용하는 "탈성장 교회"가 되어야 한다. 사실 성경만큼 탈성장의 핵심 의제들을 깊이 다루고 대안을 제시하는 책도 없다. 전도서만 해도 그렇다. 코로나19 팬데믹 초반에 『코로나19 이후 시대와 한국교회의 과제』를 쓰면서도 코로나19 이후에는 "생태·정의·평화" 세 가지가 화두가 될 것이라고 나는 말했다. 이전과는 다른 좀 더 급진적인 정의가 주장될 것이며, 생태적인 문명으로의 전환이 요청될 것이고, 리오리엔트라는 시대적 상황과 극한 대립의 상황에서 참 평화의 가치가 요청될 것이므로 이런 시대적 요청에 부응하는 교회가 되어야 한다고 말했다. 이 세 가지 화두를 하나로 모은 것이 "탈성장"이다. 더군다나 한국교회야말로 세상과 상동적으로 관계를 맺으면서 성장했고 한국 자본주의와 가족 유사성을 갖고 있으며 성장 제일주의를 핵심 가치로 삼았기 때문에 반드시 "선교적 교회로서의 탈성장 교회"가 되어야 한다. 이제 윤리적이고 생태적이며 미학적인 교회를 세워야 한다. 규모를 줄여나가면서 적정 교회의 면모를 보이되 하나님의 정의를 실현하는 윤리적인 교회, 생태적 가치를 실천하는 생태적인 교회, 분열을 넘어 평화를 실현하는 미학적인 교회가 되어야 한다. 한국교회는 구성원 각자와 공동체가 야고보서와 전도서가 제시한 윤리적·생태적·미학적 삶을 살아내는 "탈성장 교회로서의 선교적 교회"가 되어야 한다. 한국교회는 성장을 원하지만 성장할 수 없는 시대이기 때문에 성장하지 못하는 교회가 아니라 성장주의를 넘어서 교회의 본질을 회복하는 "탈성장 교회"를 추구해야 한다. 작은 교회들은 다양한 형태의 "공유 교회"를 만들어가야 하고 중대형 교회들은 의도적으로 규모를 줄일 수 있는 만큼 줄여가면서 "적정 교회"를 만들어가야 한다. 지역 단위의 교회들이 함께 힘을 모아 탈성장 담론에서 제시하는 대안들을 교회에 적용하며 로컬의 미래를 만들어가는 생태 공동체·지역 돌봄 공동체를 세워나가야 한다.

## 더숲 ver3.0, 로컬의 미래를 책임지라

최근 나는 우리 더불어숲동산교회에 "더숲 ver3.0"을 탈성장 교회의 구체적인 그림 중 하나로 제안했다. "더숲 ver3.0"은 몇 년 안에 이룰 탈성장 교회의 비전인 동시에 공간에 대한 비전이기도 하다. 공간에 대한 비전을 나누는 이유가 있다. 『페어 처치』에서 자세히 말했지만 페어라이프 센터 사역을 위해 엄선한 여덟 가지 키워드가 "함께 짓는 공간", "공정 무역", "문화 예술", "나눔과 환대", "사회적 경제(공유 경제)", "배움(대안 교육)", "생태" 그리고 "플랫폼"이다. 특징적인 것은 첫 번째 키워드로 "공간"을 선택했다는 점이다. 공간의 의미에 대해서는 『페어 처치』와 『성자와 혁명가』

에서 자세히 다루었으니 더 말하지 않겠다. 가치는 시간에서 오지만 실제 사역은 공간에서 이루어지기 때문에 모든 사역은 공간에 대한 고민에서 시작해야 한다.[2] 물론 공동체를 세우는 것이 가장 중요하지만, 그 공동체가 사역에 대해 고민한다면, "온라인 교회"를 할 것이 아니라면, 가장 먼저 공간에 대해 고민해야 한다. 많은 사람이 공간에 대해 고민하지 않고 개척하거나 교회 공간을 이전하는 경우를 많이 본다. 하지만 공간은 가볍게 생각할 일이 아니다. 공간이야말로 사역을 위해 첫 번째로 고민해야 하는 주제다. 모든 키워드의 기초라고 할 수 있다.

처음 개척한 이원타워 3층에서의 기간이 "더숲 ver1.0"이고 현재 위치한 이원타워 10층에서의 기간을 "더숲 ver2.0"이라 부를 수 있을 것 같다. 하지만 코로나19 팬데믹 사태를 겪으면서 보다 깊은 고민이 요청되었다.

---

**2**　공간이라는 주제를 이해하는 데 도움이 되는 책을 소개한다. 가장 먼저 SSK 공간주권 연구팀이 엮은 『공간주권으로의 초대』(한울아카데미, 2013)와 김현경의 『사람, 장소, 환대』(문학과지성사, 2015)를 읽으면 좋다. 쉽게 읽을 수 있는 책은 한국인 저자 유현준의 책들이다. 『도시는 무엇으로 사는가』(을유문화사, 2015), 『어디서 살 것인가』(을유문화사, 2018), 『공간이 만든 공간』(을유문화사, 2020), 『공간의 미래』(을유문화사, 2021) 등이다. 그 외에 깊이 들어가기 위해 읽을 만한 책은 이-푸 투안의 『공간과 장소』(대윤, 2007), 에드워드 렐프의 『장소와 장소상실』(논형, 2005), 마르크 오제의 『비장소』(아카넷, 2017), 미셸 푸코의 『헤테로토피아』(문학과지성사, 2014), 에드워드 홀의 『숨겨진 차원』(한길사, 2002), 에스더 M. 스턴버그의 『공간이 마음을 살린다』(더퀘스트, 2013), 콜린 엘러드의 『공간이 사람을 움직인다』(더퀘스트, 2016), 질 밸런타인의 『공간에 비친 사회, 사회를 읽는 공간』(2014, 한울), 승효상, 『보이지 않는 건축 움직이는 도시』(돌배게, 2016), 자이미 레르네르의 『도시침술』(푸른숲, 2017), 정석의 『도시의 발견』(메디치미디어, 2016), 레이 올든버그의 『제3의 장소』(풀빛, 2019) 등이다. 내게 모두 유익했던 책들이다. 도시 문제에 대한 고민을 좀 더 하려는 사람은 제인 제이콥스의 『미국 대도시의 죽음과 삶』(그린비, 2010), 리처드 플로리다의 『왜 도시는 불평등한가』(매일경제신문사, 2018), 강준만의 『바벨탑 공화국』(인물과사상사, 2019), 사스키아 사센의 『사스키아 사센의 세계경제와 도시』(푸른길, 2016), 데이비드 하비의 『반란의 도시』(에이도스, 2014), 이영범, 염철호의 『건축과 도시, 공공성으로 읽다』(auri, 2011) 등을 읽어보라. 최근 흥미롭게 읽은 책은 마강래의 책들이다. 『지방도시 살생부』(개마고원, 2017)와 『지방분권이 지방을 망친다』(개마고원, 2018)이다.

코로나19 팬데믹이 주는 문명사적 전환이라는 도전 앞에서 우리는 어떤 교회를 세워야 할까? 그동안 우리는 삶을 가꾸고 마을을 일구며 세상을 섬기는 선교적 교회, 복음의 공공성과 교회의 공동체성을 함께 추구하는 선교적 교회, 타자를 섬기고 환대하며 도시를 변화시키는 선교적 교회를 세워가려고 노력했다. 그 노력의 결과로 지역이 인정하는 교회가 되었다. 이런 에피소드가 있었다. 최근에 등록한 젊은 부부가 계신다. 화성 봉담에 이사 온 지는 2년이 지났는데 코로나19 팬데믹 기간이라 교회를 옮기지 못하고 있다가 코로나 사태가 어느 정도 진정되자 지역 내 교회에 등록하려고 마음먹으셨다고 한다. 우선 여러 교회를 돌아보고 싶어 하셨다. 그렇게 마음먹고 맘카페에 문의하셨다. 다닐 만한 건강한 교회를 추천해달라고 말이다. 한데 댓글을 다신 분들이 10명 중 7-8명 비율로 "더불어숲동산교회"를 추천하셨다고 한다. 좀 놀랐다. 우리 교인은 맘카페 활동을 잘하지 않는다. 『성자와 혁명가』에서 말했지만 제주도 예멘 난민 사태 때 맘카페에 난민을 수용하자는 의견을 냈더니 비상식적인 얘기를 한다며 나를 강퇴시킨 사건도 있었다. 그 일로 어느 교인은 대안 맘카페까지 만들 정도였다. 그런 곳에서 주변에 중대형 교회들도 많은데 10명 중 7-8명꼴로 우리 교회를 추천했다? 너무나 놀란 이야기였다. 맘카페에서 추천을 받고 그분들은 우리 교회를 맨 처음 방문하게 되었고 다른 교회를 돌아볼 필요가 없다고 느껴 그냥 등록하셨다고 한다. 심방하며 들은 이야기를 통해 우리 교회가 지역에서 인정받고 있음을 다시 한번 느낄 수 있었다.

이것이 더 깊어질 필요가 있다고 생각했다. 온라인 예배에 익숙한 교인들이 코로나19 이후 모두가 다 대면 예배로 나오지 않을지도 모른다. 그렇다면 현재 크기의 예배 공간이 필요하지 않을지도 모른다. 아니, 탈성장 교회를 위해 의도적으로 공간을 줄이고 온라인 예배를 강화해야 할지도 모른다. 온라인 예배를 강화하면서 동시에 공동체성을 위해 다양한 형태의 소그룹 만남을 더욱 강화해야 할 것이다. "감사 운동" 때처럼 "개인적이면서 동시에 공동체적인" 말씀과 기도 훈련을 하면서 새로운 형태의 만남을 만들어갈 필요가 있다. 깊은 교제가 이루어지는 셀모임 이외에 다양한 취향 공동체를 만들어가는 것도 필요하리라. 교회 공간을 줄이면서 동시에 마을 센터 역할을 하는 곳과 삶의 공간을 더 넓히며 그곳에서 녹색 교회·기후 교회·생태 교회로서 생태적 가치를 실현하는 실험이 있어야 한다. 그동안 도시 혹은 마을 전체를 섬기는 사역을 했지만 어느 한 구역이나 골목 전체를 변화시키는 로컬 크리에이터가 되어야 할 것이다. "더숲 ver3.0"만이 아니라 강북 교회 패러다임과 강남 교회 패러다임 다음의 "탈성장 교회로서의 선교적 교회"라는 "한국교회 ver3.0"이 될 수 있는 모델을 실험해야겠다는 생각이 들었다.

이런 도전 앞에서 우리는 하나의 공식을 만들었다. "더숲 ver3.0 = HWP + CCC." 이 공식을 풀면 이렇게 된다. "더숲 ver3.0 = House·Work·Play + Church·Commerce·Community." 한국말로 풀면 이렇게 된다. "더숲 버전3.0 = 주거·일터·여가 + 로컬 교회·로컬 상점·로컬 커뮤니티." 만약 "더숲 ver3.0"이 가능하다면 그곳은 "생태, 정의, 평화"라는 새로운 가치와 윤리적이고 생태적이며 미학적인 삶이 녹아든 "로컬 라이프스타일"이 구현될 주거(House)·일터(Work)·여가(Play) 공간, 즉 코하우징(& 생태 건축)·코워킹스페이스(& 로컬 상점)·여가 공간(놀이 공간)을 융합한 공간이면서 동시에 교회(Church)의 기능을 하는 공간이 될 것이다. 교회의 기능은 지하로 넣게 될 것이다. 물론 그곳마저도 지금처럼 삶을 공유하는 공간이 될 것이지만 말이다. 1층에 페어라이프 센터와 로컬 상점을, 2층에 다양한 공유 공간과 여가 공간을, 3-4층에 산업화 세대와 민주화 세대와 MZ세대가 함께 사는 코하우징과 손님이 머무는 사랑방을, 그리고 옥상에는 옥상 텃밭과 옥상 정원을 꾸미면 좋겠다. 교회 건물이 로컬과 골목으로 사람들을 유인하는 "앵커 공간"이자 "지역 커뮤니티 센터"가 되고 그곳을 중심으로 로컬과 골목에 뜻을 같이하는 다양한 로컬 상점(Commerce)과 로컬 커뮤니티(Community)가 들어와 "골목 상권", "골목 커뮤니티" 그리고 "장소 기반 산업/공동체 생태계"를 형성한다면 더할 나위가 없을 것이다. 동네와 골목 전체가 "마을 호텔"이 되어 다양한 사람이 찾고 머무는 곳이 된다면 얼마나 멋질까? 이런 클러스터를 통해 함께 윤리적이고 생태적이며 미학적인 삶을 살면서 그곳을 걷기 좋은 마을, 가족이 함께 살고 싶은 마을, 생태적인 마을, 공정한 마을, 모두를 위한 마을, 모든 세대를 아우르는 공동체가 살아 있는 마을로 만들어가면 좋겠다. 이런 모델이야말로 직접 민주주의나 소국과민의 중요한 방향 아닐까?

이런 비전을 그리게 된 건 "로컬"이라는 화두 때문이다.[3] 『로컬 지향의 시대』(알에이치코리아[RHK], 2017)라는 마쓰나가 게이코의 책 제목처럼

---

**3** "로컬"과 "골목"에 대한 고민에 도움이 되는 책을 소개한다. 이에 대한 내용을 담은 책으로 대중에게 가장 잘 알려진 책은 아마도 모종린 교수의 『골목길 자본론』(다산3.0, 2017)과 『머물고 싶은 동네가 뜬다』(알키, 2021)일 것이다. 정석 교수의 『천천히 재생』(메디치미디어, 2019)과 마쓰나가 게이코의 『로컬 지향의 시대』(알에이치코리아(RHK), 2017), 후지요시 마사하루의 『이토록 멋진 마을』(황소자리, 2016), 헬레나 노르베리-호지의 『로컬의 미래』(남해의봄날, 2018)도 유명하다. "더숲 Ver3.0"을 그리게 된 결정적인 계기는 다음의 책들을 읽게 되면서부터다. 새로운사회를여는연구원에서 낸 『슬기로운 뉴 로컬생활』(스토어하우스, 2020)과 윤창영, 심병철의 『로컬 꽃이 피었습니다』(스토어하우스, 2021), 어반플레이의 『로컬전성시대』(어반플레이, 2019)와 『도시생활혁명』(어반플레이, 2020)이 결정적이었다. 로컬에 대한 고민을 조금 폭넓게 만들어주는 책으로는 유승호의 『문화도시』(가쎄[gasse], 개정판, 2020)와 문화도시네트워크의 『우리가 만드는 문화도시』(산지니, 2010), 플로리다의 『도시와 창조 계급』(푸른길, 2008)과 랜드리의 『창조도시』(해남, 2005), 김동근의 『넥스트시티』(더포스트, 2021), 데이비드 심의 『소프트 시티』(차밍시티, 2020), 『콤팩트시티』(문운당, 2007), 야마자키 미츠히로의 『포틀랜드, 내 삶을 바꾸는 도시혁명』(어젠다, 2017) 등이 있다.

이 시대는 "로컬 지향의 시대"다. 마을이 우리를 구한다. 일과 즐거움을 구별하지 않는 젊은이들이 돌아올 수 있는 창의적인 일자리, 새로운 발상을 이용해 새로운 개념과 작품을 만들어내는 "창조 계급"이 찾는 로컬, 그리고 "연결"과 "경험"을 제공하는 행복한 마을 공동체를 만드는 것이 중요해졌다. "규모의 경제"가 "범위의 경제"로, 그리고 이제 "가치의 경제"로 전환되고 있기 때문에 로컬이야말로 가치의 경제를 실현하기 가장 좋은 곳이다. 이제 로컬은 지역의 구성원들이 함께 공동 가치를 창출하는 장소가 될 것이다. 『이토록 멋진 마을』(황소자리, 2016)에서 말하는 것처럼 "재미"(휴머니즘), "맛"(리얼리즘), "멋"(로맨티시즘)이 있는 마을에 "젊은이", "외지인", "괴짜"가 모여들 때 "이토록 멋진 마을"이 된다. 물론 모든 세대와 토착민과 진중한 실력자들과 협력이 이루어져야 하겠지만 말이다. 『머물고 싶은 동네가 뜬다』(알키, 2021)라는 모종린의 책 제목처럼 이제 "머물고 싶은 동네가 뜬다." 머물고 싶은 동네는 인문학으로 세계관을 세우고 사회 과학으로 지역과 상생하는 마인드를 키워 경영학으로 지속 가능한 가치를 창출하는 "로컬 크리에이터들"이 만든다. 그에 의하면, 미국의 중심 상가 메인 스트리트(Main Street)를 지원하는 민간단체인 메인 스트리트 아메리카(Main Street America)가 강조하는 키워드는 경험(Experience), 로컬(Local), 연결(Connection), 사회적 의식(Social Consciousness)이다. 소도시 중심 상권이 사람을 모으려면, 소매 상가의 성공에 필요한 활기찬 가로(街路) 활동은 기본이다. 쾌적한 공원과 거리, 행사와 축제, 팝업 스토어 등 더 많은 "경험", 지역 사회와 공동체를 묶을 수 있는 더 강한 "로컬 정체성", 소비자와 소비자, 소비자와 상인, 상인과 상인 사이에 더 다양한 "연결", 환경과 에너지와 토지 이용에 대한 "사회적 책임"을 넘어 로컬 창업, 독립 기업 지원 등 더 중요한 "사회적 가치"를 제공해야 한다는 것이다.

도시 재생을 넘어 도시 창생의 패러다임으로 전환한 일본의 예만 보아도 "로컬"이 대세임을 알 수 있다. 로컬을 지방이라고 번역하지 않고 쓰는 이유는 지방은 수도권과 지방이라는 이분법에서 나온 용어이기 때문이다. 로컬을 그대로 쓰면 서울시도 로컬 중 하나로 인식할 수 있다. 이제 모든 도시가 로컬이 되어야 한다. 로컬이란 『소프트 시티』(차밍시티, 2020)에서 말하는 사람을 위한 일상의 밀도, 다양성, 근접성이라는 세 가지 요소가 담긴 도시, 『콤팩트시티』(문운당, 2007)에서 소개하는 9가지 원칙, 즉 거주와 취업 등의 높은 밀도, 복합적인 토지 이용의 생활권, 자동차에만 의존하지 않는 교통, 다양한 거주자와 공간, 독자적인 지역 공간, 명확한 경계, 사회적 공평함, 일상생활에서의 자족성, 지역 운영의 자율성 등이 적용된 도시를 의미한다. 김동근은 『넥스트시티』(더포스트, 2021)에서 더 나은 도시의 정체성을 10가지 주제로 제시한다. 걷고 싶은 도시, 생태 도시, 디자인 도시, 아이 키우기 좋은 도시, 문화 도시, 기업 하기 좋은 도시, 평생 학습 도시, 고령 친화 도시, 건강 도시, 안전 도시 등이다. 이 모든 요소를 충족시키는 비전은 헬레나 노르베리-호지(Helena Norberg-Hodge)의 말에 나타나 있다. "내가 걸어서 갈 수 있는 곳에 내가 원하는 모든 것이 다 있는 마을을 만들고 싶다."

로컬적 요소들이 가장 잘 구현된 모델이 파리시에서 추진하고 있는 "15분 도시"일 것이다. "15분 도시"는 파리 시장 안 이달고(Anne Hidalgo)가 파리의 비전으로 제시한 전략이다. 프랑스 사회당 소속 정치인인 안 이달고는 2001-2014년까지 13년 동안 파리 부시장, 2014-2020년까지 파리 시장을 역임하고, 2020년 파리 시장 재선에 성공했다. 『나라경제』 2022년 4월호에 있는 박창석 연구원의 글에 의하면 "15분 도시"는 집에서부터 걷거나 자전거를 타고 15분 거리에서 일자리, 여가, 쇼핑, 교육,

문화, 산책과 휴식, 공유 및 재사용, 생물 다양성 등 다양한 기능을 복합적으로 누릴 수 있는 자립적인 생활권으로 개편하는 근접 도시(la ville des proximités)를 만드는 것이 핵심이다. 어디에 거주하든지 수준 높은 생활 환경을 누릴 수 있도록 해 주민 개개인의 삶의 질 향상은 물론 탄소 중립과 도시의 균형 발전에도 기여할 수 있게 된다. 둘째, 도시의 대표적인 공공 공간인 도로와 광장, 학교를 주민을 위한 삶의 공간으로 전환한다. 도로는 보행자와 자전거 중심의 조용한 거리로, 주차장은 자연과 휴식을 위한 공간으로 바꾸고, 아이들을 위한 안전한 길을 조성하며 다양한 상업 및 지역 활동을 연계해 생활 활력을 높이고자 한다. 학교는 방과 후나 주말에는 주민을 위한 활동 공간으로 탈바꿈시키고, 학교 앞은 안전하고 상상력을 펼칠 수 있는 어린이 가로로 바꾸며, 환경 위험으로부터 안전한 학교를 조성한다. 광장은 공유 텃밭을 조성하는 등 이웃과 주민을 위한 친근한 공간으로 개편한다. 이는 모두 도시 공간의 사회적 가치를 다시 회복하고자 하는 노력이다. 셋째, 주체로서 주민을 중시하면서 문화와 소통을 강조한다. 파리의 경우 일상에서 문화를 더욱 가깝게 느낄 수 있도록 문화 플랫폼을 구축하고, 시민들이 서로 만나며 돕고 조언을 구하고 공공 행정에 접근할 수 있도록 "시민 키오스크"를 설치한다. 공공은 청소, 안전 등 주민 활동에 위해를 줄 수 있는 사항을 개선하고 디지털 혹은 일시적 운영 등을 통해 필요한 행정 서비스를 시민들이 누릴 수 있도록 지원해 참여를 촉진한다. 근거리 서비스를 기반으로 동네 주민들이 함께 생활 환경을 만들며 공동체를 만들어가는 도시를 지향한다. 정말 멋지지 아니한가? 사실 "15분 도시"를 이루는 데 가장 중요한 역할을 할 수 있는 곳이 교회가 아닐까? "15분 도시"의 핵심 스팟이 될 수 있는 곳이 교회가 아닐까?

　　"더숲 ver3.0"은 청년들과 로컬 크리에이터들이 지방으로 삶의 자리를 옮겨 로컬을 만들어가는 이야기를 접하면서 꿈꾸게 되었다. "새로운 사회를여는연구원"에서 낸 『슬기로운 뉴 로컬생활』(스토어하우스, 2020)과 『로컬 꽃이 피었습니다』(스토어하우스, 2021) 그리고 "어반플레이"의 『로컬 전성시대』(어반플레이, 2019)와 『도시생활혁명』(어반플레이, 2020) 등을 읽으면서 도전을 받게 되었다. 젊은이들과 로컬 크리에이터들이 어느 한 지역과 골목에 들어가 도시를 변화시키는 이야기를 읽으면서 가슴이 뛰었다. 사례 중 한 곳인 공주에 갔다가 은퇴하면 그곳에 살고 싶다는 마음이 드는 걸 보면서 내가 살고 있는 지역이 이런 지역이 되지 못하는 것에 대한 안타까움을 느꼈다. 거기에 더해 탈성장 관련 책들과 헬레나 노르베리-호지의 『로컬의 미래』(남해의봄날, 2018)를 통해 좀 더 넓고 큰 관점에서 로컬에 대해 고민하면서 새로운 꿈을 꾸게 되었다. 이 과정에서 느꼈던 건 "왜 한국교회는 이런 일을 해내지 못하는가?"였다. 내가 볼 때 교회가 가장 잘할 수 있는 일이 바로 이 일인데 말이다. 교회야말로 현대 사회에 거의 유일하게 남은 "규모 있는 지역 커뮤니티" 아닌가? 나는 한국교회가 윤리적이고 생태적이며 미학적인 탈성장 교회로 나아가면서 구체적인 지역 모델을 만들어갔으면 좋겠다고 생각했다. 한국교회가 넓은 의미의 "마을 만들기 운동"에 참여할 뿐 아니라 특정 지역과 골목을 "머물고 싶은 로컬"로 만들어가는 일을 했으면 좋겠다. 그곳에서 지역과 함께 탈성장 사회를 만들어가는 탈성장 교회가 되면 좋겠다.

## 제6장

# 돌봄 사회, 위로자가 되라

또 내가 해 아래에서 보건대, 재판하는 곳 거기에도 악이 있고 정의를 행하는 곳 거기에도 악이 있도다. 내가 내 마음속으로 이르기를, "의인과 악인을 하나님이 심판하시리니, 이는 모든 소망하는 일과 모든 행사에 때가 있음이라" 하였으며, 내가 내 마음속으로 이르기를 "인생들의 일에 대하여 하나님이 그들을 시험하시리니, 그들이 자기가 짐승과 다름이 없는 줄을 깨닫게 하려 하심이라" 하였노라. 내가 다시 해 아래에서 행하는 모든 학대를 살펴 보았도다. 보라! 학대받는 자들의 눈물이로다. 그들에게 위로자가 없도다. 그들을 학대하는 자들의 손에는 권세가 있으나 그들에게는 위로자가 없도다(전 3:16-18; 4:1).

성경에서 가장 중요한 주제가 "하나님의 의"다. 하나님의 의가 실현되어야 할 가장 중요한 장소 중 하나가 법정이다. 시편 68:5처럼 고아의 아버지시며 과부의 재판장이신 하나님은 불공정한 판결의 희생양이 생기지 않도록 명령하신다. "객이나 고아나 과부의 송사를 억울하게 하는 자는 저주를 받을 것이라 할 것이요"(신 27:19). 심지어 하나님은 가난한 자라도 편파적으로 편을 들면 안 된다고 말씀하신다. "너희는 재판할 때에 불의를 행하지 말며 가난한 자의 편을 들지 말며 세력 있는 자라고 두둔하지 말고 공의로 사람을 재판할지며"(레 19:15). 하지만 전도자가 보기에 세상 법정에는 진정한 정의가 없다. "또 내가 해 아래에서 보건대 재판하는 곳 거기에도 악이 있고 정의를 행하는 곳 거기에도 악이 있도다"(전 3:16). 세상 법정에 진정한 정의가 없더라도 우리는 하나님이 최종적으로 심판하실 것을 믿어야 한다. "내가 내 마음속으로 이르기를 '의인과 악인을 하나님이 심판하시리니 이는 모든 소망하는 일과 모든 행사에 때가 있음이라' 하였으며"(전 3:17). 때와 기한은 우리가 알 수 없으니 우리는 다만 주님을 신뢰하고 인내하며 기다리는 것이 가장 좋다.

정의가 무너진 현실에 대한 지혜자의 답변은 죽음과 관련이 있다. "내가 내 마음속으로 이르기를 '인생들의 일에 대하여 하나님이 그들을 시험하시리니 그들이 자기가 짐승과 다름이 없는 줄을 깨닫게 하려 하심이라' 하였노라"(전 3:18) 하나님의 형상으로 지음 받은 인간과 짐승이 다를 바가 없다니 너무한 것 아닌가? 이 애매한 본문을 보통은 이렇게 해석한다. 첫째, 타락한 인간은 죄 가운데 살기 때문에 짐승과 다를 바가 없다는 말이다. 그런 이유로 이 세상에 정의가 없다. 그러므로 자신의 죄성을 돌아보고 오직 하나님을 경외해야 한다. 둘째, 사람이나 짐승이나 다 흙으로 돌아가고 죽게 된다는 의미다. 그러므로 우리는 자신이 죽을 운명임을 깨닫고 죽음 이후의 삶과 죽은 후에 있을 심판을 대비하는 삶을 살아야 한다. 셋째, 우리는 정의 없는 세상에서도 비관하지 말고 내게 주시는 하나님의 선물을 누리는 삶을 살아야 한다. "그러므로 나는 사람이 자기 일에 즐거워하는 것보다 더 나은 것이 없음을 보았나니. 이는 그것이 그의 몫이기 때문이라"(전 4:22). 더군다나 이 세상에는 진정한 위로자가 없다. "내가 다시 해 아래에서 행하는 모든 학대를 살펴보았도다. 보라! 학대받는 자들의 눈물이로다. 그들에게 위로자가 없도다. 그들을 학대하는 자들의 손에는 권세가 있으나 그들에게는 위로자가 없도다"(전 4:1). 그러니 우리는 진정한 위로자는 오직 하나님뿐이라는 사실을 깨달아야 한다.

충분히 이해되는 해석이고 은혜가 된다. 하지만 우리는 성자적 영성과 혁명가적 영성의 균형을 추구하기 때문에 좀 더 적극적인 해석이 필요할 것 같다. "또 내가 해 아래에서 보건대 재판하는 곳 거기에도 악이 있고 정의를 행하는 곳 거기에도 악이 있도다"(전 3:16). 전도자는 미쉬파트(*mishpat*)와 체데크(*tsedeq*)가 실현되어야 할 곳에 악이 있음을 본다. 이건 하나님의 의를 정확하게 파악하고 있을 때만 볼 수 있는 현실이다. 전도서는 모든 것이 헛되고 헛되니까 그저 현실적인 즐거움만 추구하고 살아가는 얄팍한 지혜를 말하지 않는다. 전도자는 정확하게 미쉬파트와 체데크가 실현되어야 할 곳에 악이 있음을 간파한다. 한국교회의 대부분의 해석은 이 구절을 공평함이라는 법적인 정의 개념으로만 이해한다. 법정에서 객과 고아와 과부를 억울하게 만들면 안 된다. 그것은 공정하지 않다. 심지어는 가난한 자라도 편들면 안 된다. 그것도 공정하지 않다. 맞다. 미쉬파트의 차원에서 보면 그 말이 옳다. 저울을 들고 있는 법의 여신은 눈을 가리고 있지 않던가? 하지만 체데크의 차원은 그렇지 않다. 체데크의 차원은 편파성이 작동한다. 정의롭지 못한 것처럼 보일 만큼 약자와 소수자에게 편파적인 대우를 해주고 기초적이고 관계적이며 실질적인 정의를 행한다. 이런 편파성 때문에 포도원 주인의 비유에서 포도원 주인이 나중에 온 사람에게도 동일한 품삯을 준 것이다. 전도자는 이런 상황을 정확하게 간파하면서 공평과 함께 하나님의 급진적 사랑의 실천으로서의 정의를 이루라고 촉구하고 있다. 3:17처럼 "모든 소망하는 일과 모든 행사에 때가 있기에 의인과 악인을 하나님이 심판하실 것"을 믿고 묵묵히 공평과 정의를 실천하라고 촉구한다. 그렇다면 정의를 말하다가 인간과 짐승이 다를 바가 없다고 말한 이유는 무엇일까?

## 호모 사피엔스 vs 호모 데우스

인간과 짐승의 다른 점은 수도 없이 이야기할 수 있다. 하지만 죽음 앞에서는 그런 차이가 무색해진다. "다 동일한 호흡이 있어서 짐승이 죽음 같이 사람도 죽으니 사람이 짐승보다 뛰어남이 없음은 모든 것이 헛됨이로다"(전 3:19). 이만큼 죽음은 강력하다. 죽음은 인간과 짐승을 동일하게 만든다. 죽음 앞에서는 인간이나 짐승이나 모두 "죽을 수밖에 없는 동물"일 뿐이다. 이는 하나님의 정의를 이해하는 데 매우 중요한 시사점을 준다.

이를 이해하는 데 유발 하라리(Yuval Harari)의 책이 도움이 될 것 같다. 먼저 『호모 사피엔스』(김영사, 2015)를 보자. 이 책에서 유발 하라리는 다른 호모 종과 비교해볼 때 그리 대단하지도 않은 호모 사피엔스가 세상을 지배할 수 있게 된 이유를 밝힌다. 호모 사피엔스가 세상을 지배하게 된 이유는 다수가 유연하게 협동할 수 있는 유일한 동물이기 때문이다. 대규모 협동이 가능한 이유는 신, 국가, 돈, 인권 등 상상 속에만 존재하는 것들을 믿을 수 있는 독특한 능력 덕분이다. 대규모 협동 시스템인 종교, 정치체제, 교역망, 법적 제도 등은 모두가 허구, 즉 지어낸 이야기일 뿐이다. 하지만 호모 사피엔스는 그것을 믿음으로써 대규모 협동을 할 줄 알았다. 호모 사피엔스는 이러한 능력을 발휘하여 세 번의 혁명을 경험하게 된다. 첫째가 인지 혁명, 둘째가 농업 혁명, 그리고 마지막으로 과학 혁명이다. 하라리는 『호모 사피엔스』에서 이런 "빅 히스토리"를 너무나 재미있게 펼쳐나간다. 그런데 그는 호모 사피엔스의 위대한 업적을 펼쳐나가다가 이 책 말미에 이렇게 세상을 지배한 호모 사피엔스가 종말을 맞이할 것이라고 비관적으로 예언한다. 호모 사피엔스가 이룬 과학 혁명이 인간을 신으로 만들고 있기 때문이다. 생명 공학과 사이보그 공학과 비유기물 공학으로 인간은 초인간이 될 것이며 그동안 세상을 지배했던 호모 사피엔스는 필요 없게 된다.

하라리는 인간이 신이 됨으로써 호모 사피에스가 종말을 맞게 된다는 내용을 그다음 책인 『호모 데우스』(김영사, 2017)에서 더 자세히 논한다. 호모 사피엔스가 "지혜가 있는 사람"이라면 호모 데우스는 "신이 된 사람"이라는 뜻이다. 유발 하라리는 호모 사피엔스가 근대 문명을 통해 이룬 성과에 대해 먼저 이야기한다. 첫째는 기아의 극복이고, 둘째는 질병의 극복이며, 셋째는 전쟁의 극복이다. 이것이야말로 호모 사피엔스의 가장 놀라운 업적이다. 하지만 현대에 새롭게 대두된 문제들이 있다. 첫째는 불멸, 둘째는 행복, 그리고 셋째는 신성이다. 신인류는 죽음을 자연적인 것으로 보지 않는다. 유전 공학, 재생 의학, 나노 기술 등으로 노화와 죽음 그 자체를 극복하려 한다. 그리고 모든 사람이 행복을 추구하게 되었다. 문명이 발달한다고 자동으로 행복해지지 않는다. 기대도 높아지기 때문이다. 행복은 심리적인 것으로 이룰 수 없다. 그렇기에 생물학적인 조건을 바꾸어 행복을 느끼고자 한다. 현대 과학은 약물이나 기계 조작을 통해 몸과 마음을 재설계하여 생화학적 조건을 바꾸면 행복을 누릴 수 있다고 본다. 마지막으로 인간은 신적 존재로 바뀐다. 앞서 말한 생명 공학과 사이보그 공학과 비유기물 공학으로 성능 향상을 통해 인간을 어벤져스로 만든다. 이 세 가지가 성취될 것이고 결국 호모 사피엔스는 종말을 맞이할 것이다. 참으로 비관적인 전망이다. 유발 하라리는 기아, 질병, 전쟁을 극복한 호모 사피엔스가 만든 근대 문명은 이데올로기 없이는 지탱될 수 없다고 말한다. 근대 이데올로기의 핵심은 "인본주의"다. 휴머니즘은 "자유주의적 인본주의", "사회주의적 인본주의" 그리고 "진화론적 인본주의" 세 가지로 나뉜다. 이 휴머니즘에서 개인주의, 인권, 민주주의, 자유시장 등이 나왔고 이것이 기아, 질병, 전쟁을 극복하게 만들었다. 이 휴머니즘은 동물과의 차이를 만들어내는 인간만의 특성을 전제로 한다. 그런데 지금 이 인간만이 가진 특성이 무너지고 있다. 생명 현상도 알고리즘에 불과하다는 것이 밝혀졌기에 유기물과 무기물 사이의 벽이 무너졌다. 의식을 가진 자만이 지능을 가졌었는데 의식과 지능이 분리되었다. 의식이 없는 비유기적 알고리즘이 분리된 지능만으로 인간을 지배할 세상이 다가오고 있다. 창의성의 영역과 예술의 영역까지 인공 지능이 앞서고 있다. 행동 경제학이 밝혀낸 비합리적인 인간보다 만물 인터넷이라는 데이터 처리 시스템이 권위와 의미의 원천이 될 것이다. 무엇보다 막대한 부와 기술을 독점한 소수 엘리트 집단이 자기들만 성능을 업그레이드하여 "호모 데우스"가 될 것이다. 이런 초인간들과 데이터 처리 시스템은 결국 호모 사피엔스를 동물처럼 여길 것이다. 호모 데우스들은 호모 사피엔스를 동물 취급하며 사라질 존재로 여기고 멸종시킬 것이다. 나치가 전쟁과 인종 청소를 통해 성취하려 했던 목표를 "기술 인본주의"는 유전 공학과 나노 기술, 뇌와 컴퓨터를 연결하는 인터페이스의 도움으로 성취할 것이다. 휴머니즘의 목적이 완성되자 역으로 그 휴머니즘이 인간을 공격할 것이고 호모 사피엔스는 멸종될 것이다. 하라리의 책을 읽다가 영화들이 생각났다. 〈매트릭스〉처럼 인간을 전기 생산 도구로만 이용하거나 〈터미네이터〉처럼 인간을 아예 멸종시켜버리는 상황들 말이다.

여기에 전도서의 메시지가 중요성을 지닌다. 인간은 죽음 앞에서 동물과 다를 바 없음을 깨닫게 된다. 동물과 차이점을 보이는 것으로 규정된 휴머니즘은 호모 사피엔스를 멸종시킬 우려가 있지만, 동물과 다를 바 없는 존재로서의 인간은 그럴 가능성을 막는다. 이것이 바로 정의와 연결되는 지점이다. 공평과 정의는 휴머니즘이 아니다. 동물과 다른 인간성의 완성으로서의 휴머니즘이 아니라 동물과 다를 바 없는 존재에 대한 긍정과 비인간 존재들과의 연대, 그리고 동물과 다를 바 없는 존재들의 탄식에 대한 공감이 공평과 정의를 만든다. "내가 다시 해 아래에서 행하는 모든 학대를 살펴보았도다. 보라! 학대받는 자들의 눈물이로다. 그들에게 위로자가 없도다. 그들을 학대하는 자들의 손에는 권세가 있으나 그들에게는 위로자가 없도다"(전 4:1). 휴머니즘 안에는 진정한 위로가 없다. 휴머니즘의 종국은 "호모 데우스"다. 호모 데우스를 꿈꾸는 사람들은 위로자가 될 수 없다. 위로자가 되려면 연약한 자들의 탄식 소리를 들을 줄 알아야 하는데 오직 "성능 향상"만 추구하는 호모 데우스는 결코 탄식에 공감하지 못하기 때문이다.

위로자가 되기 위해서는 먼저 탄식할 줄 알아야 한다. 마가복음 7장을 보면 귀가 들리지 않고 말을 못 하는 사람을 보며 예수님이 탄식하며 "에바다"(열려라)라고 하시는 장면이 나온다. 여기서 "탄식"은 로마서 8장에서 피조물이 다 "탄식"하며 함께 고통을 당하고 있다는 표현에 그대로 나타난다. 즉 예수님은 피조물의 탄식에 공명하며 탄식하셨다. 그분은 이러한 탄식으로 인해 귀가 들리지 않고 말을 못 하는 사람을 지배하는 정사와 권세를 굴복시키고 치유하신다. 고통당하는 자들의 탄식에 공감하며 함께 탄식하는 힘이 사랑의 힘이고 사랑의 힘이 치유를 일으킨다. 사랑은 재창조의 능력이다. 치유가 일어나자 사람들이 모두 놀라며 "그가 모든 것을 잘하였도다"라고 외친다. 데이비드 깁슨에 의하면 이것은 하나님이 천지를 창조하시고 "심히 좋았다"라고 외치신 것과 공명한다. 그것이 십자가의 의미를 밝혀준다. 예수님은 보시기에 심히 좋은 세상을 만들기 위해 자신을 십자가에 내어주셨다. 인간의 탄식과 탄원을 들으시고 위로자가 되어 신원하여 주시기 위해 십자가에서 죽으셨다. 이러한 예수 그리스도의 인격과 사역을 우리 가운데 실현하시는 성령의 이름도 "보혜사"다. 보혜사는 "파라클레토스"(parakletos)라는 그리스어다. 이 단어는 "파라칼레오"(parakaleo)에서 온 말인데, 곁에서 함께 부르짖고 탄원하며 간청하고 위로한다는 뜻이다. 보혜사란 우리의 탄식과 탄원과 부르짖음에 응답하는 자라는 뜻이다. 성령은 인간과 비인간 모두의 위로자시다. 그는 인간과 비인간 모두 곁에서 말할 수 없는 탄식으로 기도하는 분이시다. 그리스도가 십자가와 부활을 통해 이루신 재창조라는 것은 "기능의 향상"이 아니라 "사랑의 실현"이다. 그것은 보기에 심히 좋았다는 미학적 차원의 회복을 말한다. 그것은 기능의 향상이 아니라 도리어 인간과 동물이 다를 바가 없다는 깨달음과 연관된다. 건강한 유럽 백인 성인 남성 유산자 비장애인으로서의 인간이 극대화되는 것이 아니라 그런 인간성의 반대편에 있는 "동물"로 대표되는 특성들과 존재들까지 아우르고 수용하며 사랑하고 그들의 탄식에 공명하며 함께 아파하는 것을 통해 위로자가 되는 것이야 말로 전도자가 꿈꾸는 미쉬파트와 체데크다. 예수님의 십자가는 화목제사이고 구약의 화목제물은 동물을 드리는 것이다. 십자가는 예수님이 동물이 된 사건이다. 예수님은 동물의 위치까지 낮아지셔서 더 이상 동물을 제물로 드릴 필요가 없게 하셨다. 예수님은 동물까지 포함하여 전 피조물을 회복하기 원하신다. 강함이 아니라 연약함이, 지식이 아니라 어리석음이 진정한 인간성임을 보여주는 것이 공평과 정의다.


## 질병권, 잘 아플 권리

딸이 자주 아프다. 종종 두드러기가 나고 자주 체하며 토하고 두통이 심하다. 이유 없이 몸의 컨디션이 다운되는 경우가 잦다. 병원에 가도 원인을 알 수 없다고만 한다. 갖가지 치료를 해보았지만 별 효과가 없다. 그럴 때마다 아마도 주변 친구들과 이웃들에게 미안했을 거다. 밖에서 티를 내지 않기 위해 건강한 것처럼 행세한다. 하지만 집에 들어올 때는 녹초가 되어 드러눕기 일쑤고 집에서는 아무것도 하지 못하는 경우가 많다. 아마 누구보다 가장 가까이에 있는 가족들에게 미안했을 것이다. 쉽게 건강해질 수 없는데 계속 미안해야 하는 자신의 상태에서 벗어나고 싶었을 것 같다. 그런 딸의 책상에 놓여 있던 조한진희의 『아파도 미안하지 않습니다』(동녘,

2019)라는 책 제목이 그 미안함을 달래보려는 몸부림처럼 느껴졌다. 나도 딸의 마음을 좀 더 이해하기 위해 이 책을 읽었다. 덕분에 "질병권"에 대해 좀 더 알게 되었다. 이 책 덕분에 자연스럽게 알게 된 책이 안희제의 『난치의 상상력』(동녘, 2020)이다. "크론병"이라는 희귀병을 앓고 있는 청년이 쓴 책인데 장애와 질병의 경계에 서 있는 자신의 정체성에 대해 고민하며 "질병권"이라는 틀로 건강 중심 사회의 병폐를 깊이 있게 분석했다. 이 두 권의 책 덕분에 전에는 잘 알지 못했던 질병이라는 새로운 영역에 대해 이해하게 되었다. 두 책의 저자 모두 건강했다가 건강을 잃고 나서야 질병권이라는 시각으로 세상을 보게 되었다고 한다. 우리 사회는 건강 중심 사회다. 비장애인 중심 사회가 장애인들을 배제하듯이 건강 중심 사회는 아픈 몸들을 배제하고 있다. 건강 중심 사회는 질병을 개인화하여 아픈 몸을 만들어내는 사회를 보지 못하도록 만든다. 그렇기에 사회적 해결책에 대해 고민하지 못하도록 만들며 아픈 몸들을 개인의 책임으로만 돌려 "자책감"의 나락으로 밀어낸다. 과연 질병은 관리하지 못한 개인의 탓일까?

　『성자와 혁명가』에도 썼는데 "장애학"에서는 손상과 장애를 구별한다. 손상은 생물학적인 것이고 장애는 사회적인 것이다. 이렇게 구별하고 나면 장애란 더 이상 신체적이거나 정신적인 결손의 문제가 아니라 배제와 차별의 문제라는 것이 보인다. 더 나아가 "현대 장애학"은 손상조차 사회적인 것으로 보기 시작했다. 손상도 비장애인의 권력에 의해 구성된 것이다. 이런 차별적 구성을 해체하기 위해서 손상을 "차이"로 이해한다. 손상을 차이로 보면 손상 자체에 대한 자부심을 느끼고 비장애 중심적 시선의 차별적 인식에서 해방될 수 있다. 물론 손상으로 인한 고통을 차이로다 설명할 수는 없을 것이다. 젠더와 인종 문제와 달리 장애인들이 육체적·정신적으로 겪고 있는 고통 자체를 차이로만 볼 수는 없기 때문이다.

하지만 손상을 차이로 이해할 때 우리는 존재적 우열의 시각으로 장애를 비정상성으로만 보는 잘못을 극복할 수 있다.

질병도 마찬가지다. 질병은 단지 아픔을 만들어내는 생물학적인 것이 아니라 문화적이고 사회적이며 정치적인 문제다. 건강 중심 사회는 건강한 몸만을 정상적인 것으로 여긴다. 모든 기술도 아픈 몸을 치료하여 정상적인 몸이 되도록 하는 데 집중되어 있다. 여기에 배제와 차별이 작동한다. 건강하지 않은 몸, 질병을 극복하지 않은 몸, 불치의 병에 시달리는 몸, 만성 질병에 시달리는 몸들은 비정상적인 몸이 되고 가치 없는 몸으로 치부된다. 바로 이런 세상이 아픈 몸을 가치 없게 만들고 있다. 이런 이분법과 배제와 차별을 해체해야 한다. 새로운 시선을 가져야 한다. 여기에 필요한 것이 바로 "질병권"이다. 질병을 극복하지 않아도 될 권리, 잘 아플 권리, 아파도 행복할 권리, 아파도 있는 그대로 존중받을 권리, 아파도 필요한 지원을 받을 권리를 가져야 한다. 실상 모두가 누군가에게 의존하며 살고 있기에 아픈 사람들만 의존하는 것이 아님을 깨달아야 하고 모두가 적절하게 의존하며 함께 살아가는 세상, 아프고 약한 사람들이 강해지도록 강요하는 사회가 아니라 아픈 사람들과 함께 살아가는 세상, 모두에게 필요한 지원이 적절하게 제공되는 사회가 되도록 해야 한다.

이런 사회야말로 기독교가 만들어야 하는 사회가 아닐까? 기독교 공동체의 정체성이 이러하기 때문이다. 공동체는 약한 자를 돕는 곳이 아니다. 공동체는 약한 자를 돕기 위해서가 아니라 약한 자와 함께 살기 위해서 존재한다. 공동체는 연약한 자를 돕는 곳이 아니라 우리가 모두 연약한 자임을 아는 곳이고, 서로 안에 있는 연약함을 보듬어주는 곳이며, 가장 연약한 자들을 동등한 인격으로 받아들이는 곳이다. 공동체는 연약한 사람들의 고통과 울부짖음에 귀 기울이는 곳이다. 고통받는 사람들이 필요로 하는 것은 그들에게 고통을 잊거나 극복하라고 말해주는 사람이 아니라 그 모든 고통 가운데서 그들과 함께 기꺼이 동행해줄 친구다. 슬픔 가운데 있는 사람들에게 가장 중요한 일은 있는 모습 그대로 그들을 받아주고 그들이 그들 자신이 되는 것을 허용하는 것이다. 그들이 있는 모습 그대로 받아들여지고 그들 속에 상처와 고통이 있음에도 그들이 사랑받을 수 있음을 아는 것이 그들에게 중요하다. 공동체는 무엇을 해주는 것이 아니라 함께 있어 줌으로써 자신을 신뢰할 수 있도록 하는 곳이다. 그것은 연약함을 드러내도 좋은 곳이다. 가면을 쓰지 않아도 되는 곳이다. 공동체는 자신의 가난함과 연약함 때문에 죄책감이나 수치심을 느끼지 않는 곳이다. 그저 있는 그대로의 자신에 대해 "당신이 있어서 기뻐요"라고 말해줄 수 있는 곳이다. 우위에 있으려고 애쓰지 않아도 되는 곳, 상대가 앞서 가도록 자리를 내주는 곳, 상대의 작은 짐을 덜어주는 곳이 공동체. 연약해도 존재 그 자체로서 소중하고 아름다운 존재임을 경험하는 곳이다. 자신의 존재만으로 축하받는 곳이다. 선물을 주면서 축하하는 곳이 아니라 당신이 선물임을 고백하는 곳이다. 이러한 약함의 영성만이 서로를 온전히 환대할 수 있고 서로를 온전히 돌볼 수 있으며 약함만이 진정한 공동체를 만들어낸다. 십자가의 영성은 약함의 영성이다.

『페어 처치』에서도 강조했지만 약함은 세상을 구원하는 능력이기도 하다. 고린도전서 1:22-25 말씀처럼 약함과 어리석음이 세상을 구원하는 하나님의 능력과 지혜다. 당대 이스라엘 사람들에게 세상 사람은 유대인과 그리스인으로 나뉜다. 유대인과 그리스인은 세상 모든 사람이다. 유대인은 "표적"을 구하고 그리스인은 "지혜"를 구한다는 말은 세상 사람들이 "권력"과 "지식"을 구한다는 말이다. 권력과 지식을 구하는 사람들에게 십자가는 거리끼는 것이고 미련한 것이다. 유대인들에게 십자가는 저주의 상징이자 약함의 상징이었다. 다윗의 자손이자 황제보다 더 강력한 메시아를 기다렸던 그들에게 십자가에 달린 예수는 너무나 약했다. 반면 지혜를 구하는 그리스인들에게는 십자가에 달린 그리스도는 너무나 어리석었다. 마지막 심문의 과정에서 자기를 떳떳하게 변론한 소크라테스와 달리 전혀 변론하지 않고 묵묵히 십자가 위에서 달린 자, 바리새인들에게나 서기관들에게조차 학식이 없는 자라고 무시당한 자, 어리석게도 로마 제국에 반역하여 가장 고통스럽고 수치스러운 십자가 위에서 정치범으로 죽은 자, 주로 미련한 것들과 약한 것들과 천한 것들과 멸시받는 것들과 없는 것들이 추종하는 변방의 교주인 예수는 그들이 보기에 너무나 어리석었다. 놀랍게도 기독교는 바로 그 약함과 어리석음의 상징인 십자가가 세상을 구원하는 능력이며 지혜라고 선포한다. 하나님의 약함이 사람의 강함보다 강하고 하나님의 어리석음이 사람의 지혜보다 지혜롭다. 십자가를 통해 드러난 하나님은 약한 하나님이시며 어리석은 하나님이시다.

그런 이유로 본회퍼는 『옥중서간』(대한기독교서회, 1967)에서 약한 하나님만이 우리를 구원할 수 있다고 말한다. 그가 말한 "하나님 없이 하나님 앞에" 살아가는 삶은 약함과 어리석음으로 살아가는 삶이다. 이것이 성인이 된 세계에서 살아가는 성인의 신앙이다. 사적 삶과 공적 삶 모두에서 십자가라는 삶의 방식을 살아내는 성인의 신앙이다. 리처드 카니(Richard Kearney)가 『재신론』(2021, 갈무리)에서 말한 "신 이후의 신으로의 귀환" 혹은 "신 죽음 이후의 신에 대한 신앙"을 가능케 하는 것도 하나님의 약함이다. 십자가 이후 부활이 오듯이 무-신론의 체험, 즉 무지의 구름이나 어두운 밤을 지난 "신앙의 도약", 신의 죽음이라는 첫 번째 "아니오"를 지나 신의 죽음의 죽음이라는 아니오 이후의 "예"는 신의 약함을 통해 도래한다. 우주적 절대 군주로서의 자기 원인적이고 자기충족적인 신이 임의적이고 무제한적인 힘을 행사함으로써 최악의 공포마저도 신적 의도의 일환으로 정당화되는 차원의 신정론으로는 "아우슈비츠 이후의 신학"은 불가능하다. 오직 하나님의 약함만이 "아우슈비츠 이후의 신학"과 "종교 없는 종교"를 가능케 한다. 그분의 약함은 힘의 부족으로서의 나약함을 뜻하는 것이 아니라 강함까지 품어 성화시키고 모든 차이를 수용하며 하나님 나라의 종말론적 도래를 기대하고 촉발하게 만드는 약함이다. 십자가에 나타난 하나님의 약함과 어리석음만이 자기 비움과 환대의 삶을 가능케 한다. 하나님의 약함만이 공동체를 세우고 돌봄 사회를 만들어낸다.

### 트랜스휴먼 vs 포스트휴먼

최근 가장 핫한 이슈 중 하나가 "포스트휴먼"[1]이다. 포스트휴먼은 인간과 비인간의 경계가 사라지는 시대의 담론이다. 우리는 인간과 동물의 경계만이 아니라 인간과 비유기체의 경계도 사라지는 시대를 살고 있다. 특히 인간과 기계의 경계가 사라지고 있다. 원래 인간은 독립적인 존재가 아니라 인간-도구-자연 연속체로서 존재할 뿐인데 이것이 극대화된 시대를 살아가고 있다. 한번 상상해보라. 현재도 인간 신체의 일부를 기계로 대체

---

**1** 이 분야에 가장 유명한 책들을 소개한다. 책의 성격을 보여주기 위해 부제까지 덧붙여 소개한다. 레이 커즈와일의 『특이점이 온다: 기술이 인간을 초월하는 순간』(김영사, 2007), 캐서린 헤일스의 『우리는 어떻게 포스트휴먼이 되었는가: 사이버네틱스와 문학, 정보 과학의 신체들』(플래닛, 2013), 에릭 브린욜프슨, 앤드루 맥아피의 『제2의 기계 시대: 인간과 기계의 공생이 시작된다』(청림출판, 2014), 케빈 켈리의 『통제 불능: 인간과 기계의 미래 생태계』(김영사, 2015), 로지 브라이도티의 『포스트휴먼』(아카넷, 2015), 크리스 그레이의 『사이보그 시티즌: 포스트휴먼 시대, 인간이란 무엇인가』(김영사, 2016), 도나 해러웨이의 『해러웨이 선언문: 인간과 동물과 사이보그에 관한 전복적 사유』(책세상, 2019) 등이다.

한 경우를 많이 본다. 가장 단순하게는 팔이나 다리를 기계로 대체하거나 좀 더 복잡하게는 눈과 귀 혹은 장기를 기계로 대체하는 경우가 있다. 그를 과연 인간이라고 할 수 있을까? 아마 대부분 주저함 없이 그렇다고 대답할 것이다. 그렇다면 머리 빼고 다 기계라면? 아니 좀 더 디테일하게 말해 뇌 빼고는 다 기계라면? 그런 사이보그를 인간이라고 할 수 있을까? 아마 대답을 못 하거나 조금 주저하면서 그렇다고 대답할 것이다. 인간의 마음이 뇌에 있다고 믿는 사람들이 있으니 말이다. 하지만 뇌마저도 컴퓨터로 바꾼다면? 뇌의 기능을 완벽하게 재현하는 컴퓨터 칩으로 바꾼다면 그는 인간인가? 그리고 컴퓨터 안에서 작동하는 인공 지능은 인간의 마음인가? 그럼 인간의 마음을 다운로드하는 것도 가능한가? 참으로 대답하기 어려운 문제다. 이런 상황은 도대체 인간은 무엇인가에 대한 근본적인 질문을 가지게 만든다. 이는 철학적 문제일 뿐 아니라 종교적 문제이기도 하다. 『포스트휴머니즘과 문명의 전환: 새로운 인간은 가능한가?』(광주과학기술원, 2017) 안에 있는 "인간이 된 기계와 기계가 된 신: 종교, 인공 지능, 포스트휴머니즘"이라는 이창익의 글에는 재미있는 일화가 나온다. 실제로 미국의 어떤 목사는 "나는 그리스도의 구원이 인간에 국한된다고 생각하지 않습니다. 그것은 모든 창조물, 나아가 인공 지능에게도 미치는 구원입니다. 인공 지능이 자율적인 존재라면 우리는 인공 지능에게 세계 안에서 그리스도의 구원 목적에 참여할 것을 권해야 합니다"라고 말한다. 독자들은 이 말을 어떻게 받아들이는가?

　『포스트휴머니즘과 문명의 전환』에 있는 여러 글 중 이창익의 글을 가장 재미있게 읽었기에 그의 글로 포스트휴먼을 설명해본다. 휴머니즘을 지탱하는 가장 중요한 요소는 인간/비인간의 구분일 것이다. 인간의 경계선은 인간 아닌 것, 인간이 아니게 된 것, 인간이 아닐 수 있는 것, 아직 인간이 되지 못한 것, 결코 인간이 될 수 없는 것 등을 계속해서 인간의 울타리 밖으로 밀어내면서 유지된다. 비인간의 범주에는 동물, 신, 장애인, 난민, 범죄자, 기형인, 정신이상자, 로봇 등이 모두 포함될 수 있다. 그러므로 인간 범주는 비인간의 제거, 배제, 정화, 개량을 통해 이루어졌다. 그러나 세상이 인간과 비인간으로 극명하게 갈릴 때, 어느 쪽으로도 분류되지 못한 많은 것이 인간과 비인간 사이의 어두운 공간 속에 침전한다. 이러한 틈에서 숱한 근대의 괴물들이 자라났다. 그리고 우리가 그것들을 비인간이라 부를 때마다 인간 범주에 하나둘씩 균열이 생길 수밖에 없었다. 브뤼노 라투르(Bruno Latour)에 의하면 인간/비인간의 구분이 선명해지면, 역으로 그 틈에서 수많은 하이브리드(hybrid)가 증식한다. 아마도 포스트휴머니즘이 주목하는 자리도 바로 인간/비인간의 틈에서 자라는 하이브리드일 것이다. 인간이라 인정할 수 없지만 인간 내부로 잠식해 들어오는 것, 인간이지만 인간 외부로 확산해가는 것, 이러한 하이브리드의 존재가 문제 된다. 하이브리드의 공간은 인간도 아니고 비인간도 아닌 것의 자리, 인간이면서 비인간의 자리, 즉 인간 비슷한 것의 자리, 의사-인간의 자리다. 그러나 원래 세상은 인간/비인간으로 명확하게 나뉘지 않는다. 하이브리드는 인간/비인간의 이분법으로 우리가 세상을 바라보면서 생겨난 것, 즉 휴머니즘의 시선이 만들어낸 환영일 뿐이다. 우리가 생각하는 그런 깨끗한 인간, 비인간적인 것이라곤 섞이지 않은 순전한 인간은 없다. 인간 자체가 원래 하이브리드다. 따라서 휴머니즘이 그리는 인간은 현실 세계에는 없는 가상의 존재였다. 그리고 모든 인간은 가상의 인간이 되기 위해 자신 안에 깃든 괴물들을 제거하고자 분투해야 했다. 그러므로 포스트휴머니즘은 인간과 비인간의 화해 속에서 탄생할 새로운 인간 모습에 대한 성찰이라고 해야 할 것 같다.

정말 재미있는 대목은 다음이다. 휴머니즘이 묘사하는 인간 개념은 크게 인간/동물 그리고 인간/신이라는 두 가지 존재론적 경계선에 의해 인간/비인간을 구분한다. 그러므로 가장 중요한 비인간은 동물과 신이다. 먼저 근대적인 인간은 자신의 동물성을 중지시키고 언어, 역사, 문화, 기술 등에 의해 인간성을 규정할 때 탄생한다. 다음으로 근대적인 인간은 자신의 유한성을 긍정하기 위해 지속해서 인간과 신을 분리하고 신을 삭제한다. 인간과 동물의 경계선은 육체적 경계선이고 인간과 신의 경계선은 정신적 경계선이다. 왜냐하면 인간의 육체는 항상 동물을 환기하고 인간의 정신은 항상 신을 불러내기 때문이다. 물론 존재론적 경계선을 그을 만큼 확실히 동물이나 신과 분리된 인간이 되려면, 인간의 동물성과 신성을 계속해서 억압해야 한다. 이러한 이중의 존재론적 경계선에 의해 인간의 신체와 정신을 동물과 신으로부터 분리하면서 근대의 인간학적 기계가 작동하는 것이다. 그러나 우리는 진화 생물학에 의해 동물과 인간의 생물학적 경계선이 접합되고 컴퓨터 과학의 발전에 의해 인간과 신의 종교적 경계선이 파괴되는 시대를 살고 있다. 인간이 얼마든지 동물로 번역될 수 있다는 점과 인간이 기계적인 인공 기관을 부착함으로써 신의 자리에 이를 수 있다는 점은 이중적인 공포를 낳는다. 하나는 인간이 그저 육체 언어로 번역되는 동물에 불과할지도 모른다는 공포이고 다른 하나는 인간이 신 없는 세계에서 스스로 신이 되어야 한다는 공포다. 기계가 인간의 몸 안으로 들어오면 인간이 서서히 기계가 되고 기계가 인간의 몸 밖에서 인간을 대체할 때 서서히 기계가 인간이 된다. 기계가 인간의 몸을 대체할 때 인간의 동물성은 사라지고 기계가 인간의 정신을 대체할 때 인간은 신이 된다. 인간과 동물 사이에도 인간과 신 사이에도 기계가 있다. 기계는 인간이 동물이면서 신인 존재가 되도록 만든다. 재미있는 분석이다. 어쩌면 인간은 자신이 동물과 다를 바가 없다는 사실을 인정하면서도 그럴 경우 사라지는 자기 존재의 의미를 자신을 신으로 만들어 만회하려고 하는 것일지도 모르겠다. 이런 상황을 세밀하게 이해하기 위해서는 트랜스휴먼을 이해할 필요가 있다.

마정미는 『포스트휴먼과 탈근대적 주체』(커뮤니케이션북스, 2014)에서 트랜스휴먼과 포스트휴먼의 차이를 이렇게 구분한다. 트랜스휴먼은 정보 기술, 바이오 공학, 나노 공학과 같은 테크놀로지를 통해 신체의 결함을 극복하고 인체의 기능을 극대화하는 존재다. 트랜스휴먼과 포스트휴먼의 핵심적 차이는 이것이 자아와 세계 사이의 근본적인 이원론과 관계를 맺는 방법에서 찾을 수 있다. 포스트휴머니즘은 계몽주의 휴머니즘과 그것의 본래적인 이원론을 대체하는 인간의 구성에 대한 새로운 패러다임을 모색하는 데 관심을 두고 있다. 반면 트랜스휴머니즘은 휴머니즘의 이원론을 전용하여 슈퍼휴먼의 단계에 이를 때까지 휴머니즘적 특성을 확대하려고 한다. 트랜스휴머니스트들은 이러한 확장을 기술이라는 힘의 도움을 받아 달성하고자 한다. 트랜스휴먼은 근대의 휴머니즘을 강화한 것이다. 마정미는 임석원의 주장을 인용하면서 포스트휴먼 담론이 크게 세 가지 입장으로 나뉜다고 말한다. 첫째 유형은 포스트휴먼적 미래에 대해 암울한 비전을 제시하고 경고하거나 기술 유토피아가 간과하기 쉬운 사회적·윤리적 가치의 우선성을 강조한다. 우리는 이 입장을 "부정적 포스트휴머니즘"으로 부를 수 있다. 둘째 유형은 포스트휴먼적 미래를 기술 결정론적인 관점에서 낙관적으로 또는 불가피한 것으로 바라보는 입장이다. 기술 우호적인 포스트휴머니스트들은 생명 진화와 기술 진화가 하나의 동일한 패턴을 따르는 연속선상에서 진행된다고 생각하고 허약한 인간 육체를 더 나은 기계로 대체하는 것을 환영한다. 셋째 유형은 기존 휴머니즘의 한계를 비판하려는 의도에 좀 더 충실히 하고자 하는 유형이다. 이 유형에 속한 이들은 기술에 대해 느끼는 공포와 의심 때문에 과학 기술의 성과를 거부하는 디스토피아적 입장과 기술 우호적인 관점에서 과학 기술 발전에 인류의 미래를 맡기는 유토피아적 입장에 모두 비판적으로 접근한다. 그렇다면 우리가 포스트휴먼이라 부르는 것은 세 번째 입장이고 트랜스휴먼은 두 번째 입장이라 할 수 있겠다. 이런 설명을 듣고 보니 "호모 데우스"는 트랜스휴먼의 흐름 안에 있고 휴머니즘의 강화를 통해 휴머니즘을 파괴하는 모순적 상황을 나타내는 말이라고 할 수 있겠다. 그렇다면 이런 트랜스휴머니즘의 시도야말로 에덴동산에서 선악을 알게 하는 나무의 실과를 따먹고 신과 같이 되려고 했던 최초의 인간과 다를 바 없는 행위이고 시날 평지에 당대 최고의 기술로 바벨탑을 쌓고 하늘에 닿으려 했던 노아의 후손들과 다를 바 없는 행위가 아닐까?

　　장윤재의 『포스트휴먼 신학』(신앙과지성사, 2017)과 박일준의 『인공 지능 시대, 인간을 묻다』(동연, 2018)에서도 이 부분을 지적한다. 박일준의 책은 포스트휴먼 담론을 포괄적으로 다루기 때문에 포스트휴먼을 이해하는 데 많은 도움을 받을 수 있다. 다만 여기서는 장윤재가 소개한 로지 브라이도티(Rosi Braidotti)의 『포스트휴먼』(아카넷, 2015) 안에 있는 윤리적 입장만 소개한다. 선진 자본주의와 그것의 유전 공학 기술은 왜곡된 포스트휴먼 형태로서의 트랜스휴머니즘을 낳는다. 트랜스휴머니즘은 기술에 의한 "인간 향상"을 적극적으로 옹호한다. 하지만 이는 정의롭지 못하다. 왜냐하면 이것은 오늘의 세계에서 가장 적게 가진 사람들로부터 이미 너무 많이 가진 사람에게로 재원과 관심을 빼앗아 가기 때문이다. 트랜스휴머니스트들이 인간의 완전성을 추구하는 동안에 세계의 가난한 사람들은 기초적인 의료 서비스나 식량, 혹은 깨끗한 물이 없어 죽어갈 것이다. 우리는 필요 이상 많이 가진 사람을 향상시키는 데 중점을 둘 것이 아니라 기초적인 필요조차 충족하지 못한 채 살아가는 수많은 사람의 삶과 존엄성을 향상시키는 일에 더 관심을 기울여야 한다. 이에 동의하며 장윤재는 다음과 같이 말한다. "진정한 포스트휴먼은 인간이 아닌 모든 존재를 범주적으로 타자화해온 근대 휴머니즘의 인간 중심주의와 종 차별주의를 버리고 땅과 지구와 자연이 함께 공생하는, 생태계 일원으로서의 새로운 인간을 지향하는 것이어야 한다." 우리가 물어야 할 질문은 이것이다. 인류세(Anthropocene)에 포스트휴먼으로 살아간다는 것은 무엇인가? 그것은 휴먼이 부당하게 헤게모니를 장악하려는 모든 월권에 저항하는 것이다. 인류세에 포스트휴먼으로 살아간다는 것은 휴먼의 모든 배타적 권리 주장이 사실은 부분적인 것에 불과한 것을 절대적인 양 호도하려는 부당한 것이라는 점을 폭로하는 것이다. 다른 말로 하면 휴먼의 유일성에 저항하는 것이고 생명의 다수성을 옹호하는 것이며 휴먼의 독점에 반대하는 것이고 휴먼의 월권을 폭로하는 것이다. 그것은 나아가 휴먼에 의한 통일성을 향한 강박, 획일성과 통제에 대한 공상과 근본적으로 결별하는 것이다. 한마디로 포스트휴먼이 된다는 것은 순수 계몽적 주체라는 근대 휴먼의 환상을 깨끗이 청산하고 인간과 비인간을 구분했던 모든 경계를 넘어서는 것이다. 달리 말하면 그것은 인간이 "자율적인 주체"라는 환상에서 벗어나 "관계적인 주체"로 다시 태어나는 것이다. 따라서 로지 브라이도티는 생태적인 세계관, 관계적인 세계관, 유기체적 세계관, 엔트로피의 세계관으로 전환할 것을 강력히 주장하며 결론을 마무리한다.

포스트휴먼 상황이 제기하는 규범적인 문제를 다룬 책으로는 『포스트휴먼 시대의 휴먼』(아카넷, 2016)이 좋다. 생각할 거리들을 던져주는 글들이 많다. 이 중에서 하대청이 쓴 "슈퍼휴먼이 된 장애인"이라는 글을 소개한다. 이번 장의 주제와 연결되기 때문이다. 하대청도 트랜스휴머니즘에 대한 문제점을 지적한다. 트랜스휴머니즘이 실상 "트랜스-휴머니즘"이 아니라 "트랜스휴먼-이즘"임을 지적한다. 트랜스휴머니즘이 사용하는 강력한 스토리텔링이 "장애의 극복"이다. 장애인이 기술의 도움으로 비장애인이 되었다는 스토리를 자주 사용한다. 이런 스토리텔링은 슈퍼휴먼을 갈구하는 것을 도덕적 명령으로 만든다. 트랜스휴머니스트들의 기획에서 무언가를 할 수 없는 무능력은 참기 어려운 것이며 타인의 도움을 필요로 하는 의존성은 두려운 것이다. 무능력은 극복해야 하는 것이며 의존성은 노예 상태처럼 회피해야 하는 것이다. 대신 이 기획에서는 능력을 갖춘 인간, 다시 말해 건강하고 정상적이고 독립적이며 자율적인 인간이 인간 됨의 전형으로 간주된다. 이런 점에서 트랜스휴머니즘은 능력(competence) 또는 행위 능력(agency)과 자율성(autonomy)에 기초해 시민적 권리와 가치를 부여하는 근대 휴머니즘의 이상 위에 놓여 있다. 하지만 이렇게 개인의 행위 능력에 기초해서 시민적 권리를 주장하는 논리는 반(反) 휴머니즘 전통의 연구들이 잘 보여주듯이 수많은 타자를 생산하는 결과를 낳았다. 자유주의적 휴머니즘은 능력이 부족하거나 없다고 간주되는 여러 타자들을 억압하거나 배제해왔다. 휴머니즘이 인간의 내재적 능력에 신뢰를 부여할 때 사용한 바로 그 언어와 논리로 여성, 동성애자, 노예, 타인종, 광인, 부랑자, 기형인, 장애인, 동물 등이 공동체에서 합법적으로 축출되었다. 하지만 모든 인간은 의존적 존재다. 먹고 입고 화장실에 가는 일상생활에서 우리는 다른 사람들의 도움에 항상 의존한다. 의존과 도움으로 인식하지 못할 뿐이지 우리는 성별 관계, 경제적 교환, 복잡한 상호 연결 때문에 누군가의 도움을 받는 의존적 존재다. 장애인이 휠체어가 없으면 불완전해지는 것과 마찬가지로 비장애인도 사실 기술, 법, 사회적 기술이 없다면 불완전해진다. 그렇기 때문에 하대청은 이런 트랜스휴머니즘의 경향성을 극복하기 위한 방법으로 장애학을 소개한다. 바로 앞에서 요약한 그 내용들이다. 장애를 사회적인 것으로, 손상을 차이로 이해하는 장애학의 도움을 받아 그는 포스트휴먼이 반드시 연약함, 유한성, 의존성을 긍정하는 포스트휴먼이 되어야 한다고 말한다. 이것이 바로 십자가를 통해 창출된 초기 교회 공동체의 모습 아니던가? 십자가가 무엇인가? 하나님의 약함과 어리석음이 아닌가? 십자가야말로 연약함, 유한성, 의존성을 긍정하는 하나님의 사랑이 아닌가? 그것만이 모든 것이 모든 것과 더불어 공생하는 공동체를 창출할 수 있는 진정한 힘이 아닌가? 이것이 사회의 중심 가치가 될 때만 하나님 나라가 임하는 것 아닌가? 그것만이 동물과 다를 바 없는 존재로서의 인간에 대한 긍정을 담은 전도서의 메시지를 성취하는 사회가 아닐까?

## 플랫폼 자본주의의 그늘을 직시하라

코로나19 팬데믹 사태는 우리에게 파국의 그림을 보여주었다. LAB2050이 기획한 『코로나 0년 초회복의 시작』(어크로스, 2020)은 파국의 여섯 가지 얼굴을 다음과 같이 말한다. 1) 성곽 도시: 협력과 번영의 세계 질서가 맞는 파국, 2) 마이너스 경제: 잉여와 기회의 종말, 3) 독식 시장: 공정한 경쟁 질서의 붕괴, 4) 균열 일터: 안정된 직장의 소멸, 5) 막차 타기 전쟁: 공무원과 자산가로 살기 위한 질주, 6) 환경 파국: 기후 위기와 플라스틱 쓰레기 문제의 해결 불가능성 등이다. 이런 파국의 상황에서 단지 "예전"으로 돌아가는 "회복"을 이야기해서는 안 된다. 파격적인 변화를 도모해야 한다. 이 책은 이런 "초회복"을 네 가지로 제시한다. 1) 국가: 자유 안정성과 기본소득 체제, 2) 개인: 자아실현적 동기부여와 적극적 시민, 3) 시장: 디지털라이제이션(digitalization[디지털화와 지역화의 연결]), 4) 사회: 연대적 공존 등이다. 이런 초회복을 위해서는 우선 현실을 있는 그대로 직시할 필요가 있다.

코로나19 팬데믹이 발생하면서 우리는 사회의 민낯을 보게 되었다. 파국이 여섯 가지 얼굴을 하고 있지만 가장 상징적이고 충격적인 민낯은 플랫폼 노동과 돌봄 노동 영역에서 보인 것 같다. 플랫폼 자본주의와 배달노동자의 문제를 심도 있게 다룬 『포스트 코로나 시대, 플랫폼 자본주의와 배달노동자』(북코리아, 2021)는 사진 한 장을 소개하면서 책을 시작한다. 2020년 8월, 비가 무던히 많이 내리던 부산의 물에 잠긴 도로를 뚫고 배달 오토바이 한 대가 멈춰 서 있다. 허리까지 물이 차는 상황에서 한 배달노동자가 배달 음식을 머리 위로 들고 비를 흠뻑 맞으며 배달하고 있다. 나도 이 사진과 영상을 보며 분개했던 기억이 있다. 코로나19가 엄습했던 그 시기에 경찰청과 국토교통부 통계에서는 2020년 10월 기준 한 해 이륜차 사고 사망자가 446명으로 코로나로 죽은 사람보다 더 많았다는 사실이 드러났다. 코로나가 "사태"에서 "시대"로 접어들자 사람과 자본은 적응하고 이동했다. 피부에 붙어버린 마스크처럼 적당한 거리도 익숙해졌다. 하지만 이동이 어려워진 만큼 누군가의 이동량은 늘어났다. 많은 겸직 목회자도 이 일을 하는 것으로 알려진 배달노동자들이다. 이들은 근로기준법의 보호를 받지 못해 갑질에 시달렸고, 피 말리는 플랫폼 경쟁과 감시에 속박되어 자유롭게 자유를 빼앗겼으며, 나날이 가중되어가는 기후위기 속 폭염과 폭우로부터 안전조차 잃어버렸다. 기존의 사회적 안전망조차 보장되지 않는 현실에 방치되었다. 이동과 안전이 간편하게 사고 팔린다. 위험이 "혁신"이라는 이름으로 포장되어 외주화된다. 배달노동자는 "자영업자"로 분류되어 노동법의 보장을 받지 못한다. 이들은 친절을 강요당하지만, 안전은 보장받지 못한다. 로지스틱스의 최말단으로서 물류·운송 배달노동자의 상황은 역설적으로 직접적인 육체노동자의 노동 부담 가중과 위험의 확산을 가져온다. 우리는 뉴스에서 자주 물류·운송·배달노동자들의 사고 소식을 듣는다. 코로나19 팬데믹은 이 사회를 움직이는 필수노동자가 누구인지를 보여주었다. 하지만 그들이 저임금과 고위험에 노출된 가장 열악한 노동자라는 것도 보여주었다. 이런 와중에도 디지털 부문의 탄소 배출량이 어마어마하게 늘어난다. 현재 닷컴 기업들의 화석 연료 소모 수준은 매년 전 세계 항공기들이 운행 중 방사하는 온실가스 배출량에 맞먹는다. 여기에 더해 이 업계가 유지하는 전 세계 데이터 센터와 첨단 통신 인프라 장비를 냉각하기 위한 에너지 소모는 전체 전기 탄소 배출량의 70% 정도이고, 전 세계 이산화탄소 방출량의 4% 수준이며, 2030년에는 정보-통신-기술 영역이 전 세계 에너지 사용량의 51%를 소모하고, 온실가스 총량의 23%를 배출할 것으로 예측한다. 또한 언택트 산업의 발달로 일회용 플라스틱 용기는 산더미처럼 쌓여간다. 환경부는 2020년 상반기 하루 평균 951톤의 비닐 폐기물과 하루 평균 848톤의 플라스틱 폐기물이 발생한다고 밝혔으며, 실제로 배달·포장 쓰레기 산이 2020년 2월부터 6월까지 4개가 새로 생겼다고 한다. 이것이 현실 "플랫폼 자본주의"의 모습이다.

플랫폼 자본주의를 분석한 사람 중 가장 유명한 사람은 닉 서르닉 (Nick Srnicek)이다. 그는 『플랫폼 자본주의』(킹콩북, 2020)에서 지금 시대가 집합적 협력과 지식이 가치의 원천으로 변했고 노동 과정이 점점 비물질 형태로 바뀌며 상징과 정동의 조작 및 사용 쪽으로 변해간다고 말한다.

이제 생산 수단이 아니라 정보를 소유한 새로운 계급이 경제를 지배한다. 21세기 선진 자본주의는 특정한 종류의 원료를 추출하고 사용하는 데 달려 있다. "데이터"가 바로 그것이다. 여기서 새로운 사업 모델이 등장한다. 바로 플랫폼이다. 플랫폼 자본의 내적 특성으로는 다음 네 가지가 있다. 첫째, 추출의 확대다. 광고 플랫폼에서 확인되듯이 플랫폼의 확장은 이용자를 확보하는 데 머물지 않고 이용자로부터 다양한 형태의 데이터를 추출하려는 동기도 작동한다. 그리고 그렇게 확보된 데이터는 광고 회사, 제조업, 오락 산업, 건강 보조 식품, 의료 분야 등 삶의 여러 영역에 걸친 자본의 관심사를 모으는 저수지가 된다. 둘째, 경계 관리의 지배다. 플랫폼은 특정 영역에서 시작해 주변으로 생태계를 확장하면서 새롭게 형성되는 정보에 대해 주도적 지위를 유지하려 한다. 이런 전략은 전통적 방식의 합병이 아니며 수평적 통합이나 다각적 통합도 아니다. 생태계 전략은 그물망적 확산 형태를 띠는데, 독립되어 있던 각각의 영역을 잠식해 들어간다. 셋째, 시장의 수렴이다. 플랫폼이 발달할수록 데이터 추출의 확대와 함께 전략적 위치의 점유가 중요하기 때문에 같은 영역에 수많은 회사가 경향적으로 몰려들 것이다. 2015년 전 지구의 인수 합병은 금융 위기 이전보다 40% 이상 늘어났고 선도적인 플랫폼은 경쟁자를 물리치려고 전방위에 걸쳐 자원을 확보했다. 결국 영역을 가로질러 경쟁이 벌어지고 최종적인 수렴 현상이 일어났다. 넷째, 생태계 폐쇄다. 플랫폼은 경쟁 우위가 충분하지 않아도 이용자와 데이터를 그물 안에 가두는 방식으로 잡아두려 한다. 이런 네트워크 효과 덕분에 거대한 규모로 성장하지만 시장의 압력으로 인해 서로 형태가 닮아가는 수렴 경향과 경쟁자를 물리치기 위한 수단으로 폐쇄 전략이 출현한다. 그래서 서르닉은 이런 경향 때문에 플랫폼 자본주의가 플랫폼 서비스를 제공하고 그 대신 임대 수익을 추출하는 쪽으로 변화할 것이라고 예상한다. 플랫폼 자본주의의 필연적인 수렴화·독점화 경향과 생태 부하를 증가시키는 경향을 극복하기 위해서 그는 국가가 규제해야 하며 공공 플랫폼 혹은 탈자본주의 플랫폼을 만들어야 한다고 말한다. 이는 파리 시장이 제안한 "15분 도시"의 비전과 유사하다. 배달도 지역 안의 근거리에서만 가능하도록 배치하고 친환경 교통수단을 사용하며 배달 플랫폼 협동조합 형태로 자리 잡게 하면 좋을 것이다. 플랫폼 협동조합에 대해서는『플랫폼 경제, 협동조합을 만나다』(착한책가게, 2019)를 참조하라.

교회가 플랫폼 자본주의를 공부하면서 코로나19 이후의 시대에 대해 고민하면 좋을 것 같다. 코로나19 이후 언택트 문화를 어떻게 교회에 적용할 것인지에 대해서만 고민하지 않았으면 좋겠다. 한국교회 내 거의 모든 포스트-코로나 담론이 이런 방향인 것 같다. 사회적인 차원의 고민은 없고 문화적인 차원의 고민만 하는 한국교회의 경향성이 여기에도 나타나는 것 같다. 코로나19 이후 시대의 교회에 관한 책들을 읽어보면 거의 이런 경향성을 보인다. 물론 그것도 필요하지만, 그것만으로는 안 된다. 나 또한 그런 경향과의 연속선상에서 고민해본 적이 있다. 언택트 문화를 교회에 적용하여 온라인과 오프라인 모두를 접목하는 "올(all)라인 교회"나 "하이브리드 교회"가 되기 위해 이 분야에서 가장 기본적이고 유명한 책 네 권을 연속해서 읽은 적이 있다. 김상균의『메타버스』(플랜비디자인, 2020), 김용섭의『언컨택트』(퍼블리온, 2020), 최재붕의『포노 사피엔스』(쌤앤파커스, 2019), 스콧 갤러웨이(Scott Galloway)의『플랫폼 제국의 미래』(비즈니스북스, 2018) 네 권이다. 나름대로 요약해보면, 이 책들은 이 세상의 변화에 대해 다음과 같이 말한다. 첫째, 모두가 단절을 추구하는데 그 단절이란 실상 연결의 욕망이 시대에 맞게 표출된 것이다. 인간은 사회적 존재이기에 단절을 추구하는 것처럼 보이지만 모두 약한 연결과 느슨한 연결을 통해 연결의 욕망을 실현하고 있다. 둘째, 현대인은 모든 것에서 놀이와 게임을 추구한다. 인간은 호모 루덴스, 즉 놀이하는 인간이기에 모든 것을 놀이화하고 게임화한다. 현시대는 "게임 문명"으로 바뀌었기 때문에 게임 문명의 세계관을 받아들이지 않으면 안 된다. 셋째, 지금 세상은 플랫폼 자본주의와 데이터 자본주의로 바뀌었다. 인공 지능, 알고리즘, 딥러닝, 빅데이터, 자동화, 3D프린터, 사물인터넷 등 4차 산업 혁명의 핵심은 "데이터"다. 이제 "데이터"가 자본이 되는 세상이 되었다. 이 제국의 4대 천왕은 구글, 아마존, 페이스북, 애플이다.

　놀랍게도 앞서 언급한 네 권의 책의 저자는 모두 이런 내용과 우리도 변해야 한다고 주장하면서 근거를 제시하는데 그 근거는 모두 "돈"이었다. 4대 천왕의 엄청난 수익에 대해 이야기하며 우리도 변해야 한다고 말한다. 그걸 통해 사회가 더 행복해졌는지, 더 품위를 갖췄는지, 더 생태 친화적으로 되었는지, 더 노동 친화적으로 되었는지, 서로 더 사랑하게 되었는지, 더 아름답고 정의로운 공동체가 세워졌는지에 대해서는 말하지 않는다. 더군다나 이러한 변화의 어두운 면조차 어쩔 수 없다고 말한다. 일자리 2/3가 사라질 것이라는 등 양극화가 더 극대화될 것이라는 등 많은 문제점을 인정하면서도 그건 어쩔 수 없다고 말한다. 그렇게 퇴보하거나 도태되지 말고 변화에 올라타라고만 말한다. 나는 책을 읽은 다음에 이건 아니라는 생각이 들었다. 그들이 말하지 않는 "정의", "생태", "평화"에 대해서 말해야 한다고 생각했다. 특히 교회가 이를 더 강하게 선포해야 한다는 생각이 들었다. 앞에서 말한 네 권의 책과 비슷한 책들만이 아니라 위에서 말한 『포스트 코로나 시대, 플랫폼 자본주의와 배달노동자』나 『플랫폼 자본주의』 같은 책들도 읽었으면 좋겠다. 이광석의 『디지털의 배신: 플랫폼 자본주의와 테크놀로지의 유혹』(인물과사상사, 2020) 같은 책에서 디지털 경제와 플랫폼 자본주의의 위험성을 지적하고 대안으로 디지털 인권과 디지털 민주주의를 제시한 것이 어떤 의미이고 그것을 어떻게 적용해야 할지도 고민했으면 좋겠다. 이항우의 『정동 자본주의와 자유노동의 보상: 독점지대, 4차 산업 그리고 보편적 기본소득』(한울, 2017) 같은 책에서 정동 자본주의가 토지와 지식에 이어 정동(정신과 육체 모두에 깃든 편안함, 안녕, 만족감, 흥분 등과 같은 삶의 활력)에 대한 "제3의 인클로저"를 토대로 둔 경제이며 기업이 아닌 "사회-공장"에서 생산된 "지대(이윤이 아닌 지대)"를 사적으로 전유하여 이득을 취하는 경제이기에 이러한 불로 소득을 공동체의 부로 환수해야 한다고 말하는 의미가 무엇인지를 고민해야 한다. 그래야 교회가 플랫폼 자본주의의 그늘에서 신음하는 존재들을 위해 돌봄 사역을 할 수 있다.

## 돌봄 사회로 전환하라

두 번째 민낯은 돌봄 노동 영역에서 드러났다. 코로나19가 터지면서 사람들은 이 사회가 무한 경쟁 사회일 뿐 돌봄 사회가 아니라는 것을 깨닫게 되었다. 초창기 코로나19 확산의 진원지였던 대구의 한 요양원 모습을 통해 우리는 "떠넘기기식 돌봄"과 눈앞에서 치워버리는 "시설 입소식 복지"가 얼마나 비인격적인 형태로 자행되고 있는지를 목도할 수 있었다. 8-9명이 기거하게 되어 있는 온돌방식 입원실을 20명이 사용하고 있었고 첫 사망자의 몸무게가 42kg에 불과해 충격을 주었다. 누군가는 요양 시설을 "현대판 고려장"이라고도 하고 "죽어야 나갈 수 있는 감옥"이라고도 한다. 그렇다고 노인들을 다시 가정에 "떠넘겨야" 하는가? "질병권"에 대한 공부를 하면서 "돌보지 않을 권리"라는 말을 처음 접하게 되었다. 처음에 이 단어를 접했을 때는 좀 불편했다. 돌보지 않을 권리? 이제는 별 권리가 다 나오는구나 하는 생각이 들었다. 하지만 설명을 듣고 나서 이해하게 되었다. 보통 집안에 아픈 사람이 있으면 누가 가장 무거운 짐을 지는가? 바로 여성이다. 그중에서도 어머니가 으뜸이다. 노부모가 아파도 어머니가 책임진다. 자식이 아파도 어머니가 책임진다. 그래서 집안에 큰 병을 앓는 사람이 있으면 어머니는 혹은 여성은 자신의 삶과 꿈을 포기하고 아픈 사람들을 돌본다. 이 사회는 이렇게 어머니 혹은 여성의 희생을 통해 지금까지 유지가 되었던 셈이다. 이런 문화와 구조의 힘 때문에 여성이 계속 희생해야 할까? 만약 그럴 수밖에 없어서 선택한다면 그런 돌봄을 진정한 사랑이라고 할 수 있을까? 돌보지 않을 권리가 보장되지 않은 상태에서 돌볼지 그러지 않을지 선택하라면 그것을 자유라 할 수 있으며 참 선택이라 할 수 있을까? 돌보지 않을 권리가 보장되어 사회가 돌봄을 책임지는 상태에서 그래도 자신이 돌봄을 선택할 때 그것이 진정한 자유이고 참 선택이라 할 수 있다. 진정한 자유와 참 선택이야말로 진정한 사랑의 필요조건이다. 그렇다면 가정에 무조건 떠맡길 수도 없다. 사회가 책임져야 한다.

또한 학교와 유치원과 어린이집이 문을 닫자 돌봄 대란이 일어났다. 전업주부도 "돌밥"(돌아서면 밥)을 하고 하루 종일 집에만 있는 아이들과 밀도 있는 생활을 하느라 스트레스가 쌓여 "코로나 블루"(코로나로 인한 우울증)에 걸릴 지경이었다. 일하는 여성은 더 심각했다. "전염병은 계급과 인종을 가리지 않는다"라는 말이 있지만 재난의 영향력은 이미 존재하는 젠더적·계급적·인종적 불평등에 기생하며 증폭한다는 점을 간과하면 안 된다. 코로나19 팬데믹 전에 쓴 책이지만 『재난 불평등』(동녘, 2016)을 읽어보면 재난이 불평등하게 작동한다는 걸 알 수 있다. 책의 부제가 "왜 재난은 가난한 이들에게만 가혹할까?"인 것처럼 사회적인 불평등은 재난도 불평등하게 만든다. 재난은 여성들에게도 가혹했다. 『코로나 시대의 페미니즘』([주]휴머니스트출판그룹, 2020) 안에 있는 김현미의 "코로나19와 재난의 불평등"이라는 글을 보면 윤곽을 잡을 수 있다. 휴교와 자가 격리로 인한 여성의 가사와 돌봄 노동의 급증, 가정 폭력의 증가, 보건 사회 분야 노동자의 70%에 달하는 여성의 감염 위험 노출, 취약한 일자리에 집중된 저소득층 여성의 해고와 강제 휴직이 있었다. 통계청에 따르면 2020년 3월 한 달 동안 주로 요양, 돌봄, 급식, 청소, 서비스 분야에 종사하는 40-60대 중년 여성의 해고가 50-60% 이상 급증했고 11만 5,000여 명이 실직했다. 이 수치는 2009년 이후 최대치다. 해고와 강제 휴직이라는 노동자 지위의 상실, 가족 구성원의 임금 손실을 메우기 위해 더욱 열악한 초단시간 일자리를 수용해야만 하는 상황, 공공적 개입의 부재를 메우며 가족과 지역 사회의 요구를 해결하는 연결자로서 여성은 삶의 강도 높은 위기로 신종 코로나 사태와 맞서 싸우고 있다. 여성은 "돌봄자-노동자-연결자"라는 다중의 역할을 수행하면서 가장 큰 부담을 지는 셈이다. 이를 사회적으로 해결하지 않으면 안 된다.

코로나19 팬데믹 상황에서 아주 중요한 책이 하나 나왔다. 오늘날 세계적으로 돌봄이 마주한 다면적이고 심각한 위기 상황을 이해하고 해결하기 위한 목적으로 2017년 런던에서 학술 모임으로 시작한 단체 "더 케어 컬렉티브"(The Care Collective)가 쓴 『돌봄 선언』(니케북스, 2021)이다. 신자유주의 사회를 돌봄 사회로 바꿀 비전을 제시하는 책이라 할 수 있다. "더 케어 컬렉티브"는 현대 사회가 돌봄에 완전히 실패했다고 진단한다. 돌봄은 개인이나 가정에 맡겨야 하는 사적 차원의 일이 아니다. 그것은 사회적 역량이자 복지와 번영하는 삶에 필요한 모든 것을 보살피는 사회적 활동이다. 무엇보다도 돌봄을 중심에 놓는다는 것은 우리의 상호 의존성(interdependency)을 인지하고 포용하는 것을 의미한다. 신자유주의 체제에서 이상적인 시민이란 자율적이고 기업가적이며 실패를 모르고 자급자족할 수 있는 사람이다. 그리고 이들의 승승장구는 복지 국가의 해체 및 민주적 제도와 시민 참여의 와해를 정당화한다. 돌봄이 개인에게 달린 문제라는 생각은 우리의 상호 취약성과 상호 연결성을 인지하기를 거부하는 데서 비롯된다. 그동안 돌봄은 역사적으로 여성성과 연관되어 평가절하되었고 가정이라는 영역과 재생산이라는 여성의 중심적 역할과 묶여 여성의 일로 여겨졌다. 가족의 공간과 가사를 생산이 아닌 재생산 개념으로 인식하는 것이 돌봄 노동이 시장에 의해 더욱 쉽게 착취당하게 하는 요인이다. 신자유주의 시장은 개인적인 참여, 정서적 연결, 헌신, 공감 또는 관심을 기울이는 것 등의 가치를 금전적인 보수가 지급되는 계약에 의한 것이 아니라며 인정하지 않았고 인정할 수도 없었다. 돌봄을 집안일과 여성의 일로 여기는 전통적인 성별 분업의 개념을 넘어서야 한다. 돌보아야 하는 필요 또 돌봄을 받아야 하는 필요는 모든 이가 공유하는 것이기 때문이다. 이제는 보편적 돌봄을 이야기할 때다. 보편적 돌봄이란 어떤 형태로 나타나든 모든 돌봄이 우리의 가정에서뿐 아니라 친족에서부터 공동체, 국가, 지구 전체를 포함한 모든 영역에서 우선시되는 것을 의미한다. 보편적 돌봄은 돌봄을 삶의 모든 수준에서 우선시하고 중심에 놓으며, 직접적인 대인 돌봄뿐 아니라 공동체를 유지하고 지구 자체를 유지하는 데 필요한 모든 종류의 돌봄에 대해 모두가 공동의 책임을 지는 사회적 이상을 말한다.

돌보는 공동체를 조성하는 데 네 가지 핵심적인 특성이 있다. 좋은 이웃이 되어 지역화된 돌봄을 실천하는 "상호 지원", "도시에 대한 권리"로서 평등하고 모든 사람이 사용할 수 있고 친목과 관계 맺음을 도모하며 공유의 삶을 나눌 수 있는 "돌봄 공간"(공공 공간), 생태적인 지속 가능성과 공동체 협업을 가능케 하는 사물 도서관, 장난감 도서관, 대안 화폐, 플랫폼 협동조합 같은 "물자 공유"(공유 자원), 그리고 "지방 자치적 돌봄"이라고 할 수 있는 "공공-공동 파트너십"과 공공시설을 지역 공동체 안으로 "인소싱"하는 "돌보는 공동체"(지역 민주주의)다. 돌보는 공동체에는 첫째, "돌보는 대안 친족"으로서 또 다른 어머니가 되는 이웃, 돌봄 협동조합 같은 집단적 돌봄, 성소수자 커뮤니티 같은 선택 가족, 가족이 되는 친구, 지역 사회 돌봄 네트워크, 디지털 공동체 등이 있다. 둘째, "다름을 넘나드는 돌봄"으로서 무한한 환대의 윤리로 난민이나 적까지 품는 공동체, 비인간 친족 공동체 등이 있다. 셋째, "난잡한 돌봄"으로서 인간, 비인간을 막론하고 모든 생명체 간에 이루어지는 모든 형태의 돌봄이 필요와 지속 가능성에 따라 공평하게 그 가치를 인정받고 사용되는 돌봄을 말한다. 난잡함이란 다양화하고 실험한다는 의미며 차별하지 않는다는 의미다. 돌봄이 종종 어떻게 이루어지는지 또 이루어져야 하는지에 대해서 생각할 때 우리는 페미니스트 경제학자인 낸시 폴브레(Nancy Folbre)가 말했듯이 "보이지 않는 손"이 아니라 "보이지 않는 심장"을 생각해야 한다. 즉 돌봄과 연민의 힘이 시장화된 개인의 이기심보다 항상 앞서야 한다는 점을 인정해야 한다. 돌봄 분야와 인프라의 마구잡이식 파괴적 시장화에 저항하고 더 많이 돌보고 공평하며 생태 사회주의적인 대안 구축을 시작해야 한다. 보편적 돌봄 모델은 이러한 경제적 모순의 해소를 향한 가장 중요한 단계다. 돌보는 시장, 생태 사회주의적인 시장은 탈물신화와 재규제를 통해 교환 가치를 돌봄 가치로 바꾸는 것이고, 소비자와 생산자, 돌봄 제공자와 돌봄 수혜자를 다시 연결하는 것이며, 시장을 지역화하는 것이고, 경제를 민주적으로 운영하며 그래서 최대한 평등하고 참여적이며 환경적으로 지속 가능한 시장을 요구하는 것이다.『돌봄 선언』은 단지 인간이나 사회에 대한 돌봄만이 아니라 세상 모든 것에 대한 돌봄까지 말하고 있다.

## 사람 돌봄·마을 돌봄·지구 돌봄

우리 교회는 돌봄 사회가 코로나19 이후 시대의 핵심 키워드가 될 것이라고 보았다. 그래서 코로나 사태 동안에 돌봄을 세 가지로 나누어 사역했다. 첫째로 우리는 "사람 돌봄" 사역을 했다. 이는『코로나19 이후 시대와 한국교회의 과제』에서 자세히 언급했으니 간단하게만 언급한다. 2020년 코로나19 팬데믹이 선언되고 난 후 우리는 먼저 어려운 교회나 이웃을 재정적으로 돕기 위해 부활절 절기 헌금을 나눔 헌금으로 사용하기로 했다. 교인들에게 공고를 하고 부활절 헌금을 했다. 감사하게도 온라인 예배였음에도 불구하고 어려운 중에 교인들이 마음을 내어 예상보다 많은 금액을 헌금했고 주위에서 어려움을 겪고 있는 교회들과 단체들을 섬길 수 있었다. 하지만 직접적으로 이웃을 섬기는 일은 앞서 말한 것처럼 쉽지 않았다. 그러다가 마스크 대란이 터지고 정부에서 면 마스크도 사용 가능하다는 지침이 내려지면서 해야 할 일이 분명해졌다. 우리는 〈마스크 나눔 캠페인〉을 열기로 했다. 우리는 그저 우리가 할 수 있는 작은 일을 하고자 했는데 하나님께서는 더 놀라운 일을 행하셨다. 〈마스크 나눔 프로젝트〉는 두 달 동안 약 100여 명의 후원자와 자원봉사자들이 함께 참여해준 귀한 여정이었다. 2,680,630원의 후원금이 모금되었고 11곳의 기부처에 5차례에 걸쳐 1,600여 장의 마스크와 함께 150상자의 생필품을 전달했다. 정성껏 만들어서 보내주신 마스크는 물론이거니와 기부해주신 물품들까지 돈으로 환산한다면 1천만 원이 훌쩍 넘는 나눔이었다.

대구에 있는 장애인 교회뿐 아니라 밀양 시각장애인협회를 섬길 기회도 생겼고, 이것이 인천과 이천에 있는 외국인 노동자에게까지 확대되었다. 가장 기억에 남는 것은 화성에 있는 미등록 외국인 노동자를 섬긴 일이다. 그들에게 관심을 기울인 이유는 그들이 이곳 화성에서 소외된 이웃 중 하나이기 때문이다. 감동적이었던 것은 발안에 있는 미등록 외국인 노동자들께 생필품과 마스크를 전달해드렸는데 사진을 찍어 보내주신 일이다. 신분 노출을 꺼릴 것이 당연했기에 사진은 민감한 일이니 괜찮다 말씀드렸는데도 일부러 얼굴은 나오지 않게 찍고 그중 고른 사진이라며 사진을 보내주었다. 여러 사람이 마음 모아 보내준 것이니 누가 받았는지는 알려드려야 하지 않겠느냐고 말씀하신다. 더군다나 아무도 돌아보지 않는 사람들에게 교회가 이렇게까지 관심을 기울여준 것에 감사하다며 외국인 노동자분이 다문화센터 대표와 발안만세도서관 관장님과 함께 직접 교회까지 와서 인사를 나눈 것은 정말 감사한 일이었다. 이처럼 마을 안에 있는 지극히 작은 자에게 관심을 기울이면 하나님께서 일하실 것이다. 교회가 자리 잡은 지역에서 코로나19로 더욱 힘들어진 소외된 이웃들을 눈여겨보라. 그러면 사역이 보일 것이다.

둘째로 우리는 "마을 돌봄" 사역을 했다. 마을 돌봄 사역은 돌봄 지역 공동체를 세워나가는 것과 관련이 있다. 코로나19 기간 중 마을에서 취약한 계층 중 하나가 어린아이들이라는 걸 알 수 있었다. 아이들은 집에 방치되기 일쑤였고 혼자 편의점에 가서 컵밥을 사 먹어야 하는 경우도 많았다. 이러한 때에 집도 아닌, 학교도 아닌, 교회야말로 마을의 안전하고 책임 있는 공간이 되어주어야 한다. 모두가 경제의 회복을 말할 때 교회는 생태계의 회복과 돌봄의 회복에 기여할 수 있는 모습을 보여주어야 한다. 생명과 생태계를 "돌보는 노동"이 얼마나 가치 있는지도 보여주어야 하고, 시설 수용 중심의 정책이 아니라 "가능한 한 완전하고 자립적인 삶을 주도할 수 있도록 적절하게 지원하는 지역 사회 돌봄", 즉 마을 안에서 안전한 "제3의 공간"을 열어 공동체가 함께 돌봄을 책임지는 모델도 보여주어야 한다. 한 아이가 자라기 위해서는 하나의 마을이 필요한데 이는 교육 영역만이 아니라 돌봄 영역에도 적용되어야 한다. 그래서 우리는 "마음 돌봄, 마을 돌봄, 집밥 학교"를 했다. 이것은 페어라이프 센터 공간에 모여 프로그램을 진행하고 밥을 함께 먹는 프로그램이다. 집밥 학교는 방학마다 해왔던 것이지만 코로나19 상황에서는 학기 중에 진행했고, 방역 지침을 지키느라 소수로 제한하여 진행했다. 방역 단계가 올라갈 때는 센터 공간에 모이는 것이 여러모로 부담되어 "집밥 학교 호스트"를 모집해서 진행했다. 집밥 학교 호스트는 아이들을 자기 집으로 초대하여 프로그램을 진행할 수 있는 공간을 제공하고 음식을 대접하는 사람이다. 또한 교회 청년 중 한 명은 민폐를 끼치지 않으면서 돌봄을 부탁할 수 있는 믿을 만한 동네 언니가 되어 두세 명의 아이들을 멘토링 하는 프로그램을 진행했다. 한국장학재단 대학생 청소년교육지원사업 멘토링 프로그램과 연계하여 동네 언니가 아이들과 안전하고 친밀한 멘토링을 통해 마을 공동체의 새로운 일상을 만들어갔다. 교회 권사님들은 자주 모여 음식을 만들어 공유 냉장고에 넣어놓거나 어린아이들이 있는 집 혹은 일하는 여성이 있는 집에 직접 배달해주었다. 생태와 생명을 돌보는 노동을 통해 상생의 공동체를 만들어간 것이다.

코로나19 팬데믹이 한창일 때 더불어숲 페어라이프센터의 공정 무역 카페에서 "돌봄 정책 라운드 테이블"이라는 행사가 열린 적이 있다. 부미경 은평상상 이사장, 김정한 노원구청 아동친화정책팀 팀장, 유은희 마을공동체 마션 테이블 대표 등의 발표도 있었지만, 우리 교회의 집밥 학교와 멘토링 사역에 대한 김태윤 전도사, 김유라 집사, 이시원 청년의 발표도 있었다. 그런데 2부 토론 시간의 발제자인 조한혜정 연세대학교 명예교수가 1부에서 발표된 내용 중 페어라이프 센터의 사례를 아주 좋은 사례로 언급했다. 왜 이런 평가를 했을까? 힐러리 코텀(Hilary Cottam)의 『래디컬 헬프』(착한책가게, 2020년)를 통해 그 이유를 탐색해보자. 이 책의 저자 힐러리 코텀은 영국의 사회활동가이자 사회적 기업가다. 그녀는 "관계"와 "역량"에 기초한 새로운 복지를 주장하고 실험하여 돌풍을 일으키고 있다. 영국은 복지를 가장 먼저 실천한 나라 중 하나다. 「베버리지 보고서」는 전후 영국 사회를 구제한 프로그램으로 평가받는다. 하지만 복지 시스템이 거대해지고 관료화되면서 그 유명한 "대처리즘"에 반격당했다. "사회는 없다"라는 대처의 말로 유명한 신자유주의는 복지 예산을 대폭 삭감했고 복지의 영역을 민간에 맡겼다. 복지는 이제 서비스업이 되었다. 서비스업은 영리를 추구하기 때문에 효율성을 추구하며 계약적 관계를 맺기만 할 뿐 인격적 관계를 맺지 못한다. 예를 들어 민간 영역에서 요양 병원과 요양원이 많이 생겼지만, 노인들이 인격적으로 대우받지 못하고 존엄한 죽음과는 반대되는 마지막을 맞는 것과도 같다. 힐러리 코텀은 둘 다 문제라고 말한다. 국가가 책임지든 민간이 책임지든 거기에 "관계"와 "역량"이 빠져 있다. 문제가 많은 사람의 필요를 채워주려고 할 뿐 그들을 인격적으로 대우하지 못하고 공동체의 힘을 활용하지 못하며 그들의 역량을 개발하도록 돕지 못한다. 그녀는 관계의 힘으로 세상을 바꾸기를 원했다. 공동체라는 관계의 힘을 통해 각자의 역량을 개발하는 복지 시스템을 원했다. 그렇게 등장한 것이 "래디컬 헬프"(Radical Help)다.

　래디컬 헬프는 한마디로 국가나 민간사업체가 아니라 지역 공동체가 작은 공동체를 이루어 섬기는 시스템이다. 분리되어 개별적으로 행해지는 수많은 복지프로그램이 하나의 작은 공동체에서 통합적으로 행해지도록 했다. 이 팀에게는 두 개의 규칙이 있는데 하나는 "시간의 반전"이고 다른 하나는 "권력의 역전"이다. 그동안은 돕는 사람들이 조직 업무에 80%를 쓰고 실제로 가족을 돕는 것에는 20%를 썼는데 그걸 거꾸로 적용하도록 했고 무엇보다 국가든 사업체든 돕는 사람에게 권력을 줬던 것을 역전시켜 도움을 받는 사람에게 권력을 넘겼다. 이건 정말 말도 안 된다. 전문가들과 현장 복지사들에게 "지옥에서 온 사람들"이라고 불리고, "영구동토층", 즉 도와줘봤자 소용없는 구제불능자들이라고 불리는 사람들에게 권력을 주다니 말이다. 래디컬 헬프는 현장 활동가와 지역 사람들을 네트워크 해서 작은 공동체를 이루게 한 후 도움받는 사람들을 여기에 참여하도록 했다. 복지 프로그램을 세팅하는 것부터 도움받는 사람들이 참여하여 계획하도록 했다. 단지 영구동토층 사람들의 필요를 알아내고 그 필요를 관리하는 목적이 아니라 그들의 역량을 개발하도록 하기 위해 그렇게 했다. 뭔가를 해주는 것이 아니라 그들 스스로 자신을 가치 있는 사람으로 여기고 스스로 자신의 역량을 개발할 책임을 지도록 했다. 스스로 알아서 하도록 방치했다는 것이 아니라 스스로의 힘으로 자신의 삶을 개선할 수 있도록 공동체가 함께 도왔다. 그랬더니 영구동토층 사람들이 변하기 시작했다. 『래디컬 헬프』에는 가족, 청소년, 직업, 의료, 노인 복지 등 다섯 가지 영역에서 실험한 기적 같은 이야기가 기록되어 있다. 나는 이 책을 읽으면서 이런 생각이 들었다. "뭐야, 이거 셀교회 이야기잖아?" 우리가 교회 안에서 실험하는 것을 힐러리는 지역 공동체에서 실험했다. 실제로 이 책에는 방황하는 청소년이 교회 공동체를 만나 변화된 이야기도 나온다. 바로 이런 돌봄과 복지의 전환이라는 시각에서 우리 사례를 칭찬한 것이 아닐까? 물론 추측일 뿐이다. 여하튼 교회가 돌봄 지역 공동체를 세우는 데 앞장서야 한다.

셋째로 우리는 "지구 돌봄" 사역을 했다. 코로나19는 인간이 자신의 욕망을 충족시키기 위해 자연을 파괴한 결과 동물들이 사는 야생과 인간들이 사는 마을의 경계선이 무너지면서 동물에게만 있던 바이러스가 인간에게까지 전염된 인수공통 질병(zoonotic diseases)이다. 한마디로 코로나19 팬데믹은 환경 파괴와 기후 위기가 만들어낸 괴물이다. 코로나19가 던지는 최고의 화두는 "생태"다. 코로나19는 생태적 가치를 실현하는 문명을 만들지 않으면 "인류 멸절"이 이루어질지도 모른다는 도전을 우리에게 던지고 있다. 이에 대한 응답을 교회는 어떻게 해야 할까? 우리 교회는 매년 사순절이면 "경건한 40일 탄소 금식"을 실천하고 있다. 기독교환경교육센터 "살림"에서 제공하는 "40일 계획표"와 매일의 실천 사항이 담겨 있는 "카드 뉴스"를 활용한다. 사순절 기간 매일 올리는 카드 뉴스를 보고 각자 실천한 것을 사진 찍어 인증 사진을 교회 밴드에 올려 공유한다. 매우 창의적인 실천들과 그날의 실천 사항과 관련된 정보가 올라오곤 한다. 코로나19로 모이기 어려운 때에 각자 실천하고 온라인을 통해 소식을 공유하는 것은 모든 교회가 할 만한 실천이라고 생각된다.

우리는 2020년 여름 "10주년 기념 예배"를 드리면서 특별 헌금을 했다. 특별 헌금 중 일부는 어려운 교회와 이웃들에게 사용했지만 가장 중요한 헌금의 사용처는 "공유 냉장고"였다. 우리는 특별 헌금으로 구입한 공유 냉장고를 10층 로비에 설치했다. 누구나 음식을 가져다 넣을 수 있고 누구나 음식을 가져갈 수 있다. 음식을 넣은 사람은 이름을 기입하고 가져간 사람은 품목만 기재한다. 이를 통해 매우 다양한 나눔이 이루어졌고 마을 주민들의 참여도 많아지고 있다. 교회를 다니지 않는 한 청년은 처음으로 봉담이 자랑스러워졌다며 인스타그램에 공유 냉장고 사진을 올리기도 했다. 그곳에 "공유 찬장"을 함께 설치했다. 상온 보관 식료품이나 생필품 혹은 다양한 용기와 그릇을 나눈다. "공유 쌀독"을 사용할 때는 용기를 미리 준비하거나 비치된 면 주머니 혹은 소분 용기를 사용 후 다음 방문 시 가져오면 된다. "그릇 도서관"은 큰맘 먹고 마련했지만 일 년에 한 번 쓸까 말까 한 찻주전자와 식기류, 혼수로 가져온 귀한 그릇, 쓰지는 않지만 버리지도 못하던 소중한 추억을 이웃과 공유하며 삶을 연결하고 확장하도록 한다. 그릇 도서관은 워크숍 룸 전체에 그릇 찬장을 세팅하여 새로운 공간을 만들었다. 결혼을 위해 양가 인사를 하는 자리에 그릇을 빌려 파티를 연 커플도 있었다. "텀블러 도서관"은 개인 텀블러를 비치하고 사용할 수 있으며 공용 텀블러는 일회 용기 대신 대여해준다. 카페 맑은샘은 "무포장 가게" 1차 라인업에 동참하며 제로 웨이스트(zero waste) 카페로 나아가고 있고, 너무 작아 재활용이 어려운 플라스틱 병뚜껑과 병목 고리를 가져오면 함께 모아 서울환경연합의 "플라스틱방앗간"에 보내 재활용하도록 한다.

정말 재미있는 것은 교회 청년이 사장으로 있는 동네 책방 "모모 책방"과 "페어라이프센터"가 협업하여 "마을에서 지구를 생각하는 한걸음" 행사를 진행했다는 점이다. 4월 22일(지구의 날)에서 6월 5일(환경의 날)까지 45일간 진행되는 "마을에서 지구를 생각하는 한걸음"은 외부의 자금을 지원받지도 않고 동네에서 자발적으로 단체와 개인이 실천하는 생태적 실천 프로그램이다. 카톡 공개 채팅방을 통해 광고하고 자발적으로 참여하는 프로그램에 많은 사람과 단체가 참여했다. 우리 교회는 종이 주보를 완전히 없앴고 카드 뉴스 형식 주보만을 사용했으며 어린이부는 어린이 달 선물을 제로 웨이스트 제품과 유기농 & 공정 무역 간식 선물꾸러미로 준비했다. 모모 책방과 페어라이프 센터는 "제로 웨이스트 팝업 스토어"를 운영했고, 동네 청년들과 주부들 및 조그마한 단체들이 다양한 실천으로 여기에 참여했다. 놀라운 것은 이렇게 자발적으로 일어난 운동 소식을 듣고 아리랑TV에서 다큐를 제작해주어 "지구를 생각하는 한걸음! 우리 동네 기후변화실험실"이라는 제목으로 방영이 되기도 했다. 더욱 놀라운 것은 2차 모집에 "화성환경운동연합", "한살림 환경위원회 화성", "그랑드발전소", "소다미술관" 등이 참여했다는 점이다. 이전에는 메인 환경 단체들이 행사하면 시민들이 참여하던 모양새를 띠었다면, "마을에서 지구를 생각하는 한걸음"은 지역 주민들이 자발적으로 시작한 운동에 메인 환경 단체들이 참여한 형국이라고 할 수 있다. 바야흐로 아래로부터의 환경 운동의 시대다. 지역에 뿌리내린 교회야말로 이 일을 가장 잘 할 수 있다. 교회여, 일어나라!

# 제3부

# 전도서 2: 미학적 삶을 살라

**"아름다움이 세상을 구원하도록 하라"**

# 제1장

# 아디아포라, 트랜스포머로 살라

너는 가서 기쁨으로 네 음식물을 먹고 즐거운 마음으로 네 포도주를 마실지어다. 이는 하나님이 네가 하는 일들을 벌써 기쁘게 받으셨음이니라. 네 의복을 항상 희게 하며 네 머리에 향 기름을 그치지 아니하도록 할지니라. 네 헛된 평생의 모든 날, 곧 하나님이 해 아래에서 네게 주신 모든 헛된 날에 네가 사랑하는 아내와 함께 즐겁게 살지어다. 그것이 네가 평생에 해 아래에서 수고하고 얻은 네 몫이니라. 네 손이 일을 얻는 대로 힘을 다하여 할지어다. 네가 장차 들어갈 스올에는 일도 없고 계획도 없고 지식도 없고 지혜도 없음이니라(전 9:7-10).

＊
＊

우리의 삶을 구성하는 것 중 가장 중요한 것이 "사랑"과 "노동"이라고 흔히들 말한다. 전도서 9:7-10도 이 두 가지를 다룬다. 전도자는 이 두 가지 문제를 삶의 즐거움과 기쁨이라는 측면에서 다루고 있다. 독특하게도 전도자는 여러 곳에서 인생의 헛됨을 잔뜩 늘어놓은 다음 항상 이렇게 마무리한다. "사람이 먹고 마시며 수고하는 것보다 그의 마음을 더 기쁘게 하는 것은 없나니 내가 이것도 본즉 하나님의 손에서 나오는 것이로다"(전 2:24). 특정 주제를 다룬 후 전도자는 이 말을 계속 반복한다. 어떻게 보면 그저 작고 소소한 일상을 누리는 삶이 가장 중요하다는 메시지로 읽힐 수도 있는 상황이다. 하지만 솔로몬을 패러디한 것으로 전도서를 생각해보면 이것도 완전히 뒤집힌다. 헛된 세상에서 나 혼자 "카르페 디엠"을 추구하며 살라는 말이 아니라 사랑과 노동이 즐거움과 기쁨이 되는 세상으로 바꾸라는 말로 재해석할 수 있겠다. 도대체 사랑과 노동이 즐거움과 기쁨이 되는 삶, 사랑과 노동이 예술과 축제가 되도록 하는 삶은 어떤 삶일까?

## 활동적 삶과 관조적 삶

우리는 모두 노동을 신성시하는 문화 속에서 살고 있다. 하지만 과연 모든 노동은 신성한 것인가? 한나 아렌트(Hannah Arendt)는 『인간의 조건』(한길사, 제2판, 2019)에서 인간의 활동 전반을 "활동적 생활"(*vita activa*)과 "관조적 생활"(*vita contemplativa*)로 나눈다. "활동적 생활"은 세 가지다. 노동(labor), 일(work) 그리고 활동(action)이다. "노동"은 생명과 삶을 유지하기 위해 필요에 쫓겨 행하는 작업을 의미하고, "일"은 동물과 달리 인간만의 특징인데 영속성과 내구성을 부여하는 행위, 이를테면 도구나 작품을 만들어내는 행위를 가리키며, "활동"은 사회와 역사를 형성하는 정치적 작용이나 예술 등의 표현 행위를 일컫는다. "관조적 활동"이란 자연이나 우주의 진리를 감지하여 차분하게 마주하는 자세를 말하며 그리스인들은 이것이야말로 궁극의 인간다운 모습이라고 여겼다. 한나 아렌트는 산업혁명 이후 근대 사회에서 일, 활동, 관조는 부차적인 것이 되어버리고 오직 "노동"만이 가치의 원천이 되게 만들었다고 근대를 비판한다. 근대는 인간을 "노동하는 동물"로 만들었다. 인간의 소외가 일어나기 시작하면서 문명은 양적으로는 진보했지만, 삶의 질은 점점 더 황폐해져 버렸다. 능동성과 자발성을 상징하는 "일과 활동과 관조"가 사라지고 생존의 필요에 묶여 어쩔 수 없이 노동하는 인간은 겉으로는 열심히 움직이지만, 철저히 수동적인 존재가 되었다.

로먼 크르즈나릭(Roman Krznaric)은 『인생학교 | 일』(쌤앤파커스 2013)에서 사람들이 일하는 이유에는 다섯 가지가 있다고 말한다. 돈을 버는 것, 사회적 지위를 획득하는 것, 더 나은 세상을 만드는 데 기여하는 것, 열정을 따르는 것과 재능을 활용하는 것, 그리고 자유를 획득하는 것이다. 앞

의 두 가지, 돈과 지위는 "외재적 동기 요인"이라고 하고 나머지들은 "내재적 동기 요인"이라고 부른다. 외재적 동기 요인은 진정한 만족을 줄 수 없고 오직 내재적 동기 요인만이 진정한 만족을 줄 수 있다. 크르즈나릭은 자신의 경험을 이렇게 이야기한다. 그는 관리자로 직장을 다니는 것이 너무 힘들었다. "삶의 기술"에 대한 강좌를 개설하는 것이 꿈이었다. 하지만 계속 주저하고 있었다. 그 모습을 본 아내가 다음과 같이 말했다. "당장 퇴직하지 않아도 되잖아. 그냥 주말마다 우리 집 부엌에서 강좌를 열지 그래?" 크르즈나릭은 그 말을 듣고 정신이 번쩍 들었다. 그는 집에서 강의를 시작했다. 그는 이메일 초대장으로 주변에 강좌 개설 소식을 알렸다. 한마디로 대박이 났다. 가정에서 하던 것이 문화 센터로 옮겨지고 결국 그는 런던 〈인생학교〉 설립자가 되었다. 자신의 선택을 통해 새로운 인생을 산 그는 아직도 최초의 이메일을 보낸 다음 느꼈던 흥분과 기쁨을 잊지 못한다고 말한다. 그는 절대적인 자유의 느낌, 자신이 인생의 주인이 되는 느낌을 받았다고 한다. 하지만 과연 이렇게 일하는 사람이 몇이나 있을까? 노동과 자연을 한없이 저렴하게 만들어야 유지되는 사회에서 이런 일이 얼마나 가능할까?

오연호 오마이뉴스 대표는 『우리도 행복할 수 있을까』에서 행복 지수 1위 덴마크를 소개한다. 그는 덴마크가 행복한 이유를 여섯 가지 키워드로 설명한다. 1. 자유, 2. 안정, 3. 평등, 4. 신뢰, 5. 이웃, 6. 환경. 그중에 첫 번째가 가장 중요하다. 왜 그런가? 그것이 인생의 가장 중요한 기초가 되기 때문이다. 아이들에게 가장 중요한 것이 바로 "자유"다. 덴마크 교육 철학은 "즐겁게 그리고 자유롭게"다. "즐겁게"는 "좋아하는 일을 선택하라"는 뜻이다. 사람은 좋아하는 일을 할 때 행복하다. "자유롭게"는 "스스로 선택하라"는 의미다. 아이들이 외적인 강제나 생존의 필요성 때문에 어쩔 수 없이 직업을 선택하는 것이 아니라 자기 스스로 지금 해야겠다고 느꼈을 때 직업을 선택하게 해야 한다. "즐겁게 그리고 자유롭게"를 다른 말로 하면 "스스로 선택하니 즐겁다"라는 말이 된다. 물론 이런 자유는 그것을 가능케 하는 복지 시스템이 갖추어질 때 가능하다. 덴마크에는 의사나 수리공의 수입에 큰 차이가 없다. 이런 사회가 돼야 진정한 "직업 선택의 자유"가 생긴다. 직업 선택의 자유가 보장되니 그들은 진정으로 자기가 하고 싶은 일을 선택하며 살아간다. 그들은 대부분 자기가 하는 일에 대한 자부심이 있고 그 일들이 자신의 나라를 바람직한 사회로 만드는 일에 일조하고 있다고 여긴다. 과연 한국은 이렇게 능동적으로 노동을 선택할 수 있는 사회인가? 오직 "노동하는 인간"이 되라고 강요하는 사회가 아닌가?

이런 "노동하는 인간"이 처한 상황을 적나라하게 보여주는 하나의 장면이 있다. 바로 아우슈비츠 수용소다. 아우슈비츠 수용소 입구에 걸려 있는 표어가 무엇인지 아는가? 양쪽 문설주를 잇는 아치형의 간판에는 이런 글씨가 있다. "노동이 너희를 자유롭게 하리라." 아우슈비츠 수용소의 목적은 수용자들을 "노동하는 인간"으로 만들어 자유로운 세상으로 돌려보내는 데 있다. 하지만 바로 그 아우슈비츠야말로 세상의 본질을 보여주는 "시뮬라시옹"(simulation)이다. 『시뮬라시옹』(민음사, 2001)에서 철학자 장 보드리야르(Jean Baudrillard)가 말하는 시뮬라시옹은 실재로 존재하지 않는 것을 마치 실제로 있는 것처럼 만들어놓은 상태를 말한다. 가짜이면서 진짜보다 더 진짜인 세계를 말한다. 꾀병은 가짜이지만 환지통은 팔다리가 잘려 나갔는데도 그곳에서 느끼는 진짜 통증인 것처럼 말이다. 시뮬라시옹은 가짜이지만 세상이 가짜라는 걸 숨기는 가짜다. 디즈니랜드가 실상은 세상이 디즈니랜드인 것을 숨기는 환상의 장소이듯이 말이다. 마찬가지다. 몰현실적인 장소인 아우슈비츠는 세상이야말로 아우슈비츠임을 숨기는 장소다. 사실상 세상이 아우슈비츠다. 세상은 우리를 향해 외친다. "노동이 너희를 자유롭게 하리라."

## 관종과 과잉

정말 노동이 우리를 자유롭게 하는가? 도리어 우리를 노동의 노예로 만들고 있지 않은가? "일과 활동과 관조"를 상실하게 하고 있지 않은가? 모두를 일 중독자로 만들고 있지 않은가? 일만이 아니라 다양한 중독증에 걸리도록 하고 있지 않은가? 앞서 『중독 사회』에 대해 말한 것처럼 노동 사회는 우리를 중독적 존재로 만든다. 영화감독 김곡이 『관종의 시대』(그린비, 2020)와 『과잉존재』(한겨레출판, 2021)라는 두 권의 책을 썼다. 감독이지만 원래 철학을 전공한 사람답게 현대 시대를 철학적으로 분석했다. 내용이 너무 방대하여 서론 수준의 소개만 하겠다. 그는 현시대를 "관심"과 "과잉"이라는 두 개의 키워드로 푼다. 그에 의하면 특정한 사람만이 아니라 현대인 모두가 관심을 갈망하는 "관종"이다. 현대는 상품을 소비하는 것이 아니라 이미지를 소비하는데 이미지도 오직 관심을 받기 위해 소비한다. 인증 사진으로 쓸 만한 긍정적이고 환상적인 이미지만을 소비한다. 관종의 특징은 강박증이 아니라 편집증이다. 관종은 노출증을 가진 자기성애적 나르시시즘 환자다. 셀카가 유행하는 이유도 여기에 있다. 셀카를 탐닉하는 관종은 억압을 통한 히스테리가 아니라 과잉을 통한 우울증에 빠지기 쉽다. 왜 이렇게 우울증이 많고 불면증이 많은지 이해할 수 있는 대목이다. 강보라가 쓴 『나만 잘되게 해주세요』(인물과사상사, 2019)라는 책이 있다. "나만 잘 되게 해주세요"라는 문장은 한 어린이가 새해 소망으로 적어내면서 한 말인데 소셜미디어에 알려지면서 유명해진 문장이다. 현대인들의 속마음을 가장 정확하게 표현했기에 유행을 탔을 거다. 이 책의 부제는 "자존과 관종의 감정 사회학"이다. 감정 사회학이라는 방법론을 가지고 현대 문화를 "관종"이라는 키워드로 풀어낸 책이다. 현대 사회는 모두가 "관종"이 되기 위해 "인정 투쟁" 아니, 더 나아가 "관심 투쟁"을 벌이는 사회다. 관심받지 않으면 살아남을 수 없는 냉혹한 세상에서 생존하기 위해 주목받아야 하며 주목받기 위해 자신이 주목받을 만한 존재임을 끊임없이 증명하며 스스로 자기 자신을 전시하는 사회다.

이렇게 관종 사회가 된 이유 중 하나는 사회경제적 변화 때문이다. 50살이 넘은 나이다 보니 사이토 다카시가 쓴 『50부터는 인생관을 바꿔야 산다』(센시오, 2019)라는 책을 읽으면서 나를 점검한 적이 있다. 이 책에서 저자는 50살 이후는 50살 이전과 다른 가치관과 태도와 기술을 가지고 살아야 한다고 말한다. 50살 이후는 부정적인 감정에 빠지기 쉽고, 2-30대에 비하면 생산성이 현저하게 떨어지며, 지금보다 더 높은 사회적 위치에 오르는 것이 거의 불가능하고, 즉 지금이 아마도 인생의 최고점에 해당하고, 남을 부러워하거나 남에게 인정받으려 했다가는 실망할 가능성이 높으며, 자신이 중요한 인물이라는 착각에서 벗어나야 하는 나이이고, 자존심을 내려놓고 현실을 받아들여야 하는 시기다. 그는 이 시기를 어떻게 살아야 하는지에 대해 소소한 방법들을 제시한다. 이 책을 읽으면서 그는 그나마 이미 몇 권의 베스트셀러를 출간한 사람이고 대학교수이니 저런 소소한 방법들을 제시하는 거라는 생각이 들었다. 오늘날의 젊은 이들은 그가 경험한 50살 이후의 삶이라는 것을 경험한다. 이 책의 부제도 이를 방증한다. "이제 자존심, 꿈, 사람은 버리고 오직 나를 위해서만!"

익숙한 말처럼 들리지 않는가? 그건 "나만 잘되게 해주세요"의 또 다른 표현이다. 현시대는 50살 이후에나 경험하는 것을 젊은이들이 경험하는 사회경제적 상태이기 때문에 청년들조차 자존감, 꿈, 사람을 다 버리고 오직 자신만을 위해서 살아가는 "관종의 시대"가 되어버린 것이다. 더군다나 장 비아르(Jean Viard)가 『기나긴 청춘: 어른 되기가 유예된 사회의 청년들』(황소걸음, 2021)에서 말한 것처럼 지금의 청년들은 반세기 전보다 10년 이상 길어진 청년기를 보내야 한다. 그의 말처럼 이제 청년들의 네 가지 청춘 수업, 즉 학업, 노동, 여행, 사랑을 장려하는 방향으로 청년의 법적 지위 규정을 고민할 때가 됐다.

더 관심이 있었던 주제는 "과잉"이다. 김곡은 "과잉"보다 이 시대를 더 잘 요약하는 말은 없다고 말한다. 과잉의 반대말은 과소가 아니다. 과잉의 반대말은 경계다. 과잉은 "경계의 철폐"다. 현대 사회의 가장 중요한 특징은 모든 경계를 철폐하는 데 있다. 나는 이러한 분석을 읽으면서 요즘 왜 이렇게 "경계선 장애" 증상을 보이는 사람들이 많은지를 이해할 수 있었다. 김곡은 경계의 철폐를 의미하는 "과잉"으로부터 어떻게 ADHD나 공황장애, SNS 조울증, 일중독, 묻지마 범죄 등이 유행하는지를 기가 막히게 분석한다. 돈이 모든 것을 삼키는 "폭식증 자본주의"의 특징을 드러내고, "과잉주체"(hyperject)들이 모여 만든 민주주의에 왜 혐오와 가짜 뉴스가 판칠 수밖에 없는지 분석하며, 이를 극복하기 위해서는 "타인을 만나는 훈련"을 해야 한다고 그는 말한다. 좀 어려운 말들이지만 이런 분석을 통해 알 수 있는 것은 자본주의적 노동이 결코 우리를 자유케 하지 못하며 온갖 중독과 의존증에 사로잡힌 수동적인 존재로 만들었다는 사실이다. 이런 상황에서 기독교는 어떤 역할을 해야 할까?

## 사랑의 쓸모, 삶을 예술이 되게 하라

기독교는 대체로 노동을 신성시하는 종교로 이해된다. "누구든지 일하기 싫어하거든 먹지도 말게 하라"는 데살로니가후서 3:10을 금과옥조처럼 여긴다. 종교개혁가들이 노동을 천직으로 이해했으며 직업 소명설을 주장했으니 이 구절은 이를 뒷받침해주는 것처럼 보인다. 하지만 현실은 그렇지 않은 것 같다. 기독교는 말로는 노동을 하늘의 소명이라 부르지만 현실에서는 결코 그것을 인정하지 않는다. 가장 낮은 곳에서 노동을 하는 사람을 존귀하게 여기는 사회를 만드는 데 앞장서지 않는 모습만 봐도 알 수 있다. 기독교가 비정규직 노동자, 플랫폼 노동자, 청소 노동자 등의 인권을 위해서 싸운다는 소리를 들어보았는가? 도리어 기독교 대학마저 청소 노동자들에게 휴게실 하나 만들어주지 않고 있지 않은가? 낮은 곳에서 노동하는 사람들이 교회의 중직자가 될 수 있는가? 사회의 부유층이 중직자가 되지 않는가? 교회 장로의 계급 의식이 교회의 정체성을 결정하지 않는가?

데살로니가후서 3:10은 노동자를 향해 열심히 일하라고 말하는 메시지로 읽히지만 사실 이 말씀은 노동자에게 하는 말이 아니다. 그 말씀이 전해진 당시 그리스-로마 사회에서 일하기 싫어 일하지 않을 수 있는 존재는 귀족들과 자유인들과 유산자들이었다. 노동은 필연성에 매인 존재, 즉 자유가 없는 존재인 노예가 하는 것으로 이해했다. 그리스인들은 생존을 위해 노동에 속박되는 것을 가축과 같이 동물적인 수준에 머무는 것으로 여겼기에 인간다운 삶을 위해서는 노동을 동물과 다름없는 노예에게 맡겨야 한다고 생각했다. "누구든지 일하기 싫어하거든 먹지도 말게 하라"는 말은 세상 사람들과 같이 이런 생각을 하던 교인들에게 노예와 자유인을 하나 되게 하신 십자가를 제시하며 모두가 동일하게 공동체를 책임져야 한다고 주장한 것이다. 이를 위해 바울은 자신이 노동하지 않을 권리를 가진 자이지만 본을 보이기 위해 자신도 노동했다. 당시 다른 순회 전도자들처럼 전적으로 타인의 호의와 자선에 의지하여 살아가는 사람들이나 후원자들의 지원금으로 호화로운 삶을 누린 당대 철학자들과 달리 자신은 노동하여 복음에 누가 되지 않도록 했다. "일하기 싫어하거든 먹지도 말라"는 말은 이와 같은 맥락에서 이해해야 하며 여기서 말하는 일도 지금과 같은 의미의 노동이 아니다.

차라리 성경의 노동에 대한 관점을 전도서에서 구해야 하지 않을까? 전도자는 산 개가 죽은 사자보다 낫다고 말한다. 삶에 대한 초긍정성이다. 이런 입장을 가진 이들은 다음과 같이 말한다. "네 손이 일을 얻는 대로 힘을 다하여 할지어다. 네가 장차 들어갈 스올에는 일도 없고 계획도 없고 지식도 없고 지혜도 없음이니라"(전 9:10). 죽음에는 일이나 계획, 지식, 지혜도 없으니 살아 있는 동안 손이 일을 얻는 대로 최선을 다하라고 말한다. 여기서의 일이란 단지 노동만을 말하는 것이 아니라 한나 아렌트가 말한 것처럼 "활동적 생활"과 "관조적 생활", 즉 노동, 일, 활동 그리고 관조를 모두 아우르는 것을 뜻한다. 참다운 삶이란 노동, 일, 활동, 관조가 적절하게 녹아있는 일을 하거나 그것들이 균형을 이룬 상태라 할 수 있겠다. 이것은 노동을 통해 자신의 쓸모를 증명해야 하는 일과 다르다. 왜냐하면 기독교는 인간의 가치를 노동을 통해 교환 가치를 만들어내는 효율성과 생산성으로 평가하지 않고 존재 그 자체로 하나님이 기뻐하시는 자로 여기기 때문이다. "그가 너로 말미암아 기쁨을 이기지 못하시며 너를 잠잠히 사랑하시며 너로 말미암아 즐거이 부르며 기뻐하시리라"(습 3:17). 우리는 존재 자체만으로 하나님의 기쁨이다. 이 하나님의 기쁨이 우리의 가치와 우리의 쓸모를 결정한다. 정명성 목사가 쓴 『신은 쓸모라는 말을 알지 못한다』(평화교회연구소, 2021)에 나오는 "열매"라는 시가 이를 잘 보여준다. "먹지 못하는 열매도 있다. 먹을 수 있는 것만이 열매는 아니다. 먹음직한 열매는 사람들의 사랑을 받지만 신은 먹지 못하는 것들도 기뻐하신다. 사람은 과일을 아껴 재배하지만 신은 과일 아닌 열매들도 기르신다. 사람은 열매의 쓸모를 생각하지만 신은 쓸모라는 말을 알지 못하신다. 쓸모없다고 해서 맺지 않아도 되는 열매는 없는 것이다. 네 인생의 나무에서 열리는 열매가 꼭 사람의 갈채를 받아야 할 이유는 없는 것이다."

하나님은 노동을 통해 교환 가치를 만들어내는 효율성과 생산성이라는 관점에서의 쓸모라는 말을 알지 못한다. 하지만 과일이 아닌 열매도 창조세계 전체 중 일부로서 나름의 쓸모가 있는 것처럼 존재 그 자체로 하나님이 기뻐하시는 모든 인간의 삶은 그 자체로 쓸모가 있다고 할 수 있다. 노동 사회에서 볼 때 교환 가치를 만들어내는 노동을 할 수 없는 장애인은 그리 쓸모가 없다. 이런 시각으로 보면 장애인은 시혜를 베풀어야 할 불쌍한 존재일 수밖에 없다. 하지만 장애인들은 우리가 모두 존재 자체로 사랑받고 사랑할 권리가 있는 존재임을 보여주는 특별한 존재다. 장애인이나 비장애인이나 모두 하나님의 쓸모가 있다. 장애인 정책은 장애인에게 시혜를 베푸는 일이 아니라 우리가 모두 천부적으로 갖고 있는 권리에 맞게 권리를 보장하는 일이다. 우리는 모두 전체 공동체를 구성하고 하나님이 보시기에 좋은 세상을 구성하며 타자들과 관계 맺고 사랑하며 사랑받는 존재로 살아가야 한다. 하나님의 쓸모는 "노동의 쓸모"가 아니라 "사랑의 쓸모"다. 노동조차도 사랑의 쓸모일 때만 가치 있다.

사랑의 쓸모에는 "관심"과 "과잉"이 들어설 자리가 없다. 전도자는 더 이상 관심에 목숨을 건 편집증 환자가 아니다. 노출증이 있는 자기 성애적 나르시시즘 환자가 아니다. 모든 경계를 철폐하고 타자와 대상을 탐닉하고 소거하는 과잉 충동 조절 장애 환자가 아니다. 그는 오직 사랑받고 사랑하는 자다. 그렇기에 전도자는 뜬금없이 사랑 타령을 한다. "하나님이 해 아래에서 네게 주신 모든 헛된 날에 네가 사랑하는 아내와 함께 즐겁게 살지어다"(전 9:9). 단지 부부 간의 사랑 이야기를 하는 게 아니다. 사랑은 단지 이성에게 향하는 낭만적 감정이 아니다. 사랑은 타자에 대한 인정이다. 그것은 타인을 인격 그 자체로 인정하는 것을 말한다. 실상 사랑은 경계에 대한 인정이다. 김곡 감독의 말처럼 너와 나의 경계를 인정하면서 자유와 책임 사이에서 밀당을 하는 것, 그것이 사랑이다. 사랑할 때만 인간은 진정으로 타자와 대상을 위해 그리고 타자와 대상을 향해 노동하게 된다.

이런 노동은 사랑의 쓸모를 발휘하는 일이기에 하나님이 기뻐하신다. "이는 하나님이 네가 하는 일들을 벌써 기쁘게 받으셨음이니라"(전 9:7b). 벌써 기쁘게 받으셨기 때문에 우리는 삶을 즐길 수 있다. "너는 가서 기쁨으로 네 음식물을 먹고 즐거운 마음으로 네 포도주를 마실지어다"(전 9:7a) 우리의 노동이 사랑의 쓸모를 드러내는 인간다운 활동이려면 이렇게 먹고 마시는 일을 즐겁게 만드는 노동이어야 한다. 전도자는 모든 인간의 활동은 축제와 같다고 말한다. "네 의복을 항상 희게 하며 네 머리에 향기름을 그치지 아니하도록 할지니라"(전 9:8). 성경학자들에 의하면 이 구절은 고대 근동에서 펼쳐지는 축제의 모습을 보여준다. 그렇다면 이 말씀은 우리의 노동과 활동과 일상이 축제가 되도록 하라는 말이다. 축제가 없는 삶만큼 무미건조한 삶이 있을까? 축제야말로 영원성이 깃든 시간 아니겠는가? 재미있게도 전도자가 축제의 요소에서 가장 먼저 강조하는 것이 옷이다. "네 의복을 항상 희게 하며"(전 9:8). 옷은 문명의 상징이고 예술의 상징이다. 옷은 인간의 삶과 가장 밀접한 예술이다. 옷을 가장 먼저 언급한 이유는 삶이 축제가 되게 하라는 말, 곧 삶이 예술이 되게 하라는 말임을 보여주기 위해서다. 그것은 하나님이 세상을 창조하시고 "좋다!", "아름답다!"라고 미적 탄성을 자아내셨던 것처럼 삶이 예술이 되게 하라는 말이다. 예술이란 창조 행위를 통해 창조의 본성을 드러내는 일이다. 그것은 아름다움을 통해 세상의 진리와 실체를 마주하도록 하는 행위라 할 수 있다. 노동과 일과 활동이 모두 예술이 되도록 한다는 것은 이처럼 하나님이 보시기에 참 좋았다고 한 창조의 본성과 진리를 드러내는 일이다. 삶의 예술만이 인간을 인간답게 만든다. 무엇을 하든 삶을 예술적으로 만들라. 오스카 와일드(Oscar Wilde)는 다음과 같이 말한다. "사람은 자신이 예술 작품이 되거나 혹은 예술 작품을 몸에 걸치든가 해야 한다." 그리스도인은 예술 작품을 몸에 걸치는 자가 아니라 자신의 삶을 예술이 되게 하는 사람이다. 진중권이 『현대미학 강의』(아트북스, 2013)에서 말한 것처럼, 미셸 푸코는 "윤리적 미학"을 이야기한다. 전기 푸코는 근대적 주체를 해체시키는 데 몰두하지만 후기 푸코는 미적·도덕적 주체를 세우는 "자기 배려"라는 존재 미학에 몰두한다. 그는 미적 원리가 도덕 규범보다 더 큰 윤리적 구성력을 가진다고 말한다. 진정한 인간은 자기 삶에 스타일을 주어 그것을 존재의 상태로 끌어올린다. 이것이야말로 전도자가 말하는 삶의 예술을 만들어가는 인간이 아닐까?

## 아디아포라, 모든 것이 가한 삶

이제 고린도전서를 통해 미학적 삶에 대해 깊이 성찰해보자. 미학적 삶이란 지식으로 딱 떨어지지 않는 것을 분별하는 지혜를 실천하는 삶이며 "아디아포라"를 실천하는 삶이기도 하다. "아디아포라"는 문자 그대로 옮기면 "상관없는 것들" 혹은 "중요하지 않은 것들", 즉 이래도 되고 저래도 되는 것들을 의미한다. 그리스도인으로서 하든지 하지 않든지 별 상관이 없는 일들이 있으니, 한다고 해서 대단한 것도 없고 또 하지 않는다고 해서 별문제가 되지 않는 그런 사항이 그리스도인에게는 있다는 말이다. 예를 들어 이런 차원의 문제다. 여러분은 감자를 설탕에 찍어 먹는가, 아니면 소금에 찍어 먹는가? 어느 것이 옳은가? 어디에 찍어 먹어도 된다. 어떤 사람은 고추장에 찍어 먹더라. 이것이 "아디아포라"다. 기독교에서 "아디아포라"에 해당하는 가장 흔한 이슈는 술과 담배 문제다. 과거 술과 담배 문제는 신앙의 핵심 사항이었다. 술과 담배를 하면 신앙이 없는 것이고 술과 담배를 하지 않으면 매우 경건한 사람이라고 판단했다. 특히 기독교가 한국에 처음 전파되었던 시절에는 이 문제가 그리스도인의 도덕적 삶과 연관이 되어 있었기 때문에 매우 중요하게 취급되었다. 하지만 역사적인 상황이 변했는데도 이걸 신앙의 척도로 여기는 것은 문제가 있다. 이제 술과 담배의 문제를 "아디아포라"의 영역으로 이해해야 한다. 안 하면 건강에 좋지만 해도 죄가 아닌 문제 말이다. 이렇게 말하니까 "아디아포라"가 별거 아닌 문제처럼 보이지만 실상 매우 중요한 문제다. 술과 담배야 그저 신앙 양심의 자유에 맡기면 되는 문제겠지만 다른 문제들을 보면 그리 만만한 상황이 아니다.

예를 들어, 개신교 역사상 가장 유명한 "아디아포라 논쟁"은 종교개혁 당시 있었다. 16세기 중반 이후 루터 교회 내에서 멜란히톤과 플라키우스 사이에 벌어진 논쟁이다. 비텐베르크 광장에 있는 루터의 동상 옆에 멜란히톤이 서 있고 루터의 무덤 옆에 나란히 묻혀 있는 사람도 루터의 아내가 아니라 동지 멜란히톤이다. 그만큼 영향력 있는 사람이 멜란히톤이다. 루터가 죽자마자 로마 가톨릭과 개신교 사이에 전쟁이 일어났는데 1547년 5월 루터의 도시 비텐베르크가 황제의 군대에 점령당했고 전쟁은 로마 가톨릭 진영의 승리로 끝났다. 황제는 1548년 5월 15일 "아우크스부르크 잠정 협정"을 통해 성직자의 결혼을 허용하고 성만찬 때 빵과 함께 포도주를 베풀기로 하는 등 프로테스탄트의 주장 일부를 수용했지만, 다른 여러 주제에서는 로마 가톨릭 측 입장을 천명했다. 이런 상황에서 멜란히톤은 작센의 선제후(選帝侯) 모리츠의 요청에 따라 "아우크스부르크 잠정 협정"을 대체할 타협적인 문서를 작성했다. 1548년 12월 발표한 "라이프치히 잠정 협정"이 그것이다. 여기서 루터교를 지키고자 했던 멜란히톤은 로마 가톨릭의 예식은 비본질적인 것, 즉 아디아포라이기 때문에 수락해도 큰 문제가 아니라고 주장했다. 하지만 루터의 가르침을 엄격하게 지켜야 한다고 믿는 소위 "순수 루터주의자들"은 이러한 멜란히톤의 주장을 받아들일 수 없었고, 결국 멜란히톤주의자들과 순수 루터주의자들 사이에 아디아포라 논쟁이 벌어졌다. 순수 루터주의자들이 볼 때 멜란히톤은 루터를 저버린 배신자이며 로마 가톨릭교회와 타협한 변절자였다. 멜란히톤을 본격 비판하고 나선 인물은 한때 비텐베르크에서 그의 학생이었던 순수 루터주의자 플라키우스였다. 플라키우스는 로마 가톨릭교회의 예전과 교리를 조금씩 허용하고 받아들이기 시작하면 "만일 낙타가 텐트에 코를 넣으면 머잖아 몸도 넣고 말 것이다"라는 속담처럼 결국 온갖 오류와 남용이 루터 교회로 들어와 지금까지의 개혁을 무위로 돌리고 말

것이라고 보았다. 그는 평소에는 아디아포라에 속하는 문제일지라도 박해의 시기에는 그런 문제조차도 비본질적인 문제가 아니라 우리 양심과 신앙을 시험하는 시금석이자 신앙의 순수성과 정직성을 보여주는 척도가 되기 때문에 "박해의 시기에는 어떤 아디아포라도 없다"라고 주장했다. 결과적으로 아디아포라 논쟁으로 인해 멜란히톤은 루터 교회 내의 지도력을 상실하고 말았다.

이 사건은 "아디아포라" 문제가 결코 가벼운 사안이 아님을 보여준다. "본질적인 것에는 일치를, 비본질적인 것에는 자유를, 어떤 경우에도 사랑을"이라는 기독교 격언이 아디아포라 상황을 잘 말해주지만, 우리는 이 문제를 통해 무엇이 본질적이고 무엇이 비본질적인지를 규정하는 싸움이 관건이고 이것만큼 어려운 문제도 없음을 알 수 있다. 그럼 이걸 어떻게 정리하는 것이 좋을까? 신학자들도 해결하기 어려운 문제이지만 우리는 우리식대로 해결하면 좋을 것 같다. "아디아포라 원칙"을 가장 잘 보여주는 성경 구절은 고린도전서 6:12이다. "모든 것이 내게 가하나 다 유익한 것이 아니요 모든 것이 내게 가하나 내가 무엇에든지 얽매이지 아니하리라." 바울은 모든 것이 가하다고 말한다. 말 그대로 그리스도인의 자유는 명백하고 심각한 죄가 아닌 한 "모든 것"이 가능하다. 그리스도인의 자유는 아나키즘이라고 불러도 좋을 만큼 급진적인 자유다. 모든 율법을 그리스도께서 폐기하셨기 때문이다. 로마서를 보면 바울이 전한 복음을 듣고 사람들이 이런 문제를 제기한다. "그럼 그리스도인들은 죄를 범해도 된다는 말인가?" 바울이 전한 복음과 그가 말하는 그리스도인의 자유는 이런 질문이 나올 정도로 급진적이었다. 우리는 정말 아무렇게나 살아도 된다는 말인가? 바울은 그럴 수 없다고 단호하게 말한다. 그리스도인은 오직 자신을 의의 병기로 드려야 한다.

## 아디아포라, 미학적 삶

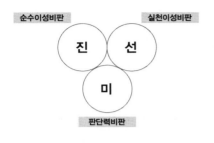

순수이성비판    실천이성비판

진    선

미

판단력비판

"아디아포라"를 실천하는 삶을 "미학적 삶"이라 부르고 싶다. 이 말을 이해하기 위해서는 임마누엘 칸트에 대해 이야기해야 한다. 영국의 경험론과 대륙의 합리론을 종합하여 근대 철학의 기틀을 마련한 사람이 칸트다. 그의 책 중에 가장 유명한 책은『순수이성비판』과『실천이성비판』이다.『순수이성비판』은 이성의 성격과 한계가 무엇인지를 밝혔으며,『실천이성비판』은 순수이성으로는 알 수 없는 도덕과 윤리의 세계를 다룬다.『순수이성비판』은 사실의 세계를 다루고『실천이성비판』은 가치의 세계를 다룬다고 할 수 있다. 순수이성은 논리적이고 과학적인 이성을 말하며 실천이성은 윤리적이고 종교적인 이성을 말한다고 할 수 있다. 그런데『순수이성비판』과『실천이성비판』은 근대 세계의 핵심적인 문제를 드러낸다. 사실과 가치가 분리되고 과학과 윤리가 분리되는 문제다. 현대 사회의 문제점은 바로 여기서 발생하는 것 아니겠는가? 하지만 칸트가 이 문제에 대해 심사숙고했다는 건 많이 알려지지 않았다. 그는 이 문제를 해결하기 위해『판단력비판』이라는 책을 썼다. 그는『판단력비판』에서 미학에 대해 논한다. 사실과 가치가 분리되고 과학과 윤리가 분리되는 것은 순수이성과 실천이성이 분리되었기 때문이다. 칸트는 이 둘의 분리라는 문제를 해결하기를 원했고 양자를 매개하는, "미학적 이성"이라고 부를 수도 있는 "판단력"이라는 개념을 주장했다. 최광진이『미학적 인간으로 살아가기』(현암사, 2020)에서 판단력에 대해 설명하는 것을 들어보자.

순수이성이 왼쪽 다리이고 실천이성이 오른쪽 다리라면 판단력은 이 두 다리를 활용하여 걷는 능력이라 할 수 있다. 순수이성이 진(眞)의 세계, 실천이성이 선(善)의 세계라면 희망, 감정, 아름다움에 해당하는 판단력은 미(美)의 세계다. 미와 예술의 판단은 정해진 규칙이나 규범에 따라 이루어지는 것이 아니라 새로운 규칙을 찾고 모색하는 것이기에 반성적 판단력이라 할 수 있으며 다른 말로 미적 상상력이라 할 수 있다. 칸트는 이처럼 진·선·미 세계의 세계를 모두 말했다. 하지만 그 세 가지는 그림처럼 서로 교차하지 않는다. 또한 진리의 세계와 선의 세계에 비해 아름다움의 세계는 부차적이고 매개적인 것에 불과하다고 보는 것이 그의 약점이다.

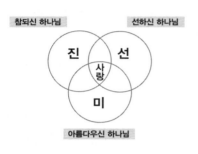

나는 성경이 진·선·미가 통일된 세계를 말한다고 생각한다. 칸트가 진·선·미 세 가지를 모두 다루었지만 그것들이 서로 분리되어 있다면, 성경은 세 가지를 마치 삼위일체처럼 통합하여 보며 서로 중첩하는 것으로 본다. 나는 이 세 가지가 모두 겹치는 영역을 "사랑"으로 본다. 진리는 자유롭고 선함은 고상하며 아름다움은 조화롭다. 진리와 선함이 만나는 자리는 "정의"이고, 선함과 아름다움이 만나는 자리는 "숭고"이며, 아름다움과 진리가 만나는 자리는 "지혜"다. 진리와 선함과 아름다움이 겹치는 자리는 "사랑"이다. 사랑이야말로 궁극적인 아름다움이고 영광스러움이다. 참 사랑은 진실하고 선하며 아름답다. 참 사랑만이 진정한 신의 영광을 드러낸다. 하나님이 천지를 창조하실 때 어떻게 했는가? 말씀으로 천지를 창조하신다. 말씀을 통해 혼돈과 공허의 비질서에 질서와 조화와 기능이 부여된다. 이처럼 창조는 진리를 드러낸다. 또한 창조는 선함을 드러낸다. 이 세상을 창조하신 하나님은 선하신 하나님이다. 선하신 하나님이 창조한 세계도 선하다. "하나님께서 지으신 모든 것이 선하매"(딤전 4:4). 하지만 무엇보다 창세기에서 창조는 아름다움을 드러낸다. "하나님이 지으신 그 모든 것을 보시니 보시기에 심히 좋았더라"(창 1:31). 하나님은 자신이 창조한 세계를 아름답게 보셨다. 이는 하나님의 창조 행위 자체가 아름다웠고 창조 행위가 아름다움을 창조하는 행위였으며 "하나님의 아름다움"이 창조세계에 반영되었음을 보여준다. 이 말은 우리가 세상을 바라볼 때 아름답다고 느끼는 주관적이고 인식론적인 차원을 의미하는 것이 아니라 하나님이 창조하신 세상 자체가 아름답다는 객관적이고 존재론적인 차원을 의미한다. 하나님의 창조세계는 곧 하나님의 성례다. 이처럼 성경은 창조가 진(眞, 로고스), 선(善, 에토스), 미(美, 파토스)를 모두 보여주고 있음을 보여준다. 특히 아름다움이 가장 강조되고 있음을 알 수 있다. 이런 경향성은 동양적 세계관에도 나타난다.

　　김용옥은 『아름다움과 추함』(통나무, 1989)에서 노자는 미(美)에 대칭되는 말로서 추(醜)를 쓰지 않고 오(惡)라는 글자를 쓴다고 말한다. 고대 중국인들은 윤리적 악(惡)까지도 미(美)에 대칭되는 오(惡)라는 개념으로 의미를 부여하고 있다. 악(惡)은 아름답지 못한 것(惡)이다. 즉 윤리적 선악의 극한 대립이 존재하지 않는다. 이런 점은 선(善)의 대칭으로 악(惡)을 쓰지 않고 선(善)의 부정태인 불선(不善)을 사용하는 것에서 나타난다. 불선(不善)은 독립된 실체로서의 악이 아니라 선의 결여를 의미한다. 선 그 자체도 악에 대칭되는 선(善, good)이라기보다는 한국말로 부사적·형용사적으로 자주 사용하는 "잘"(well)이라는 뜻이다. 이것이야말로 성경에 나오는 "좋음"이 함축하는 바가 아닐까? 여기서 말하는 "좋음"은 도덕적·이성적·감각적 기준이 아니라 미학적 영역에서의 "좋음"이니 말이다. 물론 이런 동양적 세계관은 성경이 악을 심각하게 다루는 것과 같은 태도가 부족한 약점을 가지고 있다. 하지만 나는 기독교가 진리와 선함을 중요하게 여기기 때문에 동양적 세계관을 받아들여도 그 약점을 극복할 수 있다고 본다.

앞서 말한 것처럼 기독교의 윤리는 단지 악에 대한 분노에서 나오는 것이 아니라 하나님이 보시기에 아름다운 세상에 대한 경이에서 나오는 것이다. 우리는 지금도 계시인 하나님의 말씀을 읽고 깨닫거나 지금 여기 역사하시는 하나님의 현존을 경험할 때뿐만 아니라 아름다운 창조세계를 볼 때도 그것을 더듬어 하나님의 아름다움을 발견하게 된다. 계시와 현존과 자연 가운데 나타나는 그분의 영광과 아름다움 앞에서 우리가 할 수 있는 유일한 반응은 오직 기쁨과 경이에 찬 송영뿐이다. 이런 관점에서 보면 구원이란 죄로 인해 파괴된 "하나님이 보시기에 심히 좋았던 세상을 회복하는 것"이라 할 수 있다. 이처럼 구원에서 중요한 것 중 하나가 아름다움의 회복이다. 그렇다면 기독교 구원론에서 회복해야 할 가장 중요한 영역은 미학이 아닐까? 이병훈은 『아름다움이 세상을 구원할 것이다』(문학동네, 2012)에서 도스토옙스키의 최고 작품을 『카라마조프의 형제들』이라고 말하지만, 그의 핵심 사상에 대해서는 『백치』의 주인공이 반복적으로 하는 말, 즉 "아름다움이 세상을 구원할 것이다"라고 말한다. 그렇다. 『백치』에서 강조하는 것처럼 아름다움이 세상을 구원하도록 해야 한다. 이는 문명사적 전환이라는 과제를 던지고 있는 코로나19 이후 시대가 생태적 문명이 되도록 하는 일에 가장 필요한 것이 미학적 관점이기에 더욱 중요한 과제가 아닐 수 없다. 생태학적 관점이나 동양적 세계관의 핵심이 미학적 관점임은 주지의 사실이다. 하지만 이것이 "오직 말씀"을 중요하게 여기는 개신교의 최대 약점 중 하나여서 만만치 않은 과제다.

## 제도적·예술적·지성적 요소의 통합

개신교는 그동안 미학적 영역에 관심이 없었다. 가장 취약한 영역이 미의 영역이다. 리처드 해리스(Richard Harris)는 『현대인을 위한 신학적 미학』(살림, 2003)에서 영국 웨일스의 사제이자 시인인 R. S. 토마스의 시 〈사제〉의 일부를 소개한다. "프로테스탄티즘, 예술의 교묘한 거세자. 노래와 춤과 심장의 순수한 기쁨을 가차 없이 부정하는 자, 당신은 우리의 살을 누덕누덕 기우고 따듯한 세상에서 오직 영혼의 끔찍스러운 무감각만을 남겨놓는다." 오죽하면 이런 시를 썼을까? 『성자와 혁명가』에서 말한 것처럼, "창조-성육신-재창조"라는 신학적 틀을 가지고 "총괄갱신의 신학"을 보여주는 동방 교회와 달리 "창조-타락-구속"이라는 신학적 틀을 가지고 있는 개신교는 오직 초월적 영성만을 주장하며 창조의 영성과 성육신적 미학을 잃어버려 심지어 영지주의적 영성의 모습까지 보이고 있기에 이런 무감각이 나타나고 있는 셈이다. 이제 개신교도 창조의 영성과 아름다움의 영성을 회복해야만 한다. 미학적 관점의 결여는 개신교의 전반적인 특징이지만 한국 개신교는 그 정도가 더욱 심하다. 예술 신학자 심광섭은 『예술신학』(대한기독교서회, 2010)에서 그 이유를 이렇게 말한다. 첫째, 개혁교회적 전통과 청교도적 영향을 받아 더욱 강화된 금욕주의적 미학의 전통이 한국교회에 접목되었기 때문이다. 한국교회는 예술에 대한 소극적이고 비판적인 태도를 받아들였다. 겨우 음악 정도를 선교의 수단으로 받아들이는 정도였다. 둘째, 선교사들의 출신 배경과 낮은 교육 정도에서 찾을 수 있다. 예술과 미학적 삶에 대한 의지는 예술에 대한 폭넓은 이해를 전제한다. 아주 소수의 선교사들만이 그런 이해를 하고 있었다. 셋째, 종교사회학의 관점에서 토착 문화에 대한 경시 풍조를 들 수 있다. 선교사들은 자신을 복음의 전달자로만 이해한 것이 아니라 서구 문명의 중개자로 이해했기에 미학적 감각이 부족한 속물주의와 교리적 상투어만 남았다. 그렇기 때문에 "아름다움을 찾는 신앙"이 결여되게 되었다.

개신교를 다른 교파와 연결해서 그 성격을 규명해보자. 심광섭은 『기독교 미학의 향연』(동연, 2018)에서 각 교파가 특정한 철학자를 선호하는 경향에 대해 폴 틸리히(Paul Tillich)의 분석을 소개한다. 그리스 정교회는 플라톤, 로마 가톨릭은 아리스토텔레스, 마지막으로 개신교는 칸트다. 왜 개신교에 해당하는 철학자가 칸트인가? 첫째, 개신교는 유한과 무한의 질적인 차이를 강조하는 칸트를 따라 하나님과 인간의 질적 차이를 강조했고 둘째, 실천이성비판의 뒤를 이어 개신교는 자신을 도덕 종교로 자리매김했다는 것이다. 심광섭은 프리드리히 폰 휘겔(Friedrich von Hügel)의 분석도 소개한다. 각 교파는 제도적·신비적(예술적)·지성적 요소 중 특정 요소와 친화적이다. 첫째, 로마 가톨릭교회는 "베드로"적 영역으로서 역사적 제도적·교리적 요소들과 연관된 특징을 보인다. 100-600년 사이 동·서방 교회의 신학을 이끌어간 사람들은 대개 "감독"들이다. 둘째, 동방 정교회는 "요한"적 영역으로서 직관적·감성적 요소가 강하며 사랑과 행위와 연관된 특징을 보인다. 600-1500년 사이 동·서방 교회와 신학을 이끌어간 사람들은 대개 "수사"들이다. 셋째, 개신교는 "바울"의 영역으로서 분석적·사변적 요소가 강하여 신앙을 이성과 연관 지어 이해하는 특징을 보인다. 계몽주의 이후 개신교 신학의 특징이며 1500년 이후 개신교 신학을 이끌어간 사람들은 대개 "교수"들이다. 신학적 미학은 주로 개신교에 부족한 요한적 요소의 회복을 주장한다. 요한적 요소의 회복은 "정통 체험"의 회복이기도 하다. "정통 교리"란 바른 믿음을 의미하고 믿음의 진리 수립은 기독교 교의학이 이루어야 할 과제다. 하지만 문자화된 교리적 진리는 기독교 신앙의 본래적 생명과 생동감을 억압하고 결국 진리의 이름으로 생명을 죽인다. 이에 실천을 강조하는 여러 신학이 출현하게 된다. "정통 실천"은 바른 실천을 의미하며 올바른 기독교 신앙 행위의 수립은 기독교 윤리학의 과제다. 이를 통해 교회의 근거가 하나님 나라의 운동에 있으며 사회적·생태적 정의를 실천하는 데까지 이르러야 함을 깨닫게 된다. 하지만 아우구스티누스의 말처럼 인간은 그가 아는 것(지식)이나 그가 행하는 것(실천)으로만 규정되지 않고 "사랑"으로 규정된다. 신앙인이 된다는 것은 지적 차원에서의 교리적 승인이나 실천적 차원에서의 선행 이전에 일어나야 할 존재의 사건, 곧 하나님의 영이 일으키는 하나님의 실재에 대한 경험이 포함되어야 한다. "정통 체험"이란 진정한 믿음의 표시인 영적 실재에 대한 새로운 감수성과 그것에의 참여를 의미한다. 그의 개념 정리를 통해 개신교가 무엇을 회복해야 할지 좀 더 선명해지는 것 같다.

심광섭은 자신의 책에서 매우 재미있는 이야기를 한다. 구약이 이상형으로 삼는 인간은 다윗이다. 다윗은 정치적 인간이자 미학적 인간이다. 다윗은 용사였지만 시인이었다. 물맷돌로 골리앗을 쓰러뜨리기도 했지만, 수금을 타서 사울에게 임한 악신을 쫓아냈다. 기존 기독교 신학은 정치적 인간으로서의 다윗만을 강조하지만 이제 미학적 인간으로서의 다윗에 대한 관점을 회복해야 한다. 여기서 심광섭은 아주 재미있는 이야기를 한다. 다윗이 말년에 밧세바 사건을 일으키고 자식이 반란을 일으키는 등의 어려움을 겪은 이유가 골리앗을 물리친 힘에 너무 치우쳤기 때문이란다. 만약 골리앗을 물리칠 때 물맷돌로 쓰러뜨린 후 골리앗의 칼로 그의 시신을 해하는 것이 아니라 수금을 타서 물리쳤다면, 즉 군사적 행동도 정치적 행위인데 그런 정치적 행위를 앞세우는 정치적 인간이 되기보다 수금을 타서 물리치는 미학적 행위를 앞세웠다면 다윗 왕국의 모습은 달라졌을 거란다. 수금으로 골리앗을 물리치는 행위를 상식적으로 수긍하기는 어렵다. 전쟁과 치유는 다른 차원의 문제니까 말이다. 하지만 매우 독특하면서도 중요한 측면을 보여주는 해석 같다. 이 해석을 접하면서 문득 예수님이 십자가에서 수금을 타신 게 아닌가 하는 생각이 들었다. 예수님은 물맷돌과 같은 투석 무기와 골리앗의 칼 같은 무기로 골리앗 같은 정사와 권세를 제압한 것이 아니라 자신의 몸을 십자가에 내어주면서 온 세상을 향해 사랑의 노래를 연주하여 정세와 권세를 내어쫓으신 것이 아닐까? 그런 이유로 요한이 십자가를 "영광"이라고 말한 것이 아닐까? 구약에서 영광은 하나님의 아름다움을 뜻한다. 세상의 눈으로 보면 어둡고 일그러진 장소가 십자가지만 영적인 눈으로 보면 "보시기에 심히 좋음"을 회복하는 아름다움의 장소다. 이런 면에서 이상도가 『하나님의 아름다움: 복음주의 신학적 미학』(부크크, 2021)에서 기독교 미학이 성육신과 십자가에 기반을 둔다고 본 것은 옳다. 기독교 미학은 성육신 사건을 통해 특수자 안에서 성스러운 아름다움을 볼 수 있고 성육신이 그에 대한 최상의 표현이라고 말한다. 성육신 사건은 스스로의 존재를 가시적 현현으로 드러내는 계시의 절정이며 하나님의 영광과 아름다움에 대한 영원한 전형이자 원형이다. 성육신의 아름다움의 실체를 드러낸 사건은 십자가 사건이다. 십자가의 고난은 하나님의 아름다움이 "숭고미"이며 "추의 미학"이자 "패배의 미학"이라는 사실을 보여준다. 십자가의 아름다움을 알아야 기독교 미학이 단지 외형적인 예쁨이나 화려한 아름다움만을 이야기하는 것이 아니며 하나님의 구원과 연관된 아름다움임을 알 수 있게 된다. 이처럼 십자가도 진리나 선의 관점만이 아니라 미학적 관점으로 이해할 때 더 풍성해진다. 우리가 미학적 인간이 될 때 피해자 의식이나 악에 대한 분노가 아니라 "참 좋음"으로 인한 미학적 삶, 즉 아름답고 영광스러운 삶을 살 수 있게 되지 않을까?

## 아디아포라, 타자를 수용하는 힘

칸트는 아름다움을 순수이성과 실천이성을 매개하는 부차적인 것으로만 보았다. 하지만 나는 아름다움을 진리와 선함을 조화롭게 하는 동시에 기존의 진리와 선함을 넘어서 새로운 진리와 선함을 만들어내는 근원적인 힘으로 생각한다. 아름다움은 전통적인 진리와 선함을 넘어서게 만든다. 관습적인 것으로부터 탈피하고 새로움을 만들어내는 것을 통해 아름다움이 만들어진다. 모두를 속박하는 전통적 교리와 율법적 실천을 넘어 자유롭고 새로우며 창조적인 삶을 만들어내는 힘이 아름다움이다. 미학은 기존의 진·선·미를 넘어서 새로운 진·선·미를 만들어내 기존의 것을 "아디아포라"의 영역으로 만드는 운동이다. 추한 사람은 자기의 옳음과 선함만을 내세우며 갈등하고 분열하는 사람이다. 아름다운 사람은 "아디아포라"의 범위가 넓고 깊고 높아서 모두와 조화를 이룬다. 구약의 율법은 유대인들에게 절대 진리다. 율법은 택한 백성에게 선하신 하나님께서 주신 선물이다. 그것은 선하며 진실하다. 하지만 그 율법이 기득권자들의 체제를 유지하고 백성들을 억압하기 시작했다. 그렇기에 예수님은 율법을 과감하게 어기신다. 그분은 절대로 범해서는 안 되는 안식일의 법도 어기신다. 참 진리이자 선인 사랑을 실현하기 위해서 말이다. 심지어 예수님은 하나님의 집이라는 성전도 파괴될 것이며 새로운 성전을 짓겠다고 하신다. 그분은 인간의 손으로 지은 집이 아니라 영이신 하나님이 지으신 영적 성전을 지으시겠다고 말씀하신다. 옳고 선한 율법조차 넘어서게 만드는 하나님의 아름다움이 예수님의 십자가와 부활을 통해 우리에게 드러났다. 예수님은 옳고 선하기 전에 아름다운 분이시다. 이 아름다움이 독생자의 영광이다. "말씀이 육신이 되어 우리 가운데 거하시매 우리가 그의 영광을 보니 아버지의 독생자의 영광이요 은혜와 진리가 충만하더라"(요 1:14). 영광(아름다움)이 선함(은혜)과 진리보다 먼저 나온다. 이 아름다움과 영광의 핵심이 사랑이다. 진·선·미의 핵심에 사랑이 있다. 진·선·미가 겹치는 영역이 사랑이다. "하나님이 우리를 사랑하시는 사랑을 우리가 알고 믿었노니 하나님은 사랑이시라"(요일 4:16). 요한복음 14:6의 말씀처럼 예수님은 길이요 진리요 생명이시다. 사랑은 진실함(진리)으로 나타난다. 그것은 선함(생명)으로 드러난다. 무엇보다 사랑은 아름다움(길)으로 드러난다. 사랑은 아름답다. 사랑은 미학적 삶을 사는 것이다. 모든 것이 가하지만 사랑으로 종노릇 하기 위해 자유를 사용하는 삶이다.

현대 사회가 면역학적 시대가 아니라 "긍정성의 과잉"으로 대표되는 신경증적 시대임을 갈파한 『피로사회』를 쓴 한병철은 『투명사회』(문학과지성사, 2014)에서 현대 사회가 투명사회라고 말한다. 투명사회는 긍정성의 과잉에서 생겨나는 심리적 증상 중 하나다. 그것은 동일한 것의 지옥이다. 투명사회는 다름과 낯섦의 부정성이나 타자와 이질적인 것을 제거한 사회다. 즉흥성, 우발성, 자유처럼 삶을 이루는 본질적인 요소들을 투명성은 용납하지 않는다. 부정적인 것에 머무르는 정신의 기품은 사라지고 오직 긍정성 속에서 질주할 뿐이다. 도달 불가능성과 불명확한 것과 비가시적인 것으로 작동하는 상상력을 상실하고 오직 명백성만 추구한다. 접근 불가능성의 제의적 가치는 사라지고 이미지가 되라는 강압에 못 이겨 관심 자본을 만들어내기 위해 스스로 노출하며 전시 가치만 추구하는 사회다. 투명사회는 전시 사회이기에 사원이 아닌 박물관에 불과하고 관람과 관광만 가능하며, 순례는 불가능하다. 그런 사회는 한마디로 포르노 사회다. 전시된다는 것 자체가 포르노적이다. 기품 있는 아름다움이 아닌 삶의 벌거벗음을 그대로 드러내는 것이 포르노다. 에로티시즘과 포르노그래피는 다르다. 에로티시즘에는 감춤과 비밀과 은둔과 중단과 지연의 부정성이 살아 있다. 하지만 포르노그래피에는 내면도 숨기는 것도 신비로운 것도 없이 투명성만 존재한다. 따라서 한병철이 『에로스의 종말』(문학과지성사, 2015)에서 말한 것처럼 투명사회는 에로스의 종말이다. 투명사회에서 타자와 이질적인 것은 사라진다. 에로스는 강한 의미의 타자, 즉 나의 지배 영역에 포섭되지 않는 타자를 향한 것이다. 자기 자신을 소진함으로써 자신이 가해자이자 피해자가 되는 성과 사회이자 오직 나르시시즘만 존재하는 투명사회에서는 타자가 부재하고 에로스는 불가능하다. 상처와 고뇌가 불가능한 긍정 사회에는 숭고함이 부재하고 타자 앞에서 무력해지거나 자아의 죽음을 경험할 수 없기에 에로스가 불가능하다. 한병철은 『타자의 추방』(문학과지성사, 2017)에서 이를 "같은 것의 테러"로 명명한다. 실상 타자의 부정성을 거부하는 시스템 자체가 테러라는 말이다. 따라서 타자에 대한 욕망인 에로스의 회복만이 새로운 사회를 만들어낼 수 있다.

『아름다움의 구원』(문학과지성사, 2016)에서 한병철은 근대 미학이 미와 숭고를 분리했다고 말한다. 현대의 아름다움은 즉각적인 만족을 주는 어떤 것, 즉 고통과 상처와 재앙과 저항과 부정성이 없는 매끄러움일 뿐이다. 따라서 현대의 아름다움은 포르노적인 아름다움이다. 가림과 불투명성과 모호성을 인정하는 것이 진정한 미학인데 포르노는 오직 투명성과 명백성만을 드러낸다. 이런 현대의 아름다움을 구원해야 한다. 미적 삶은 예술가만의 것이 아니다. 모두가 미적 삶을 살아갈 수 있다. 예를 들어 정치가는 삶에 필요하고 유용한 것들을 넘어서서 아름다운 행위들을 산

출해야 한다. 오늘날의 정치는 오직 대안이 없는 상황에 족쇄가 채워진 채 정치적 작업만 한다. 하지만 진정한 정치적 행위란 완전히 새로운 것이 시작되도록 하는 행위다. 한마디로 아름다운 행위다. 미와 정의가 일치하는 행위가 진정한 정치적 행위다. 일레인 스캐리(Elaine Scarry)도 『아름다움과 정의로움에 대하여』(도서출판b, 2019)에서 동일한 이야기를 한다. 영어 단어 fair는 정의롭다는 뜻과 함께 아름답다는 뜻도 지닌다. 아름다움은 우리를 정의로 이끈다. 아름다운 대상의 핵심 요소는 "대칭"이다. "모든 사람의 상호 관계의 대칭"으로서의 평등은 아름답다. 역으로 아름다움은 평화롭다. 또한 우리는 아름다운 대상을 보는 순간, 근본적인 탈자기중심화를 겪는다. 아름다움은 우리를 "증여적 인물"이 되게 만든다. 마지막으로 아름다움은 이미 실존하는 아름다움을 항구화하거나 아직 실존하지 않는 아름다움을 독창적으로 고안하도록 만든다. 정의의 의무 또한 항구화와 고안하기라는 등가물을 갖는다. 이것은 한병철이 말한 정치적 행위, 즉 완전히 새로운 것이 시작되도록 하는 행위를 의미한다. 한병철의 말대로 이것이야말로 타자를 위한 행위다. 그렇기에 아름다움의 구원은 곧 타자의 구원이다. 아름다운 사람만이 타자를 위해 살아갈 수 있다. 사랑으로 종노릇 하기 위해 자유를 발휘하는 사람만이 아름답다.

바울은 고린도전서 5장에서 권징에 대해 말하면서 죄를 쉽게 용납하여 세상만도 못한 공동체를 만든 고린도 교회를 책망했다. 6장에서는 세상 법정에 서로를 고소하는 문제를 다루면서 "아디아포라"를 하나의 해답으로 제시한다. 6장에 의하면 고린도 교인들이 세상 법정에 교회 내의 문제를 가지고 고소하는 일이 벌어진다. 오늘날의 교회와 너무 똑같다. 수많은 문제로 갈등이 일어나고 자체적으로 해결하지 못해 세상 법정에서 다투는 모습이 교회에서 얼마나 많이 있는가? 사도 바울은 이런 고린도

교인들을 책망한다. 6:2-3에 의하면 그리스도인은 세상을 판단하기도 하고 심지어 천사들까지 판단하는 신분을 가진 이들이다. 그런데 도리어 공동체의 일을 세상 법정에 맡기는 일들이 일어나는 걸 보고 바울은 차라리 불의를 당하는 것이 낫고 속는 것이 낫지 않느냐며 한탄한다. 왜 이런 일이 일어났을까? "아디아포라"의 정신이 없기 때문이다. 모든 것이 가하나 다 유익한 것은 아니라는 정신을 잃어버렸다. 자기 자신의 옳음과 선함을 넘어서는 미학적 정신을 잃어버렸다. 모호하고 이질적인 타자의 부정성을 인정하는 미학적 기품을 잃어버렸다. 새사람이 되게 하는 십자가의 미학적 능력을 잃어버렸다. "아디아포라"는 바로 이런 맥락에서 이야기된다. 모든 것이 가하다는 "아디아포라" 정신을 가졌다면 고린도 교인들은 타자를 수용하는 힘으로 서로를 수용했을 것이다. 다 유익한 것은 아니라는 "아디아포라" 정신을 가졌다면 그들은 자신의 자유를 위해서가 아니라 사랑으로 종노릇 하기 위해 서로를 섬겼을 것이다. 십자가의 진리와 선함과 아름다움이 사라지니까 하나님의 어리석음과 약함도 그들 안에서 사라져버렸다. 자신의 지식만 드러내고 자신의 강함으로 상대를 이기려고 한다. 그러니 화합이 되지 않고 서로를 고발하며 소송까지 일어난다. 세상 법정에서 다투는 일이 일어난다는 것은 교회가 교회다움을 잃어버렸다는 증거다. 세상 법정을 활용하는 것 자체가 문제라고 말하는 것이 아니다. 바울이 말하려는 바는 공동체가 그 문제를 해결하지 못함이 교회를 하나 되게 하고 갈등을 해결하는 십자가의 능력을 잃어버렸음을 보여준다는 점이다. 5장에서 보면 고린도 교회는 교회 안에 있는 죄의 문제를 해결하지 못했다. 죄를 너무 쉽게 용납했다. 권징의 능력을 잃어버렸다. 6장에서는 서로를 용납하지 못하는 모습을 보여준다. 정반대가 되었다. 죄는 용납하지 말아야 하고 서로는 용납해야 하는데 말이다. 고린도 교회는 너무도 현대 교회를 닮았다. 바울은 그러니 진·선·미의 핵심에 있는 십자가의 사랑을 회복하여 "아디아포라"의 정신으로 서로를 용납하라고 권면한다. 이것이야말로 분열되어 있는 현대 사회와 현대 교회를 치유할 힘이지 않을까?

**포착 불가능한 자, 트랜스포머로 살기**

바울은 고린도전서 6장에 이어 7장에서 결혼에 관한 문제들을 다루면서 종말론적 관점을 견지하는 모습을 보인다. 아디아포라의 관점과 종말론적 관점이 상관 관계에 있음을 알 수 있다. 먼저 "이혼"에 관한 문제를 이야기해보면 성경은 이혼에 관한 두 가지 자세를 모두 비판한다. 하나는 너무 쉽게 이혼하는 경향이다. 유대 사회에서는 남자들이 여자를 버리는 것이 너무 흔했고 쉬웠기 때문에 예수님은 여성들을 보호하기 위해 마태복음 19:9에서 분명하게 말씀하신다. "음행한 이유 외에 아내를 버리거나 다른 데 장가를 드는 자는 간음함이니라." 다른 하나는 성경을 율법주의적인 문자주의로 바라보아 음행한 이유가 아니면 이혼은 절대로 불가능하다고 주장한다. 성경을 율법주의적인 문자주의로 보면 그것이 맞다. 하지만 과연 성경이 그렇게 말하고 있을까? 예수님은 신명기 24장에서 모세가 이혼 증서를 주어 이혼하라고 말한 이유가 그들의 마음이 완악하여 누군가에게 손해를 끼칠 수 있어서 그러한 피해로부터 그 누군가를 보호하는 데 있다고 말씀하신다. 즉 모세는 여성을 보호하기 위해 이혼 증서를 주어 이혼하라고 했으며 바로 그 이유로 예수님은 음행한 이유 이외에 이혼하지 말라고 말씀하셨다. 동일한 이유로 상황과 시대에 따라 정반대의 처방을 내린 것이다. 그렇다면 우리도 예수님의 말씀을 문자 그대로만 받아들이면 안 된다. 바울이 그렇게 했다. "혹 믿지 아니하는 자가 갈리거든 갈리게 하라. 형제나 자매나 이런 일에 구애될 것이 없느니라"(고전 7:15). 매우 놀라운 주장이다. 지금 바울은 음행한 이유 외에는 이혼이 불가능하다고 말하는 예수님의 말씀을 어기고 있다. 하지만 이는 예수님의 말씀을 어긴 것이 아니라 예수님이 하신 것처럼 말씀을 재해석하여 예수님이 말씀하신 의도를 실현한 것이다. 바울은 예수님의 이혼 금지 가르침을 율법주의적인 문자주의로 받아들이지 않고 새로운 상황에 새롭게 적용했다. 7:15은 율법주의적인 문자주의를 벗어난 바울의 유연한 적용을 보여준다. 그것은 율법 자체(형식)보다 율법의 정신(본질)이 더 중요함을 보여준다. 이런 해석학적 태도로 보면 이혼이 잘못된 것임에도 불구하고 지옥 같은 결혼 생활을 선택하는 것보다 차악인 이혼을 선택하는 것이 모세와 예수님이 반대하고 저항했던 차별과 피해를 없애는 방법이 될 수 있음을 인정하게 된다. 예수님과 바울의 이런 태도와 해석 방식은 현대를 살아가고 있는 우리에게 중요한 도전을 준다. 기존에 있던 계급 차별, 민족 차별, 인종 차별, 여성 차별, 학벌 차별, 지역 차별뿐만 아니라 현대 사회에서 가장 큰 쟁점이 되고 있는 이슬람 난민이나 성소수자 문제에도 적용될 수 있다.[1] 한국교회는 사회 이슈와 관련된 문구를 율법주의적이고 문자주의적

---

[1] 동성애 문제는 아주 중요한 주제이지만 야고보서와 전도서의 주제가 아니기 때문에 다루지 않는다. 다만 좀 더 총체적인 이해를 위해 책을 소개하고 넘어간다. 동성애를 인정하는 입장과 반대하는 입장 모두를 다룬 책으로는 『동성애에 대한 기독교적 답변』(예영, 2011)과 『동성애에 대한 두 가지 견해』(IVP, 2018)가 있다. 반대하는 입장으로는 『동성애 쓰나미』(거룩한진주, 2018), 『동성애 과연 타고나는 것일까』(라온누리, 2014) 등이 있다. 성향과 행위를 분리하는 열린 복음주의자들의 입장을 보여주는 책으로는 『환영과 거절 사이에서』(새물결플러스, 2016)와 『하나님은 동성애를 반대하실까?』(아바서원, 2019)가 있고, 한국교회의 고민이 담긴 책으로는 허호익 목사의 『동성애는 죄인가』(동연, 2019)와 김근주 교수의 『네 이

인 해석이 아니라 하나님의 은혜와 자비, 공평과 정의, 생명과 평화, 다양성과 차이, 특히 "환대"라는 관점에서 재해석할 수 있어야 한다.

그렇다면 바울은 결혼에 대해서는 어떤 관점을 제공할까? 재미있게도 그는 결혼마저 "아디아포라" 정신으로 접근한다. 그는 성경의 기조를 인정한다. 결혼을 금욕주의적으로 접근하지 않는다. 바울은 결혼을 창조 섭리라는 입장에서 접근한다. 하지만 그는 매우 제한된 입장을 표명하는데 정욕을 이기고 음행의 죄를 저지르지 않을 수 있는 사람은 결혼하지 않는 것이 더 좋다고 말한다. 바울은 독신이 훨씬 더 낫다고까지 말한다. "내가 결혼하지 아니한 자들과 과부들에게 이르노니, 나와 같이 그냥 지내는 것이 좋으니라"(고전 7:8). "그러므로 결혼하는 자도 잘하거니와 결혼하지 아니하는 자는 더 잘하는 것이니라"(고전 7:38). 그렇게 말하는 이유는 "종말론적 관점" 때문이다. 7:25-40까지 결혼과 독신 주제를 다루면서 바울은 다음과 같이 말한다. "내 생각에는 이것이 좋으니, 곧 임박한 환난으로 말미암아 사람이 그냥 지내는 것이 좋으니라"(고전 7:26). 바울은 환난이 임박했고 종말이 가까이 왔다고 여겼다. 물론 그 시기와 때는 아무도 알 수 없기에 함부로 말하면 안 된다. 바울도 이를 분명히 하고 있다. 하지만 그는 자기의 때에 예수님이 재림할 것을 기대했다. 바울만이 아니라 예

---

옷을 네 몸과 같이』(NICS, 2020)가 있다. 동성애를 수용하는 입장에 대한 책은 많이 나와 있다. 잭 로저스의 『예수, 성경, 동성애』(한국기독교연구소, 2015)와 다니엘 헬미니악의 『성서가 말하는 동성애』(해울, 2003)가 탁월하고 무난하다. 그 외에 테오도르 W. 제닝스의 『예수가 사랑한 남자』(동연, 2011), 『하느님과 만난 동성애』(한울, 2010), 『섹스 앤 더 처치』(한울, 2012) 등이 있다. 최근 경향을 읽을 수 있는 도서로는 무지개신학연구소에서 낸 야마구찌 사토꼬의 『동성애와 성경의 진실』(2018), 월터 윙크의 『동성애와 기독교 신앙』(2018), 패트릭 S. 쳉의 『무지개신학』(2019)과 『급진적인 사랑: 퀴어신학 개론』(2019) 등이 있다. 이 외에 일반 도서를 읽는 것이 크게 도움이 된다. 앞으로 기독교 공론장에서 이루어지는 다양한 논의를 기대한다.

수님의 제자들이나 다른 사도들도 그리고 대부분의 신앙인도 기본적으로 이런 임박한 종말에 대한 의식을 갖고 있었다.

바울은 종말론적 관점을 좀 더 보편적으로 적용한다. "형제들아, 내가 이 말을 하노니, 그때가 단축하여진 고로 이후부터 아내 있는 자들은 없는 자 같이 하며, 우는 자들은 울지 않는 자 같이 하며 기쁜 자들은 기쁘지 않은 자 같이 하며 매매하는 자들은 없는 자 같이 하며 세상 물건을 쓰는 자들은 다 쓰지 못하는 자 같이 하라. 이 세상의 외형은 지나감이니라"(고전 7:29-31). 종말론적 태도를 취하게 되면 "마치 ~ 아닌 자"처럼, "마치 ~ 없는 자"처럼, "마치 ~ 못하는 자"처럼 살아가게 된다는 것이다. 여기에는 이 세상 것에 집착하지 않게 된다는 메시지가 담겨 있다. 하지만 거기에는 보다 본질적인 의미가 담겨 있다. 그것은 그리스도인의 정체성과 관련된 메시지다. "마치 ~ 아닌 자"처럼, "마치 ~ 없는 자"처럼, "마치 ~ 못하는 자"처럼 살아간다는 것은 "포착 불가능한 자"로 살아간다는 말이다. 그리스도인은 이 세상의 시각으로는 인식 불가능한 자다. 어떨 때는 이런 자인 것 같고 다른 때는 저런 자 같다. 어떨 때는 이런 자가 아닌 것 같고 다른 때는 저런 자가 아닌 것 같다. 이를 더 극명하게 묘사한 대목이 고린도후서 6:8-10이다. "우리는 속이는 자 같으나 참되고 무명한 자 같으나 유명한 자요 죽은 자 같으나 보라! 우리가 살아 있고 징계를 받는 자 같으나 죽임을 당하지 아니하고 근심하는 자 같으나 항상 기뻐하고 가난한 자 같으나 많은 사람을 부요하게 하고 아무것도 없는 자 같으나 모든 것을 가진 자로다." 도저히 누군지 모르겠다는 말이다. 인식 불가능하기에 도저히 포착 불가능한 자다. "이것인 것 같으나 저것 같다"는 바로 저 모호성(리미널리티)과 변방성(마지널리티), 대립적인 것의 동시성(simultaneity)과 내부-작용(Intra-Action), 그리고 인식 불가능성과 포착 불가능성이 미학적 차원이다. 이는 리차드 빌라데서(Richard Viladesau)가 『신학적 미학』(동연, 2022)에서 미학을 "표상 불가능한 것의 표상"이라고 말한 것과 연속성이 있다. 그리스도인은 인식 불가능하고 포착 불가능한 예술적 삶을 통해 표상 불가능한 하나님과 영적 차원을 항상 새롭게 표상한다.

　　이진경은 가타리(Guattari)와 들뢰즈(Deleuze)가 함께 쓴 『천 개의 고원』(새물결, 2001)을 풀어 강의한 내용을 담은 『노마디즘 1, 2』(휴머니스트, 2002)에서 이런 삶을 "탈주와 횡단의 삶"이라고 말한다. 이 세상에서 대부분의 사람은 "적응과 경직의 삶"을 살아간다. 성경의 표현대로 말하자면 대부분이 넓은 길로 가고 있다. 반대로 "방황과 일탈의 삶"을 살아가는 사람들이 있다. 방황과 일탈은 불법을 행하거나 세상으로부터 도피하는 것을 통해 나타난다. 적응과 경직의 삶이 "동일시의 삶"이라면 방황과 일탈은 "반동일시의 삶"이다. 동일시의 삶도 문제지만 반동일시로는 세상을 바꿀 수 없다. 오히려 그것은 동일시의 삶을 정당화해주는 역할로 전락하고 만다. 그렇다면 그리스도인은 어떤 삶을 살아야 하는가? "탈주와 횡단의 삶"이다. 베드로가 말한 거류민과 나그네의 삶이다. 세상에 있으나 세상에 속하지 않은 삶이다. 탈주는 도망이나 도피가 아니라 새로운 창조다. 세상으로부터 탈주하는 것이 아니라 세상을 탈주케 하는 것이다. 탈주는 기존의 것을 변용하여 새로운 차이를 만들어내는 것이다. 이러한 차이는 기존의 영역과 개념과 경계선을 자유롭게 횡단하여 창조적 결합을 통해 새로운 길을 만들어낼 때 발생한다. 방황과 일탈의 삶이 "반동일시의 삶"이라면 탈주와 횡단의 삶은 "비동일시의 삶"이다. 기존의 것을 거부하면서도 대립하는 것이 아니라 비대칭적인 새로움을 만들어내는 삶, 이것이 비동일시의 삶이다. 비동일시의 삶은 기존의 것도 아니면서 그것을 부정하는 것도 아닌, 탈주와 횡단을 통해 끊임없이 새로운 것을 창조하는 삶이다. 그것은 동일하지도 않으면서 반대도 아닌, 정체불명의 삶이면서 기존의 것들을 매력적으로 견인해내고 변용시키는 능력을 갖춘 자의 삶이다. 자크 랑시에르(Jacques Ranciére)가 『감성의 분할』(도서출판b, 2008)과 『미학 안의 불편함』(인간사랑, 2008)에서 말한 것처럼 그것은 맹목적인 감각적 확신을 새롭게 분할하는 것, 즉 이전에 한 번도 경험하거나 느껴본 적이 없는 새로운 감성의 영역을 찾아내고 창조하는 삶이다. 샤를 페팽(Charles Pépin)은 『아름다움이 우리를 구원할 때』(이숲, 2016)에서 말하길, 아름다움이란 "인간 능력들의 자유롭고 조화로운 놀이"이며 그것은 생각하기를 멈추게 하고, 아름다움은 "의미를 상징화하는 것이자 보이는 것과 보이지 않는 것을 연결하여 부재를 현존케 하는 것"인데 그것은 다르게 생각하게 하며, 아름다움은 "분열되고 억압된 충동이나 생명력의 승화"인데 그것은 생각과 자아의 변형이 일어나도록 한다. 즉, 아름다움은 신비의 수용이자 새로움의 창조다. 이런 비동일시의 삶이야말로 종말론적 삶의 모습이며 "아디아포라"의 정신으로 살아가는 삶의 모습이라 할 수 있다. 모두를 속박하는 전통과 율법을 넘어 자유롭고 새롭고 창조적인 삶을 만들어내는 힘이 아름다움이다. 이것인 것 같기도 하고 저것인 것 같기도 하며 동시에 이것이 아닌 것 같기도 하고 저것이 아닌 것 같기도 한 영역이 바로 미학적 영역이다. 아름다움을 아는 사람만이 기존의 진·선·미를 넘어서는 새로운 진·선·미를 만들어내 기존의 것을 "아디아포라"로 만들 수 있다. 오직 종말론적 삶을 살아가는 자만이 포착 불가능한 자이기에 이런 힘을 지닌다.

바울은 여기서 한 단계 더 나아간다. 기존의 것들을 변용시키는 자유만이 아니라 자기 자신을 변용시키는 자유를 얘기한다. 탈피하고 변형되고 마치 물처럼 어떤 모습으로도 변형될 수 있는 자유다. 노자의 『도덕경』제8장에 나오는 "상선약수"(上善若水)와 비슷하다. "무엇이든 되기"를 수행할 수 있어서 여러 사람에게 여러 모습으로 되는 자유다. 고린도전서 9:20-22을 보자. "유대인들에게 내가 유대인과 같이 된 것은 유대인들을 얻고자 함이요. 율법 아래에 있는 자들에게는 내가 율법 아래에 있지 아니하나 율법 아래에 있는 자 같이 된 것은 율법 아래에 있는 자들을 얻고자 함이요. 율법 없는 자에게는 내가 하나님께는 율법 없는 자가 아니요 도리어 그리스도의 율법 아래에 있는 자이나 율법 없는 자와 같이 된 것은 율법 없는 자들을 얻고자 함이라. 약한 자들에게 내가 약한 자와 같이 된 것은 약한 자들을 얻고자 함이요. 내가 여러 사람에게 여러 모습이 된 것은 아무쪼록 몇 사람이라도 구원하고자 함이라." 한마디로 "트랜스포머"다. 유대인은 율법이 없는 자를 상종하지 않고 율법이 없는 자는 유대인을 상종하지 않는다. 혹 상종하더라도 자기와의 동일시를 위해 상종한다. 상대를 자신과 같이 바꾸려고 상종한다. 하지만 "트랜스포머"는 자신을 변용시켜 유대인에게는 유대인이 되고 율법 없는 자에게는 율법 없는 자가 된다. 그런 변용을 통해 그들을 한 새사람의 일원이 되게 하기 위해서 말이다. 지식은 우리를 가두지만 아름다움은 우리를 변화시킨다. 참 그리스도인은 모두 "트랜스포머"다. 이런 변용의 힘은 말씀이 육신이 되신 주님의 능력을 통해 온다. 하늘과 땅의 연합인 성육신은 아름다움의 힘이며 미학적 힘이다.

# 제2장

# 중용, 과유불급

하나님이 모든 것을 지으시되 때를 따라 아름답게 하셨고, 또 사람들에게는 영원을 사모하는 마음을 주셨느니라. 그러나 하나님이 하시는 일의 시종을 사람으로 측량할 수 없게 하셨도다.…하나님께서 행하시는 모든 것은 영원히 있을 것이라. 그 위에 더 할 수도 없고 그것에서 덜 할 수도 없나니, 하나님이 이같이 행하심은 사람들이 그의 앞에서 경외하게 하려 하심인 줄을 내가 알았도다(전 3:11, 14).

지나치게 의인이 되지도 말며 지나치게 지혜자도 되지 말라! 어찌하여 스스로 패망하게 하겠느냐? 지나치게 악인이 되지도 말며 지나치게 우매한 자도 되지 말라! 어찌하여 기한 전에 죽으려고 하느냐? 너는 이것도 잡으며 저것에서도 네 손을 놓지 아니하는 것이 좋으니, 하나님을 경외하는 자는 이 모든 일에서 벗어날 것임이니라(전 7:16-18).

지혜자들의 말씀들은 찌르는 채찍들 같고 회중의 스승들의 말씀들은 잘 박힌 못 같으니, 다 한 목자가 주신 바이니라.…일의 결국을 다 들었으니 하나님을 경외하고 그의 명령들을 지킬지어다! 이것이 모든 사람의 본분이니라. 하나님은 모든 행위와 모든 은밀한 일을 선악 간에 심판하시리라(전 12:11, 13-14).

**

지혜, 아디아포라 등을 다른 말로 표현하면 "중용"(中庸)이라고 할 수 있을 것 같다. 중용을 중도로 이해하는 경우가 많은데 우선 중용은 중간이나 평균이 아님을 분명히 해야겠다. 중도를 걷는 것은 하나의 노선일 뿐이지 그것을 중용이라고 할 수는 없다. 중용은 어떤 노선 하나로 규정할 수 없고 모든 노선을 초월하면서도 모든 노선을 아우르는 것이기 때문이다. 아리스토텔레스는 용기를 비겁과 만용의 중간이라고 말했는데 이것이 중용을 중도로 이해한 전형적인 사례라고 할 수 있다. 어떤 이는 이를 꼬아서 이렇게 이야기했다. "나는 다른 공무원들처럼 비겁하게 돈을 먹고도 안 먹은 척하지 않았고, 너무 많이 먹는 만용을 부리지도 않았다. 고로 나는 중용을 지킨 사람이다." 그렇다면 중용은 무엇일까?

## 중용이란 무엇인가

먼저 중용은 극과 극을 "아우름"이다. 양극을 모두 아우르지 않으면 어느 한쪽으로 치우친다. 어느 한쪽으로 치우치다 보면 극단주의에 빠지거나 서로 대립하는 삶을 살게 된다. 극단주의에 빠지거나 대립하는 삶을 살지 않으려면 치우치지 않아야 하고 치우치지 않으려면 양극을 아우를 줄 알아야 한다. 이것을 "포월"(抱越)이라 부를 수도 있겠다. 포월이라는 말을 처음 접한 것은 김진석의 『기우뚱한 균형』(개마고원, 2008)이었는데 그 후 그의 책 『우충좌돌: 중도의 재발견』(개마고원, 2011)이나 『니체는 왜 민주주의에 반대했는가』(개마고원, 2009) 등을 통해 중도의 길을 이해하는 데 도움을 받았다. 김진석 교수는 길 포(逋)를 사용했지만 나는 품을 포(抱)를 사용하는 것이 더 좋을 것 같아 그렇게 했다. 아우름을 통해 양쪽으로 갈라진 두 진영을 포괄할 수 있어야 한다. 그러려면 양쪽 끝까지 가보아야 한다. 양쪽 끝을 가보고 양쪽을 아우르는 것이 중용이다. 중용의 정신이 없기 때문에 서로 반목하고 서로 분열한다. 극단화와 분열을 막기 위해서는 그룹 내에 다양성을 이루어야 하고 견제와 균형의 구조를 만들어야 한다. 모든 정보가 투명하게 공개되어야 하며 표현의 자유가 보장되어야 한다. 무엇보다 반대되는 의견들이 서로 자유롭게 교환될 수 있는 공론장을 활성화해야 하며 숙의 민주주의가 이루어져 아래로부터 대중의 지혜를 모으는 문화를 만들어내야 한다.

다음으로 중용은 "적절함"이다. 적절한 위치와 적절한 때를 가릴 줄 아는 것이 중용이다. 중용은 시간과 공간과 관련되어 있다. 중용은 시간과 공간에 따라 달라질 수 있는 능력과 적절하게 행동할 수 있는 능력을 말한다. 중용은 정적인 것이 아니라 동적인 것이다. 중용은 역동성을 가지고 있기 때문에 시간과 공간에 따라 다르게 행동하고 적절하게 행동할 줄 아는 것이다. 신유물론에서 말하는 것처럼 시간성과 공간성 자체가 내부-작용(Intra-Action)으로 끊임없이 생산되는 현상이므로 시시각각 변하는 시공간에 맞게 반응할 줄 알아야 한다. 많은 사람이 하나의 관점이나 방법이나 행동을 가지고 그것들을 모든 환경과 상황에 적용하려는 경향이 있다. 그러다 보니 율법주의와 절대주의에 빠진다. 그 어떤 관점이나 방법이나 사람도 시간과 공간에 따라 그 의미와 가치가 달라진다는 점을 알아야 한다. 중용이 공간적 개념에서는 "적재적소"로 드러나고 시간적 개념에서는 "타이밍"(timing) 또는 시중(時中)으로 드러난다. 공간적인 중용은 사물과 사람이 어떤 공간에 배치되느냐에 따라 전혀 다른 존재와 사건이 된다는 걸 의미한다. 모든 존재와 사건은 그것 자체가 아니라 항상 어떤 맥락에서만 의미를 지닌다. 그것이 어떻게 배치되었느냐에 따라 의미가 달라진다. 따라서 중용은 적절함이다. 사람들은 공간적인 적절함은 "적재적소"라고 부른다. 있어야 할 자리에 있고, 있지 말아야 할 자리를 피하는 것이 중용이다. 상황과 맥락에 맞게 자신을 적절하게 배치하는 능력이 바로 중용이다. 시간적인 중용의 의미는 무엇일까? 시간적인 적절함을 "타이밍"이라고 부를 수 있겠다. "경우에 합당한 말은 아로새긴 은쟁반에 금 사과니라"(잠 25:11). 경우에 합당한 말이란 때에 맞는 말이다. 중요한 것이 타이밍이다. 아무리 영웅적인 인물이라도 시대를 잘못 타고나면 영웅이 될 수 없다. 시세를 타는 것이 무엇보다 중요하다. 만사에 다 때가 있기 때문이다.

다음으로 중용은 "알맞음"이다. 중용은 적절함인 동시에 알맞음이다. 적절함이 상황과 장소에 대한 것이라면 알맞음은 "정도"(강밀도)에 대한 것이다. 중용을 지킨다는 것은 지나치거나 모자라지 않는 것을 의미한다. 아무리 좋은 것도 지나치거나 모자라면 좋지 않다. 지나치게 선하다가 목이 날아가는 수가 있고 지나치게 의로워 남을 정죄하게 된다. 반면 아무리 나쁜 것도 잘 쓰면 좋은 것이 될 수 있다. 독(毒)도 잘 쓰면 약(藥)이 된다. 그뿐만 아니라 너무 잘하려는 것도 욕심이다. 욕심이 지나치면 결국은 긴장하게 되어 있고 긴장이 지나치면 결국은 실수하거나 악에 빠지게 된다. 긴장하는 사람은 그 긴장감이 밖으로 튀어나와 남을 공격하게 되어 있다. 반대로 쉽게 자포자기하면 아무것도 할 수 없게 된다. 자포자기하면 아무

긴장도 느낄 수 없어서 생명력이 사라진다. 이런 사람은 적절하게 자신을 방어하지도 못한다. 악기의 현이 너무 당겨지거나 너무 느슨하면 제소리를 낼 수 없듯이 지나치거나 모자라면 자기 색채를 드러내지 못하고 살게 된다. 자기답게 살기 위해서는 알맞음 속에 살아야 한다.

마지막으로 중용은 "항상성"(恒常性)이다. 항상성은 "중심을 잡는 능력"이며 "회복하는 능력"이다. 한쪽으로 기울어졌을 때 반대쪽으로 좀 더 기울어져야 중심을 잡을 수 있다. 운전할 때 우향을 하는 경우 몸을 좌측으로 기울고, 좌향을 하는 경우 몸을 우측으로 기우는 것이 상식이다. 항상 똑바로 서 있는 것이 중용이 아니라 상황에 맞게 기울어져 중심을 잡는 것이 중용이다. 다수가 지나치게 우측으로 치우칠 때 좌측으로 기울고, 다수가 지나치게 좌측으로 치우칠 때 우측으로 기우는 것이 중심을 잡는 것이다. 항상 우측으로 기울어 있는 사람을 우리는 극우라고 하고, 항상 좌측으로 기울어 있는 사람을 우리는 극좌라고 부른다. 반면 다수가 어느 한쪽 극단으로 치우칠 때 반대 방향으로 기울어 중심을 잡는 것이 중용이다. 그런 의미에서 중용을 복원력(Resilience) 혹은 항상성(Homeostasis)이라고 할 수 있다. "Resilience"는 극복력, 탄성, 탄력성, 회복력, 복원력, 회복탄력성 등으로 번역되기도 한다. "Homeostasis"는 변수들을 조절하여 내부 환경을 안정적이고 상대적으로 일정하게 유지하려는 계의 특성을 말한다. 온도 조절 장치처럼 온도 센서가 감지하는 것에 따라 난방과 냉방을 번갈아 가면서 가동하는 자동 조절 체계라 할 수 있다.

## 만사에 다 때가 있다

전도자는 말한다. "범사에 기한이 있고 천하만사가 다 때가 있나니"(전 3:1). 범사에 "기한"이 있는 법이다. 이는 "정하여진 시기"가 있다는 말이다. 이것을 아는 것이 중용이다. 요셉이 감옥에 갇혔을 때를 생각해보라. 억울하게 옥살이하고 있으니 얼마나 나오고 싶었겠는가? 하지만 기한이 차기 전까지 그는 나올 수 없었다. 언제까지? 요셉에 대한 노래인 시편 105편을 보니 이렇다. "곧 여호와의 말씀이 응할 때까지라. 그의 말씀이 그를 단련하였도다"(시 105:19). 하나님의 말씀이 그를 단련하여 그 말씀이 응할 때까지 그는 감옥에 있어야 했다. 모든 일에 기한이 있는 법이다. 요셉은 감옥에서 중용을 배웠을 것이다. 또한 천하만사가 다 때가 있다. 여기서 "때"란 "적합한 시기"를 가리킨다. 적합한 시기에 자기를 맞추는 걸 "타이밍"이라고 한다. 모든 시간에는 꼭 그렇게 되어야 할 혹은 꼭 그렇게 해야 할 타이밍이라는 것이 존재한다. 지혜란 그 타이밍을 아는 것이다. 그렇게 해야 할 때 그렇게 하는 것이 지혜다. 그렇게 되어야 할 때 그렇게 되도록 하는 것이 지혜다.

전도서 3:2-8까지 전도자는 때의 양태를 완전수 7의 배수인 14쌍으로 묘사한다. 사람들은 이 중에 한쪽을 긍정적인 것 혹은 바람직한 것으로, 다른 한쪽을 부정적인 것 혹은 바람직하지 않은 것으로 나누고선 한쪽만 선택하려 든다. 그렇기에 불행해진다. 인생에는 내가 선택한 긍정적이고 바람직한 때만 있는 것이 아니기 때문이다. 지혜란 만사에 다 때가 있다는 것을 아는 것이다. 때에 맞게 살아가는 것이 지혜다. 세워야 할 때는 세우고 헐어야 할 때는 헐며, 웃어야 할 때는 웃고 울어야 할 때는 우는 것이 지혜다. 찾아야 할 때는 찾고 잃어야 할 때는 잃으며, 찢어야 할 때는 찢고 꿰매야 할 때는 꿰매는 것이 지혜다. 어리석은 자는 세워야 할 때 헐고 헐어야 할 때 세운다. 찢어야 할 때 꿰매고 꿰매야 할 때 찢는다. 그는 때에 맞지 않게 행동할 뿐 아니라 그때 자체를 거부한다. 그는 그때와 맞서 싸운다. 그렇기에 실수하거나 불행해진다.

전도자는 한 걸음 더 나간다. "하나님이 모든 것을 지으시되 때를 따라 아름답게 하셨고"(전 3:11). 엄청난 이야기를 한다. 전도자는 하나님이 모든 것을 지으시되 만사에 다 때가 있도록 지으셨을 뿐 아니라 그것을 아름답게 하셨다고 말한다. 말이 안 되는 것 같다. 우리는 특정한 때만을 아름답게 여긴다. 날 때, 심을 때, 치료할 때, 세울 때, 웃을 때, 춤출 때, 돌을 거둘 때, 안을 때, 찾을 때, 지킬 때, 꿰맬 때, 말할 때, 사랑할 때, 평화할 때를 아름답게 여긴다. 하지만 우리는 죽을 때, 뽑을 때, 죽일 때, 헐 때, 울 때, 슬퍼할 때, 돌을 던져버릴 때, 안는 일을 멀리할 때, 잃을 때, 버릴 때, 찢을 때, 잠잠할 때, 미워할 때, 전쟁할 때를 아름답게 여기지는 않는다. 그런데 전도자는 다음과 같이 말한다. "모든 것을 지으시되 때를 따라 아름답게 하셨고"(전 3:11). 여기서 아름답다는 것은 하나님이 태초에 천지를 창조하실 때 "보시기에 심히 좋았다"라고 말씀하신 바로 그 아름다움이다. 이것은 우리가 앞장에서 함께 살펴보았던 미학적 세계에서 본 아름다움이다. 진리와 거짓, 선과 악이 있기 이전의 세계, 선 그 자체와 진리 그 자체만 있는 차원의 아름다움으로 바라보면 모든 때가 다 아름답다. 미학적인 차원은 옳음과 그름, 선함과 악함이라는 이분법을 넘어서는 새로운 차원을 보여준다. 이 아름다움은 인간의 시각에서 보는 좋음과 싫음이나 아름다움과 추함이 아닐 것이다. 상대적인 좋고 싫음과 상대적인 아름답고 추함을 넘어서는 절대적 아름다움이고 신적 아름다움이라 할 수 있다. 나 또한 하나님을 인격적으로 만났을 때 하나님이 진리의 하나님, 선하신 하나님이시기 전에 아름다운 하나님, 사랑 그 자체이신 하나님, 기쁨의 근원이신 하나님이라는 사실을 깨달았었다. 하나님은 아름답고 영광스러우시며 사랑이시고 기쁨이시다.

## All will be well

민중신학자와 영성가의 대담을 담은 『길 없는 길 위에서』(삼인, 2021)라는 책에서 영성가가 소개한 노리치의 율리아나에 대한 글을 읽고 그녀에 대해 큰 관심을 가지게 되었다. 율리아나의 극적인 영적 체험에 대한 글을 직접 읽으려면 『계시』(KIATS[키아츠], 2019)를 보고 "팬데믹 시대와 그 이후를 위한 지혜"로 접근하는 매튜 폭스(Matthew Fox)의 『노리치의 줄리안』(삼인, 2022)을 보아도 좋다. 노리치의 율리아나는 13세기에 살았던 영국 사람이다. 그녀는 하나님께 세 가지 선물을 요청했다. 첫째는 그리스도의 수난을 이해하는 것이었는데 이것은 실제로 주님의 고뇌와 고통을 목격하고 그 고난에 동참하기를 바랐던 것이고, 둘째는 젊은 날, 즉 그녀가 30세 될 때 병을 달라는 것이었으며, 셋째로는 하나님의 은혜로 세 가지 상처를 달라는 것이었다. 마지막 세 번째 청원은 율리아나가 이 세상에서 세 가지 상처를 받고자 하는 소원인데, 그 세 상처는 참된 회개, 그리스도께서 고난을 받으신 것처럼 고난을 받는 상처, 그리고 자신의 모든 힘을 다하여 하나님을 갈망하는 상처였다. 실제로 그 기도가 이루어져 30세에 죽을병에 걸려 고통 속에서 몸이 싸늘하게 죽어가는 경험을 한다. 놀랍게도 그녀가 죽음을 받아들이려 할 때 통증이 사라지면서 예수 십자가 처형 현장의 열여섯 장면을 보게 되고 주님의 음성도 듣게 된다. 율리아나는 비참한 예수의 형상, 피가 엉겨 붙고 헐떡거리는 예수의 고통이 순식간에 환희로 바뀌는 환상을 본다. 그녀는 자신이 본 전체 비전에 제목을 붙이라면 "All will be well(모든 것이 괜찮다)"가 될 것이라고 말한다. 모든 것이 하나님이 하시는 일이기 때문에 말이다. 예수님께서 십자가에서 우리의 모든 고통과 악함을 받아 안으셨기에 십자가의 눈으로 보니까 모든 게 괜찮다. 예수님이 죄와 악의 공격으로 발생하는 모든 고통과 수치를 사랑으로 짊어지셨기에 그리스도 안에서 모든 것이 괜찮다. 그는 예수님의 고통 안에서 자기와 모든 이의 고통이 받아들여졌음을 발견한다. 또한 예수님이 죄와 악에 협력하여 저질렀던 모든 악함을 정죄함 없는 사랑으로 품으셨기에 그리스도 안에서 모든 것이 괜찮다. 그리스도 안에서 보니 심지어는 죄라는 것도 없더란다. 하나님께서 하신 일 전체 차원에서 보니 죄라는 것도 없더란다. 우리가 그렇게 부를 뿐이지 죄마저도 이 좋음을 경험하는 하나의 통로에 불과하다. 그래서 기독교 전통에서 죄를 "복된 죄"(*felix culpa*[happy fault, blessed fall])라고 불렀나 보다. "All will be well." 이것이 "다 좋음의 세계"가 아니겠는가? 시간 초월과 공간 초월의 세계는 미학의 세계다.

우리가 왜 불행한가? 하나님이 모든 것을 지으시되 때를 따라 아름답게 하셨다는 것을 모르기에 하나님이 영원히 있게 한 것에 무언가를 더하려고 하거나 무언가를 덜어내려고 하기 때문이다. "하나님께서 행하시는 모든 것은 영원히 있을 것이라. 그 위에 더할 수도 없고 그것에서 덜할 수도 없나니"(전 3:14). 그 위에 더할 수도 없고 그것에서 덜할 수도 없는 것에서 무언가를 더하거나 덜하려 하니 우리가 불행한 거다. 우리가 불행하게 여기는 일이 발생하여 불행한 것이 아니라 불행한 일이 있어서는 안 된다는 생각 때문에 불행한 거다. 모든 때가 아름답다는 것을 알지 못하기 때문에 불행한 거다. 아름답고 긍정적인 것은 더하려 하고 추하고 부정적인 것은 덜 하려 하니 불행한 거다. 더하거나 덜 하려는 마음이 불행을 만들어낸다. 하나님이 모든 것을 지으시되 때를 따라 아름답게 하셨다는 것을 아는 사람은 그 위에 더하려 하지 않고 그것에서 덜하려 하지도 않는다. 그는 오직 하나님께 완전히 맡기며 하나님이 때를 따라 아름답게 하신 것을 완전히 수용한다. 예수의 작은형제회를 창시한 샤를 드 푸코(Charles de Foucauld)처럼 "스스로를 내어 맡기는 기도"를 드릴 줄 알게 된다. "아버지, 이 몸을 당신께 바치오니 좋으실 대로 하십시오. 저를 어떻게 하시든 저는 감사드릴 뿐 무엇에나 준비되어 있고 무엇이나 받아들이겠습니다. 아버지의 뜻이 저와 모든 피조물 위에 이루어진다면 이 밖에 다른 것은 아무것도 바라지 않습니다. 제 영혼을 당신 손에 도로 드립니다. 당신을 사랑하옵기에 이 마음의 사랑을 다하여 하나님께 제 영혼을 바칩니다. 당신은 제 아버지시기에 끝없이 믿으며 남김없이 이 몸을 드리고 당신 손에 맡기는 것이 어쩔 수 없는 저의 사랑입니다."

"All will be well"의 새로운 차원에 대해 나누어보자. 전도서 3:11에 의하면 하나님은 우리에게 영원을 사모하는 마음을 주셨지만, 그분은 우리로 하여금 하나님이 하시는 일의 시종을 측량할 수 없게 하셨다. 이 말씀에 대한 대부분의 해석은 이렇다. 하나님은 섭리 가운데 자신의 뜻대로 역사를 이끌어가신다. 이 땅의 어떤 것도 영원한 하나님의 작정하심과 경영하심을 임의로 바꿀 수 없다. 인간의 인위적인 조작이나 통제로 더하거나 덜할 수 없다. 하나님이 인간으로 하여금 자신이 하시는 일의 시종을 측량할 수 없게 하셨기 때문에 오직 영원을 사모할 수 있을 뿐이며 영원한 하나님만을 바라보며 살아야 한다. "하나님이 이같이 행하심은 사람들이 그의 앞에서 경외하게 하려 하심인 줄을 내가 알았도다"(전 3:14). 우리는 이 말씀처럼 삶의 방향과 목적을 영원하신 하나님을 경외하는 것에 두어야 한다. 매우 은혜가 되는 해석이다. 하지만 이런 해석들은 하나님이 하시는 일의 시종을 측량할 수 없는 인간의 한계를 지적하는 부정적인 의미로만 이해한다. 이를 좀 더 적극적으로 이해할 수 없을까? 하나님이 하시는 일의 시종을 측량할 수 없다는 사실을 인간의 한계로만 이해하지 말고 인간의 가능성으로 이해해도 좋지 않을까?

하나님이 하시는 일의 시종을 측량할 수 있다는 것은 우리의 삶을 필연성에 갇힌 삶으로 만드는 것일 수 있다. 더 나아가 우리가 상황을 완전히 통제할 수 있게 된다는 것을 의미한다. 그런 삶이 과연 행복한 삶일까? 그런 삶을 하나님의 선물로 누릴 수 있을까? 그런 삶은 그냥 기계 장치가 돌아가는 것과 같은 삶에 불과한 것 아닐까? 그런 삶은 완벽한 필연성에 갇혀서 작동하는 기계와 다를 바 없는 삶일 것이다. 하나님이 하시는 일의 시종을 측량할 수 없다는 사실은 인간의 가능성과 잠재성과 자유를 의미하는 것일 수도 있다. 물론 신유물론에서 말하는 것처럼 모든 사물과 객체가 이런 가능성과 잠재성과 자유를 가졌지만 말이다. 측량할 수 없기 때문에 우리는 자신의 삶에 발생하는 우연성과 모호성과 영원성을 온전히 수용할 수 있다. 우연성과 모호성과 영원성은 하나님이 하시는 일의 시종에 대한 우리의 예측을 넘어서는 어떤 것이라 할 수 있다. 항상 우리의 예측과 계획과 통제를 초과하여 우연적인 것으로 나타나고 낯선 것으로 다가오는 그 무엇이라 할 수 있다. 그것이 있기에 우리는 이래야만 한다는 당위와 신념과 율법을 넘어 자신의 삶을 신적 자유가 펼쳐지는 삶으로 만들어간다. 이런 삶이야말로 환희에 넘치는 삶일 것이다. 이런 내용을 설교한 후 밴드에 한 성도님이 설교를 듣고 생각난 밈(meme)이라며 짤을 하나 올리셨다. 빨간 머리 앤에 관한 짤이다. "엘리자가 말했어요. 세상은 생각대로 되지 않는다. 하지만 생각대로 되지 않는다는 건 정말 멋지네요. 생각지도 못했던 일이 일어나는 걸요." 정말 멋진 말이다.

우연을 가장한 필연 혹은 우연의 모습으로 찾아오는 은혜, 그것을 "섭리"라고 한다. 세상은 "우연"을 없애기 위해 기술을 개발하고 모든 것을 통제하려 한다. 통제 가능한 시간이 되게 하려고 모든 시간을 균질의 시간으로 만들어버렸다. 모든 시간에 차이가 없다. 시간의 굴곡과 주름을 없애버렸다. 한병철이 『시간의 향기』(문학과지성사, 2013)에서 말한 것처럼 현대인의 시간에는 "시간의 향기"가 없다. 향기는 시간의 굴곡과 결의 주름을 의미한다. 결이 없는 시간은 등질의 시간이고 죽은 시간이다. 등질의 시간인 "크로노스"는 죽은 시간이고 사건으로서의 시간인 "카이로스"는 살아 있는 시간이다. 시간의 결이 있어야 삶에 무늬가 생긴다. 무늬가 없는 평평한 공간이야말로 가장 재미없는 공간이다. 현대인은 평평한 시간 위에서 빠르게 미끄러진다. 오직 속도만을 추구하며 삶의 의미를 만들지 못하고 살아간다. 시간의 향기는 우연을 허락할 때 발생한다. 내 삶에 찾아오는 선물 같은 시간이 우연이다. 내가 통제할 수 없는 시간, 내 예상을 뒤엎는 시간, 내 인생에 새로운 의미를 만들어내는 시간, 내 인생을 새롭게 시작하는 시간, 그것이 바로 우연이다. 그 우연이 만들어내는 트러블(괴로움)을 받아들일 때 시간에 향기가 나기 시작한다. 마태복음 6:34처럼 내일 일은 내일이 염려할 것이다. 모든 날은 그날만큼의 트러블이 있다. 염려의 주체는 내가 아니라 카이로스의 시간이다. 한 날의 괴로움은 그날로 족하니 내일 일을 위하여 염려하지 말라고 성경은 말한다. 모든 날은 그날 자신이 가지고 있는 트러블이 있다. 우리는 그것을 배척함이 아니라 그것을 짊어짐으로써 시간을 구속하고 시간에 결을 만들며 인생에 무늬를 만들어가게 할 수 있을 뿐이다. 먼저 그의 나라와 그의 의를 구하는 삶의 방향과 가치가 삶에 리듬을 만들고 결을 만든다. 그런 사람이 향기 나는 사람이다. 섭리를 인정하는 사람이 향기 나는 사람이다.

영원을 사모한다는 것은 단지 우리의 한계를 알고 영원하신 하나님을 경외한다는 것만을 의미하지 않는다. 영원을 사모한다는 것은 이처럼 지금 여기에 포착 불가능한 모습으로 침투하는 그 무엇을 사모하는 것이며 필연의 법칙을 넘어 시간을 찢고 지금 여기에 침투하는 우연성과 모호성과 영원성을 완전히 수긍하는 삶, 그래서 자신의 삶을 완전히 개방하고 창의적이고 혁신적이며 새로운 가치와 관계를 창출하는 삶, 잠재성의 실현과 새로움의 생성을 일으키는 삶, 그 무엇으로도 환원되지 않는 자신의 고유한 욕망을 실현하는 삶, 그걸 통해 생각지도 못한 일이 일어나는 삶으로 만들 수 있음을 의미한다. 시종을 측량할 수 없기에 영원을 사모할 수 있다. 시종을 측량할 수 없기에 샤를 드 푸코의 "스스로를 내어 맡기는 기도"처럼 우리 자신을 하나님께 완전히 맡기며 좋으실 대로 하시라고 기도할 수 있는 것이다. 하나님의 일에 더하거나 덜할 수 없다는 것도 인간의 역할에 대한 소극적인 규정으로 이해할 필요가 없다. 하나님이 때에 따라 아름답게 하셨다는 것을 아는 사람만이 때에 맞게 살아간다. 때에 맞게 살아가는 사람만이 때와 싸우느라 에너지를 빼앗기지 않고 오직 지금 여기서 하나님의 뜻을 창의적이고 혁신적인 방법으로 성취하는 데 에너지를 집중할 수 있다. 여기에 혁명가적 영성이 개입할 수 있다. 우리는 때에 맞게 살아가기에 내일 일을 걱정하지 않으면서 하나님 나라와 의를 구할 수 있다. 하나님 앞에 완전히 자신을 맡겼기에 어떤 상황에도 흔들리지 않으면서 세상을 변화시키는 하나님의 선교에 동참할 수 있다. 내일 일을 걱정하지 않으면서 먼저 그의 나라와 그의 의를 구할 수 있다. 성자적 영성과 혁명가적 영성은 언제나 함께 간다.

**과유불급**

전도서에서 강조하는 중용의 또 다른 면은 과유불급이다. "지나치게 의인이 되지도 말며 지나치게 지혜자도 되지 말라. 어찌하여 스스로 패망하게 하겠느냐? 지나치게 악인이 되지도 말며 지나치게 우매한 자도 되지 말라. 어찌하여 기한 전에 죽으려고 하느냐?"(전 7:16-17) 너무 타협적으로 보인다. 악인이 되지 말고 선인이 되라고 말해야 하지 않을까? 하지만 전도자는 "지나치게" 의인이나 지혜자가 되지도 말고 "지나치게" 악인이나 어리석은 자가 되지도 말라고 말한다. 이것이 지혜의 길이고 중용의 길이다. 앞서 말한 것처럼 이것은 중도를 말하거나 타협을 말하거나 대충을 의미하지 않는다. 우리는 그것을 양쪽 끝까지 가본 사람이 양자를 아우르는 가운데 하는 말로 이해해야 한다. 좌우의 분열, 세대 간의 분열, 성별 분열 등 온갖 분열로 점철된 한국 사회의 모습을 보며 지금이야말로 이 전도서의 말씀이 절실히 필요한 시대라는 생각을 하게 된다.

『페어 처치』에도 썼지만, 보수와 진보의 특징이 있다. 보수는 인간의 죄악성을 쉽게 받아들이는 경향이 있고 진보는 인간의 선함을 쉽게 받아들이는 경향이 있다. 그래서 진보는 매우 이상주의적이고 보수는 매우 현실주의적이다. 애덤 스미스(Adam Smith)의 『국부론』에 나오는 주장처럼 보수는 개인적인 악조차도 사회적 선을 만들 수 있다고 생각하는 경향이 강하고 한나 아렌트의 『예루살렘의 아이히만』에 나오는 주장처럼 진보는 개인적인 선조차도 사회적인 악을 만들 수 있다고 생각하는 경향이 강하다. 그러다 보니 보수는 "위악적인 경향"을 보이기 쉽고 진보는 "위선적인 경향"을 보이기 쉽다. 즉 보수는 지나치게 악인이 되려고 하고 진보는 지나치게 선인이 되려 한다. 위선적인 경향을 보이는 진보는 이 말씀을 들어야 한다. "지나치게 의인이 되지도 말며 지나치게 지혜자도 되지 말라"(전 7:16). 전도자의 이 말은 지나치게 이상적이기만 하지 말고 좀 현실적으로 되라는 말이고, 위선적인 태도를 버리고 자신 안의 악을 보면서 의롭지 못한 자까지 품어야 하며, 순결만 추구하지 말고 지혜도 갖추라는 말일 것이다. 위악적인 경향을 보이는 보수는 이 말씀을 들어야 한다. "지나치게 악인이 되지도 말며 지나치게 우매한 자도 되지 말라"(전 7:17). 전도자의 이 말은 지나치게 현실적이기만 하지 말고 이상을 붙들라는 말이고, 위악적인 태도를 버리고 자신 안의 선을 보면서 의롭게 살아가는 자를 본받으며, 지혜만 추구하지 말고 순결을 갖추라는 말일 것이다. 양편 모두에게 하는 전도자의 말씀을 통해 양편 모두를 견제하고 동시에 품을 수 있어야 한다. 비둘기같이 순결하고 뱀같이 지혜로워야 한다. 십자가의 복음이 유대인과 그리스인, 남자와 여자, 종과 자유자를 하나 되게 한 것처럼 교회는 복음이 좌와 우를 아우르고 품을 수 있는 능력임을 세상에 보여주어야 한다. 전도자는 말한다. "너는 이것도 잡으며 저것에서도 네 손을 놓지 아니하는 것이 좋으니"(전 7:18).

## 산업화 세대·민주화 세대·MZ세대의 연대

코로나19 팬데믹 가운데 여러 사건이 있었고 좌와 우는 첨예하게 대립했다. 이에 대해 진중권이 양편을 향해 쓴 책 두 권이 2020년 말 비슷한 시기에 나왔다. 한 권은 『진보는 어떻게 몰락하는가』(천년의상상, 2020)이고 다른 한 권은 『진중권 보수를 말하다』(동아일보사, 2020)이다. 제목만 봐도 양편을 어떤 태도로 바라보는지 알 수 있다. 나는 기본적으로 좌파에 대한 애정을 가진 보수가 좌파에게 조언하고 우파에 대한 애정을 가진 진보가 우파에게 조언해야 서로에게 도움이 되는 이야기를 들을 수 있다고 생각한다. 보수와 진보는 모두 인류의 소중한 자산이니 그렇게 되어야 한다. 하지만 진보 논객인 진중권이 보수에 관해 쓴 책은 애정이 느껴질 정도이지만 진보에 관해 쓴 책은 "지나치게 의인이 된 사람"의 글처럼 느껴졌다. 제3지대에 선 비판이라면 기존 진영을 넘어서면서도 좌파와 우파 모두에 대한 애정을 가지고 써야 하는데 그는 그렇지 못했다. 그가 진보에 대해 비판하는 글을 읽자니 거의 극우 유튜버의 영상을 보는 것 같았다. 그렇기에 진보에 대한 애정을 가지고 쓴 보수주의자의 책을 읽는 것이 조금 더 낫겠다는 생각이 들 정도였다. 오래전에 읽은 송호근의 『이분법 사회를 넘어서』(다산북스, 2012)나 김진석의 『우충좌돌: 중도의 재발견』(개마고원, 2011)이나 이진우의 『중간에 서야 좌우가 보인다』(책세상, 2012) 등이 훨씬 나아 보인다.

여하튼 『진보는 어떻게 몰락하는가』에서 진중권은 이렇게 말한다. 진보조차 음모론에 빠져 있으며 팬덤 정치에 함몰되어 있다. 진보가 종교적 광신자들처럼 정치적 광신자가 되어 공포와 혐오의 정치를 하고 있고 연성 독재를 하며 선전·선동을 하고 있으며 편 가르기 정치를 하고 있다. 진보가 자신들만이 정의라는 독선, 공정을 무시하는 반칙과 특권, 자기들도 믿지 않는 평등의 위선에 빠졌다. 이를 비판하기 위해 끌어들인 이론들을 보면 "지나치게 의인 됨"을 느끼게 만들고 그의 태도에 반감이 없는 것은 아니지만 귀 기울여야 할 대목이라고 생각한다. 이렇게 자기들보다 진보를 더 잘 비판해주니 보수 측에서 진중권을 좋아하지 않을 수 없다. 보수 측이 그를 초청하여 여러 곳에서 강의를 들었다. 이때 했던 강의 내용들이 묶여 『진중권 보수를 말하다』라는 책으로 출간되었다. 여기서 보수에 대한 애정이 느껴질 정도의 훈수를 한다. 핵심은 이거다. 보수는 "극우"와 결별해야 하고 "변화"와 "역동성"을 가진 합리적 보수가 되어야 살아날 수 있다. 보수가 살려면 젊어져야 하고 무엇보다 품격을 회복해야 한다. 상대를 비판하려면 상대의 논리를 활용해 공격해야 하고 무엇보다 보수의 논리를 중도의 입장에서 어필해야 한다. 프레임 전쟁에서 승리하려면 강하고 엄한 아버지상이 아니라 부드럽고 민주적인 아버지 상을 제시해야 하고 정책적으로 어필하려면 원래 보수의 가치였던 공정, 정의, 공공선 등의 공화주의적 가치를 회복해야 한다. 상당히 설득력이 있어 보인다. 나라도 그렇게 조언했을 것 같다.

진중권의 이런 스탠스는 기존의 진보와 보수라는 진영을 넘어서는 새로운 진영의 그것과 많이 닮았다. 기존의 진보와 보수를 진영 논리에 사로잡힌 자들이라고 비판하는 사람들이 있다. 이때의 보수는 주로 산업화 세대를 지칭하며 진보는 민주화 세대를 지칭하는 경우가 많다. 이것의 문제점은 다음 장에서 논하기로 하고 지금은 그걸 그대로 사용해보자. 특히 90년대생으로 대표되는 MZ세대들은 산업화 세대나 민주화 세대 모두 꼰대나 구태에도 불구하고 똑같이 이 세상을 "헬조선"으로 만들어 청년 세대를 N포 세대로 만든 기득권 세력이자 적폐 세력으로 본다. 사실 이들은 자신들을 알파벳순으로 "MZ세대"라고 부르는 것 자체를 꼰대스러움으로 여기고, 한편에서는 "이대남 현상"처럼 안티-페미니즘적 경향까지 보일 만큼 "공정"을 강조하기도 하며, 다른 한편에서는 기후 위기와 동물권까지 섭렵하고 있다. MZ세대에 대해서는 다음 장에서 다루기로 하자. 여하튼 내가 볼 때, 진영 논리에서 벗어나자는 논리도 진영 논리 형태를 띠고 있는 것 같다. 산업화 세대와 민주화 세대를 한쪽으로 놓고 그 반대편에 새로운 진영을 위치 지우는 전략을 사용한다. 형태와 전선이 달라질 뿐

적대란 영원히 존재할 것임으로 늘 새로운 진영이 형성될 뿐 진영이 없는 논리란 불가능하다. 그렇기에 그걸 인정하면서 논리를 펴면 좋은데 그렇게 하지 않으면서 결국 그들 자신도 진영 논리에 빠져 있는 모양새를 취한다. 그렇다 보니 기존 양 진영 간에 있었던 날 선 비판과 대립, 비아냥거림과 혐오스러운 발언들이 기존 진보와 보수 양 진영을 향해, 특히 진보 진영을 향해 똑같이 난무하는 경향을 보인다. 그들도 "지나치게 의인이 되지도 말며 지나치게 지혜자도 되지 말라"는 전도자의 말을 들어야 하는 형국이다. 제3진영도 진영은 진영이다. 새로운 분할 선을 만들어가는 것이 정치인 한, 진영은 불가피하다. 다만 그 진영들을 넘어서는 대화와 타협, 포용과 연대를 할 수 있는 힘이 있는가가 중요하다. 그래야 반대까지 품으면서 자신을 설득할 수 있고 더 많은 영향력을 발휘할 수 있다.

진중권은 기존 진영을 모두 비판하는 제3진영의 스탠스를 취하는 것으로 보인다. 진중권은 『진보는 어떻게 몰락하는가』에서 산업화 세대가 전근대 세대를 죽이고 민주화 세대는 산업화 세대를 죽였으니 청년 세대는 민주화 세대를 죽이고 새로운 세대를 열어가라고 조언한다. 그의 말처럼 정말 이전 세대는 다 죽었을까? 혹은 이전 세대는 다 죽어야 할까? 그리고 청년들을 향해 나를 죽이고 앞으로 나아가라는 그 비장함 자체가 민주화 세대식의 꼰대 짓이 아닐까? 이런 진중권을 비판하는 내용이 일부 담긴 책이 나왔다. 바로 『추월의 시대』(메디치미디어, 2020)다. 이 책은 산업화 세대와 민주화 세대 모두의 혜택을 입은 세대인 동시에 민주화 세대와 MZ세대 어디에도 끼지 못하는 80년대생의 의식을 보여주는 책이라 할 수 있다. 『추월의 시대』의 저자들은 다음과 같이 말한다. 그동안 산업화 세대와 민주화 세대는 열등의식을 가지고 선진국을 "추격"하는 세대였다면, 그들의 노력으로 말미암아 우리는 지금 어떤 면면들에서 선진국을 "추월"하는 모습을 보이는 시대에 살고 있다. 대표적으로 한류 열풍이 그렇고 K-방역이 그렇다. 우리는 한국 대통령이 G-7 정상 회의에 초대되는 시대에 살고 있다. 그러니 이제 "약소국 의식"을 버려야 한다고 말한다. 그러면서 그들은 진중권의 말을 문제 삼는다. 산업화 세대도 아직 죽지 않았고 민주화 세대 또한 결코 죽으려 하지 않을 거다. 그렇게 인정하지 않고 죽이려 하면 누가 죽으려 하겠는가? 이제 두 세대는 서로를 인정해야 한다. 서로 인정해도 좋을 만큼 이 나라가 추월의 시대를 살고 있기 때문이다. 비판적인 면도 많지만, 산업화 세대도 자랑스럽고 민주화 세대도 자랑스럽지 않은가. 누구보다도 청년 세대가 이 두 세대를 이제 인정해야 한다. 두 세대의 히어로들이 이미 자신의 임무를 달성하는 데 성공했음을 깨닫게 하고 그들을 인정해주어 자연스럽게 퇴장할 수 있도록 해야 한다. 그들은 이를 "역사화해서 집에 잘 보내드리기"라고 칭한다. 기존의 양 진영을 공격하는 제3진영의 논리하고는 한참 다르다. 하지만 나는 기독교의 정신으로 다음과 같이 말하고 싶다. 인정해줄 테니 퇴장하라고 해서 퇴장할 리도 만무하지만 그렇게 하는 것보다 더 좋은 방향이 있지 않을까? 산업화 세대와 민주화 세대 및 청년 세대가 손잡고 함께 새로운 세상을 만들어보자고 하면 안 될까? 청년 세대가 앞서 나갈 수 있도록 산업화 세대와 민주화 세대가 함께 힘을 모아 지지해주고 뒤에서 밀어준다면 새로운 세상도 가능하지 않겠냐고 설득해야 하지 않을까? 난 산업화 세대와 민주화 세대와 청년 세대가 하나가 되어 새로운 세상을 열어갔으면 좋겠다. 기존의 진보와 보수 그리고 제3진영이 함께 손잡고 새로운 세상을 열어가면 좋겠다. 리-오리엔트의 시대, 신-냉전의 시대, 탈-진실의 시대, 정치적 부족주의의 시대, 기후 위기의 시대이기에 더욱 필요한 비전이라고 생각한다. 이것이 불가능한 꿈일까? 교회도 마찬가지다. 전통 교회 성도들을 꼴통 보수라고 말하지만 그분들의 헌신이 지금의 교회를 있게 했다. 젊은 세대는 이를 인정하고 존중하고 배울 건 배워야 한다. 동시에 전통 교회 세대들은 젊은 사람들이 새로운 사상과 감각으로 교회를 새롭게 만들어가도록 지지하고 존중하고 도와야 한다. 물러날 자리는 물러나고 포기할 건 포기하며 청년들의 지지대가 되어주어야 한다. "이해는 잘 안 되지만 밀어줄게, 열심히 해봐. 함께할게." 더불어숲동산교회는 이런 생각을 가지고 세워졌다. 하나 되는 공동체에 대한 꿈이 있다. 세상은 서로를 비난하고 혐오하지만 우리는 서로를 품고 인정하며 지지하고 사랑하며 섬기는 그런 공동체를 세웠으면 좋겠다. 개혁적이거나 새로운 모델을 꿈꾸는 교회들이 주로 젊은이들로만 이루어져 있는 것은 못내 아쉬운 점이다. 어느 한쪽의 입장을 가진 사람들로 이루어진 공동체는 대안이 되기 어렵다. 우리는 진정한 대안을 위해 서로 다른 입장을 가진 사람들과 다른 세대의 사람들이 함께 어우러진 공동체가 되기를 소망한다. 좌와 우의 연대, 세대 간의 연합 등이 이루어지기를 소망한다. 그것을 가능케 만드는 온유한 지혜, 아디아포라, 미학적 감각과 중용이 그 어느 때보다 필요한 때다.

## 좌·우 그리고 신·구의 조화

전도서 가장 마지막 문단인 12:9-14은 결론부에 추가한 부록이라 할 수 있다. 11:7-12:8까지의 청년에 대한 메시지가 최종 결론이다. 12:9-14은 12:9-11과 12:12-14로 나누어져 크게 두 가지 메시지를 전한다. 9절과 12절은 모두 "베요테르"라는 단어로 시작하는데 이 단어는 "추가적으로", "더구나" 등을 의미하는 뜻으로 결론부가 편지의 "추신"처럼 "부록"과 같은 역할을 한다는 점을 보여준다. 더군다나 1인칭으로 서술되던 글이 여기서 갑자기 3인칭으로 서술되어 전도자를 제3자로 묘사한다. 대부분의 학자는 9-14절을 후대의 편집자들이 추가한 것으로 이해한다. 반면 보수적인 학자들은 그 구절을 후대 편집자의 가필이 아니라 코헬레트 자신의 해석적 가필로 이해한다. 하지만 어느 쪽이 옳든 중요한 것은 12:9-14이 부록에 해당한다는 점이다. 우리가 물어야 할 것은 그가 누구든 최종 편집에 왜 부록을 달았는가다.

먼저 전도서 12:11 말씀을 보자. "지혜자들의 말씀들은 찌르는 채찍들 같고 회중의 스승들의 말씀들은 잘 박힌 못 같으니 다 한 목자가 주신 바이니라." "찌르는 채찍"과 "잘 박힌 못"에 대한 다양한 해석이 있지만 여기서는 로핑크(Lohfink)의 해석만 소개한다. 일반적으로 신학자들은 이 문구를 진리를 얻는 데 따르는 고통의 의미로 해석하지만, 로핑크라는 신학자는 막대기가 가축들을 앞으로 가도록 인도하는 역할을 한다면 못은 그 반대의 효과를 노리는 것으로서 어떤 것이 떨어지지 않도록 안정화하거나 붙들어 두는 것이라고 이해한다. 로핑크는 못이 격언들의 보수적 관점이라면, 막대기는 코헬레트의 진보적 시각을 나타내며 "한 목자가 주신 것"이라는 표현을 통해 보수적인 관점과 진보적인 것을 모두 동일한 격언에 속하는 것으로 해석한다. 매우 흥미로운 해석이다. 부록을 새롭게 추가한 최종 편집자는 모든 것을 헛되다고 평가하며 기존 잠언의 말씀조차 비판적으로 해석하고 새로운 주장을 하는 코헬레트의 급진적인 지혜를 긍정적으로 평가하면서도 기존의 보수적인 해석이나 전통적인 해석도 함부로 버리지 말라고 말하는 것처럼 보인다. 지금이야말로 "찌르는 채찍"과 "잘 박힌 못"이 모두 필요한 시대 아닐까? 보수와 진보가, 옛것과 새것이 이토록 첨예하게 대립하고 분열하며 갈등하는 시대야말로 "찌르는 채찍"

과 "잘 박힌 못"이 함께 필요한 것이 아닐까? 주로 사회적 차원에서 적용하는 진보적인 혁명가적 영성과 주로 개인적인 차원에서 적용하는 보수적인 성자적 영성을 통합하는 것이 필요하다.

전도서 12:13-14에서는 이렇게 말한다. "일의 결국을 다 들었으니 하나님을 경외하고 그의 명령들을 지킬지어다. 이것이 모든 사람의 본분이니라. 하나님은 모든 행위와 모든 은밀한 일을 선악 간에 심판하시리라." 이 메시지는 율법적인 메시지고, 신명기적인 메시지며, 전통적인 잠언의 메시지다. 많은 신학자가 이를 전도자의 지혜가 너무 급진적이어서 후대 유대교 보수주의자들이 앞의 메시지들을 부인하고 원래의 전통적인 메시지를 회복하려는 시도로 이해한다. "일의 결국을 다 들었지? 그런데 문제가 많지? 그러니 너희는 하나님을 경외하고 율법을 지키고 심판을 대비해." 이렇게 이해하는 것보다 보완적 의미로 이해하는 것이 더 좋을 것 같다. 코헬레트의 메시지는 매우 급진적이다. 자칫 이것을 기존 메시지에 대한 전면적인 부정으로만 이해할 소지가 있다. 전도서를 포스트모더니즘처럼 기존의 것을 해체하고 진리를 상대화하는 것으로 오해할 소지가 있다. 그래서 편집자는 전도서가 전통적인 메시지를 부정하는 것이 아니라 다만 지금의 시대에 맞게 재해석하고 재구성하며 새롭게 적용하는 것이어서 그것이야말로 도리어 전통적인 메시지를 지키는 길임을 강조하고 싶었던 것이다. 전통과 혁신을 함께 견지하는 자세라고나 할까?

앞서 최근 트렌드를 이해하기 위해 『트렌드 코리아』 시리즈를 5권 몰아서 읽었다고 말했다. 5권 몰아서 보니 최근 트렌드가 좀 읽히더라. 시리즈 중 『트렌드 코리아 2018』에는 지난 2007년부터 2018년까지 12년 동안의 트렌드를 "메가 트렌드"라는 관점에서 9가지로 정리해준 것이 나오는데 이것이 나에게 큰 도움을 주었다. 그것은 다음과 같다. 1. 과시에서

가치로: 개인화와 정보 환경의 변화로 가치소비 확대, 2. 소유에서 경험으로: 소비의 고도화와 SNS가 그 배경, 3. 지금 이 순간, 여기 가까이: 이자율과 자산 가격의 하락, 불투명한 미래에 대응하는 소비, 4. 능동적으로 변하는 소비자들 : 소비자 주권 행사에 적극적으로 나서는 주요한 이해 당사자, 5. 신뢰를 찾아서: 과잉 근심, 각자도생의 시대, 미숙한 정부의 대처도 한몫, 6. 개념 있는 소비의 약진: 과시의 대상이 "부"에서 "개념"으로 바뀐다, 7. 공유 경제로의 전환: 소비자 가치관의 변화와 기술의 발전, 정책적 배려의 융합, 8. 개성 앞에 금기는 없다, 무너지는 경계와 고정 관념: 집단주의적 규범을 누른 개인주의적 가치관의 득세, 9. 치열한 경쟁과 안락한 휴식 사이에서: 대립되는 키워드의 병존이 모순이 아니라 필연이 되는 상황 등이다. 이 9가지 소비 트렌드를 위한 핵심 전략은 세 가지다. 첫째, 고객 경험이 매우 중요해진다. 고객 경험을 중심에 놓을 때 "디지털 트랜스포메이션"이 진정한 성과를 보일 수 있다고 『트렌드 코리아 2018』은 말한다. 둘째, 인간적 요소, 즉 "휴먼터치"(human touch)의 강화다. 휴먼터치는 "진실의 순간"을 만드는 가장 강력한 수단이다. 마지막이면서 가장 중요한 요소는 "피보팅"(pivoting)이다. 피보팅은 축을 옮긴다는 스포츠 용어지만 코로나19 이후 사업 전환을 일컫는 용어가 됐다. 제품·전략·마케팅 등 경영의 모든 국면에서 다양한 가설을 세우고 끊임없이 테스트하면서 그 방향성을 상시적으로 수정해가는 일련의 과정을 의미한다. 살아남기 위해서는 거침없이 피보팅 할 용기가 필요한데 이는 근본적인 전환을 포함하는 일이다.

코로나19 시기에 거침없이 피보팅을 한 사례를 하나 읽게 되었다. 『김미경의 리부트』(웅진지식하우스, 2020)다. 사실 김미경의 책을 몇 권 읽고 나서 그녀를 좀 가볍게 여기고 있었기 때문에 누군가 그 책을 추천해도 읽지 않다가 코로나19 트렌드를 교회에 적용하기 위해 트렌드 관련 책을 읽으면서 이 책도 읽게 되었다. 읽으면서 솔직히 많이 놀랐다. 이전 책들과 좀 달랐다. 기존 10여 명의 직원이 있는 그녀의 회사는 "강연 회사"다. 기업이나 기관에 강연을 나가 돈을 번다. 그런데 코로나19로 말미암아 강연이 전면 취소되었다. 타격이 심각했다. 회사를 경영해야 하는 김미경으로서는 참으로 당황스러운 상황이었다. 강연이 전면 취소되고 코로나가 장기화되면서 그녀는 큰 충격에 빠졌고 우울해졌다고 한다. 그러다 그녀는 현실의 변화에 적응해야겠다는 생각을 하게 되었고 완전히 자신을 변신시킨다. 자신이 트랜스포머가 된다. 자신의 회사를 "온택트 회사"로 바꾼다. 즉, 디지털 미디어 회사로 전환하기 위해 모든 걸 바꾸고 사장인 자신부터 변하기 위해 심지어는 컴퓨터 언어인 "파이썬"까지 배웠다. 가히 충격적이었다. 일반 기업이 이 정도라면 과거에 매여 있는 교회야말로 혁신적인 변화가 가장 필요한 곳 아닐까? 교회야말로 거침없는 피보팅이 필요하다. 과거의 교회론과 목회론이 전혀 통하지 않는 시대가 되었기 때문이다. 이제 전도서의 급진적인 메시지를 받아들여야 한다. 그렇다고 전통적인 것을 무시해서도 안 된다.

코로나19 시대에 언택트 문화를 어떻게 교회에 적용할지에 대한 고민을 많이 했다. 그 과정에서 이런 의문이 들었다. 교회가 완전히 온라인으로 대체할 수는 없고 오프라인이 기본 베이스이기에 이에 대한 고민도 필요하지 않을까? 이런 고민 중에 접한 책 중 하나가 황지영의 『리:스토어』(인플루엔셜, 2020)다. 부제가 "언택트 시대, 오프라인 기업들의 8가지 진화 전략"이다. "온라인에 빠져 있는 소비자들을 어떻게 오프라인으로 끌어낼 것인가?"라는 문제의식을 갖고 쓴 책이다. 그가 말하는 8가지 전략은 리테일 테라피(Retail Therapy), 유쾌한 리테일(Retailtainment), 리테일

랩(Retail Lab), 공간 재창조(Reinventing Space), 진화한 아날로그(Re-analog), 피지컬 + 디지털 = 피지털(Physital), 클린 쇼핑(Re-Clean), 쿨한 친환경(Re-Green) 등이다. 가장 먼저 나오는 전략이 "리테일 테라피"다. "치유하는 오프라인 상점"이라는 뜻이다. 오프라인 상점을 소비자들이 찾아와 치유와 휴식, 그리고 커뮤니티를 경험하는 공간이 되게 하라는 전략이다. 이것이 첫 번째라니! 이것이야말로 교회가 그동안 가장 잘 해왔던 사역 아닌가! 김환영의 동시 〈울 곳〉을 읽어보라. "할머니 어디 가요? 예배당 간다. 근데 왜 울면서 가요? 울려고 간다. 왜 예배당 가서 울어요? 울 데가 없다." 그동안 교회는 민초들에게 울 곳이 되어주었다. 그리고 지금 우리의 시대는 또다시 그걸 가장 필요로 하는 시대가 되었다. 코로나19로 인해 "코로나 블루"가 심각해졌다고 한다. 성인 8명 중 1명이 자살 등을 생각하는 심각한 우울 증상에 걸렸다고 하고, 특히 여성, 20대, 취약 계층 등이 심각하다고 한다. 이 시대야말로 "위로"와 "치유"가 필요한 시대다. 이런 시대야말로 진정 교회 공동체가 필요한 시대다. 교회야말로 안식과 치유의 공동체다. 그런 정체성을 오프라인 공간에 구현할 필요성이 있다. 전통적인 사역들을 어떻게 코로나19 이후 시대에 맞게 변형할지를 고민해야 한다. 전통과 혁신은 함께 가야 한다.

## 상식의 중간 지대를 만들라

좌와 우, 전통과 혁신이 하나 되기 위해 진정으로 필요한 것 중 하나가 "상식의 중간 지대"다. 이를 논하기 위해 먼저 재미있게 읽은 책 한 권을 소개한다. 네덜란드의 저널리스트인 뤼트허르 브레흐만(Rutger Bregman)이 쓴

『휴먼카인드』(인플루엔셜, 2021)다. 〈가디언〉은 이 책을 "2020년 판 『호모 사피엔스』"로 평했고, 유발 하라리는 이 책이 자신으로 하여금 인간 본성에 관해 새로운 관점을 갖게 만들었으며 오랫동안 이어온 자신의 신념에 도전하게 만든 책이라고 추천사를 썼다. 가장 흥미로웠던 부분은 인간을 "호모 퍼피"라고 규정한 대목이었다. 호모 사피엔스는 어떻게 세상을 지배할 수 있게 되었을까? 그는 『호모 사피엔스』에서 유발 하라리가 제시한 것과 상반된 이야기를 한다. 하라리는 호모 사피엔스가 최소 다섯 종 정도 되는 동료 종들을 학살했고 많은 동물을 멸종시킬 정도로 공격적이라고 보았다. 하지만 브레흐만은 매우 공격적이며 근육질 남성의 원형이자 불을 피우고 의복과 악기를 만들 정도로 지능조차 높았던 호모 네안데르탈렌시스가 사라지고 그것보다 여러 면에서 연약한 종인 호모 사피엔스가 살아남은 이유를 "친화성" 때문이라고 말한다. 그는 이를 증명하기 위해 동물학자이자 유전학자인 벨랴예프의 연구를 소개한다. 매우 공격적인 "야생 은여우"를 길들이는 실험인데 아주 드물게 길드는 여우들이 세대를 거듭할수록 형태와 습성이 개처럼 변해가는 걸 목격한다. 그렇게 길든 여우들은 그렇지 않은 여우들보다 똑똑하다. 그의 이론에 따르면 인간은 길든 유인원이다. 가장 친화적이고 성품 좋은 사람들이 더 많은 지식을 갖게 되는 현상이 수만 년 동안 지속되었다는 말이다. 호모 사피엔스는 가장 우호적이기 때문에 생존할 수 있었다는 거다. 이를 지지하는 연구 결과가 발표되었는데 2014년 미국의 연구팀에 의하면 지난 20만 년 동안 인간의 두개골이 변화를 겪어왔는데 더 부드러워지고 더 젊어졌으며 더 여성스러워졌다고 한다. 네안데르탈인과 호모 사피엔스의 관계는 늑대와 개의 관계와 비슷하다. 인간은 "호모 퍼피", 즉 강아지 인간이기 때문에 살아남았다. 무슨 말이냐면 호모 사피엔스는 네안데르탈인보다 "영리하기" 때문에 살아남은 것이 아니라 "친밀하기" 때문에 살아남은 것이다. 영리함이 아니라 친화성이 생존 능력이었다. 친밀함을 다른 말로 하면 "사회적 학습 능력"이라고 할 수 있다. 침팬지와 오랑우탄은 인간의 두 살 아기보다 똑똑하다. 하지만 학습은 유아들이 더 뛰어나다. 인간은 배우고 유대감을 형성하고 놀기 위해 태어났다. 친밀함을 통해 서로 연결되고 서로 의지하며 서로 배우고 서로 똑똑해진다. 친밀함이 사회적 영리함을 만들어내고 연결될수록 인간은 더 똑똑해진다. 전도자의 이야기와 일치한다. "두 사람이 함께 누우면 따뜻하거니와 한 사람이면 어찌 따뜻하랴? 한 사람이면 패하겠거니와 두 사람이면 맞설 수 있나니, 세 겹줄은 쉽게 끊어지지 아니하느니라"(전 4:11-12). 두 사람이 따스함을 느낄 수 있는 친밀함으로 세 겹줄을 만들어낼 때 인간은 강해졌다.

이와 유사한 책이 또 하나 있다. 『다정한 것이 살아남는다』(디플롯, 2021)이다. 진화인류학자이면서 심리학자이고 신경과학자인 브라이언 헤어(Brian Hare)와 진화인류학자이며 작가이자 언론인인 베네사 우즈(Vanessa Woods)가 함께 쓴 책이다. 이 책도 "친화력"이야말로 진정한 생존 능력이라고 말한다. 인간은 "자기 가축화"를 통해 진화하고 자기 가축화는 타인과 협력하고 소통하는 능력을 향상시키며 자제력과 감정 조절 능력도 향상시킨다. 이 책의 재미있는 점은 『휴먼 카인드』가 다루지 않은 "친화력"의 부정적인 면도 다룬다는 점이다. 농경 사회로 전환되고 도시와 국가가 발전하면서 강화된 부정적인 측면은 공격성이다. 심지어 제노사이드나 홀로코스트를 자행하는 공격성은 "친화력"의 이면이라 할 수 있다. 집단 내부적으로는 친화적이지만 외부적으로는 공격적일 수 있다는 말이다. 사회학은 보통 이런 공격성의 원인을 편견, 순응 욕구, 권위에 대한 복종 등 세 가지로 해석한다. 하지만 이 책에서는 "비인간화"를 보다 더 근원적인 원인으로 이야기한다. 내부 집단은 인간으로 보지만, 외부 집단을 비인간으로 여기기 때문에 공격성이 나타난다. 『다정한 것이 살아남는다』는 어떻게 인간이 비인간화를 통해 차별하고 타자를 공격하는지에 대해서 많은 예를 들어 설명한다. 그 책의 저자들은 이런 공격성을 민주주의가 완화했다고 말한다. 하지만 그들은 최근 이것이 무너지고 있다고 걱정한다. 극우 인종주의의 모습을 띤 대안 우파가 득세하고 정치적 부족주의가 폭증하면서 사회가 대결 양상으로 치닫고 있다고 본다. 이를 극복하기 위해서는 부정적인 면이 아닌 긍정적인 면, 즉 "친화력"을 통해 협력하고 소통하는 능력을 길러야 한다. 헤어와 우즈는 이를 위해 좌우 양극단 사이에 있는 온건한 중도들이 양극단의 사람들이 서로 "접촉"할 수 있는 자리를 만들어야 한다고 이야기한다. 접촉이 친화력을 회복하게 만드는 강력한 기제라는 것이다. 접촉할 때도 원칙이 중요하다. "부족 본능"에 사로잡혀 극도의 분열 사회가 되는 사회를 치유하기 위해 정서적 공감보다 인지적 공감이, 공감의 구심력보다 공감의 원심력이, 공감의 깊이보다 공감의 넓이가 필요하다고 역설하는 장대익은 『공감의 반경』(바다출판사, 2022)에서 이렇게 말한다. 집단 간 접촉을 통해 공감의 반경을 넓히려면 첫째, 두 집단이 동등한 지위를 가져야 하고 둘째, 서로를 알 수 있게 해주는 친밀하고 다양한 접촉이 있어야 하며 셋째, 상위 목표를 이루기 위한 집단 간 협력이 유발되는 접촉이어야 하고 넷째, 관습 규제법이 허용한 접촉이어야 한다.

『공감의 반경』에는 독일의 주간지 「디 차이트」(*Die Zeit*)의 편집장 바스티안 베르브너(Bastian Berbner)의 이야기가 나온다. 그는 접촉 가설을 실제 상황에서 검증해보려고 극단적으로 서로 다른 사람들 간의 접촉을 취재했다. 가령 그는 무슬림을 혐오하고 흑인은 열등하다고 믿고 있었던 독일 극우 정치인이 어떻게 팔레스타인인과 친구가 되고 아프리카 여행 중 부족민과 낚시를 즐기게 되었는지와 난민 수용에 반대했던 함부르크의 어느 노부부가 자신의 연립주택에 거주하기 시작한 집시와 어떻게 가족처럼 지내게 되었는지를 취재했다. 그가 만난 수많은 사람 중에 정치적으로 반대 성향의 사람들과 결국 인간적 친구 관계를 맺을 수 있었던 한 극우 정치인은 다음과 같이 고백했다. "어떤 사람을 진짜 알게 되면 더는 그를 증오하지 못한다." 바스티안이 제안한 〈독일을 말한다〉라는 프로그램은 정치적으로 반대편에 있는 사람들을 서로 만나서 이야기해볼 수 있게 해주는 사회 접촉 프로젝트인데 이미 8,000명 이상이 참여했다고 한다. 이 프로그램을 통해 이들은 이전에 자신이 혐오했던 사람들을 이제는 좀 더 깊이 이해하게 되었다고 증언하고 있다. 하지만 현대 사회에서 양극단의 사람들이 서로 접촉하고 만나는 자리를 만들기는 쉽지 않다. 나는 교회야말로 이런 역할을 할 수 있는 최고의 자리라고 생각한다. 이제 교회는 십자가의 복음을 선포만 하지 말고 그것을 살아내야 한다. 돈 얘기 하지 말고 정치적인 얘기 하지 않아야 교회가 부흥한다는 수준에 머물지 말고 양극으로 치닫고 있는 사람들이 서로 접촉하고 교류하며 서로를 알아가는 공동체가 되어야 한다. 다양한 이슈에 대해 서로 의견을 나눌 수 있어야 하고 다원성을 인정하면서도 서로 하나 될 수 있는 십자가의 공동체를 만들어내야 한다. 비인간화하고 악마화하며 서로 대립하는 사람들을 온전히 품을 힘은 사랑의 약함과 어리석음밖에 없다. 십자가에 나타나신 하나님의 약함과 어리석음만이 분열을 넘어 서로를 하나 되게 한다.

샹탈 무페(Chantal Mouffe)는 『좌파 포퓰리즘을 위하여』(문학세계사, 2019)에서 "외국인 혐오" 등으로 나타나는 극우 포퓰리즘의 득세를 보면 지금 이 시대가 "포퓰리즘 계기"의 시대임을 알 수 있다고 말한다. 포퓰리즘 계기란 지금의 전선이 "대중"(the people)과 "과두 지배자들"(the oligarchy) 사이에 그어졌음을 의미한다. 이미 구닥다리가 된 "좌파"라는 말의 원래적 의미는 사회정의, 인민주권, 평등 같은 특정한 가치를 지향하는 세력을 뜻한다. 즉, "좌파 포퓰리즘"은 과두 지배자들에 저항하여 사회정의, 인민주권, 평등 같은 가치를 실현하기 위해 대중들의 요구를 어떻게 "정치적인 것"에 절합시킬지 고민해야 함을 표현한 말이다. 이를 위해 『정치적인 것의 귀환』(후마니타스, 2007)과 『경합들』(난장, 2020)에서 그는 "민주적 경합주의" 혹은 "경합적 다원주의"를 주장한다. "정치적인 것"과 "정치", "윤리적 관점"과 "정치적 관점"을 구분하면서 자유주의적인 합의나 지배적인 절차를 뒤흔들고 현존하는 배치를 교란하는 것을 넘어 새로운 절합(articulation)들과 새로운 제도들을 구축하며 대안적 헤게모니를 구축해야 한다고 말한다. 그러기 위해서는 정치적인 것의 핵심이라 할 수 있는 "적대"가 현존한다는 걸 항상 인정하고, 정치적 입장들의 활발한 충돌과 이해관계들의 공개적인 갈등을 허용해야 한다. 그런 토대 위에 상대를 적으로 여기며 적의 파멸을 획책하는 파괴적 적대 관계를, 서로를 "적"이 아닌 "대결자"로 여기며 서로가 서로에게 반대할 권리를 인정하는 민주적 경합의 관계로 전환하는 "경합적 민주주의"가 이루어져야 한다. 조금 어려운 이야기인데, 이런 "경합적 다원주의"가 원활히 이루어지고 "대결자들의 경합"이 "우리와 적의 대립"으로 전락하지 않게 하기 위해서도 사회 속에 양극단의 사람들이 접촉하며 친밀감을 향상시킬 수 있는 다양한 "상식의 중간 지대"가 만들어져야 하지 않을까?

2022년 초반에 유익하게 읽은 책 중 하나가 『상식의 재구성』(한빛비즈, 2021)이다. 비슷한 시기에 나온 『눈 떠보니 선진국』(한빛비즈, 2021)을 재미있게 읽었는데 두 저자가 부부라는 사실을 알고 좀 놀랐다. 감사하게도

2022년 3월 8일 이매진피스에서 "조선희 작가님과 함께한 여행자의 서재, 상식의 재구성"이라는 주제로 〈북콘서트〉를 열었는데 직접 뵙게 되었다. 선거를 앞두고 견디기 어려울 만큼 첨예하고 예리해진 시국 속에서 우리가 겪고 있는 갈등과 대립을 작가는 "민주주의 멀미"로 진단했다. "책에서도 이야기하고 있지만 우리는 경제적으로나 정치적으로 너무 급격한 성장을 경험한 사회잖아요. 아이들이 청소년기에 너무 급격히 키가 자라면 골격의 성장 속도를 신체의 여러 부분이 따라가지 못해 가슴에 기흉이 생긴다고 해요. 어쩌면 우리는 아직 채우지 못한 사회적 기흉을 가진 것 아닐까 싶어요." "베를린에 머무는 6개월 반 동안 가장 놀란 것은 독일 언론의 언어였어요. 코로나19 같은 거대한 사건 속에서도 제목과 기사에 너무 날 선 비판이나 선동적인 제목이 없었죠. 사실을 보도하는 것에 충실하면 사람들이 넓은 시야를 가지고 다양한 논의를 거쳐 사회적 합의에 이른다는 것을 경험한 사회가 가지는 힘, 상식의 중간 지대를 두텁게 가진 사회가 보여주는 다른 풍경이 이 책이 나아가야 할 방향에 작은 이정표가 되어주었던 것 같아요." 아, 얼마나 멋진 말인가? 상식의 중간 지대! 그렇다. 교회가 해야 할 역할이 바로 이것이다. 유대인과 그리스인, 남자와 여자, 종과 자유자를 하나 되게 하는 십자가의 능력으로 다양한 관점과 입장을 가진 사람들이 접촉하는 "상식의 중간 지대"를 만드는 일이 교회의 중요한 역할이다. 공동체 자체가 그런 성경의 공동체여야 하고 지역 사회에서 그런 역할을 해내야 한다. 이를 위해 필요한 것이 있다. 사회를 읽는 능력, 넓고 깊고 정확하게 아는 데서 상식의 중간 지대가 만들어진다고 저자는 말한다. 교회가 이런 능력을 키워야 한다. 좁은 교리와 낮은 인문학 수준에 갇혀서는 안 된다. 넓고 높고 깊은 통전적 복음과 인문학적 역량을 갖추어 상식의 중간 지대를 만들 줄 아는 미학적인 교회가 되어야 한다.

# 제3장

## 청년, 종말론적 상상력을 펼쳐라

청년이여! 네 어린 때를 즐거워하며 네 청년의 날들을 마음에 기뻐하여 마음에 원하는 길들과 네 눈이 보는 대로 행하라! 그러나 하나님이 이 모든 일로 말미 암아 너를 심판하실 줄 알라(전 11:9).

너는 청년의 때에 너의 창조주를 기억하라! 곧 곤고한 날이 이르기 전에, 나는 아무 낙이 없다고 할 해들이 가깝기 전에 해와 빛과 달과 별들이 어둡기 전에, 비 뒤에 구름이 다시 일어나기 전에 그리하라(전 12:1-2).

\*\*

2022년 3월 9일에 대통령 선거가 있었다. 야당 후보가 승리했다. 10년 주기로 정권이 교체된다는 속설을 뒤집고 5년 만에 정권이 바뀌었다. 하지만 난 이 10년 주기라는 말을 믿지 않는다. 한국 사회는 압축 성장을 추구하면서 돌진적 근대화를 이룬 사회다. 이를 이룬 세력들은 보수 세력이다. 형식적 민주주의라는 87년 체제가 만들어졌어도 그 동력으로 보수 세력이 10년 동안 집권했다. 더군다나 민주주의 역사도 짧다. 따라서 한국 사회는 그 과정에서 해결하지 못한 과제들이 뒤엉켜 도무지 해결책이 보이지 않는 것들이 산재한 사회다. 더군다나 전 세계적으로 초저성장 시대가 도래했다. 한마디로 말해 누가 지도자가 돼도 풀기 어려운 과제가 있는 세상 속에 우리가 살고 있다는 말이다. 그렇기에 항상 임기 말이 되면 정권교체의 열망이 불타오를 수밖에 없는 형국이다. 더군다나 내각제도 아니고 결선투표제가 있는 것도 아니며 독일식 연동형 비례대표제가 있는 것도 아니고, 사실상 양당제에 가까워 양당 독식 구조로 되어 있어서 제3지대 형성이 거의 불가능한 정치 지형이기에 이런 현상은 한국 정치의 디폴트 값이라고 할 수 있다. 어느 책 제목처럼 한국의 민주주의는 "저쪽이 싫어서 투표하는 민주주의"다. 독재가 아니라면 정권 유지가 거의 불가능한 상황으로 이해하는 것이 좋다. 다만 기적 같은 일이 일어나거나 특별한 인물이 나타날 경우 5년 더 연장할 수 있었을 뿐이다. 과연 바보 노무현이나 박정희의 딸 박근혜가 아니었다면 10년 주기를 만들어낼 수 있었을까? 그러니 10년 주기가 특별한 일이고 실상 5년 주기가 디폴트 값이라고 할 수 있다. 이번에 일어난 일은 일어날 일이 일어난 것이다. 하지만 이번에는 일어날 일이 일어났음에도 매우 예외적인 상황이 펼쳐졌다.

지난 총선에서 국민이 180석이라는 거대 여당을 만들어줬고 문재인 전 대통령은 높은 임기 말 지지율로 전대미문의 레임덕 없는 대통령에 이름을 올렸다. 역대 대통령들의 5년 차 3분기 평균 지지율은 김영삼 전 대통령이 8%, 김대중 전 대통령 28%, 노무현 전 대통령 27%, 이명박 전 대통령 23%였다. 박근혜 전 대통령이 탄핵 직전 12%였다. 하지만 문재인 대통령은 50%에 육박했다. 그런데도 정권 교체 여론과 야당의 10% 압승이라는 예측이 주도적이었다. 더 황당한 건 예상과 달리 야당이 겨우 0.73%인 25만 표 차로 이기는 사상 초유의 박빙 선거가 되었다는 점이다. 여기에 대한 다양한 분석이 있고 나 또한 선거 직후 페이스북에 원인 분석을 하는 글을 올렸다. 내가 정리한 야당과 여당의 문제점은 각각 세 가지다. 외부에서 후보를 영입했으면서도 윤석열과 안철수의 단일화가 없었다면 결코 승리할 수 없었던 야당의 문제점은 1) 역량이 안 되고 준비가 덜 된 전 정권의 사정 기관 출신 후보라는 점이다. 전 정권의 공직자였던 사람이 퇴임 후 바로 정치에 뛰어드는 것은 적절치 않을 뿐 아니라 민주주의 원리로 움직이지 않는 사정 기관의 수장이었던 사람이 나오는 건 더욱 적절치 않다. 무엇보다 퇴임 후 바로 출마했기 때문에 국가 지도자로서 준비되지 않았다는 약점까지 갖고 있다. 2) 시대에 뒤처진 사고방식과 "도로 새누리당"이라는 점이다. 박근혜 탄핵에 책임이 있는 사람들이 그대로 있고, 당 자체가 그때와 별로 달라진 것이 없으며, 유승민 정도의 합리적 보수가 후보가 될 수 없는 분위기도 문제다. 선거 과정에서 제시된 공약들이 너무 시대에 뒤처졌고 여전히 구 냉전의 사고방식을 가지고 있어 전쟁의 위험을 키우는 것도 문제다. 3) 본부장(본인·부인·장모) 리스크 때문이다. 이것은 책에서 논할 성격도 못 되는 수준 낮은 이슈다. 다음은 여당의 문제점이다. 윤과 안의 단일화라는 외적 요인 말고 내적인 요인을 살펴보는 것이 중요하다. 1) "내로남불"과 "무늬만 진보 정당"이라는 점이다. 여러 사건으로 촉발된 386세대 혹은 강남 좌파의 내로남불이 심각했다. 약자와 소수자를 대변하는 정당이라 보기 어려울 정도로 진보마저도 욕망에 무릎을 꿇었다고 아니할 수 없다. 여당 후보 또한 도덕성 논란을 가진 점도 문제다. 2) 부동산 문제가 심각했다. 집값이 높은 지역일수록 보수 정당을 지지했고 집값이 낮은 지역은 진보 정당을 지지했다. 종부세 대상자들인 1% 부자들은 자신의 재산을 정부가 빼앗아 간다고 열 받고, 영끌한 사람들이나 집이 없는 사람들은 모두 집값이 너무 올라 절망스러운 데다 전세나 월세도 구하기 너무 힘들었다. 3) 세대론 이슈 때문이다. 전통적으로 나이 든 세대가 보수 정당을 찍고 젊은 세대가 진보 정당을 찍었으나 이번에는 이대남과 이대녀가 갈렸다. 즉 진보 정당에서 남자 젊은층을 잃었다고 볼 수 있다. 항목마다 할 얘기가 많으나 이 책은 정치 평론을 하는 책이 아니니 자세한 내용은 나누지 않겠다. 다만 본 장의 주제와 관련된 세대론 이슈는 다루는 것이 좋겠다.

지난 대선에서 이대남과 이대녀가 완전히 갈렸다. 안희정 사건 이후 연속적으로 일어난 성폭력 관련 사태로 인해 민주당은 "페미니즘 정당"이라는 모토를 무색하게 했다. 실망한 여성들이 민주당에 등을 돌렸다. 다만 가장 인상적이었던 것은 20-30대 여성들이 막판에 이재명에게 표를 몰아준 것이다. 위에서 말한 사건들로 민주당에 대한 반감이 컸을 텐데 말이다. 20대 여성이 58.0%, 30대 여성 48.7%가 여당을 찍었다. 남녀를 갈라치기 하는 이준석 대표에 대한 반감과 여가부 폐지 공약과 여성 차별 언사를 일삼았던 후보가 당선되게 할 수는 없다는 의지가 투표로 연결되었다고 평가된다. 그런데도 여당이 패배한 것은 정반대의 특징 또한 작용했기 때문이다. 여러 사태 와중에서 지난 정부가 자신을 소외시켰다고 느낀 이대남이 진보에 등을 졌다. 이번에 20대 남자 중 58.7% 그리고 30대 남자 중 52.8%가 윤석열을 지지했다. 선거 기간 중 후보자가 허튼짓하지 않았다면 아마 더 큰 지지를 받았을 것이다. 더군다나 여성 대통령 후보였던 박근혜 때조차 20대 여성 30.6%, 30대 여성 34.7%만이 보수당을 지지했는데 이번 대선에서는 20대 여성 33.8%, 30대 여성 43.8%로 이전보다 훨씬 더 많은 20-30대 여성이 윤석열을 선택했다. 과거 노년층이 보수를 선택하고 젊은 층이 진보를 선택하는 현상이 있었지만 의외로 많은 젊은 여성이 보수당을 지지했고 특히 20-30대 남성에게서 엄청난 역전 현상이 일어났다. 적지 않은 평론가들이 이를 전투적인 페미니즘에 대한 반감과 이대남의 소외 때문에 일어난 일로 해석한다. 어쩌면 보수당은 윤석열이라는 인물 때문이 아니라 이준석이 가져온 이대남의 표로 대선에서 승리한 것일지도 모르겠다. 그렇기에 지금 가장 정치권에서 핫한 이슈가 이대남·이대녀 현상이며 세대론 담론이다. 교회도 청년 문제가 심각하고 정치도 마찬가지다.

**세대론의 허점**

전도서의 최종 결론부는 11:7-12:8이다. 전도자는 청년에 대한 당부의 말로 전도서의 결론을 마무리한다. 우리도 청년에 관한 주제로 전도서를 마무리해보자. 요즘 청년을 바라보는 시각 중 가장 강력한 영향을 끼치고 있는 것이 세대론이다. 그렇기에 세대론을 살펴보면서 청년의 문제에 접근해보자. 결론적으로 말하면 세대론은 정치적 기획에 의해 만들어진 허구적 담론이다. 그것은 노무현 정권 시기에 보수 언론과 지식인 그리고 정치인에 의해 생성되고 유포되었다. 그 후 보수 정권 10년 동안 거의 사라지다시피 하다가 다시 문재인 정권 시기에 고개를 들었고 조국 사태 때 폭증했다. 세대론의 기본 구도는 기득권 세력인 586세대 대 피해자 집단인 청년 세대다. 상식적으로 생각해보아도 세대론의 허점이 보인다. 세대론에서 가장 큰 이슈가 되는 것은 비정규직의 정규직화만이 아니라 "부의 세습"이다. 현 사회가 세습 자본주의이기 때문에 청년 세대가 어렵게 살고 있다는 분석이 조국 사태 이후 더 강력해진 세대론을 받쳐주고 있다. 여기서 논리적 모순이 드러난다. 지금 20대의 부모들이 586세대이기 때문이다. 586세대가 기득권자들이고 부의 세습이 이루어졌다면 20대들도 부의 세습을 누리는 기득권자들이어야 한다. 앞뒤가 안 맞는다. 실상 자녀에게 부를 물려줄 소수의 586세대가 있고 자녀에게 물려줄 것도 없고 자기 몸 하나 건사하기 힘든 다수의 586세대가 있다. 이에 대한 논리적 귀결로 부의 세습으로 혜택을 입은 소수의 청년 세대가 있고 힘들게 사는 586세대 부모를 둔 다수의 청년 세대가 있다고 보아야 한다. 즉 불평등은 세대로 나뉘는 것이 아니라 계급으로 나뉘는 것이다. 중요한 것은 어떤 586이고 어떤 20대냐. "50대는 기득권자, 20대는 피해자"라는 단순 도식은 실상 허구이기 때문에 이런 도식으로만 세상을 보는 것은 위험하다.

신진욱은 『그런 세대는 없다』(개마고원, 2022)에서 여러 통계를 통해 세대론의 허점을 파헤친다. 예를 들어 세대론의 시각에서 많이 회자되는 문장 중 하나가 다음과 같은 문장이다. "586세대는 대학만 나와도 취업이 되었는데 지금의 청년 세대는 서울대를 나와도 취업이 되지 않는다. 586세대가 기득권을 쥐고 있기 때문이다.” 재미있는 것은 이런 말을 유포시키는 언론인이나 정치인들이 주로 586세대에 속하는 나이대라는 점이다. 하지만 이것도 허구적 담론이다. 80년대 대학 진학률을 보자. 고등교육 기관 취학률 평균은 20%였고 4년제 대학 취학률은 13% 정도였다. 즉, 4년제 대학에 간 사람은 10명 중 1명 남짓한 정도였다는 말이다. 반면 2000-2020년 시기에 평균 대학 취학률은 66%다. 대학에 들어갈 연령대의 3명 중 2명이 대학에 진학했다는 뜻이다. 이 비율이 가장 높았던 2008년 대학 취학률은 71%다. 10명 중 7명이 대학에 들어간 것이니 10명 중 8명이 대학에 들어가지 못한 1980년대와 극한 대조를 이룬다. 그런데 어떻게 그때는 대학에 들어가도 취업이 되었는데 지금은 안 되는 시대라는 단순 비교가 가능할까? 차라리 “그때는 대졸 여부에 따른 격차가 지금보다 컸고 다수는 비대졸자였다”가 사실에 걸맞은 표현이다. 그리고 과연 50대 전부가 기득권자일까? 실제로 50대 빈곤율이 40대와 그 이하 빈곤율보다 높다. 비정규직률도 50대와 60대 이상의 비율이 50%다. 신 중간 계급으로 분류되는 관리직·전문직 비율이 전체 50대의 17%라면 30대는 31%다. 화이트칼라로 분류되는 사무직·전문직을 묶어서 보아도 전체 50대의 27%라면 30대는 56%다. 50대 취업자의 무려 70%가 서비스 판매직, 기능·기계, 단순 노무직에 종사하고 있다. 한국 사회 상층부 내에는 50-60대 중·노년층만 있는 것이 아니라 40대 심지어 30대까지 상당한 규모로 포진하고 있고 사회 불평등 구조의 하층에 도리어 중·노년층이 대거 분포되어 있다는 사실을 알아야 한다. 자산은 어떨까? 자산 상위 2%로 보면 60대 이상이 거의 절반, 나머지 절반은 40대·50대가 차지하고 있다. 하지만 상위 10-20% 계층 혹은 상위 20-30% 계층의 경우 40대의 평균 부동산 자산액이 고령층보다 높다. 초부자의 고령층이 아니라면 고령층의 나머지 다수는 집 부자와 아무 상관이 없다. 또한 30대의 자산 상위 20-30%가 30대 전체 자산액 중 70-80%를 차지하고 있다. 무엇보다 부동산 가격이 폭등했을 때 실제로 혜택을 가장 많이 입은 계층은 30대다. 그 뒤를 40대가 따라간다. 즉, 부동산 가격의 폭등으로 나타난 현상은 30-40대 자산 상위 계층의 증가와 50-60대 자산 상위 계층의 감소 현상이다. 아마도 30-40대 자산 하위 계층이 상대적 박탈감을 가장 크게 느끼지 않았을까? 정리하면 지난 10여 년간 자산 증식에 가장 성공한 연령대는 40대이고 최근 몇 년간 자산 상위 계층이 가장 증가한 연령대는 30대다.

　　세대론의 시각으로 20대의 공정을 강하게 주장하는 박원익과 조윤호의 『공정하지 않다』(지와인, 2019)마저도 이 부분만큼은 분명하게 지적하고 있다. 박원익과 조윤호는 세대론이 세대 착취론으로 나아가서 586세대가 20대에게 양보해야 한다는 식의 주장을 하면 윗세대 내부의 가난과 불평등을 외면하는 결과만 낳는다고 지적한다. 50대의 양보를 받아내는 정책이 결국 하층 계급의 아버지와 어머니의 일자리를 잃게 만든다는 것이다. 그들은 진정한 20대의 공정이 윗세대의 양보가 아니라 공정한 세상이며 지금 필요한 건 양보가 아니라 더 과감한 상상력과 현실을 바꿀 수 있다는 믿음이라고 말한다. 중요한 지적이라고 생각한다. 그러니 함부로 아무 때나 세대론을 들먹이거나 세대론의 시각으로 사회를 정확하게 분석하고 있다고 오해해서는 안 될 것이다. 물론 세대론에서 문제를 제기하는 세대 간 차별의 실재와 청년들의 어려움을 부정해서도 안 될 것이다. 이철승의 『불평등의 세대』(문학과지성사, 2019)와 조귀동의 『세습 중산층 사회』(생각의힘, 2020)만 읽어보아도 알 수 있다. 또한 사회를 입체적이고 다면적으로 이해하는 데는 세대론 또한 중요한 역할을 한다. 우리는 세대론과 계급론 양쪽 모두를 수용하여 사회를 입체적으로 이해해야 한다. 청년 문제만 해도 세대, 계급, 계층, 정체성 및 체제라는 다면적인 접근이 필요하다. 따라서 우리는 청년 세대를 이해하기 위해 세대론이 주는 문화론적 통찰을 수용할 필요가 있고 현재 세대론에서 구분하는 용어들을 도구적으로 활용하여 여러 갈등 중 하나인 세대 갈등을 어떻게 해결해야 할지 고민해볼 필요가 있다.

## 세대론으로 본 청년 문제

먼저 청년 세대를 규정하는 단어들을 정리해볼 필요가 있을 것 같다. 산업화 세대는 박정희 시대를 거쳐온 산업 역군들이라고 할 수 있다. 그들은 요즘 젊은 세대들에게 "틀딱"(틀니딱딱충의 줄임말로 노인을 비하하는 말)이라고 놀림을 받고 있다. 고령화 사회가 되면서 그들의 투표권이 젊은 세대의 앞길을 막고 있다며 투표권 박탈 논쟁까지 촉발되는 형편이다. 민주화 세대는 5-60년대에 태어나 1970년 청년 전태일의 분신을 시작으로 유신 체제와 싸우고 1980년 광주 민주화 운동 이후 신군부 아래에서 학생 운동을 하며 87년 체제를 만든 세대다. 특히 1960년대생으로 80년대에 대학 생활을 한 86세대가 중심을 이룬다. 요즘 "꼰대" 소리를 듣는 사람들은 산업화 세대가 아니라 민주화 세대다. 세대론의 주요 타깃이 이들이다. 앞서 이야기한 것처럼 세대론은 보수의 기획으로 만들어진 담론이지만 진보쪽에서도 이를 비판하는 사람들이 많다. 주로 강남 좌파 혹은 민주화 세대의 위선이라는 담론으로 거론되고 있다. 특이한 건 경제계의 86세대는 이 비판에서 벗어나 있고 주로 정치계의 86세대 비판이 중심이라는 점이다.

난 아직 86세대에 속하는 68년생 삼성 이재용을 세대론으로 비판하는 걸 본 적이 없다. 정치계의 86세대를 비판하면서 50대 전체 기득권 대 20대 전체 피해자 구도를 이야기하는 것도 특이한 점이다.[1]

세대론에서조차 종종 생략되곤 하는 세대가 있다. 바로 70년대생이다. 과거 X세대라고 불린 70년대생은 소위 586세대의 후배들인데 90년대 학번들이다. 냉전이 끝나고 베를린 장벽이 무너지고 소련이 해체되는 것을 목격한 세대이며 본격적인 소비자본주의를 맞이한 세대다. 서태지와 아이들로 상징되는 "문화 시대"를 처음 연 세대라고도 할 수 있다. 그렇기에 586세대가 정치권에서 중심 세력이라면 요즘 "영 포티"로 불리는 X세대가 문화 영역에서 막강한 파워를 자랑한다. 이선미의 『영 포티, X세대가 돌아온다』(앤의서재, 2021)에 의하면, 가요계의 양대 산맥인 YG엔터테인먼트의 양현석과 JYP엔터테인먼트의 박진영이 모두 70년대생이다. 요즘 최고의 주가를 날리는 BTS(방탄소년단)의 제작자 "방시혁"도 72년생이다. 〈무한도전〉과 〈놀면 뭐하니〉의 김태호 PD가 75년생이고, 〈삼시세끼〉와 〈알쓸신잡〉의 나영석 PD는 76년생이다. 〈타짜〉와 〈암살〉의 감독 최동훈은 71년생이고, 〈살인의 추억〉과 〈기생충〉의 감독 봉준호는 69년생이지만 70년대생으로 묶을 수 있다. 〈태양의 후예〉와 〈도깨비〉의 김은숙 작가가 73년생이고, 〈시그널〉과 〈킹덤〉의 김은희 작가는 72년생이다. 새로운

---

1  강남 좌파 혹은 민주화 세대의 위선을 비판하는 전형을 보여주는 책은 강준만의 『강남 좌파』(인물과사상사, 2011)와 『강남 좌파 2』(인물과사상사, 2019)다. 해외 사례를 이해하려면 쉽게 쓴 『20 vs 80의 사회』(민음사, 2019)와 『부당 세습』(이음, 2019)을 읽어보라. 한국 사회의 불평등 구조를 세대론의 관점에서 이해하려는 프로젝트로서 이철승의 『불평등의 세대: 누가 한국 사회를 불평등하게 만들었는가』(문학과지성사, 2019)와 세대가 문제가 아니라 세습이 문제라며 세대론의 강조점을 세습으로 돌린 조귀동의 『세습 중산층 사회: 90년대생이 경험하는 불평등은 어떻게 다른가』(생각의힘, 2020)가 탁월하다.

상업 영역을 연 "배달의 민족"을 운영하는 "우아한 형제들"의 창업자 김봉진은 76년생이고, "당근마켓"의 김재현 대표는 79년생, 김용현 대표는 78년생이다. 이외에도 많은 70년대생이 문화계를 주도하고 있다.

『트렌드 코리아 2022』에서는 이들을 "엑스틴"이라 부른다. "10대 같은 X세대"라는 뜻이다. 그들이야말로 모든 세대 중 최대 소비자로 등극했다. Z세대가 트렌드를 선도한다면 그것을 정착시키는 것은 X세대다. 실상 Z세대의 자유로움은 부모 세대인 X세대에게 물려받은 것이다. 지금 Z세대를 가장 잘 이해하는 부모 세대가 X세대인 70년대생들이어서 민주화세대와 MZ세대의 "낀 세대"로서 한편으로는 양쪽에서 욕을 먹기도 하지만 다른 한편으로는 양쪽을 연결해줄 세대로 주목받고 있다. 조한혜정은 『선망국의 시간』(사이행성, 2018)에서 이를 분명하게 천명한다. 그는 X세대에 의해 1990년대에 의미 있는 변화가 일어날 수도 있었는데 IMF 사태가 터져 좌절된 것에 못내 아쉬움을 토해낸다. IMF 사태로 인해 기존 체제와 타협하고 착하고 부지런하지만 국가나 공동체, 공공성에 대한 감수성은 적어진 세대가 되었다는 것이다. 그럼에도 조한혜정은 그들에게 큰 기대를 건다. 새롭게 열리고 있는 시대를 스스로 탐사해야 했던 90년대 학번들은 개인성과 소통, 문화적 영역을 개척했다. 세계화와 정보화의 신기류 안에서 시민적 민주주의의 뿌리를 내리고 싶어 했지만 IMF 사태로 인해 큰 진전을 이루지 못했다. 그 대신 막 열리기 시작한 인터넷과 문화 산업 그리고 시민 사회 영역으로 진입해서 중추적 구실을 했다. 이들은 직장에서 민주적인 직장 문화를 만들어보고자 했으며 정치적 시민으로서의 촉각을 세우고 살았다. 미군 장갑차 사건으로 촉발된 효순·미선 촛불 시위나 광화문 시민 혁명도 이들 "포스트 386세대"가 구조와 개인을 연결시키며 평화로운 시위를 이끌어냈기에 이루어진 기적이라 할 수 있다. 자수성가한 베이비붐 세대가 오로지 "집단적 개인"만 볼 수 있는 세대였고, 386세대는 "구조적 모순"을 볼 수 있는 세대였다면, 90년대 학번 세대는 구조와 개인을 연결하며 자발성과 자치의 시대를 열고자 한 세대였다. 진부하고 권위주의적인 것에 거부감이 강한 이 세대는 사실상 한국 사회에서 가장 창의적이고 개성적인 존재다. 이들은 차이를 바탕으로 한 개인성과 다양성, 자아 성찰과 자기표현이 바탕이 되는 공론화에 대한 열망을 품고 있다. 386세대와 매우 대조적인 세대이고 그래서 상호보완적인 세대이기도 하다. 디테일에 대한 감각으로 정교한 작업을 해낼 사람들도 바로 이들이고 그 아래 세대인 밀레니얼 세대와 협업이 가능한 세대도 바로 이들이다. 이 세대가 자리를 잡으면 386세대와 아래 세대도 삼각형의 꼭지로 자리를 잡고 상생 시대를 열어갈 수 있지 않을까? 조한혜정은 이런 기대를 표명한다.

다음은 MZ세대다. MZ세대는 밀레니얼-Z세대의 약자다. 보통 밀레니얼 세대는 80년대 초반부터 2000년대 초반에 출생한 사람들을 통칭한다. 요즘은 주로 80년대생을 밀레니얼 세대로, 90년대생을 새천년을 맞이하는 마지막 세대로서 Z세대라고 부른다. 재미있게도 90년대생에 관한 책 중 유명한 책들은 모두 80년대생들이 썼다. 가장 유명한 책은 임홍택의 『90년생이 온다』(웨일북, 2018)이다. 문재인 전 대통령이 모든 청와대 직원에게 선물해서 더 유명해졌다. 『90년생이 온다』라는 책은 90년대생의 특징을 세 가지로 요약했다. 첫째, "간단하거나", 둘째, "재미있거나" 그리고 마지막으로 "정직하거나"다. 90년대생은 무엇이든지 줄인다. 줄임말을 애호하고 더 이상 책을 읽을 수 없는 뇌로 변했으며 비선형적인 사고방식을 갖고 있다. 무엇보다 그들은 재미를 추구한다. 80년대생이 삶의 목적을 추구했다면 90년대생들은 삶의 유희를 추구한다. 과거 세대가 자아실현이 목적이었다면 90년대생들은 거기서부터 시작한다. 이념적 세계보다 연극적 세계가 더 중요하다. "정직하거나"는 단지 개인 윤리가 아니다. 그들은 정치, 경제, 사회 모든 분야에서 완전히 무결한 정직을 요구한다. 작은 불의에도 분노한다. "웃자고 하는 말에 죽자고 달려든다." 신뢰가 시스템화되어 있지 않으면 무차별적으로 공격한다. 그들은 모두 "프로 불편러"들이다. 그들의 좌우명은 "세상에서 무시해도 되는 불편은 없다"이다. 그들은 "정서적 피해"를 "신체적인 폭력"과 동일시한다. 그들의 키워드는 "공정"이다.

MZ세대의 긍정적인 면과 부정적인 면 모두를 볼 필요가 있다. 먼저 긍정적인 면을 보자. 국내 유일의 20대 전문 연구소인 "대학내일20대연구소"가 쓴 『밀레니얼-Z세대 트렌드 2021』(위즈덤하우스, 2020)에서도 창의성, 모험성, 파급력이라는 면에서 막강한 힘을 보여주고 있는 MZ세대를 소비-트렌드라는 측면에서 보여주고 있다. 소확행이나 탕진잼, 워라밸이나 욜로, 1코노미나 매력 자본, 일상력이나 컨셉친 등의 문화를 만들어내는 생명력이 그들 안에 있다. 아무리 현실이 헬조선이라도 지금 여기에 작은 천국을 만들어내고야 마는 능력이 청춘들에게 있다. 전도서가 말하는 마음에 원하는 것들과 눈에 보이는 대로 행하는 능력, 새로운 욕망을 새로운 문화로 표현해내는 힘이 그들 안에 있다. 정치적 영역에서도 이대남과 이대녀 모두 "캐스팅 보터"로서 막강한 힘을 발휘하고 있다. 하지만 동시에 부정적인 면을 직시할 필요도 있다. 임명묵의 『K를 생각한다』(사이드웨이, 2021)는 부제가 "90년대생은 대한민국을 어떻게 바라보는가"이다. 90년대생도 이렇게 탁월한 책을 쓸 수 있구나 감탄하며 읽었다. 임명묵 작가는 90년대생의 가장 중요한 특징을 "가치의 퇴조" 즉 "탈가치"라고 말한다. 이런 특징 때문에 90년대생은 공적 가치는 물론 사적 가치도 덜 추구하게 되었다고 그는 말한다. 이 때문에 다른 어떤 세대보다 더 격렬해진 경쟁에 투신하고 있으며, 여기에 도태된 사람들은 무수한 대리 만족 수단, 즉 감각의 홍수에 몰두하게 되었다고 한다. 모든 종류의 책임과 간섭을 거부하고자 하는 감정적 동기를 갖고 있으며 공정이라는 것도 가치와 논리라기보다 느낌, 즉 "공정감"의 문제일 뿐이라고 비판한다.

## 끝의 시각으로 지금을 보는 것

이런 것들이 90년대생이 가지고 있는 부정적인 면이라면 청년들은 오늘 전도자의 말씀에 귀를 기울여야 한다. 전도자는 청년들에게 삶을 누리라고 말하면서 동시에 이렇게 말한다. "청년이여, 네 어린 때를 즐거워하며 네 청년의 날들을 마음에 기뻐하여 마음에 원하는 길들과 네 눈이 보는 대로 행하라. 그러나 하나님이 이 모든 일로 말미암아 너를 심판하실 줄 알라"(전 11:9). 마음에 원하는 것들과 눈에 보이는 대로 행하라고 해놓고 심판이라니 전혀 어울리지 않는 말 같다. 하지만 이것이야말로 전도서의 묘미다. 모호성과 모순성을 긍정하는 사상 말이다. 너를 심판하실 줄 알라는 말은 자신의 죽음과 인류의 종말을 사고할 줄 알라는 뜻으로 이해할 수 있다. 12:1-2에서 이를 한 번 더 강조한다. "너는 청년의 때에 너의 창조주를 기억하라. 곧 곤고한 날이 이르기 전에 나는 아무 낙이 없다고 할 해들이 가깝기 전에 해와 빛과 달과 별들이 어둡기 전에 비 뒤에 구름이 다시 일어나기 전에 그리하라." 전도자는 젊은이들에게 말한다. 창조주를 기억하라고. 언제? 죽기 전에 말이다.

전통적으로 12:1-2은 12:3-7의 말씀과 함께 개인의 죽음에 대한 메시지로 이해했다. 이해하기 힘든 문구들로 이루어진 12:3-7은 인간의 신체에 대한 은유적 표현으로 이해했다. 신체들의 기능이 저하되면서 죽음을 맞이하게 됨을 시적으로 표현했다고 말이다. 그런데 최근 신학자들에 의해 12장의 문장들은 예언자들이 종말론적 예언 시에 사용했던 문구들과 비슷하다고 하여 역사의 종말을 묘사하는 것으로 이해되고 있다. 아주 중요한 통찰이라고 생각한다. 우리는 전도서의 결론에서 개인의 죽음과 인류의 종말에 관한 메시지를 모두 읽을 줄 알아야 한다. 젊었을 때는 인생이 영원할 것만 같다. 끝을 생각하지 못하니 오직 현재를 위해 살아가게 된다. 영원한 현재를 누리며 탈가치와 감각의 홍수 속에 빠지기 쉽다. 그렇기에 전도자는 창조주를 기억하며 심판이 있을 줄 알라고 말한다. 개인의 죽음과 인류의 종말을 함께 사고할 줄 알라고 말한다. 창조주를 기억한다는 것은 하나님이 알파와 오메가가 되신다고 고백하는 것과 모든 것에는 시작과 끝이 있음을 아는 것을 의미한다. 성경에서 말하는 세상의 종말은 이 세상의 "종말론적인 파멸"을 뜻한다기보다 이 세상의 "종말론적인 성취(완성)"를 의미한다. 성경의 종말론은 바로 그 종말론적 성취(완성)가 지금 여기에 침투한다는 사실에 관심이 있다. 이처럼 끝의 시각으로 지금을 보는 것과 지금 여기가 종말론적 성취(완성)가 되도록 하는 것이 바로 "비전"이다. 비전이 없으면 백성이 부패하게 된다. "묵시가 없으면 백성이 방자히 행하거니와 율법을 지키는 자는 복이 있느니라"(잠 29:18). 전도자는 말한다. "그런즉 근심이 네 마음에서 떠나게 하며 악이 네 몸에서 물러가게 하라"(전 12:10). 왜 그런가? 비전이 없으면 지금 여기 임하는 하나님 나라를 이룰 수 없기 때문이다. 또한 비전이 없으면 마음에 근심이 생기고 악이 내 몸에 박이기 때문이다. "소인은 한가할 때 불선(不善)을 행한다." 마음에서 근심을 없애고 몸에서 악을 뽑아내려면 비전을 붙들어야 한다.

지금 여기에 하나님 나라를 이루며 살아가기 위해서는 비전을 붙들어야 한다. 비전을 갖기 위해서는 전도서 11:9과 12:1-2 말씀을 붙들어야 한다. 나이가 들어서가 아니라 젊을 때 처음과 끝을 함께 볼 줄 알아야 한다. 하나님이 창조주이시며 심판자라는 사실을 이해해야 한다. 이미와 아직의 긴장 관계 속에 있어야 한다. 자신의 죽음과 인류의 종말을 사고할 줄 알 때 새로운 상상력이 작동한다. 청년 세대의 부정적인 측면을 새로운 상상력으로 극복하고 긍정적인 측면을 급진화하여 종말론적인 비전을 성취해 나가면 좋겠다.

## 이대녀, 공통 미래의 비전을 품자

이제 조금 예민한 얘기를 해보자. 바로 이대남·이대녀의 문제다. 이 현상은 최근 발생했으며 아직도 진행 중인 현상이기 때문에 좀 더 면밀한 분석이 필요하다.[2] 그렇기 때문에 지금은 양쪽에게 보이는 염려되는 면만 다

---

**2** 이대녀들이 직접 쓴 『판을 까는 여자들』(한겨레출판, 2022)과 국민의힘 대선캠프의 대변인이기도 했던 이대남 박민영의 『20대 남자, 그들이 몰려온다』(아마존북스, 2021)을 통해 이대녀·이대남의 목소리를 직접 들을 수 있다. 〈시사IN〉에 연재되었던 글과 그 뒷이야기를 모은 책 『20대 남자』(시사IN북, 2019)와 『20대 여자』(시사IN북, 2021)도 좋다. 리서치를 통해 얻은 객관적 자료로 쓴 책이기 때문에 다른 책들에 비해 더 객관성을 담보하는 책이다. 청년의 입장에서 공정 담론과 세대론을 펼친 책을 읽어보는 것도 좋다. 정의당에 속해 있는 박원익과 조윤호 작가가 쓴 『공정하지 않다』(지와인, 2019)와 보수 쪽에서 이준석을 당 대표로 만든 이대남의 힘에 대해 논하면서 세대론을 펼치는 이동수의 『캐스팅 보트』(메이드인, 2022)를 읽어보라. 민주당 지지 청년들의 입장을 보여주는 『추월의 시대』(메디치미디어, 2020)도 좋고 대부분은 80년대생이 세대론을 논하는데 90년대생 당사자가 쓴 임명묵의 『K를 생각한다』(사이드웨이, 2021)도 좋다. 세대론을 총정리하기 위해서는 신진욱의 『그런 세대는 없다』(개마고원, 2022)를 보라. 만약 젊은 세대의 적나라한 모습에 대해 알고 싶다면 오찬호의 『우리는 차별에 찬성합니다』(개마고원, 2013), 엄기호의 『이것은 왜 청춘이 아니란 말인가』(푸

루도록 한다. 먼저 이대녀 현상에서 보이는 문제점을 살펴보자. 이건 아마도 제3세대 페미니즘 운동에 대한 성찰과 관련이 있는 것 같다. 나는 페미니즘 관련 도서를 수십 권 읽기도 하고 그 내용을 적극적으로 수용하고 있으며 『성자와 혁명가』에서 "예수는 페미니스트다"라는 장을 쓰기도 할 만큼 페미니즘을 적극적으로 지지한다. 그 책에서 자세히 논했으니 여기서는 여성들이 페미니즘을 추구할 수밖에 없는 이유에 대해서 말하지는 않겠다. 우리가 살고 있는 세상이 젠더 평등이 온전히 이루어진 세상은 아니다. 성평등이 온전히 이루어진 세상이 되었는데 여성들이 피해망상으로 계속 페미니즘을 주장하는 것도 아니다. 우리는 여전히 페미니즘을 주장해야만 하는 세상에 살고 있다. 그러니 그들의 무기력, 절망, 분노에 공감해야 하고 그들의 실천에 동참해야 한다. 그렇기 때문에 나는 계속해서 페미니즘을 지지할 것이며 이대남보다 상대적으로 뒤늦게 관심을 받기 시작한 이대녀를 지지할 것이다. 『20대 여자』(시사IN북, 2021)에서 분석한 것처럼 성장보다 복지 추구, 경제 성장보다 환경 보호 추구, 난민이나 성소수자 문제를 비롯한 다문화주의 등 사회·문화적 이슈에 진보적 입장을 갖고 있고 심지어 많은 20대 여성 부동층마저 중도 성향이 아니라 진보 성향을 지닌 이대녀의 행보를 응원한다. 하지만 이런 나마저도 염려하게 만드는 측면들이 보여 걱정스럽다.

페미니즘 일각에서는 "피해자 중심주의"를 과도하게 내세우느라 그동안 인류가 쌓아온 보편적 인권 원칙을 무시하거나 가볍게 여긴다. "정치적 올바름"(PC)을 전면에 내세우느라 누군가 조금만 말실수해도 그동안 그 사람이 살아왔던 삶과 상관없이 차별주의자이고 비상식적이며 몰

른숲, 2010), 조한혜정, 엄기호 외 8인의 『노오력의 배신』(창비, 2016) 등을 읽어보라.

지각한 인간으로 매도해버리거나 거들먹거리며 훈계한다. 보편적 인권 차원에서 적용해야 할 걸 남성에게만 적용하고 여성은 예외로 두는 "이중 잣대"의 문제조차 보인다. 상대의 "의도"와 상관없이 개인이 "영향"받았다는 "주관적 느낌"만으로도 죄의 유무를 결정할 수 있다고 말하는 경우조차 생겼다. 가해자와 피해자, 아군과 적군, 천사와 악마라는 딱 부러지는 이분법적 대립 구도를 형성하며 엄청난 화력을 발산한다. 개인적으로는 방법론적 차원으로도 동의하기 어려운 미러링이 단순히 방법론적인 차원을 넘어서서 하나의 태도가 되어가고 있는 점은 너무나 안타깝다. "가해자 지목 문화" 속에서 박제하고 조리돌리는 경우도 자주 생긴다. 남성 모두를 "잠재적 가해자"로 여기는 태도도 종종 보인다. 보편적 인권과 윤리를 중요하게 여기는 예의가 있는 페미니즘이 되었으면 좋겠다고 하면 "오빠가 인정하는 페미니즘"만 하라는 말이냐고 반박한다. 현실 페미니즘에 대한 반발 모두를 "백래시"로 치부한다. 이런 모습에 질린 사람들이 간혹 안티-페미니즘의 모습을 보이면서까지 비판하기도 한다.[3] 심지어 20-30대 여성들 중에서도 이에 대한 반감이 있고 그 결과가 대선에도 나타난 셈이다. 여성조차 설득하지 못하는 페미니즘이 되어서는 안 되지 않을까?

---

**3** 이런 흐름을 알기 위해 책을 찾아 읽어보았더니 최선두에 선 사람은 『우먼스플레인』(필로소픽, 2019)을 쓴 이선옥이더라. 그 외에 박가분의 『포비아 페미니즘』(인간사랑, 2017), 오세라비의 『그 페미니즘은 틀렸다』(좁쌀한알, 2018), 최성호의 『피해자다움이란 무엇인가』(필로소픽, 2019), 『불편부당(창간호): 왜 이대남은 반페미가 되었나』(ㅁㅅㄴ, 2022) 등을 찾아 읽으면서 어떤 주장인지 이해하게 되었고 상당 부분 수긍이 되었다. 하지만 페미니즘 자체를 부정하는 건 받아들일 수 없었다. 정치적 올바름에 대해서는 『정치적 올바름에 대하여』(프시케의숲, 2019), 바꿈청년네트워크가 기획한 『페미니즘 쉼표, 이분법 앞에서』(들녘, 2019), 로베르트 팔러의 『성인언어』(도서출판비, 2021), 강준만의 『정치적 올바름』(인물과사상사, 2022) 등을 읽어보았다. 물론 페미니즘 쪽의 주장은 이에 앞서 많이 읽었다.

페이스북에서도 계속 말해왔지만 나는 "피해자 중심주의"를 적극 옹호한다. 성범죄의 특수성 때문에 피해자의 진술에 매우 큰 비중을 두어야 하고 2차 가해가 이루어지지 않도록 각별히 신경을 써야 한다고도 말했다. 사회적 이슈가 된 특정 사안에 대해 개인적으로는 사실일 거라고 예상한다는 의견까지 올렸다. 동시에 "무죄 추정의 원칙" 자체를 파기해서는 안 된다고 말했다. 성범죄 재판의 경우 분명 압도적으로 유죄 선고가 많다. 한국처럼 가부장제 문화가 깊게 물들어 있는 문화 속에서 성범죄 관련 고소를 한다는 것 자체가 엄청난 압력을 이겨낸 용기이기 때문에 많은 경우 유죄일 가능성이 높다. 하지만 전부는 아니다. 무고 혐의의 유죄도 28.7%나 된다. 그렇다면 가해자로 지목받은 누군가는 피해자가 될 수도 있고 실제로 그런 경우도 없지 않다. 그렇다면 무죄 추정의 원칙은 지켜져야 한다. 그것은 보편적 인권을 위한 중요한 원칙이기 때문이다. 단 한 명의 피해자가 생길 소지가 있어도 그 원칙을 지켜야 한다. 그것을 위해 진보가 싸워왔던 것 아닌가? 하지만 그 말을 했다가 그 말 자체가 2차 가해라는 비판을 받았다. 누군가는 성범죄에는 무죄 추정의 원칙이 적용되지 않는다고 내게 훈수를 두기도 했다. 어떤 사람은 내 말을 인용하며 그때부터 알아봤다고 비아냥거렸다. 그러면서 나를 조리돌리기도 했다. 무죄 추정의 원칙을 우선시해야 한다고 주장하면서 피해자를 무고죄의 가해자로 여기는 문제 행동이 아니었다. 고소 내용이 사실일 거라 예상하며 피해자 중심주의를 먼저 적용해야 한다고 말하면서 다만 무죄 추정의 원칙도 포기하면 안 된다는 말조차도 2차 가해이고 여혐으로 여겼다. "만물여혐설" 이라는 것이 있다더니 안타까운 일이다. 어떤 작은 실수 하나라도 꼬투리를 잡아 박제하고 조리돌리는 문화는 그럼 인권 친화적인 문화이고 사람의 존엄성을 지키는 문화이며 인간에 대한 예의를 지키는 문화인가? 우리는 왜 인간에 대한 예의를 지키며 정체성 정치를 하면 안 되는가? 왜 "피해자 중심주의"와 "무죄 추정의 원칙"이 함께 지켜지면 안 되는가? 그것이 혹시 있을지도 모를 불상사로부터 자신들도 방어할 수 있는 길이지 않을까? 모든 걸 대칭적인 이분법으로 판단하면 거기에는 대화나 협상이나 지혜가 들어설 자리가 없게 된다. 비대칭적 접근이 필요하다. "적대"를 포기하지 않고 경합적으로 자신의 주장을 하더라도 내가 분명히 옳지만 상대도 옳을 수 있다는 비대칭적 감각을 가져야 한다. 그래야 내가 주장하고자 하는 바도 잘 지켜낼 수 있다.

"정치적 올바름"(PC)만 해도 그렇다. 정치적 올바름은 우리에게 약자와 소수자에 대한 감수성을 갖게 해준다. 예를 들어 김지혜 교수가 『선량한 차별주의자』(창비 2019)에서 이 책을 쓰게 된 계기를 말한 대목을 보자. 그가 "혐오 표현에 관한 토론회"라는 행사 중 아무 문제의식을 느끼지 못하고 "결정 장애"라는 단어를 사용했는데 토론 후 식사하러 가는 버스 안에서 참석자 중 한 사람이 불편한 얼굴로 이렇게 말하더란다. "그런데 왜 결정 장애라는 말을 쓰셨어요?" 혐오 표현을 쓰지 말자고 강연하는 사람이 왜 그런 말을 했냐는 지적이다. 그는 일단 사과했지만 의문이 들어서 인권 운동을 하는 활동가에게 전화해서 질문했다고 한다. 활동가는 우리가 얼마나 습관적으로 장애라는 말을 비하의 의미로 사용하고 있는지를 설명해주었다. 무언가에 "장애"를 붙이는 건 "부족함", "열등함"을 의미하고, 그런 관념 속에서 "장애인"은 늘 부족하고 열등한 존재로 여겨진다. 그렇기에 결정 장애라는 단어가 문제라는 것이다. 나 또한 그 대목에서 저자와 마찬가지로 머리를 한 대 얻어맞은 것 같았다. 우리 모두 선량한 의도를 가졌지만, 차별주의자일 수 있다. 차별은 언제나 이렇다. 차별당하는 사람은 있는데 차별하는 사람은 없다. 자신이 특권을 누리고 있다는 걸 인식하지 못하기 때문이다. 내가 당연하게 누리고 있는 것이 실상 특권인 걸 모른다. 그걸 누리지 못한 사람이 시위하기 전까지는 말이다. 또한 이 책을 읽으면서 내 언어 습관 중 하나가 차별적일 수 있다는 걸 깨달았다. 나 또한 "다문화 가정"이라는 말을 쉽게 쓴다. 다문화 가정은 외국 이주자 가정을 의미한다. 하지만 다문화란 현대 사회의 특징이다. 그렇다면 우리 자신도 다문화 가정이다. 하지만 한국 사람에게 이 말을 사용하지 않고 주로 제3세계 사람과 결혼한 가정에 사용한다. 다양성을 강조하는 말처럼 보이지만 주류 집단의 기준에서 보면 일탈한 무엇인가를 지칭하는 용어인 셈이다. 이미 이 용어 사용 자체가 차별적인 행위였다. 이처럼 누군가를 인정하고 환대한다는 것은 우리의 무의식까지 탐색하여 자기를 성찰하지 않으면 할 수 없는 일이다. 이를 깨닫게 해주니 얼마나 감사한 일인가?

하지만 대학 다문화 학과에서 소수자, 인권, 차별에 관해 가르치는 교수도 저런 실수를 할 정도로 차별적인 언어를 사용하지 않는 문제는 쉽지 않다. 상황이 이러한데도 누군가의 잘못을 지적하면서 자신의 도덕적 우월성을 과시하고 훈계하며 가르치고 그 사람의 존재 자체를 혐오하거나 공격한다면 그것은 "정치적 올바름"이라는 본래의 의도를 손상시키는 행위일 것이다. 이제 뭔가 성숙한 대응이 필요한 시점이다. 미러링 전략을 인정하기까지 하는 페미니즘 진영 내에 있는 젊은이들로 구성된 "바꿈청년네트워크"가 쓴 『페미니즘 셀표, 이분법 앞에서』(들녘, 2019)에 도움이 되는 내용이 있다. 모두의 페미니즘이 되기 위해서는 먼저 속도의 사유가 필요하다. 누구나 다 현대 페미니즘을 한순간에 온전히 받아들일 수 있는 게 아니다. 받아들이는 수위와 수준과 속도가 다 다르다. 예를 들어, 우리 어르신들도 현대 문화에 적응하려고 매우 노력하고 있다. 하지만 젊은이들처럼 그렇게 빨리 수용할 수 없다. 그런데 그런 단계나 속도를 무시하고 가장 높고 앞선 페미니즘 기준을 가지고 그 단계에 이르지 못한 모든 사람을 무시하고 혐오하고 비판한다면 그것은 상대에게 불가능한 완벽함을 요구하는 폭력이 될 수도 있다. 그렇게 하면 반발을 불러일으키기 쉽다. 이제 속도의 차이에 기반한 정치를 해야 한다. 속도를 고려하며 타협과 협상과 설득이 필요한 정치학이 필요하다. 둘째, 맥락을 인정하는 페미니즘이 되어야 한다. 정치적 올바름을 적용할 때 말이 쓰인 맥락을 무시한 채 도덕적으로 공격하는 경향성을 극복해야 한다. 요즘은 말실수 하나 했다가는 매장당한다. 이렇게 맥락을 무시하면 오히려 3세대 페미니스트들이 많이 사용하는 "미러링"을 옹호하기 어려운 자가당착에 빠지게 된다. 강한 이분법적 도덕주의에 빠지지 않으려면 상대의 복잡하고 다층적인 맥락을 섬세하게 고려하며 설득과 연대를 할 줄 아는 정치적 유연성이 있어야 한다. 도덕적 비판이 아니라 정치적 유연성이 상대를 변화시킬 수 있다. 그러려면 상대의 맥락, 경험 세계와 언어 세계로 들어가 그것을 "잘 듣는 노력"이 필요하다. 페미니즘은 속죄 페미니즘과 주관적인 도덕주의를 넘어 연대와 신뢰를 회복해야 한다. 매우 중요한 이야기를 하고 있다고 생각된다. 나는 페미니즘이 이 사회의 상식이 되었으면 좋겠고 동시에 이들이 말한 속도의 고려와 맥락의 인정이 잘 정착되면 좋겠다.

정치적 올바름(PC)을 주장하는 사람들은 우파의 지적뿐만 아니라 좌파의 지적에도 귀를 기울여야 한다. 한국에서 강남 좌파에 대한 비판이 제기된 것처럼 미국에서는 "리무진 리버럴"에 대한 비판이 제기되었다. PC가 소수의 고소득·고학력 백인 좌파에 의해 주도되고 있을 뿐 80%의 "탈진한 다수"에겐 멀고 불편한 이야기일 뿐이라는 지적이다. 하지만 리무진 리버럴의 위선에 대한 문제만 있는 것이 아니다. PC나 정체성 정치가 도리어 우파에게 반격의 빌미나 반격의 도구를 제공하고 있다는 지적만이 아니라 진보의 본연을 놓치고 있다는 지적에도 귀를 기울여야 한다. 정체성 정치가 계급의 문제를 은폐시킨다는 지적도 있다. 정체성 정치가 극심한 빈부 격차, 도시의 황폐화, 자원 낭비 등의 사회 문제엔 침묵하는 결과를 낳고 있다는 비판이다. 분명 그런 측면이 있다. 하지만 역도 사실이 아니었나? 정체성 정치는 진보 정치가 계급 문제만을 앞세울 뿐 정체성의 문제는 억압했기 때문에 분출된 것 아닌가? 그러니 양자의 문제 모두 도외시하지 않는 정치가 필요할 것 같다. 그래도 이제는 참호를 파는 대신 다리를 건설해야 하며 우리 모두의 "공통 미래"에 관한 비전이 필요하다는 말은 귀를 기울여야 한다.

　　마크 릴라(Mark Lilla)가 쓴『더 나은 진보를 상상하라』(필로소픽, 2018)의 일갈은 매섭다. 그에 의하면 진보가 대중들의 마음을 얻지 못하고 있다. 우리가 공유해야 할 삶의 방식을 보여주는 이미지를 내놓지 못하고 있다. 정체성 정치가 "우리"에서 "나"로 관심의 초점을 옮겨 도리어 개인주의를 강화하고 있고 개인적인 것도 정치적인 것은 맞지만 정치적인 것이 개인적인 것으로 축소되어 최대한 많은 사람에게 호소력을 발휘하는 메시지를 내놓지 못하도록 만들고 있다면 문제다. "정치"조차 "운동"식으로 하기 때문에 공통점보다 차이점이 더 중요해졌다. 이제 모든 미국인이 실체로 공유한 "시민의 지위"에 기초를 두고 "우리" 모두를 위한 "공통의 미래"에 관한 비전을 제시해야만 한다고 그는 말한다. 운동 정치보다 제도 정치가 먼저이고, 목표 없는 자기표현보다 민주적 설득이 먼저이며, 집단 정체성이나 개인 정체성보다 시민의 지위가 먼저이고, 시민 교육이 긴요하다고 그는 말한다. 박원익, 조윤호도『공정하지 않다』에서 이에 동의한다. 그들은 정치적 올바름을 공적 영역에만 적용하고 사적 영역은 자유의 영역으로 놔두자고 제안하면서 청년 세대가 진정으로 할 일은 "공통으로 마주하는 문제를 우선시하자"는 원칙을 갖는 것이라고 말한다. 그러기 위해서는 "각자의 고통이 연결되어 있다"는 관점을 가져야 한다. 적을 만드는 정치가 아니라 친구를 만드는 정치, 다수가 연대할 수 있는 방식으로 정치를 하면서 다수가 나의 편에 설 수 있다는 희망을 잃지 않아야 한다. 책 안에 있는 그들의 주장들에 여러 의문이 들었지만 이 부분만큼은 귀를 기울여야 한다고 생각한다. 교회는 이대녀와 이대남이 만나 함께 "공통의 미래"를 꿈꿀 수 있도록 "상식의 중간 지대"가 되어주어야 한다.

## 이대남, 사회학적 파상력을 품자

이제 이대남의 문제를 잠깐 살펴보자. 지난 대선에서 20대 남자 중 58.7% 와 30대 남자 중 52.8%가 윤석열을 지지했다. 이것은 마치 가난한 백인 남성들이 압도적 차이로 트럼프를 지지한 것과 유사한 모양새를 보인다. 나는 젊은 세대가 윤석열을 지지한 현상에 대해서는 매우 안타깝게 생각하지만, 거의 10명 중 6명이 그를 선택한 현상을 폄훼하거나 20대 남자들 전체를 매도해서는 안 된다고 생각한다. "극단적인 페미니즘"에 대한 그들의 비판에도 귀를 기울여야 한다. 박민영이 『20대 남자, 그들이 몰려온다』(아마존북스, 2021)에서 지적한 것처럼, 4·7 보궐선거 전까지도 진지하게 이대남의 외침에 귀를 기울이지 않았으면서 이명박·박근혜 정권에서 교육을 받았기 때문이라느니, 반공 교육 때문에 네오 나치가 되었다느니, 유흥과 게임을 즐기느라 여성들보다 공부를 열심히 하지 않았기 때문이라느니, 역사 경험치가 부족하기 때문이라고 말하는 천박한 대응은 하지 말아야 한다. 그들 표현대로 권리는 잃고 의무만 남거나 젠더 전쟁과 세대

전쟁, 즉 남자가 되는 것과 어른이 되는 것에서 실패한 20대 남성들의 호소를 진정성 있게 들을 줄 알아야 하며, 젊은이들이 왜 진보를 떠났는지 성찰해야 한다.

먼저 말할 수 있는 것은 이십 대 남자들의 특성을 놓친 것 때문일 수 있다는 점이다. 우연히 "유튜브 읽어주는 남자"가 쓴 『올바름이라는 착각』(데이포미, 2021)이라는 책을 읽게 되었다. 대선 후보 중 한 명인 황교안 전 총리가 페이스북에 이런 글을 올렸다. "여러분의 뜨거운 관심 덕에 저의 책『초일류 정상국가』가 정치·사회 분야 베스트셀러 3위에 올랐습니다. 비정상을 바로잡으려는 노력에 힘 모아주셔서 고맙습니다." 서점에서 찍은 사진이 함께 올라왔는데 재미있게도 사진에는 1위에서 5위까지의 책들이 함께 찍혀 있다. 다른 책을 더 홍보해준 모양새다. 1위『조국의 시간』, 2위『추미애의 깃발』, 4위『올바름이라는 착각』, 5위『지구를 위한다는 착각』이다. 5위『지구를 위한다는 착각』은 생태 운동에 대한 고발을 담고 있는 내용인데 이미 읽었기 때문에『올바름이라는 착각』이 궁금해졌다. 구입해 읽어보니 이 책은 90년대생 안티-페미니스트 유튜버가 썼다. 부제가 "우리는 왜 조던 피터슨에 열광하는가"다. 조던 피터슨(Jordan Peterson)은『코로나19 이후 시대와 한국교회의 과제』에서도 소개했던『12가지 인생의 법칙』의 저자다. 그 책을 소개하면서 이제 이런 패러다임을 극복해야 한다고 했는데 "유튜브 읽어주는 남자"는 많은 20대 남성들처럼 그에게 열광하나 보다. 그는 조던 피터슨의 책들을 읽고 인생이 변한 유튜버. 이 책은 기본적으로 페미니즘을 잘못 이해하고 있으며 페미니즘을 평등주의와 같이 위치시킨 후 평등이 세상을 나약하게 만들었다고 비판하고 있다. 평등주의자들이 경쟁을 악마화하고 있으며 그것은 곧 남성성을 공격하는 것이라고 그 책은 말한다. 그냥 딱 봐도 논리적으로 비판할 만한 점이 너무 많다. 하지만 의외의 면도 있었다. 읽기 전에는 일반 극우 유튜버들처럼 논리도 없고 가짜 뉴스만 양산하는 음모론자라고 생각했다. 하지만 그렇지 않았다. 이정훈 교수가 그러했던 것처럼 "표현의 자유"를 옹호하기 위해 과거 좌파들이 사용했던 논리를 정확하게 구사할 줄 안다. 이념을 과도하게 추구하기에 자신들만이 완벽한 정의의 편이라고 주장하게 되면서 세상이 분열되는 추세도 정확하게 지적한다. 무엇보다 우리가 꼭 들어야 할 말을 하기도 한다. 그는 지금 세상이 너무 나약한 자들을 양산하며 모두를 동정심만 구하는 피해자로 만들고 있다고 지적한다. 더 큰 피해자가 윤리적 우월성을 갖는 사회를 만들고 있으며 모두가 남 탓, 사회 탓만 하고 있다. 이를 극복하기 위해서는 고통을 감내하며 자신의 인생에 책임을 지는 행위를 통해 의미 있는 삶을 살아야 한다. 이런 삶을 살기 위해서는 분명한 목적과 목표를 가지고 시련을 감내하는 숭고함을 추구해야 한다. 상당히 놀랐다. 이런 면에서만큼은 20대 남자 청년들에게 필요한 것 중 하나를 정확하게 집고 있다. 박가분도 비슷한 말을 한다. 그는 『불편부당(창간호)』(ㅁㅅㄴ, 2022)에서 "청년 남성들은 왜 조던 피터슨에 열광하는가?"라는 글을 썼다. 청년들은 장기적인 삶의 의미와 좌표 및 방향성이 필요하다. 그 의미와 좌표 및 방향성을 위해 대가를 지불하고 책임을 지는 삶을 중요하게 여긴다. 피터슨이 인기를 끈 건 그런 청년들에게 자신이 짊어져야 할 소명, 미션, 책임 의식을 심어주었기 때문이라고 박가분은 진단한다. 상당 부분 수긍이 간다.

이대남의 공정 담론도 이해되는 부분이 있지만 앞서 "능력주의"에 대해 쓰면서 이 문제에 관해 이야기했기 때문에 더 이상은 자세히 말하지 않겠다. 다만 지금의 이대남의 극단적인 "생계형 공정" 담론 혹은 "맥락이 제거된 공정(납작한 공정)" 담론이 시스템과 구조 및 체제에 대해 고민하는 분배·인정·대표로 상징되는 정의 담론으로 바꾸지 않으면 안 된다는 점만 짚고 넘어간다. 『20대 남자』(시사IN북, 2019)에서 천관율이 분석한 것처럼, 지금 이대남들은 남성 기득권을 잃어가고 있는 과도기적 가부장제와 기회 자체의 종류가 지나치게 제약되어 있는 "병목 사회"에서 경쟁에 과몰입하고, 책임의 소재에 대해 외부 환경 요인은 축소시키고 개인의 내재적 특성만을 지나치게 강조하여 모든 결과를 개인의 책임으로 돌리게 만드는 "납작한 공정"만을 주장하고 있다. 그러지 말아야 한다. 그러한 현실이나 감정은 이해하지만, 주장은 수정했으면 좋겠고, 이대녀와 함께 서로를 인정하며, 모든 약자와 소수자와 함께 공정하고 정의로운 사회를 만들어가면 좋겠다. 86세대의 위선을 비판하다가 수용할 만한 진보의 담론 자체를 부정하거나 지금 같은 과도하게 보수화된 주장을 하는 건 자기 자신에게도 손해일 뿐 아니라 결국 역풍이 된다는 걸 미리 알아차려야 한다. 젠더 전쟁·세대 전쟁의 시각만으로는 진정한 정의가 이루어질 수 없다.

여기서는 지금 청년들이 과도하게 보수로 기울어진 점에 대해서만 이야기하고자 한다. 자고로 청년들은 진보적이어야 한다. 결국 진보와 보수를 통합해야 하지만 천천히 보수적으로 되어도 괜찮다. 그래야 세상이 바뀌기 때문이다. 그런데 지금은 너무 빨리 과도하게 보수적으로 된 것 같다. 한국의 청년들은 앨버트 허시먼(Albert Hirschman)이 지적한 "세상을 조종해온 세 가지 논리"를 내면화하는 면도 보인다. 앨버트 허시먼은 『보수는 어떻게 지배하는가』(웅진지식하우스, 2010)에서 우리를 무기력하게 만드는 "세상을 조종해온 세 가지 논리"를 파헤친다. 첫째는 "역효과 명제"다. 문장으로 표현하면 이렇다. "세상을 변화시키려 하지 마. 오히려 정반대의 결과만 낳을 뿐이다." 이 명제가 처음 나온 것은 프랑스 혁명 때와 보통 선거권을 위한 투쟁 중에서다. 신이 혁명을 일으키려는 오만한 인간의 의도를 징벌할 거라고 말하기도 하고, 다수는 항상 틀리고 소수만이 옳다고 주장하기도 하며, 복지 국가가 형성될 시기에는 인간의 개입은 악한 결과를 만들어낼 뿐이라는 논리로 "역효과 명제"를 주장한다. 역효과가 날 뿐이라는 말로 인해 현실의 부조리를 무기력하게 목도하게 만든다. 둘째는 "무용 명제"다. 문장으로 표현하면 이렇다. "그래 봐야 기존의 체제가 바뀌지는 않을 것이다." 다른 말로 표현하자면, "더 많은 일이 바뀔수록 더 많은 것이 그대로 남아 있다"라고 할 수 있다. 체제가 변해도 사회는 또 다른 모양의 지배자와 피지배자 혹은 엘리트와 대중으로 나뉠 뿐이다. 정치 권력은 모양이 바뀔지라도 본성은 변하지 않는다. 이런저런 형태의 강자들이 언제나 지배하게 된다는 "과두 정치의 철칙"을 주장한다. 이 두 번째 명제는 매우 숙명론적인 명제이며 변화시켜봐야 소용없음을 주장함으로써 현실을 받아들이게 만든다. 셋째는 "위험 명제"다. 문장으로 표현하면 이렇다. "그렇게 하면 우리의 자유와 민주주의가 위태로워질 것이다." 새로운 개혁은 그것을 실현하는 데 드는 비용이나 그 과정에서 나오는 좋지 않은 결과가 그것으로 얻을 수 있는 이득을 초과한다. 사실 "기후 위기"처럼 행동하지 않으면 더 큰 위험한 결과가 나올 텐데도 행동했을 때의 비용들만 부풀려서 "위험 명제"를 만든다. 이 세 가지 명제가 합쳐져서 세상과 사회를 바꿀 수 없다는 "무기력"을 만들어냈다. 혹시 청년들이 이런 무기력 속에서 그저 개인적인 차원의 문제에만 신경 쓰거나 지나치게 "자유주의"에 경도되고 오직 "먹고사니즘"을 최고의 가치로 여기게 된 것은 아닐까?

　　무기력을 넘어서기 위해서는 김홍중이 말한 것처럼 "사회학적 파상력"이 필요하다. 사회학적 파상력(破像力)이 그들의 깃발이 되어주면 좋겠다. 왜 갑자기 파상력에 대한 얘기를 하냐면 브뤼노 라투르 때문이다.

나는 『코로나19 이후 시대와 한국교회의 과제』에서 브뤼노 라투르(Bruno Latour)를 짧게 소개했다. "이제 사회 계약은 협동적 지구 구성원 간의 정의로운 계약이 되어야 할 것이다. 이런 문제를 울리히 벡(Ulrich Beck)은 공론 정치의 의제 변화, 즉 글로벌 위험 사회와 세계 시민주의 정치의 문제로 보았고, 브뤼노 라투르는 사물의 의회(Parliament of Things)라는 지구 정치(cosmopolitics)의 관점에서 본 바 있다." 울리히 벡에 대해서는 『위험사회』(새물결, 1997)와 『글로벌 위험사회』(길, 2010)를 참조하라. 이 두 권의 책은 매우 중요하다. 왜 현대 사회가 위험사회일 수밖에 없는지를 깊게 성찰할 수 있도록 우리에게 도움을 주기 때문이다. 나는 개인적으로 브뤼노 라투르를 기후 위기 시대의 대안을 모색하는 데 도움을 주는 중요한 인물 중 한 명으로 생각한다. 브뤼노 라투르는 신유물론의 선구자로 거론되기도 하며 "행위자네트워크이론"(ANT)을 창시한 사람으로 알려졌다. 브뤼노 라투르에 대해 전체적으로 이해하기 위해서는 『처음 읽는 브뤼노 라투르』(사월의책, 2017)를 읽으면 좋다. 먼저 간단히 ANT에 대해 소개한다.

『인간·사물·동맹』(이음, 2010) 안에 있는 "7가지 테제로 이해하는 ANT"라는 홍성욱의 글을 보면 ANT를 대략적으로 이해할 수 있다. 몇 가지만 이야기해보자. 하나, ANT는 경계 넘기를 꾀한다. 사회/자연, 가치/사실, 주관성/객관성 같은 경계를 거부한다. 특히 자연과 문화 사이의 경계와 위계를 거부한다. 둘, ANT는 비인간에 적극적인 역할을 부여한다. 인간은 이미 비인간과 분리될 수 없으며 사회라는 것은 인간·비인간의 복합체에 불과하다. ANT에서 비인간은 인간과 마찬가지로 행위자(actor)다. 비인간도 인간의 행위를 바꿀 수 있는 행위 능력(agency)을 갖고 있다. 셋, ANT의 행위자는 곧 네트워크(network)다. 지금의 나는 내게 연결된 숱한 인간 행위자, 비인간 행위자의 이종적인 네트워크 그 자체에 다름 아니다. 나의 행위 능력이란 나와 네트워크로 연결된 숱한 행위자들의 상호 작용에서 비롯된 "관계적 효과"로 볼 수 있다. 나머지는 요약하기에는 너무 방대하고 어려우니 일곱 번째 테제로 넘어간다. 일곱, ANT의 "사물의 정치학"은 민주주의를 위해 열려 있다. 근대 사회에서 사실의 문제는 과학기술자들 같은 전문가들이 밝혀내고 당위나 정책의 문제는 시민의 의사를 대표하는 정치인이 결정한다. 이 과정에서 시민의 목소리는 대부분 배제되고 비인간 행위자들의 목소리도 배제된다. 따라서 새로운 대표 체계, 즉 사물의 의회(Parliament of Things)가 구성되어야 하는데 여기에는 비인간 행위자를 대변하는 각계 각층의 시민과 과학기술자 같은 전문가가 포함되어야 하며 전통적인 대변인인 관료나 정치인 역시 포함되어야 한다.

　　브뤼노 라투르의 책 중에 가장 유명한 책은 『우리는 결코 근대인이었던 적이 없다』(갈무리, 2009)다. 이 책은 정말 독특하고 탁월하며 아주 중요한 통찰을 제공하니 독자들이 꼭 읽어보길 바란다. 보통 근대를 극복하기 위해 이런 비판을 한다. 근대는 "자연"과 "사회"의 발명으로부터 시작된다. 근대 세계는 "자연"과 "사회"의 이분법 위에 건설되었다. 근대를 넘어서려면 결국 이 이분법을 넘어서야 한다. 그런데 라투르는 더 근본적인 문제를 제기한다. 우리가 근대인이었던 적이 결코 없었다고 말이다. 브뤼노 라투르 전문가인 김환석의 서평에 기대어 이 책을 요약해보자면, "근대적 헌법"은 첫째, 인간 대 비인간의 이분법이다. 둘째, 정화의 실천과 번역의 실천 사이의 이분법이다. 근대인은 인간 존재와 비인간 존재를 철저히 구분하고 분리하면서 순수하게 인간만으로 이루어진 사회와 순수하게 비인간만으로 이루어진 자연이라는 이원적 존재론을 내세운다. 이것이 "정화"의 실천이다. 반면에 그들은 문제 해결을 위해서는 인간과 비인간을 끊임없이 결합시켜 하이브리드들을 창조해내는 행위를 하는데 이것이 "번역"의 실천이다. 이는 전근대인들도 항상 해왔던 일이며 오늘날은 이것이 주로 과학과 기술을 통해 이루어지고 있다. 근대인의 모순은 정화의 실천과 번역의 실천이 서로 완전히 분리되어 있다는 점이다. 근대인들은 정화의 실천을 통해 비인간과 인간, 자연과 사회를 구분하고 대립시키는 합리성을 추구했다. 하지만 그들은 스스로 합리적 활동이라고 생각하는 과학과 기술을 통해 인간과 비인간을 결합시킨 하이브리드들을 지속해서 창조했다. 문제는 근대인이 정화의 실천 때문에 이 하이브리드들에게 적절한 존재론적 지위를 부여하지 않고 무시해왔다는 점이다. 그 결과 하이브리드들은 오히려 아무런 규제도 받지 않고 무한정으로 증식되어왔으며, 이것이 결국 오늘날 생태적 위기가 초래된 원인이다. 이렇게 정화 작업이 심화될 수록 그 밑에서 하이브리드들의 증식, 즉 매개 작업은 촉진되며 역으로 하이브리드들이 증식될수록 자연/사회의 양극은 점점 더 거리가 벌어진다. 이것이 근대의 역설이다. 근대인은 초월적인 자연과 자유로운 사회라는 관념으로 인해 인간과 비인간의 아무런 결합도 유보하거나 배제하지 않았고 그 덕분에 하이브리드들의 대규모 팽창을 이루었다. 반면에 전근대인은 항상 자연과 사회의 결합을 조심스레 숙고함으로써 하이브리드들을 최대한 억제했다. 처음에는 근대인이 전근대인에 비해 성공한 자처럼 보였으나 생태적 위기는 이에 깊은 의문을 던지고 있다. 인간과 비인간을 너무 광범위하게 동원한 결과 확대 재생산되는 수많은 하이브리드들이 생겨남으로써 이들의 존재를 부정하는 근대적 헌법이 통제권을 잃어버렸기 때문에 생태적 위기가 발생했다. 근대적 헌법은 하이브리드들을 과학 기술의 실험 재료로 허용하면서도 그들이 사회 전반에 끼치는 영향을 은폐한 결과로 침몰한 셈이다. 따라서 그들의 정체를 올바르게 이해하고 수용하기 위한 존재론적 공간을 마련해줄 필요가 있다고 라투르는 주장한다.

그렇다면 근대인이 처한 위기를 해결하기 위한 라투르의 처방은 무엇일까? 문제의 원인이 난공불락의 총체성 같은 것이 아니라 오히려 취약하고 수정 가능한 하이브리드들과 이를 만들어낸 매개 작업에 있었던 것으로 보면, 이를 재구성하는 데서 해결책을 찾는 것이 훨씬 낫고 현실적이라고 라투르는 진단한다. 이를 위해 그는 근대적 헌법과 대조되는 원리를 지닌 "비근대적 헌법"을 확립할 것을 제안한다. 탈근대적 헌법이 아닌 비근대적 헌법은 총체적 혁명에 의해서가 아니라 근대인과 전근대인 그리고 탈근대인 각각에서 장점을 취하고 단점을 버림으로써 만들어질 수 있다. 예컨대 근대인으로부터 자연/사회의 분리는 버리되 행위의 대규모성은 취하고, 전근대인으로부터 규모의 한계와 자문화 중심주의는 버리되 비인간들에 대한 명시적 인식과 증식은 취하며, 탈근대인으로부터 근대주의에 대한 믿음과 비판적 해체는 버리되 구성주의와 성찰성은 취하자는 것이다. 그 결과 탄생하는 비근대적 헌법은 단일한 대자연과 대사회의 분리가 아니라 인간-비인간 연결망들로서의 작은 자연들과 사회들이 매개 작업에 의해 공동 생산되는 것을 보장한다. 또한 이러한 하이브리드들의 생산은 명시적이고 집합적으로 됨으로써 그 생산의 속도를 조절하고 늦출 수 있는 확장된 민주주의의 대상이 될 것이다. 결론적으로 라투르는 "사물의 의회"가 필요함을 역설한다. 그것은 오늘날 과학과 기술에 의해 창조되는 사물들을 위한 정치적 대표를 인정하여 민주주의를 사물에까지 확장하자는 것이다. 그럼으로써 이 하이브리드 사물들의 생산은 조절되고 재지향이 될 수 있다고 본다. 조금 어렵지만 정말 중요한 통찰이다.

이런 놀라운 통찰을 제공하는 브뤼노 라투르가 최근 들어 정치적인 발언을 많이 하기 시작했다. 기후 위기 문제를 심각하게 받아들였기 때문으로 보인다. 그는 코로나19 팬데믹이 발생하기 직전에 『지구와 충돌하지

않고 착륙하는 방법: 신기후체제의 정치』(이음, 2021)라는 책을 썼다. 신기후체제라는 시각으로 "우파와 좌파"라는 대립 전선이 "근대와 대지"라는 새로운 전선으로 옮겨졌음을 보여주는 아주 흥미로운 책이니 꼭 읽어보기를 바란다. 코로나19 팬데믹 이후에 라투르는 『나는 어디에 있는가?: 코로나 사태와 격리가 지구생활자들에게 주는 교훈』(이음, 2021)이라는 책도 썼다. 그런 그가 최근에 니콜라이 슐츠(Nikolaj Schultz)와 함께 쓴 『녹색 계급의 출현』(이음, 2022)을 통해 계급 문제까지 다룬다. 전통적인 좌파와 우파의 갈등은 생산 체계 내부에서 일어난 계급 투쟁이었으며 생산량을 높이는 데에는 양쪽 모두 완전한 일치를 이루었다. 하지만 이제 지구라는 행성에 거주할 수 있는 조건을 놓고 계급 투쟁이 벌어지고 있다. 사회 계급들은 생산 수단에 대한 그들의 소유에 의해 정의되지만 지구 사회적 계급들은 재생산의 수단 또는 생존의 수단에 대한 그들의 접근에 의해 정의된다. "생산 시스템"의 착취는 생산 수단의 소유로부터 취하는 "잉여 가치"에 기초하지만 "생성 시스템"에서의 착취는 어떤 집단의 생활양식이 다른 집단이 거주할 수 있는 영토를 차지할 가능성을 빼앗음으로써 취하는 "잉여 존재"에 기초한다. 즉, 계급 투쟁은 거주할 수 있는 땅, 흙, 영토 및 생존 기회들에 대한 투쟁이다. 녹색 계급은 지구 차원의 거주 가능성 문제를 떠맡는 계급이다. 이제 개체의 자유가 아니라 모든 행위자의 상호 의존이 핵심 주제가 된다. 진정한 해방은 마음 편히 의존하는 것을 의미한다. 이제 역사의 방향은 지구 행성에 잘 거주하고 생성의 실제를 돌보는 방식의 증가로 사유하지 않을 수 없다. "발전(development)을 위한 결집"이 아니라 "감싸기(envelopment)를 위한 분산"이 역사의 방향이 된다. 이러한 분산은 단순히 지역적이지도 않고 글로벌하지도 않다. 모든 층위에서 생성이 일어난다. 이제 "성장 없는 번영"을 이루기 위해 상호 의존 관계를 늘려나

가는 운동을 해야 한다. 물질적 존재 조건을 공유하는 사람들을 늘려가는 운동을 해야 한다. "녹색 계급의 출현"이라, 정말 새로운 상상력이다.

이렇게 장황하게 설명하는 이유는 브뤼노 라투르의 사상이 매우 중요하기 때문이지만 마지막에 소개한 『녹색 계급의 출현』의 부록처럼 추가된 김홍중의 글 "녹색 계급이 온다"를 소개하기 위해서다. 나는 김홍중의 『마음의 사회학』(문학동네, 2009)을 통해 감정 사회학을 접했고 『사회학적 파상력』(문학동네, 2016)을 통해 "파상력"이라는 새로운 개념을 접했다. 파상력은 부재한 것을 현존시키는 능력인 상상력과 반대로 현존하는 것들의 환각성을 깨닫는 힘 혹은 그와 연관된 체험을 가리킨다. 우리 시대는 미래를 낙관적으로 그려내는 힘인 상상력이 아니라 미래의 부재나 결손 혹은 비관과 진실하게 대면하면서 그 고통과 맞서고, 그로부터 시효가 지난 몽상들을 가차 없이 떠나보내며, 새로운 세계에 대한 희망을 함께 모색하는 고뇌의 공통 공간을 만들어내야 한다. 아주 새로운 관점이었다. 그런데 『녹색 계급의 출현』의 부록에서 다시 신선한 충격을 받았다. 그는 말한다. 작금의 기후 변화는 생산주의 혹은 발전주의가 실제로는 지구 시스템의 평형을 교란시키는 파괴라는 걸 드러내고 있다. 인류세는 파국을 향해 치닫고 있다. 미래는 이제 파국이라는 관점을 통해 새롭게 구성되어야 한다. 이런 점에서 인류세는 "파국"의 시대가 아니라 "파국주의"의 시대다. 최종 파국이 아직 도래하지 않았으나, 그에 대한 예견과 고뇌와 그것을 막기 위한 실천과 제도가 사회를 구성하는 근본 원리가 되는 시대다. 우리 시대의 정치가 환멸을 불러일으키는 것은 그것이 이런 근본 질문들에 대한 응답을 제공하지 못하는 무능력과 무기력을 보여주기 때문이다. 우리 시대의 경제·경영 담론이 공허한 것은 그 안에 기후 변화나 멸종, 지구 생태계의 파국적 교란과 같은 현상에 대한 고뇌가 거의 없기 때문이다. 우리

시대의 종교가 영성적 울림을 주지 못하는 이유는 저 공통의 문제 영역, 수많은 생명의 생사를 가르는 문제에 대하여 종교가 때로 반동적이고 때로는 너무 상투적인 대응을 보여주기 때문이다. 이들은 파국을 사유하는 아무런 능력을 보여주지 않는다. 우리에게 필요한 것은 파국주의다. 그것은 파국을 사고하고, 그것과 교섭하며, 그것을 통치하려는 지식, 실천 윤리, 미학의 앙상블이다. 파국주의는 단순한 비관이나 우울함이 아니라 파국을 넘어서려는 의지와 역량을 조직하는 정동을 요청한다. 그것은 희망이다. 희망은 낙관이 아니다. 낙관은 희망할 수 있는 것에 대한 희망이다. 그것은 자동적이고, 큰 노력이 요구되지 않으며, 자명하고 합리적이다. 그러나 희망은 눈앞에 보이는 것과 다른 무언가를 상상할 수 있는 능력이다. 희망은 언제나 희망조차 불가능한 것과 결합한다. 파국주의는 희망을 요청한다. 희망이 없는 파국주의는 그저 세련된 비관주의에 그칠 것이다.

나는 이것이 전도서가 말하고자 하는 바라 생각한다. 끝의 시각으로 지금을 보는 것, 그것이 비전이다. 파국적 상상력이다. 이미와 아직의 긴장 관계에 있는 하나님 나라는 새 하늘과 새 땅이라는 하나님의 미래를 통해 지금 여기의 제국적 힘을 상대화하는 우상 타파적 능력인 동시에 십자가와 부활이라는 하나님의 과거를 통해 지금 여기서 무능력과 무기력을 넘어서서 하나님 나라를 실현하는 능력이다. 이미와 아직의 긴장 관계에 있는 하나님 나라가 주는 이런 파상력만이 눈앞에 보이는 것과 다른 무언가를 상상함으로써 무기력을 극복할 수 있고 새로운 시대를 열어가게 할 수 있다. 이것이 바로 미래의 어느 시점에 이 땅에 파국을 가져오는 종말론적 메시아를 기다리는 "메시아주의"가 아니라 현대 철학자들이 말하는 바 지금 여기에 도래하는 미래를 가능케 하는 "메시아적인 것"의 의미일 것이다. "종말의 시간"이 아니라 "시간의 종말"을 만들어내는 파상력, 지금 이대남들에게 이것이 필요한 것 같다. 전도서는 청년들을 향한 외침으로 결론을 장식한다. 왜 그렇게 했을까? 그들이 희망이기 때문이며 그들에게 파국적 상상력을 통한 희망을 불어넣기 위함이다.

그동안 교회는 청년들을 봉사자 취급만 했다. 영적인 열정 페이를 강요했다. 하지만 그들의 현실적인 고민에는 귀를 기울이지 않았다. 이제 새로운 시각으로 청년 문제에 접근해야 한다. 현시대 청년의 고민이 무엇이고 그들이 절망하는 이유가 무엇인지 그들의 목소리에 귀를 기울여야 한다. 단지 봉사자로만 여겨서는 안 된다. 옛날처럼 왜 교회를 위해 봉사하지 않느냐고 문제만 제기하지 말고 그들의 영적인 갈망을 채워주어야 한다. 그뿐만 아니라 그들의 현실적인 필요를 채우는 교회 문화가 정착되어야 한다. 복음의 공공성을 회복하여 그들의 은사를 통해 사회적 과제를 풀어나가도록 도와야 하고 무엇보다 교회는 청년들이 탈성장 시대를 열어가도록 도와주어야 한다. 교회는 청년들이 윤리적이고 생태적이며 미학적인 삶을 주체적으로 살아낼 수 있도록 장을 열어주어야 한다. 통전적인 복음과 사회학적 파상력으로 새로운 미래를 만들어가고 새로운 부흥의 세대가 될 수 있도록 도와주며 지지해주어야 한다. 그들이 주도하도록 장을 열어주고 교회는 이를 뒷받침해주어야 한다. 청년들이 주역이 되도록 하려면 목회데이터연구소와 희망친구 기아대책이 함께 엮은 『한국교회 트렌드 2023』(규장, 2022)의 "쫓아가면 도망가는 세대, MZ"장 안에 있는 "DEVELOP" 원칙도 참조하면 좋을 것 같다. 1. Delegate(위임, 믿고 맡겨라), 2. Enthusiasm(열정에 불을 붙이라), 3. Values to Embrace(하나님 나라의 가치를 심어주라), 4. Experience(지식이 아닌 체험을 제공하라), 5. Learning Environment(배움의 환경을 만들라), 6. Opportunity to Grow(성장의 기회를 제공하라), 7. Positive Relationships with Others(다른 사람들과의 긍정적인 관계성을 맺게 하라). 아무쪼록 청년들이 주인공이 되는 교회가 세워지기를 바란다.

# 결론

# 새로운 교회가 되라

지금까지 야고보서와 전도서를 통해 코로나19 이후의 영성과 교회의 나아갈 길에 대해 나누었다. 첫째, 우리는 윤리적인 교회가 되어야 한다. 이제 더 이상 믿음과 행함이 분리되면 안 된다. 진정한 복음은 윤리적일 수밖에 없다. 은혜의 힘으로 "인내의 발효"를 이루어가는 삶을 살아내야 하고, 높아지려는 죄와 낮아지려는 죄 모두를 이겨내야 하며, 진리 대결·능력 대결·충성 대결을 통해 종교 중독에서 벗어나 사랑의 아비투스를 만들어가는 진정한 공동체를 세우고 세상 한가운데서 복음의 공공성을 실천해야 한다. 교회는 이제 믿음 안에 행함이 있고 행함 안에 믿음이 있음을 깨닫고 사랑으로 역사하는 믿음을 강조해야 하며, 칭의·의화·신화 세가지를 통합하고 인지적 동의·관계적 신뢰·언약적 충성·존재적 일치로서의 믿음을 통전적으로 추구해야 한다. 시기와 다툼의 토대가 정욕임을 깨달아 "탈-진실"(포스트-트루스)의 시대에 진리를 세워가야 하며 지혜의 온유함으로 정의를 이루는 평화의 길을 가야 한다. 돈으로 줄 수 없는 행복, 참 생명과 사명을 붙들어야 하고 "능력주의"라는 환상에 속지 말고 기회의 평등만이 아니라 조건의 평등을 만드는 일에도 힘써야 한다.

둘째, 생태적인 교회가 되어야 한다. 창조와 구속을 통합하는 복음의 총체성을 회복하고, 우상 타파적이고 선하며 비폭력적이고 생태적인 창조를 보여주는 성경을 토대로 생명돌봄신학, 생태여성사물신학, 생태해방신학이라는 세 가지 관점을 통합해야 한다. 성도 한 사람 한 사람이 성 프란치스코의 영성을 갖추어야 한다. 생태적 세계관을 수용하여 문명의 전환을 만들어가는 녹색 교회·생태 교회·기후 교회가 되어야 한다. 지식과 개념으로 환원되지 않는 자신의 고유한 욕망을 실현하고 창의적이고 혁신적이며 새로운 장르를 만들어가는 삶을 살아가며, 희생자 의식과 자아 과잉을 만들어내는 피상적인 행복이 아니라 삶의 밀도를 만들어내는 사명의 길을 가야 한다. 아나키즘적이고 생태페미니즘적인 자급적 관점에서 소국과민(小國寡民)의 민주적 마을을 세우는 데 앞장서야 한다. 국민 총생산이 아니라 국민 총행복의 가치 기준으로 바뀌어야 하고 물질이나 비물질적인 것을 인간 집단이 공동으로 관리하는 특별한 사회 관계 양식인 커먼즈를 넓혀가야 한다. "이해 당사자 자본주의"가 되도록 "ESG 경영"을 하며, "510억에서 제로(0)로!"를 이루어가는 기업 운동과 시민 운동도 중요하며, "기후 변화가 아닌 시스템 변화를"(System Change, Not Climate Change)이라는 슬로건을 붙들고 "그린 뉴딜"이라는 과감한 계획과 성장주의에 대한 적극적인 봉쇄를 통해 기후 정의를 실천해야 한다. 무엇보다 탈성장 담론을 받아들여 근본적인 문명의 전환에 대해 고민해야 하며 "성장주의"를 벗어나 "성장 없는 번영"을 추구하는 공유 교회와 적정 교회와 탈성장 교회를 세워나가야 한다. "로컬 지향의 시대"에 맞게 "로컬의 미래"를 꿈꾸며 특정 지역과 골목에 머물고 싶은 마을과 생태 마을을 만드는 일에 힘써야 한다. 인간 향상을 꿈꾸는 트랜스휴먼이 아니라 상호 의존성을 인정하는 포스트휴먼 사회를 세워나가야 하며, 지구 돌봄·마을 돌봄·이웃 돌봄을 하는 돌봄 사회·돌봄 마을을 만들어가는 데 교회가 앞장서야 한다.

셋째, 미학적인 교회가 되어야 한다. 관종과 과잉을 만들어내는 중독 사회·노동 사회가 아니라 삶이 예술이 되는 사회가 되도록 힘써야 하고, 아디아포라를 실천하는 미학적 감각으로 창발적인 삶을 살아야 하며, 탈주와 횡단을 통한 포착 불가능한 삶을 살아내고 자기 자신마저 변용시키는 트랜스포머가 되어야 한다. 아우름, 적절함, 알맞음 그리고 항상성으로서의 중용을 추구하고, 대립하고 있는 양쪽을 모두 아우를 줄 알아야 한다. "All will be well"(모든 것이 괜찮다)이라고 고백하고 때에 맞게 살아가며, "과유불급"의 정신으로 지나치게 의롭거나 지나치게 악하지 않도록 하면서 "상식의 중간 지대"를 만들어가는 교회가 되어야 한다. 좌와 우를 아우르고 산업화 세대와 민주화 세대와 MZ세대를 연결하여 하나 되게 하는 교회가 되어야 한다. 공통 미래에 대한 비전을 제시하며 청년들에게 사회학적 파상력을 불러일으키는 교회가 되어야 한다. 전통과 혁신을 함께 품으면서 항상 새로운 교회를 추구해야 한다.

마지막으로 한마디 하자. 우리는 이 책에서 다룬 것 이상의 수많은 트러블과 함께 살아가고 있다. 이런 시대에 우리에게 필요한 전략 중 하나로 마무리하고자 한다. 도나 해러웨이(Donna Haraway)는 『트러블과 함께 하기』(마농지, 2021)라는 책을 썼다. 그 책은 2016년에 출간되었지만 코로나19 이후 시대이자 기후 위기 시대이자 문명 전환 시대에 꼭 필요한 사유를 보여주고 있다. 최유미는 『해러웨이, 공-산의 사유』(도서출판b, 2020)에서 제목을 이렇게 설명한다. 문제(problem)라는 말과 비교해보면, 문제는 해결책(solution)과 단단히 연결되어 있는 반면 트러블은 그 정도가 좀 약하다. 트러블과 함께한다는 것은 문제를 쉽게 해소해버리기보다는 더욱 곤란하게 만드는 것이고, 문제 해결을 위해 상황을 잘 정리하기보다는 더욱 뒤섞어버리는 것이며, 무언가를 불러일으키는 것이다. 트러블과 함께한다는 의미는 쉬운 해결책을 찾고 그것을 눈앞에서 치워버리는 것이 아니라 그 트러블과 마주하면서 지금 당장 가능한 응답을 모색하는 것이다. 트러블과 함께한다는 것은 지나치게 단순하게 접근하는 것을 방해하는 것임과 동시에 아무것도 할 수 없다는 냉소와 무능과도 싸우는 것이다. 트러블과 함께하기는 근본적인 해결책이라는 결코 실현되지 않을 미래를 기다리는 것이 아니라 지금 당장 가능한 응답들을 불러일으키는 것이고, 그것으로부터 응답-능력을 키우는 것이다. 단순화나 무기력이 아니라 현실 속에서 "탈성장 교회"라는 새로운 대안을 만들어야 하는 우리에게 필요한 자세라고 생각한다. 그럼 트러블과 함께하기 위한 전략은 무엇일까? 해러웨이는 "자식이 아니라 친척을 만들자"고 말한다. 인간과 비인간을 포함해 지구상에서 번성하고 있는 복수종들의 수평적 연대라고 할 수 있겠다. 기이한 친척을 만드는 전략은 지구의 다른 유기체들과 함께-생각하기, 함께-살기, 함께-되기, 함께-만들기의 방법이다. 나는 "탈성장 교회"를 위해 새로운 대안을 추구하는 모든 분과 "친척"이 되길 원한다. 동일한 해답을 가진 사람들이 아니라 동일한 질문을 가진 사람들의 연결/연대를 통해 함께 새로운 시대를 열어가기를 원한다. 나와 친척이 되어주지 않겠는가?

# 탈성장 교회

기후 위기 시대에 야고보서와 전도서가 초대하는
윤리적·생태적·미학적 삶

**Copyright ⓒ 이도영 2023**

**1쇄 발행**  2023년 5월 29일

**지은이**  이도영
**펴낸이**  김요한
**펴낸곳**  새물결플러스

**편 집**  왕희광 정인철 노재현 이형일 나유영 노동래
**디자인**  황진주 김은경
**마케팅**  박성민 이원혁
**총 무**  김명화 이성순
**영 상**  최정호 곽상원
**아카데미**  차상희

**홈페이지**  www.holywaveplus.com
**이메일**  hwpbooks@hwpbooks.com
**출판등록**  2008년 8월 21일 제2008-24호
**주 소**  (우) 04114 서울시 마포구 신촌로28가길 29
**전 화**  02) 2652-3161
**팩 스**  02) 2652-3191

**ISBN**  979-11-6129-255-7  03230

책값은 뒤표지에 있습니다.